国家重点研发计划（2016YFC0501602 和 2016YFC0501705）、国家自然科学基金项目（71473195、71173175 和 71373206）和国家林业公益性行业科研专项（201504424）等共同资助

中国退耕还林效益评估与政策优化

Efficiency Evaluation and Policy Optimization of the Sloping Land Conversion Program in China

姚顺波　刘广全 等　著

科学出版社

北　京

内 容 简 介

本书基于社会经济学、景观生态学、地理信息学等交叉或新型学科的理论、技术和方法，在小流域、县域、流域、区域、国家等不同尺度，立足于土地利用/植被覆盖变化，从时间—空间维度、投入—产出比例、计划—市场调控、承载—供需配置和宏观—微观层面，统筹生态、社会、经济、资源和人文五大系统，系统梳理了中国退耕还林工程实施 20 年的典型试点、全面启动、优化调整、巩固完善、新一轮政策实施 5 个阶段的政策变迁、主要成效及存在的主要问题，并提出相应的对策和建议。全面研究了退耕工程实施对区域人力配置、减贫脱困、民生福祉和乡村振兴等的效应，优化了退耕工程社会效益评估体系；深入探讨了退耕工程实施对区域粮食产量、农业产业结构、农户生产效率和退耕农户收入的影响，丰富了退耕工程经济效益评估体系；系统分析了退耕工程实施的保持水土、涵养水源、改善环境质量和碳储量等效应，完善了退耕工程生态效益评估体系。最后，从规划区域、实施规模、坡度选择及补贴标准四个维度给出了未来国家退耕政策制定改进或优化的建议。

本书在退耕还林工程效益评估与政策优化的研究领域具有明显的学科交叉特点，不仅完善了生态建设工程综合效益评价的理论体系，而且在退耕还林政策优化研究等方面填补了空白，可为退耕还林工程及其他生态工程的政策决策者提供理论支撑、项目实施者提供技术参数、效益评估者提供方略路径。

审图号：GS(2020)1827 号

图书在版编目(CIP)数据

中国退耕还林效益评估与政策优化/姚顺波等著. —北京：科学出版社，2020.6

ISBN 978-7-03-065279-9

Ⅰ.①中… Ⅱ.①姚… Ⅲ.①退耕还林–效益评价–研究–中国 ②退耕还林–林业政策–研究–中国 Ⅳ.①F326.2

中国版本图书馆 CIP 数据核字（2020）第 090582 号

责任编辑：马 俊 李 迪 孙 青/责任校对：郑金红
责任印制：吴兆东/封面设计：名轩堂

科学出版社 出版

北京东黄城根北街 16 号
邮政编码：100717
http://www.sciencep.com

北京建宏印刷有限公司 印刷

科学出版社发行　各地新华书店经销

*

2020 年 6 月第 一 版　开本：787×1092　1/16
2021 年 1 月第二次印刷　印张：24
字数：569 000

定价：268.00元

（如有印装质量问题，我社负责调换）

作 者 简 介

姚顺波，1964 年 5 月生，湖南南县人。先后获得北京林业大学经济学学士、中国政法大学法学第二学士学位，西北农林科技大学管理学博士学位。现为西北农林科技大学资源经济与环境管理研究中心主任、教授、博士生导师，兼任中国林业经济学会常务理事、中国林业经济学会资源经济与环境管理专业委员会副主任、陕西林业经济学会副会长。长期从事林业经济政策效果评估、资源经济与环境管理的教学与研究工作。近 10 年先后主持国家林业公益性行业科研专项（201504424）、国家自然科学基金项目（71773091、71473195 和 71173175）、教育部人文社科重点研究基地重大项目（14JJD790031）等。在《中国农村经济》、《地理学报》、《地理研究》、《林业科学》和《中国人口·资源与环境》等期刊发表论文 100 多篇，在 Land Use Policy、Forest Policy and Economics、Environmental Management 等国际期刊发表论文 20 篇。

刘广全，1964 年 1 月生，陕西商南人。先后获西北林学院（现西北农林科技大学）林学学士和生态学硕士、德国哥廷根大学管理学硕士、德国哥廷根大学及中国科学院生态学博士、北京林业大学水土保持与荒漠化防治专业博士后。现为世界泥沙研究学会（WASER）秘书长（法人）、国际泥沙研究培训中心（UNESCO-IRTCES）副主任、中国水利水电科学研究院教授级高级工程师（博士生导师）、中国水土保持生态修复专业委员会副主任、《国际泥沙研究》（IJSR）副主编和《国际水土保持研究》（ISWCR）副主任。多年来，主要从事生态、水保、林业等领域的交叉学科研究、国际交流、技术咨询和行政管理工作，先后主持或参加国家科技攻关（支撑）、国家重点研发计划、973、948 等项目或课题 30 多项（个）；曾在德国、英国、法国、荷兰、土耳其、墨西哥、南非、日本、韩国、伊朗、阿曼、马来西亚、越南等国学习、工作、访问或参加国际学术研讨会；在黄土高原土壤侵蚀、综合治理和效应评价，生态环境脆弱地带生态恢复、生物多样性保护和资源利用，森林生态系统营养诊断、生物循环和功能维护，SPAC 系统水-土-生-气资源景观配置、持续经营和综合管理等方面机制上有所探索、理论上有所创新、技术上有所突破。申请并获得授权专利 30 多项，编制或修订规程标准 4 部，发表《黄土高原造林学》、《黄土高原植被构建效应》、《西北主要树种培育技术》和《西北农牧交错带常见植物图谱》等专著 7 部，在《生态学报》、《林业科学》、《水利学报》、《水土保持学报》、PLoS ONE、IJSR、JMS、FPE 和 CFST 等刊物上发表论文 150 余篇；获得国家及省部级科学技术奖励 10 多项（次）；指导毕业研究生 20 余名。

序

　　退耕还林工程是我国一项举世瞩目的生态工程，其覆盖范围宽、建设规模大、投入资金多、涉及人口广、综合影响深刻，前所未有。它的实施效果直接关系到我国生态安全、国土安全和粮食安全，以及社会经济可持续发展，更关乎生态文明建设、全面小康社会建设，乃至全球可持续发展目标的实现。1999 年，朱镕基总理在视察延安时提出"退耕还林（草）、封山绿化、以粮代赈、个体承包"的方针，退耕还林工程正式拉开序幕，并于当年在四川、陕西、甘肃进行试点；2002 年全面启动，范围覆盖全国 25 个省（自治区、直辖市）及新疆生产建设兵团的 1897 个县；2014 年国家新一轮退耕还林政策实施，到 2019 年退耕还林工程总投入资金超过 5000 亿元，完成面积 5 亿多亩①，涉及 3200 万农户，工程区森林覆盖率平均提高了 4.0%以上。退耕还林工程实施的综合效益得到政府部门和国内外学者的高度关注。基于此，姚顺波教授和刘广全教授组建研究团队，自 2005 年开始，联合国内外多家科研、教学、政府、生产单位，在国家行业公益性项目、国家重点研发计划、国家自然科学基金、教育部基地重大项目以及地方政府项目等的支持下，先后在全国退耕还林第一县——吴起县、全国退耕还林第一市——延安市、全国退耕还林集中连片区——黄土高原，以及全国其他典型区域——长江中上游（四川）、西南山区（广西）、华北山地（河北）、南方红壤丘陵（江西）等地，对退耕还林工程实施不同阶段、不同尺度、不同区域的生态效益、社会经济效益开展监测和评估，对政策体系进行优化研究。

　　退耕还林工程实施的最初目的是生态恢复与环境治理，重点是解决生态脆弱区域的水土流失严重、农业生产力低下等生态环境问题；但随着政策实施的不断深入与完善，国家除赋予退耕还林生态目标外，还赋予更多的社会经济目标，即改善农户生计、提高农业生产、优化产业结构、振兴区域经济等。为确保退耕还林工程有效、持续、平稳地推进，有必要认识和分析退耕还林 20 年以来政策实施的脉络及植被恢复和生态系统变化，全面监测、系统评估退耕还林工程产生的生态和社会经济效应。本研究基于"3S"技术，在小流域、县域、流域、区域、国家等不同尺度，从时间—空间维度、投入—产出比例、计划—市场调控、承载—供需配置和宏观—微观层面，统筹生态、社会、经济、资源、人文五大系统，梳理退耕还林工程实施政策演变，构建退耕还林工程效益评估体系及效果仿真模型。作为该领域内的同行，我得以有机会率先目睹该团队在退耕还林工程实施综合效益评价的系列研究成果，尤其是拜读了代表成果《中国退耕还林效益评估与政策优化》，对课题组取得的成果感到由衷地高兴。评估退耕还林工程实施 20 年以来的综合效益，不仅是对工程实施"封得住、退得下、还得上、能致富"目标的阶段性总结和政策性检验，而且是对重大生态工程实施体制机制探索、理论技术创新、模式样板推广的诠释，对实现"绿水青山就是金山银山"、打造"山水林田湖草生命共同体"、建

---

① 1 亩≈667m²，下同。

设美丽中国意义十分重大。该书具有如下特色。

（1）全面梳理了退耕还林工程实施 20 年的政策变迁。退耕还林政策实施的进程划分为典型试点、全面启动、优化调整、巩固完善及新一轮政策实施 5 个不同的发展阶段，对每一阶段内的政策变化进行了系统的梳理与全面的总结，并在不同时空尺度上通过退耕造林面积与类型、投资力度与结构、补助标准与方式、产生效果与评价等方面全面分析了退耕还林工程 20 年的政策变迁，最后在宏观层面总结了退耕还林政策在生态、社会经济方面的成效及实施过程中存在的主要问题。

（2）系统监测了退耕还林工程实施 20 年的生态效益。基于长期的土地利用、气象、土壤、植被、水文等要素的定点和遥感监测，在 GIS 体系平台上，在小流域、县域、流域、区域、国家等尺度对研究区退耕工程实施前后 5 年、10 年、15 年和 20 年等时间尺度分析土地利用/植被覆盖变化和植被 NDVI 演变的基础上，全面系统地探讨了不同时空尺度的区域保持水土、涵养水源、改善生境和碳储量等生态服务功能，构建了退耕还林工程实施生态效益综合评估体系；定量评估了退耕还林工程实施的生态效益和效应；丰富了生态工程的效益评估理论和方法。

（3）科学评估了退耕还林工程实施的社会经济效益。基于退耕还林工程实施过程中的微观调研数据和相关统计报告、理论分析与实证检验相结合的方法，利用经济学理论与地理学空间相结合的思维，从宏观和微观两个层面建立了退耕工程实施的社会经济效益数据库，全面、系统、深入地评估了退耕还林工程实施对提高农民收入、促进非农就业、提升生产效率、优化产业结构、实现精准扶贫、保障粮食安全、振兴区域经济和改善民生福祉等社会经济效应，揭示了阶段性社会经济发展是由人类主导的生态工程建设与所处的社会经济环境之间互动反馈、协调和谐的内在机制。

（4）探索构建了退耕还林政策实施的效果仿真系统。以县域为基本单元，在县域、省市区、国家 3 个层面，基于退耕工程实施的政策、成本、意愿、技术和效应，通过生态学、经济学、社会学与自然学科的交叉融合，从退耕区域选择、退耕规模、退耕坡度、补贴标准 4 个维度进行模拟仿真和实例检验，构建了退耕还林工程优化与政策实施的仿真模型，给出了未来在国家层面继续开展退耕还林工程的规模大小、行政区域、坡度界限及补偿标准建议，不仅有助于国家深入实施退耕还林工程，也为其他生态修复工程的建设提供了理论依据和经验借鉴。

该书主要涉及生态、社会、经济与资源四大系统，具有明显的学科交叉特点，具有重要的学术价值，是一部对中国退耕还林工程实施效益评估与政策分析的系统论著。

傅伯杰

2019 年 8 月 2 日星期五

Foreword

The Sloping Land Conversion Program (SLCP) is a basic policy of China. It is a long-term and extensive ecological project that attracts worldwide attention. It is also a moral and people supported political project that has won its residents' heart and followed their willingness. The SLCP has features such as wide coverage, large-scale construction, long duration, large investment, wide population and deep and comprehensive impacts. Its implementation effect is directly related to China's ecological security, land security, water supply security, food security, and sustainable social and economic development, and it is more about ecological civilization, development of a comprehensive well-off society, the great rejuvenation of the Chinese nation, and even the living conditions and future development vision of the community of human destiny or all mankind. In 1999, when Premier Zhu Rongji inspected Yan'an, he proposed the policy of "returning farmland to forests, closing hills and greening, participating for grain, and individual contracting", and the SLCP has officially carried out and piloted in Sichuan, Shaanxi, and Gansu in the same year. It was fully launched in 2002, covering 1897 counties of 25 provinces (autonomous regions and municipalities) and Xinjiang Production and Construction Corps across the country. It was suspended in 2006 and in 2014, a new round of the SLCP was implemented. By 2019, the total investment in the SLCP exceeded 500 billion yuan (equivalent to 2.5 times of the investment in the Three Gorges Project), with an area of more than 500 million mu[①], involving 32 million rural households. The forest coverage rate in the project area has increased by an average of 4.0%. The comprehensive benefits of the SLCP have attracted great attention from foreign experts, scholars, and government decision-makers. Based on this, Professor Yao Shunbo and Professor Liu Guangquan organized a research team. Since 2005, they have carried out research jointly with many domestic and foreign scientific research, teaching, government, and production units, with supports from the Special Fund for Forest Scientific Research in the Public Welfare, China Innovation Funding, National Natural Science Foundation of China, Key Research Base Project of Chinese Ministry of Education, and projects of local governments. The team has successively monitored and evaluated the ecological and socio-economic benefits of the SLCP and optimized the policy system at different stages, scales and regions in the first SLCP county—Wuqi, the first SLCP city—Yan'an, the concentrated contiguous area of the SLCP—the Loess Plateau, and other typical regions in the country such as the Yangtze River Upstream (Sichuan), the Southwest Mountainous Region (Guangxi), the North China Mountainous Region (Hebei) and the Southern Red Soil Region (Jiangxi).

The original purposes of the SLCP were ecological restoration and environmental governance, with a focus on solving the problems of "Population, livestock, and stove", "agriculture, rural and farmers" and "eco-industrial, eco-town, eco-resident" such as severe soil erosion and low agricultural productivity in ecologically fragile areas. However, with the implementation

---

① 1 mu≈667m²。

of the policy, in addition to the ecological goals, the state has given more socio-economic goals to ameliorate the livelihood of farmers, improve agricultural production, optimize the industrial structure, revitalize the regional economy, and alike. In order to ensure the effective, continuous, and stable progress of the SLCP, it is necessary to understand and analyze the context of policy implementation and the changes in vegetation restoration and ecosystems in the past 20 years of the SLCP, and to comprehensively monitor and evaluate the implementation efficiency or effect in ecological and socio-economic fields. At present, there are many literatures and results on the evaluation of the benefits or effects of the SLCP, however, need to be improved for a comprehensive and profound research that coordinates the five major systems of ecology, society, economy, resources, and humanities, sorts out the implementation policy evolution of the SLCP, and builds a benefit evaluation system and an effect simulation model for the SLCP, based on the "3S" technology with a global perspective, in different scales such as small watersheds, counties, watersheds, regions, and countries, and from levels of time—space dimension, input—output ratio, planning—market regulation, carrying capacity—supply and demand allocation, and macro-micro. As a colleague in this field, I had the opportunity to first read the team's series of research results on the comprehensive benefit evaluation of the implementation of the SLCP, especially this representative accomplishment titled *Efficiency Evaluation and Policy Optimization of the Sloping Land Conversion Program in China*. I am heartily pleased with what they have achieved. Assessing the comprehensive benefits of the SLCP in its past 20 years is not only a phased summary and policy inspection of the project's goal of "closing hills, returning marginal lands, remaining space, and promoting wealth", but also an interpretation of the system and mechanism exploration, theoretical and technological innovation, and model promotion of key ecological project. This is of great significance to achieve prosperity and wealth from clear waters and green mountains, create a common life community of mountains, water, forest, lakes, and grassland, and build a beautiful China. This book also has the following features:

First, it comprehensively reviews policy changes of the implementation of the SLCP for 20 years. The implementing process of the SLCP is divided into five different development stages, which are a typical pilot, comprehensive start-up, optimization and adjustment, consolidation and improvement, and a new round of policy implementation. The policy changes in each stage are systematic reviewed and comprehensive summarized. The 20-year policy changes of the SLCP are comprehensively analyzed at the different time and space scales in areas of the scale and type of the SLCP, investment intensity and structure, subsidy standards and methods, effects and evaluation. Finally, the effectiveness of the SLCP in social and economic aspects and its main problems during the implementation process are summarized at the macro level.

Second, it systematically monitors the ecological benefits of the implementation of the SLCP for 20 years. Based on long-term land use, meteorology, soil, vegetation, hydrology and other high-resolution geographic information and remote sensing databases, the GIS system platform has been used in small watersheds, counties, watersheds, regions, countries and other scales to analyze the evolution of land use and land cover changes and vegetation NDVI at time scales of 5, 10, 15 and 20 years before and after the implementation from a global perspective. From the analysis, it comprehensively and systematically explores the ecological service benefits in in terms of soil and water maintenance, water conservation, habitat improvement, and carbon storage. It integrately and innovatively constructs a comprehensive evaluation system for the implementation of the SLCP, objectively and quantitatively evaluates the ecological benefits or effects of the implementation of the SLCP, which enriches the theory and methods of the benefit evaluation of ecological project.

Third, it scientifically evaluates the socio-economic benefits of the implementation of the SLCP. A social and economic benefit database of the implementation of the SLCP is established from both macro and micro levels, based on the methods of positioning and dynamic socio-economic survey and related statistical reports of the implementation of the SLCP, using an integrated thinking of economic theory and geography space. It comprehensively and systematically evaluates the impacts of the implementation of the SLCP on socio-economic elements such as increasing farmers' income, promoting non-agricultural employment, improving production efficiency, optimizing industrial structure, achieving precise poverty alleviation, ensuring food security, revitalizing regional economy, and improving people's livelihood and well-being. It profoundly reveals the internal mechanism and pattern that the staged socio-economic development is the interactive feedback, coordination and harmony between the human-led ecological engineering construction and the socio-economic environment in which it is located.

Fourth, it innovatively constructs an effect simulation system for the implementation of the SLCP. Taking the county as the basic unit, simulation and case inspection are carried out in four dimensions of the area selection, scale, slope, and subsidy standard of farmland conversion, at three levels of county, city and province, and country, based on the policy, cost, willingness, technology, and effect of the implementation of the SLCP, and through the cross integration of ecology, economics, sociology, and natural sciences. A simulation model for the optimization and policy implementation of the SLCP is innovatively created. The scale, administrative area, slope limits and compensation standards for a further development of the SLCP in the future at the national level are recommended, which provides technical parameters and theoretical support for the country's in-depth implementation of the SLCP and other ecological engineering projects.

The book's research on the benefit evaluation and policy optimization of the implementation of the SLCP in China is comprehensive and profound. It mainly involves the four major systems of ecology, society, economy and resources, and even the humanities system, which has obvious interdisciplinary characteristics and a relatively high theoretical level and academic value. It not only improves the theoretical system of research in this field, but also fills a lot of research gaps at the national level, which can provide theoretical support for policy makers, technology parameters for project implementers, and strategic paths for benefit evaluators that engage in the SLCP and other ecological projects.

Friday, August 2, 2019

前　言

2019 年是中国退耕还林工程实施 20 周年，退耕还林工程作为我国的一项基本政策，既是一项举世瞩目的浩瀚生态工程，又是一项得人心、顺民意的德政工程和民心工程，具有覆盖面广、规模大、时间长、财政投入量大、涉及人口多等特点。20 年来，国家累计投入资金超过 5000 亿元、完成面积 5 亿多亩、覆盖全国 25 个省（自治区、直辖市）及新疆生产建设兵团的近 2000 个县（区、旗）3200 万农户，工程区森林覆盖率平均提高 4.0%以上；中国方案使得地球变得更绿了，2000～2017 年全球绿化面积增加了 5.0%，其中 25.0%来自中国，中国贡献比例位居全球之首，中国退耕还林工程全面深入实施功不可没。退耕还林工程定量综合绩效如何，深受政府决策者、项目执行者以及国内外专家、学者的高度关注，该工程关乎我国生态安全、国土安全、供水安全、粮食安全等，以及社会经济可持续发展，生态文明、全面小康建设和中华民族的伟大复兴，关乎应对全球气候变化中中国政府对世人的承诺及国际影响力、话语权和主导权，乃至关乎全球或全人类的生存状况和未来发展。作为退耕还林工程实施政策的研究者，有必要梳理退耕还林工程实施演变脉络，全面、系统、客观地评价退耕还林工程实施效果，期待为政策制定者提供决策依据、为政策执行者贡献优化的实施方案、为其他生态工程实施绩效评价奠定理论基础。

西北农林科技大学资源经济与环境管理研究中心长期从事生态工程政策效果评价研究，尤其是林业生态工程实施的绩效综合评价。研究团队最早进行退耕还林政策研究可以追溯到 2005 年，时任延安市人民政府副市长、现任世界泥沙研究学会秘书长和国际泥沙研究培训中心副主任的刘广全教授敏锐地发现国家退耕还林政策实施对"三口"（人口、牲口、灶口）、"三农"（农业、农村、农民）和"三生"（生产、生活、生态）等生态恢复、环境保护、资源配置及社会经济和人文历史等诸多要素的深刻影响，并筹措经费联合开展"吴起县退耕还林工程经济社会效果评价"研究，2008 年又筹资合作开展"志丹县退耕还林工程综合效益评价"研究。之后，课题组先后对黄土高原腹地的吴起、志丹、定边、盐池、安塞、华池等县（区）1000 多个样本退耕农户进行了长期跟踪调研，建立了退耕农户社会经济数据库，系统分析了退耕还林工程实施对区域经济发展、产业结构调整、粮食生产格局、农业生产效率、农户收入演变、农业人口迁徙、农户生计维系、农民福祉保障等诸多社会经济要素的影响；阶段性部分成果先后在《中国农村经济》、《农业技术经济》、《中国人口·资源与环境》、《地理学报》、《自然资源学报》、*Land Use Policy*、*Forest Policy and Economics*、*Environmental Management* 等国内外期刊上发表。课题组起初研究重点在退耕还林的社会经济效果评价方面，但该工程实施的初衷是防止陡坡耕地水土流失、解决土地生产力低下等问题；随着研究工作的不断深入，前期的研究范式已经不能满足退耕工程实施定量综合绩效评估的要求，必须进行学科交叉，综合地理学、生态学、地理信息学、生态经济学等多学科知识和手段才能破解研究难题；研究区域也从黄土高原扩展到长江中上游、西南石漠化、华北山地、南方红壤以及东北黑土地等区域。为此，课题组邀请或引进密歇根州立大学、北卡罗来纳州立大学、南京师范大学、中国地质大学等单位国内外知名专家或优秀科研人员加入，组建交叉学科研究团队。近五年，课题组立足全球视野，基于"3S"技术和景观生态学理论，在小流域、县域、流域、区域、国家等不同尺度，从时间—空间维度、投入—产出比例、计划—市场调控、承载—供需配置和宏观—微观层面，统筹生态、社会、经济、资源、人文五大系统，梳理退耕工程实施政策演变过程，对退耕还林工程实施不同阶段、不同尺度、不同区域的生态效益、经济效益和社会效益进行了系统的研究，系统地构建了退耕还林工程综合绩效评估体系和效果仿真模型以及政策优化建议。

《中国退耕还林效益评估与政策优化》全书共由 8 章组成，第 1 章引言，主要阐述了研究背景、目的与意义，分析近 20 年国家实施退耕工程学术界有关的研究动向，重点介绍研究内容、方法与思路以及主要研究结论；第 2 章退耕还林工程实施的历史渊源与现状：阐述了退耕政策出台的时代背景、现实意义和阶段目标，梳理退耕政策的基本内容、实施演变，总结退耕工程实施的主要成效及存在的主要问题；第 3 章退耕还林工程的社会效果评价，基于统计数据和实地调研的微观数据资料，采用理论分析与实证检验相结合的方法，分别探讨了退耕工程实施的劳动力再配置、减贫脱困、民生福祉和乡村振兴效应，针对问题提出了对策建议；第 4 章退耕还林工程的经济效果评价，基于实测数据和统计资料，采用实证检验与理论分析相结合的方法，分别探讨了退耕工程实施对区域粮食产量、农业产业结构、农户生产效率及退耕农户收入的影响，并提出了相应的对策建议；第 5 章退耕还林工程对土地利用的影响，基于遥感数据解译测算退耕工程实施前后不同尺度、典型区域、不同时期黄土高原和长江中上游等地土地利用/覆被景观格局指数及植被覆盖、荒漠化指数的时空变化，并分析退耕工程的主要影响；第 6 章退耕还林工程对植被 NDVI 变化的影响，基于遥感数据和统计资料揭示了退耕工程实施前后全国、黄土高原和长江中上游等地植被 NDVI 的时空变化特征，以及空间变化趋势特征对坡度级的响应；第 7 章退耕还林工程对生态系统服务功能的影响，基于改进的 InVEST 模型，全面评估了退耕工程实施背景下黄土高原、长江中上游等地土壤保持、水源涵养、生境质量和碳储量等生态系统服务功能的时空变化，并探讨退耕工程的主要贡献及其主要影响因子；第 8 章退耕还林工程政策优化与效率提升，基于统计数据和 ArcGIS 软件提取的气象数据、环境数据、资源数据资料，构建仿真模型，评估了退耕还林政策区域选择、退耕还林规模、退耕地坡度、退耕还林政策补贴标准等的最优抉择，以及政策提升的空间。全书由姚顺波教授、刘广全教授全面负责，总体设计研究框架、研究思路、研究方法和研究内容，并对全书进行编辑、审核和校对；章节撰写具体分工为：侯孟阳博士小组第 1、第 2 章，丁振民博士小组第 3、第 4 章，邓元杰博士小组第 5、第 6、第 7 章，王静博士第 8 章；土小宁教授参与了全书的编辑、审核和校对，封面构想刘广全、孙晶辉和土小宁。书稿内容大多是没有发表的最新创作，少量章节是通过整理团队已有研究成果编辑而成。

《中国退耕还林效益评估与政策优化》得以付梓，是我们科研团队长期坚持不懈、团结合作、集思广益的结果，更是国家、省部、市县等各级政府的资金、人力、物力大力支持与诸多帮助的结果。感谢国家自然科学基金项目（71473195、71173175 和 71373206）、

"十三五"国家重点研发计划重点专项（2016YFC0501602 和 2016YFC0501705）、国家林业公益性行业科研专项（201504424）、教育部基地重大项目（14JJD790031）、延安市重大科技项目（2016CGZH-14-03 和 2018CGZH-02）、延安山水林田湖草建设技术咨询与效益评估等（SC0202A012018 和 SC1003A012016）、深圳铁汉项目（THRD016），以及教育部人文社科基金、国家林业局软科学、陕西省自然科学基金、陕西省软科学等项目的资金支持；同时，还要感谢科研团队在外业调研和数据收集过程中给予我们无私帮助的延安、榆林、鄂尔多斯、吴起、志丹、安塞、盐池、定边、华池等市县级，甚至乡镇级政府及其相关职能部门的领导和工作人员，以及村组退耕户的积极配合；感谢河北、山西、内蒙古、江西、河南、广西、四川、贵州、云南、陕西、甘肃、青海、宁夏、新疆等省（自治区）林业厅（局），以及国家林业和草原局、中南林业调查规划设计院、西北林业调查规划设计院、中国科学院水利部水土保持研究所、中国科学院地理科学与资源研究所等单位提供的宝贵数据支持。

　　参加本研究的主要人员有西北农林科技大学经济管理学院李桦、霍学喜、赵敏娟、王博文、郭亚军、聂强、薛彩霞、张道军、龚直文、张雅丽等教授、专家或学者；水利部水土保持植物开发管理中心（水利部沙棘开发管理中心）土小宁教授；中国水利水电科学研究院齐春雨高工、史婉丽高工、焦醒高工；延安大学艾宁博士、何正祥高工、曹锋高工；商南县林业站站长、商南县食用菌研究所所长孟水平高工；延安市退耕还林工程管理办公室全小林主任、白应飞总工；延安市水利局岳延平高工；吴起县林业局吴宗凯局长、崔江勇局长、刘广亮副局长、刘生亮主任、齐生杰站长；吴起县国土资源局雷明军主任；吴起县园林局王生军副局长；宝塔区林业站李廷瑞高工；宝塔区果业局吕绍军高工；安塞区林业局张彦军副局长、张步云主任；陕西省治沙研究所贾艳梅副研；榆林市林业工作站王中强高工；神木市林业局黄保民局长、张亭主任、杨丰茂高工；神木市臭柏资源自然保护区管理站杨永智高工；宁夏防汛抗旱指挥部办公室岳志春博士；鄂尔多斯市水利局张强高工；鄂尔多斯市东胜区水务局陈永贵高工；密西根州立大学尹润生教授；国家林业和草原局经济发展研究中心刘璨研究员；西南林业大学支玲教授；西安交通大学林颖博士；西安工业大学石春娜副教授。参加该项目的博士生有于金娜、刘宗飞、田杰、党晶晶、刘越、刘璞、荣庆娇、王怡菲、李敏、王恒博、丁振民、侯孟阳、邓元杰、王静等；硕士生有丁屹红、温小洁、陈林、王宇、张晓蕾、鲁亚楠、郑雪、李雅男、朱玉鑫、谢怡凡、高晴、李园园、贾磊、赵媛、杨乔、王建军等。

　　由于时间仓促和水平有限，本书一定会有许多不足和遗漏之处，恳请诸位提出宝贵意见，作者感激不尽。目前，有关退耕还林研究文献很多，虽然书中对所涉及文献均有所引用，但难免挂一漏万，未能一一列尽，敬请见谅！对有关著者的贡献作者表达深深的谢意！

　　傅伯杰院士在退耕还林工程实施理论体系、构建技术、功能评价等方面研究做出了重大贡献，是在该领域国外发表研究论文最多的学者。有幸邀请傅院士在百忙之中为本书作序，我们在此深表谢意！

姚顺波　刘广全

2019 年 8 月 18 日于陕西延安

Preface

The year 2019 is the 20th anniversary of the implementation of the SLCP in China. As a basic policy of our country, the SLCP is not only an extensive ecological project that attracts worldwide attention but also a moral and people supported political project that has won its residents' heart and followed their willingness. It has characteristics such as wide coverage, large scale, long duration, large financial investment, and large population involved. Over the past 20 years, the country has invested a total of more than 500 billion yuan (RMB) in the project, completed an area of more than 500 million mu, and covered 32 million rural households in nearly 2,000 Counties (Districts, or Banners) of 25 Provinces (Autonomous Regions, or Municipalities) and Xinjiang Production and Construction Corps. The forest coverage rate in the project area has increased by an average of more than 4.0%. The Chinese plan for environmental protection has made the earth much greener. The global greening area has increased by 5.0% from 2000 to 2017, of which 25.0% came from China. China has the highest contribution ratio in the world, which is indispensable from its comprehensive and in-depth implementation of the SLCP. The quantitative and comprehensive performance of the SLCP has received great attention from government policy makers, project executors, and domestic and foreign experts and scholars. The project is closely related to China's ecological security, homeland security, water supply security, food security, etc., and sustainable development of socio-economy, ecological civilization, comprehensive well-off construction, and the great rejuvenation of the Chinese nation. It is also closely related to the commitment of the Chinese Government to the world and its global influence, voice and leadership. And it even relates to the living conditions and future of the entire world or all mankind and the development concept in the future. As a researcher on the implementing policy of the SLCP, it is necessary to sort out the implementation evolution of the SLCP, comprehensively and objectively evaluate the implementation effects of the SLCP. It is expected to provide policy makers a basis for decision-making, contribute policy implementers an optimized implementation plan, and lay a theoretical foundation for the performance evaluation of other ecological projects.

The Research Center for Resource Economics and Environmental Management at Northwest A&F University has been engaged in research on the policy effects evaluation of ecological projects, especially the comprehensive evaluation of the implementation performance of the forest ecological project. The team's earliest research on the policy of the SLCP can be traced back to 2005. Professor Liu Guangquan, the then Vice Mayor of the People's Government of Yan'an City, the current Secretary-General of the World Association for Sedimentation and Erosion Research (WASER) and the Vice Director of the International Research and Training Center for Erosion and Sedimentation (IRTCES), acutely discovered that the country's implementation of the SLCP has profound influence on the ecological restoration, environmental protection and resource allocation of the "three mouths (population, livestock, and stove)", "three farmers (agriculture, countryside, and farmers)" and "three lives (production, living, and habitat)", and socio-economic, human history and many other aspects. Funds were raised to jointly carry out the research on "Economic and Social Effects Evaluation of the SLCP in Wuqi County", and in 2008, it also raised funds to carry out a study on "Comprehensive Benefit Evaluation of the SLCP in Zhidan County". After that, the research team has carried out a long-term follow-up survey and established a socio-economic database on more than 1,000 sample households participating in the SLCP in Wuqi, Zhidan, Dingbian, Yanchi, Ansai, Huachi and other Counties (Districts) in the hinterland of the Loess Plateau. We systematically analyzed the impact of the SLCP on socio-economic factors such as regional economic development, industrial structure adjustment, grain production structure, agricultural production efficiency, farmers' household income evolution, agricultural population migration, farmer livelihood maintenance, and farmers' welfare guarantee. Parts of our achievements have been published in *Chinese Rural Economy*, *Journal of Agrotechnical Economics*, *China Population, Resources and Environment*, *Acta Geographica Sinica*, *Journal of Natural Resources*, *Land Use Policy*, *Forest Policy and Economics*, *Environmental Management*, and other domestic and international journals. Initially, the research team focused on the evaluation of the socio-economic effects of the SLCP. However, the original intention of the project is to prevent soil erosion on steep cropland and solve problems such as low land productivity. With the continuous deepening of research work, the previous research paradigm has been unable to meet the requirements of a quantitatively comprehensive performance evaluation of the implementation of the SLCP. Interdisciplinary research must be conducted, and the research difficulties have been solved with multidisciplinary knowledge and methods such as geography, ecology, geoinformatics, and ecological economics. The research area has also been expanded from the Loess Plateau to the Yangtze Middle and Upper Reaches, the rocky desertification in the southwest, mountainous areas in north China, red soil hills in the south, and black soil in the northeast. To this end, the research group invites or hires well-known experts or outstanding researchers from home and abroad, such as Michigan State University, North Carolina State University, Nanjing Normal University, and China University of Geosciences, to form an interdisciplinary research team. In the past five years, the research team has coordinated the five major systems of ecology, society, economy, resources, and humanities based on a global perspective with the "3S" technology and landscape ecology theory, at different scales such as small watersheds, counties, watersheds, regions and country, and from levels of time-space dimension, input-output ratio, planning-market regulation, carrying capacity-supply and demand allocation, and macro- micro economics. As such, we sorted out the policy evolution of the implementation of the SLCP, and systematically studied the ecological, economic and social benefits of the implementation of the SLCP at different stages, scales and regions. The comprehensive performance evaluation system and effect simulation models of the SLCP are systematically established, and policy optimization suggestions are proposed.

The book *Efficiency Evaluation and Policy Optimization of the Sloping Land Conversion Program in China* consists of 8 chapters. The first chapter is an introduction that mainly elaborates the research background, purpose, and significance. It analyzes the research trends of studies in the implementation of the SLCP in the past 20 years, which focuses on the research contents, methods and ideas, and main research conclusions. Chapter 2 is the historical context and policy analysis of the implementation of the SLCP. It elucidates the era background, practical significance and stage goals of implementing the SLCP, sorts out the basic content and implementation evolution of the policy, and summarizes the main effects and problems of the implementation of the SLCP. Chapter 3 evaluates the social effects of the SLCP. Using statistical data and micro data from field investigations, a combination method of theoretical analysis and empirical tests is adopted to discuss the labor allocation, poverty alleviation, human welfare and rural rejuvenation effects of the implementation of the SLCP, and countermeasures and suggestions are put forward. Chapter 4 is the economic effect evaluation of the SLCP. Based on the field data and statistical materials, a combination of empirical testing and theoretical analysis is used to discuss the SLCP's effects on regional grain production, agricultural industrial structure, farmer productivity and participating farmers' household income, the corresponding countermeasures are proposed. Chapter 5 is the impact of the SLCP on land use. Based on the interpretation of remote sensing data, spatial and temporal changes of Landscape Pattern Index and Vegetation Coverage of Land Use/Cover and Desertification Index of the Loess Plateau and the Middle and Upper Reaches of the Yangtze River are calculated before and after the SLCP at different scales, typical areas and different periods. Chapter 6 is the impact of the SLCP on changes in vegetation NDVI. Based on remote sensing data and statistical materials, this capital reveals the spatial and temporal characteristics of vegetation NDVI in the country, the Loess Plateau, and the Middle and Upper Reaches of the Yangtze River before and after the implementation of the SLCP, and the responses of the NDVI spatial variation trend characteristics to slopes. Chapter 7 is the impact of the SLCP on ecosystem services function. Based on the improved InVEST model, it comprehensively assesses the temporal and spatial changes of ecosystem service functions such as soil conservation, water conservation, habitat quality, and carbon storage in the Loess Plateau and the Middle and Upper Reaches of the Yangtze River where the SLCP was implemented, and the main contributions of the SLCP and other main influencing factors are discussed. Chapter 8 is policy optimization and efficiency improvement of the SLCP. Based on statistics and meteorological, environmental and resource data extracted by ArcGIS software, a simulation model is constructed to evaluate the optimal selection of area choice, scales, slopes, and subsidy standard of the SLCP, and the room for policy improvement is proposed.

The book is fully responsible by Professors Yao Shunbo and Liu Guangquan in the overall design of the research framework, research ideas, research methods and research contents and in the edition, review and proofread of the whole book. The writers of each chapter are: Chapters 1 and 2 by the group of Dr. Hou Mengyang, Chapters 3 and 4 by the group of Dr. Ding Zhenmin, Chapters 5 to 7 by the group of Dr. Deng Yuanjie and Chapter 8 by Dr. Wang Jing. Professor Tu Xiaoning was involved in editing, reviewing and proofreading the whole book. The book cover was designed by Liu Guangquan, Sun Jinghui and Tu Xiaoning. The majority contents of the text are the latest unpublished achievements with a few chapters compiled by sorting out the existing research accomplishments of the team.

The accomplishment of the *Efficiency Evaluation and Policy Optimization of the Sloping Land Conversion Program in China* is the result of our research team's long-term persistence, unity and cooperation, and brainstorming. Moreover, it is the result of the financial, human, and material supports of the national, provincial, city and county governments. We appreciate the strong support by the National Key Research and Development Project of China

(2016YFC0501602 and 2016YFC0501705), the National Natural Science Foundation of China (71473195, 71173175, and 71373206), the National Special Forestry Fund in the Public Welfare (201504424), the MOE Project of Key Research Institute of Humanities and Social Sciences in Universities (14JJD790031), and the Key Science and Technology Projects in Yan'an (2016CGZH-14-03 and 2018CGZH-02), the Technical Consultation and Benefit Evaluation of Yan'an Landscape Allocation and Ecological Construction (SC0202A012018 and SC1003A012016), Techand's Project (THRD016), the Humanities and Social Sciences Fund of the Ministry of Education, Soft Science Projects of the State Forestry Administration, Natural Science Foundation of Shaanxi Province, Soft Science Projects of Shaanxi Province, etc. At the same time, we also appreciate the leaders and staff of Yan'an, Yulin, Ordos, Wuqi, Zhidan, Ansai, Yanchi, Dingbian, Huachi and other cities and counties and even government and related functional departments at the township level, and the active cooperation of the SLCP participating farmers in the village. We thank the Forestry Departments or Bureaus of Hebei, Shanxi, Inner Mongolia, Jiangxi, Henan, Guangxi, Sichuan, Guizhou, Yunnan, Shaanxi, Gansu, Qinghai, Ningxia, Xinjiang and other Provinces or Autonomous Regions, as well as the State Administration of Forestry and Grassland, the Central South Forestry Survey Planning and Design Institute of the State Administration of Forestry and Grassland, the Northwest Forestry Survey Planning and Design Institute of the State Administration of Forestry and Grassland, the Institute of Soil and Water Conservation of the Chinese Academy of Sciences, the Institute of Geographic Sciences and Natural Resources Research of the Chinese Academy of Sciences, and other institutions, for their supports in providing valuable data.

The main people participating in this research are: Professors/experts/scholars Li Hua, Huo Xuexi, Zhao Minjuan, Wang Bowen, Guo Yajun, Nie Qiang, Xue Caixia, Zhang Daojun, Gong Zhiwen, and Zhang Yali of the School of Economics and Management at Northwest A&F University. Professor Tu Xiaoning of the Plant Development & Management Center for Soil & Water Conservation (China National Administration Center for Seabuckthorn Development) of the Ministry of Water Resources. Senior Engineer Qi Chunyu, Senior Engineer Shi Wanli and Senior Engineer Jiao Xing of the China Institute of Water Resources and Hydropower Research. Dr. Ai Ning, Senior Engineer He Zhengxiang and Cao Feng at Yan'an University. Senior Engineer Meng Shuiping of Shangnan County Forestry Station and Edible Fungi Institute. Director Tong Yanlin and Chief Engineer Bai Yingfei of the Management Office of the SLCP in Yan'an. Senior Engineer Yue Yanping of Yan'an Bureau of Water Resources. Director Wu Zongkai, Director Cui Jiangyong, Vice Director Liu Guangliang, Director Liu shengliang and Station Master Qi Shengjie of Wuqi County Forestry Bureau. Director Lei Mingjun of Wuqi County Bureau of State Land and Resources, Vice Director Wang Shengjun of Wuqi Bureau of Parks and Woods, Senior Engineer Li Tingrui of Baota District Forestry Station, Senior Engineer Lv Shaojun of Baota District Bureau of Fruit Trees, Vice Director Zhang Yanjun and Director Zhang Buyun of Ansai District Forestry Bureau, Associate Researcher Jia Yanmei of Shaanxi Provincial Institute of Desertification Control, Senior Engineer Wang Zhongqiang of Yulin Forestry Station, Director Huang Baomin, Office Director Zhang Ting and Senior Engineer Yang Fengmao of Shenmu Forestry Bureau, Senior Engineer Yang yongzhi of Management Station of Sabina vulgaris Natural Reserve in Shenmu City, Dr. Yue Zhichun of Ningxia Flood Control and Drought Relief Command Office, Senior Engineer Zhang Qiang of Ordos Bureau of Water Resources, Senior Engineer Chen Yonggui of Dongsheng District Water Resources Bureau of Ordos, Professor Yin Runsheng of Michigan State University, Researcher Liu Can of the Economic Development Research Center of the State Administration of Forestry and Grassland, Professor Zhi Ling of Southwest Forestry University, Dr. Lin Ying of Xi'an Jiaotong University, Associate Professor Shi Chunna of Xi'an University of Technology. The Doctoral Candidates or Doctors participating in the project are Yu Jinna, Liu Zongfei, Tian Jie, Dang Jingjing, Liu Yue, Liu Pu, Rong Qingjiao, Wang Yifei, Li Min, Wang Hengbo, Ding Zhenmin, Hou Mengyang, Deng Yuanjie, Wang Jing, etc., and the Master Degree Candidates or Masters are Ding Yihong, Wen Xiaojie, Chen Lin, Wang Yu, Zhang Xiaolei, Lu Yanan, Zheng Xue, Li Yanan, Zhu Yuxin, Xie Yifan, Gao Qing, Li Yuanyuan, Jia Lei, Zhao Yuan, Yang Qiao, Wang Jianjun, etc.

Due to the rush time and limited level, there should be many shortcomings and omissions in the publication of this book. The authors will be really appreciated if our readers could provide any valuable suggestions. At present, there are many literatures on the research of the SLCP, although the literature involved in the book has all been cited, it is inevitable that there are leaks that have not been throughout listed. We ask for their kindly forgiveness and express gratitude to the authors for their contributions!

Academician Fu Bojie has made significant contributions to the theoretical system, construction technology, and function evaluation of the implementation of the SLCP and is the famous scholar who has published the most international research papers in this field. We have the great honor to invite Academician Fu to write the preface for this book out of his busy schedule, and we express our deep appreciation here!

Yao Shunbo, Liu Guangquan
August 18, 2019 in Yan'an, Shaanxi

目　　录

Contents

第1章 引　言

1.1　研究背景、目的和意义

1.1.1　研究背景

2015 年《巴黎协定》(*The Paris Agreement*)的达成标志着 2020 年后对全球气候变化的认识和治理将进入一个前所未有的新阶段,具有里程碑式的非凡意义,它将全球气候治理的理念进一步确定为低碳绿色发展,即从过去依赖化石能源的经济形态向去碳化的低碳绿色经济发展转变。《巴黎协定》首次在全球气候治理中将所有成员承诺的减排行动都纳入一个统一的有法律约束力的框架,而以往气候谈判的与会代表,由于各国利益间的制衡,以及技术转让、资金机制、能力建设等议题的分歧较大,部分发达国家和发展中国家很难形成具有广泛共识的、具有法律约束力的公约。因而,在过去的数十年中,随着全球经济的不均衡发展,虽然许多发展中国家面临着严重的生态环境问题,但其已经慢慢地推行出一系列环境保护计划。以政府补助为基础,来激励那些为生态服务作出贡献的群体,以期获得生态保护的效果,附带发展贫困地区农村经济,实现人与自然的和谐发展。这些项目主要包括:放弃不适宜农作物耕种的土地、采取先进耕作技术保护生态环境、野生动物栖息地保护、生物多样性保护、固碳和流域保护计划、减少温室气体排放、保护城市和农村饮用水源,等等;这些生态保护计划在国际上一般被称为生态服务补偿(payments for ecosystem service,PES)。

在中国,同样面临着刻不容缓的环境保护问题,经济的快速发展导致对资源的过度索取,生态环境遭到了前所未有的极大的破坏,环境恶化、资源枯竭、灾害频发、水土流失等生态问题也制约着经济社会的进一步发展。20 世纪 90 年代以来,中国经济发展逐步恢复,而且逐步进入快车道,同时也面临着越来越大的资源环境压力。1998 年长江、松花江和嫩江流域先后发生的特大洪涝灾害,给国家带来巨大灾难的同时,也为国民敲响了警钟,加快林草植被建设,保护天然森林,改善生态环境已迫在眉睫。在此背景下,中国政府先后启动了多项大型遏制水土流失加剧的生态保护工程:1978 年开始实施的"三北防护林工程"继续进入二期和三期阶段;1989 年开始实施的"长江防护林工程",2001~2010 年和 2011~2020 年分别实施二期和三期建设;2000 年开始实施"天然林保护工程";1999 年在四川、陕西、甘肃试点的退耕还林工程,2002 年由国务院批准正式启动,截至当前退耕还林政策实施已 20 年。

与其他区域性生态保护工程相比,退耕还林工程具有覆盖范围广、工程规模大、财政资金投入大、涉及人口多等特点,其最初的目的是生态恢复和环境治理。另外,退耕还林不仅具有水土保持和环境保护等生态功能,更是通过生态补偿转变农业经济结构,适当转移农村劳动力,提高农村生产生活水平,实现人与自然的和谐发展。随着工程的全面实施和社会经济的快速发展,国家赋予了退耕还林工程更多的政策目标,即生态治理与改善民生的共赢协调、实现精准扶贫、振兴区域经济、缩小地区差距、推动地区社会经济可持续发展等。2002 年，国务院下发的《关于进一步做好退耕还林还草工作的若干意见》（国发[2000]24 号）中提出，生态效益是退耕还林工程首要坚持的基本目标，如何同时做到提高农民收入、促进地方经济的发展也需要兼顾考虑。2004 年政府首次将扶贫和增加农民收入纳入退耕还林政策目标中（国家林业局，2004），明确了退耕还林政策的经济目标。农民是退耕还林政策的实施主体，只有农民能够增加收入并解决就业，才会持续的积极参与和支持，才能确保退耕还林生态目标的实现和长期保持。

2014 年中央 1 号文件指出："从 2014 年开始，继续在陡坡耕地、严重沙化耕地、重要水源地实施退耕还林还草"，中国重启中断了 6 年多的退耕还林工程。退耕还林工程是一项"群众要票子，政府要被子"的生态修复政策，退耕农户每年从政府得到大量"票子"支持，以弥补农户退耕的损失。截至 2018 年，退耕还林工程实施近 20 年以来，全国两轮退耕还林还草增加林地面积 3346.67×10^4 hm^2，占人工林面积 7866.67×10^4 hm^2 的 42.5%；增加人工草地面积 33.51×10^4 hm^2，占人工草地面积 1500.00×10^4 hm^2 的 2.2%。退耕还林工程总投入超过 5000×10^8 元，相当于两个半三峡工程的投资规模（国家林业和草原局，2018）。但是，伴随大量的财政资金的投入，一方面政府是否达到了预期的"要被子"的生态目标，退耕还林工程实施对生态效果的贡献大小还未被充分理解；另一方面，农户"要票子"的经济目标实现得怎么样，也还未进行全面、系统、客观的评估研究。从公共产品提供的视角看，退耕还林政策效果一方面取决于其生态修复效果，即"被子"的大小和厚度；另一方面也取决于其经济效果，即农户生计、产业结构、区域经济等。由此，引出退耕还林政策实施效果的重要问题：退耕还林政策已经全面实施20 周年，退耕还林工程的实施对生态环境改善的效果究竟如何？对水土流失、涵养水源等生态问题的解决有多大改善？对退耕区农户生计的提升效果有多大？以及对消除贫困产生了多大的影响？等等。因此，有必要对 20 年退耕还林政策实施的生态效果和社会经济效果进行客观、准确、全面地评估，以期为完善新一轮退耕还林政策提供理论支持与实证依据。

1.1.2　研究目的

退耕还林工程区生态与社会经济效果是由区域自然、经济、社会，甚至人文、历史以及退耕还林政策共同驱动或交互作用的结果。本研究的核心目的是在国家层面不同尺度全面动态监测并准确地评估退耕还林工程实施的社会经济效益和生态效益，并对新一轮退耕还林政策的设计进行优化。具体而言，本研究试图达到以下目的：首先在了解流域县域、市域、省域、区域等不同尺度研究区生态、社会、经济发展历程中演变的基础上，从政策的社会经济效益出发，利用农户实际调查数据和相关统计数据，借助计量经济学模型定量评估退耕还林工程实施对农户生计、消除贫困、种植结构、劳动力转移等社会经济效益的影响；其次从政策实施的生态效益出发，通过解译遥感数据评估退耕还林对生态服务价值、水土流失治理、碳汇等生态效益的影响；最后通过综合考虑社会经济效益和生态效益来评价退耕还林政策本身的可持续性，以期对退耕还林政策的设计和制定优化提供相应依据。通过上述研究目的的实现，拟回答以下具体问题。

（1）国家退耕还林政策实施过程或阶段性成果的成功经验如何？还存在哪些主要不

足或教训？

（2）退耕还林政策实施对社会效果的影响如何？尤其是对劳动力就业、消除贫困及粮食安全的影响如何？

（3）退耕还林政策实施的经济效果如何？尤其是对农户收入、农民生计的影响如何？退耕还林的现有补贴是否合理？应该如何改进？

（4）退耕还林政策实施产生了怎样的生态效果？能否有效治理水土流失？对生态系统服务、碳汇等的提升效果是否显著？

（5）如何优化退耕还林政策对农户的补贴标准？退耕还林还有多大空间？退耕还林工程继续实施前景如何？怎么进一步提升退耕还林政策实施效率？

1.1.3　研究意义

理论意义在于，本项目研究综合运用了系统科学、经济学、生态学、政策学、统计学、地理信息系统等多学科知识及其交叉学科或新型学科，通过宏观和微观两个层面系统而全面地探讨了退耕还林政策实施的社会经济效益和生态效益，一方面，能够丰富和完善退耕还林政策效益评估的理论、方法与内涵，另一方面，通过评估结果能够及时了解研究样本区退耕还林工程实施的现状、效益与潜力，有助于实现退耕还林政策实施的可持续发展，为退耕还林政策的进一步实施提供理论支撑。

政策意义在于，通过本项目的研究，能够全面系统地了解退耕还林工程实施在社会经济、自然生态方面的现状、效率与存在的问题，能够将退耕还林工程与农村经济发展、产业结构调整、农民收入提高、区域经济振兴以及生态环境保护等更好地结合起来，进而从根本上继续巩固和扩大退耕还林还草、退牧还草等成果，使退耕还林政策成为促进本地区农村精准扶贫和经济可持续发展的重要组成部分和有效途径，为新一轮退耕还林政策的实施、完善及后续相关的政策制定提供科学依据和政策参考。

课题组立足全球视野，基于"3S"技术和景观生态学理论，在小流域、县域、区域、国家等不同尺度，从时间—空间维度、投入—产出比例、计划—市场调控和宏观—微观层面，统筹生态、社会、经济、人文四大系统，梳理退耕还林工程实施政策演变过程，对退耕还林工程实施不同阶段、不同尺度、不同区域的生态效益、经济效益和社会效益进行了系统的研究，构建了退耕还林工程综合绩效评估体系及效果仿真模型，部分成果已发表在《地理学报》《地理研究进展》《地理研究》《地理科学》《资源科学》、*Forest Policy And Economics* 和 *Land Use Policy* 等国内外期刊上，主要成果汇聚于此。

1.2　文 献 综 述

退耕还林政策制定的最初目的是为了遏制水土流失，从保护和改善生态环境出发，将易造成水土流失的坡耕地有计划、有步骤地停止耕种，并按照适地适树原则，因地制宜植树造林的一项环境保护工程。《退耕还林条例》（国务院第 367 号）中要求"退耕还林必须坚持生态优先"，并"应当与调整农村产业结构、发展农村经济，防治水土流失、保护和建设基本农田、提高粮食单产"相结合，可以说，退耕还林工程不仅能够解决生态问题，还要通过对农户的补助直接作用于农民的种粮生产行为，并在增加农民收入、引导非农就业、调整生产结构、保障粮食安全等社会经济领域产生影响。因而，本部分对退耕还林研究的梳理与综述，首先通过 CiteSpace 知识图谱的可视化分析中国退耕还林工程全面实施 20 年研究的作者合作、机构合作、关键词共现、引文图谱、热点演变等内容，了解 20 年以来研究的现状、进展与趋势；其次，分社会效果、经济效果、生态效果三个方面具体梳理退耕还林政策实施效益或效果的主要文献，并进一步梳理退耕还林政策模拟与优化方面的文献。

1.2.1 退耕还林近 20 年的研究进展

本研究拟以中国知网 CNKI 总库与 Web of Science 核心合集为样本数据来源，借助科学计量工具 CiteSpace V 绘制中国退耕还林工程实施 20 年国内外相关研究的知识图谱（mapping knowledge domain），并结合常规统计方法对国内外退耕还林研究中的发文量、作者、机构、主题、关键词等特征进行可视化，系统性地分析与挖掘过去 20 年退耕还林研究的主题脉络与演进历程，全方位、多维度、立体式地揭示退耕还林研究的轨迹、特征与热点变迁，为后续退耕还林的研究提供参考和借鉴。

1.2.1.1 研究方法与数据处理

1）CiteSpace 方法说明

CiteSpace 知识图谱能够将一个知识领域来龙去脉的演进历程集中展现在一幅引文网络图谱上，并把图谱上作为知识基础的引文节点文献和共引聚类所表征的研究前沿自动标识出来（陈悦等，2015）。因此，CiteSpace 不仅能够清晰地了解某一学科或知识演化进程中的走势和动向（关键路径、转折点与发展前沿），还能厘清某一领域相关文献之间的复杂关系（研究主题、合作作者、合作机构等）。本研究基于 CiteSpace V（5.1.R8）关键词共现、关键词聚类、关键词突现分析、合作机构、合作作者等图谱功能，对退耕还林政策研究 20 年以来的演进路径、知识基础与研究前沿进行可视化呈现与文献计量分析。参数选取（selection criteria）为 Top 50 per slice，时间跨度为 1999～2019 年（Slice Length=1），使用剪切（pruning）联系中的寻径（pathfinder）功能，并勾选修剪合并网络（pruning the merged network），以简化网络并突出其重要的结构特征（孙威等，2018）。另外，需要说明的是，由于 CNKI 数据库缺乏参考文献的记录而无法进行文献的共被引分析，故从 CSSCI 数据库（cssci.nju.edu.cn）中以"退耕还林"为主题词进行检索，通过筛选得到同一时段下 241 篇文献进行引文分析与主题聚类。

2）数据来源与处理

为保证文献数据的全面性、权威性与高质量，退耕还林研究的文献数据来源为中国学术期刊网络出版总库（CNKI）和 Web of Science 核心数据库（WoS），由于退耕还林政策于 1999 年开始试点实施，本文时间跨度设置为 1999～2019 年，两库的检索时间统一为 2019 年 7 月 18 日。其中，一方面，中文文献在中国知网 CNKI 数据库中进行高级检索，检索条件设置为：主题为"退耕还林"，期刊来源类别为"CSSCI + EI + CSCD"，共检索得到 915 条文献记录，为保证精确性，人工剔除了会议综述、书评、调研报告、新闻报道等非研究型文献，以及与"退耕还林"主题明显不符的文献，筛选出 815 篇有效期刊论文，为了提高文献的全面性，加入《林业经济》《林业经济问题》两本核心期刊中以"退耕还林"为主题的文献共 192 条，最终以 1007 篇有效期刊论文作为中文文献的研究样本。另一方面，外文文献在 WoS 数据库中选用 WoS 核心合集进行高级检索，由于退耕还林在不同的时期有不同的英文翻译，因此，确定的检索方法为：TS= ("Grain for Green" OR "Sloping Land Conversion Program")，以检索在标题、关键词、摘要中包含检索词的文献，文献类型设置为 Article，检索得到 390 篇外文文献。

1.2.1.2　国内外研究现状分析

1）国内外研究的发文量现状

根据 CNKI 数据库检索到的 1007 篇文献与 WoS 数据库检索到的 390 篇文献，统计了研究时段内每年的发文数量，随着退耕还林政策从试点到全面启动，不同学者开始了退耕还林的相关研究，发文量也随之开始增长（图 1.1）。

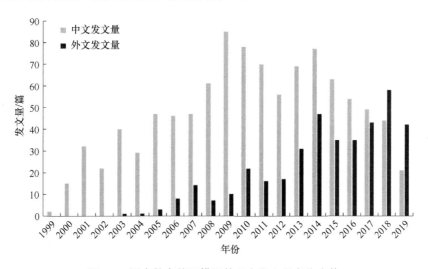

图 1.1　国内外有关退耕还林研究发文量变化走势

文献量截至 2019 年 7 月 18 日，并非 2019 年的全年文献量

由图 1.1 可以看出，中文发文规模整体上要高于外文发文数量，中文退耕还林相关研究在试点阶段便已开始，而外文相关研究的第一篇文献出现在退耕还林全面启动的 2003 年。从发文量走势上看，中文文献数量整体上呈现比较明显的先上升、后下降的波动性变化走势，在 2009 年达到最高的发文量 85 篇，可以发现中文发文量的变化能够与退耕还林政策实施不同阶段相呼应：在政策实施的试点、启动到调整阶段，中文发文量呈现稳定上升走势，进入巩固完善阶段后，发文量出现一定幅度下降，而随着新一轮退耕还林的启动，受此影响，发文量在 2014 年又达到一个小高峰 77 篇，表现出一定的热点突发性，但随着退耕还林研究的日趋成熟，中文文献数量开始逐年下降。与此对应的是，外文中退耕还林的研究虽然起步稍晚，但相关研究成果也较丰富，呈现随时间演变而波动性增长的走势，同样是在 2014 年，发文量有明显增幅，2017 年外文发文量已与

中文发文量相接近，并于 2018 年超过中文发文量，表现出国外期刊对中国退耕还林政策实施的关注度并未因政策趋于稳定而下降，而是对退耕还林等生态政策实施的效果及可持续发展关注力度的提高。

2）国内外发文作者合作网络

发文作者是科学研究的主体，通过对发文作者及其合作网络的结构特征分析，可以反映出该领域的核心作者群及其合作关系，图 1.2 展示了 CNKI 和 WoS 中国内外发文作者的合作网络图谱，图中节点代表发文作者，节点大小代表作者的发文数量，节点越大说明该作者的发文量越多，节点之间用线条连接代表不同作者的合作关系，线条的粗细可反映作者间合作强度的大小。

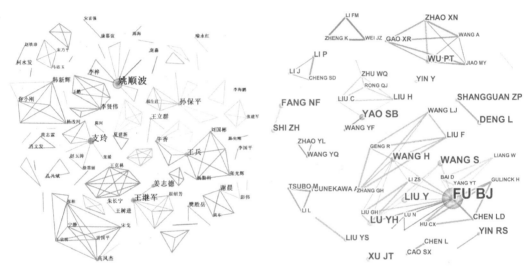

图 1.2　国内外有关退耕还林研究发文作者合作网络图谱（彩图请扫封底二维码）

从中文文献来看，发文量排在前两位的作者为姚顺波和支玲，发文数量分别为 29 篇、20 篇，紧随其后的是王继军、孙保平、王兵、姜志德，发文量在 4 篇以上，6 位作者的发文量合计占比为 39.2%，将近 2/5 的发文规模，可见在国内退耕还林研究领域中，发文作者的集中度较高，少数核心作者的研究成果基本奠定了退耕还林研究的理论基础；在合作关系方面，图谱显示共有 223 个节点，145 个连接，网络密度仅为 0.0059，作者之间的科研交流并不紧密，并呈现出"小集中、大分散"的特征，退耕还林研究虽然已经形成了若干个核心研究团队，如以姚顺波、支玲为核心的研究团队，内部合作强度相对较大，但不同的团队之间的连接强度比较弱，更多地表现为团队的独立研究。

从外文文献来看，文献发表主要以国内学者为主，其中傅伯杰（FU BJ）的发文量最多，为 24 篇，随后为姚顺波（YAO SB）7 篇、尹润生（YIN RS）6 篇、邓蕾（DENG L）6 篇、王帅（WANG S）5 篇，是图谱中最为显著的节点，除此之外的其他作者大部分处于独立发文的状态；可以发现，外文文献的发表多以国内学者为主，构成了退耕还林研究的主要团队；在合作关系方面，图谱显示共有 110 个节点，80 个连接，网络密度为 0.0133，虽然高于中文文献作者的合作密度，但合作网络强度与密度仍然偏低，一方面说明国内研究团队合作的研究成果倾向发表于 SCI/SSCI 级别的国际期刊，另一方面也反映出作者之间的合作关系仍须加强。

对比国内外发文作者的合作网络，国内外退耕还林的研究更多以国内学者及其团队为主，但学者之间的科研交流合作并不紧密，团队之间的联系强度较低。进一步分析文献的发表年份，发现多数研究团队形成于 2007 年以后，最明显的是以傅伯杰为核心的研究团队首次发文于 2007 年、以姚顺波为核心的研究团队首次发文于 2008 年，而支玲、王继军早在 2001 年便有文章发表，但未形成研究团队。

3）国内外发文机构合作网络

发文机构共现分析能识别出哪些机构是该领域研究的主要力量，有助于了解各机构在退耕还林研究领域内的学术地位，发文作者所在的研究机构基本上能够反映该机构在退耕还林研究领域所处的地位与能力。图 1.3 展示了 CNKI 和 WoS 中国内外发文机构的合作网络图谱，图中节点代表研究机构，节点大小代表研究机构的发文数量，节点越大说明该机构的发文量越多，节点之间用线条连接代表不同机构的合作关系，线条的粗细可反映机构间合作强度的大小（杜两省和郝增慧，2019）。

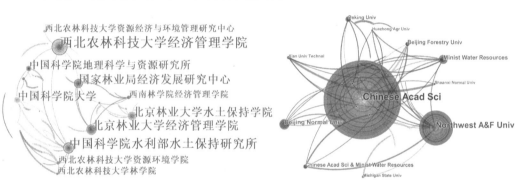

图 1.3　国内外有关退耕还林研究发文机构合作网络图谱（彩图请扫封底二维码）

在 CNKI 中，从发文量来看，国内期刊发文最多的机构是西北农林科技大学经济管理学院，累计 51 篇，可见其对退耕还林研究领域的关注，中国科学院水利部水土保持研究所、北京林业大学经济管理学院、国家林业局经济发展研究中心、北京林业大学水土保持学院、中国科学院大学等机构紧随其后，分别为 37 篇、35 篇、29 篇、28 篇、25 篇；从区域角度来看，发文量较多的机构多集中在资源丰富、学术氛围浓厚、高等院校云集的地区，一定程度上为开展学术研究提供了良好条件；从合作关系来看，图谱中共有 118 个节点，67 个连接，网络密度仅为 0.009 7，机构之间相互联系较少，尚未形成比较广泛、紧密而深入的学术合作网络，需要进一步加强交流与合作，以更好实现机构间学术成果的交融。而联系强度相对较高的机构往往处于同一座城市或同一部门中，如中国科学院生态环境研究中心、中国科学院地理科学与资源研究所、中国科学院大学与中国科学院水利部水土保持研究所，国家林业局经济发展研究中心与北京林业大学水土保持学院等，但西北农林科技大学的经济管理学院、林学院、农学院之间的合作交流并不紧密。

在 WoS 中，在国外期刊中发文量最多的机构是中国科学院（Chinese Academy of Sciences），其参与的发文量共有 179 篇，西北农林科技大学（Northwest A&F University）次之，共发文 65 篇，紧随其后的是中国科学院大学（University of Chinese Academy of

Sciences）为42篇、北京师范大学（Beijing Normal University）为27篇及中国科学院水利部水土保持研究所（Institute of Soil and Water Conservation，CAS & MWR）为21篇，可以看出国内机构研究较多，而国外机构的研究较少且分散；从合作强度来看，图谱中共出现44个节点，103个连接点，网络密度为0.108 9，中国科学院表现出较强的研究力量，与其他多数机构建立了较为紧密的学术连接，具备较强的学术影响力，但其他机构之间的连接并不紧密，且相对独立，缺少一定的合作往来。

通过对比国内外发文机构的合作网络，可以发现国内科研院所、高等院校仍然是退耕还林研究的主体，科研院所以中国科学院为核心，具有很强的研究实力与合作引力，高等院校以西北农林科技大学为主，但其与其他机构的连接并不紧密，并且其内部二级学院之间的交流也不紧密。

1.2.1.3　国内外研究主轴演化

1）文献共被引与关键文献识别

单篇文献的被引率不能全面反映其在某一研究领域的地位与作用，与同一领域内其他文献共同被引用时所形成的合作网络及其强度才能充分体现其影响力与知识基础（张健等，2019）。CiteSpace中文献共被引分析能较清晰地描述文献间存在的共被引关系，有利于发掘所研究领域的经典文献，从而对现有研究的知识基础进行准确说明（侯国林等，2015）。图1.4展示了退耕还林研究领域的文献共被引合作网络图谱，值得说明的是中文文献，由于CNKI数据库缺乏参考文献的记录而无法进行文献的共被引分析，故从CSSCI数据库（cssci.nju.edu.cn）中以"退耕还林"为主题词进行检索，通过筛选得到同一时段下241篇文献，来进行中文文献的引文分析，国内外数据库的参数设置均为Top N%=30，图中节点代表某一篇被引文献，节点大小代表该文献的被引频次，节点之间用线条连接代表相同领域内不同文献间的共引关系，线条的粗细可反映共引强度的大小，圆圈的大小反映文献的重要性，即中介中心性（betweenness centrality），其值越大，表示节点越重要。进一步地，寻找国内外退耕还林研究中关键节点的文献信息，将中介中心性（中文文献≥0.20、外文文献≥0.11）与被引频次相结合作为筛选关键节点的重要

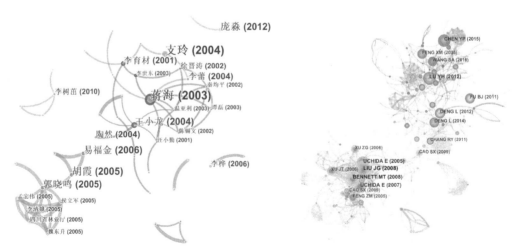

图1.4　国内外有关退耕还林研究文献共被引合作网络图谱（彩图请扫封底二维码）

依据,以此识别出中文关键文献 7 篇、外文关键文献 10 篇(表 1.1),这些关键节点的文献频繁地被其他文献所引用,是具有主导地位和学术影响力的经典文献,有助于全面了解退耕还林研究的知识基础。

表 1.1 国内外有关退耕还林研究关键文献识别

序号	作者	发表时间	文献名称	被引频次	中介中心性
1	郭晓鸣	2005	退耕还林工程:问题、原因与政策建议——四川省天全县 100 户退耕还林农户的跟踪调查	5	0.36
2	王小龙	2004	退耕还林:私人承包与政府规制	5	0.32
3	蒋海	2003	中国退耕还林的微观投资激励与政策的持续性	9	0.31
4	陶然	2004	退耕还林、粮食政策与可持续发展	4	0.26
5	胡霞	2005	退耕还林还草政策实施后农村经济结构的变化——对宁夏南部山区的实证分析	6	0.25
6	李育材	2001	退耕还林还草工作回顾与总体思路	4	0.24
7	支玲	2004	西部退耕还林经济补偿机制研究	8	0.22
1	Cao	2009	Attitudes of farmers in China's northern Shaanxi Province towards the land-use changes required under the Grain for Green Project, and implications for the project's success	20	0.25
2	Cao	2009	Impact of China's Grain for Green Project on the landscape of vulnerable arid and semi-arid agricultural regions: a case study in northern Shaanxi Province	21	0.20
3	Zhou	2012	The Grain for Green Project induced land cover change in the Loess Plateau: A case study with Ansai County, Shanxi Province, China	15	0.20
4	Chen	2007	Effect of land use conversion on soil organic carbon sequestration in the loess hilly area, loess plateau of China	15	0.19
5	Zhang	2013	Changes in vegetation condition in areas with different gradients (1980–2010) on the Loess Plateau, China	16	0.18
6	Wang	2007	China's Forestry Reforms	12	0.15
7	Fu	2011	Assessing the soil erosion control service of ecosystems change in the Loess Plateau of China	25	0.12
8	Uchida	2007	Are the poor benefiting from China's land conservation program	35	0.11
9	Deng	2012	Effects of the grain-for-green program on soil erosion in China	26	0.11
10	Feng	2005	Grain-for-green policy and its impacts on grain supply in West China	22	0.11

中文文献中进入引文分析的有效文献梳理为 1976 篇(施引与被引),其中最大节点是郭晓鸣等于 2005 年发表在《中国农村观察》上的"退耕还林工程:问题、原因与政策建议——四川省天全县 100 户退耕还林农户的跟踪调查"一文,中介中心性最强(0.36),该文是退耕还林研究较早期的权威文献,通过对退耕还林农户的追踪调查,分析了实施退耕还林地区农户的实际生存状况及其对工程可持续性的影响,并指出农户参与机制不健全、补偿机制存在缺陷、地方政府缺乏制度激励是退耕还林工程面临的突出问题,具备较强的政策含义与理论价值;另外,蒋海于 2003 年发表在《中国农村经济》上的"中国退耕还林的微观投资激励与政策的持续性"是被引频次最高(9 次)的文献,作者认为农户退耕还林的激励主要源于政府的财政补贴,但补贴是低效率的、非持续的,难以形成农户长期的退耕还林激励,从而无法保证国家退耕还林工程的如期完成,在当前的制度与政策安排下,退耕还林工程能够顺利进行并保持其可持续性的先决条件是合理的财政补贴,然而缺乏效率的补贴从长期来看是难以持久的,该文研究全面分析了财

政补贴对退耕还林政策的有效性与持续性，为后续研究提供了可资借鉴的理论基础。通过观察筛选出的中文关键文献，国内文献更加关注退耕还林政策实施所产生的社会经济影响，如政策实施的激励不相容问题（王小龙，2004）、经济补偿机制（支玲等，2004）、粮食政策（陶然等，2004）、农村经济结构变化（胡霞，2005）等，为退耕还林研究的经济学分析打下承上启下的理论基础。理论基础会沿着时间的变化而演进，表 1.1 中识别出的发表时间较早的关键文献为后来学者的相关研究提供了必要的理论依据，且在图谱中可以看出，2006 年之后还未出现具有较大影响力的文献，尤其是 2012 年以后，退耕还林的相关研究较零散，影响力有限，在社会经济方面影响的研究还未出现关键节点。

外文文献中进入引文分析的文献数量为 13 453 篇，其中最大的节点是曹世雄（Cao）2009 年发表在 *Land Use Policy* 上的论文 "Attitudes of farmers in China's northern Shaanxi Province towards the land-use changes required under the Grain for Green Project, and implications for the project's success"（0.25），该文详细检验了退耕还林工程背景下农户对土地利用变化的不同态度与响应，并提出为保证工程效果的可持续性必须给予农户适当补偿、改变农户生产方式和提供农户必要扶持的对策建议。该作者于 2009 年在 *Journal of Applied Ecology* 发表的 "Impact of China's Grain for Green Project on the landscape of vulnerable arid and semi-arid agricultural regions: a case study in northern Shaanxi Province" 以及周德成等（Zhou DC）2012 年在 *Ecological Indicators* 发表的 "The Grain for Green Project induced land cover change in the Loess Plateau: A case study with Ansai County, Shanxi Province, China" 紧随其后，中介中心性均为 0.20。另外，Uchida E 在 2007 年发表于 *Environment and Development Economics* 上的论文 "Are the poor benefiting from China's land conservation program?" 是被引次数最多的文章（35 次），"Effects of the grain-for-green program on soil erosion in China" 和 "Assessing the soil erosion control service of ecosystems change in the Loess Plateau of China" 紧随其后，为 26 次和 25 次。从时间变化上看，发表时间较早的关键文献是封志明（Feng）于 2005 年在 *Land Use Policy* 上发表的 "Grain-for-green policy and its impacts on grain supply in West China"，文章就退耕还林与粮食供给的均衡发展进行了研究与讨论，随着时间的演进，外文关键文献主要关注退耕还林在有机碳固存（Chen et al.，2007）、景观格局变化（Cao et al.，2009）、土地利用变化（Zhou et al.，2012）、水土流失（Fu et al.，2012）及植被覆盖（Zhang et al.，2013；刘广全，2005）等生态效益方面的影响，奠定了较好的生态效益评估基础，但涉及社会经济效果评估方面的关键文献相对较少，较早发表的林权改革（Wang et al.，2007）与贫困问题（Uchida et al.，2007）的研究属于比较典型的文献。深入分析国内外有关退耕还林（草）研究的关键文献，可以发现近 20 多年在该领域研究的显著特点与差异，一是中文关键文献在退耕还林（草）的社会经济效益评估中具有更高的影响力，而外文关键文献则在退耕还林（草）的生态效益评估方面具有更高的影响力；二是中文关键文献发表时间较早，在当下还未出现较有影响力的文献，而外文关键文献的时间跨度更大，影响力时间更加持久；从时间演进对比来看，外文文献的知识基础可以看作是中文知识基础的拓展与延伸，侧面反映出退耕还林（草）研究重要理论基础呈现由社会经济效益向生态效益，甚至向生态效益、经济效益、社会效益以及综合效益延伸与发展的走势特征，而且利用现代技术手段，由单一的传统学科向交叉、边缘、新型学科发展（表 1.1）。

2）关键词共现与突现的演进脉络

关键词是文献内容的高度浓缩与提炼,并能体现该领域的研究热点(谢伶等,2019),CiteSpace 在进行关键词共现分析时,提取的是关键词首次出现的年份,分析各年份共现关键词数量的变化,不仅可以判断该领域研究扩展的丰富程度,还可以判断该领域研究热点的变迁与活力(余构雄和戴光全,2017)。提取 1999~2019 年国内外退耕还林文献中的关键词,其中中文文献有 181 个,外文文献有 251 个,并绘制各年份出现的共现词数量分布图 1.5,可以发现退耕还林研究关键词数量的变化基本上与退耕还林工程实施发展阶段相匹配,1999~2005 年的试点与全面启动阶段,大致呈现"高开低走"态势,在1999 年和 2001 年出现两个小高峰,这一阶段未出现外文关键词,且主要涉及的关键词包括"退耕还林"及其变体、"黄土高原"、"土地利用"、"农民"、"可持续发展"、"劳动者"、"粮食安全"、"粮食补助"、"水土保持"等,丰富的关键词数量充分说明了本时段退耕还林研究的活跃性及主题的多样化;随着退耕还林工程实施进入调整、巩固完善阶段,2006~2013 年中文文献的关键词数量变化趋于平稳,略有波动,这一阶段侧重于"生态补偿""农户""影响因素""黄土丘陵区""吴起县""植被恢复""后续产业""农户收入""经济影响""时空变化"等主题的研究,而 2006 年之后外文文献逐渐开始增强对退耕还林研究的关注,这一时段的外文关键词数量远高于中文关键词数量,主要涉及"forest""grain for green""China""afforestation""ecosystem service""climate change""land use""vegetation"等主题词的研究,除 2008 年关键词数量为 0 外,整体上呈现出不断下降的走势,2013 年关键词的突然增加预示着退耕还林研究的新一轮热点即将开始;而随着新一轮退耕还林政策的启动,中文文献关键词的数量在下降,但波动并不明显,国内期刊对退耕还林研究的关注趋于稳定,而外文期刊响应迅速,产生了新一轮退耕还林研究的热度,涉及关键词主要有"catchment""region""variability""pattern""evapotranspiration""soil organic carbon""organic carbon"等。综合来看,国内外文献的关键词变化趋势体现了学者们对退耕还林的研究从开始较狂热的关注,再到逐渐稳定、理性关注的变迁。

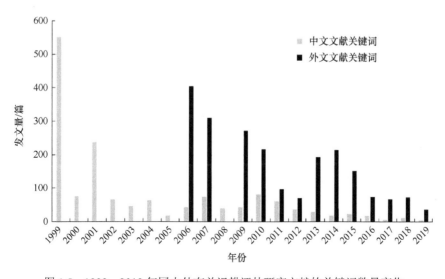

图 1.5　1999~2019 年国内外有关退耕还林研究文献的关键词数量变化

基于关键词共现与突现的研究主题演进能够反映该领域研究热点与前沿的内在联系与变化态势。首先，在 CiteSpace 中基于国内外退耕还林研究文献的关键词共现分析生成时区可视化 Timezone 图谱（图 1.6），分析退耕还林研究主题与热点的演进特征，图谱中各时间段之间的连线关系，可以分析各时段之间研究主题的传承关系（顾理平和范海潮，2018）；其次，关键词突现（burst）表示在某个时间段内关键词出现频次突然增加，用来进一步反映研究的未来发展趋势（杜两省和郝增慧，2019），为更加清晰地追踪退耕还林研究在关键节点的时间分布，在 Timezone 图谱的基础上绘制 Strongest Citation Bursts（重点关键词突现）图谱，这些突现关键词直接体现了某一时间段内研究热点的重大转向；观察图 1.7，发现中文文献中有 18 个关键词存在突现：

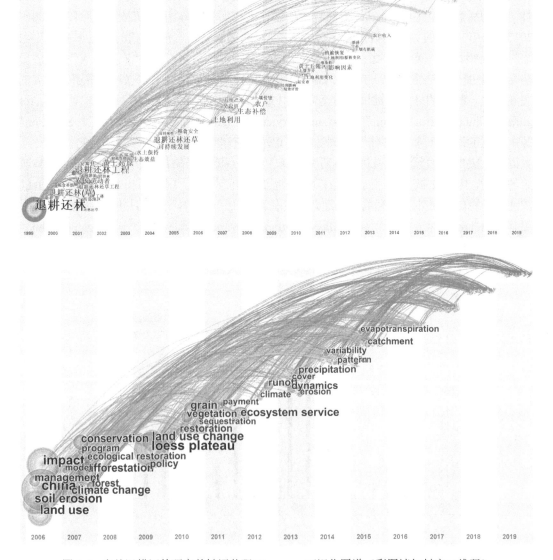

图 1.6　有关退耕还林研究关键词共现 Timezone 可视化图谱（彩图请扫封底二维码）

Top 18 Keywords with the Strongest Citation Bursts

Keywords	Year	Strength	Begin	End	1999~2019
粮食补助	1999	3.7104	2000	2001	
退耕地	1999	4.8059	2000	2003	
农民	1999	12.9434	2001	2005	
西部地区	1999	4.2048	2001	2004	
坡耕地	1999	3.2933	2001	2003	
人工林	1999	3.8458	2001	2004	
劳动者	1999	12.2611	2001	2004	
生态环境	1999	4.6744	2002	2008	
水土保持	1999	5.719	2003	2006	
可持续发展	1999	6.2266	2004	2010	
退耕还林还草	1999	7.8067	2004	2005	
粮食安全	1999	3.4479	2005	2006	
吴起县	1999	4.4312	2007	2011	
农户	1999	3.6423	2010	2014	
黄土丘陵区	1999	4.5988	2012	2015	
土地利用	1999	3.8074	2013	2017	
影响因素	1999	4.4276	2014	2019	
黄土高原	1999	7.2356	2017	2019	

Top 12 Keywords with the Strongest Citation Bursts

Keywords	Year	Strength	Begin	End	1999~2019
china	1999	11.1349	2006	2013	
afforestation	1999	4.6244	2007	2013	
poverty	1999	3.1052	2009	2014	
desertification	1999	3.4201	2009	2011	
grain	1999	3.6976	2010	2013	
forest	1999	3.5911	2011	2014	
policy	1999	3.1433	2012	2013	
vegetation	1999	3.1433	2012	2013	
program	1999	3.3924	2012	2013	
green	1999	3.3878	2013	2014	
deforestation	1999	3.2748	2014	2015	
streamflow	1999	3.1725	2016	2017	

图 1.7　国内外有关退耕还林研究关键词突现识别图谱（彩图请扫封底二维码）

粮食补助、退耕地、农民、西部地区、坡耕地、人工林、劳动者、生态环境、水土保持、可持续发展、退耕还林还草、粮食安全、吴起县、农户、黄土丘陵区、土地利用、影响因素、黄土高原；外文文献中有 12 个关键词存在突现：China、afforestation、poverty、desertification、grain、forest、policy、vegetation、program、green、deforestation、streamflow。

根据关键词共现时区图谱和重点关键词突现图谱，及研究时段各年份关键词分布状态，结合退耕还林政策实施的发展阶段，并参考突现图谱中关键词突现的起始时间，大致将退耕还林研究的主体脉络划分为三个阶段。

第一阶段（1999～2005 年）：退耕还林研究的起步阶段。这一阶段的研究以中文文献的研究为主体，成果也比较丰富，即国内期刊首先关注到退耕还林实施所产生的影响，研究主题主要围绕"退耕还林""可持续发展""生态环境""黄土高原""水土保持""粮食补助""安塞县""农民""可持续性""土地利用"等关键词开展研究，出现频率较高，并表现出一定的突现性。突现强度反映一段时期内该领域中影响力较大的研究主题，突现周期可以反映该关键词的影响周期，通过观察，突现强度排在前 5 位的依次是农民（12.9434）、劳动者（12.2611）、退耕还林还草（7.8067）、可持续发展（6.2266）及水土保持（5.7190），其中突现期最长的为生态环境与可持续发展，均为 7 年，其他多为 3～5 年，针对以上关键词的研究基本上奠定了国内退耕还林研究的理论基础，并长期影响着退耕还林的后续相关研究。另外，该阶段国内退耕还林的研究多聚焦于农户视角，并基于某一特定区域（如陕西安塞县、黄土高原）来展开。

第二阶段（2006～2013 年）：退耕还林研究的深化阶段。随着退耕还林工程实施进入优化调整、巩固完善的阶段，这一阶段对退耕还林的研究呈现不断拓展与深化、多元化发展的态势。中文文献的研究主要是在已有文献的基础上继续深入探讨，研究的关注点未出现新的增长极，围绕生态与社会经济主题中"生态补偿""土壤侵蚀""黄土丘陵区""影响因素""植被恢复""农户收入""土地利用变化""经济影响"等出现频率较高的关键词开展研究，研究区域也在不断扩大，如由吴起县到延安市，从延安市到陕北，再到黄土高原，甚至全国等，表现出一定突现性，并按突现强度排序的关键词为黄土丘陵区（4.5988）、吴起县（4.4312）、土地利用（3.8074）及农户（3.6423），其中，吴起县、土地利用与农户的突现周期均为 5 年，吴起县作为全国退耕还林的一面旗帜，由于其显著的退耕还林效果受到学术界的关注；这一阶段的外文文献则更具研究活力与多元，从 2006 年开始，国外期刊开始关注中国的退耕还林，"China" "loess plateau" "impact" "land use change" "soil erosion" "conservation" "ecosystem service" "grain" "payment" 等高频率关键词开始逐渐出现，在全球气候变化的大背景下，中国的退耕还林政策实施后在土地利用变化、生态系统服务价值/功能变化、水土流失治理、植被恢复等方面产生的生态影响在国外具有更高的关注度。突现关键词按照突现强度排序主要包括 China（11.1349）、afforestation（4.6244）、grain（3.6976）、forest（3.5911）及 desertification（3.4201）等，其中"China"具有最大的突现强度与最长的突现周期（8 年），afforestation 与 poverty 次之（均为 6 年），可见国外期刊对中国的生态工程具有强烈的兴趣；究其原因，以退耕还林工程为代表的中国生态工程，在改善自然环境、保障农村民生等可持续发展领域取得的巨大成就已经引起了国际社会的关注（Bryan，2018），并且也需要国际社会清楚地了解退耕还林工程在生态建设方面的成效。

第三阶段（2014~2019 年）：退耕还林研究的稳定阶段。虽然新一轮退耕还林政策已经启动，但由于退耕还林的研究逐渐成熟，学者们对热点的追踪趋于理性，这一阶段的中文文献并未出现新的增长极，"机会成本" "植被覆盖" "景观格局" "补偿标准" "生计资本" "受偿意愿" "乡村振兴" 等高频关键词逐渐出现，意味着退耕还林研究更具多元性，随着精准扶贫工作的深入推进及乡村振兴战略的实施，国内期刊对退耕还林研究的关注逐渐与时代背景与国家政策紧密相连。另外，表现出突现性的关键词为黄土高原、影响因素，突现强度分别为 7.2356、4.4276，影响因素的突现周期最长（6 年），主要围绕新一轮退耕还林后的退耕意愿（刘燕和董耀，2014）、复耕可能性（陈儒等，2016）、农户风险感知（张朝辉，2018）的影响因素展开研究；与此同时，外文文献中"catchment" "region" "variability" "evapotranspiration" "soil organic carbon" "vegetation restoration" "sustainable development" "human activity" 等高频关键词开始逐渐出现，国外期刊继续从生态环境的角度去关注退耕还林工程实施产生的影响，更加触及生态环境影响的各个角度和方方面面。这一时期的外文突现关键词仅包括 deforestation（3.2748）、streamflow（3.1725），且突现周期均不长，可以看作是前一阶段研究的继续深入或延伸，研究热点主要围绕退耕还林工程实施对森林砍伐、流域径流量的影响来展开，但热点的突现周期较短。

近年来，虽然国内外退耕还林研究的发文量在下降、关键词突现不明显，预示着学者们对热点的追求趋于逐渐稳定与成熟，但通过本文对国内外文献的梳理总结与主题演进分析，未来退耕还林的研究仍存在进一步探索的空间：研究视角要注重多学科的交叉融合，以及新理论、新技术、新方法的推动。退耕还林工程的实施目标决定了退耕还林的研究是一个包含社会经济、环境生态、人文地理等复杂系统问题。国内外退耕还林研究的主题脉络基本上经历了从最初的关注社会经济影响，逐渐发展为对社会经济与生态影响的关注齐头并进的研究格局，但研究的问题大都只在各自的学科领域内，还未跳脱出各自研究领域的理论基础去审视退耕还林问题，遵循的研究路径很多也是各自领域既定的分析框架，某些交叉研究只发生在人文社会科学领域内，导致退耕还林的研究在社会经济学科与生态、地理学科之间缺乏交叉融合，将 GIS 的技术手段引入社会经济问题的探索，将社会经济学科的分析框架引入生态环境问题的分析，积极吸纳并融合不同学科知识是提升退耕还林研究有效性的必经之路，也是全面构建中国退耕还林研究坚实知识体系的重要手段。

1.2.2 退耕还林社会经济效果研究综述

退耕还林政策实施对社会经济的直接作用是改变土地利用模式与农业生产方式。转变农业经济结构要从调整退耕区农业和农村生产收入结构入手，使其转入环境与经济可持续发展的其他行业，从而达到生态保护、农民增收与结构优化的多重目标。随着国家"精准扶贫"工作的深入推进及新一轮退耕还林政策的启动，退耕还林政策成为国家实现生态环境保护与扶贫脱贫双重目标的结合点和契机：一方面，政府明确希望退耕还林能将农户从低利润的粮食生产转向利润较高的其他作物生产，或者实现从农业向非农业的转变；另一方面，无论是在本地的劳动力市场还是在全国的劳动力市场，非农就业已经成为中国农村减贫脱贫的重要方式（Bowlus and Sicular，2003）。农户是退耕还林政策实施的主体，徐晋涛等（2004）认为，退耕还林政策在执行过程中，农户退耕是农业生产模式和土地利用结构转换的先决条件，只有让农户在退耕还林工程实施过程中获得高于粮食生产的收益时，才能调动农户参与退耕还林的积极性。当农户进行退耕后，农业经济结构调整和转换才有可能，这种调整方式不仅能促进非农就业，带动农民增收创收，还能改善区域生态环境，提升农民幸福指数。可以说，退耕还林政策实施的社会效果与经济效果是相辅相成的，生态效益、经济效益和社会效益是有机融合的，国家战略、地方经济与农民期盼是完全一致的。以往文献对退耕还林的成本有效性与结构调整（徐晋涛等，2004）、生态补偿标准（李国平和石涵予，2015；韩洪云和喻永红，2014）、复耕可能性（陈儒等，2016；任林静和黎洁，2017）、激励不相容问题（王小龙，2004）、瞄准效率和运行机制（Bennett，2008；Yin and Yin，2010）、机会成本（Kelly and Huo，2013）、补偿效率（李云驹等，2011；李国平和张文彬，2014）等问题都开展了深入研究，接下来，对退耕还林政策实施的农民增收、劳动力转移、非农就业、粮食安全、生产效率、产业结构、消除贫困等涉及社会效果与经济效果的文献进行梳理与评述。

1.2.2.1 退耕还林与农民增收及消除贫困

对于农民增收效果，学者们研究的结论不一，有些学者的实证研究表明退耕还林工程的实施有利于农民收入的增加，一方面归因于生产方式的转变（Yao et al.，2010），另一方面归因于政府的退耕补贴（Uchida et al.，2005）；李桦等（2013）分析指出，无论是在退耕还林工程实施之初还是在进一步巩固退耕还林成果之时，退耕农户的收入都在提高；刘璨和张巍（2006）研究退耕还林政策选择对农户收入的影响时指出，工程参与对农户收入的影响为正向关系，且如果在村级早一年实施工程，则人均年收入提高17.37%；Uchida 等（2007）的研究结果表明，尽管退耕还林工程实施增加了养殖收入和其他收入，但对家庭总收入的影响甚微；黎洁和李树苗（2010）定量分析了退耕还林工程实施对西部山区农户收入的影响，结论显示参与退耕还林对农户家庭纯收入有着显著的正向影响，尤其是对于中低收入农户；甄静等（2011）分两个阶段的实证研究表明，在退耕还林工程实施 5 年后，退耕还林工程显著地促进了参与户的收入增长，增收效应为 969.55 元，但是，实施 7 年后，工程的增收效果有所下降，即到了 2006 年，退耕还林工程对农户增收的净效应减至 771.61 元；刘浩等（2017）研究了退耕还林工程对农户收入不平等的影响，结论显示，实施退耕还林工程增加了样本农户的总收入，但拉大了样本农户的总收入不平等；段伟等（2018）评估了退耕还林工程对农户收入的影响，结果显示，参加退耕还林工程的农户较未参加该工程的农户其人均家庭纯收入提高 17.7%。也有研究认为退耕还林工程实施并未实现农民收入的增长，易福金等（2006）通过 2003 年和 2005 年追踪调查数据的研究指出，退耕还林工程在实施方面有一定改善，但工程的经济效果与早期的评估结论相近，即在就业结构调整、农业生产结构调整和农民收入增长方面没有显著效果，农户退耕后难以从种植业以外获得增收；李树苗和梁义成（2010）在可持续生计分析框架下，使用农户模型具体分析了退耕还林政策对农户生计的影响，研究指出，退耕还林政策既没有针对生计资本贫乏的农户，也不一定能够促使农业劳动力向非农转化，并进一步提升农户的收入；秦聪和贾俊雪（2017）在一个相对统一的框架下，识别出退耕还林工程对中国农户收入增长的因果处置效应，退耕还林工程并未对农户纯收入产生明显影响，仅对现有的退耕还林工程设计进行完善，不会提高其对农户增收的影响；另外，李欣等（2015）研究了生态补偿参与对农户收入水平的影响，表明不论以何种指标衡量农户的收入水平，生态补偿项目参与和农户收入水平存在负相关关系。还有学者研究了退耕还林工程实施前后收入结构的变化，胡霞（2005）对宁夏南部贫困山区事例的分析表明，退耕还林还草政策实施后农业土地使用在向集约化和商业化转变，农村就业结构和收入结构也在发生变化，并逐渐摆脱单纯依赖种植业收入的产业格局。

随着国家精准扶贫工作的深入推进，2018 年中国减少农村贫困人口 1386 万，连续 6 年超额完成千万减贫任务，贫困发生率由 2017 年的 3.1%下降到 1.7%，减贫成就举世瞩目。新一轮退耕还林工程的启动，进一步推动了退耕还林工程社会经济目标与精准扶贫工作的结合，有利于深入推进农民减贫脱贫。与农民增收有所区别的是，消除贫困主要是提高低收入农户家庭的可支配收入水平，使其超过贫困线。陈健生（2006）讨论了退耕还林与减缓山区贫困的关系，并指出国家对退耕还林的粮食补助标准足以满足农民的生存需要，摆脱绝对贫困没有问题，而且政府补助对缓解山区农民贫困具有直接的效用。王立安等（2013）的研究同样肯定了退耕还林政策对贫困户脱贫的正向作用，其分析指出，退耕后，参与项目的绝对贫困、相对贫困和一般农户在人均纯收入和生计综合能力方面都发生了可喜的变化，且绝对贫困人口受益最大；刘宗飞等（2013）则探究退耕还林背景下吴起县农户 1998～2011 年相对贫困的动态变化趋势、原因，研究发现吴起农户相对贫困的动态演化呈现先减少后增加的"U"形变化趋势，相对贫困的广度、强度和深度也都呈现类似变化；贫困的主要表现形式为贫困群体相对人均固定资产产值较低；贫困动态变化的主要原因是吴起农村整体收入分配的不平等；而贫困群体内部人均总资产水平过于平均，缺乏发展动力是贫困群体经济难以改善的重要影响因素。

还有研究分析了退耕还林工程实施对农户民生福祉的影响，刘秀丽等（2014）基于退耕还林工程实施引起的土地利用变化的基础，对宁武县农户福祉的变化进行分析，研究区农户福祉有所增长，但仍处于较低水平，各村庄存在明显的空间异质性，各福祉要素中，健康状况、资源安全和环境安全三项福祉要素的空间分异较小，其他要素空间分异较大；丁屹红和姚顺波（2017）对比了退耕还林工程实施 10 年之后黄河流域与长江流域农户福祉影响的变化与差异，该工程使两流域农户收入及物质需求、社会关系、安全方面的福祉有所提升，其中黄河流域的提升幅度大于长江流域，另外在农户健康、选择与行动自由方面，退耕还林工程实施对黄河流域农户的影响较为显著，但对长江流域农户的影响较小。

1.2.2.2 退耕还林与农村就业及人力配置

参与退耕还林农户的收入水平低、土地贫瘠、信贷市场功能缺失导致资金流动性不足，这些都成为制约农村劳动力非农化的关键因素（Kevane et al.，1999）。中国大多数农民无法完全离开土地，使得农村劳动力从农业向非农产业转移存在不确定性，因而，有研究认为退耕还林工程实施对促进当地非农就业具有显著的促进作用，胡霞（2005）认为退耕还林政策能否达到预期的目标，不仅取决于农业内部种植结构的调整，还取决于以农业劳动力向其他产业转移为主的农村经济结构转型，对宁夏南部贫困山区的事例分析表明，农村的就业结构正在发生变化，只要外部存在相对高的收入机会，无论是退耕农户还是未退耕农户，其劳动力都会向外部转移，可见退耕还林工程实施已经促使剩余劳动力向非农部门转移；朱明珍和刘晓平（2011）研究发现农户退耕地造林面积及参与退耕还林工程的时间能显著地增加农户林业、非农业劳动力供给，而显著减少农户以土地为基础的劳动力供给，Uchida 等（2005）同样得到了相同的结论；而与之相反的观点认为，退耕还林工程在促进农民增收和结构调整方面的作用甚微，工程对推动参与农民从种植业以外获得收入，以实现农业生产结构和农民收入结构转换的目标，还远没有实现，退耕还林工程实施要求农民首先改变用地模式，试图以此推动结构转换，但它在实施过程中所采取的促进农民生产与收入结构转换的配套措施却相当缺乏；易福金等（2006）利用 2003 年和 2005 年追踪调查数据的研究发现，退耕还林工程实施对每户劳动力的外出务工人数没有显著的影响，但是该工程对非农就业的收入有显著的促进作用，总体上退耕还林工程促进非农就业的效果并不乐观。同时，一些研究还显示，即使没有参与退耕还林工程，农户进行非农活动的比例也在增加，Uchida 等（2007）通过收集退耕还林实施后两年的数据发现，退耕还林工程对劳动力的影响效果是混合的，退耕还林工程对非农活动并没有显著的影响。但是，退耕还林工程的参与主体是退耕区从事种植业生产的农户，王庶和岳希明（2017）综合评估了退耕还林在农民增收、非农就业和扶贫开发等方面的政策效果，研究发现，退耕还林工程实施后，包括退耕还林补贴在内的农民收入与退耕还林前相比有所增长，但如果不计退耕还林补贴，农户退耕后非农收入的增长刚好弥补因耕地减少而导致的收入损失，但增收效果暂不明显；不同收入群体之间存在显著差异，高收入农户倾向于从事林牧渔业经营活动，而中等收入农户倾向于外出务工，此外，工程暂且无法吸引退耕村的非退耕户从事非农就业，带动效应不显著。从短期来看，政府的补贴资金应该超过农民放弃种植业生产的机会成本，以使农民认为参与该工程能够有利可图；而从长期来看，如果政府的目标是在补贴期过后确保土地不被复垦，工程参与农民则应该转向收益更高的其他农业生产或非农生产（姚顺波等，2012）。农业的经济效益偏低往往会导致农户的农业生产投入积极性降低（Ma et al.，2009），随着退耕补助期的延长，农户持续获得远远高于土地产出收益的退耕补贴，可能会降低农户种植业生产投入的积极性;另外,随着非农收入占家庭总收入比例的增加,农民从事农业生产的可能性也会降低。汪阳洁等(2012)通过构建"农户比较收益差距"指标,从农户决策视角分析了退耕还林(草)补贴对农户种植业生产行为的影响,随着2007年退耕补助政策的延期,农户的种植业生产行为发生了显著变化,由于样本农户非农就业机会的增加以及非农工资率的增长,农民对外出就业表现出更大的积极性,农户作为相对独立的经济利益主体,在"高投入低回报"的收入与"不劳而获"的退耕补贴之间显著的相对差距下,农户很可能缩减土地生产投入,同时随着非农收入占总收入比例的提高,农户降低了对农业的依赖,增加了对种植业风险的规避行为(刘莹和黄季焜,2010),在非农就业的拉动下,农户明显缩减了家庭劳动力在土地生产方面的投入。

非农就业与劳动力转移相辅相成,通过劳动力转移的视角研究退耕还林工程实施的影响方面的研究相对较少。林颖和张雅丽(2013)利用结构方程模型对中国陕西省退耕还林对农村劳动力转移的影响进行了研究,结果表明,退耕还林工程能够促进农村劳动的非农就业,而促进的主要原因在于一方面通过土地的变化释放了部分劳动力,另一方面降低农户流动的约束程度;缪丽娟等(2014)基于文献析出法的系统分析发现,在退耕还林工程是否促进农村剩余劳动力转移的问题上,仍存在两种对立的观点:"退耕还林造成了农村剩余劳动力转移""退耕还林没有造成劳动力转移",与非农就业的研究观点是一致的;可以说退耕还林工程实施对劳动力的影响还未得到相对一致的结论,一方面,有研究认为退耕还林工程实施能够带动劳动力内部结构调整,释放农村剩余劳动力,向其他产业进行转移(郭晓鸣等,2005;杨小军和徐晋涛,2009),另一方面,有研究认为退耕还林工程实施对劳动力的结构调整没有产生显著的促进作用(徐晋涛等,2004;Uchida et al.,2007)。另外,刘越和姚顺波(2016)还对比了不同类型国家林业重点工程的实施对劳动力利用与转移的影响,研究发现,退耕还林工程、京津风沙源治理工程、野生动植物保护及自然保护区建设工程对农户进入非农市场和提高参与非农劳动时间均有显著的促进作用,还发现退耕还林工程在促进劳动力非农转移方面持续性不及京津风沙源治理工程。

1.2.2.3 退耕还林与生产效率及农业增效

退耕还林政策的实施对退耕区农业生产力及农业生产效率的影响主要是源于退耕后的农业经济结构调整导致生产要素、人力资本、物质资本禀赋的再配置,进而影响农户种植、养殖和加工的投入,并使得粮食产出发生改变。梳理退耕还林工程实施对生产效率影响的相关文献,可以发现,以姚顺波为核心的西北农林科技大学资源经济与环境管理研究团队的研究成果相当丰富。王博文等(2009)、姚顺波等(2012)以吴起县为例测算了黄土高原地区退耕还林前后农户农业生产效率的变化,结果显示该地区在退耕还林(草)工程实施后,农业规模收益处于递增阶段,规模效率呈波动性变化,技术效率与综合效率变化一致,呈提高趋势,但综合效率有效性仍显不足。而于金娜和姚顺波(2009)的测算显示,随着退耕还林工程的实施,农户的总体效率变化不大,农户生产的纯规模效率比退耕前下降了许多,退耕前大部分农户的规模效率为0.9~1.0,而退耕后则集中在0.3~0.4,退耕后纯技术效率却明显提高,导致效率存在差异的可能原因是微观农户样本的不同,另外,调研样本区的差异也可能导致效率的差异。田杰和姚顺波(2013)以志丹县微观数据的测算结果分析显示,退耕农户整体农业生产技术效率水平偏低，可通过增加播种面积和农药化肥投入来提升农业生产效率水平。薛彩霞等（2013）运用对数型科布-道格拉斯随机前沿生产函数，测算了吴起县退耕户种植业生产技术效率，并分析其影响因素，结果发现贫困农户的种植业生产是有效率的，农户种植业收入占家庭收入比例越大，技术效率越高，户主年龄、受教育年限、家庭规模、劳动时间及农户与最近乡镇市场的距离，都是造成技术效率差异的主要因素。李桦等（2011）基于黄土高原农户调查数据，实证分析了不同退耕规模农户农业全要素生产率及其影响因素，发现小规模退耕农户农业全要素生产率的增长主要来自于农业技术效率改善，大规模退耕农户农业全要素生产率的增长主要来自于农业技术进步，进一步分析指出户主受教育程度、户主年龄、家庭成员农牧业劳动总时间、退耕规模对农户农业生产技术效率都具有正向效应。另外，赵敏娟和姚顺波（2012）从黄土高原微观农户层面，以技术效率为标准，对退耕还林政策加以评价，研究发现退耕还林与吴起县农户技术效率之间呈显著的正相关关系，与定边县和华池县的样本农户技术效率之间呈现显著负相关关系，退耕还林政策在中国不同地区的执行存在显著差异，需要对定边县和华池县农户给予额外补贴或者实质性扶持。薛彩霞等（2013）考虑林地利用方式和生产对象的技术异质性，分析了不同技术类别的退耕还林农户的林地生产技术效率，结果表明退耕还林农户的林地利用方式存在四个技术类别，各自拥有不同的生产技术前沿，且生产函数存在较大差异，各技术类别的农户林地生产技术效率从高到低依次为林下养殖家畜与林下种植药材、种植水果经济林与药材经济林、种植干果经济林、林下种植粮菜。

在其他方面，郭小年和阮萍（2014）通过调研数据对贵州省织金县部分农户的生产效率进行测算，并检验了样本农户生产效率的收敛性，退耕还林工程实施不仅对该县农户的农业生产效率产生影响，同时也使该地区农业生产效率的收敛趋势发生变化；张梦雅和李桦（2014）运用三阶段 DEA 模型，对 2011 年四川省雅安市退耕农户商品林生产效率进行了实证分析，该地区农户商品林生产效率在剔除环境因素和随机误差的影响之后，其综合技术效率仅为 0.4863，造成综合技术效率较低的主要原因在于纯技术效率不高，且区域间差异较小；曹彤等（2014）基于乡镇视角测算志丹县 12 个乡镇的农业综合技术效率、纯技术效率和规模效率，研究表明：志丹县各乡镇农业生产效率整体保持较好的水平，综合技术效率、规模效率均呈提高趋势，纯技术效率保持不变，农业生产率的增长主要依靠技术进步。当前退耕还林与生产效率相关的研究大都基于微观的农户调研数据，及特定的研究样本，导致效率的测算存在差异，缺乏普适性。这些也正是今后研究需要加强或关注的地方。

1.2.2.4 退耕还林工程实施的其他效应或效益

退耕还林政策的实施除对农民增收、消除贫困、非农就业、劳动力转移、生产效率等方面产生一定的影响，还影响着粮食安全、农业结构、种植结构等的变化，甚至影响生态安全、社会稳定、文化传承等方面的变化。

退耕还林工程实施是否会影响国家的粮食供给是值得关注的，在粮食安全方面较早的研究是邵立民和方天堃（2001），其分析了退耕还林与粮食安全方面存在的问题，农业结构调整使粮食播种面积减少，并认为退耕对农业结构调整与长期粮食安全有影响，持相似观点的研究指出，从短期看，退耕还林工程实施并没有严重影响中国的总量粮食安全；而从长期看，在保证人均粮食消费的基础上，应该适当调整退耕还林工程的规模（东梅，2006）。但有研究指出，在生态脆弱地区实行退耕还林政策并不影响当地农民的粮食安全（东梅等，2005）。另外，郗静和曹明明（2008）通过对榆林市米脂县的检验与预测，显示出在较低的需求下，目前退耕还林工程没有对该县的粮食安全构成较大威胁，但随着需求水平提高，粮食安全威胁迅速加大，而成六三等（2010）的研究发现，退耕还林工程对米脂县和子洲县粮食安全影响较明显，对清涧县和吴堡县影响甚微，不同退耕规模对不同人口密度县域粮食安全的影响程度不同；王兵等（2013）对延安市的实证检验发现，退耕还林（草）工程实现了以粮食换生态的目的，使北部森林草原区耕地压力下降了75.5%，南部森林区则基本持平。李文卓和谢永生（2011）对陕北退耕区米脂县的研究发现，人口低密度区的粮食生产能力可基本保障其粮食安全，而人口高密度区不能确保粮食安全，基本农田面积和农业科技投入是影响农户粮食安全的主要因素。

退耕还林政策实施后耕地面积的减少，必然导致农业生产种植结构的变化，释放出农村劳动力，或者从事其他农业生产，或者从事非农活动，一方面传统粗放型农业经营模式面临挑战，另一方面使得农户的生产与社会行为发生改变（翁奇，2018）。宋阳等（2006）探讨了延安地区退耕还林工程实施对延安地区农业经济的影响，发现退耕还林工程实施优化了农村的种植业结构与产业结构，全面带动了农村经济的发展；何明骏等（2008）认为退耕还林（草）政策能否达到预期目标，不仅取决于农业内部种植结构的调整，而且还取决于以农业劳动力向其他产业转移为特点的农村经济结构的转型，对吴起的实证分析表明，退耕还林（草）政策实施后农业土地经营在向集约化和产业化转变，农村就业结构和收入结构也在发生变化，该地区正在逐渐摆脱单纯依赖种植业收入的格局。朱长宁和王树进（2015）的研究指出退耕还林后陕南地区的农业产业结构渐趋合理，非农就业收入取代农业收入成为农户最大的收入来源，畜牧业的发展水平明显快于种植业，种植结构更加多元，并认为退耕还林与农户经济行为的和谐共生关系已基本形成。

另外，农户参与退耕还林工程实施是理性调整生计行为与生计策略的选择，是基于生计环境、生计状况、生计资本与生计风险的理性权衡（危丽等，2006），农户的生计资本将影响其农地利用行为、农业投资决策、生产经营方式，进而影响农户退耕还林工程参与意愿和响应行为（伍艳，2016）。徐建英等（2017）研究了生计资本对于农户再次参与新一轮退耕还林意愿的影响，自然资本、金融资本以及社会资本对农户的再参与意愿有显著影响，但是作用方式不同：其中自然资本对农户再参与有着显著的负影响，金融资本、社会资本对农户再参与意愿有显著的正影响；张朝辉（2019）通过微观数据对生计资本对农户退耕参与决策的影响的研究发现，农户退耕参与决策受其生计资本水平的约束与调节，生计资源禀赋分化将影响退耕区农户的生计策略选择，人力、自然、金融、社会与心理资本将显著影响农户退耕参与决策。

同时，参与退耕还林工程实施的农户在退耕后，从事其他农业生产或非农活动均会面临自身生计资本的改变，有文献研究了退耕还林对农户可持续生计的影响（姚顺波等，2012），李树苗等（2010）研究认为，由于家庭结构能够影响生计资本水平和时间配置，退耕还林政策对农户生计的作用因家庭结构而不同；谢旭轩等（2010）构建"退耕还林可持续生计分析框架"，识别退耕还林工程实施对农户可持续生计的净影响，退耕还林工程实施对农户的种植业收入产生显著的负面影响，林业和养殖业短期内难以成为替代收入来源，外出务工收入明显增加，但退耕还林在其中发挥的直接促进作用不显著，长期来看，资产积累是决定农户生计状况和发展最重要的指标，但目前中国西部贫困地区人力、物质、自然、社会和资金 5 种生计资产较低，制约了生计能力的提高。杨皓等（2015）对保定市涞水县的研究发现，退耕对自然资本和物质资本影响比较明显，对金融资本影响较小，对人力资本和社会资本影响不明显，农户生计主要依赖于自然环境，现实中农户的发展依然处在较低的层次，农户的生计现状会受到耕地多少、现金支付压力大小等因素的影响。

1.2.3 退耕还林生态效果研究综述

退耕还林政策实施的最初目的主要是实现既定的生态目标，即增加坡耕地的林草植被覆盖率，防止长江、黄河中上游等生态环境脆弱地区的水土流失。以地理信息系统（geographical information systems，GIS）和遥感技术（remote sensing，RS）为基础的土地利用变化探测是全球变化和可持续发展研究的核心领域，可以通过衡量景观层面特定时间段内的土地植被覆盖变化情况，评价生态环境的改善程度（Clewell and Aronson，2007）。以自然学科地理信息系统和遥感技术为工具的退耕还林工程实施区土地植被覆盖变化研究相对于社会学科常用的统计数据，能够更为客观、真实和直观地反映政策生态效果。多数研究结论显示，退耕还林政策经过 20 年的实施，工程的营林造林已经产生并提高了诸如涵养水源、碳储量、生境质量等生态系统服务功能，并改变了退耕区土地利用结构与林草植被覆盖率，退耕还林工程实施对区域生态系统产生的影响是学者们研究关注的重点，以往的研究也较丰富，不少学者对退耕还林工程实施前后的土地利用/植被覆盖（张永民等，2005；Wang et al.，2011）、NDVI（宋富强等，2011）、固碳能力（陈先刚等，2009）、水土流失（刘广全，2005；高凤杰等，2010）等生态效益的变化都展开了深入的研究，在此针对退耕还林工程实施的生态效益变化，诸如土地利用类型变化、生态系统服务提升、碳储量加强、水土保持发挥等功能展开具体的文献梳理与评述。

1.2.3.1 退耕还林与土地利用及植被覆盖

退耕还林工程的实施首先影响到退耕区土地利用的格局，因而这也是学者们关注的重点，但多数研究均以某个特定的区域来展开，宋乃平等（2006）检验了退耕还林草对黄土丘陵区土地利用的影响，退耕还林提高了林地在土地利用结构中的比例，而草地比例却变化不大，退耕还林草后农户减少了低价值粮食作物的种植面积，增加了收益较好、适合当地生长的作物种植面积；结论类似的还有崔海兴等（2009）对河北省沽源县的实证分析，研究显示，退耕还林工程实施以来，农业耕地呈下降趋势，林地面积则大幅度上升，并提高了土地生产效率；张志明等（2009）研究了退耕还林政策对山地植被空间格局变化的驱动，结果显示，在退耕还林政策驱动下部分农业用地被种植成松树林，有些农业用地自然转变成疏生林和灌草丛，但是同时也有些疏生林和灌草丛被开垦成农业用地；周德成等（2011）研究了陕西省安塞县退耕还林工程土地利用的影响，在整个研究时段内，耕地先增后减，整体减少 38.4%，林地先减后增，整体增加 4.36%，灌木林地和草地减少，而未成林造林地快速增加，表明工程显著加强了耕地的递减趋势，并大幅增加了未成林造林地面积，至 2010 年未成林造林地面积显著大于天然林地的面积；周德成等（2012）又研究了退耕还林还草工程对中国北方农牧交错区土地利用的影响，研究区土地整体处于准平衡态势,各地类双向转换较频繁,耕地与草地的变化对区域土地利用/覆被及景观格局变化起支配作用,退耕还林还草等生态恢复工程逆转了天然植被(包括草地与林地)整体减少及耕地与未利用地增加的局面,使各景观破碎化程度有所缓解;还有其他学者的研究分析了不同地区退耕还林工程的实施对土地利用的影响,如张家口(田璐等,2015)、宁夏盐池县(杜庆等,2016)、渭河流域(黎云云等,2016)等,多数研究针对特定区域的分析基本上得到较一致的结论,即退耕还林实施后,植被覆盖的变化表现为林地、草地的面积在上升,耕地的面积在下降(Feng et al.,2016)。

陈海等(2013)则研究了陕西省米脂县高渠乡退耕还林政策实施前后不同阶段农户群体土地利用策略的变化,政策实施前后阶段,不同农户群体的土地利用策略在吸引力大小和排序两个方面均发生很大变化,表明政策对农户土地利用策略影响巨大,且群体反应各异。而田晓宇等(2018)则通过设置不同情景对内蒙古太仆寺旗的土地利用数量需求和空间分布格局进行了优化配置,退耕还林(草)政策的实施导致区域土地利用的剧烈变化,但其综合效益与生态效益变化趋势一致;从用地结构来看,太仆寺旗的土地利用现状还存在较大的优化空间,通过综合最优目标的优化,耕地、草地和其他用地在优化后的比例分别占土地总面积的30.34%、35.33%和12.48%,土地利用的生态效益、经济效益和综合效益分别提高了6.20%、2.10%和3.89%,并且向着更加生态与集约的方向发展。

1.2.3.2 退耕还林与生态价值及服务功能

中国生态服务价值(ecosystem services value,ESV)的研究主要始于欧阳志云等(1999)和谢高地等(2001)对Costanza等(1997)的引进,并以谢高地等于2008年提出的基于单位面积的价值当量表的应用最为广泛,成为评估不同地区不同类型生态服务价值的重要手段。生态服务价值是生态系统的重要组成部分,其变化主要源于土地利用结构的变化,退耕还林工程实施后的土地利用变化通过改变地表自然景观,对生态系统的结构、过程和功能造成影响,尤其是对陆地林草植被生态系统的影响,进而带来生态服务价值的变化(李云生等,2009)。

当前研究退耕还林工程实施对生态服务价值的文献大多基于土地利用变化的基础分析对生态服务价值的影响,针对不同的研究区域所得到的结论基本是一致的,即退耕还林工程实施后的生态服务价值是增加的。诸如,赵丽等(2010)定量研究了退耕还林对河北顺平县土地利用变化及生态系统服务价值的影响,土地利用变化主要体现为耕地、其他农用地、未利用地的减少和园地、林地、建设用地和水域的增加,顺平县的生态系统服务价值在退耕还林工程实施期间呈逐年增加的趋势,并与总人口、GDP和农民人均纯收入均表现为显著正相关;申建秀等(2012)研究了甘肃省正宁县在退耕还林工程实施前后的土地利用变化情况及生态服务价值,在退耕还林工程实施前后,林地面积变化表现为先减后增,耕地和水域面积一直在减少,同时建设用地保持不断增长,生态服务价值先减少(−6.512%)后增加(29.369%),有林地ESV在退耕后的大幅度增加是退耕还林的明显效果;支再兴等(2017)研究了陕北地区土地利用变化对生态服务功能价值的影响,结果表明,1985~2013年,主要用地类型变化为耕地、林地和草地,耕地面积在减少,林地和草地面积在增加,退耕还林效果明显,生态系统服务功能价值大量增加,林地和草地的生态系统服务功能价值增量约为退耕前的3倍;侯孟阳等(2019)

对延安市生态服务价值的研究发现，退耕还林工程的实施促进生态服务价值的增长，政府主导的退耕还林工程对生态环境恢复与保护起到显著的积极作用；而丁振民和姚顺波（2019）的研究发现，城镇扩张对生态系统服务价值具有显著的负向影响，但其边际效应是林草覆盖率的函数，随着退耕还林工程的实施，林草覆盖率的增加可弥补城镇扩张带来的生态系统服务价值损失。

1.2.3.3　退耕还林与水土流失及水土保持

退耕还林政策实施的最初目的是防止长江、黄河中上游生态脆弱地区的水土流失，因而退耕还林工程实施前后水土保持状况也是学者们关注的焦点问题。Long 等（2006）对中国长江中上游地区退耕还林工程对水土流失变化影响进行的研究表明，土壤侵蚀最严重的地域是坡度为 $10°\sim25°$ 的农业用地，相同坡地条件下，基本农田和永久基本农田受土壤侵蚀的比例几乎相同；而刘咏梅等（2011）研究得出退耕还林工程使得未成林造林地面积显著大于天然林地的面积，且根据高程模型进行栅格统计后，退耕还林工程实施主要集中在 $10°\sim25°$ 的坡度范围；Fu 等（2011）通过解译 2000～2008 年黄土高原的土地覆被变化，运用土壤损失方程评估了退耕还林工程实施后水土流失的控制情况，表明由于植被恢复，黄土高原的水土流失得以控制和改善；高照良等（2013）选取黄河中游风沙–丘陵过渡区、典型丘陵区以及土石山林区 5 条典型流域，探讨了 50 年来流域水沙及其关系的演变过程，结果说明退耕还林（草）及水土保持工程对流域水沙动力有削弱效应，且水沙异源的状况有所缓解；艾宁等（2013）针对流域内不同植被类型对水文过程的影响，分析得出灌木林与乔木林的减流减沙效果比草地的效果更显著；曾立雄等（2014）研究三峡库区退耕还林工程后不同土地利用类型的水土流失特征，表明各土地利用类型的年地表径流量下降了 70.0%～95.0%，泥沙流失量则比农田降低了 97.0%以上，其中乔木林和竹林对水土保持的效果最为理想；值得注意的是各土地利用类型地表径流的 80.0%以上，泥沙流失量的 95.0%以上都是发生在暴雨条件下。Wang 等（2019）认为退耕还林工程的实施缓解了水土流失问题，减少了河流含沙量。修建梯田也可以减弱水土流失，并对径流量和输沙量的减少产生积极影响；输沙量与含沙量表现正向相关性，退耕还林还草面积比例每增加 1.0%，实现每立方米水中的含沙量减少 1.894 kg。

1.2.3.4　退耕还林的其他效益及综合效应

造林是迄今人类改变自然最为强烈的土地利用活动之一（Rotenberg and Yakir，2010），土地利用方式的改变均会对生态系统产生直接或间接的影响。退耕还林工程实施的生态效益除在土地利用、水土流失、生态服务价值等方面外，不同学者还从有机碳含量、碳汇、生物多样性等角度研究了退耕还林工程实施的生态效益或效应，彭文英等（2006）的研究表明，黄土高原地区进行的大规模退耕还林必然会通过影响土壤有机碳含量对区域碳循环产生重要影响，并通过野外调查采样分析，结合使用全国土壤普查及黄土高原地区其他土地资源数据资料，证实了实施退耕还林工程后，土壤有机碳储量将明显增加，且碳储量的增加对区域气候变化及土壤和水环境都将产生影响；Zhang 等（2010）的研究证实，在土地利用变化的最初 4～5 年，有机碳储量下降，地表植被恢复后增加，退耕还林工程的实施将对中国的碳封存产生重要的影响；Fu 等（2010）通过对造林土地碳汇功能的测算，证明了退耕还林工程成功地挖掘了陕西省的碳汇潜力；陈新闯等（2014）采用标准样地调查结合数据分析的方法研究得出，吴起县 9 类退耕还林地植被层总碳密度由大到小的顺序为：柠条＞刺槐＞沙棘＞紫穗槐＞臭椿＞山杏＞山桃＞侧柏＞油松，均大于天然草地的总碳密度，吴起县退耕还林地的平均碳密度值远低于中国及世界各地森林平均碳密度的一些估计值，各类林地生态系统的碳储量还有很大潜力空间；黄麟等（2017）研究还发现，退耕还林可改变陆表覆盖状况，导致碳收支和地表能量平衡变化，从而影响区域气温。从生物多样性的角度来看，唐海萍和唐少卿（2003）提到应因地制宜恢复和重建林草植被，按生境种植适宜的树和草，防止生物入侵的同时保护和改善生态环境和生物多样性；唐夫凯等（2014）以岩溶区作为研究区，发现植被类型和人类活动是影响有机碳和全氮含量的关键因子，研究区坡耕地退耕后土壤有机碳、全氮的含量和密度均增加，证实了退耕还林还草促进土壤碳库和氮库积累的作用。

整体来看，从生态服务价值、土地利用变化、水土保持、碳汇等多方面探讨了退耕还林工程实施的生态效益，并通过遥感影像的解译与 GIS 的空间可视化进行表达，清晰直观地呈现出不同生态功能的变化，但多数研究针对的是某个特定的地区，如吴起县、黄土高原等，缺乏在全国层面内来呈现退耕还林工程实施的生态效益或效应变化的研究。

1.2.4 退耕还林政策优化研究综述

退耕还林政策自 1999 年开始试点，到当前的新一轮退耕还林，政策的出台与实施一直处在不断调整与优化的过程中，这其中最直观的体现便是农户补贴标准的变化，政策如何优化才能达到最优的区域选择、退耕规模、退耕坡度、补贴标准，值得去深入研究，但通过文献的梳理后发现，当前研究对区域选择、退耕规模、退耕坡度的研究相对较少，石春娜等（2017）从退耕还林工程的成本、生态效益两个方面构建退耕还林优先区综合评价指标体系，对黄土高原区的 7 个省份进行排序，优先序结果为甘肃、宁夏、山西、内蒙古、青海、河南、陕西；朱波等（2004）对长江上游退耕还林工程合理规模的研究指出，地广人稀的金沙江中上游、盆周山地是长江上游最重要的水源涵养、水土保持功能区，其退耕还林规模可适度扩大，但川中丘陵区、三峡库区人口稠密，退耕还林不应过分追求规模，退耕后的林地、草地不应突破区域土地总面积的 40%，更多的研究聚焦于退耕还林工程实施对农户生态补偿的机制与标准两大类，在此主要从退耕还林工程的生态补偿机制与补偿标准两个方面对文献进行梳理与综述。

1.2.4.1 退耕还林的生态补偿机制

生态补偿是指对个人或组织在森林营造培育、自然保护区和水源区保护、流域上游水土保持、水源涵养、荒漠化治理等环境修复与还原活动中，对生态环境系统造成的符合人类需要的有利影响，由国家或其他受益的组织和个人进行价值补偿的环境法律制度（孔凡斌，2010）。关于退耕还林生态补偿机制的研究较丰富（陈祖海和汪陈友，2009；马丽梅等，2009），较早期的研究是樊新刚等（2005）对宁南山区退耕还林还草生态补偿机制存在问题的分析，指出宁南山区退耕还林还草存在土地利用结构调整损失补偿困难，补偿机制缺乏针对性、系统性，退耕政策缺乏稳定性，补偿不及时等问题；秦艳红和康慕谊（2006）认为应建立退耕还林（草）的补偿组织体系，以退耕还林（草）所造成的农民机会成本的损失来确定补偿标准，并根据产业结构调整取得显著成效所需的时间来确定补偿年限；孔凡斌（2007）回顾和分析了生态补偿机制的理论基础及研究进展，剖析退耕还林（草）工程主要经济政策、成本结构和补偿现状，指出当前补助政策存在的问题及其原因，从补偿主体、补偿对象、补偿标准、补偿期限以及补偿资金筹措等几个方面探索建立中国退耕还林（草）生态补偿机制的可能途径；庞淼（2011）以一个国家级少数民族贫困县为案例，通过了解农户意愿和实施效果，考察退耕还林前后生态补偿的方法和效果，为在生态脆弱的少数民族地区实施退耕还林生态补偿模式进行分析和判断；王立安等（2012）通过甘肃省陇南市的微观数据对农户参与生态补偿项目意愿进行定量测度，调查地区的农户更多地希望补偿的多种搭配方式，而非单一的资金和实物补偿，陇南市贫困地区农户的人力资本和物质资本每增加一个单位，农户参与退耕还林项目的可能性比不参与的可能性分别增加 0.22 和 0.14。

在其他方面，王立安等（2012）基于可持续生计分析框架（sustainable livelihood approach，SLA），定量分析了退耕还林生态补偿对贫困农户生计能力的影响；刘燕和董耀（2014）基于农户退耕还林意愿影响因素的理论分析，基于微观调研数据分析了退耕还林农户退耕还林意愿的影响因素，在政府强制推动的背景下，参与方式与参与程度、政策认知及政策执行力度是影响农户退耕还林意愿的主导因素，退耕还林净效用、家庭禀赋的作用弱化；张方圆和赵雪雁（2014）以退耕还林工程为例，基于农户调查资料，采用模糊综合评价方法评价了农户感知到的生态补偿的社会效应、经济效应和生态效应，农户感知到生态补偿的生态效应最高，生态补偿的社会效应次之，经济效益最低，生态补偿的实施实现了改善当地生态环境的首要目标，然后是缓解贫困、促进就业、发展经济等副目标；李国平和张文彬（2014）研究了信息对称和不对称条件下不同类型农户退耕还林生态补偿契约的设计问题，探讨政府与高技术农户和低技术农户之间生态补偿契约的效率问题，政府和农户经济收益信息的不对称会使高技术农户低报自己的收益以获得信息租金，获得高于标准支付的生态补偿支付，增加契约的激励成本，而低技术农户获得低于标准支付的生态补偿支付，影响农户退耕还林的意愿，增加契约的摩擦成本；张兴等（2017）以异质性农户为切入点，分别对农户的退耕行为与还林行为进行重新审视，剖析退耕还林政策实施的内在机制障碍，深入研究农户个体差异导致的激励不足和激励错位问题，并指出短期内，提高退耕补助额或尝试多样化的补贴政策以激励农户的参与积极性，中长期则需要拓宽非农就业渠道和发展林业碳汇市场来保证退耕还林工程的可持续性。李国平等（2017）则从宏观视角考虑退耕还林生态补偿资金规模对区域经济增长的影响，退耕还林工程实施促进县域经济增长，且提高退耕还林规模对县域经济增长的促进作用更大，县域经济增长率越高，退耕还林生态补偿对经济增长的作用越大。

1.2.4.2 退耕还林的生态补偿标准

退耕还林对农户的补偿标准是学者们关注的焦点之一，在特定区域的研究得到了不同的补偿标准。孙新章等（2007）对宁夏固原市原州区的研究指出，从后续生态补偿的趋势看，延长补偿期限是大势所趋，但补偿标准可适当降低，在补偿方式上，应改为单一现金补偿，并通过流域补偿方式多源筹集资金。曹超学和文冰（2009）以碳汇为生态指标，并结合其他社会经济指标对云南省实施退耕还林工程的 129 个县（区）进行综合评价，根据评价结果将之分为 3 个等级,建议不同等级的县(区)实施不同的补偿额度,同一等级内实施不同的补偿方式。秦艳红和康慕谊(2011)根据机会成本法,以吴起县退耕还林工程为例,对吴起县的退耕还林补偿标准进行了计算,结果显示,如果退耕后以舍饲养羊为主导产业,吴起县退耕还林补贴低标准为 10 935.0 元/hm², 高标准为 15 210.0 元/hm², 标准定为 13 500.0 元/hm² 较为合适。李云驹等(2011)以云南省滇池松华坝流域为研究对象,对不同生态补偿措施的生态补偿标准、生态服务功能及生态补偿效率进行了探讨,并得到依照生态服务功能价值法计算的生态补偿标准($2.69×10^4$ 元/hm²),可以作为流域退耕还林生态补偿标准的上限,根据意愿调查法计算的补偿标准($1.28×10^4$ 元/hm²)可直接作为确定流域生态补偿标准的依据。于金娜和姚顺波(2012)基于碳汇效益视角对黄土高原最优退耕还林补贴标准进行了研究,黄土高原区的最佳退耕还林补贴年限为 16 年,补贴标准的原则是每年给予退耕补贴 3985.93 元/hm²,这说明了现有的退耕还林年限还是合理的,但其实际补贴额度则低于研究中的最优补贴额度,即现有的退耕还林政策对于农户的激励作用有限。庞淼(2012)则认为不同经济发展水平和资源条件的区域对生态补偿的依赖程度并不均衡,现行退耕还林政策尽管规定退耕农户拥有多种形式的林权,但他们要实践这些权利并实现预期收益却受到采伐收益权有限性和补偿收益不确定等诸多制约。张楠等(2013)估算出安塞县的退耕还林补偿上限应为 12 325.5 元/(hm²·a)。

在其他方面,李国平和张文彬(2014)将实物期权理论引入农户收益测算中,通过数值模拟探讨南北不同地区收益不确定条件下成本收益等额补偿的转换边界,结果表明农户退耕的机会成本随时间和地域变动而变动,科学高效的退耕补偿标准也应随之变动,结果表明新一轮退耕还林政策下退耕农户的受损概率随农作物产量的增加而增加,随补偿标准的增加而减小,在相同立地条件和相同补偿标准下南方地区退耕农户受损的概率更大。郭慧敏等(2015)以张家口地区为研究区,应用遥感(RS)、地理信息系统(GIS)等数据,建立了退耕还林生态补偿体系,张家口地区各区县中,单位面积退耕还林补偿系数最高的是尚义县,退耕还林补偿系数最低的是怀来县。

韩洪云和喻永红(2014)认为最低生态补偿应能弥补农户环境参与的全部成本,考虑到生态保护的公平原则,合理的生态补偿标准应包括退耕还林的生态服务价值,并以重庆市万州区退耕还林工程实施为例,分别估算了基于农户退耕还林成本、接受意愿和生态环境价值贡献基础上的退耕还林补偿水平,并指出现有退耕还林农户补贴严重不足。郭慧敏等(2015)以张家口地区各县(区)退耕补偿额总量 $3.212×10^8$ 元为目标,以张家口地区各县(区)为分配主体,进行分配模型的测算,退耕补偿总量最高的县是涿鹿县,补偿总量最低的县属于张家口市管辖,单位面积退耕补偿量最高的县是下花园区,最低的是沽源县。王正淑等(2016)把碳汇价值与退耕农户的机会成本相结合,构建了禁伐政策下退耕林地补偿标准的动态模型,并选取黄土高原退耕的代表流域——县南沟进行实证分析,依据退耕刺槐林特性确定退耕的一个补偿周期为 37 年,退耕地补偿过程与补偿标准分为两个阶段:第一阶段为退耕 1~17 年,通过机会成本的计算,补偿的可执行标准为 1997.26 元/(hm²·a);第二阶段为退耕 18~37 年,通过碳汇模型进行测算,补偿的可执行标准为 3692.35 元/(hm²·a)。

综合来看,退耕还林生态补偿机制的研究内容比较全面,大部分以区域性研究为主,能够针对区域特色,因地制宜地制定退耕还林生态补偿机制,但补偿标准只能适应某些特定的区域，当前仍缺乏普适性的补偿标准。

1.3 研究内容与方法及思路

1.3.1 研究内容

国家退耕还林工程实施效益评估是充分体现实测与统计结合、理论与实证并重、模拟与检验融合、微观与宏观对接、社科与自科交叉的全面而综合的评价，为科学、准确、综合地评估退耕还林工程自实施以来取得的社会、经济和生态三大效益，本书主要包括5大模块，即：第1章为第一模块，研究目的、意义和演变；第2章为第二模块，退耕还林政策制定与实施的演变及主要效应；第3章和第4章为第三模块，退耕还林工程实施的社会经济效应评价；第5章、第6章和第7章为第四模块，退耕还林工程实施的土地利用/覆被覆盖和生态服务功能评价；第8章为第五模块，退耕还林工程政策优化和提升。主要包括如下内容。

第1章是引言：阐述了研究背景、目的与意义，了解退耕还林研究动态，尤其是近20年国家全面实施退耕还林工程后学术界有关的研究动向，重点介绍研究内容、方法与思路以及主要研究结论。

第2章是退耕还林工程实施的历史渊源与现状：阐述了退耕还林政策出台的时代背景、现实意义和阶段性目标，梳理退耕还林政策的基本内容及其实施的发展演变脉络，总结退耕还林工程实施以来的投入-产出、主要成效及存在的主要问题。

第3章是退耕还林工程的社会效果评价：基于统计数据和实地调研的微观数据资料，采用理论分析与实证检验相结合，分别探讨了退耕还林工程实施的劳动力再配置、减贫脱困、民生福祉和乡村振兴效应，针对问题提出了对策建议。

第4章是退耕还林工程的经济效果评价：基于实测数据和统计资料，采用实证检验与理论分析相结合的方法，分别探讨了退耕还林工程实施对区域粮食产量、农业产业结构、农户生产效率及对退耕农户收入的影响，并提出了相应的对策和建议。

第5章是退耕还林工程对土地利用/覆被的影响：基于遥感数据的解译测算退耕还林工程实施前后不同尺度、典型区域、不同时期黄土高原、长江中上游等地土地利用/覆被景观格局指数及植被覆盖、荒漠化指数的时空变化，并分析退耕还林工程的影响。

第6章退耕还林工程对植被NDVI变化的影响，基于遥感数据和统计资料揭示了退耕工程实施前后全国、黄土高原和长江中上游等地植被NDVI的时空变化特征，以及植被NDVI空间变化趋势特征对不同坡度范围的响应。

第7章退耕还林工程对生态系统服务功能的影响，基于改进的InVEST模型，全面评估了退耕工程实施区黄土高原、长江中上游等地土壤保持、水源涵养、生境质量改善和碳储量等生态系统服务功能的时空变化，并探讨退耕还林工程实施的主要贡献及其主要影响因子。

第8章是退耕还林工程政策优化与效率提升：基于统计数据和ArcGIS软件提取的气象数据、环境数据、资源数据资料，构建仿真模型，评估了退耕还林政策区域选择、退耕还林规模、退耕地坡度、退耕还林政策补贴标准等的最优抉择，以及未来政策制定和工程实施所要注意的问题。

1.3.2　研究方法

本书内容基于实地定位观测、长期社会经济调查、统计年鉴综合、地理遥感解析、论文著作综述，研究方法采用文献分析法、统计分析法、实证检验法、遥感解译法、空间可视化表达等多样化方法（图 1.8），具体包括如下几个。

（1）研究文献综述的 CiteSpace 可视化分析。绘制退耕还林政策全面实施近 20 年国内外相关研究的知识图谱，并结合常规统计方法了解国内外有关退耕还林研究中的发文量、作者、机构、关键词等主题的变化特征，系统性地分析与挖掘过去 20 年退耕还林研究的主题脉络与演进历程，预测未来发展演变趋势。

（2）政策制定实施的规范分析与统计分析。分析国家退耕还林政策制定的国内外背景，了解退耕还林政策实施的生态目标与社会经济目标，统计分析退耕还林历年的造林面积、投资情况的变化，梳理退耕还林政策实施脉络的发展阶段，并在宏观上总结实施的主要成效及存在的关键问题。

（3）微观层面工程实施效应的模糊综合评价。①根据贫困发生率、贫困缺口指数、Sen 贫困指数和 FGT 贫困指数，构建相对贫困的测度指标体系，了解相对贫困动态演化特征，然后通过模糊综合评价方法测度调研农户的能力贫困；②从农户感知的微观视角对退耕还林工程区乡村振兴发展现状进行测算和分析，从产业兴旺、生态宜居、乡风文明、治理有效和生活富裕 5 个方面构建乡村振兴指数测度的评价指标体系，并采用模糊综合评价进行综合测度。

（4）工程实施非农劳动参与时间供给模型。在退耕还林工程实施区农村劳动力理论分析的基础上，建立非农劳动参与和时间供给的模型，并通过面板 Probit 估计对模型进行估计与检验。

（5）结构方程模型（structural equation modeling，SEM）与双重差分模型。①从多维福祉角度运用结构方程模型探讨退耕还林农户的福利状态及其影响；然后利用多期的农户面板数据、分区域运用双重差分模型分别探讨退耕还林工程对农户福祉各个维度的影响。②在建立退耕还林对农户收入直接和间接影响机制的理论框架的基础之上，利用农户长期追踪数据，基于结构方程模型探索退耕还林工程对农户收入的影响机制。

（6）随机前沿函数模型（stochastic frontier approach model，SFA）。运用随机前沿函数模型对退耕还林工程实施前后不同退耕规模农户农业生产技术效率的变化进行深入分析与对比，同时考察影响农户农业生产技术效率的外生变量。

（7）虚拟变量最小二乘法（least squares dummy variable，LSDV）。以山西省为例，通过设置个体虚拟变量以避免遗漏重要变量的方法研究退耕还林工程实施对区域农业产业优势度的影响，以探究退耕还林工程实施后通过退耕地为林地草地以换取生态环境的行为是否会威胁到当地的农业产业优势度。

（8）C-D 生产函数。在科布（C W Cobb）–道格拉斯（P H Douglas）生产函数的基础之上，引入退耕还林累计面积变量及其与粮食播种面积的交互项，以考察退耕还林工程实施对区域粮食总产量和粮食单产的影响。

（9）遥感解译的空间表达。将全国退耕还林工程区，及黄土高原与长江中上游两个典型区域的土地利用/覆被变化、景观格局指数、荒漠化指数、生态系统服务及其价值等退耕还林生态效果进行空间可视化表达，以直观地分析退耕还林工程实施生态效果的空间变化特征。其中，生态服务价值采用单位面积价值当量因子法计算。

（10）生态系统服务和交易的综合评估（integrated valuation of ecosystem services and trade-offs，InVEST）模型。运用该模型及其子模块分析退耕还林工程实施对保持土壤、涵养水源、改善生境质量以及碳储量等生态系统服务变化的影响。

1.3.3　技术框架

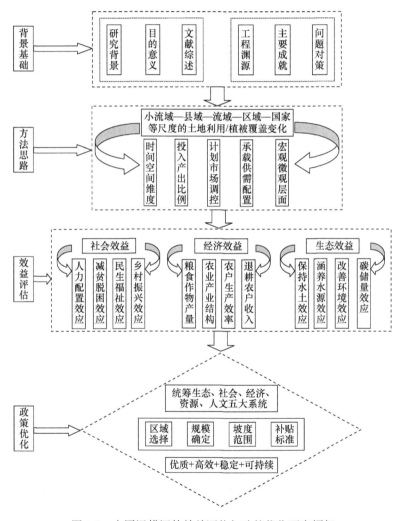

图 1.8　中国退耕还林效益评估与政策优化研究框架

1.4　主要研究结论

退耕还林工程作为国家的一项基本政策，既是一项举世瞩目的浩瀚生态工程，又是一项得人心、顺民意的德政工程和民心工程，具有覆盖面广、规模大、时间长、财政投入量大、涉及人口多等特点。自1999年开始试点，20年来该工程国家累计投入资金超过5000亿元、完成面积5亿多亩、覆盖全国25个省（自治区、直辖市）及新疆生产建设兵团近2000个县（区、旗）的3200万农户，工程区森林覆盖率平均提高4.0%以上；中国方案使得地球变得更绿了，2000～2017年全球绿化面积增加了5.0%，其中25.0%来自中国，中国贡献比例位居全球之首，中国退耕还林工程全面深入实施功不可没。退耕还林工程定量综合绩效如何，深受政府决策者、项目执行者以及国内外专家、学者的高度关注。作为退耕还林工程实施政策的研究者，有必要梳理退耕还林工程实施演变脉络，全面系统客观地评价退耕还林工程实施效果，基于此，本书就退耕还林的研究背景、目的与意义，工程实施的演变与现状，工程实施的社会效果和经济效果评价，工程对土地利用/覆被、植被NDVI变化的影响以及生态系统服务功能的影响，最后给出了退耕还林工程政策优化与效率提升的建议，本书的主要研究结果如下所述。

（1）退耕还林工程补贴对劳动力非农参与起到促进作用，参与退耕还林工程农户的非农供给时间增加2.32人天；参与工程面积每增加1.0%，则农户的非农劳动时间将提高9.9%；参与退耕还林工程实施所获得的补贴每增加1.0%，则农户的非农供给时间将增加3.6%。自国家退耕还林工程实施以来，相对贫困的状况有了很大改善，但是随着近几年农民收入的不平等性加剧，相对贫困的状况有恶化趋势。民生福祉各功能维度在退耕还林工程实施前后的相依性较弱，退耕后具有显著影响的路径关系，退耕前并不存在，而这些路径在退耕前并不是不可能存在，每一个健康的农户都有能力通过社会参与来改善自身的物质生活水平，但是退耕前并没有出现这种现象。基于农户感知视角，陕西省乡村振兴综合评分处于一般及以下水平，乡村振兴提升空间较大。

（2）退耕还林工程实施对山西省粮食生产具有显著的正向影响，虽然退耕还林工程实施在短期内导致粮食播种面积减少，但是退耕可以带动单位粮食单位面积产量的提高，退耕还林工程实施主要是影响了粮食作物下二级作物的播种面积结构和产量结构。当山西省累积退耕还林草的面积超过阈值点之后，随着累积退耕还林草面积的增加，农业产值区位商下降，农业部门不再具有比较优势。在退耕前，大规模退耕农户的生产效率就高于小规模和中等规模农户的技术效率；而退耕后，大规模退耕的农户农业生产技术效率呈降低趋势，小规模退耕农户农业生产技术效率反而呈大幅提高趋势。退耕还林工程实施对农户收入产生直接的正向作用，但这一正向作用的路径系数并不显著。同时，面对退耕还林工程带来的农户生产结构的改变，退耕还林工程实施通过对促进劳动力转移和减轻农户流动性约束对农户收入产生了间接的正向作用。

（3）在全国层面，退耕还林工程实施之前耕地主要向草地转换，且耕地转换为草地的数量明显高于向林地转换，退耕还林工程实施之后耕地则主要向林地转换，且耕地转换为林地的数量高于向草地转换。在不同坡度等级范围内，退耕还林前在0°～25°坡度范围内耕地向林地草地转换面积随着坡度的升高呈下降，而在>25°坡度范围内，耕地向林地草地转换面积相比于15°～25°坡度范围内出现增长，且在>25°坡度范围内耕地向林地转换面积大于耕地向草地转换面积，退耕还林后耕地向林地、草地转换面积随着坡度的升高总体呈增长趋势，且耕地转换为林地的面积除≤2°坡度范围外均高于草地。黄土高原地区耕地向林地转化面积占全域总面积的比例为0.54%，长江中上游则为

2.37%；黄土高原地区耕地向草地转化面积占全域总面积的比例为 1.37%，长江中上游则为 0.82%，即该地区退耕还林的效果更明显，黄土高原地区退耕还草的效果更明显。同时，退耕还林工程在越陡的坡上退耕的强度越大，效果越好，与退耕还林工程的退耕政策制定初衷和要求相一致。

（4）退耕还林工程实施对区域植被覆盖度的影响显著，2015 年全国退耕还林工程实施区、黄土高原地区和长江流域中上游地区植被覆盖状况较好。两个层面三个区域在退耕还林工程实施之后植被 NDVI 增长速度均高于工程实施之前，尤其以黄土高原地区植被 NDVI 增速最为显著，并且工程实施之后植被 NDVI 好转趋势面积相比于工程实施之前均呈显著上升趋势，植被 NDVI 明显变差趋势面积均呈下降趋势；植被 NDVI 好转趋势面积占比随着坡度的升高均呈增长趋势，植被 NDVI 变差趋势面积占比随着坡度的升高均呈降低趋势。

（5）退耕还林工程实施对区域土壤保持、水源涵养、生境质量和碳储量具有显著的正向影响。退耕还林工程实施促进黄土高原和长江中上游土壤保持能力的提升，而且土壤保持能力高低分布与区域降水及土地利用类型呈高度相关，高坡度土壤保持总量增加更为明显。退耕之前黄土高原和长江中上游水源涵养能力均逐渐下降，退耕之后两地水源涵养能力开始回升，其能力高低与土地利用类型占比呈高度相关，长江中上游水源涵养能力明显高于黄土高原。两地退耕工程实施后生境质量改善明显，其中黄土高原改善最为明显的在黄土丘陵沟壑区，而长江中上游则集中在四川。实施退耕工程均促进两地碳储量和固碳量的增加，实现了由碳源区向碳汇区的转变；黄土高原耕地转林地碳增加较为明显的坡度范围是 0°～2°、2°～6°，而长江中上游耕地转林地碳增加较为明显的坡度范围是 6°～15°、15°～25° 及 25° 以上。

（6）对于黄土高原地区，根据灰色关联模型，对退耕还林工程实施影响最大的因子是气象条件、生态压力以及资源条件，应选取黄土高原中部地区优先实施退耕还林政策，即以陕西省和甘肃省为重点。通过门槛模型的检验，当人口城镇化率为 0.792 时，植被覆盖度达到最优的 0.4316；当标准化降水蒸散指数为 0.195 时，植被覆盖度达到最优的 0.6368。黄土高原退耕的最优坡度范围为 10.6°～15.0°，黄土高原整体退耕效果较好，未来可退耕区域不多，主要集中在青海省东部祁连山脉、湟水谷地和陕南地区。陕北地区吴起县退耕树种沙棘的造林补贴标准为：1～21 年为 2405 元/（hm²·a），22～34 年为 1294 元/（hm²·a）（2000 年的物价水平）。

第 2 章　退耕还林工程实施的历史渊源与现状

2.1　退耕还林政策制定的背景和目标

2.1.1　退耕政策出台的背景回溯

2.1.1.1　政策制定的全球背景

20 世纪中期以来，人口激增、资源破坏、物种灭绝、干旱缺水和食物供应不足等问题日益成为全球性危机，对人与自然的和谐发展产生了严重的影响和制约。促进人与自然的和谐共处和协调发展，必须优先解决全球生态失衡问题，最大程度地缓解人类所面临的生态危机。森林是维系人与自然和谐的重要基础，其本质就是促进人与自然和谐发展，保持人类文明发展和自然演化的平衡与协调（熊惊峰，2004）。

1992 年 6 月 3 日至 14 日在巴西里约热内卢召开的联合国环境与发展大会（United Nations Conference on Environment and Development）通过了《里约环境与发展宣言》[*Rio Declaration*，又称《地球宪章》（*Earth Charter*）]、《21 世纪议程》（*Agenda 21*）、《关于森林问题的原则声明》（*The Declaration of Principles on Forests*）、《联合国气候变化框架公约》（*United Nations Framework Convention on Climate Change*）以及《生物多样性公约》（*Convention on Biological Diversity*）5 个国际性重要公约，明确了林业在环境发展中的首要地位。第 21 届联合国气候变化大会全称是"《联合国气候变化框架公约》第 21 次缔约方大会暨《京都议定书》（Kyoto Protocol）第 11 次缔约方大会"，大会于 2015 年 11 月 30 日至 12 月 11 日在巴黎北郊的布尔歇展览中心举行。巴黎气候大会是继 2009 年后又一重要时间节点，将完成 2020 年后国际气候机制的谈判，制定出一份新的全球气候协议，以确保强有力的全球减排行动。此次大会的首要目标是，在《联合国气候变化框架公约》框架下达成一项"具有法律约束力的并适用于各方的"全球减排新协议，全球已经有 160 个国家向联合国气候变化框架公约秘书处提交了"国家自主减排贡献"文件，这些国家的碳排放量达到全球排放量的 90%。2015 年 12 月 12 日，《联合国气候变化框架公约》近 200 个缔约方一致同意通过《巴黎协定》，协定将为 2020 年后全球应对气候变化行动作出安排。《巴黎协定》指出，各方将加强对气候变化威胁的全球应对，把全球平均气温较工业化前水平升高控制在 2.0℃之内，并为把升温控制在 1.5℃之内而努力。

联合国粮食及农业组织（Food and Agriculture Organization of the United Nations，FAO）原总干事萨乌马所指出："森林即人类之前途，地球之平衡"。全球森林大幅度减少引发的系列生态问题已引起全人类的重视，并且逐渐成为国际社会关注的一个重要环境、政治问题。由于国际社会对森林问题的空前关注，各国政府纷纷把保护和发展森林资源作为促进人与自然和谐发展的重要措施，把保护和发展森林资源作为重要的施政措施，进一步加快了全球林业的发展。

2.1.1.2　政策制定的国内背景

1）森林生态系统退化现状

森林生态系统退化是指由于人类活动的干扰（如乱砍滥伐、开垦及不合理经营等）或自然因素（如火灾、病虫害、地震、雪崩、火山爆发及大面积的塌方等），使原生森林生态系统遭到破坏，从而使其发生逆于其演替方向发展的过程（刘国华等，2000）。森林生态系统作为陆地生态系统的主体，森林的破坏或退化不仅使系统的功能衰退，而且也是其他生态环境恶化的根源。

中国现有森林生态系统的退化现象十分严重，而且还在进一步加剧。相比20世纪80年代，虽然中国的森林面积与森林覆盖率在增加，但值得注意的是，仅是疏林、灌木林和人工林的增加，而天然林则呈逐年下降的趋势，进一步说明中国森林生态系统的退化仍在加剧。其具体表现为如下几个方面。①森林生态系统的结构简单、残次林多。②森林生态系统年龄结构不合理，中国大部分森林生态系统处于退化或不成熟阶段，其稳定性很差，抗干扰能力低下；此外，中国森林资源的平均蓄积量远低于世界平均水平。③由于人口多、人类活动强度大，中国现有的森林大都呈片状或孤岛状分布，森林生态系统破碎化程度高。因此，保护中国现有的原始森林生态系统以及恢复和重建中国退化森林生态系统是改善中国生态环境状况的关键所在。

1945年估算全国森林覆盖率为5.0%，1949年和1950～1962年全国森林覆盖率分别为8.90%和11.81%。刚刚完成的第九次（2014～2018年）全国森林资源清查结果显示，我国森林资源呈现数量持续增加、质量稳步提升、效能不断增强的良好态势。截至2018年年底全国林地面积 3.24×10^8 hm^2，森林面积 2.20×10^8 hm^2，森林覆盖率22.96%；活立木总蓄积 185.05×10^8 m^3，森林蓄积 175.60×10^8 m^3；中华人民共和国成立70年，全国森林面积与蓄积均翻了一番多，森林面积和森林蓄积分别位居世界第5位和第6位，人工林面积仍居世界首位，林业取得了举世瞩目的成就；全球2000～2017年新增的绿化面积中，约1/4来自于中国，中国贡献比例居全球首位。人工林面积 79.54×10^6 hm^2，居世界首位；还生产了 20.00×10^8 m^3 多的木材，大力发展木材加工业，众多林产品产量居世界前列（表2.1）。森林生态系统的主要特点：森林总量持续增长、森林质量不断提高、

表2.1　中国全国九次森林资源连续清查主要森林资源状况

调查时间	林地面积/10^6hm^2	有林地面积/10^6hm^2	活立木蓄积/10^8m^3	森林蓄积/10^8m^3	森林覆盖率/%	调查次数
1973～1976年	257.60	121.86	96.32	86.56	12.70	第一次
1977～1981年	267.13	115.28	102.61	90.28	12.00	第二次
1984～1988年	267.43	124.65	106.72	91.41	12.98	第三次
1989～1993年	262.89	133.70	117.85	101.37	13.92	第四次
1994～1998年	263.29	158.94	124.88	112.67	16.55	第五次
1999～2003年	284.93	171.14	136.18	124.56	18.21	第六次
2004～2008年	305.90	183.50	149.13	137.21	20.36	第七次
2009～2013年	312.59	193.30	164.33	151.37	21.63	第八次
2014～2018年	323.69	220.44	185.05	175.60	22.96	第九次

注：本表统计范围，前5列包含港澳台，后2列不含港澳台与西藏实际控制线以外；第五次的不含港澳台与西藏全区（刘于鹤，2019）。

天然林稳步增加、人工林快速发展和森林采伐中人工林比例继续上升。然而，我国森林覆盖率远低于全球 31.0%的平均水平，人均森林面积仅为世界人均水平的 1/4，人均森林蓄积只有世界人均水平的 1/7，森林资源总量相对不足、质量不高、分布不均的状况仍未得到根本改变，林业发展还面临着巨大的压力和挑战。

中华人民共和国成立 70 年来林业的教训也极其深刻，改革开放之前，为满足国内经济建设及人民生产生活的需求，生产了大量木材。由于实施了集中过量采伐，采伐方式不合理，加之森林更新跟不上采伐，森林经营工作缺失，到 20 世纪 80 年代，以东北、内蒙古为代表的重点国有林区深深陷入了资源危机和资金危困"两危"困境。当时虽然提出了"以营林为基础、采育结合、造管并举、越采越多、越采越好、青山常在、永续利用"的生产建设方针，也采取了一些措施，但由于历史条件所限，为满足国家经济建设的需要，不得不尽可能以最少投入生产更多木材。营林为基础、造管并举，终究成为了一句口号。1998 年的几次洪水连续发生，森林的生态功能和作用被重新认识和定位，为了恢复与发展重点国有林区森林资源，国务院决定从 2000 年起全面实施天然林保护工程（简称"天保工程"），工程主要内容是：调减木材产量、调整产业结构、开展多种经营、分流富余人员、发展后续产业；还决定从 2015 年开始在重点国有林区实施天然林停止商业性采伐，至今已推广到全国各天然林区。天保工程实施已经 20 年，尽管成效明显，由于森林经营不善等原因，也存在诸如森林生产力不高、森林结构单一和综合评价指数不高等一系列问题，仍然有很大的提升空间。森林不仅具有涵养水源、保持水土、防风固沙、净化空气、固碳释氧、应对气候变化和保护生物多样性等多重生态效益，森林还能提供木材及众多林产品，满足社会的需求。面对多功能森林，林业工作者两大根本使命：一是通过森林经营，充分发挥其多功能，使森林生态、经济和社会效益最大化；二是在森林可持续经营的基础上实现林业可持续发展（刘于鹤，2019）。

2）土地荒漠化和沙漠化呈扩大趋势

截至 1999 年，中国有荒漠化土地 $267.4×10^4$ km^2，占国土总面积的 27.9%。与 1994 年监测结果相比，中国荒漠化仍呈扩展趋势，1995～1999 年，5 年净增荒漠化土地 $5.20×10^4$ km^2，年均增加 $1.04×10^4$ km^2。全国沙化土地总面积到 1999 年为 $174.31×10^4$ km^2，占国土总面积的 18.2%。与 1994 年普查同等范围相比，1995～1999 年，5 年沙化土地净增 17 180 km^2，年均增加 3436 km^2。总体来讲，实施退耕还林工程之前，中国土地荒漠化、沙漠化、石漠化呈局部好转、整体恶化之势。《第二次中国荒漠化、沙化状况公报》显示，每年因荒漠化造成的直接经济损失达 $540×10^8$ 元，并且荒漠化加剧了整个生态环境的恶化，每年输入黄河的泥沙达 $16.0×10^8$ t，风沙流直接进入黄河的数量占其全年输沙量的 1/10 之多，沙尘暴越来越频繁，20 世纪 60 年代发生了 8 次、70 年代发生了 13 次、80 年代发生了 14 次、90 年代已经发生了 23 次。荒漠化、沙漠化、石漠化还导致了土地质量的衰退，由可利用的生产力较高的土地资源沦为生产力极低或难以利用的劣质土地，进而导致荒漠化地区与非荒漠化地区的贫富差距；据统计，在国家重点扶持的 592 个贫困县中，有近 200 个国贫县处在北方荒漠化地区（杨俊平和邹立杰，2000）。

中国荒漠化土地面积为 $262.2×10^4$ km^2，占国土面积的 27.4%，近 4.0 亿人口受到荒漠化的影响,其中:风蚀荒漠化土地面积 $160.7 \times 10^4 \ km^2$,占比 40.69%;水蚀荒漠化总面积为 $20.5 \times 10^4 \ km^2$,占 7.8%;冻融荒漠化土地的面积共 $36.6 \times 10^4 \ km^2$,占比 13.8%;盐渍化土地总面积为 $23.3 \times 10^4 \ km^2$,占比 8.9%(余新晓,2018)。

从中国荒漠化的地域分布来看,在中国 30 个省(自治区、直辖市)均有分布,其中新疆 $74.57 \times 10^4 \ km^2$、内蒙古 $42.08 \times 10^4 \ km^2$、西藏 $21.48 \times 10^4 \ km^2$、青海 $13.42 \times 10^4 \ km^2$、甘肃 $11.13 \times 10^4 \ km^2$、河北 $2.50 \times 10^4 \ km^2$、陕西 $1.45 \times 10^4 \ km^2$、宁夏 $1.20 \times 10^4 \ km^2$、四川 $0.95 \times 10^4 \ km^2$、山东 $0.80 \times 10^4 \ km^2$,这 10 省份荒漠化土地面积合计占全国沙化土地总面积的 97.0%。与 1994 年第一次沙化土地普查相比,沙化土地面积扩大的省(自治区)主要有内蒙古、辽宁、黑龙江、甘肃、青海、新疆、西藏、山东,共扩大 $2.29 \times 10^4 \ km^2$。

从沙漠化的内涵来看,沙漠化是由自然因素和人为因素共同作用导致。持人为作用的观点者认为,沙漠化只发生在人类历史时期,强调沙漠化的成因以人类活动为主要因素,人是沙漠化的导致者,是由于人为强度活动,引起植被破坏、土壤裸露,造成地表出现以风沙活动为主要标志的土地退化,其中最主要的理论依据是地表植被变化与降雨量的相互作用理论,即地表植被的减少可引起气候变干和降雨减少,而降雨的减少又可强化植被退化的过程。也就是说,植被退化是导致荒漠化的主要原因,人为作用下植被退化会造成荒漠化不断加重,出现植被减少—降雨减少—植被再减少的恶性循环(贾晓霞,2005)。但也有学者认为沙漠化并不是人类活动唯一和必然的结果,天然沙漠化的存在与上述观点相悖,通过对浅层地震剖面仪测量记录的分析研究发现,晚更新世末期的渤海、黄海、东海大陆架部分地区曾沙丘广布,提出了中国大陆架在末次盛冰期出现沙漠化现象,冰期海退,出露的陆架松散沉积在风蚀作用下形成沙漠景观,这种沙漠化完全是自然因素作用的结果(赵松龄等,2001)。

3)水土流失状况日趋严重

中国是世界上水土流失最为严重的国家之一,几乎所有的大流域都存在较为严重的水土流失现象,其中以黄土高原地区最为严重。20 世纪 80 年代我国开展了第一次全国土壤侵蚀调查,当时全国水力和风力侵蚀面积为 $367.0 \times 10^4 \ km^2$。随着国家的快速发展,全国土壤侵蚀状况变化较大,一方面水土流失治理规模逐渐加大,治理速度明显加快,1998 年全国治理面积第一次突破 $5.0 \times 10^4 \ km^2$;另一方面国民经济发展中的生产建设与资源开发造成的新的水土流失日益严重,90 年代末开展了全国第二次土壤侵蚀遥感调查,结果显示全国水土流失总面积 $356 \times 10^4 \ km^2$,其中水蚀面积和风蚀面积分别为 $165 \times 10^4 \ km^2$ 和 $191 \times 10^4 \ km^2$;在风蚀和水蚀面积中,水蚀风蚀交错区水土流失面积为 $25 \times 10^4 \ km^2$;在 $165 \times 10^4 \ km^2$ 的水蚀面积中,轻度、中度、强度、极强度和剧烈水蚀面积分别为 $83 \times 10^4 \ km^2$、$55 \times 10^4 \ km^2$、$18 \times 10^4 \ km^2$、$6 \times 10^4 \ km^2$ 和 $3 \times 10^4 \ km^2$;在 $191 \times 10^4 \ km^2$ 的风蚀面积中,轻度、中度、强度、极强度和剧烈风蚀面积分别为 $79 \times 10^4 \ km^2$、$25 \times 10^4 \ km^2$、$25 \times 10^4 \ km^2$、$27 \times 10^4 \ km^2$ 和 $35 \times 10^4 \ km^2$(曾大林和李智广,2000)。冻融侵蚀面积 $125 \times 10^4 \ km^2$(1990 年的遥感调查数据),没有统计在中国公布的水土流失面积当中。

2010 年第一次全国水利普查结果表明,全国土壤侵蚀总面积为 $294.91 \times 10^4 \ km^2$,占普查范围总面积的 31.12%,其中水力侵蚀面积 $129.32 \times 10^4 \ km^2$、风力侵蚀面积 $165.59 \times 10^4 \ km^2$。在水力侵蚀中,轻度、中度、强烈、极强烈和剧烈侵蚀的面积分别为 $66.76 \times 10^4 \ km^2$、

$35.14×10^4$ km²、$16.87×10^4$ km²、$7.63×10^4$ km² 和 $2.92×10^4$ km²，占比分别为 51.62%、27.18%、13.04%、5.90% 和 2.26%；其中，山西、重庆、陕西、贵州、辽宁、云南和宁夏 7 省（自治区、直辖市）的侵蚀面积超过辖区面积的 25.0%。在风力侵蚀中，轻度、中度、强烈、极强烈和剧烈侵蚀的面积分别为 $71.60×10^4$ km²、$21.74×10^4$ km²、$21.82×10^4$ km²、$22.04×10^4$ km² 和 $28.39×10^4$ km²，占比分别为 43.24%、13.13%、13.17%、13.31% 和 17.15%；其中，新疆、内蒙古、青海和甘肃 4 省（自治区）的风力侵蚀面积较大，占风力侵蚀总面积的比例分别为 48.18%、31.80%、7.60% 和 7.55%（刘震，2013）。

2010 年全国普查的土壤侵蚀面积与第二次全国土壤侵蚀遥感调查（简称"第二次遥感调查"）面积 $355.55×10^4$ km² 相比，10 多年减少了 17.06%。水力侵蚀面积与"第二次遥感调查"的 $164.88×10^4$ km² 相比，减少了 21.56%，其中：轻度、中度侵蚀面积减少明显，分别减少了 19.62%、36.67%；强烈侵蚀面积有所减少，减少了 5.38%；极强烈和剧烈侵蚀面积略有增加，主要来自未治理陡坡耕地、开发建设项目用地和未利用的裸露土地。风力侵蚀面积与"第二次遥感调查"的 $190.67×10^4$ km² 相比，减少了 13.15%，其中轻度、中度、强烈、极强烈和剧烈侵蚀面积分别减少了 9.17%、13.46%、12.02%、18.40% 和 1.70%。全国水土保持措施总面积为 $9916.0×10^4$ hm²，其中工程措施 $2003.0×10^4$ hm²（梯田 $1701.0×10^4$ hm²），植物措施 $7785.0×10^4$ hm²，其他措施 $128.0×10^4$ hm²。水土保持措施主要分布在河北、山西、内蒙古、辽宁、江西、湖北、四川、贵州、云南、陕西、甘肃 11 个省（自治区），占全国水土保持措施总面积的 67.91%，每个省（自治区）的水土保持措施面积均大于 $400×10^4$ hm²，其中内蒙古、四川、云南、陕西和甘肃 5 个省（自治区）均大于 $600×10^4$ hm²。全国共有淤地坝 58 446 座，淤地面积 92 757 hm²，其中库容 $50×10^4$～$500×10^4$ m³ 的治沟骨干工程 5655 座、总库容 $57.01×10^8$ m³；其中，陕西和山西的淤地坝、治沟骨干工程最多，分别占淤地坝、治沟骨干工程总数量的 87.70% 和 64.62%（刘震，2013）。

《2018 年中国水土保持公报》数据显示，全国水土流失面积为 $273.69×10^4$ km²，占全国国土面积（不含港澳台）的 28.6%，其中水力侵蚀和风力侵蚀面积分别为 $115.09×10^4$ km² 和 $158.60×10^4$ km²，分别占水土流失总面积的 42.05% 和 57.95%。按照侵蚀强度划分，轻度、中度、强烈、极强烈和剧烈侵蚀面积分别为 $168.25×10^4$ km²、$46.99×10^4$ km²、$21.03×10^4$ km²、$16.74×10^4$ km² 和 $20.68×10^4$ km²，分别占水土流失总面积的 61.48%、17.17%、7.68%、6.11% 和 7.56%；与第一次全国水利普查（2011 年）相比，全国水土流失面积减少了 $21.23×10^4$ km²，减幅为 7.20%。根据水利部《全国水土保持区划》确定的黄土高原土地总面积 $57.46×10^4$ km²，水土流失面积 $21.37×10^4$ km² 占土地总面积的 37.19%；其中水力侵蚀和风力侵蚀面积分别为 $16.29×10^4$ km² 和 $5.08×10^4$ km²，与 2011 年相比水土流失面积减少 $2.15×10^4$ km²，减幅为 9.13%。仅 2018 年全国新增水土流失综合治理面积 $6.4×10^4$ km²，其中新修基本农田（包括坡改梯）$36.5×10^4$ hm²、营造水土保持林 $162.7×10^4$ hm²、经济果木林 $71.7×10^4$ hm²、种草 $42.1×10^4$ hm²、封禁治理 $211.6×10^4$ hm²、保土耕作等其他措施 $118.9×10^4$ hm²。经过各级政府和广大人民群众的共同努力，尽管水土保持成效显著，但是水土流失防治任务仍然十分艰巨，重点在长江上中游、黄河中上游、东北黑土区和西南岩溶区等地区。

2.1.1.3　政策出台的时代呼唤

长期以来，以经济建设为中心的国策掀起了经济高速发展的热潮，掠夺式开发利用自然资源，继而引发了环境污染、生态破坏、资源浪费等一系列生态环境和资源社会问题，使得中国生态环境边治理边破坏的现象十分严重，并呈不断恶化的趋势，加剧了自然灾害，也导致了受灾地区的贫困程度，阻碍了国民经济和社会的健康、稳定发展。特别是 1998 年，全国性特大洪水灾害的发生使得国家重新重视生态环境问题。可以认为，全国性特大洪水的爆发以及因此而导致的严重损失，是退耕还林还草政策出台并全面实施的契机，同时也使党和政府认识到经济发展与生态环境保护和建设需协同发展。

1998 年特大洪水的全面性爆发是中国政府制定并实施退耕还林政策的主要诱因，而国民经济的发展状况将直接影响着政策的制定和实施，因此，对退耕还林政策的制定及工程实施前后的国民经济发展情况的分析十分必要。从退耕还林政策体系的内容来看，中国政府是政策实施的主体，以及粮食和现金补助的承担者，因此有必要对国民经济的发展状况进行分析。

总体而言，在退耕还林政策实施第一轮的 1999～2012 年，中国国民经济的发展速度一直都较快，虽然在发展过程中也遇到了很多困难，但都在国家政策的积极作用下，保持了较为稳定而快速的发展（图 2.1），从而为退耕还林政策的顺利实施，提供了资金方面的保障。国家宏观经济结构，尤其是一、二、三产业根本上的改变，转变生产方式，取消农林特产税，工业反哺农业，加快城乡一体化进程，构建社会保障体系，为退耕还林政策的全面实施提供了全面支撑。

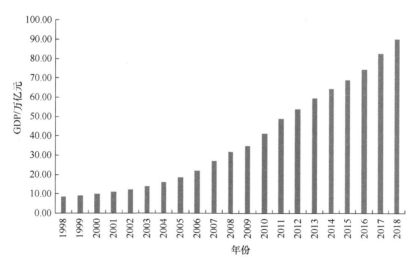

图 2.1　1999～2018 年国内生产总值增长情况

数据来源：国家统计局，2019

中国在实施退耕还林工程之前的粮食生产能力在很大程度上决定了退耕还林粮食补助政策能否顺利实施。因此，分析中国实施退耕还林政策前后的粮食生产情况是十分有必要的，如粮食种植面积、单产、总产、从业人数、人均收入，等等。退耕还林政策实施的一个重要背景是中国 20 世纪 90 年代中后期出现的粮食过剩和 1998 年的粮食购销体制改革（陶然等，2004），1999 年之前，中国粮食连续几年丰收，全国粮食产量已经有 3 年突破 $5×10^8$ t 大关，到 2000 年之前粮食产量一直保持在高位水平，再加上这一时期的粮食进口量，导致粮食年供给量大于消费量，出现了过剩问题，一定程度上为退耕还林政策的开展奠定了坚实的物质基础，还与粮食购销体制改革没有达到预期的政策目标密切关联。2000～2006 年，虽然开始了农作物种植业结构的调整，但全国粮食产量基本稳定，2006 年之后，全国粮食产量跨过 $5×10^8$ t 大关（表 2.2），完全可以为退耕农户提供足额的粮食供应，因此，退耕还林政策实施中的"以粮代赈"所需的粮食补助量均在国家所能承受的范围内。

表 2.2　1996～2018 年中国粮食总产量变化

年度	粮食总产量/10^4 t	单位面积粮食产量/（kg/hm²）	人均粮食产量/（kg/人）
1996 年	50 454	4 482.85	414.0
1997 年	49 417	4 376.60	402.0
1998 年	51 230	4 502.21	412.0
1999 年	50 839	4 492.59	405.5
2000 年	46 218	4 261.15	366.1
2001 年	45 264	4 266.94	355.9
2002 年	45 706	4 399.40	357.0
2003 年	43 070	4 332.50	334.3
2004 年	46 947	4 620.49	362.2
2005 年	48 402	4 641.63	371.3
2006 年	49 804	4 745.17	379.5
2007 年	50 414	4 756.09	425.2
2008 年	53 434	4 968.57	399.1
2009 年	53 941	4 892.37	398.7
2010 年	55 911	5 005.69	408.7
2011 年	58 849	5 208.81	477.2
2012 年	61 223	5 353.12	425.2
2013 年	63 048	5 439.52	443.5
2014 年	63 965	5 445.89	468.9
2015 年	66 060	5 553.02	481.8
2016 年	66 044	5 539.17	479.0
2017 年	66 161	5 607.36	477.2
2018 年	65 789	5 621.00	472.0

数据来源：《中国粮食年鉴》。

2.1.2　退耕政策制定的基本原则

2.1.2.1　指导思想

退耕还林工程是中华人民共和国成立以来涉及面最广、政策性最强、规模最大、任务最重、投入最多、群众参与度最高的重大生态建设工程（石春娜和姚顺波，2016；刘浩等，2017），其最终目的是实现绿色发展，在充分考虑资源承载力与生态环境容量的前提下，缓解现有资源对经济发展的约束，以促进生态环境建设和经济、社会协调发展。1999 年，朱镕基总理在西北、西南 6 省（自治区）视察时，提出了"退耕还林（草）、封山绿化、以粮代赈、个体承包"的十六字方针。自 1999 年启动退耕还林还草试点、2002 年全面启动工作以来，国家总共分两轮实施了退耕还林工程，1999～2013 年是第一轮退耕还林工程实施期，2014 年开始又实施了新一轮退耕还林工程。但总的来说，第一轮退耕还林工作中，国家基本上以朱镕基提出的十六字方针作为退耕还林工作的总指导思想。第二轮退耕还林工作中，国家印发了《新一轮退耕还林还草总体方案》，提出以保护和改善生态环境，促进社会可持续发展为目标，以创新退耕思路、发展林业产业，创新退耕机制、推进土地流转，创新还林方式、实施工程造林，创新治理模式、强化综合措施为抓手，将退耕还林（草）、封山绿化与地方经济发展、产业结构调整、增加农民收入等紧密结合起来，旨在促进贫困地区脱贫致富，推进生态文明建设，实现区域生态、经济文明科学发展。

不容忽视的是，退耕还林工程实施不同发展阶段具体要求会有细微差异。退耕还林试点阶段（1999～2001 年），重点是根据各省（自治区、直辖市）的退耕面积，核定因退耕还林还草所需的粮食和现金补助总量，为完成退耕还林工程任务奠定基础。退耕还林全面启动阶段（2002～2003 年），强调"林权是核心，给粮是关键，种苗要先行，干部是保证"这几个关键环节，以有效、平稳推进退耕还林工程建设，确保退耕还林工作取得成功。退耕还林优化调整阶段（2004～2006 年），把改善生态环境、促进生产发展、实现生活富裕作为目标，将退耕还林同保障粮食安全、调整产业结构、增加农民收入有机结合起来，以促进生态、经济和社会协调发展。中国在 2007 年已全面停止了退耕还林新任务下达，进入了成果巩固期，但因 2014 年国家又启动了新一轮的退耕还林政策，故退耕还林成果巩固阶段又可划分为两个时期：2007～2013 年属第一轮退耕还林工作实施期，这一时期要求应进一步改善退耕农户生产生活条件，逐步建立起促进生态改善、农民增收和经济发展的长效机制，以巩固退耕还林成果，促进退耕还林地区经济社会和生态环境的可持续发展；而 2014～2017 年属新一轮退耕还林政策的实施期，该时期仍以改善生态环境和增加农民收入为切入点，强调融入生态文明建设，并早日实现全面建成小康社会的总目标。

2.1.2.2　基本原则

国家退耕还林政策制定与工程实施依据生态优先、兼顾经济与社会效益，因地制宜、宜林则林、宜草则草，整体性与系统性，政策引导和农民自愿退耕相结合 4 项原则，具体内容如下。

1）生态优先、兼顾经济与社会效益原则

退耕还林政策的首要目标是进行生态建设和生态保护，在提升生态效益的基础上追求更大的社会、经济效益。《国务院关于进一步完善退耕还林政策措施的若干意见》（国发[2002]10 号）提出退耕还林应坚持生态效益优先，兼顾农民吃饭、增收以及地方经济发展；坚持生态建设与生态保护并重，采取综合措施，制止边治理边破坏问题。可见退耕还林政策强调生态、社会与经济效益兼顾，如何实现三者的有机统一，将是未来退耕还林工作的重点。

2）因地制宜、宜林则林、宜草则草原则

余方忠（2000）将退耕还林工程视为针对坡度 25° 及 25° 以上的耕地恢复林地和草地的生态修复工程。但实际推进工程建设的过程中，坡度不是决定是否退耕的唯一要素，应遵循自然发展规律，综合考虑人力、物力、财力多种因素，按照适宜性原则，合理退耕，宜林则林，宜草则草，在维持原有生态系统的基础上营造一种新的生态平衡，充分实现物尽其用。

3）整体性与系统性原则

退耕还林工程又是我国林业建设史上涉及面最广、政策性最强、规模最大、任务最重、投入最多、群众参与度最高的一项复杂的生态系统工程（石春娜，2016；刘浩等，2017）。做好退耕还林工作非一朝一夕就能完成，而是一项长期任务，需要党中央、国务院统筹规划，各级政府、相关部门高效配合、分步实施，要突出工作重点，按照先易后难、有计划、分步骤地逐步推进。

4）政策引导和农民自愿退耕相结合原则

无论是退耕还林试点阶段、全面启动阶段、优化调整阶段还是成果巩固阶段，均出台了一系列与退耕还林建设有关的文件、意见，这些文件指出做好退耕还林工作应坚持政策引导和农民自愿相结合原则。通过发挥政策引导作用，激发农民退耕还林的自觉性行为，在充分尊重农民意愿的基础上，切实保障农民利益。此外，实施退耕还林政策还需明确各方责任，树立全局观念，以实现短期利益与长期利益、局部利益与整体利益均衡发展。

此外，国家《退耕还林条例》（自 2003 年 1 月 20 日起施行）中第五条明确了退耕还林应当遵循下列原则：统筹规划、分步实施、突出重点、注重实效；政策引导和农民自愿退耕相结合，谁退耕、谁造林、谁经营、谁受益；遵循自然规律，因地制宜，宜林则林，宜草则草，综合治理；建设与保护并重，防止边治理边破坏；逐步改善退耕还林者的生活条件。

退耕还林政策指导思想和基本原则是基于实际情况不断深化的，从现有退耕还林工作取得的成就和以往遇到的瓶颈来看，新时代关于退耕还林工程的建设仍需从实际情况出发，调整现有规划部署，紧紧围绕现有的指导思想与基本原则，不断巩固退耕还林工作的已有成果，有计划、有目标地推进退耕还林工程的延续与发展。

2.1.3 退耕政策制定的既定目标

2.1.3.1 政策出台的生态目标

实施退耕还林必须坚持生态优先，从保护和改善生态环境出发，将易造成水土流失的坡耕地有计划、有步骤地停止耕种，并充分体现生态优先的原则。具体来讲，就是为了恢复植被、涵养水源、防止水土流失、防风固沙、改善日益恶化的生态环境。

2.1.3.2　政策出台的社会经济目标

退耕还林应当与调整农村产业结构、发展农村经济、保护和建设基本农田、提高粮食单产等相结合，进一步通过增加农民收入，推动畜牧业与林业发展，保证农林牧各业相互促进；同时改善现有的经济增长方式，加强农村能源建设，建立更好的农村经济格局，从而使人们的生活质量得到提高。

2.1.4　退耕工程补助标准与方式

中国退耕还林工程实施对农户的补助标准大致经历了以粮代赈—粮食补贴与现金补贴结合—现金补贴的逐渐变化过程。

为贯彻落实国务院退耕还林（草）的政策措施，国家发展计划委员会等六部门商定退耕粮食补助标准，由国家发展计划委员会、国家粮食储备局、国家林业局、财政部、农业部、中国农业发展银行于 2000 年联合发出了《关于以粮代赈、退耕还林还草粮食供应的暂行办法》（以下简称《办法》），《办法》规定，退耕还林还草后的粮食补助标准，应根据农户退耕面积、当地实际平均粮食单产和还林还草情况综合确定。每亩退耕地每年补助粮食（原粮）的标准，长江上游地区 150 kg，黄河上中游地区 100 kg，省内可进行平衡安排。粮食补助的期限，暂定为 5 年，并根据试点情况，需要几年就补几年，以防止砍树复耕。

粮源由省级人民政府按就地就近原则统筹安排解决。原则上以地方国有粮食购销企业的商品周转粮为主，必要时再动用地方储备粮或申请动用中央储备粮。粮食供应的品种，由省级人民政府根据退耕地区农民的生活习惯、退耕土地原种粮食品种、当地粮食库存实际情况等，合理确定粮食供应的品种及各品种的搭配比例，更好地满足退耕区农民生活的基本需要。供应的粮食必须达到国家规定的质量标准。凡未经检验或检验不合标准的粮食，不得供应给退耕区农民。《办法》还规定，粮食部门要充分利用现有收购网点，本着就地就近、减少环节、保证质量、品种对路、价格合理、降低费用、加强服务的原则，采用计划安排、从国有粮食购销企业招标等办法，保证粮食按时、按质、按量供应到项目县（市）、乡（镇），并全额兑付到户。粮食购销企业按顺价销售、不发生新的亏损的原则供应粮食，出库价格核定、粮食企业成本核算等具体办法由各省级人民政府自行确定。

2002 年财政部制定《退耕还林工程现金补助资金管理办法》，明确指出现金补助是指中央财政安排的用于退耕农户退耕后维持医疗、教育、日常生活等必要开支的专项补助资金，现金补助标准为每亩退耕地每年补助 20 元。现金补助年限，还生态林补助 8 年，还经济林补助 5 年，还草补助 2 年。同年出台的《退耕还林条例》对补助的细节进行补充说明与规定，长江流域及南方地区，每亩退耕地每年补助粮食（原粮）150 kg；黄河流域及北方地区，每亩退耕地每年补助粮食（原粮）100 kg，国家按照核定的退耕还林实际面积，向土地承包经营权人提供补助粮食、种苗造林补助费和生活补助费，尚未承包到户和休耕的坡耕地退耕还林的，以及纳入退耕还林规划的宜林荒山荒地造林，只享受种苗造林补助费，补助粮食应当就近调运，减少供应环节，降低供应成本及建立退耕还林公示制度，等等。

2004 年国务院办公厅出台《关于完善退耕还林粮食补助办法的通知》（以下简称《通知》），《通知》指出，坚持退耕还林的方针政策，国家无偿向退耕户提供粮食补助的标准不变。从 2004 年起，原则上将向退耕户补助的粮食改为现金补助。中央按每千克粮食（原粮）1.40 元计算，包干给各省、自治区、直辖市，具体补助标准和兑现办法，由省级人民政府根据当地实际情况确定。向退耕户继续提供粮食补助的，由省级人民政府仍按原办法组织粮食供应，兑现到户，粮食调运费用继续由地方财政承担。同时，退耕还林补助资金要专户存储，专款专用。也就是说，2004 年以后，退耕工程实施粮食补助标准在数量上维持不变，长江流域及南方地区 150 kg，黄河流域及北方地区 100 kg，但不再发放实物，而是按 1.4 元/kg 折价计算，以货币的形式发放。

为巩固退耕还林工程实施的成果并解决部分农户生活困难问题，2007 年财政部联合农业部等多部委制定了《完善退耕还林政策补助资金管理办法》，对补贴期满的退耕农户追加补贴，补助资金的补助标准为：长江流域及南方地区每亩退耕地每年补助现金 105 元，黄河流域及北方地区每亩退耕地每年补助现金 70 元；原每亩退耕地每年 20 元现金补助，继续直接补助给退耕农户，并与管护任务挂钩。资金的补助期限：还生态林补助 8 年，还经济林补助 5 年，还草补助 2 年。

随着 2014 年新一轮国家退耕还林工程的启动，国务院批准的《新一轮退耕还林还草总体方案》对补贴标准和方式进行调整，补助资金按以下标准测算：退耕还林每亩补助 1500 元，其中，财政部通过专项资金安排现金补助 1200 元、国家发展改革委通过中央预算内投资安排种苗造林费 300 元；退耕还草每亩补助 800 元，其中，财政部通过专项资金安排现金补助 680 元，国家发展改革委通过中央预算内投资安排种苗种草费 120 元。补贴方式为中央安排的退耕还林补助资金分三次下达给省级人民政府，每亩第一年 800 元（其中，种苗造林费 300 元）、第三年 300 元、第五年 400 元；退耕还草补助资金分两次下达，每亩第一年 500 元（其中，种苗种草费 120 元）、第三年 300 元。省级人民政府可在不低于中央补助标准的基础上自主确定兑现给退耕农民的具体补助标准和分次数额。地方提高标准超出中央补助规模部分，由地方财政自行负担。表 2.3 梳理了各时间节点退耕还林政策的补助标准变化。

2.1.5 小结

退耕还林工程是中华人民共和国成立以来涉及面最广、政策性最强、规模最大、任务最重、投入最多、群众参与度最高的重大生态工程，本节就退耕还林政策出台的背景、基本原则和实施办法进行了阐述。

退耕政策出台的背景。退耕还林政策出台既有全球背景，也有中国元素。国际方面，20 世纪中期以来，人口激增、资源破坏、物种灭绝、干旱缺水和食物供应不足等问题日益成为全球性危机，对人与自然的和谐发展产生了严重的影响和制约。国内方面，80年代以来，森林生态系统的退化现象十分严重，土地荒漠化和沙漠化呈扩大趋势，中国

表 2.3　不同时点退耕还林政策补贴标准的梳理

时点	政策	补助标准与方式
2000 年	关于以粮代赈、退耕还林还草粮食供应的暂行办法	长江上游地区 150 kg，黄河上中游地区 100 kg，省内可进行平衡安排。粮食补助的期限暂定 5 年，并根据试点情况，需要几年就补几年，以防止砍树复耕
2002 年	退耕还林工程现金补助资金管理办法、退耕还林条例	长江流域及南方地区，每亩退耕地每年补助粮食 150 kg；黄河流域及北方地区，每亩退耕地每年补助粮食 100 kg。现金补助标准为每亩退耕地每年补助 20 元。现金补助年限：还生态林补助 8 年，还经济林补助 5 年，还草补助 2 年
2004 年	关于完善退耕还林粮食补助办法的通知	由补助粮食改为现金补助，中央按每千克粮食 1.40 元计算，包干给各省（自治区、直辖市），具体补助标准和兑现办法，由省级人民政府根据当地实际情况确定
2007 年	完善退耕还林政策补助资金管理办法	长江流域及南方地区每亩退耕地每年补助现金 105 元、黄河流域及北方地区每亩退耕地每年补助现金 70 元；原每亩退耕地每年 20 元现金补助继续直接补助给退耕农户。资金的补助期限：还生态林补助 8 年，还经济林补助 5 年，还草补助 2 年
2014 年	新一轮退耕还林还草总体方案	退耕还林每亩补助 1500 元；退耕还草每亩补助 800 元。补贴方式为退耕还林补助资金每亩第一年 800 元（其中，种苗造林费 300 元）、第三年 300 元、第五年 400 元；退耕还草补助资金每亩第一年 500 元、第三年 300 元

成为世界上水土流失最为严重的国家之一，尤其是黄土高原。1998 年特大洪水的全面爆发是中国政府制定并实施退耕还林政策的主要诱因。从退耕还林政策体系的内容来看，中国政府是政策实施的主体，以及粮食和现金补助的承担者。退耕还林工程初期就是贯彻"退耕还林（草）、封山绿化、以粮代赈、个体承包"十六字方针，粮食补助政策决定了退耕还林政策能否顺利实施，其中，"以粮代赈"决定了退耕还林政策的顺利实施。

工程实施的基本原则。第一轮退耕还林工作基本以朱镕基"退耕还林（草）、封山绿化、以粮代赈、个体承包"的十六字方针为总指导思想；《新一轮退耕还林还草总体方案》以保护和改善生态环境，促进社会可持续发展为目标，以创新退耕思路、发展林业产业，创新退耕机制、推进土地流转，创新还林方式、实施工程造林，创新治理模式、强化综合措施为抓手，将退耕还林（草）、封山绿化与地方经济发展、产业结构调整、增加农民收入等紧密结合，旨在促进贫困地区脱贫致富，推进生态文明建设，实现区域生态、经济文明科学发展。退耕还林生态优先、兼顾经济与社会效益原则，政策首要目标是进行生态建设和生态保护，在提升生态效益的基础上追求更大的社会、经济效益；统筹规划、分步实施、突出重点、注重实效；政策引导和农民自愿退耕相结合，谁退耕、谁造林、谁经营、谁受益；遵循自然规律，因地制宜，宜林则林，宜草则草，综合治理；建设与保护并重，防止边治理边破坏；逐步改善退耕还林者的生活条件。

工程实施的补偿机制。退耕工程实施补助方式大致经历了"以粮代赈—粮食补贴与现金补贴结合—现金补贴"3 个阶段。2000 年，确定每亩退耕地每年补助粮食，长江上游 150 kg，黄河上中游 100 kg，省内可平衡安排；粮食补助期限暂定为 5 年，并可根据试点，需要几年补几年，以防复耕。2002 年，中央财政安排退耕农户专项补助资金每亩每年 20 元，还生态林、经济林和草地分别补助 8 年、5 年和 2 年。2004 年，国家补助标准不变，原则上将补助粮食改为现金，中央按粮食 1.40 元/kg 计算。2007 年，国家退耕补助标准长江及南方地区每亩每年现金 105 元，黄河及北方地区 70 元；原每亩每年20 元现金补助继续并与管护任务挂钩，还生态林、经济林和草地分别补助 8 年、5 年和2 年。2014 年，国家退耕还林每亩补助 1500 元（财政部 1200 元、发改委 300 元）、还草每亩补助 800 元（财政部 680 元、发改委 120 元）。

2.2   退耕还林工程实施的基本情况

实施退耕还林工程就是从保护和改善生态环境出发,将易造成水土流失的坡耕地有计划、有步骤地停止耕种,按照适地适树的原则,因地制宜地植树造林,恢复森林植被。1999 年,四川、陕西、甘肃 3 省在全国率先开展退耕还林还草试点工作,2000 年 3 月,退耕还林政策覆盖范围拓宽至长江上游地区的云南、贵州、四川、重庆、湖北和黄河中上游地区的山西、河南、陕西、甘肃、青海、宁夏、新疆及新疆生产建设兵团 13 个省(自治区、直辖市)的 174 个县作为退耕还林还草试点;同年 6 月,又将湖南、河北、吉林和黑龙江 4 省 14 个县纳入试点范围。2001 年,江西、广西、辽宁三省部分自然灾害严重的地区也纳入了退耕还林还草试点范围内。2002 年 1 月全国正式启动退耕还林还草工程,建设范围覆盖:北京、天津、河北、山西、内蒙古、辽宁、吉林、黑龙江、安徽、江西、河南、湖北、湖南、广西、海南、重庆、四川、贵州、云南、西藏、陕西、甘肃、青海、宁夏、新疆 25 个省(自治区、直辖市)及新疆生产建设兵团(表 2.4)。

表2.4   各阶段全国退耕还林工程实施涉及的范围

阶段	年份	覆盖范围
试点阶段	1999 年	四川、陕西、甘肃 3 个省
	2000 年	长江上游地区的云南、贵州、四川、重庆、湖北,黄河中上游地区的山西、河南、陕西、甘肃、青海、宁夏、新疆及新疆生产建设兵团 13 个省(自治区、直辖市)的 174 个县,以及湖南、河北、吉林和黑龙江 4 省 14 个县
	2001 年	江西、广西、辽宁三省部分自然灾害严重的地区
正式启动阶段	2002 年	北京、天津、河北、山西、内蒙古、辽宁、吉林、黑龙江、安徽、江西、河南、湖北、湖南、广西、海南、重庆、四川、贵州、云南、西藏、陕西、甘肃、青海、宁夏、新疆 25 个省(自治区、直辖市)及新疆生产建设兵团
新一轮	2014 年	山西、湖北、湖南、广西、重庆、四川、贵州、云南、陕西、甘肃部分地区

截至 2013 年,工程累计造林 $2181.95×10^4\ hm^2$,其中退耕地造林面积 $683.983×10^4\ hm^2$,配套荒山(沙)地造林 $1335.89×10^4\ hm^2$,无林地和疏林地新封 $249.98×10^4\ hm^2$。截至 2013 年,全国林业累计投资完成额达 $2718.25×10^4$ 元,其中国债资金 $234.33×10^4$ 元,中央投资 $2047.82×10^4$ 元。2014 年,随着《新一轮退耕还林还草总体方案》获批实施,中国新一轮退耕还林工作正式开始,新一轮退耕还林政策实施期限为 2014~2017 年,全国林业投资完成额达 $957.19×10^4$ 元,包括中央投资 $832.94×10^4$ 元、地方投资 $31.21×10^4$ 元。从 1999 年退耕还林开始实施以来,根据不同时期退耕还林还草任务侧重的不同,可大致将退耕还林政策实施进程划分为 5 个阶段:试点阶段(1999~2001 年)、全面启动阶段(2002~2003 年)、优化调整阶段(2004~2006 年)、巩固完善阶段(2007~2013 年)及新一轮退耕还林(2014~2020 年)。

另外,从地理空间分布上看,退耕还林政策实施所涉及 25 个省级单位优先安排在江河源头及其两侧、湖库周围的坡耕地以及水土流失和风沙危害严重等生态地位重要地区的耕地,主要分布在东北山地及沙地区、华北干旱半干旱区、黄土丘陵沟壑区、新疆干旱荒漠区、长江黄河源头高寒草原草甸区、西南高山峡谷区、云贵高原区、川渝鄂湘山地丘陵区、长江中下游低山丘陵区、黔贵丘陵山区，约覆盖国土面积的 78.0%（图 2.2），可见覆盖范围之广。

图 2.2　全国退耕还林工程实施范围分布（彩图请扫封底二维码）

2.2.1　退耕工程实施的阶段划分

工程建设实施情况较为顺利，并取得了较为显著的成效。在此按照不同发展阶段对退耕还林工程的实施进程做简要回顾。

2.2.1.1　试点示范阶段

1999 年 8~10 月，朱镕基总理先后视察了西北、西南 6 省（自治区）（陕西、云南、四川、甘肃、青海、宁夏），提出了"退耕还林（草）、封山绿化、以粮代赈、个体承包"的十六字综合措施。随后，四川、陕西、甘肃 3 省在全国率先开展了退耕还林还草试点工作，由此正式揭开中国退耕还林工程的序幕。截至 1999 年年底，试点省份共完成退耕还林任务 44.79×10^4 hm^2，包括退耕地造林 38.15×10^4 hm^2、配套荒山荒地造林 6.65×10^4 hm^2。

2000 年 1 月，中央 2 号文件和国务院西部地区开发会议将退耕还林列为西部大开发的重要内容。同月，国务院发布的《中华人民共和国森林法实施条例》第二十二条明确规定：25°以上的坡地应当用于植树、种草，25°以上的坡耕地应当按照当地人民政府制定的规划，逐步退耕，植树和种草。

2000 年 3 月，经国务院批准，国家林业局、国家财政部联合发出了《关于开展 2000 年长江上游、黄河上中游地区退耕还林试点示范工作的通知》（林计发[2000]111 号），退耕还林试点工作正式启动，范围涉及长江上游地区的云南、贵州、四川、重庆、湖北和黄河中上游地区的山西、河南、陕西、甘肃、青海、宁夏、新疆及新疆生产建设兵团等 13 个省（自治区、直辖市）的 174 个县。同年 6 月，又将湖南、河北、吉林和黑龙江 4 省 14 个县纳入试点范围。当年根据试点实际情况安排了退耕总任务，计划完成退耕还林 87.21×10^4 hm^2，包括退耕地造林 40.46×10^4 hm^2、宜林荒山荒地造林种草 46.75×10^4 hm^2。而实际造林面积 68.36×10^4 hm^2，包括退耕地造林 32.84×10^4 hm^2。

随着退耕还林试点工作的启动，2000 年国家林业局联合其他部委印发了一系列实施方案、暂行办法，《关于以粮代赈、退耕还林还草的粮食供应暂行办法》，详细制定了退耕还林还草后的粮食补助标准，应根据农户退耕面积、当地实际平均粮食单产和还林还草情况综合确定。每亩退耕地每年补助粮食（原粮）的标准，长江上游地区 150 kg，黄河上中游地区 100 kg，省内可进行平衡安排，粮食补助的期限，暂定 5 年，并根据试点情况，需要几年就补几年，以防止砍树复耕，粮源由省级人民政府按就地就近原则统筹安排解决。原则上以地方国有粮食购销企业的商品周转粮为主，必要时再动用地方储备粮或申请动用中央储备粮；《长江上游、黄河上中游地区 2000 年退耕还林试点示范科技支撑实施方案》，针对不同地理气候特征，进行科学区划，进行合理的乔灌草配置，以符合当地的客观实际，其目标是实现科学规划、科学施工、科学管理，做到适地适树适草，初步建立起中国重大生态工程管理网络化系统；2000 年 6 月，《关于湖南、河北、吉林、黑龙江省开展退耕还林还草试点工作的请示》中将 4 省 14 县纳入试点范围，至此，退耕还林试点范围扩大到 17 个省（自治区、直辖市）和新疆生产建设兵团；2000 年 9 月，国务院颁布了《国务院关于进一步做好退耕还林还草试点工作的若干意见》，对退耕还林的各项政策措施予以明确，包括实行省级政府对退耕还林还草试点工作负总责和市（地）、县（市）政府目标责任制；退耕还林政策保护补助标准、粮源组织、种苗费补助、财政转移支付、调动农民积极性；健全种苗木生产供应机制，确保种苗的数量和质量；依靠科技进步，合理确定林草种植结构和植被恢复方式；加强建设管理，确保退耕还林还草顺利开展；严格检查监督，确保退耕还林还草工程质量等。

2001 年，朱镕基所做的政府工作报告中指出，有步骤而因地制宜推进天然林保护、退耕还林还草以及防沙治沙、草原保护等重要工程的建设，注意发挥生态的自我修复能力，逐步建成中国西部牢固的绿色生态屏障。并正式将退耕还林列入中国国民经济和社会发展"十五"规划，同年 8 月，国家林业局成立退耕还林工程管理中心，2001 年的中央经济工作会议将退耕还林作为调整农业经济结构、增加农民收入的重要措施，并强调要进一步扩大退耕还林规模，认真落实各项政策，加快宜林荒山荒地造林步伐。

2001 年，江西、广西、辽宁 3 省部分自然灾害严重的地区也纳入了退耕还林还草试点范围。2001 年退耕还林工程试点在中西部地区 20 个省（自治区、直辖市）和新疆生产建设兵团的 224 个县展开，其中有 177 个县隶属西部，占全部试点县的 79.02%。安排完成退耕任务 98.33×10^4 hm^2，包括退耕地造林 42.00×10^4 hm^2、宜林荒山荒地造林 56.33×10^4 hm^2；实际完成退耕还林 89.03×10^4 hm^2、退耕地造林 40.54×10^4 hm^2、宜林荒山荒地造林 48.49×10^4 hm^2。国家实施退耕还林工程试点阶段，全国累计完成退耕任务 202.18×10^4 hm^2，包括退耕地造林 111.53×10^4 hm^2。

2.2.1.2 全面启动阶段

退耕还林工作在多个试点县取得显著成效后，党中央、国务院决定在 2002 年 1 月正式启动退耕还林还草工程。工程建设范围包括：北京、天津、河北、山西、内蒙古、辽宁、吉林、黑龙江、安徽、江西、河南、湖北、湖南、广西、海南、重庆、四川、贵州、云南、西藏、陕西、甘肃、青海、宁夏、新疆 25 个省（自治区、直辖市）及新疆生产建设兵团，共 1889 个县（市、区、旗），其中，工程建设重点县 856 个，占总实施县数的 45.31%，国家计划 2002 年安排退耕还林工程任务 $38.20×10^4$ hm²，其中，退耕还林 $17.67×10^4$ hm²、宜林荒山荒地造林 $20.53×10^4$ hm²。至此，标志着退耕还林工作进入大规模推进阶段。

2002 年 4 月，根据两年多的试点工作和成功经验，国务院下发了《国务院关于进一步完善退耕还林政策措施的若干意见》，为把退耕还林工作扎实稳妥健康地向前推进，提出了进一步完善退耕还林的若干政策措施，并通过退耕还林必须遵循的原则、科学地制订规划、认真落实林权，调动和保护农民退耕还林的积极性、切实抓好粮食补助兑现，确保农民口粮供应、必须做到种苗先行，保障种苗供给、落实退耕还林政策的各项配套措施，巩固退耕还林建设成果、加强组织领导和监督检查，确保退耕还林工作顺利进行等方面进行了详细说明。为加强退耕还林工程现金补助资金管理，提高资金使用的效益，2002 年 11 月财政部制定《退耕还林工程现金补助资金管理办法》，详细规定了退耕还林工程现金补助的资金管理办法与监督措施，同年 12 月，《退耕还林条例》由朱镕基总理签署的第三百六十七号国务院令正式公布。

2002 年国家计划完成退耕还林任务 $572.86×10^4$ hm²，包括退耕地造林 $264.66×10^4$ hm²、宜林荒山荒地造林 $308.2×10^4$ hm²；实际完成退耕任务 $442.36×10^4$ hm²，包括退耕地造林 $203.98×10^4$ hm²、宜林荒山荒地造林 $238.38×10^4$ hm²。随着退耕还林的大规模启动，2003 年国务院、国家林业局出台了一系列相关法规条例，包括《退耕还林工程作业设计技术规定》《退耕还林工程档案管理办法（试行）》《退耕还林工程建设监理规定（试行）》等，《关于加快林业发展的决定》将抓好六大重点工程作为实现林业战略目标的重要途径，赋予了退耕还林工程艰巨的历史使命。2003 年国家计划完成退耕还林任务 $713.34×10^4$ hm²，包括退耕地造林 $336.67×10^4$ hm²、宜林荒山荒地造林 $376.67×10^4$ hm²；实际完成退耕任务 $619.61×10^4$ hm²，包括退耕地造林 $308.59×10^4$ hm²、宜林荒山荒地造林 $311.02×10^4$ hm²。

国家实施退耕还林工程全面启动阶段，国家计划完成退耕还林 $1286.2×10^4$ hm²，包括退耕地造林 $601.33×10^4$ hm²、宜林荒山荒地造林 $684.87×10^4$ hm²；累计完成退耕任务 $1061.97×10^4$ hm²，包括退耕地造林 $512.57×10^4$ hm²、荒山荒地造林 $549.4×10^4$ hm²。1999～2003 年，退耕还林工作已覆盖全国 2 万多个乡镇，10 万多个村，6000 多万农户（陶然等，2004）。全国累计完成退耕任务 $1264.15×10^4$ hm²，包括退耕地造林 $624.1×10^4$ hm²、宜林荒山荒地造林 $640.05×10^4$ hm²。

2.2.1.3 优化调整阶段

正当退耕还林工作如火如荼进行之际，适逢 2004 年政府换届，党中央、国务院对国民经济发展新形势做了深刻、系统的分析，并在此基础上对退耕还林工作进行了优化调整（肖庆业，2013）。2004 年 3 月，国家发展改革委、国务院西部开发办、国家林业局等部门联合下发了《关于下达 2004 年退耕还林计划的通知》，正式下达了 2004 年退耕还林计划，计划完成退耕还林任务 356.82×10^4 hm^2，包括退耕地造林 101.66×10^4 hm^2、宜林荒山荒地造林 255.16×10^4 hm^2。2004 年 4 月，国务院办公厅印发了《关于完善退耕还林粮食补助办法的通知》，通知指出，从 2004 年开始，原则上将向退耕农户补助的粮食改为现金补助，具体补助标准和兑现办法，由省级人民政府根据当地实际情况确定，退耕还林补助资金要专户存储，专款专用。任何单位和个人不得挤占、截留、挪用和克扣，不得弄虚作假、虚报冒领补助资金。在当年 7 月，七部委进一步联合印发了《关于退耕还林、退牧还草、禁牧舍饲粮食补助改补现金后有关财政财务处理问题的紧急通知》，对新老办法的衔接、现金补助的资金筹措、拨付和管理、补助资金的清算等问题进行细化。2004 年实际完成退耕还林面积 321.75×10^4 hm^2，其中退耕地造林 82.49×10^4 hm^2、宜林荒山荒地造林 239.26×10^4 hm^2。

2005 年 2 月，国家林业局退耕还林工程管理办公室确定并印发《国家林业局退耕还林办公室 2005 年工作要点》，强调 2005 年的退耕还林工作将按照"巩固成果、确保质量、完善政策、稳步推进"的总体要求，妥善解决好超计划的遗留问题，强化工程管理和工作指导，进一步搞好成果巩固和后续发展工作，稳步推进退耕还林工程建设。按照党中央、国务院有关部署，继续稳步推进退耕还林工作，但工作重点已转移到进行荒山荒地造林上来。本年度共完成退耕还林计划 189.84×10^4 hm^2，包括退耕地造林 66.74×10^4 hm^2、配套荒山荒地造林 123.10×10^4 hm^2。同年，新封山育林面积 105.58×10^4 hm^2，截至 2005 年年底，退耕还林工程已经覆盖全国 3100 多万农户、1.2 亿农民（刘诚，2009）。

2005 年 9 月，国务院发布《关于切实搞好"五个结合"进一步巩固退耕还林成果的通知》，随着退耕工作的稳步推进，各项退耕还林补助政策陆续到期，退耕还林工程逐渐进入到巩固前期成果、保障粮食安全、调节产业结构和增加农民收入的政策交汇期。受这些因素的综合影响，2006 年国家下达退耕还林总任务计划很少，主要是巩固前期已有成果和有针对性地解决一些遗留问题，并于 12 月印发了《退耕还林工程质量评估办法（试行）》，本年度共完成退耕还林计划 105.05×10^4 hm^2，包括退耕地造林 21.85×10^4 hm^2、配套荒山荒地造林 75.85×10^4 hm^2、无林地和疏林地封育面积 7.35×10^4 hm^2。

2006 年国家林业局发布的《退耕还林工程总体建设情况报告》指出，退耕还林工程自 1999 年启动以来，实施顺利，工程建设总体情况良好，1999~2006 年全国累计完成退耕还林面积 1880.79×10^4 hm^2，包括退耕地造林 795.18×10^4 hm^2、宜林荒山荒地造林 1078.26×10^4 hm^2、新增无林地和疏林地面积 7.35×10^4 hm^2。2006 年 3 月，国家林业局印发了《关于组织退耕还林后续政策调研工作的通知》，对各地组织开展退耕还林后续政策调研工作进行了部署。

2.2.1.4 巩固完善阶段

2007 年，根据当时国内外经济社会发展态势，为了确保国家粮食安全，坚守中国 18 亿亩耕地红线的政策，中央决定退耕还林工程暂停，但是退耕还林工程的钱没停，维持了当时的资金供给，工程从最初确定给农民补贴 8 年，自 2007 年始继续延长 8 年，但后 8 年补贴标准减半，即原来每亩每年补贴 150 kg 粮食折合成 1.4 元/kg，即 210 元钱，再加 20 元钱补贴，一并给到农民手里，补贴减半后钱不减，巩固退耕还林成果项目国

家累计支持 950×10^8 元，开展了诸如户户通、太阳能、沼气池等，还有为退耕户每家每户配备的口粮田建设，根据各省情况也实施了很多配套项目。

2007 年国家已经全面停止了退耕还林计划任务下达（刘诚，2009），国务院于 7 月在北京召开退耕还林补助政策座谈会，听取有关地方对完善退耕还林补助政策的意见，部署巩固退耕还林成果、解决退耕农户长远生计工作。随着退耕还林政策多项补助陆续到期，部分退耕农户的生计成为问题。为解决这一困难，2007 年 8 月国务院发布了《关于完善退耕还林政策的通知》，要求继续完善退耕还林政策，继续对退耕农户提供适当补助并建立起巩固退耕还林成果专项资金，以巩固退耕还林成果，有效解决退耕农户长远生计问题，全方位提升退耕农户自力更生能力。本年共完成退耕还林任务 105.6×10^4 hm^2，包括退耕地造林 5.95×10^4 hm^2、荒山荒地造林 97.73×10^4 hm^2、无林地和疏林地封育面积 1.92×10^4 hm^2。

2008~2013 年，党中央、国务院继续推进退耕还林工作，全国累计完成退耕还林面积 507.34×10^4 hm^2，包括退耕地造林 0.33×10^4 hm^2、宜林荒山荒地造林 348.26×10^4 hm^2 和新封无林地和疏林地面积 158.75×10^4 hm^2。截至 2013 年年底，全国共实现退耕还林 2493.73×10^4 hm^2，可以说退耕还林工作取得了一定的成效。

2.2.1.5　新一轮退耕还林政策的实施

2014 年，党中央、国务院批准实施《新一轮退耕还林还草总体方案》，表明中国新一轮退耕还林工作开始踏入新征程，方案指出，到 2020 年，将全国具备条件的坡耕地和严重沙化耕地约 282.67×10^4 hm^2 退耕还林还草，其中包括 25°以上坡耕地 144.87×10^4 hm^2、严重沙化耕地 113.33×10^4 hm^2、丹江口库区和三峡库区 15°~25°坡耕地 24.67×10^4 hm^2，对已划入基本农田的 25°以上坡耕地，要本着实事求是的原则，在确保省域内规划基本农田保护面积不减少的前提下，依据法定程序调整为非基本农田后，方可纳入退耕还林还草范围。严重沙耕地、重要水源地的 15°~25°坡耕地，需有关部门研究划定范围，再考虑实施退耕还林还草。新一轮退耕还林还草政策与上一轮退耕政策存在一定差异，新一轮的退耕工作由先前"自上而下，统一政策，政府推行"的方式转为"自下而上、上下结合"的模式（石春娜和姚顺波，2016），这种模式为农户退耕还林提供了更多的选择空间。本年共实现退耕造林 37.86×10^4 hm^2，包括退耕地造林 0.01×10^4 hm^2、荒山荒地造林 31.27×10^4 hm^2 和新封无林地及疏林地面积 6.58×10^4 hm^2。

2015 年，国家发展改革委、财政部、国家林业局、农业部、国土资源部联合印发《关于下达退耕还林还草年度任务的通知》和《关于加快落实新一轮退耕还林还草任务的通知》，诸多文件为保证退耕工作顺利开展、为加快退耕政策落实进度奠定了基础。同年底，国家完成退耕造林 63.60×10^4 hm^2，包括退耕地造林 44.63×10^4 hm^2、荒山荒地造林 18.94×10^4 hm^2 和新封无林地及疏林地面积 0.03×10^4 hm^2，可见新一轮退耕工作取得了一定效果。截至 2019 年 7 月，新一轮退耕工作共完成退耕还林还草任务面积 399.30×10^4 hm^2，其中包括还林 365.79×10^4 hm^2、还草 33.51×10^4 hm^2，涉及河北、山西、内蒙古等 22 个省（自治区、直辖市）和新疆生产建设兵团。新一轮的退耕还林以改善生态环境和增加农民收入为切入点，体现了中国政府进行生态文明建设的决心，也为全面建成小康社会提供了动力。退耕还林工作非一朝一夕可以实现，需要协调好各方面的关系，以敦促退耕还林工作有效实施和稳步落实。

2.2.2 退耕工程实施的造林面积

2.2.2.1 全国退耕还林面积及分布

在退耕还林工程具体实施过程中，按退耕任务分主要包括退耕地造林、荒山荒地造林和新封山育林三类；按林种主导功能又可分为用材林、经济林、防护林、薪炭林和特种用途林五类。从全国层面来看，2000～2017 年退耕还林政策实施造林面积及分类如表 2.5 和图 2.3 所示。《2018 年国土绿化公报》数据显示，2017 年全国共完成造林 707.4×10^4 hm^2，森林抚育 851.9×10^4 hm^2，治理退化草原 666.0×10^4 hm^2 以上。目前，全国乡村绿化覆盖率达到 20.0%，城市建成区绿化率达 37.9%，城市人均公园绿地面积达 14.1 m^2。新增国家森林城市 29 个，全国国家森林城市达 166 个。

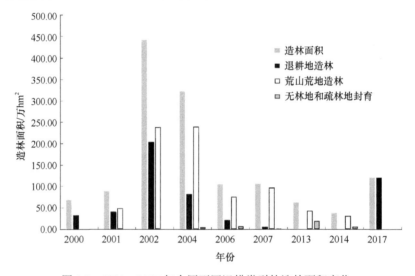

图 2.3 2000～2017 年全国不同退耕类型的造林面积变化

柱形从左到右与图例从上到下逐一对应

自 1999 年国家开展退耕还林试点工作以来，累计造林总面积 3447.46×10^4 hm^2。不同阶段退耕还林工程实施特点不同，1999～2001 年是退耕还林工程的试点阶段，该阶段造林面积相对较少，合计造林总面积 157.39×10^4 hm^2。2002 年开始，国家正式全面开启退耕还林工程，造林面积在 2003 年达到最高 619.61×10^4 hm^2，由于这一时期完成了大部分的退耕地造林和荒山荒地造林工作，从 2004 年后，全国区域内的造林面积开始减少（图 2.3），退耕还林逐渐进入到巩固和完善阶段，截至 2013 年累计造林面积 2291.55×10^4 hm^2。而从 2014 年开始的新一轮退耕还林工程实施，到 2018 年累计造林面积 998.52×10^4 hm^2，2018 年达到第二个高峰，全国造林面积达 707.40×10^4 hm^2。

从不同退耕类型来看，荒山荒地造林累计面积最大，累计达 1544.75×10^4 hm^2，占到累计总造林面积的 56.38%，退耕地造林次之，累计面积为 985.12×10^4 hm^2，所占比例为 35.95%，无林地和疏林地封育造林面积累计最小，比例仅占 9.44%。在第一轮退耕还林政策实施过程中，不同的退耕阶段的退耕任务是不同的，在退耕还林试点、启动到调整阶段（2000～2006 年），荒山荒地造林累计面积 1036.1×10^4 hm^2，占造林总面积的 56.43%，是完成退耕还林任务最重要的力量，退耕地次之，该阶段累计面积 757.03×10⁴ hm²，占造林总面积的 41.23%；在退耕还林巩固完善阶段（2007～2013 年），荒山荒地造林同样在完成退耕还林任务中比例最大，该阶段累计面积 445.99×10⁴ hm²，占造林总面积的 72.76%，而无林地和疏林地封育造林面积次之，累计造林面积 160.67×10⁴ hm²，占比例为 26.21%，这两类几乎占到总造林面积的全部，退耕地造林进一步萎缩。而新一轮退耕还林（2014～2018 年）中，退耕地造林在其中所占的比例最大（表 2.5），累计造林面积 221.82×10⁴ hm²，占比例为 76.2%，其次为荒山荒地造林，累计面积 62.66×10⁴ hm²，占比例为 21.52%。自退耕还林工程实施以来，在退耕还林工作正式启动阶段退耕地造林和荒山荒地造林面积均最多，2003 年分别达到最高点 308.59×10⁴ hm² 和 311.02×10⁴ hm²，从 2004 年起两者面积逐渐减少，2014 年国家实施新一轮退耕还林政策时，退耕地造林面积又开始增加，并有逐渐上升的趋势。而无林地和疏林地封育面积作为后续力量，尽管所占比例较低，但仍在退耕还林工程优化调整和成果巩固阶段发挥了重要作用。

表 2.5　2000～2018 年退耕还林政策实施的造林面积　　（单位：10⁴ hm²）

年份	造林总面积	退耕地造林	荒山荒地造林	无林地和疏林地封育
2000 年	68.36	32.84	—	—
2001 年	89.03	40.54	48.49	—
2002 年	442.36	203.98	238.38	—
2003 年	619.61	308.59	311.02	—
2004 年	321.75	82.49	239.26	5.51
2005 年	189.84	66.74	123.10	78.37
2006 年	105.05	21.85	75.85	7.35
合计	1836	757.03	1036.1	91.23
2007 年	105.60	5.95	97.73	1.92
2008 年	118.97	0.22	86.08	32.67
2009 年	88.67	0.07	56.47	32.12
2010 年	98.26	0.03	66.09	32.14
2011 年	73.02	0.01	51.67	21.35
2012 年	65.53	—	44.72	20.81
2013 年	62.89	—	43.23	19.66
合计	612.94	6.28	445.99	160.67
2014 年	37.86	0.01	31.27	6.58
2015 年	63.60	44.63	18.94	0.03
2016 年	68.33	55.85	12.44	0.04
2017 年	121.34	121.33	0.01	—
2018 年	707.40	89.52	617.88	—
合计	998.53	311.34	680.54	6.65
总计	3447.46	1074.64	1544.75	258.56

数据来源：《中国林业统计年鉴》。

注：2006 年开始，将无林地和疏林地封育面积计入造林总面积中。

"—"表示当年无数据。

　　从林种类型来看,主要分为用材林、经济林、防护林、薪炭林和特种用途林五大类,退耕还林工程实施以来,防护林累计造林面积最大,为 1916.08×10^4 hm^2,所占比例为 70.93%,经济林和用材林累计造林面积比例相当,所占比例分别为 15.07% 和 13.01%,薪炭林和特种用途林造林面积最小。退耕还林工程试点、启动到优化调整阶段(2000~2006 年)与巩固完善阶段(2007~2013 年)的造林中以防护林为主,防护林在两个阶段内所占比例均大,分别为 78.78% 和 64.04%,经济林的造林面积增长最快,由 2000~2006 年累计的 8.55% 增长到 2007~2013 年的 17.13%,用材林则由 11.85% 上升到 17.27%。

　　在新一轮退耕还林工程实施(2014~2017 年)中累计造林面积最多的是经济林(145.61×10^4 hm^2),所占比例为 56.07%,其次为防护林(82.94×10^4 hm^2),所占比例为 31.94%,用材林累计面积所占比例为 11.02%。总体来说,退耕还林以防护林、用材林和经济林建设为主,而薪炭林和特种用途林所占比例极小(表 2.6、图 2.4),这与城镇化加速、国家能源政策,以及人们的生活习惯等诸多因素密切相关。

表 2.6　2000~2017 年全国退耕还林工程实施林种类型面积统计（单位：10^4 hm^2）

年份	造林总面积	用材林	经济林	防护林	薪炭林	特种用途林
2000 年	68.36	6.7	16.79	43.67	1.19	0.02
2001 年	89.03	7.83	9.69	71.32	0.18	0.01
2002 年	442.36	38.41	42.94	357.89	2.48	0.64
2003 年	619.61	70.21	48.66	495.09	4.60	1.05
2004 年	321.75	46.11	20.77	252.42	2.10	0.36
2005 年	189.84	32.83	10.99	144.42	1.45	0.14
2006 年	97.70	14.64	6.60	75.80	0.51	0.15
合计	1828.65	216.73	156.44	1440.61	12.51	2.37
2007 年	105.6	21.09	6.26	77.73	0.41	0.11
2008 年	118.97	19.05	9.25	90.08	0.05	0.54
2009 年	88.67	14.78	14.07	58.69	0.46	0.67
2010 年	98.26	16.16	21.97	58.43	1.23	0.48
2011 年	73.02	12.26	20.74	38.03	1.41	0.57
2012 年	65.53	11.52	17.63	34.43	1.62	0.32
2013 年	62.89	11.01	15.08	35.16	1.19	0.45
合计	612.94	105.87	105.00	392.55	6.37	3.14
2014 年	37.86	7.67	12.96	15.43	1.55	0.25
2015 年	44.63	5.22	24.00	15.36	0.05	0
2016 年	55.85	5.36	31.42	18.90	0.15	0.02
2017 年	121.33	10.37	77.23	33.25	0.08	0.39
合计	259.67	28.62	145.61	82.94	1.83	0.66
总计	2701.25	351.23	407.06	1916.08	20.71	6.17

数据来源:《中国林业统计年鉴》。

　　注:年鉴显示,按林种类型进行划分时,2006 年、2015 年和 2016 年造林总面积为人工造林面积,未将无林地和疏林地封育面积计入其中,导致与表中造林总面积略有差异。

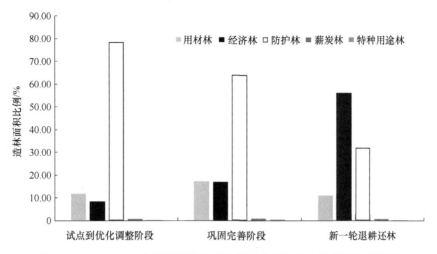

图 2.4　2000～2017 年不同阶段全国各类林种面积占造林总面积的比例

2.2.2.2　不同省份退耕还林面积

从省级层面来看，2000～2017 年全国各省份退耕还林工作均取得阶段性成果，其中陕西、云南、甘肃累计退耕造林面积在全国居于前列，分别为 242.248×10⁴ hm²、205.444×10⁴ hm²、204.418×10⁴ hm²；贵州、内蒙古、四川次之，分别为 191.771×10⁴ hm²、189.731×10⁴ hm² 和 189.093×10⁴ hm²；青海、吉林、海南和西藏最少，分别为 46.722×10⁴ hm²、45.223×10⁴ hm²、16.656×10⁴ hm² 和 9.885×10⁴ hm²（表 2.7）。

表 2.7　2000～2017 年全国各省份退耕造林面积及其累计　（单位：10^4 hm²）

省份	2000 年	2003 年	2006 年	2009 年	2012 年	2015 年	2017 年	累计
河北	0.993	21.069	3.755	2.336	1.504	1.639	—	92.929
山西	8.303	28.038	4.600	3.567	4.917	5.797	10.867	168.409
内蒙古	11.096	34.022	3.626	4.856	3.997	1.895	3.205	189.731
辽宁	—	17.474	4.863	2.349	2.466	0.333	—	82.101
吉林	0.760	12.949	2.885	0.391	0.727	—	—	45.223
黑龙江	1.073	23.679	—	5.848	3.704	—	—	89.618
安徽	—	16.172	—	3.254	2.123	1.037	0.200	66.478
江西	—	21.333	4.333	3.452	1.877	—	—	71.881
河南	3.000	25.334	4.667	5.333	2.485	—	—	108.497
湖北	1.851	28.046	4.667	2.621	3.285	2.533	1.733	119.107
湖南	0.491	39.247	18.603	5.333	2.399	0.844	0.534	143.295
广西	—	24.909	4.945	3.389	1.753	1.132	0.050	90.728
海南	—	6.920	1.233	0.343	0.140	0.024	0.007	16.656
重庆	4.067	33.189	2.000	3.667	2.300	6.760	4.872	122.217
四川	9.924	47.889	5.337	3.649	1.633	7.236	2.909	189.093
贵州	1.807	34.665	5.467	3.327	1.533	4.889	55.160	191.771
云南	3.175	33.657	0.903	11.865	12.504	14.936	10.850	205.444
西藏	—	1.333	1.000	1.082	0.806	—	—	9.885

省份	2000 年	2003 年	2006 年	2009 年	2012 年	2015 年	2017 年	累计
陕西	12.317	56.241	7.854	3.933	4.776	5.869	4.824	242.248
甘肃	5.305	52.611	6.625	4.280	2.094	4.347	14.651	204.418
青海	0.483	8.816	—	2.810	1.620	—	1.991	46.722
宁夏	2.859	27.076	3.717	3.304	0.833	—	0.954	87.887
新疆	0.858	24.946	3.973	5.012	4.718	4.332	8.527	112.896

注：表中未包括北京、天津、上海、江苏、浙江、福建、山东、广东、新疆生产建设兵团及森工集团。
"—"表示当年无数据。

从不同发展阶段来看，2000～2003 年既是退耕还林工程的试点阶段，又是全面启动阶段，这一时期各个省份的造林面积均存在不同程度的增长，所以退耕还林工作的效果相对显著；2004～2006 年是退耕还林工程实施的优化调整期，这一时期的工作重心由原先的大规模造林转为结构性调整，尽管各省份的造林面积有所减少，但数额依旧巨大；2007 年以后，国家的退耕还林工作进入成果巩固阶段，主要是解决一些遗留问题，以保证退耕还林工程效益最大化。为更好实现这一目标，国家在 2014 年又启动新一轮退耕还林政策，不同省份造林面积出现了不同幅度变化，从表 2.7 可以清晰看出，2017 年与 2012 年相比，贵州、甘肃两省退耕造林面积增长最为明显，分别为 53.627×10^4 hm^2 和 12.557×10^4 hm^2，其他省份退耕造林面积基本保持稳定。

就不同退耕还林类型而言，退耕地造林、荒山荒地造林在做好退耕还林工作方面发挥了至关重要的作用（表 2.8）。其中，贵州省退耕地造林作用明显，2000～2017 年累计退耕地造林面积 112.386×10^4 hm^2，占造林总面积的 58.60%，远高于荒山荒地造林面积的比例（36.57%）；而云南、内蒙古、山西等地荒山荒地造林面积明显高于退耕地造林面积，2000～2017 年累计荒山荒地造林面积分别为 136.276×10^4 hm^2、118.250×10^4 hm^2、107.698×10^4 hm^2，占同期造林总面积的 66.33%、62.33%、63.95%，高于退耕地造林的比例（29.93%、26.21%、27.66%）；而重庆、四川两地的退耕地造林面积（55.594×10^4 hm^2、88.779×10^4 hm^2）和荒山荒地造林面积（55.523×10^4 hm^2、88.562×10^4 hm^2）基本持平，并未出现太大差异。

表 2.8　2000～2017 年全国各省份累计退耕造林面积的构成及其占比（单位：10^4 hm^2）

省份	退耕造林面积	退耕地造林	荒山荒地造林	退耕地造林比例/%	荒山荒地造林面积比例/%	无林和疏林地封育面积比例/%
河北	92.929	21.525	61.905	23.16	66.62	10.22
山西	168.409	46.577	107.698	27.66	63.95	8.39
内蒙古	189.731	49.737	118.250	26.21	62.33	11.46
辽宁	82.101	21.311	50.058	25.96	60.97	13.07
吉林	45.223	24.557	15.572	54.30	34.43	11.26
黑龙江	89.618	27.861	46.857	31.09	52.29	16.63
安徽	66.478	23.800	37.013	35.80	55.68	8.52
江西	71.881	20.204	43.078	28.11	59.93	11.96
河南	108.497	25.114	75.283	23.15	69.39	7.47
湖北	119.107	40.631	74.412	34.11	62.47	3.41

续表

省份	退耕造林面积	退耕地造林	荒山荒地造林	退耕地造林比例/%	荒山荒地造林面积比例/%	无林和疏林地封育面积比例/%
湖南	143.295	52.79	75.543	36.84	52.72	10.44
广西	90.728	25.583	61.747	28.20	68.06	3.75
重庆	122.217	55.594	55.523	45.49	45.43	9.08
四川	189.093	88.779	88.562	46.95	46.84	6.21
贵州	191.771	112.386	70.128	58.60	36.57	4.83
云南	205.444	61.481	136.276	29.93	66.33	3.74
陕西	242.248	98.198	127.256	40.54	52.53	6.93
甘肃	204.418	88.913	105.193	43.50	51.46	5.04
青海	46.722	16.806	21.983	35.97	47.05	16.98
宁夏	87.887	32.983	51.970	37.53	59.13	3.34
新疆	112.896	48.249	53.877	42.74	47.72	9.54

事实上，尽管国家在 2006 年才将无林地和疏林地封育面积计入造林总面积，但无林地和疏林地在退耕还林工程中的作用也是不容忽视的，各省份中青海、黑龙江两省无林地和疏林地封育面积占造林总面积的比例最高，分别为 16.98%、16.63%，辽宁次之，为 13.07%，广西、云南、湖北和宁夏最低，分别为 3.75%、3.74%、3.41% 和 3.34%。

就国家退耕还林工程实施不同阶段而言，各省份退耕地造林面积和荒山荒地造林面积的变化趋势略有不同（表 2.9、表 2.10），2002 年作为退耕还林全面启动阶段的起始年同试点期的 2000 年相比，陕西、四川、山西和贵州四省退耕地造林面积增长最快，分别上升了 18.045×10^4 hm^2、14.620×10^4 hm^2、14.299×10^4 hm^2 和 14.071×10^4 hm^2，其余各省份退耕地造林面积也出现了小幅度增长；2004~2006 年是退耕还林的优化调整阶段，从已有统计数据来看，除江西省之外，其余各省份退耕地造林面积均出现不同幅度的下降，陕西下降幅度最大，约减少了 18.256×10^4 hm^2，一定程度上也表明该阶段工作重点不再是大规模退耕地造林，而是侧重于进行结构性调整，尽管如此退耕地造林数量依旧很多，退耕造林工作从未停止。

表 2.9　2000~2017 年全国各省份退耕地造林面积变化及累计（单位：10^4 hm^2）

省份	2000 年	2002 年	2004 年	2006 年	2015 年	2016 年	2017 年	累计
河北	0.866	5.369	1.000	0.637	—	0.333	—	21.525
山西	1.702	16.001	1.333	0.667	0.667	—	10.867	46.577
内蒙古	2.661	12.258	2.283	0.583	0.333	3.661	3.205	49.737
辽宁	—	4.731	2.785	1.000	0.333	—	—	21.311
吉林	0.760	4.667	2.601	1.444	—	0.040	—	24.557
黑龙江	1.073	4.704	3.173	—	—	—	—	27.861
安徽	—	13.333	0.670	—	—	0.895	0.200	23.800
江西	—	7.338	0.667	0.667	—	0.200	—	20.204
河南	1.333	7.334	1.333	—	—	—	—	25.114
湖北	1.009	9.300	2.133	0.667	2.200	3.467	1.733	40.631
湖南	0.491	3.599	16.026	6.458	0.666	1.014	0.534	52.790

省份	2000 年	2002 年	2004 年	2006 年	2015 年	2016 年	2017 年	累计
广西	—	5.969	2.322	0.222	0.993	2.090	0.050	25.583
重庆	1.233	8.429	2.717	2.000	6.760	6.566	4.872	55.594
四川	7.191	21.811	3.067	1.228	7.048	2.882	2.909	88.779
贵州	1.333	15.350	3.334	1.133	4.667	8.666	55.160	112.386
云南	0.635	9.570	2.644	0.117	6.811	9.752	10.850	61.481
陕西	5.485	23.530	19.724	1.468	5.762	4.414	4.824	98.198
甘肃	4.912	11.183	3.330	1.286	4.334	8.000	14.651	88.913
青海	0.483	4.720	1.364	—	—	—	1.991	16.806
宁夏	1.126	5.333	6.516	0.938	—	1.333	0.954	32.983
新疆	0.549	8.832	3.470	1.001	4.053	2.537	8.527	48.249

表 2.10　2001～2016 年全国各省份荒山荒地造林面积变化及累计（单位：$10^4 \, \text{hm}^2$）

省份	2001 年	2004 年	2007 年	2010 年	2013 年	2016 年	累计
河北	0.668	16.488	4.263	1.147	0.929	1.698	61.905
山西	4.996	12.000	8.023	4.834	3.975	5.123	107.698
内蒙古	6.212	26.057	4.789	3.133	3.116	1.113	118.250
辽宁	0.673	9.097	4.646	1.552	1.100	—	50.058
吉林	0.430	1.125	0.103	0.765	0.591	—	15.572
黑龙江	0.418	8.408	4.307	1.774	1.050	—	46.857
安徽	—	2.276	1.656	0.799	1.474	—	37.013
江西	—	4.000	5.333	1.939	1.067	—	43.078
河南	1.667	17.334	—	2.767	2.337	—	75.283
湖北	1.031	9.911	4.667	2.683	1.411	0.222	74.412
湖南	1.338	16.210	3.970	1.867	0.618	0.675	75.543
广西	0.438	11.125	4.427	2.007	1.074	—	61.747
海南	—	2.667	0.599	0.337	0.129	0.019	12.578
重庆	5.000	8.000	6.000	1.698	1.167	—	55.523
四川	8.256	7.048	3.696	5.506	1.366	0.053	88.562
贵州	1.298	11.032	5.337	1.334	1.200	—	70.128
云南	2.429	8.475	3.427	14.535	11.060	3.051	136.276
西藏	—	0.067	1.000	0.514	0.267	—	6.791
陕西	5.262	22.427	9.005	4.254	3.005	0.196	127.256
甘肃	3.701	28.284	7.489	2.303	0.957	0.222	105.193
青海	2.220	3.007	1.881	0.752	0.867	—	21.983
宁夏	2.179	7.974	2.469	1.757	0.600	—	51.970
新疆	0.270	6.254	3.165	2.864	1.873	0.062	53.877

　　2007 年国家退耕还林工程实施进入成果巩固期以后，党中央、国务院于 2014 年又启动了新一轮退耕还林政策实施，这对进一步完善退耕还林工作意义重大，各省份也积极响应这一号召，认真做好有关退耕地造林工作。例如，2014 年以后贵州、山西、甘肃、云南等省退耕地造林面积还在持续增长，尽管重庆、广西等地的退耕造林速度变缓，但

仍保持着面积增加的趋势。

　　从表 2.10 可以看出，尽管在退耕还林工程试点阶段和全面启动阶段各省份的荒山荒地造林面积增加明显，在退耕还林工程优化调整和成果巩固阶段造林面积略有减少，但不可否认其依旧保持着增长趋势，2000～2017 年国家和各省（自治区、直辖市）荒山荒地造林的累计面积是稳步上升的，并且在造林总面积、森林覆盖率和植被覆盖率，以及森林资源增长量中占有重要地位。

　　就不同林种类型而言，用材林、防护林、经济林、薪炭林和特种用途林五个类型中，薪炭林和特种用途林造林面积较少，同时考虑到统计数据的可获得性，在此集中讨论各个阶段各省份用材林、防护林和经济林造林面积变化情况（表 2.11～表 2.13）。

表 2.11　1999～2017 年不同阶段全国各省份用材林造林面积　　（单位：10^4hm^2）

省份	试点 （1999～2001 年）	全面启动 （2002～2003 年）	优化调整 （2004～2006 年）	巩固完善 （2007～2013 年）	新一轮 （2014～2017 年）	累计
河北	0.294	5.356	4.139	3.358	0.202	13.348
山西	0.665	0.328	—	0.013	—	1.006
内蒙古	0.299	1.093	0.405	0.709	0.108	2.613
辽宁	—	4.706	2.256	2.703	0.004	9.670
吉林	0.184	1.996	0.135	0.478	0.286	3.079
黑龙江	1.105	10.967	0.970	7.293	—	20.336
安徽	—	—	0.105	2.336	1.478	3.919
江西	—	3.863	5.080	12.992	0.096	22.032
河南	0.286	12.849	9.072	6.483	0.767	29.457
湖北	0.957	11.581	7.575	9.790	1.859	31.761
湖南	0.985	6.336	5.807	6.704	1.002	20.833
广西	0.051	15.712	13.645	16.509	1.576	47.493
海南	—	0.361	2.815	1.037	0.002	4.216
重庆	0.485	4.192	2.238	5.924	2.604	15.442
四川	4.601	10.563	3.297	8.224	3.572	30.256
贵州	0.453	0.990	0.958	4.059	7.838	14.297
云南	0.270	8.268	2.178	15.309	6.431	32.456
西藏	—	—	0.054	0.138	—	0.192
陕西	2.725	6.285	0.667	0.868	0.281	10.826
甘肃	1.035	2.113	0.478	0.301	0.364	4.290
青海	0.091	—	—	—	—	0.091
新疆	0.044	1.067	0.239	0.408	0.149	1.907

表 2.12　1999～2017 年不同阶段全国各省份防护林造林面积　　（单位：10^4hm^2）

省份	试点 （1999～2001 年）	全面启动 （2002～2003 年）	优化调整 （2004～2006 年）	巩固完善 （2007～2013 年）	新一轮 （2014～2017 年）	累计
河北	1.744	23.494	11.495	16.927	1.922	55.582
山西	11.785	62.755	13.762	26.352	5.552	120.206
内蒙古	20.166	72.505	17.320	38.053	8.252	156.296

省份	试点 (1999~2001年)	全面启动 (2002~2003年)	优化调整 (2004~2006年)	巩固完善 (2007~2013年)	新一轮 (2014~2017年)	累计
辽宁	1.072	20.094	15.990	20.052	0.042	57.250
吉林	2.136	20.149	5.663	8.837	0.433	37.218
黑龙江	0.616	21.434	5.498	25.286	—	52.834
安徽	—	36.500	1.508	9.870	0.614	48.492
江西	—	28.048	5.790	8.588	0.037	42.462
河南	4.723	21.141	9.228	14.533	1.341	50.966
湖北	3.163	30.129	12.126	10.585	3.291	59.292
湖南	1.523	33.809	25.956	16.943	2.172	80.402
广西	0.023	13.561	3.321	4.133	0.468	21.506
海南	—	6.271	1.157	1.120	—	8.549
重庆	9.044	39.251	9.799	14.520	3.905	76.519
四川	20.882	70.698	16.146	15.367	2.193	125.285
贵州	2.714	61.391	20.687	14.406	6.089	105.286
云南	5.055	36.106	6.171	12.527	5.422	65.280
西藏	—	1.333	2.315	5.955	0.676	10.279
陕西	11.616	91.966	20.039	28.782	7.940	160.343
甘肃	7.398	70.810	31.837	26.828	18.229	155.102
青海	3.530	16.857	3.818	14.111	3.858	42.174
宁夏	6.307	39.076	15.671	10.503	2.154	73.710
新疆	1.494	35.599	12.719	24.532	7.416	81.759

表2.13　1999~2017年不同阶段全国各省份经济林造林面积　（单位：$10^4\,hm^2$）

省份	试点阶段 (1999~2001年)	全面启动 (2002~2003年)	优化调整 (2004~2006年)	巩固完善 (2007~2013年)	新一轮 (2014~2017年)	累计
河北	0.039	2.811	1.919	3.026	0.487	8.281
山西	2.723	3.284	0.172	6.863	8.641	21.683
内蒙古	0.986	0.550	0.021	0.613	0.479	2.650
辽宁	0.268	3.788	1.436	1.425	0.287	7.204
吉林	0.070	2.088	0.111	0.143	0.001	2.412
黑龙江	0.128	1.925	0.040	0.402	—	2.495
安徽	—	6.339	0.073	2.023	0.924	9.358
江西	—	4.045	0.793	1.485	0.067	6.390
河南	0.992	6.923	1.047	4.494	0.602	14.057
湖北	0.844	6.068	1.907	4.080	3.650	16.549
湖南	0.733	5.550	5.043	1.520	0.939	13.784
广西	0.503	8.191	0.547	0.607	2.541	12.388
海南	—	1.459	0.159	1.017	0.018	2.653
重庆	0.580	4.822	1.931	1.152	11.987	20.471
四川	4.022	9.280	2.345	4.322	8.643	28.611

省份	试点阶段 （1999～2001 年）	全面启动 （2002～2003 年）	优化调整 （2004～2006 年）	巩固完善 （2007～2013 年）	新一轮 （2014～2017 年）	累计
贵州	0.696	2.885	0.599	10.233	54.648	69.062
云南	0.919	7.273	1.940	40.653	26.277	77.062
西藏	—	—	0.054	2.468	—	2.522
陕西	8.053	7.263	0.767	9.215	7.155	32.452
甘肃	3.180	3.245	1.289	0.124	9.035	16.873
青海	0.031	—	—	0.020	—	0.052
宁夏	0.158	—	—	3.760	0.133	4.051
新疆	1.553	3.812	2.004	4.111	9.054	20.533

由表 2.11 可知，国家退耕还林工程试点阶段，四川退耕营造用材林累计面积最多，约为 4.601×10^4 hm^2；其次是陕西，面积累计为 2.725×10^4 hm^2；广西、新疆的最少，面积分别为 0.051×10^4 hm^2、0.044×10^4 hm^2；各省份防护林累计面积均大于用材林和经济林，造林成果良好，可见防护林是退耕还林工程中最重要的林种类型；而陕西退耕还林中经济林累计面积最多，为 8.053×10^4 hm^2；河北、青海的累计面积最少，分别为 0.039×10^4 hm^2 和 0.031×10^4 hm^2。从退耕还林工程试点阶段到全面启动阶段，广西、河南、湖北和黑龙江等省用材林的累计造林面积出现了较快增长，只有山西有所下降，共减少 0.337×10^4 hm^2；各省防护林建设成果最显著，该阶段造林面积也最多，占 2000～2017 年防护林面积的比例也最大；经济林造林面积出现了小幅度的上升，但造林面积依旧巨大。进入优化调整阶段后，各省份依旧进行退耕还林工作，但工作重点不再是大规模的造林。这一阶段用材林、经济林面积增长相对缓慢，贵州、陕西、甘肃作为国家退耕还林工作的重点实施省份，用材林增加面积仅有 0.958×10^4 hm^2、0.667×10^4 hm^2、0.478×10^4 hm^2，经济林的增加面积也仅有 0.599×10^4 hm^2、0.767×10^4 hm^2、1.289×10^4 hm^2，远低于该阶段防护林增加面积（20.687×10^4 hm^2、20.039×10^4 hm^2、31.837×10^4 hm^2）（表 2.11）。

2007 年国家退耕还林工程进入成果巩固阶段（2007～2013 年）后，广西、云南在该阶段的用材林累计面积最多，分别为 16.509×10^4 hm^2、15.309×10^4 hm^2；山西的最少，仅有 0.013×10^4 hm^2；退耕还林中防护林依旧是建设的重点，防护林累计面积增长相对较快；同时，经济林面积也保持稳步增长，特别是陕西在该阶段的经济林累计面积最多，约为 40.653×10^4 hm^2，这在一定程度上也印证了陕西作为全国退耕还林工程重点推进与实施省份，在完成造林任务方面作用明显。

2014 年后国家又启动新一轮退耕还林政策，该时期贵州、云南退耕用材林的造林面积最多，分别为 7.838×10^4 hm^2、6.431×10^4 hm^2，其余各省份也出现了不同程度的面积增长；贵州、云南退耕经济林造林面积也最多，分别为 54.648×10^4 hm^2、26.277×10^4 hm^2；甘肃退耕防护林面积为 18.229×10^4 hm^2，几乎是该阶段其他省份的总和，可见贵州、云南等省同陕西一样均在国家退耕还林工作中具有重要作用（表 2.11～表 2.13）。

2.2.3 退耕工程实施投资及结构

2.2.3.1 全国退耕还林工程投资概况

从国家退耕还林工程投资总额来看，2000～2017 年退耕工程实施国家累计投资 $3722.987×10^8$ 元，其中巩固完善阶段的投入最高，为 $1712.237×10^8$ 元，大体呈现先上升后下降的走势（图 2.5），新一轮退耕还林工程实施投资总额为 $957.189×10^8$ 元。国家从 1999 年开启退耕还林试点工作，2000～2009 年退耕还林工程实施投资总额由 $15.4075×10^8$ 元上升到 $321.757×10^8$ 元，增长了约 19.88 倍。2009 年是退耕还林工程投资力度最大的一年，从 2010 年开始投资额度开始逐年减少，2009～2013 年退耕还林工程实施投资总额由 $321.757×10^8$ 元下降到 $196.267×10^8$ 元，减少了 $125.490×10^8$ 元。尽管退耕还林工程实施投资额度有所下降，但降幅维持在一定范围内，退耕还林工程实施投资总额依旧巨大。2014 年党中央、国务院重新启动新一轮退耕还林政策，一定程度上加大了对退耕还林工作的资金投入，当年共完成林业投资 $223.091×10^8$ 元，截至 2017 年年底，新一轮退耕还林工程实施投入资金总额达 $957.188×10^8$ 元，可见国家依旧重视退耕还林还草政策实施和工程建设。

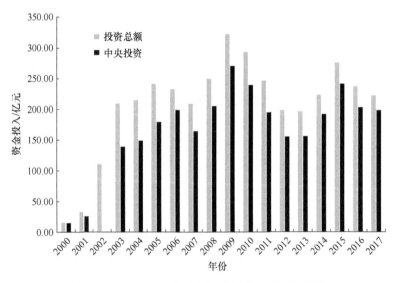

图 2.5　2000～2017 年全国退耕还林工程投资总额
林业统计年鉴未显示 2002 年退耕还林中央财政投资额

另外，从投资结构来看，由于地方政府对退耕还林工程实施的投资额数据不全，仅分析中央政府投资的变化，退耕还林试点阶段的投资较少，从全面启动阶段开始到巩固完善阶段，中央投资与投资总额的变化保持一致，基本上经历了先上升后下降的走势，在 2009 年达到最高的 $270.258×10^8$ 元，2013 年第一轮退耕还林结束时的中央投资额为 $155.726×10^8$ 元，随着新一轮退耕还林的启动，中央投资增幅明显，到 2017 年年底，累计完成投入为 $832.936×10^8$ 元。

从退耕还林投资用途来看，全国退耕还林工程实施投资总额可按照种苗费、原退耕还林政策补助资金（包括粮食折资、粮食调运费和科技支撑费）、完善退耕还林政策补助资金（包括粮食补助资金、生活费补助、巩固退耕还林成果专项和新一轮退耕还林补助资金）和其他费用进行划分（表 2.14）。

表 2.14　2000～2017 年全国退耕还林工程投资用途　　（单位：亿元）

年份	投资总额	种苗费	试点到优化调整阶段			巩固完善到新一轮阶段				其他费用
			粮食折资	粮食调运费	科技支撑费	粮食补助资金	生活费补助	巩固成果专项	新一轮补助资金	
2000 年	15.408	—	—	—	—	—	—		—	15.408
2001 年	32.143	7.374	20.362		0.115	—	—		—	4.292
2002 年	110.610	33.067	63.082		0.315	—	—		—	14.146
2003 年	208.557	49.834	129.609	5.639		—	—		—	23.475
2004 年	214.291	26.724	157.766	2.744		—	—		—	27.057
2005 年	240.411	23.797	181.318		0.178	—	20.074		—	15.043
合计	821.420	140.796	552.137	8.383	0.608		20.074			99.421
2006 年	232.145	9.985				196.640	20.348			5.173
2007 年	208.409	8.246				172.067	21.671			6.425
2008 年	248.973	11.495				180.338	26.755			30.385
2009 年	321.757	12.081				182.966	29.390	85.676		11.644
2010 年	292.729	12.832				145.544	35.457	80.576		18.319
2011 年	246.337	11.168				89.373	30.489	72.192		43.116
2012 年	197.765	8.138				71.588	28.551	68.112		21.377
2013 年	196.267	8.809				70.329	36.922	63.270		16.938
合计	1712.237	72.769				912.205	209.235	369.826		
2014 年	223.091	4.303	—	—	—	125.203	—	80.345	9.000	4.238
2015 年	275.281	20.087				124.979	—	80.267	41.370	8.577
2016 年	236.672	35.025				107.714	—	12.447	71.182	10.303
2017 年	222.145	44.237				97.136	—	3.264	73.902	3.604
合计	957.189	103.652				455.032	—	176.323	195.454	
总计	3722.987	327.201	552.137	8.382	0.608	1563.876	249.656	546.150	195.455	279.521

数据来源：《中国林业统计年鉴》。

注：2000 年为退耕还林试点阶段，本书将当年的建筑安装工程和设备、工具、器具购置费用计入其他费用中。

2001～2005 年国家退耕还林政策补助主要由粮食折资、粮食调运费和科技支撑费构成，这一阶段主要是"以粮代赈"，粮食折资累计投入 552.137×10^8 元，为这一阶段投入最大的部分，粮食调运和科技支撑的费用只占很少比例；2002 年以前，是国家退耕还林工程的试点阶段，投资结构尚不完善，投资力度也有待提升；从 2002 年全国正式全面启动退耕还林工作开始，国家给予的资金扶持开始大幅增加，仅退耕粮食补贴折算资金与科技支撑费两项合计由 2001 年的 20.477×10^8 元上升到 2005 年的 181.496×10^8 元，约增长了 8.86 倍（表 2.14）。

退耕还林工作在经历全面启动和优化调整阶段后，主要由原来的"以粮代赈"转变为现金补助，正式发放由粮食补助、生活费补助和巩固退耕还林成果专项资金构成的退耕还林政策补助资金，2006 年是调整转折年份，该年的粮食补助资金投入 196.64×10⁸ 元。2007～2013 年是国家退耕还林工程巩固完善阶段，粮食补助资金累计投入为最大（912.205×10⁸ 元），巩固退耕还林成果专项累计投入次之（369.826×10⁸ 元），生活费补助累计投入为 209.235×10⁸ 元，政策补助资金的数额呈现先升后降的走势，尽管如此，资金补助的投资数额依旧较大。

2014 年，国家启动了新一轮退耕还林工作，由此开始发放新一轮退耕还林补助资金，并停止了生活费补助的发放；2014～2017 年，国家补助资金的额度由 9.00×10⁸ 元上升到 73.902×10⁸ 元，累计投入 195.454×10⁸ 元；另外，粮食补助资金累计投入 455.032×10⁸ 元，巩固退耕还林成果专项资金累计投入 176.323×10⁸ 元，这充分体现了国家在退耕还林政策层面的导向作用。2001～2017 年，国家补贴的种苗费略有起伏（图 2.6），种苗费补助比较稳定，在一定程度上反映出国家对退耕还林工作给予的财政支持，其中最低为 2014 年的 4.303×10⁸ 元，其次是试点阶段 2001 年的 7.374×10⁸ 元，投入资金最高的是 2003 年的 49.834×10⁸ 元，属于国家退耕还林工程全面启动阶段的资金投入，约为 2014 年资金投入的 11.58 倍。

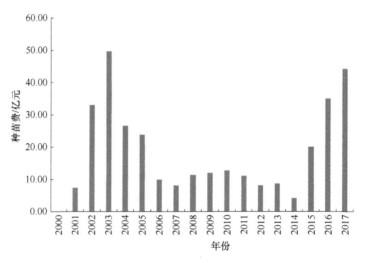

图 2.6　2000～2017 年全国退耕还林工程实施种苗费变化

2.2.3.2　不同省份退耕还林工程投资

从省级层面来看，四川省退耕造林累计投资总额位居全国首位，1999～2017 年共计 508.32×10⁸ 元，占全国退耕还林投资总额的 13.7%，紧随其后的分别是甘肃、贵州、陕西和重庆，分别占全国投资总额的 8.5%、7.9%、7.7% 和 7.3%（图 2.7）。

从表 2.15 中的数据可以看出，2000～2017 年国家对退耕造林累计投资额多数省份呈先上升后下降的变化走势，其中在 2000～2006 年，国家退耕还林工程实施的启动、优化调整阶段，除了河北、内蒙古、海南、青海之外，其余参加退耕还林工程实施的 23 个省份均存在不同程度的增长，其中湖南、湖北、安徽 3 省的增长幅度较大，山西、河南两省的增长幅度较小。2009 年是国家退耕还林工程投资力度最大的一年，除了西藏之外，从 2009 年开始，国家退耕工程对各省份的投资额度均开始减少，但降幅维持在一定范围内，年均降幅率为 11.36%。

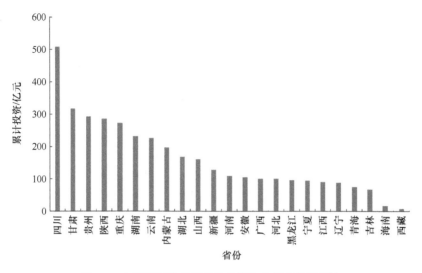

图 2.7　全国不同省份退耕造林投资总额变化及累计

表 2.15　2000～2017 年全国不同省份退耕造林投资总额变化及累计（单位：亿元）

省份	2000 年	2003 年	2006 年	2009 年	2012 年	2015 年	2017 年	累计
河北	0.235	5.023	4.566	7.576	5.068	9.639	6.044	101.219
山西	1.245	8.951	9.034	10.055	7.917	10.053	24.199	160.572
内蒙古	2.072	10.857	9.863	10.645	8.183	20.184	16.146	196.800
辽宁	—	5.033	5.642	7.706	5.545	5.112	2.642	88.177
吉林	0.119	3.794	3.947	6.582	5.015	4.900	1.689	67.928
黑龙江	0.242	6.304	2.564	19.666	5.127	4.276	2.612	96.498
安徽	—	7.511	9.902	7.630	6.292	5.926	3.593	106.417
江西	—	5.010	7.332	10.293	6.016	5.418	2.585	91.440
河南	0.325	8.324	8.478	9.060	6.280	6.910	3.860	110.724
湖北	0.444	9.392	12.104	15.072	9.984	12.699	6.674	168.654
湖南	0.330	9.103	21.079	17.793	13.757	10.087	7.008	232.717
广西	—	6.238	7.841	10.059	6.217	4.868	2.555	101.567
海南	—	1.939	1.524	1.828	0.533	0.292	0.367	17.313
重庆	1.027	15.938	16.659	22.114	16.383	22.388	13.146	273.195
四川	3.447	32.359	31.299	53.132	24.303	38.192	16.339	508.323
贵州	0.775	13.405	15.653	23.705	9.550	25.390	36.478	292.966
云南	0.659	11.907	12.814	17.165	8.313	20.134	21.784	226.188
西藏	—	0.100	0.145	0.790	0.836	0.750	0.456	7.787
陕西	2.118	14.813	16.533	23.613	18.163	23.467	15.609	286.426
甘肃	0.668	15.317	16.500	23.044	17.504	27.093	14.732	317.639
青海	0.978	5.263	3.907	6.159	4.095	6.711	2.910	75.673
宁夏	0.341	5.651	7.662	7.792	5.630	—	4.285	95.748
新疆	0.385	6.328	7.098	10.278	7.053	10.568	16.335	129.343

2014 年党中央、国务院重新启动新一轮退耕还林政策，各省份也在一定程度上加大了对退耕还林工程实施的资金投入；虽然 2015～2017 年全国大部分省份对退耕工程实施的资金投入均呈下降的趋势，但是国家对山西、贵州、新疆和宁夏退耕工程实施的投入资金大，出现不同幅度的上涨。可见，在新一轮国家退耕还林政策之下，不同省份的资金投入表现出差异性（表 2.16）。

表 2.16 2000～2017 年全国不同省份退耕还林中央投资额变化及累计（单位：亿元）

省份	2000 年	2003 年	2006 年	2009 年	2012 年	2015 年	2017 年	累计	累计占比/%
河北	0.235	2.53	4.027	6.365	3.477	8.606	5.092	79.299	78.34
山西	1.179	6.728	8.252	9.297	5.41	9.275	19.674	134.813	83.96
内蒙古	1.927	8.216	9.587	9.868	5.837	18.442	14.777	167.704	85.22
辽宁	—	2.983	5.203	6.816	5.545	4.432	2.642	76.444	86.69
吉林	0.119	1.889	3.171	6.176	4.981	3.179	1.532	57.710	84.96
黑龙江	0.192	3.568	1.961	16.907	4.082	3.212	2.325	69.652	72.18
安徽	—	5.024	8.118	5.809	3.056	4.509	2.737	68.108	64.00
江西	—	3.28	6.212	7.579	4.494	3.044	2.289	63.983	69.97
河南	0.325	6.065	7.787	9.06	5.217	6.91	3.846	93.038	84.03
湖北	0.212	4.037	11.114	12.029	5.252	6.827	5.362	112.727	66.84
湖南	0.33	3.983	16.719	7.981	13.169	7.159	5.445	142.967	61.43
广西	—	2.25	5.871	6.595	5.038	3.865	2.321	68.846	67.78
海南	—	1.32	1.424	1.778	0.214	0.288	0.35	13.984	80.77
重庆	1.027	11.73	15.179	20.254	11.586	21.043	12.577	226.235	82.81
四川	3.36	26.755	29.677	49.487	24.303	36.954	15.533	454.221	89.36
贵州	0.775	10.552	15.059	22.352	8.858	24.532	36.3	269.57	92.01
云南	0.646	6.268	10.235	11.842	7.03	15.312	18.103	152.712	67.52
西藏	—	—	—	0.075	0.089	0.75	0.456	4.847	62.24
陕西	1.991	8.783	8.918	17.856	12.26	19.985	11.769	194.957	68.07
甘肃	0.662	10.459	15.95	22.334	11.258	25.735	12.492	283.321	89.20
青海	0.978	4.163	3.907	5.819	2.986	6.711	2.91	65.747	86.88
宁夏	0.341	4.227	7.472	7.412	5.609	—	3.566	84.514	88.27
新疆	0.367	3.48	2.451	6.566	4.785	9.95	15.751	84.213	65.11

另外，中央财政投资作为退耕还林工程实施投资总额来源的主要部分，从全面启动阶段开始到巩固完善阶段，各省份从中央获得的投资与投资总额的变化趋势基本保持一致（表 2.16），也呈现先上升后下降的变化走势。中央对各省（自治区、直辖市）退耕还林工程实施的投资额占总投资额的百分比均保持在 60.00% 以上，其中最大的省份是贵州，占该省总资金投入的 92.01%；其次是四川、甘肃、宁夏和青海等省或自治区，分别占该省或自治区总资金投入的 89.36%、89.20%、88.27% 和 86.88%（图 2.7）。可见，国家退耕还林政策实施的资金投入仍以中央财政补助为主，地方政府的资金投入占比较小，是一项国家主导的宏大生态建设工程。

2.2.4 小结

1999 年四川、陕西和甘肃 3 省在全国率先开展退耕试点工作；2000 年 3 月试点拓宽至长江上游和黄河中上游及新疆生产建设兵团等 13 个省（自治区、直辖市）的 174 个县，同年 6 月又将湖南、河北、吉林和黑龙江 4 省 14 个县纳入试点；2001 年江西、广西、辽宁 3 省部分地区也纳入试点范围；2002 年 1 月全国正式启动退耕还林工程，范围覆盖北京、天津、河北等 25 个省（自治区、直辖市）及新疆生产建设兵团；截至 2013 年，全国林业累计投资完成额达 2718.25×10^4 元，累计造林 2181.95×10^4 hm^2，其中退耕地造林 683.98×10^4 hm^2，配套荒山（沙）地造林 1335.89×10^4 hm^2，无林地和疏林地新封 249.98×10^4 hm^2。2014 年《新一轮退耕还林还草总体方案》获批，实施期限为 2014～2017 年，全国林业投资完成额达 957.19×10^4 元。

国家退耕工程实施阶段划分。自 1999 年开始启动以来，国家退耕还林工程大致经历了试点示范（1999～2001 年）、全面启动（2002～2003 年）、优化调整（2004～2006 年）、巩固完善（2007～2013 年）、新一轮退耕还林（2014～2020 年）5 个阶段。1999～2006 年全国累计完成退耕还林面积 1880.79×10^4 hm^2，包括退耕地造林 795.18×10^4 hm^2、宜林荒山荒地造林 1078.26×10^4 hm^2、新增无林地和疏林地面积 7.35×10^4 hm^2。2008～2013 年全国累计完成退耕还林面积 507.34×10^4 hm^2，包括退耕地造林 0.33×10^4 hm^2、宜林荒山荒地造林 348.26×10^4 hm^2 和新封无林地和疏林地面积 158.75×10^4 hm^2；截至 2013 年年底，全国共实现退耕还林 2493.73×10^4 hm^2。截至 2019 年 7 月，新一轮退耕工作共完成退耕还林还草任务面积 399.30×10^4 hm^2，包括还林 365.79×10^4 hm^2、还草 33.51×10^4 hm^2，涉及河北、山西、内蒙古等 22 个省（自治区、直辖市）和新疆生产建设兵团。

工程实施造林面积变化。退耕还林工程任务主要包括退耕地造林、荒山荒地造林和新封山育林三类；按林种主导功能又可分为用材林、经济林、防护林、薪炭林和特种用途林 5 类。2017 年，全国共完成造林 707.4×10^4 hm^2、森林抚育 851.9×10^4 hm^2、治理退化草原 666.0×10^4 hm^2。不同阶段退耕工程实施特点不同，退耕类型中荒山荒地造林累计面积最大，累计达 1544.75×10^4 hm^2，占比 56.38%，退耕地造林次之，累计面积 985.12×10^4 hm^2，占比 35.95%，无林地和疏林地封育造林面积累计最小，占比仅为 9.44%。退耕还林工程实施五大林种中防护林累计造林面积最大，为 1916.08×10^4 hm^2，占比 70.93%，经济林和用材林累计造林面积相近，占比分别为 15.07%和 13.01%，薪炭林和特种用途林造林面积最小。

工程的投资及结构变化。2000～2017 年国家退耕还林工程实施累计投资 3722.987×10^8 元，大体呈先上升后下降的走势，新一轮退耕工程实施投资 957.189×10^8 元。2000～2009 年退耕工程实施投资总额由 15.4075×10^8 元上升到 321.757×10^8 元，增长了约 20.88 倍；2009～2013 年退耕工程实施投资总额由 321.757×10^8 元下降到 196.267×10^8 元，减少了 125.490×10^8 元。资金投入以中央财政补助为主，地方政府的资金投入占比较小；投资主要用于种苗费、粮补和其他费用；省级层面来看，四川省累计投资位居全国首位，1999～2017 年共计 508.32×10^8 元，占全国投资总额的 13.7%，紧随其后的分别是甘肃、贵州、陕西和重庆，分别占全国投资总额的 8.5%、7.9%、7.7%和 7.3%。

2.3　典型省份退耕还林工程实施概述

本部分通过对陕西、四川、甘肃、云南和内蒙古典型省份退耕还林出台政策及实施情况进行整理，从而更加全面而细化地了解退耕还林政策在各地区的实施状况，根据各省退耕还林规模、生态恢复效果、综合影响力等，本项目研究选取的退耕还林工程实施典型省份包括陕西省、四川省、甘肃省、云南省和内蒙古自治区。

2.3.1 陕西退耕还林工程实施情况

陕西省位于中国西北内陆腹地，地理坐标为：$31°42'N \sim 39°35'N$、$105°29'E \sim 111°15'E$，海拔 $170.0 \sim 3767.2$ m，南北长约 880 km、东西宽 $160 \sim 490$ km，全省面积 20.58×10^4 km²，2018 年常住人口 3864.4 万，辖 10 个市 1 个示范区 3 个县级市 104 个县（区）1214 个镇（乡）206 个街道办事处。全省纵跨黄河、长江两大流域，是新亚欧大陆桥和中国西北、西南、华北、华中之门户，周边与山西、河南、湖北、四川、甘肃、宁夏、内蒙古、重庆 8 个省（自治区、直辖市）接壤，是国内邻接省（自治区）数量最多的省份，具有承东启西、连接西部的区位。

陕西地势总特点是南北高，中部低，由西向东倾斜的特点。北山和秦岭把陕西分为三大自然区域，即陕北高原位北、关中平原居中和秦巴山区座南。按照地貌类型将陕西划分为风沙过渡区、黄土高原区、关中平原区、秦岭山地区、汉江盆地区和大巴山地区 6 个地貌类型区域，其中黄土高原区面积最大，占 40.0%，汉江盆地区面积最小，占 5.0%。陕西黄河流域内主要河流有二级河流渭河，三级河流无定河、延河、洛河、泾河；长江流域内主要河流有二级河流汉江、嘉陵江，三级河流丹江、旬河、牧马河。境内气候差异显著，由北向南渐次过度为温带、暖温带和北亚热带；年均降水量 576.9 mm，时空分布不均，年均气温 13.0℃，无霜期 218 d 左右；复杂多样的气候特点和地形地貌，孕育出万千物种和世间珍奇，堪称自然博物馆，有"小中国之称"。

陕西山地总面积 741.0×10^4 hm²，占全省土地总面积的 36.0%，高原总面积 926×10^4 hm²，占总面积的 45.0%；平原面积 391×10^4 hm²，占总面积的 19.0%；耕地面积 480×10^4 hm²，占总面积的 23.3%；水田面积 20.4×10^4 hm²，占总面积的 1.0%；旱地面积 369.2×10^4 hm²，占总面积的 17.9%；水浇地面积 88.7×10^4 hm²，占总面积的 4.3%；林地面积 962.6×10^4 hm²，占总面积的 46.8%；草地面积 317.9×10^4 hm²，占总面积的 15.4%；水域面积 40.3×10^4 hm²，占总面积的 2.0%。

根据全国第九次森林资源清查（调查时段 $2008 \sim 2013$ 年）结果，陕西省森林面积 886.84×10^4 hm²，森林覆盖率 43.06%，森林蓄积 $47\,866.70 \times 10^4$ m³；按区域划分，陕北、关中和陕南森林面积分别为 273.76×10^4 hm²、161.17×10^4 hm² 和 451.91×10^4 hm²，分别占全省的 30.87%、18.17% 和 50.96%，森林覆盖率分别为 32.73%、32.72% 和 61.83%；从森林类型来看，陕北森林面积中，特殊灌木林地所占比例为 44.75%，关中占比为 25.00%，陕南的占比仅为 3.25%。近 20 年来，陕西全省森林资源总量呈稳步增长趋势，在 1998 年实施天然林保护工程后增幅扩大；陕北、陕南森林资源总量增长较快，关中森林资源总量变化不大；森林结构渐趋合理；森林质量逐步好转；生态功能显著增强；国家林业政策调整、民众生活方式改善与转变等是引起森林资源优化的主要因素，今后应继续实施分区域的林地建设与利用保护目标和差别化的林业经营管理政策（王孝康，2019）。

作为黄河上游和长江中上游地区省份的代表，陕西省从 1999 年秋冬在全国率先实施退耕还林工程试点工作，2002 年全面实施，工程涉及全省 10 个市 102 个县级单位，2018 年来累计完成退耕还林 $268.91×10^4$ hm^2，其中退耕地还林 $124.10×10^4$ hm^2、荒山造林 $128.85×10^4$ hm^2、封山育林 $15.97×10^4$ hm^2。截至 2018 年，国家累计投入陕西省退耕还林补助资金近 $400×10^8$ 元，惠及 230 万退耕农户、915 万农民，工程投资额度和建设规模位居全国前列。

自陕西省率先在全国范围内开展退耕还林试点以来，陆续出台了符合本省实际的退耕还林条例，如《陕西省退耕还林（草）作业设计试行办法》《陕西省退耕还林（草）试点资金报账制暂行办法》《陕西省退耕还林（草）试点粮食供应暂行办法》《陕西省退耕还林（草）工程建设检查验收操作细则》等；其中《陕西省退耕还林（草）试点粮食供应暂行办法》对粮食供应标准、价格和期限、粮源安排、粮食质量与品种做了详细安排，其中退耕还林还草补助粮食出库价格按照国家确定的标准执行，由此而造成粮食企业的亏损申报国家予以解决；粮食和现金的补助年限，先按经济林补助 5 年、生态林补助 8 年计算，到期后可根据农民实际收入情况，需要补多少年再继续补多少年；粮源按就地就近原则统筹安排解决，退耕还林还草所需的补助粮食动用省级储备粮、地方国有粮食购销企业商品周转粮，必要时申请动用中央储备粮。粮食供应品种为国家规定的保护价收购范围内的粮食，粗细粮搭配供应，按各 50.0% 的比例控制，搭配供应比例为：汉中、安康两地市小麦 20.0%、稻谷 30.0%、玉米 50.0%，其他地市为小麦和玉米各 50.0%，供应的粮食必须达到国家规定的质量标准，不准将未经检验或检验不符合标准的粮食供应给退耕区农民，严禁将陈化粮供应给农民。退耕还林还草供应粮食的粮款结算实行报账制。

并于 2004 年进一步出台了《关于完善退耕还林粮食补助办法的通知》，通知指出国家无偿向退耕户提供粮食补助的标准不变，并从 2004 年起，原则上将向退耕户补助的粮食改为现金补助，省上按每千克粮食（原粮）140 元计算，包干给各设区市组织向退耕户兑现，商洛、安康、汉中市少数因人均基本农田数量少、退耕期间退耕户口粮不足，需向其继续提供粮食补助的地方，由市人民政府按原办法组织粮食供应、兑现到户，粮食调运费用由省市县按比例共同承担。完善退耕还林粮食补助办法的基本要求是，补助政策不变，安排好群众的生产生活，巩固退耕还林成果，防止毁林复耕，稳步推进退耕还林工作，旨在稳定退耕还林政策，巩固造林成果，调整退耕进度，扩大荒山造林规模，注重造林质量和效益。要按照陕南人均 0.067 hm^2、关中人均 0.10 hm^2、陕北人均 0.167 hm^2 基本农田的标准，加强基本农田建设，努力改善退耕户的基本生产条件，提高粮食自给能力。要切实加大基本农田保护工作力度，严格控制城镇、村社和基本建设用地，清理整顿各类开发区、工业和大学园区等，严查违规违法占地的不法行为，加大复耕规模，实现占补平衡；切实加强粮用耕地保护，加快中低产田改造，提高粮食综合生产能力。

从 2007 年开始，根据国家退耕还林政策调整，陕西退耕还林工程重点由扩大规模转到成果巩固上来，着力开展基本口粮田建设、农村能源建设、生态移民、后续产业发展与技能培训、补植补造五个方面建设。2008 年 1 月下发了《陕西省人民政府贯彻国务院关于完善退耕还林政策的意见》，按照《意见》精神，陕西省林业厅具体承担后续产业林业项目、补植补造、林农培训工作，2008 年、2009 年陕西省实施特色经济林、生物质能源林、培植业原料林等后续产业项目 65 个，新建及改造面积 $7.133×10^4$ hm^2，总投资 57 797.2 $×10^4$ 元，其中中央投资 34 696.2 $×10^4$ 元，地方配套 23 101 $×10^4$ 元。2013 年延安市率先在陕西省启动新一轮退耕还林工程，也为全国层面开启新一轮退耕还林打下基础，根据延安市规定，现有坡耕地退耕还林，每亩一次性补助种苗费 50 元。粮食折现和生活补助按生态林补助 8 年、经济林补助 5 年计算，每亩每年补助 160 元，分年度兑现。实施封山禁牧，促进生态自然修复，不断巩固退耕还林成果。实行谁退耕、谁造林、谁经营、谁受益，以期实现陡坡全绿化、林草全覆盖、生态更合理、群众更富裕。

通过退耕还林等林业工程的全面实施，截至 2018 年年底陕西省森林覆盖率由退耕还林工程实施前的 30.92%增长到 43.06%，净增了 12.14%，是历史上增幅最大、增长最快的时期。全省治理水土流失面积 9.08×10^4 km²，黄土高原地区年均输入黄河泥沙量由 2000 年的 8.3×10^8 t 减少到 2009 年的 4.0×10^8 t，到 2018 年的 1.3×10^8 t，北部沙区每年沙尘暴天数由过去的 66 d 下降为 24 d，绿色向生态脆弱的陕北地区延伸了 400 多千米，陕西省生态状况已由退耕前的"整体恶化、局部好转"，向"总体好转、局部良性循环"的方向转变。

退耕还林工程实施以来，陕西省粮食生产没有因为大面积退耕而受到影响，年均粮食产量稳定在 100×10^8 kg 左右，与退耕前基本持平，种植业、养殖业、设施农业、农村工商业和劳务经济等更加活跃，加快了农业产业结构调整步伐。通过退耕还林政策补助，全省有 230 万户 915 万人累计人均收益达到 2879 元，退耕农户不仅从国家补助中直接受益，而且由于基本生活有了保障，剩余劳动力从事多种经营或者外出务工，拓宽了增收渠道，收入稳步增长。同时，退耕还林后，广大退耕农户的生产生活方式发生了新的变化，粮食生产由倒山种地、广种薄收向精耕细作、少种高产转变；畜牧业生产由自由放牧向舍饲养畜转变；生产结构由以粮为主向多种经营转变；生产方式由小农经济向市场经济转变。

2.3.2 四川退耕还林工程实施情况

四川省位于中国大陆西南腹地，地处长江上游，地理坐标为：26°03′N~34°19′N、97°21′E~108°33′E，海拔 203~5958 m，东西长 1075 km、南北宽 921 km，全省面积 48.41×10^4 km²，占全国总面积的 5.04%，居中国第五位；东邻重庆、北连青海和甘肃及陕西、南接云南和贵州、西衔西藏，是西南、西北和中部地区的重要结合部，是承接华南华中、连接西南西北、沟通中亚南亚东南亚的重要交汇点和交通走廊。辖 18 地级市 3个自治州 16 县级市。

四川位于中国大陆地势三大阶梯中的第一级和第二级，即处于第一级青藏高原和第二级长江中下游平原的过渡带，高低悬殊，西高东低的特点特别明显。西部为高原、山地，海拔多在 3000 m 以上；东部为盆地、丘陵，海拔多为 500~2000 m。全省可分为四川盆地、川西高山高原、川西北丘状高原山地、川西南山地、米仓山大巴山中山五大部分。地貌复杂，以山地为主要特色，具有山地、丘陵、平原和高原 4 种地貌类型，分别占全省面积的 74.2%、10.3%、8.2%和 7.3%。四川气候区域表现差异显著，东部冬暖、春旱、夏热、秋雨、多云雾、少日照、生长季长，西部则寒冷、冬长、基本无夏、日照充足，降水集中、干雨季分明；气候垂直变化大，气候类型多，有利于农业、林业、牧业综合发展；气象灾害种类多，发生频率高，范围大，主要是干旱，暴雨、洪涝和低温等也经常发生。土壤类型丰富，共有 25 个土类 63 个亚类 137 个土属 380 个土种。2017 年 12 月 29 日，国家林业局以林资发〔2017〕159 号文件公布了四川省第九次森林资源清查主要结果：全省森林覆盖率 38.03%，森林面积 1840×10^4 hm^2，森林蓄积 186 099×10^4 m^3。森林面积中，天然林面积 1338×10^4 hm^2，人工林面积 502×10^4 hm^2，其中天然乔木林面积 956×10^4 hm^2，人工乔木林面积 376×10^4 hm^2；森林蓄积中，天然林蓄积 160 653×10^4 m^3，人工林蓄积 25 446×10^4 m^3。

作为长江上游地区省份的代表，四川省于 1999 年在全国率先启动实施退耕还林工程，为有计划地、分步骤地稳步在全国其他地区推进退耕还林还草打下良好基础。四川省人民政府于 1999 年 11 月下发了《关于搞好退耕还林试点工作的通知》，确定在 2000 年先搞 20.00×10^4 hm^2 试点，以阿坝藏族羌族自治州、甘孜藏族自治州、凉山和盆周山区贫困县为重点，工程涉及全省 21 个（地、州）、120 个县（市、区），2000 年前完成退耕栽植任务。2000 年 5 月四川省政府又下发了《关于当前退耕还林试点工作中若干问题的通知》，其中明确指出，退耕还林的根本目的是要减少坡耕地的水土流失，改善生态环境。本着"生态效益优先、三大效益兼顾"和"突出重点、先易后难"的实施原则，四川省提出规划设计要具体落实到村到组、到户到地，要根据退耕地的实际情况，宜林则林、宜竹则竹、宜草则草，实行多树种、乔灌草结合，不能林粮间种，有条件的地区可发展名特优经济林，做到因地制宜、科学配置，最大限度地发挥综合效益。同时，为规范退耕还林试点工程的顺利实施，四川省人民政府依据国家有关法律和行政法规的规定，出台了《关于搞好退耕还林试点工作的通知》《四川省退耕还林试点工程管理实施意见》《关于当前退耕还林试点工作中若干问题的通知》等一系列文件，以确保工程任务的全面完成。

2002 年退耕还林政策开始在全国范围内大面积开始，同年四川省专门成立退耕还林工程管理中心，为省林业厅下属事业单位，主要职责是贯彻实施退耕还林工程建设的方针、政策，编制全省退耕还林工程规划，指导地方退耕还林工程规划、实施方案的编制工作，承担全省退耕还林工程报账管理工作；监督和指导全省退耕还林工程实施工作等。2003 年《退耕还林条例》开始施行，2007 年出台《四川省人民政府贯彻"国务院关于完善退耕还林政策的通知"的意见》，参考国务院通知，结合四川省的实际情况，提出完善了退耕还林政策的意见，主要包括，①提高思想认识，搞好政策宣传；②严格执行直补政策，确保现金补助落实到位；③搞好专项建设，建立巩固成果长效机制；④完善工作措施，强化工程管理。具体来说，要营造巩固退耕还林成果良好的舆论氛围和社会环境，重点做好对退耕农户的宣传教育工作，使广大退耕农户进一步增强全局观念、自力更生观念和生态意识；各地要全面落实对退耕农户的直补政策，按照原有的资金渠道和兑现方式，坚持"严格检查验收、认真搞好公示、及时兑现到户"的工作要求，将直补资金不折不扣地兑现到退耕农户手中；巩固退耕还林成果专项规划要综合考虑退耕还林的经营管理措施和退耕农户近期生计及长远发展，坚持因地制宜，突出重点，远近结合，在充分尊重农民意愿的基础上，按照可能和需要自下而上、实事求是地进行编制，专项规划要与当地新农村建设规划等各专项规划相衔接等。

四川省自 2008 年起开始实施巩固退耕还林成果专项建设，并联合省发改委、林业厅、国土资源厅等九部门出台了《四川省巩固退耕还林成果专项规划建设项目管理办法》，根据退耕还林工程实行目标、任务、资金、责任"四到县（市、区）"的要求，《办法》明确了县级人民政府是专项建设项目的责任主体，全面负责项目组织、实施和检查验收等工作。《办法》还界定了各级有关部门的职责，要求各司其职、各负其责、协同配合、共同推进。巩固成果以来，全省累计建成高产稳产基本口粮田 19.69×10^4 hm²，完成计划任务的 93.86%；项目区农民人均新增基本口粮田 0.020 hm²，人均口粮田面积达到 0.040 hm² 以上，新增粮食生产能力 29.53×10^4 t，农民人均增加基本口粮 40 kg 以上；实施生态移民 6648 户、26 070 人，完成全部任务计划。完成因灾受损的退耕还林工程造林地补植补造 21.44×10^4 hm²，占计划任务的 97.79%。

2015 年四川省出台了《关于实施新一轮退耕还林还草的意见》，其中明确了新一轮退耕还林还草的总体要求、提出完善新一轮退耕还林还草政策、加强新一轮退耕还林还草工程实施管理、加强新一轮退耕还林还草组织领导等具体要求，具体来说，新一轮退耕还林还草严格限定在 25°以上非基本农田坡耕地、重要水源地 15°～25°非基本农田坡耕地。对已划入基本农田的 25°以上坡耕地，在确保基本农田保护面积不减少前提下，依法定程序调整为非基本农田后方可纳入。不得将基本农田、土地开发整理复垦耕地、坡改梯耕地、上一轮退耕还林已退耕地纳入退耕范围。补助政策包括具体的种苗费补助和现金补助，并包含完善还林补偿政策、大力发展后续产业、放活承包经营权和统筹整合项目资金等配套政策。

到 2017 年年底，全省累计完成退耕还林面积 209.49×10^4 hm²，其中退耕地还林 99.73×10^4 hm²，荒山荒地造林和封山育林 109.76×10^4 hm²。经过全省上下近 20 年的努力，四川省退耕还林工程取得了显著成效，为长江上游生态屏障建设作出了重要贡献。

2.3.3 甘肃退耕还林工程实施情况

甘肃省位于祖国西部，地处黄河中上游，地域辽阔。地理坐标为：32°11′N～42°57′N、92°13′E～108°46′E，海拔 550～5547 m，东西长 1659 km、南北宽 530 km，全省面积 45.37×10^4 km²，占全国总面积的 4.72%。东接陕西、南邻四川、西连青海和新疆，北靠内蒙古和宁夏并与蒙古国接壤。辖 12 个地级市、2 个自治州。甘肃大部位于中国地势二级阶梯上，地控黄河上游，黄土高原、青藏高原和内蒙古高原三大高原的交汇地带。境内地形复杂，山脉纵横交错，海拔相差悬殊，高山、盆地、平川、沙漠和戈壁等兼而有之，是山地型高原地貌；地貌复杂多样，山地、高原、平川、河谷、沙漠、戈壁交错分布。地势自西南向东北倾斜，地形狭长，大致可分为各具特色的六大区域。海拔大多在 1000 m 以上，四周为群山峻岭所环抱。北有六盘山和龙首山；东为岷山、秦岭和子午岭；西接阿尔金山和祁连山；南壤青泥岭。甘肃是个多山的省份，最主要的山脉首推祁连山、乌鞘岭、六盘山，其次诸如阿尔金山、马鬃山、合黎山、龙首山、西倾山、子午岭山等，多数山脉属西北—东南走向。省内的森林资源多集中在这些山区，大多数河流也都从这些山脉形成各自分流的源头。

甘肃是一个少林的省份，据第七次甘肃省森林资源清查，全省林地面积 1042.65×10^4 hm²，森林面积 507.45×10^4 hm²，森林覆盖率 11.28%；活立木总蓄积 $24\ 054.88 \times 10^4$ m³，森林蓄积 $21\ 453.97 \times 10^4$ m³。草场主要分布在甘南草原、祁连山地、西秦岭、马山、崛山、哈思山、关山等地，海拔 2400～4200 m，气候高寒阴湿，特别是海拔在 3000 m 以上的地区牧草生长季节短，枯草期长；这类草场可利用面积为 427.5×10⁴ hm²，占全省利用草场总面积的 23.84%，年均鲜草产量 4100 kg/hm²，总储草量约 175×10⁸ kg，平均牧草利用以 50.0%计，约可载畜 600 万羊单位。

　　甘肃省是 1999 年率先在全国开展退耕还林工程试点的三个省份之一，也是全国退耕还林工程建设的重点省份。甘肃省委、省政府本着政府推动、计划控制、经济激励、生态优先的原则，首先在 10 个地、州、市的 59 个县（市、区）开展退耕还林试点工作，1999～2002 年甘肃全省累计完成退耕还林 43.05×10⁴ hm²，其中荒山荒地造林 19.33×10⁴ hm²、退耕地还林 23.71×10⁴ hm²，其中生态林 18.35×10⁴ hm²、经济林 3.31×10⁴ hm²。

　　随着 2002 年退耕还林政策的全面启动，甘肃省被列入退耕还林工程范围内的共有三大流域 14 个市（州、地）的 86 个县（市、区），其中，黄河流域包括庆阳、平凉、天水、甘南、白银、兰州、临夏 7 市（州）的 46 个县（市、区）；长江流域包括陇南、甘南、天水 3 市（州）的 13 个县（市、区）；内陆河流域包括武威、金昌、张掖、酒泉、嘉峪关 5 市的 27 个县（市、区）。同时，依据退耕还林政策的国家条例与办法，结合甘肃省实际，出台了一系列甘肃省退耕还林实施条例与办法，如 2002 年出台的《甘肃省退耕还林工程建设监理实施办法》，用于专门规范退耕还林工程建设项目实施方案的设计、合同的签订、补助的落实、种苗的供应、整地施工、苗木栽植、管护措施、档案的建立和保存以及基层政府自查验收等；关于补助资金管理的包括《退耕还林工程现金补助资金管理办法》《甘肃省完善退耕还林政策补助资金管理实施细则》，详细规定了对退耕农户的补助标准和发放，补助标准具体如下所述：①长江流域。包括陇南市所属的 8 县 1 区、天水市所属的秦州区、麦积区，甘南州所属的舟曲县、迭部县，每亩退耕地每年补助现金 105 元。②黄河流域。全省除长江流域的陇南市 8 县 1 区外，天水市秦州区、麦积区，甘南州舟曲县、迭部县以外的其他 73 个县（市、区），每亩退耕地每年补助现金 70 元。③原每亩退耕地每年 20 元现金补助，继续直接补助给退耕还林农户，并与管护任务挂钩。

　　2004 年，甘肃省发布了《退耕还林工程档案管理办法实施细则》，具体包括工作责任制度、文件材料归档制度、保管保密制度、资料查阅利用制度 4 种制度，明确了退耕还林工程文件材料分类方案与归档范围，制定了工程档案检查验收合格标准，为退耕还林工程的档案管理提供依据。为巩固退耕还林成果，2010 年，甘肃省多部门联合制定了《甘肃省巩固退耕还林成果专项规划建设项目管理办法》，从组织管理、计划管理、建设管理、资金管理、验收与管护、信息统计与效益监测等方面对巩固退耕还林成果专项规划建设项目的管理进行了明确规定，为提高项目建设质量和效益，切实巩固退耕还林成果提供了有力的制度支持和保障。

　　新一轮退耕还林启动以来，2015 年甘肃省编制了《新一轮退耕还林还草总体方案》，规划新一轮退耕还林集中在"老、少、边、穷"地区，充分利用区位资源优势，培育特殊产品，发展特色经济，有效根治贫困面貌，并结合《退耕还林条例》，以及有关技术规定，制定了《甘肃省新一轮退耕还林作业设计规范》，并下发了《关于加快落实新一轮退耕还林还草任务的通知》《新一轮退耕地还林检查验收办法》等一系列政策指导文件，明确要求将退耕还林与扶贫开发紧密结合、同步推进，有效提高工程建设效益，调整农业产业结构,拓宽脱贫致富渠道,为退耕还林助推扶贫攻坚提供了科学有力的政策引导。为切实做好退耕还林与精准扶贫有机结合,甘肃省85.0%的任务分配主要向贫困乡、贫困村和贫困户重点倾斜,优先向精准扶贫的58个片区县和17个插花县建档立卡的6220个贫困村、129万贫困户、552万贫困人口倾斜,帮助退耕农户通过大力发展经济林果、林下经济、种草养畜,实现了以林增收,有针对性地帮助农户发展经济林果、速生丰产林、林下种植养殖等产业,鼓励兴办家庭林场,实行多种经营,对未划入国家和地方公益林的,经批准可依法采伐,增加农民收入。

退耕还林工程现已成为甘肃省投资最多、规模最大、覆盖最广、跨时最长、影响最深、群众参与度最高的生态工程、德政工程和富民工程,全省累计治理陡坡和沙化耕地$66.89×10^4$ hm²,绿化宜林荒山荒地$107.03×10^4$ hm²,封山育林$15.77×10^4$ hm²,工程建设提高全省植被覆盖率约4个百分点,每年生态效益总价值预达$848.94×10^8$元。群众能够集中更多的精力在条件较好的土地上精耕细作,推广优良品种,发展经济林果业、草畜养殖业、中药材种植业,促使工程区种植业内部粮∶经∶饲结构比例由1999年的73∶12∶15调整到2013年的68.4∶29.3∶2.3,经济作物种植面积大幅增加,经济收入显著提高。退耕农户得以从广种薄收的土地上解放出劳动力,退耕还林工程实施后甘肃农村劳动力输转人数和务工收入逐年增加,分别是退耕前的14倍和23倍,全省退耕农户中每年有300多万(次)外出务工,务工收入占家庭总收入的一半以上,增加了劳务收入,据统计,退耕还林资金直补政策使全省退耕农户户均收益9704元,人均2226元,退耕还林工程成为甘肃省农民群众的增收致富项目。

2.3.4 云南退耕还林工程实施情况

云南省地处祖国的西南边陲,地理坐标为:21°8′32″N~29°15′8″N、97°31′39″E~106°11′47″E,海拔76.4~6740 m,东西横跨864.9 km、南北纵跨990.0 km,总面积$39.4×10^4$ km²,占全国面积的4.11%,全国31个省市排名第八,北回归线穿过省境南部。国境线长3207 km,西部与缅甸、南部与老挝和越南接壤、东部与贵州和广西毗邻、北接四川、西北与西藏相连。辖8个市、8个少数民族自治州。全省分三个梯层,滇西北德钦、香格里拉县一带为第一梯层,滇中高原为第二梯层,南部、东南和西南部为第三梯层,平均落差6.0 m/km,相对平缓的山区只占辖区总面积的10.0%,大面积土地高低差参,纵横起伏,一定范围又有和缓的高原平原。气候有北热带、南亚热带、中亚热带、北亚热带、暖温带、中温带和高原气候区7个温度带气候类型,兼具低纬气候、季风气候、山原气候的特点。云南植物、动物以及其他自然资源丰产丰富,素有"动物王国"、"植物王国"和"有色金属王国"的美誉。

根据云南省第四次森林资源调查数据,全省林地面积$2607×10^4$ hm²,占国土面积的68.0%;森林面积$2273×10^4$ hm²,森林覆盖率59.30%,林木绿化率67.82%;活立木总蓄积量$19.13×10^8$ m³,森林蓄积$18.95×10^8$ m³。全省森林面积和蓄积实现"双增长",森林资源数量增加、质量提高。全省森林面积中,天然林面积$1577×10^4$ hm²,占69.4%,人工林面积$526×10^4$ hm²,占23.1%,人工促进面积$170×10^4$ hm²,占7.5%;全省公益林地占48.3%,商品林地占51.7%;全省经济林木类资源面积$441×10^4$ hm²;竹类资源面积

$79 \times 10^4 \ hm^2$。

云南作为中国西南部一个以山区为主的省份，生态环境十分脆弱。全省水土流失面积达 $14.60 \times 10^4 \ km^2$，占全省国土总面积的 37.0%，根据国务院统一部署，云南省在 2000 年 4 月就在中甸、丽江、会泽、东川等 9 个县（区）开展退耕还林试点工作，出台了 3 条优惠政策，一是对退耕地免征农业税和定购粮；二是对新造林地在有经济效益后免征 1～3 年农林特产税；三是让异地搬迁扶贫的农户享受退耕还林的补助政策，确保"退得下、稳得住、能致富、不反弹"。

退耕还林工程于 2002 年全面启动，截至 2009 年，全面完成了国家下达给云南省的退耕还林任务 $109.14 \times 10^4 \ hm^2$；截至 2010 年，全面完成国家下达的退耕还林任务 $112.67 \times 10^4 \ hm^2$，其中：退耕地还林 $35.54 \times 10^4 \ hm^2$、荒山荒地造林 $65.80 \times 10^4 \ hm^2$、封山育林 $11.33 \times 10^4 \ hm^2$；工程覆盖全省 16 个州（市）的 129 个县（市、区），共涉 130 多万户退耕农户、550 多万人，完成投资 121×10^8 元，是云南省迄今为止投资最大、涉及面最广、群众参与程度最高的生态建设工程。

2011 年是云南省到期面积最大的一年，阶段验收对象分别为 2003 年和 2006 年计划年度的退耕地还生态林和退耕地还经济林面积，到期的退耕地还林面积为 $15.90 \times 10^4 \ hm^2$，2003 年度的退耕地还生态林面积 $15.88 \times 10^4 \ hm^2$，2006 年度的退耕地还经济林面积 $187 \ hm^2$。同时，云南省陆续出台了各项退耕还林政策，如《云南省人民政府办公厅转发国务院办公厅关于完善退耕还林粮食补助办法文件的通知》（云政办发[2004]130 号）、《云南省人民政府贯彻国务院关于完善退耕还林政策文件的实施意见》（云政发[2007]189 号）和《云南省巩固退耕还林成果专项资金使用和管理办法》（云财农[2008]190 号）等文件。其中，2004 年，《云南省人民政府办公厅转发国务院办公厅关于完善退耕还林粮食补助办法文件的通知》（云政办发[2004]130 号）明确：在中央按每千克粮食（原粮）1.4 元计算现金补助的基础上，省人民政府决定，省财政承担的每千克 0.2 元粮食调运费一并直接补助给退耕户。中央财政负担的每亩 210 元粮食补助款和省财政承担的每亩 30 元粮食调运费包干给各地，各地要将每亩 240 元的补助款足额兑现给退耕户。2011 年，出台《云南省巩固退耕还林成果项目建设暂行管理办法》，通过基本口粮田建设、生态移民、补植补造、技术技能培训，加强和规范巩固退耕还林成果专项规划项目建设管理，确保工程建设质量和投资效益。

2015 年，云南省正式出台了《云南省新一轮退耕还林还草实施方案》，确定了云南省新一轮退耕还林还草工程补助标准与国家补助标准一致，突出了云南省的治理重点等，进一步规范了退耕还林还草工程管理，确保了云南省新一轮退耕还林还草工程高效有序开展。2017 年，考虑到近年来造林成本、物价水平上涨等因素，为进一步调动退耕农民的积极性，云南省下发了《关于下达 2017 年退耕还林还草年度任务的通知》，指出退耕还林种苗造林费每亩补助标准从 300 元提高到 400 元，加上每亩 1200 元的现金补助，新一轮退耕还林补助标准提高到每亩 1600 元。

自 2002 年全面启动退耕还林工程以来，至 2014 年年底，云南省累计完成投资 121×10^8 元，退耕还林面积 $35.53 \times 10^4 \ hm^2$、荒山荒地造林面积 $68.84 \times 10^4 \ hm^2$、封山育林面积 $13.46 \times 10^4 \ hm^2$，工程区涉及 16 个州市 129 个县区 544.6 万人口；林草面积增加 $83.50 \times 10^4 \ hm^2$，覆盖率增加 2.10%，25° 以上陡坡耕地退耕还林 $22.19 \times 10^4 \ hm^2$。退耕还林工程生态效益监测结

果表明，到 2013 年，全省 25°以上陡坡耕地营造生态林径流量下降 83.0%、泥沙含量下降 98.0%，退耕后乔木林有机质增加 41.7%，退耕后林木涵养水源 $30.5×10^8$ m^3、固土 $4354×10^4$ t、吸收污染物 $14\,698×10^4$ kg，生态效益总价值量达 $739.5×10^8$ 元，工程投入产出比为 1∶6 左右。退耕还林工程实施使得区域自然生态环境明显改善，退耕农户收入明显增加。在减少水土流失，改善生态系统方面带来了直观的生态效益；一方面通过生态屏障有效阻止了风沙侵蚀造成的土地沙碱化，另一方面也起到涵养水源，调节水资源供给的积极作用。另一方面，通过耕地和林地的转换利用，改变了土地利用单一化的局面，农民可以根据市场变化，灵活调整种植结构，促进技术、资金多向利用，成为拉近政府群众关系的重要助推力，实现收入多样化，同时在社会效益上收效显著。

2018 年，国家下达云南省新一轮退耕还林还草任务 $22.00×10^4$ hm^2，其中退耕还林 $20.00×10^4$ hm^2、还草 $2.00×10^4$ hm^2，任务量居全国首位。2018 年云南全省森林覆盖率达 60.3%、森林蓄积量达 $19.7×10^8$ m^3、天然草原综合植被覆盖度达 87.81%、湿地保护率达 46.53%；同时，通过积极探索土地使用、投资方式、利益分配等多种机制和管理形式，在明确承包补偿资金、林木收益等分配方式的基础上，鼓励、引进企业、大户及社会团体参与工程建设，实行"公司+基地+合作社+农户"的生产经营模式，充分吸纳社会各方资金投入，让农户在退耕还林还草工程建设中打牢增收基础，实现改善生态与改善民生互利共赢。

在国家的统一部署下，云南省退耕还林工程自 2000 年试点、2002 年全面启动以来，累计完成国家下达工程建设任务 $115.47×10^4$ hm^2，其中：退耕地还林 $35.53×10^4$ hm^2、荒山荒地造林 $67.60×10^4$ hm^2、封山育林 $12.33×10^4$ hm^2；工程概算总投资达 $218×10^8$ 元，目前已完成投资 $142.4×10^8$ 元，覆盖全省 16 州市 129 个县（市、区）1304 乡镇 9338 村，涉及 134 万户退耕农户、557.6 万人，退耕农户户均直接从退耕还林补助中累计获得收入 9462 元，人均累计获得收入 2274 元。根据国家核查和监测结果，云南省退耕地到期面积林木平均保存率达 99.7%以上，全省增加林地面积 $103.13×10^4$ hm^2，其中 25°以上和 15°~25°坡耕地分别退耕还林 $22.17×10^4$ hm^2 和 $8.86×10^4$ hm^2，退耕地还林确权发证率达到 97.0%；25°以上陡坡耕地营造乔木林径流量下降 82.0%，径流泥沙含量下降 98.0%，土壤有机质增加了 0.78%，增加了土壤肥力，改良了土壤。通过国家退耕还林工程的全面实施，全省陡坡耕作面积明显减少，工程区水土流失量大幅下降，林地面积大幅增加，生态环境明显改善。

2.3.5 内蒙古退耕还林工程实施情况

内蒙古自治区位于祖国北部边疆，地处欧亚大陆内部，地理坐标为：37°24′N~53°23′N、97°12′E~126°04′E，海拔 300~3556 m，东西直线距离 2400 km、南北跨度 1700 km，全区面积为 $118.3×10^4$ km^2，占全国总面积的 12.30%，横跨东北、华北、西北地区，接邻八省（自治区），北与蒙古国和俄罗斯接壤；土地国境线长 4200 km。辖 9 个地级市 3 盟，22 个市辖区 11 个县级市 17 个县 49 旗（自治旗）。全区地势较高，平均海拔 1000 m 左右，海拔最高点贺兰山主峰 3556 m，基本属于高原型地貌，统称内蒙古高原，是中国四大高原中的第二大高原。高原四周分布着大兴安岭、阴山（狼山、色尔腾山、大青山、灰腾梁）、贺兰山等山脉；西端分布有巴丹吉林、腾格里、乌兰布和、库布其、毛乌素等沙漠，总面积 $15×10^4$ km^2。在大兴安岭的东麓、阴山脚下和黄河岸边，有嫩江西岸平原、西辽河平原、土默川平原、河套平原及黄河南岸平原，这里地势平坦、土质肥沃、光照充足、水源丰富，是内蒙古的粮食和经济作物主要产区。在山地向高原、平原的交接地带，分布着黄土丘陵和石质丘陵，其间杂有低山、谷地和盆地分布，水土流失较严重。内部结构复杂多样，其中高原约占总面积的 53.4%，山地占 20.9%，丘陵占 16.4%，平原与滩川地占 8.5%，河流、湖泊、水库等水面面积占 0.8%。内蒙古地域广袤，所处纬度较高，高原面积大，距离海洋较远，边沿有山脉阻隔，气候以温带大陆性季风气候为主；具有降水量少而不匀，风大，寒暑变化剧烈的特点。

内蒙古是国家重要的森林基地之一，全区森林总面积约 $2080×10^4$ hm^2，占全国森林总面积的 11.0%，居中国第 1 位；森林覆盖率达 17.57%，高于全国 13.40%的水平；森林总蓄积量 $12.9×10^8$ m^3，位居全国第四位。内蒙古资源储量丰富，有"东林西矿、南农北牧"之称，草原、森林和人均耕地面积居全国第一，稀土金属储量居世界首位，同时也是中国最大的草原牧区，是中国经济发展最快的省份。

随着退耕还林政策在全国范围内的实施，内蒙古自治区退耕还林工作在 2002 年正式启动，涉及 12 个盟市、96 个旗县、169 万农户、近 600 万人，是内蒙古自治区生态建设史上投资最多、群众参与面最广的建设项目。2002 年，内蒙古财政厅出台了《内蒙古自治区退耕还林（草）工程财政专项资金管理暂行办法》，该《办法》明确了退耕还林（草）工程专项资金的使用范围和补助标准，基本建设资金是指用于退耕还林（草）和宜林荒山荒地人工造林种草所需的种子、苗木等的补助资金，种苗费补助标准按退耕还林（草）和宜林荒山荒地造林种草每亩 50 元计算，直接发给农民自行选择采购种苗；现金补助资金用于农民退耕后维持医疗、教育等必要的开支，现金补助标准按退耕面积每年每亩 20 元计算；粮食补助资金用于退耕还林（草）粮食补助折价款，粮食补助资金按照每亩退耕地每年补助粮食 100 kg，且发给退耕户的补助粮食不准以粮折钱，不准粮食回流粮库，粮食和现金的补助年限，先按经济林补助 5 年、生态林补助 8 年计算，到期后可根据农民实际收入情况，需要补助多少年再继续补助多少年。该《办法》还详细规定了资金的申请、拨付与管理、资金使用报告制度及监督检查等细则。之后，内蒙古陆续出台了《内蒙古自治区退耕还林（草）管理办法》《退耕还林还草粮食补助资金管理办法》《以粮代赈退耕还林还草工程补助粮食供应暂行办法》等条例与办法，明确了退耕还林的方向与监督管理机制。

2005 年，内蒙古办公厅出台了《关于进一步巩固退耕还林成果的通知》，该《通知》显示，截至 2005 年，已累计完成退耕还林 $233.60×10^4$ hm^2，其中，退耕 $88.67×10^4$ hm^2，配套荒山造林 $144.93×10^4$ hm^2。2007 年制定的《内蒙古自治区退耕还林管理办法》旨在规范退耕还林活动，保护退耕还林者的合法权益，巩固退耕还林成果，改善生态环境。2008 年内蒙古出台《内蒙古自治区人民政府完善退耕还林政策的实施意见》，意见指出，现行退耕还林粮食和生活费补助期满后，中央财政继续安排资金对退耕农户给予适当的现金补助，解决退耕农户当前生活困难。补助标准为每亩退耕地每年补助现金 70 元。原每亩退耕地每年 20 元生活补助费，继续直接补助给退耕农户，并与管护任务挂钩，由当地政府与农户签订管护合同。补助期为：还生态林补助 8 年、还经济林补助 5 年、还草补助 2 年，通过加大基本口粮田建设力度，进一步扶持退耕户后续产业发展，加强农村能源建设，继续落实生态移民、补植补造和林木后期抚育管护等措施，从根本上解决退耕农户吃饭、烧柴、增收等当前和长远生计问题，杜绝砍树复耕现象的发生，确保退耕还林成果切实得到巩固。2009 年内蒙古自治区再次制定了《内蒙古自治区退耕还林管理办法》，并进一步说明了对后续产业发展上的资金支持和政策方案。

随着 2014 年国家新一轮退耕还林政策的开启，2015 年国家在内蒙古自治区启动新一轮严重沙化耕地退耕还林工程，内蒙古自治区自上而下编制了《内蒙古自治区新一轮退耕还林省级实施方案》，退耕总规模为到 2020 年实施严重沙化耕地退耕还林还草 27.40×10^4 hm^2。补助政策为退耕第一年补助 800 元（其中 300 元种苗费），第三年补助 300 元，第五年补助 400 元，从 2017 年开始，种苗造林补助费增加 100 元。

内蒙古自治区退耕还林政策于 2000 年开始试点，2002 年全面启动实施，2007 年国务院决定暂停安排退耕地还林，继续安排荒山荒地造林和封山（沙）育林，2015 年启动新一轮退耕还林工程。截至 2018 年 12 月 31 日，国家累计安排内蒙古自治区退耕还林工程任务 300.49×10^4 hm^2，其中原计划退耕还林工程安排 284.07×10^4 hm^2，即退耕地还林 92.20×10^4 hm^2、荒山荒地造林 169.80×10^4 hm^2、封山（沙）育林 22.07×10^4 hm^2；国家核定内蒙古新一轮退耕还林地类为严重沙化耕地，安排严重沙化耕地退耕还林 16.42×10^4 hm^2，包括退耕地还林 16.20×10^4 hm^2、荒山荒地造林 0.22×10^4 hm^2。国家累计下达内蒙古自治区退耕还林补助资金 399.25×10^8 元。工程建设覆盖面宽、范围广，涉及全区 12 个盟市、98 个旗县、635 个乡镇（苏木）、9389 个行政村、151 万农户，涉及退耕人口 597 万人，占全区农业人口的 43.3%。

实施退耕还林工程在维护祖国北疆生态安全、推动农牧业产业结构调整、增加农牧民收入等诸多方面发挥了重大作用，取得了巨大的生态效益、显著的经济效益和广泛的社会效益。监测结果显示，自治区退耕地的地表径流量减少 20.0% 以上，泥沙量减少 24.0% 以上，地表结皮增加，制止了沙质耕地的进一步沙化，工程区的水土流失和风蚀沙化状况初步得到遏制，局部地区生态环境明显改善；自治区黄河流域 6 个盟市退耕还林工程产生生态效益价值年均 113.78×10^8 元、沙化土地生态系统服务功能价值年均 705.48×10^8 元，生态效益投入产出比为 1：39。退耕还林工程实施使区域内以粮食作物为主的粗放农业向林果业、畜牧业、中药材和观光旅游等产业过渡，将退耕还林与生态恢复、经济发展、农牧民增收有机结合起来，推动了农业产业化经营，促进了地方经济发展；据统计，全区退耕前退耕户人均收益 1512.4 元，退耕后退耕户人均获钱粮补助 4765 元，综合其他渠道退耕户人均收益达 10 942 元，是退耕前的 7.2 倍（http://www.forestry.gov.cn/2019-11-29）。

退耕还林工程全面实施增加了内蒙古区域林草植被，不仅减少了水土流失和风沙危害、有效控制水土流失和风沙危害，而且还在涵养水源、保育土壤、固碳释氧、净化大气环境、防治污染等多方面取得了巨大的生态效益；同时，促进了农业结构调整，增加了农牧民收入，是一项深受老百姓欢迎的民心工程，为区域破解"三农""三牧"问题，推进社会主义新农村建设，也为退耕户增强自我发展能力、脱贫致富提供了难得的发展机遇，为自治区精准扶贫作出了巨大贡献。

2.3.6　小结

选择在全国退耕还林工程实施过程中面积大、投资多、成效显著的陕西、四川、甘肃、云南和内蒙古等省（自治区）作为典型，分析这些省（自治区）退耕还林出台政策及实施情况，了解了各省（自治区）退耕面积、投资规模和还林构成等，主要结果如下。

全国不同省份退耕面积变化。从省级层面来看国家退耕还林工程实施情况，2000～2017 年全国各省退耕还林工作均取得了阶段性成果，其中陕西、云南和甘肃累计退耕造林面积在全国居于前列，分别为 $242.248×10^4$ hm²、$205.444×10^4$ hm² 和 $204.418×10^4$ hm²；贵州、内蒙古和四川次之，分别为 $191.771×10^4$ hm²、$189.731×10^4$ hm² 和 $189.093×10^4$ hm²；青海、吉林、海南和西藏最少，分别为 $46.722×10^4$ hm²、$45.223×10^4$ hm²、$16.656×10^4$ hm² 和 $9.885×10^4$ hm²。工程实施的不同阶段，各省份的造林面积均存在不同程度的增长，工作效果显著；退耕地造林、荒山荒地造林在做好退耕还林工作方面发挥了至关重要的作用。

典型省份退耕工程实施情况。自 1999 年国家实施退耕还林工程以来，到 2018 年陕西累计完成退耕还林 $268.91×10^4$ hm²，其中退耕还林、荒山造林和封山育林分别为 $124.10×10^4$ hm²、$128.85×10^4$ hm² 和 $15.97×10^4$ hm²，国家累计投资近 $400×10^8$ 元，惠及 230 万退耕农户 915 万农民。到 2017 年四川累计完成退耕还林面积 $209.49×10^4$ hm²，其中退耕地还林 $99.73×10^4$ hm²、荒山荒地造林和封山育林 $109.76×10^4$ hm²。甘肃省累计治理陡坡和沙化耕地 $66.89×10^4$ hm²、绿化宜林荒山荒地 $107.03×10^4$ hm²，封山育林 $15.77×10^4$ hm²。云南累计完成工程建设任务 $115.47×10^4$ hm²，其中退耕地还林、荒山荒地造林和封山育林面积分别为 $35.53×10^4$ hm²、$67.60×10^4$ hm² 和 $12.33×10^4$ hm²，目前已完成投资 $142.4×10^8$ 元。内蒙古截至 2018 年 12 月累计安排工程任务 $300.49×10^4$ hm²，第一轮 $284.07×10^4$ hm²、新一轮 $16.42×10^4$ hm²，累计补助资金 $399.25×10^8$ 元。

2.4　退耕还林工程实施效果及存在的问题

2.4.1　退耕还林工程实施的主要成效

国家退耕还林工程实施以来，在各级政府、各地区和相关部门的共同努力下，取得了比较显著的生态效益和社会经济效益。中国从 2001 年开始连续 16 年开展退耕监测，在全国 22 个省（自治区、直辖市）的 100 个工程县 100 个村和 1165 个退耕农户进行定点连续跟踪监测，其中，长江流域 52 个县 61 个行政村和 576 户、黄河流域 48 个县 58 个行政村和 580 个农户。监测结果显示，退耕还林工程实施是改变不合理的土地利用方式、减少水土流失的有效途径，能够有效促进农村产业结构调整，优化农村经济结构，有利于中国生态环境与经济社会可持续发展。

2.4.1.1　生态效益

1）森林资源显著增长

《2017 国家林业重点工程社会经济效益监测报告》显示，国家退耕还林还草工程实施以来，无论是国家整体还是退耕工程实施区森林面积及森林蓄积均呈增加趋势，2016年与 1998 年相比，全国样本县森林面积与森林蓄积分别增加 $328.35×10^4$ hm^2 和 $282.00×10^6$ m^3，分别增长 41.48%和 59.49%，森林覆盖率由1998 年的 20.41%增长到 2016年的 29.62%，森林资源状况整体得到改善（图 2.8）；截至 2018 年年底全国退耕工程区森林覆盖率平均提高 4.0%以上。

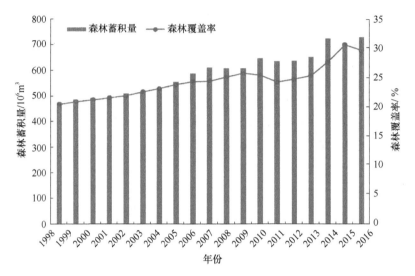

图 2.8　全国样本县森林蓄积量和森林覆盖率变化（彩图请扫封底二维码）

2）土地利用结构不断优化

《2009 国家林业重点工程社会经济效益监测报告》表明，2008 年全国林业重点工程社会经济效益监测涉及的样本县农林牧业土地面积 $2892.56×10^4$ hm^2，比 1998 年净增加 $192.95×10^4$ hm^2，增长 7.15%，林地面积呈大幅度上升，耕地面积、牧草地面积下降，调整了农业土地利用结构。并且在退耕还林政策实施以来，极大地改善了中国不合理的土地利用与耕作方式。由《中国林业统计年鉴》数据得出，截至退耕还林巩固完善阶段，全国 25°以上的坡耕地退耕面积达 $79.30×10^4$ hm^2。新一轮退耕还林政策实施后，全国 25°以上的坡耕地退耕面积达 $51.02×10^4$ hm^2，15°～25°水源地耕地退耕面积总计 $4.40×10^4$ hm^2，促进了农业土地利用结构调整。

3）水土流失治理成效显著

《2014 国家林业重点工程社会经济效益监测报告》显示，2013 年样本县水土流失治理面积 $223.41×10^4$ hm^2，比 2012 年增长 16.93%。1998～2013 年，效益监测样本县累计水土流失治理面积 $2125.50×10^4$ hm^2（2011 年数据缺失），治理效果较为显著。另外，《2009 国家林业重点工程社会经济效益监测报告》中显示，样本县土壤侵蚀面积虽有上升，但土壤侵蚀强度为 3743 t/（km^2·a），比 2007 年下降 5.97%，充分反映退耕还林工程有效减轻了土壤侵蚀强度。

4）土地沙化荒漠化治理效果明显

2014 年中国荒漠化和沙化第五次调查结果显示，中国荒漠化土地面积达 261.16×

10^4 hm^2，占国土面积的 1/4；沙化土地面积达 172.12×10^4 hm^2，占国土面积的近 1/5；全国近 40.0%的贫困县，近 25.0%的贫困人口分布在我国西北沙区。《2014 国家林业重点工程社会经济效益监测报告》中表明，国家退耕还林工程的不断推进，土地沙化趋势大幅度减缓，1998～2013 年，效益监测样本县沙化土地面积共计 204.29×10^4 hm^2，累计治理沙化土地面积 224.75×10^4 hm^2，说明可治理沙化土地难度不断增加，需要改变目前每年基本持平的治理面积计划。

同时，国家退耕还林政策实施以来，全国土地利用类型发生了深刻变化，森林植被面积明显增加，土地沙化与荒漠化面积逐渐降低，2014 年与 1999 年相比，全国土地沙化面积减少了 56 499 km^2，下降了 3.27%；全国土地荒漠化面积减少 62 500 km^2，下降了 2.43%（表 2.17）。全国荒漠化土地面积由 20 世纪末年均扩展 1.04×10^4 km^2 转变为 2018 年的年均缩减 2424 km^2，沙化土地面积由 20 世纪末年均扩展 3436 km^2 转变为 2018 年的年均缩减 1980 km^2，实现了由"沙进人退"到"绿进沙退"的历史性转变，沙区经济持续发展、民生不断改善，提前实现了联合国提出的到 2030 年实现土地退化零增长目标。

表 2.17　1999～2014 年全国土地沙化荒漠化面积变化

年份	1999 年	2004 年	2009 年	2014 年
全国沙化土地面积/10^4 km^2	177.76	173.97	173.11	172.12
全国荒漠化土地面积/10^4 km^2	267.41	263.62	262.37	261.16

数据来源：《中国林业统计年鉴》。

2.4.1.2　社会经济效益

1）耕地生产效益逐步提升

《2017 国家林业重点工程社会经济效益监测报告》显示，2016 年，在粮食直补政策和退耕还林专项建设的政策影响下，效益监测样本县粮食产量总体上升，样本农户粮食增长幅度和单产水平持续增加；2016 年，样本县粮食播种面积 517.54×10^4 hm^2，粮食产量 2489.49×10^4 t，粮食单产 4567.50 kg/hm^2，高于多年平均 4153.05 kg/hm^2。与退耕前的 1998 年相比，样本县粮食播种面积增长 6.94%，粮食产量增长 30.18%，粮食产量增长的幅度高于面积增长幅度 23.24%，进一步表明退耕区耕地生产力明显增强，生态改善促进耕地生产力提高的效益逐渐显现。

2）退耕农户生计明显改善

《2017 国家林业重点工程社会经济效益监测报告》显示，2016 年效益监测样本县农村居民人均纯收入为 9919 元，与退耕前 1998 年的 1482 元相比，实际增长 360.29%（扣除了物价上涨因素），样本农户人均纯收入为 10 528.04 元，与 1998 年的 1327.65 元相比，实际增长 445.35%（扣除了物价上涨因素），同期，全国农村居民人均纯收入从 2161 元增加到 12 363 元，实际增长 263.26%，可见样本县农村居民人均纯收入与样本农户人均纯收入涨幅均高于全国；同时，随着退耕还林工程后续产业的发展及农业产业结构的调整，家庭经营收入过度依赖种植业获得收入的状况明显改善。其中，样本农户家庭收入中，除种植业收入比例（32.74%）略高外，工副业和养殖业的收入比例分别为 26.38% 和 14.14%，林业收入比例也提高到 26.73%，进一步表明多元化的家庭收入格局初步形成，退耕农户的收入风险逐步降低（图 2.9）。

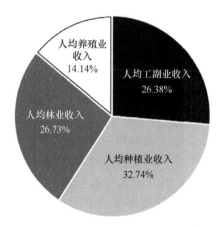

图 2.9　2016 年样本农户家庭经营结构

据国家林草局对 100 个退耕还林样本县的监测，新一轮退耕对建档立卡贫困户的覆盖率达 18.7%，重庆市城口县、甘肃省环县和会宁县分别达 48.0%、49.0% 和 39.0%。2016～2018 年，全国共安排集中连片特殊困难地区有关县和国家扶贫开发工作重点县退耕还林还草任务 196.44×10⁴ hm²，占 3 年退耕还林总任务的近 3/4。

2.4.2　退耕还林工程实施存在的主要问题

2.4.2.1　第一轮退耕还林工程实施存在的问题

1）退耕还林工程重要性的认识不足，存在复耕现象

中国广大农村部分农民受教育程度较低，思想比较传统、落后和守旧，对国家退耕还林工程实施的生态意义缺乏充分的认识，还没有真正意识到退耕还林工程实施的重要性、必要性和迫切性，导致对退耕还林工程实施缺乏积极性和主动性，甚至存在一些农民抗拒贯彻实施退耕还林政策的情况。加之由于对农民在退耕过程中的经济利益没有及时补偿或补偿有限，而农民的家庭开支仍主要依靠耕地收入，导致农民为了短期获得效益，出现复耕、还田现象，严重影响了退耕造林林地苗木的成活、生长和成材，与退耕政策制定的初衷相违背。

2）退耕还林后续产业发展不够完善，缺乏永续动力

国家退耕还林政策的实施促使退耕农户的收入结构和农业发展模式都发生了巨大的改变，在给农户带来机遇的同时也对退耕户生产生活造成了一定的影响，而地方政府更缺乏促进地方未来经济发展的配套扶持政策和资金支持，使得后续产业的发展不够完善，无法保证农民后续的经济收益，降低了农民配合退耕还林政策实施的积极性。另外，在退耕还林工程实施过程中，如何为农村劳动力的转移提供新的就业市场，提高农户的家庭收入，减少农户对土地依赖的压力，为退耕创造更有利的条件，也是退耕区后续产业发展应积极探索的问题。

3）生态与经济社会效益协调性难控，双赢目标难求

生态优先是退耕还林还草工程实施必须遵循的一项基本原则，主要涉及林种选择和植物品种的空间配置，以求最大限度地有利于保持水土以及实现综合生态效益的最大化。而在退耕还林工程实践过程中，林种选择常会出现是营造经济林，还是选择生态公益林，以及两者之间比例的矛盾。因此，退耕还林政策必须协调好林种配置与植被类型选择问题，亦即协调处理好生态利益与经济利益、眼前利益与长远利益、个人利益与群体利益、局部利益与整体利益间的关系，才能保证退耕政策的长久持续推行。

4）自然社会复杂性与执行标准单一，供需存在矛盾

退耕还林还草政策尽管一直强调"因地制宜、突出重点"的原则，但总体布局仍然存在利益均分、盲目扩大的问题。全国退耕还林的试点示范县应为 13 个省（自治区、直辖市）的 174 个县，有的地区为搞平衡，实行"利益均分"，将试点面积随意扩大，退耕县达到了 312 个，扩大的比例高达 79.0%。在试点示范县工程中将本不该列入范围的公路两旁的所有坡耕地统统纳入工程区，硬性规定一次全部退耕还林；有些地方用行政命令，要求一律种植某一树种，甚至把价格昂贵的观赏花木也搬上了山。这些做法，致使该退的坡耕地退不下来，不该退的基本农田却退了下来，导致有的农民失去基本口粮田，而生态环境却得不到改善。南方地区的退耕规模在利益驱动下不断扩大，出现了优良缓坡农业用地盲目退耕，影响了西部干旱半干旱等生态脆弱地区的政策实施。

5）补助标准的笼统与群众需求多样，政策缺乏灵活

目前的退耕还林还草政策仅在粮食补助上体现了地域生产力大概水准的差异，而不能代表地域的整体综合条件差异水平（徐振华等，2003）。特别是用于连作栽种西瓜、油菜等经济作物的坡地，其单位面积收入远高于对应补助的粮食价值。即使在同一个地区，由于自然条件的差异性，不同地理位置退耕地的粮食生产能力也有差别，采取同样的计划性补助标准，退耕地地力条件差、粮食产量低、开垦面积大的农户将可能得到更多的实惠，而开垦面积少、地力条件优越、粮食产量高的农户却因此失去较多的相对经济收益，这实际上是对农民过去开垦坡耕地非法行为的一种鼓励（王飞等，2003）。

2.4.2.2　新一轮退耕还林工程实施存在的问题

1）新一轮退耕补助标准较低、年限较短，影响农户再扩展的积极性

新一轮退耕补助在长江流域及南方地区单位面积补助减少了一半左右，前一轮退耕还林政策补助分两阶段，长江流域及南方地区两阶段的退耕补助期限生态林和经济林分别是 8 年和 5 年，中央财政的退耕补助金额不分林种，两阶段分别是每年 3450 元/hm^2 和 1875 元/hm^2，有的地方政府还有配套的额外补助。

前一轮的退耕补助两阶段总额生态林为 42 600 元/hm^2、经济林为 26 635 元/hm^2，新一轮退耕补助不分林种，一律是为 18 000 元/hm^2，两轮政策间退耕补助减少了一半左右，打消了很多想参加退耕农户的积极性。

2）新一轮退耕政策补贴较低、见效较慢，缺乏农户再参与的吸引力

随着农业补贴的显著提高，新一轮退耕还林工程实施补贴相对于农业部门的补贴政策及占用补偿缺乏吸引力。因此，在新一轮退耕还林政策出台后农户参加的积极性并不高。甘肃省反映当地农户感觉农业直补政策相当优惠，参加退耕还林经济效益相对较低、不划算，新一轮退耕任务比较难落实。例如，贵州省农用地和耕地的征占用补偿标准是林地的1倍多，影响了可能涉及的农户参与退耕的积极性，有些即使参加了退耕还林工程实施，一旦发现可能会被征占用，农户也会复耕（吴落军，2019）。

2.4.3 小结

退耕还林工程的最终目标是基于资源环境承载力实现绿色可持续高效发展，即在充分考虑资源承载力与生态环境容量的前提下，缓解现有资源对经济发展的约束，以促进生态环境建设和经济、社会协调发展。通过20年的实施，工程建设实施情况顺利，并取得了较为显著的综合成效。

国家退耕还林工程实施综合成效。通过国家退耕还林工程的实施，不仅改变了不合理的土地利用方式、减少了水土流失，而且重新配置了农村人力资源、调整了农村产业结构、提高了农村农业生产力、优化了农村经济组成、稳定了退耕户的收入，有利于中国生态环境与经济社会可持续发展。生态效益方面主要有：一是森林资源显著增长，退耕还林工程实施使得区域森林面积及森林蓄积均呈增加趋势；二是土地利用结构不断优化，林地面积大幅度上升，耕地面积、牧草地面积下降，农业土地利用结构得到调整，极大地改善了区域不合理的土地利用与耕作方式；三是水土流失治理有效，退耕还林工程有效减轻了土壤侵蚀强度；四是土地沙化、荒漠化治理有效，退耕还林工程使得森林植被明显增加，土地沙化趋势大幅度减缓。社会经济效益方面主要有：一是耕地生产效益逐步提升，退耕区耕地生产力明显增强，生态改善促进耕地生产力提高的效益逐渐显现；二是退耕农户生计明显改善，样本县农村居民人均纯收入与人均纯收入涨幅均高于全国，退耕还林工程后续产业的发展及农业产业结构的调整、家庭经营收入过度依赖种植业获得收入的状况得到明显改善，而且多元化的家庭收入格局初步形成，退耕农户的收入风险逐步降低。

工程实施存在的主要问题。第一轮退耕还林工程实施存在的主要问题：一是对退耕还林工程重要性的认识不足，存在复耕现象；二是退耕还林后续产业发展不够完善，缺乏永续动力；三是生态与经济社会效益协调性难控，双赢目标难求；四是自然社会复杂性与执行标准单一，供需存在矛盾；五是补助标准的笼统与群众需求多样，政策缺乏灵活。新一轮退耕政策执行存在的主要问题：一是退耕补助标准较低、年限较短，影响农户再扩展的积极性；二是退耕政策补贴较低、见效较慢，缺乏农户再参与的吸引力。

2.5 本章小结

中国退耕还林工程是中华人民共和国成立以来涉及面最广、政策性最强、规模最大、任务最重、投入最多、群众参与度最高的重大生态工程，其最终目的是实现绿色发展，基于资源承载力与生态环境容量的前提下，缓解现有资源对经济发展的约束，以促进生态环境建设和经济、社会协调发展。

（1）退耕还林政策出台的时代背景。退耕还林政策出台既有全球背景，也有中国元素。国际方面，20 世纪中期以来，人口激增、资源破坏、物种灭绝、干旱缺水和食物供应不足等问题日益严重，对人与自然的和谐发展产生了严重的影响和制约。国内方面，80 年代以来，森林生态系统退化十分严重，土地荒漠化和沙漠化呈扩大趋势，水土流失日趋严重。1998 年特大洪水的全面性爆发是中国政府制定并实施退耕还林政策的主要诱因。政府是退耕还林政策实施的主体，以及粮食和现金补助的承担者。退耕还林工程初期就是贯彻"退耕还林（草）、封山绿化、以粮代赈、个体承包"十六字方针，粮食补助决定了退耕还林政策能否顺利实施，"以粮代赈"是衡量国家经济发展力的指标之一。

（2）退耕还林工程实施的基本原则。第一轮退耕还林工作是以朱镕基提出的十六字方针为总指导思想；《新一轮退耕还林还草总体方案》以保护和改善生态环境，促进社会可持续发展为目标，以创新退耕思路、发展林业产业，创新退耕机制、推进土地流转，创新还林方式、实施工程造林，创新治理模式、强化综合措施为抓手，将退耕还林、封山绿化与地方经济发展、产业结构调整、增加农民收入等紧密结合，旨在促进贫困地区脱贫致富，推进生态文明建设，实现区域生态、经济文明科学发展。退耕还林生态优先、兼顾经济与社会效益原则，其首要目标是生态建设和生态保护，在提升生态效益的基础上追求更大的社会、经济效益；统筹规划、分步实施、突出重点、注重实效；政策引导和农民自愿退耕结合，谁退耕、谁造林、谁经营、谁受益；遵循自然规律，因地制宜，宜林则林，宜草则草，综合治理；建设与保护并重，防止边治理边破坏；逐步改善退耕还林者的生活条件。

（3）退耕还林工程实施的基本情况。1999 年四川、陕西、甘肃 3 省在全国率先开展退耕试点工作；2000 年 3 月拓宽至长江上游的云南、贵州、四川、重庆、湖北和黄河中上游的山西、河南、陕西及新疆生产建设兵团等 13 个省（自治区、直辖市）的 174 个县，同年 6 月又将湖南、河北、吉林和黑龙江 4 省 14 个县纳入试点；2001 年江西、广西、辽宁 3 省部分纳入试点范围；2002 年 1 月全国正式启动退耕还林工程，范围覆盖北京、天津和河北等 25 个省（自治区、直辖市）及新疆生产建设兵团；截至 2013 年，全国林业累计投资达 2718.25×10^4 元，累计造林 $2181.95 \times 10^4 \, \mathrm{hm}^2$，其中退耕地造林、配套荒山（沙）地造林、无林地及疏林地新封面积分别为 $683.98 \times 10^4 \, \mathrm{hm}^2$、$1335.89 \times 10^4 \, \mathrm{hm}^2$ 和 $249.98 \times 10^4 \, \mathrm{hm}^2$。2014 年《新一轮退耕还林还草总体方案》获批，实施期 2014～2017 年，投资 957.19×10^4 元。退耕还林区优先安排江河源头及其两侧、湖库周围的坡耕地以及水土流失和风沙危害严重等生态地位重要地区的耕地，主要分布在东北山地及沙地区、华北干旱半干旱区、黄土丘陵沟壑区、新疆干旱荒漠区、长江黄河源头高寒草原草甸区、西南高山峡谷区、云贵高原区、川渝鄂湘山地丘陵区、长江中下游低山丘陵区、黔贵丘陵山区。

（4）退耕还林工程实施造林面积变化。退耕还林工程任务主要包括退耕地造林、荒山荒地造林和新封山育林 3 类，按主导功能可分为用材林、经济林、防护林、薪炭林和特种用途林 5 类。2017 年全国共完成造林、森林抚育和治理退化草原面积 $707.4 \times 10^4 \, \mathrm{hm}^2$、

$851.9×10^4$ hm^2 和 $666.0×10^4$ hm^2。自 1999 年退耕试点以来累计造林总面积 $3447.46×10^4$ hm^2，退耕中荒山荒地造林累计面积达 $1544.75×10^4$ hm^2，占总造林面积的 56.38%；退耕地造林次之，占比为 35.95%；无林地和疏林地封育造林面积累计最小，占比仅 9.44%。用材林、经济林、防护林、薪炭林和特种用途林五大类中，防护林累计造林面积最大，为 $1916.08×10^4$ hm^2，占比 70.93%，经济林和用材林分别占比 15.07% 和 13.01%，薪炭林和特种用途林造林面积最小。

（5）退耕不同省区退耕还林面积变化。从省级层面来看，2000～2017 年全国各省退耕还林工作均取得阶段性成果，其中陕西、云南和甘肃累计退耕造林面积在全国居于前列，分别为 $242.248×10^4$ hm^2、$205.444×10^4$ hm^2 和 $204.418×10^4$ hm^2；贵州、内蒙古、四川次之，分别为 $191.771×10^4$ hm^2、$189.731×10^4$ hm^2 和 $189.093×10^4$ hm^2；青海、吉林、海南和西藏最少，分别为 $46.722×10^4$ hm^2、$45.223×10^4$ hm^2、$16.656×10^4$ hm^2 和 $9.885×10^4$ hm^2。随着时间推移各省造林面积均存在不同程度的增长；退耕地造林、荒山荒地造林在退耕还林工程中发挥了至关重要的作用。

（6）退耕工程的投资及结构变化。2000～2017 年国家退耕还林工程实施累计投资 $3722.987×10^8$ 元，其中巩固完善阶段投入 $1712.237×10^8$ 元，大体呈先上升后下降的走势，新一轮工程实施投资总额为 $957.189×10^8$ 元。2000～2009 年退耕还林工程实施投资总额由 $15.4075×10^8$ 元上升到 $321.757×10^8$ 元，增长约 20.88 倍；2009～2013 年退耕还林工程实施投资总额由 $321.757×10^8$ 元下降到 $196.267×10^8$ 元，尽管投资额度有所下降，国家依旧重视退耕还林还草政策的实施。资金投入以中央财政补助为主，地方政府的资金投入占比较小；投资主要用于种苗费、粮补和其他费用；省级层面，四川累计投资位居全国首位，1999～2017 年共计 $508.32×10^8$ 元，占全国的 13.7%，随后分别是甘肃、贵州、陕西和重庆，分别占全国的 8.5%、7.9%、7.7% 和 7.3%。

（7）退耕还林补助标准与方式。退耕还林工程实施补助方式经历了"以粮代赈—粮食补贴与现金补贴结合—现金补贴"3 个阶段。2000 年确定每亩退耕地每年补助粮食长江上游地区为 150 kg、黄河上中游地区为 100 kg，补助期限暂定 5 年。2002 年中央财政安排退耕农户专项补助资金 20 元/户，还生态林、经济林和草地分别补助 8 年、5 年和 2 年。2004 年补助标准不变，原则上将补助粮食改为补助现金；2007 年补助标准，长江流域及南方地区现金 105 元/（年·亩），黄河流域及北方地区 70 元/（年·亩）；原 20 元/（年·亩）现金补助继续并与管护任务挂钩，补助年限不变。2014 年补助标准，还林补助 1500 元/亩（财政部 1200 元、发改委 300 元）、还草补助 800 元/亩（财政部 680 元、发改委 120 元）。

（8）国家退耕还林工程实施进程。自 1999 年退耕还林工程启动以来，国家退耕还林工程大致经历了试点示范（1999～2001 年）、全面启动（2002～2003 年）、优化调整（2004～2006 年）、巩固完善（2007～2013 年），以及新一轮退耕还林（2014～2020 年）5 个阶段。1999～2006 年累计完成退耕还林面积 $1880.79×10^4$ hm^2，包括退耕地造林 $795.18×10^4$ hm^2、宜林荒山荒地造林 $1078.26×10^4$ hm^2、新增无林地和疏林地面积 $7.35×10^4$ hm^2。2008～2013 年累计完成退耕还林面积 $507.34×10^4$ hm^2，包括退耕地造林 $0.33×10^4$ hm^2、宜林荒山荒地造林 $348.26×10^4$ hm^2 和新封无林地和疏林地面积 $158.75×10^4$ hm^2。截至 2019 年 7 月，新一轮退耕共完成退耕任务面积 $399.30×10^4$ hm^2，其中包括还林 $365.79×10^4$ hm^2、还草 $33.51×10^4$ hm^2，涉及河北、山西、内蒙古等 22 个省（自治区、直辖市）和新疆生产建设兵团。

（9）典型省份退耕还林工程实施情况。陕西 2018 年累计完成退耕 268.91×10^4 hm^2，其中退耕还林、荒山造林和封山育林面积分别为 124.10×10^4 hm^2、128.85×10^4 hm^2 和 15.97×10^4 hm^2，国家累计投资近 400×10^8 元，惠及 230 万退耕农户 915 万农民。2017 年年底四川累计完成退耕还林 209.49×10^4 hm^2，其中退耕还林 99.73×10^4 hm^2，荒山荒地造林和封山育林 109.76×10^4 hm^2。甘肃累计治理陡坡和沙化耕地 66.89×10^4 hm^2，绿化荒山荒地 107.03×10^4 hm^2，封山育林 15.77×10^4 hm^2。云南累计完成工程建设任务 115.47×10^4 hm^2，其中：退耕地还林 35.53×10^4 hm^2、荒山荒地造林 67.60×10^4 hm^2、封山育林 12.33×10^4 hm^2，目前已完成投资 142.4×10^8 元。截至 2018 年 12 月内蒙古累计安排工程任务 300.49×10^4 hm^2，第一轮 284.07×10^4 hm^2、新一轮 16.42×10^4 hm^2，国家累计补助资金 399.25×10^8 元。

（10）退耕还林工程实施的综合成效。退耕还林工程实施改变了土地利用方式、减少了水土流失、优化了人力资源、调整了农村产业结构、稳定了退耕户收入、振兴了区域经济，取得了显著的生态效益和社会经济效益。生态效益：森林资源显著增长、土地利用结构不断优化、水土流失治理成效显著、土地沙化荒漠化治理效果明显。社会经济效益：一是耕地生产效益逐步提升、退耕农户生计明显改善；二是随着退耕工程后续产业的发展及农业产业结构的调整，家庭经营收入过度依赖种植业获得收入的状况得到明显改善，而且多元化的家庭收入格局初步形成，退耕农户的收入风险逐步降低。

（11）退耕还林工程实施存在的主要问题。第一轮退耕还林工程实施存在的问题：一是退耕还林工程重要性的认识不足，存在复耕现象；二是退耕还林后续产业发展不够完善，缺乏永续动力；三是生态与经济社会效益协调性难控，双赢目标难求；四是自然社会复杂性与执行标准单一，供需存在矛盾；五是补助标准的笼统与群众需求多样，政策缺乏灵活。新一轮退耕还林工程实施存在的问题：一是退耕补助标准较低、年限较短，影响农户再扩展的积极性；二是退耕政策补贴较低、见效较慢，缺乏农户再参与的吸引力。

第3章 退耕还林工程的社会效果评价

退耕还林工程作为中国投资大、涉及面广、农户参与度高的一项生态建设工程，产生了广泛的社会影响和社会效益。退耕还林工程主要通过经济手段激励引导农户土地利用结构调整，带动农村劳动力资源的重新配置，进而达到减贫与提高农户福利的目的，为乡村振兴创造有利条件。首先，本章提出了退耕还林工程对劳动力时间分配的理论框架，比较系统且完整地探讨退耕还林工程对劳动力再配置的作用效果；利用长时间的平衡面板数据测算退耕还林工程对非农劳动的长期影响，弥补由于短期影响造成的政策效果偏误；从非农劳动参与和非农劳动供给时间两个方面，评价工程实施对劳动力利用与转移的影响。其次，从相对贫困与能力贫困分别对退耕还林工程实施的减贫效果进行研究。再次，从多维福祉角度运用结构方程模型（SEM）探讨退耕还林农户福利的影响因素，并比较退耕前后农户的福利状态是否发生改变，以期在增进农户福祉方面对退耕还林工程有效性进行一个比较全面的评价。最后，尝试从农户感知的微观视角对退耕还林工程实施区的乡村振兴发展现状进行测算和分析，以更好地了解陕西省乡村振兴面临的各种问题，为退耕还林区乡村振兴战略的顺利落地和高效实施提供借鉴。

3.1 退耕工程实施的人力配置效应

改革开放以来，中国经济发展迅猛，年均 GDP 增速 10.0%左右，2011 年后虽有所减缓，但依然保持在 7.4%以上（国家统计局，2015）。20 世纪 90 年代末期，中国遭遇了长江和松花江等流域的特大洪涝灾害（Xu et al.，2001），土地的严重退化以及沙尘天气的频发（刘璨和张巍，2006）。政府为改善生态环境，实现经济社会的可持续发展，在整合已有林业资源的基础上，陆续启动了以退耕还林工程为主要代表的生态修复工程。自 1999 年启动退耕还林工程以来，我国已累计退耕还林还草 3333.33×10^4 hm^2，退耕还林工程总投入超过 5000×10^8 元，涉及 4100 万农户；2014 年，国家做出了实施新一轮退耕还林还草的决定，共安排退耕还林还草任务 399.30×10^4 hm^2，其中还林 365.79×10^4 hm^2，还草 33.51×10^4 hm^2，涉及 22 个省（自治区、直辖市）和新疆生产建设兵团。作为中国乃至世界范围内实施范围最广的生态补偿项目，退耕还林工程的实施不仅保障了生态环境的建设，同时在提高收入等一系列农民重大生计问题上都发挥着重要作用（Liu et al.，2014）。过去 30 年中，中国虽已经成为世界第二大经济体（World Bank，2012），跨入中等收入发展阶段，但长期以来支撑中国经济增长的人口红利正逐渐消失，到 2012 年，适龄劳动人口年增量已下降 350 万（蔡昉和王美艳，2013）。劳动力由供给过剩逐渐向供给短缺转变，二元结构问题日渐凸显，因此实现城乡之间劳动力要素合理配置对中国城镇化发展具有重要意义（蔡昉，2010）。若退耕还林工程的实施通过补贴、限伐等方式能够改变农户就业意愿，促进劳动力向非农行业转移，那么一方面能够促进当地社会经济的发展，减轻人口对土地资源的压力（易福金和陈志颖，2006），另一方面随着非农收入占农户收入比例的不断提高，非农劳动力转移也有利于减轻收入与支出之间的不平等现象（Mishra et al.，2002）。

在劳动力利用与转移的外生因素研究中，政策作为市场经济的调节工具，一直是国内外研究关注的重点。而国内外学者多选择美国联邦政府最大的私有土地休耕项目（conservation reserve program，CRP）作为研究对象，针对参与农户和大农场主所获补贴的角度进行分析。随着年限的增加，政府补贴的负向影响逐渐减小，主要原因在于补贴的形式由耦合性向非耦合性转变，导致农户不依赖于农作物的种植而增加了外出务工的可能（Ahearn et al.，2002）。虽然大部分学者认为美国的政府补贴在一定程度上对农民外出务工起到了阻碍作用，但发达国家与发展中国家对政府补贴的反应是不同的，发达国家的农民普遍平均收入水平要远高于发展中国家，因此发展中国家的农民边际收入效用更高，外出务工获得的高工资依旧对其具有较大的吸引力；而发达国家的农民面临比发展中国家更高的迁移成本，更倾向于留在农场工作（Uchida et al.，2009）。

中国学术界对于两者的关系则一直没有得到较为一致的结论。学者们多数认为退耕还林工程能够释放农业部门剩余劳动力的主要原因在于耕地要素的变化（杨时民，2006；Yao et al.，2010）。由于禁伐，林业的边际收益率降低，农户重新配置劳动，将更多的劳动时间投入到非农就业中，未参与退耕还林工程的农户，其非农劳动供给的增加幅度较小，参与退耕还林工程的农户，其增加幅度较大（Mullan and Kontoleon，2012），并且退耕还林工程能够促进农村劳动的非农就业，主要原因在于土地利用的变化降低了农户的流动约束程度，释放了依附在土地上的部分劳动力（林颖和张雅丽，2013）。然而，部分学者认为退耕还林工程实施对劳动力的结构调整没有产生显著的促进作用，并需要警惕退耕还林补贴结束后一部分劳动力回流的可能（徐晋涛等，2004；Uchida et al.，2005；易福金和陈志颖，2006）。出现结论上分歧的主要原因在于：首先，劳动力转移数量受到多方面的影响，其中包括受教育程度的提高、就业机会的增加、人口数量的增长等，如何将退耕还林工程以及其他林业重点工程对其的影响分离出来很重要；其次，多数研究的调研区域和样本选择存在差异导致研究结论的一致性较差；最后，前人的研究多处于退耕还林工程实施第一期的开始阶段，在工程初期释放的劳动力多投入房屋建筑、畜牧业生产等方面，还未形成对非农劳动力的显著促进（Uchida et al.，2007）。

3.1.1　退耕还林区劳动力再配置机制

一般而言，农户行为决策主要基于农户模型（agricultural household model，AHM）进行探讨（Ahearn et al.，2006；Hennessy and Rehman，2008；程杰，2014）。农户模型将农业产品生产、消费以及时间配置集于同一框架之中，遵从效用最大化原则，考虑时间在休闲、农业劳动与非农劳动中如何分配（Becker，1965；Singh et al.，1996）。首先根据效用最大化原则列出目标函数：

$$\text{Maximize } U = U(C, L) \tag{3.1}$$

约束条件：

$$T = L + E + F \tag{3.2}$$

$$P_c C = W_e E(H,M) + P_f C_f - W_f X_f + SUB_f - TAX_f + V \qquad (3.3)$$

$$C_f = f(A, F, X_f, Z) \qquad (3.4)$$

式（3.1）中，C 为消费；L 为休闲时间。

式（3.2）为劳动力时间约束，T 为总时间；L、E、F 分别为分配到休闲、非农与农业劳动中的时间。

式（3.3）为预算约束，P_c 为消费商品价格；W_e 为工资；H 为人力资本；M 为劳动力市场状况；P_f 为农产品价格；C_f 为农产品产量；W_f 为农业资本投入价格；X_f 为农业投入数量（化肥、农药等）；SUB_f 为农业补贴；TAX_f 为农业税费；V 为非劳动性收入。

式（3.4）为生产技术条件，A 为土地要素；Z 为地区特征（包括天气、土壤等）。根据最优化处理，非农劳动时间的最优解由休闲与务农时间所决定：

$$E = T - L - F = f\{W_e^*, (P_f C_f - W_f X_f + SUB_f - TAX_f), H, M, V\} \qquad (3.5)$$

将个体时间分配进一步纳入埃奇沃思盒形（Edgeworth box）图中，更加直观地展现劳动要素在各类因素的影响下是如何分配的（图 3.1）。假设将时间分为休闲和工作时间，其中将工作时间分为务农时间（F）和非农时间（E），并且务农时间（F）和非农时间（E）可以完全替代。U_f 为休闲（L）与务农（F）效用的无差异曲线，U_e 为休闲（L）与非农（E）效用的无差异曲线。当 U_f 和 U_e 相切于 a 点时，两个的边际替代率相等，可以认为 E 与 F 的分配是帕累托（Pareto）有效的，此时组合（F_a, E_a）最优。而影响因素会通过改变要素或环境从而改变效用曲线 U_f，导致新的务农时间效用曲线的产生，从而改变切点的位置，最优组合发生变化。

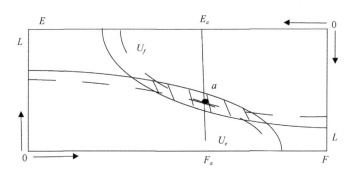

图 3.1 个体时间分配的埃奇沃思盒形图

由于主要研究对象为劳动力，因此，将时间的分配主要集中在劳动时间上，其配置主要在农业部门和非农部门，不考虑休闲时间的问题，仅探讨 E 和 F 的合理优化路径。

首先，退耕还林工程的实施会改变土地要素的配置结构，将坡耕地还为生态林、经济林，部分沙化地改造为防护林，以达到防风固沙、减少水土流失、改变产业结构、提高经济收入的作用。这使得土地要素减少，进而会释放部分劳动力。被释放的劳动力为了维持现有的效用水平，可通过外出打工或从事其他生产经营活动的方式，保证其劳动边际收益不变或增加，在一定程度上促进劳动力向非农市场的流动。

其次，参与退耕还林的坡耕地多为质量较差、收益不高的土地，而剩余的耕地相对土壤条件、耕作条件更为优越。若将资本、劳动力等投入要素集中于剩余的农地，将会提高农地的边际收益率，进而增加务农收入。此外，退耕还林工程实施的首要目的是改善生态环境，若外部环境 Z 的整体水平得以提高，对农作物的产量也具有积极的提升作用，在一定程度上吸引部分农民重新进行以土地为基础的劳作生产。

最后，考虑退耕还林工程的补贴问题。退耕还林工程会根据退耕的面积对农户进行相应的补贴，补贴会带来收入与替代两种效应。由于发展中国家的农民平均收入水平要普遍低于发达国家，所以发展中国家农民的边际收入效用高于发达国家，即使补贴在一定程度上提高了农民的非农收入，但非农部门就业得到的高工资对农民依然具有无法替代的高吸引力（Uchida et al.，2005）。而发达国家的农业生产多为农场主制度，农场主外出投入到非农部门工作的迁移成本远高于发展中国家的农民到乡镇从事非农劳动的成本，发达国家的农民更倾向于在高补贴的情况下选择休闲活动或留在农场工作（Uchida et al.，2005）。

3.1.2　退耕工程区劳动力配置结构的变化

3.1.2.1　劳动力部门分布特征及时序变化

从图 3.2 可以看出，1998～2013 年，国家监测退耕还林区的年末农村从业人数总体呈现波动上升的趋势，平均每年增长 7.12%，波动幅度为 57.33 万人/年（标准差）；截至 2013 年年末，农村从业人数为 2142.62 万人，较 2012 年增加了 1.70%，占农村总人数的 57.81%。农林牧副渔业劳动力人数总体呈现下降的趋势，平均每年减少 1.96%；截至 2013 年年末，农林牧渔业劳动力人数为 1049 万人，比 2012 年减少了 110 万人，下降了 9.49%。另外，外出务工人数总体保持上升的趋势，平均每年增长率为 13.43%。退耕还林工程的实施释放了在农业部门的劳动力，对于农村劳动力非农就业起到积极的作用。分段来看，1998～2006 年，外出务工人数的平均每年的增长率为 18.70%，其中 2003 和 2006 年增长率较高，分别为 16.97% 和 18.90%；然而，2007～2013 年外出务工人数的平均每年的增长率为仅为 6.44%，增长幅度明显低于前一段时期，并且在 2012 年出现 –3.05% 的增长。大规模的造林工程主要发生在退耕还林工程早期，由于耕地向林（草）地的转移，农户生计也发生了由农业生产向进城务工的转变；虽然后期退耕还林

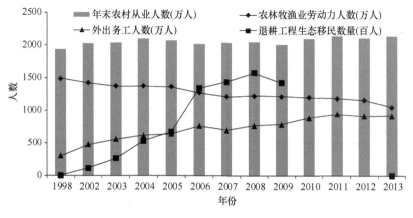

图 3.2　国家监测退耕工程实施区农村从业人数及分布趋势（彩图请扫封底二维码）

工程也有新造林，但主要以营林为主，导致后期的农民外出务工人数增长较为缓慢。自国家退耕工程实施以来，因退耕还林工程的生态移民总人数达到了 735912 人，并且整体呈现上升的趋势。生态移民主要发生在 2009 年以前，平均每年增长 59.69%；2010 年以后，退耕还林区的大范围内生态移民已经完成；2010-2012 年没有发生生态移民，2013 年生态移民数仅为 14 人。

3.1.2.2 不同部门间劳动时间配置结构

我们将劳动时间按照农业部门和非农业部门两部分进行分类统计，并将农业劳动时间细分到林业、种植业、畜牧业和渔业 4 个行业。表 3.1 给出了 1995～2014 年我们调研的农户在以上不同行业中的具体劳动时间的分配情况。从表 3.1 中可以看出，农业部门中种植业一直是劳动时间供给较为密集的行业，这与种植业自身的属性有关，种植业的生产周期短，需要投入的生产要素多，而林业与之相比较，生产周期可能在多年以上，除造林前期需投入大量劳动时间外，多数林农疏于林地管护，因此后期林业劳动投入远不如种植业。

表 3.1 1995～2014 年退耕还林样本区域农户不同行业的劳动时间供给（单位：人天）

年份	林业	种植业	畜牧业	渔业	非农劳动
1995 年	16.881	170.255	94.986	0.848	106.988
1996 年	17.079	169.672	96.523	0.919	110.674
1997 年	17.336	169.919	99.459	0.952	121.873
1998 年	17.747	169.198	98.150	0.950	132.211
1999 年	22.698	165.178	98.554	0.911	146.270
2000 年	25.774	158.875	97.430	0.910	165.513
2001 年	25.180	154.850	96.510	0.850	185.547
2002 年	29.854	146.628	94.646	0.871	199.310
2003 年	34.107	140.004	95.136	0.867	212.561
2004 年	33.450	135.227	97.818	0.939	219.960
2005 年	31.749	128.190	87.393	1.065	226.216
2006 年	32.902	129.048	90.997	1.129	238.870
2007 年	38.089	140.190	66.236	1.780	264.168
2008 年	41.678	113.017	61.713	1.050	292.535
2009 年	38.085	99.570	77.279	0.407	241.575
2010 年	40.472	100.929	77.792	0.384	244.138
2011 年	13.041	69.420	34.023	0.080	275.174
2012 年	13.857	70.919	35.549	0.087	280.601
2013 年	26.410	74.797	29.083	1.039	254.409
2014 年	27.746	77.233	30.788	1.036	254.859

在退耕还林工程实施前，畜牧业的劳动时间占比是种植业的 60.0%左右，均在 90 人天以上，也是家庭劳动时间供给的主要行业。但随着退耕还林工程的实施，畜牧业所占比例逐渐下降，主要原因在于生产结构的转变。以前林区的畜牧业多依靠林业的发展，工程实施后畜牧行业逐渐向非农行业等其他部门进行转变，现在样本农户则多以小型家

庭圈养方式替代散养方式进行畜牧养殖。因此，投入的劳动时间也远不如工程实施前。2014 年畜牧业平均劳动时间投入为 30.79 人天，仅占 1995 年的 32.41%。

　　林区渔业的劳动时间供给则远远小于林业、种植业和畜牧业。究其原因：首先，在我们调研区域内涉及渔业的农户样本数量较少，2014 年也仅为 11 户；其次，调研过程中我们也发现由于地理条件、自然条件、技术条件等因素的限制，林区并不适合大规模渔业的发展，产出较低，多数入不敷出进而放弃继续在渔业中投入劳动时间等，这也是以往文献中在研究林区问题时鲜少提及渔业的一个主要原因。

　　对于退耕还林工程实施项目区样本农户农业和非农业劳动时间变化趋势而言，结合表 3.1 和图 3.3 我们可以发现，1995～2014 年农业劳动时间的供给整体上呈下降趋势，相反非农劳动时间供给则整体上呈上升态势。在 2007 年以前退耕还林区农户劳动时间供给主要集中在农业部门，1995 年农业平均劳动供给时间与非农业的比例为 2.64∶1，随着时间的推移两者之间的距离逐渐缩短，到 2006 年两者之间的比例仅为 1.06∶1。而后非农劳动时间的供给继续增加，超过了农业劳动时间的供给，至 2014 年，两者比例缩小到了 0.54∶1。农户平均的非农劳动时间供给也从 1995 年的 106.99 人天增加到了 2014 年的 254.86 人天，增长率为 138.21%，其中年增长率最高为 2000 年的 13.16%，而这 20 年中有 7 年的非农劳动时间增长率高于 10.0%。从趋势的平稳度来看，2007 年两者的趋势均较为平稳，而 2007 年后出现了一定程度的上下波动。2008 年非农劳动时间供给有了显著的提升，拉大了与农业劳动时间供给的差距，2009 年后差距又逐渐缩短，到 2011 年差距再次拉大，而后逐渐趋于平稳。2013～2014 年非农劳动时间供给的上升趋势不再明显，而农业劳动时间则再次出现了小幅度的提高。整个变化过程中出现的时间节点与退耕还林工程实施的时间具有一定程度的吻合性，说明对于我们调研的样本区域农户而言，其家庭劳动时间的分配受到了林业政策的影响，且从整体上来看非农劳动时间转移进程有所减缓，可能存在复耕现象。

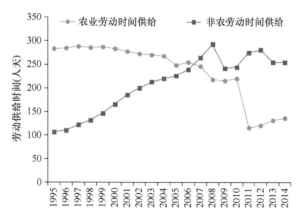

图 3.3　样本农户农业和非农业劳动时间变化趋势（彩图请扫封底二维码）

3.1.3　退耕对农户非农劳动力就业的影响

3.1.3.1　非农劳动时间供需模型

　　劳动供给模型（labor supply model，LSM）和劳动参与模型（labor participation model，

LPM）是研究劳动力要素配置问题中常用的两个基本模型（Becker，1965；Singh et al.，1996；程杰，2014），前者的被解释变量为劳动供给时间，后者的被解释变量为劳动参与率。已有研究多数偏好利用劳动参与模型而非劳动供给模型进行测算分析，其主要原因在于数据的可靠性，劳动供给时间数据的搜集过程中可能存在无法避免的人为误差，不如劳动参与数据的准确性高（Huffman et al.，1997）。但劳动供给模型能够更为有力和详细地剖析出劳动力要素的配置状态，因此，在保证数据来源可靠的提前下，多数研究更倾向于选择劳动供给模型（Hennessy and Rehman，2008；程杰，2014）。由于本章使用的数据来源于国家林业局多年的跟踪调研数据，该数据库也经过了众多研究者的验证，质量可以得到保证，故本节的研究可以同时选择劳动供给模型和劳动参与模型来探究劳动力配置问题。

$$Y_{it} = \alpha_0 + \sum_{n=1}^{n_1} \alpha_{n_1} M_{itn_1} + \sum_{n=1}^{n_2} \beta_{n_2} X_{itn_2} + \sum_{n=1}^{n_3} \gamma_{n_3} Z_{itn_3} + \sum_{n=1}^{n_4} \lambda_{n_4} P_{itn_4} + \theta_{it} + \varepsilon_{it} \tag{3.6}$$

式中，M_{itn1} 为市场因素，理论上，劳动力在"二元结构"中的分配，核心在于劳动工资率，部门间的工资差距是导致劳动力流动的主要原因（Lewis，1972；Fei and Ranis，1964；Todaro，1980；Stiglitz，2013）；但由于市场工资率难以直接衡量，根据数据的可获得性，通过基于村级外出务工平均工资与村级基于土地的劳动平均报酬来测算，并且考虑到单位面积的生产费用、农业补贴以及农业税费的影响。X_{itn2} 为家庭特征变量，劳动力决策在很大程度上是家庭决策的结果（Mincer and Polachek，1974），同时户主又是家庭决策的主体，故首先要考虑户主的性别、年龄、受教育程度和是否为干部的因素，其次用家庭是否有正在接受教育的孩子、总人口数、人均耕地面积及林地面积来表征家庭整体的基本情况。Z_{itn3} 为外部环境因素，用道路是否硬化的虚拟变量表征。P_{itn4} 为林业重点工程变量，其中包括了退耕还林工程以及天然林保护工程，通过是否参与工程虚拟变量以及参与工程面积分别进行测算，同时考虑工程之间的交互影响。θ_{it} 为无法观测到的变量。ε_{it} 为误差项；α_0，α_{n_1}，β_{n_2}，γ_{n_3}，λ_{n_4} 是待估参数；i 为农户编号；t 为时间变量（t=1，2，…，20；1995=1），$n_1 \sim n_4$ 为不同类别影响因素中因素的个数。

在劳动参与模型中，是否参与非农劳动的虚拟变量为被解释变量，根据被解释变量的性质，选择面板 Probit 模型进行实证分析。由于固定效应的二值选择模型会存在"伴生参数"问题，且该问题现无有效的方法解决（Neyman and Scott，1948），故选择随机效应模型，并利用 Guass-Hermite 积分法估计参数，Guass-Hermite 积分法主要是根据提高数值计算的点数来提高积分的精确程度（Butler and Moffitt，1982）。该方法由于是非线性运算，故需要对估计出的非边际效应的参数进行边际效应的再计算。由于本研究更关注退耕还林工程政策的影响分析，因此与代表值处的边际效应相比，计算平均边际效应更为切合（陈强，2014）。

对于劳动供给模型而言，被解释变量是劳动力非农劳动时间。被解释变量为连续性变量，模型选择固定效应或是随机效应需要进行 Hausman 检验来确定（Wooldridge，1999）。通过 Hausman 检验显示，存在不随时间变动的无法观测的因素，需要拒绝原假设，选择固定效应模型来消除组间相关性对参数估计的影响。此外，根据组内相关系数（intraclass correlation coefficient，ICC）的计算，可知在县级层面上，数据存在组内相关性，同样需要在采用固定效应（fixed effect，FE）的同时，进行集群效应（cluster effect，

CF）的处理。

对于农户在林业重点工程的参与过程中是否存在自选择问题，选择村级参与退耕还林工程的情况作为工具变量分别进行 Hausman 检验，检验结果 $p=1.00$，认为农户在参与退耕还林工程方面不存在内生性问题。此外，以往研究也表明：在农户参与工程的问题上，政府具有一定的强制性（Mullan and Kontoleon，2012；Liu et al.，2010）。因此，不再考虑参与退耕还林工程实施当中会存在的内生性问题。

3.1.3.2　数据搜集与指标介绍

退耕还林工程实施项目区样本选择四川、江西、河北、陕西和广西 5 个省（自治区）作为研究对象，其中四川省包括南部、南江、马边和沐川 4 县；江西省包括修水、兴国、遂川 3 县；河北省包括易县；陕西省包括镇安、延长 2 县；广西壮族自治区包括平果县，共计 5 个省（自治区）11 个县区。

此外，天然林保护工程作为林业重点工程中的主要工程，对农户林地面积、生产生活也会产生较大的影响，而退耕还林区也多涉及天然林保护工程，表 3.2 为各样本县（区）涉及的具体工程情况。

表 3.2　退耕还林工程实施样本县（区）涉及其他工程情况

省（自治区）	县（区）	退耕还林工程	天然林保护工程
四川	南部	√	√
	南江	√	√
	马边	√	√
	沐川	√	√
江西	修水	√	—
	兴国	√	—
	遂川	√	—
河北	易县	√	
陕西	镇安	√	√
	延长	√	√
广西	平果	√	

从表 3.2 中可以直观地看出，在退耕还林区天然林保护工程与退耕还林工程彼此有一定的交叉，主要发生在四川省与陕西省。因此，在研究该区域劳动力配置时，尤其要考虑两者之间的交互效应。各变量的描述性统计如表 3.3 所示。

表 3.3　退耕还林工程实施全部样本农户数据的统计性描述

年份		1995 年		1998 年		2003 年		2008 年		2014 年	
变量		均值	标准误	均值	标准误	均值	标准误	均值	标准误	均值	标准误
户主性别（男=1；女=0）	X_1	0.957	0.202	0.957	0.202	0.957	0.202	0.952	0.213	0.948	0.222
户主年龄	X_2	38.080	10.702	41.080	10.702	46.080	10.702	51.081	11.026	56.898	11.549
户主受教育年限/a	X_3	2.464	0.782	2.464	0.782	2.464	0.782	5.862	3.264	6.054	3.231
户主是否为干部（是=1；否=0）	X_4	0.109	0.311	0.109	0.311	0.109	0.311	0.097	0.296	0.088	0.283

续表

年份		1995 年		1998 年		2003 年		2008 年		2014 年	
变量		均值	标准误	均值	标准误	均值	标准误	均值	标准误	均值	标准误
家庭是否有在接受教育的孩子（是=1；否=0）	X_5	0.465	0.499	0.521	0.500	0.522	0.500	0.468	0.499	0.537	0.499
家庭人口数/人	X_6	3.698	1.213	3.848	1.237	4.072	1.335	4.376	1.546	4.005	1.806
人均耕地面积/亩	X_7	2.340	2.982	2.254	2.821	1.479	1.873	1.280	1.710	1.477	1.848
人均林地面积/亩	X_8	3.341	7.317	3.233	7.166	4.108	7.233	5.310	10.136	9.804	28.118
路面是否硬化（硬化=1；未硬化=0）	Z_1	0.323	0.468	0.323	0.468	0.323	0.468	0.499	0.500	0.766	0.424
村内样本农户单位时间内非农劳动收入/（元/d）	M_1	51.569	89.314	43.035	76.146	41.782	88.952	39.894	32.985	77.316	39.647
村内样本农户单位时间内土地劳动收入/（元/d）	M_2	12.240	6.582	12.383	6.365	16.080	8.379	23.485	15.338	57.655	69.172
单位面积的生产费用/（元/亩）	M_3	71.003	120.79	76.538	136.855	89.757	136.548	149.442	443.418	138.241	511.483
单位面积的农业补贴/（元/亩）	M_4	0.000	0.000	0.000	0.000	1.183	30.333	78.878	242.027	45.376	163.741
单位面积的农业税费/（元/亩）	M_5	57.220	92.936	69.032	111.140	33.110	58.210	73.409	359.141	56.536	479.778
是否参与退耕还林工程（是=1；否=0）	P_1	0.000	0.000	0.000	0.000	0.526	0.500	0.548	0.498	0.607	0.489
是否参与天然林保护工程（是=1；否=0）	P_2	0.000	0.000	0.061	0.239	0.089	0.285	0.297	0.457	0.401	0.490
既参与退耕又参与天保工程（是=1；否=0）	P_3	0.000	0.000	0.000	0.000	0.075	0.263	0.205	0.404	0.288	0.453
参与退耕还林工程面积/亩	P_4	0.000	0.000	0.000	0.000	3.781	8.057	4.932	10.776	5.005	11.446
参与天然林保护工程面积/亩	P_5	0.000	0.000	0.191	0.971	0.245	1.065	3.661	13.866	7.215	50.075
退耕面积*天保面积	$P_4 * P_5$	0.000	0.000	0.000	0.000	0.753	5.438	29.267	217.114	49.262	340.081
退耕还林补贴/元	P_6	0.000	0.000	0.000	0.000	474.864	977.681	554.521	1183.690	512.647	1254.704
参与非农劳动（是=1；否=0）	Y_1	0.541	0.499	0.576	0.494	0.717	0.451	0.717	0.451	0.687	0.464
农户非农劳动投入时间/（人天）	Y_2	106.98	156.467	132.21	184.167	212.56	239.720	292.535	293.684	254.859	282.770

3.1.4 退耕还林工程对劳动力供需的影响

3.1.4.1 退耕区劳动力非农参与模型估计

模型 1、模型 2、模型 3 分别在劳动参与模型的基础上，对退耕还林工程政策变量进行了变换，其中模型 1 为是否参与工程、模型 2 为参与工程的面积大小、模型 3 为农户参与工程所获得的补贴多少。对每个模型均进行了稳健性估计，LR 检验结果显示强烈拒绝原假设"H_0：$\rho=0$"，故选择面板随机效应（panel stochastic effect）处理而非混合效应（mixed effects）。此外，对每个模型进行数值积分处理，当系数估计值积分到某一个数值时，出现"相对差距"（relative difference）小于 10^{-4} 的结果，则认为模型估计值稳定（陈强，2014）。三个模型的稳定积分数值点分别为 20、24、24，其稳定处理后的结果如表 3.4 所示。

表 3.4 面板 Probit 估计结果

因变量（Y_1）	模型 1	模型 2	模型 3
户主性别 X_1	0.170（0.123）	0.169（0.123）	0.172（0.123）
户主年龄 $\ln X_2$	0.018（0.102）	0.013（0.102）	0.046（0.101）
户主受教育年限 $\ln X_3$	0.027***（0.006）	0.027***（0.006）	0.027***（0.006）
户主是否为干部 X_4	0.0573（0.0666）	0.0536（0.0667）	0.0517（0.0665）
家庭是否有在接受教育的孩子 X_5	0.032（0.033）	0.033（0.033）	0.038（0.033）
家庭人口数 $\ln X_6$	1.170***（0.051）	1.169***（0.051）	1.175***（0.051）
人均耕地面积 $\ln X_7$	−0.209***（0.023）	−0.207***（0.023）	−0.208***（0.023）
人均林地面积 $\ln X_8$	0.004（0.004）	0.003（0.004）	0.004（0.004）
路面是否硬化 Z_1	0.141***（0.041）	0.139***（0.041）	0.141***（0.041）
村内样本农户单位时间内非农劳动收入 $\ln M_1$	0.086***（0.008）	0.086***（0.008）	0.088***（0.008）
村内样本农户单位时间内土地劳动收入 $\ln M_2$	−0.006（0.024）	−0.007（0.024）	−0.002（0.024）
单位面积生产费用 $\ln M_3$	−0.005（0.005）	−0.005（0.005）	−0.005（0.005）
单位面积的农业补贴 $\ln M_4$	0.012***（0.002）	0.012***（0.002）	0.012***（0.002）
单位面积的农业税费 $\ln M_5$	0.011***（0.003）	0.012***（0.003）	0.011***（0.003）
是否参与退耕还林工程 P_1	0.231***（0.046）		
是否参与天然林保护工程 P_2	0.137*（0.073）		
既参与退耕又参与天保工程 P_3	−0.280***（0.087）		
参与退耕还林面积 $\ln P_4$		0.024***（0.004）	
参与天然林保护工程面积 $\ln P_5$		0.014**（0.007）	
退耕面积*天保面积 $\ln P_4 \cdot P_5$		−0.021***（0.006）	
退耕还林补贴 $\ln P_6$			0.009***（0.002）
截距	−1.372***（0.409）	−1.248***（0.421）	−1.373***（0.408）
样本总数	14940	14940	14940
样本组数	774	774	774

注：***表示 1%的显著性水平；**表示 5%的显著性水平；*表示 10%的显著性水平。

从模型 1、模型 2、模型 3 的结果中可以看出，虽然林业政策变量的参数估计值有所改变，但除此之外的变量参数估计值大小和方向基本保持不变，这也间接印证了模型设定较为正确，模型估计较为稳定。由于系数变化不大，因此仅对模型 1 的结果进行较为详细的讨论。

国家退耕还林工程实施过程中，在家庭特征变量中，回归结果显示户主受教育年限、家庭人口数以及人均耕地面积对农户是否参与非农就业均有显著影响，显著性水平为 1.0%。具体而言：户主受教育年限对其有正向影响，受教育年限越高，农户参与非农就业的可能性越大；家庭人口数对其也有正向影响，家庭人口数越多，农户参与的可能性越大，且与受教育年限相比，家庭人口数的回归系数更大，因此影响程度更高，这与以往的研究基本一致（孟令国和刘薇薇，2013）；人均耕地面积对农户参与非农就业有负向影响，人均耕地面积越大，农户进入非农劳动市场的可能性越低，说明耕地对农村劳动力向非农市场转移依旧存在一定束缚作用。此外，其他家庭特征变量对农户是否参与非农就业并无显著影响。

在市场因素变量中，单位面积的农业补贴、单位面积的农业税费以及单位时间内非农劳动收入对农户选择非农就业有显著性的影响。其中，村内样本农户单位时间内非农劳动收入的影响程度最大，且在 1.0%的显著性水平下呈正向显著，说明收入依旧是农户劳动配置决策的重要条件。单位面积的农业补贴对农户参与非农就业在 1.0%的显著性水平下呈正向显著，说明农业补贴会提高农户进入非农市场的可能性，这与以往研究结果有一些不同之处（杜辉等，2010；霍增辉等，2016）。究其原因，在调研过程中我们发现，农业补贴数量是根据农户在册的耕地面积来发放给农民的，而这部分耕地是否种植粮食作物与补贴并不存在直接的联系，因此这样的农业补贴背离了国家原本粮食直补的初衷，对非农就业产生了正向促进作用。单位面积的农业税费对农户参与非农就业也有显著的正向影响，农业税费越高，农户越倾向于离开农业耕作转而进行非农劳动。村级基于土地的劳动工资率的估计系数负向但不显著，对农户的非农就业具有潜在的抑制作用。

在外部环境因素变量中，村内交通条件状况较好的农户参与非农就业的可能性会有所提高，正向影响效果在 1.0%的显著性水平下显著。

除了上述影响因素以外，重点关注退耕还林政策对农户非农就业选择的影响。模型 1 中是否参与退耕还林工程的回归结果在 1.0%的显著性水平下呈正向显著，说明参与退耕还林工程的农户，更有可能选择非农劳动来替代农业耕作；模型 2、模型 3 则分别对参与退耕面积和补贴进行了回归，结果均在 1.0%的显著性水平下呈正向显著的影响，说明参与退耕还林面积越大的农户，非农就业的可能性越大；退耕的补助也对其具有显著的促进作用。

为了进一步考察退耕还林政策对农户参与非农就业可能性的具体影响大小，对面板 Probit 模型的回归结果进行了平均边际效应的计算，试图得到政策对所有样本农户的一个平均影响而非对个别农户的影响，估计结果如表 3.5 所示。

表 3.5　面板 Probit 估计中退耕还林政策变量的平均边际效应结果

变量	Delta-method				
参与退耕还林工程	系数估计值	标准误	Z 值	P 值	95%置信区间
	0.0365	0.0067	5.43	0.000	（0.0233，0.0497）
参与退耕还林面积	系数估计值	标准误	Z 值	P 值	95%置信区间
	0.0115	0.0022	5.26	0.000	（0.0072，0.01577）
参与退耕还林补助	系数估计值	标准误	Z 值	P 值	95%置信区间
	0.0042	0.0010	4.29	0.000	（0.0023，0.0062）

对于参与非农就业的可能性而言，参与退耕还林工程较未参与农户高出 3.65%；退耕还林工程的参与面积每增加 1.0%，则农户参与非农就业的可能性提高 1.15%；参与退

耕还林补助增加 1.0%，则非农就业可能性提高 0.42%。无论是政策实施的整体层面，还是退耕还林工程实施导致的土地因素变化和补贴变化层面，均显著地促进了劳动力参与非农就业。

对现行的退耕还林工程而言：①退耕还林工程对整体耕作环境的优化需要一个长期的过程，短时间内无法使农业生产和收益有显著的提升，因此对劳动者的吸引力甚微，较之非农劳动产生的较高收入，农户更愿意借此机会进入非农市场，从而保证家庭的整体收入和消费水平，退耕还林工程在土地因素变化方面对农户劳动力配置的选择上影响较为直接，即种植业的生产规模随着耕地面积的减少而减少，释放了曾束缚在土地上的部分剩余劳动力，转而尝试进入工资率较高的非农劳动力市场。②在回归结果中，退耕还林工程补贴对劳动力非农参与起到促进作用；作为非耦合性补贴而言，其替代效应要大于收入效应，样本农户由于退耕还林所获得补助金额占总收入比例最高为 15.9%，2014 年仅为 7.8%（表 3.6）；因此，工程所获得的补贴金额不足以令农户放弃耕作将劳动力投入到市场中，转而增加休闲时间，农户更多的选择将补贴作为一种抵御风险的保障，利用补贴增加的非劳动性收入而减轻农户进入非农市场的阻碍。这种阻碍包括转移成本、隐性失业过程中保障家庭的暂时性消费等，从而增大农户将劳动时间分配到非农市场的可能性。③从具体的回归系数可以看出，是否参与工程对农户劳动配置决策影响程度最大，而补助的影响则较弱，说明在农户进入非农市场决策方面，土地因素的变化影响要大于补助；此外，政策整体的实施效果影响程度要高于土地要素的改变和补贴的发放，因此对政策带来的影响并不仅限于这两个方面，对当地产业结构调整的促进等也会带来一定的促进作用。

表 3.6　1999～2014 年退耕还林资金补贴占总收入比例

年份	退耕补助占比/%	年份	退耕补助占比/%	年份	退耕补助占比/%
1999 年	15.90	2005 年	15.25	2011 年	5.80
2000 年	15.21	2006 年	13.93	2012 年	4.79
2001 年	13.93	2007 年	13.40	2013 年	8.43
2002 年	15.00	2008 年	12.48	2014 年	7.83
2003 年	15.34	2009 年	9.44		
2004 年	14.54	2010 年	7.89		

3.1.4.2　退耕区劳动力非农供给模型估计

国家退耕还林工程实施区域劳动力供给的基础模型中，固定效应和集群固定效应的不同估计结果如表 3.7 所示。与单一的固定效应模型估计结果比较而言，集群效应处理后参数估计的标准误差提高，因此，我们所使用的样本数据确实存在县级层面的组内相关性，若不加以综合考虑，会导致分析结果的偏误。模型 1、模型 2、模型 3 同样从退耕还林工程的三个方面（参与程度、退耕面积、补贴数量）测算退耕还林实施区劳动力非农时间供给的影响因素，每个模型的 R^2 基本无变化（0.101～0.102），说明了所设定的模型较为稳定，模型运行分析结果可靠。

表3.7 劳动力供给模型的固定效应和集群固定效应估计结果

因变量（$\ln Y_2$）	模型 1		模型 2		模型 3	
	FE	FE & CEt	FE	FE & CEt	FE	FE & CEt
户主性别 X_1	0.739 (0.624)	0.739 (1.122)	0.747 (0.624)	0.747 (1.117)	0.768 (0.625)	0.768 (1.130)
户主年龄 $\ln X_2$	2.001*** (0.481)	2.001** (0.792)	1.884*** (0.481)	1.884** (0.824)	2.166*** (0.471)	2.166** (0.802)
户主受教育年限 $\ln X_3$	0.088*** (0.025)	0.088* (0.046)	0.089*** (0.025)	0.089* (0.047)	0.087*** (0.025)	0.087* (0.047)
户主是否为干部 X_4	0.324 (0.287)	0.324 (0.363)	0.316 (0.287)	0.316 (0.362)	0.287 (0.287)	0.287 (0.352)
家庭是否有在接受教育的孩子 X_5	−0.237* (0.126)	−0.237 (0.482)	−0.233* (0.126)	−0.233 (0.481)	−0.210* (0.126)	−0.210 (0.485)
家庭人口数 $\ln X_6$	5.869*** (0.206)	5.869*** (0.446)	5.872*** (0.206)	5.872*** (0.447)	5.918*** (0.206)	5.918*** (0.425)
人均耕地面积 $\ln X_7$	−0.505*** (0.091)	−0.505** (0.164)	−0.479*** (0.091)	−0.479** (0.162)	−0.485*** (0.090)	−0.485** (0.185)
人均林地面积 $\ln X_8$	0.038** (0.017)	0.038 (0.032)	0.032* (0.017)	0.032 (0.034)	0.040** (0.017)	0.040 (0.035)
路面是否硬化 Z_1	0.302* (0.171)	0.302 (0.381)	0.297* (0.171)	0.297 (0.380)	0.324* (0.171)	0.324 (0.369)
村内样本农户单位时间内非农劳动收入 $\ln M_1$	0.252*** (0.025)	0.252*** (0.075)	0.250*** (0.025)	0.250*** (0.074)	0.269*** (0.025)	0.269*** (0.074)
村内样本农户单位时间内土地劳动收入 $\ln M_2$	0.017 (0.096)	0.017 (0.229)	0.003 (0.096)	0.003 (0.229)	0.029 (0.095)	0.029 (0.237)
单位面积生产费用 $\ln M_3$	−0.012 (0.017)	−0.012 (0.023)	−0.012 (0.017)	−0.012 (0.022)	−0.013 (0.017)	−0.013 (0.023)
单位面积的农业补贴 $\ln M_4$	0.046*** (0.009)	0.046 (0.031)	0.046*** (0.009)	0.046 (0.031)	0.044*** (0.009)	0.044 (0.031)
单位面积的农业税费 $\ln M_5$	0.044*** (0.010)	0.044 (0.037)	0.046*** (0.010)	0.046 (0.037)	0.047*** (0.010)	0.047 (0.036)
是否参与退耕还林工程 P_1	0.843*** (0.184)	0.843* (0.379)				
是否参与天然林保护工程 P_2	0.883*** (0.294)	0.883* (0.426)				
既参与退耕又参与天保工程 P_3	−1.417*** (0.341)	−1.417** (0.559)				
参与退耕还林面积 $\ln P_4$			0.099*** (0.018)	0.099** (0.036)		
参与天然林保护工程面积 $\ln P_5$			0.089*** (0.027)	0.089** (0.039)		
退耕面积*天保面积 $\ln P_4 * P_5$			−0.105*** (0.024)	−0.105** (0.034)		
退耕还林补贴 $\ln P_6$					0.036*** (0.008)	0.036* (0.016)
截距	−16.904*** (1.886)	−16.904*** (3.313)	−15.976*** (1.943)	−15.976*** (3.503)	−17.181*** (1.864)	−17.181*** (3.400)
样本总数	14,940	14,940	14,940	14,940	14,940	14,940
R_2	0.102	0.102	0.102	0.102	0.101	0.101
样本组数	774	774	774	774	774	774

注：①*、**与***分别表示在 10%、5%以及 1%水平上通过了显著性检验；②括号中数字为标准误；③FE 为固定效应处理，FE & CEt 为集群固定效应处理；④除了虚拟变量以外，其他变量均进行对数化处理。

从估计结果可以看出，是否参与退耕还林工程、参与退耕还林工程面积大小以及所获得的工程补贴仍然对家庭劳动力非农供给时间产生正向影响。未进行集群效应估计前，固定效应模型给出的结果三个变量均通过了 1.0%的显著性水平检验；通过集群效应处理后，显著性有所下降，分别变为 10.0%、5.0%和 10.0%。具体估计结果为：参与退耕还林工程农户的非农供给时间增加 2.32 人天（$e^{0.843}$）；参与工程面积每增加 1.0%，则农户的非农劳动时间将提高 9.9%；参与退耕还林工程所获得的补贴每增加 1.0%，则农户的非农供给时间将增加 3.6%。

与劳动参与模型结果相比，工程整体、实施面积以及补贴对非农劳动时间供给的影响基本保持一致，只是显著性略微降低。此外，值得注意的是，退耕还林工程与天然林工程的交互项是负向显著，这可能是政府利用资金吸收了部分农户参与天然林保护工程的森林管护与造林工程，并积极鼓励农户进行林下作物的经营导致的（李小勇等，2008）。

在模型 1、模型 2、模型 3 中，家庭特征变量、市场因素与外部环境因素对农户非农劳动时间方面的回归结果基本一致，这也证明了本研究所使用的数据具有较高的稳定性，回归结果可靠性较强，在此仅对模型 1 的结果进行说明。在模型 1 的集群效应处理结果中，首先考虑家庭特征变量的影响。户主性别、是否为干部、家庭中是否有正在接受教育的孩子以及人均林地面积对劳动力分配影响不显著。对户主年龄的影响，回归结果显示户主年龄在 5.0%的显著性水平下呈现正向显著，说明随着户主年龄的增加，会促进家庭整体劳动力配置向非农就业倾斜。户主受教育年限的回归系数为 0.088，并且在 10.0%的显著性水平下通过检验；当户主受教育年限每增加 1.0%，则家庭非农劳动供给增加 8.8%。家庭人口数的影响则最为显著，弹性系数为 5.869，并在 1.0%的显著性水平下显著为正。人均耕地面积和人均林地面积相比较，人均耕地面积对农户非农劳动供给会产生负向影响，并在 5.0%的显著性水平下显著，而人均林地面积在固定效应下有一定的促进作用，集群效应处理后，促进作用不再明显。这在一定程度上说明，农民对耕地依旧存在依赖性，若家庭中拥有耕地越多，则农户越愿意将时间分配在农业劳作上。相反，这一现象并不能同样体现在林地上，可能的原因主要是退耕还林工程实施的林区，绝大多数还是处于贫困地区且林地本身较为贫瘠；由于林地本身收益较低，人均林地越多反而农户会考虑从事非农活动以增加收入。

就市场因素的变量而言，其对农户参与非农劳动和非农劳动时间的供给的影响基本上一致，影响最为显著的依旧是村内样本农户单位时间内非农劳动的收入，说明非农市场的高工资对劳动力进入和劳动时间的增加均具有较高的吸力。单位面积的农业补贴和农业税费在固定效应下仍呈现正向显著影响，而在集群固定效应模型中则不再显著。关于外部环境变量的影响，在固定效应模型中路面的硬化程度对非农时间供给产生了积极的影响，但在集群固定效应模型中不再显著。这一方面说明在是否参与非农市场方面，路面硬化起到了一定的作用，但在是否增加非农供给时间方面，作用则不再明显；另一方面，由于路面硬化的比例不断提高，在样本农户中平均路面硬化程度在 2014 年已经达到了 76.6%（表 3.7），路面问题对进入非农市场的促进作用已经开始逐渐弱化，从而导致了结果不再显著。

3.1.4.3 退耕工程对非农劳动力的区域分析

退耕还林工程实施无疑是退耕还林区与农户生产生活最为相关的一项政策，因此着重对退耕还林工程实施的影响做出估计。表 3.8 为所关注的退耕还林工程实施从流域、

表 3.8　退耕还林工程区域估计结果

变量	模型 1（是否参与工程虚拟变量）		模型 2（参与工程面积变量）	
	FE	FE & CEt	FE	FE & CEt
参与退耕还林工程（长江流域）	0.847^{***}（0.174）	0.847^{***}（0.210）	0.106^{***}（0.020）	0.106^{***}（0.023）
参与退耕还林工程（黄河流域）	0.857^{***}（0.275）	0.857（0.803）	0.078^{***}（0.029）	0.078（0.118）
参与天然林保护工程（全部）	0.824^{***}（0.292）	0.824^{*}（0.447）	0.090^{***}（0.027）	0.090^{**}（0.040）
参与退耕与天保工程（全部）	-1.227^{***}（0.328）	-1.227^{**}（0.464）	-0.108^{***}（0.024）	-0.108^{***}（0.032）
截距	-18.074^{***}（1.854）	-18.074^{***}（3.371）	-15.931^{***}（1.943）	-15.931^{***}（3.504）
R^2	0.102	0.102	0.102	0.102
参与退耕还林工程（四川）	0.819^{***}（0.199）	0.819^{***}（0.215）	0.122^{***}（0.023）	0.122^{***}（0.024）
参与退耕还林工程（江西）	1.172^{***}（0.362）	1.172^{***}（0.274）	0.103^{***}（0.037）	0.103^{**}（0.035）
参与退耕还林工程（河北）	-1.084^{**}（0.465）	-1.084^{***}（0.284）	-0.214^{***}（0.049）	-0.214^{***}（0.041）
参与退耕还林工程（陕西）	1.791^{***}（0.330）	1.791^{***}（0.319）	0.206^{***}（0.034）	0.206^{***}（0.047）
参与退耕还林工程（广西）	-0.099（0.698）	-0.099（0.346）	0.034（0.064）	0.034（0.039）
参与天然林保护工程	0.816^{***}（0.292）	0.816^{*}（0.446）	0.092^{***}（0.027）	0.092^{**}（0.041）
参与退耕与天保工程	-1.253^{***}（0.332）	-1.253^{**}（0.463）	-0.122^{***}（0.025）	-0.122^{***}（0.030）
截距	-17.962^{***}（1.853）	-17.962^{***}（3.448）	-16.191^{***}（1.945）	-16.191^{***}（3.452）
R^2	0.104	0.104	0.106	0.106
参与退耕还林工程（南部）	0.629^{*}（0.377）		0.063（0.040）	
参与退耕还林工程（南江）	0.792^{*}（0.423）		0.087^{**}（0.041）	
参与退耕还林工程（马边）	1.256^{***}（0.397）		0.128^{***}（0.036）	
参与退耕还林工程（沐川）	2.058^{***}（0.445）		0.205^{***}（0.043）	
参与退耕还林工程（修水）	0.943（0.977）		0.098（0.092）	
参与退耕还林工程（兴国）	0.628（0.594）		0.062（0.062）	
参与退耕还林工程（遂川）	1.122^{**}（0.481）		0.132^{**}（0.052）	
参与退耕还林工程（易县）	-2.130^{***}（0.462）		-0.215^{***}（0.049）	
参与退耕还林工程（镇安）	1.895^{**}（0.820）		0.189^{**}（0.076）	
参与退耕还林工程（延长）	2.365^{***}（0.449）		0.206^{***}（0.037）	
参与退耕还林工程（平果）	0.281（0.699）		0.033（0.064）	
参与天然林保护工程	0.934^{***}（0.296）		0.093^{***}（0.027）	
参与退耕与天保工程	-1.554^{***}（0.370）		-0.113^{***}（0.026）	
截距	-16.782^{***}（1.885）	-16.782^{***}（3.385）	-16.202^{***}（1.945）	-16.202^{***}（3.464）
R^2	0.106	0.106	0.107	0.107
样本组数	774	774	774	774

注：①*、**与***分别表示在 10%、5%以及 1%水平上通过了显著性检验；②括号中数字为标准误；③FE 为固定效应处理，FE & CEt 为集群固定效应处理；④除了虚拟变量以外，其他变量均进行对数化处理。

省域以及县域三个层面或尺度、是否参与工程虚拟变量和参与工程面积变量两个方面的区域劳动力供给模型估计结果，仅列出退耕还林工程实施的政策变量结果，其他方面变量估计结果与以往结果基本一致，就不再赘述。模型 1 与模型 2 的 R^2 在流域估计中均为 0.102；在省域估计分别为 0.104 和 0.106；在县域估计中则为 0.106、0.107，再次证明了所用调研数据和模型估计的稳定。

从流域角度来看，模型 1 和模型 2 估计结果一致，在集群固定效应处理下，仅长江流域在是否参与退耕还林工程、参与退耕还林面积两个方面影响均显著为正，且显著性水平均为 1.0%，其中前者的回归系数为 0.847，后者为 0.106。但是，在黄河流域则无论是对退耕工程的参与度、退耕面积，还是在整体上都呈现不显著。

从运行结果中发现，即使退耕还林工程在补贴较高的长江流域地区，3150.00 元/hm^2 的补贴对农户而言依旧是替代效应大于收入效应，补贴获得的越高，农户越倾向于增加非农劳动时间，进一步提高家庭的整体收入。这从侧面反映出了在中国农民的收入较之发达国家依旧处于较低的水平，即使提高补贴标准也不会使得农民放弃劳动而选择休闲活动或生活。

但是黄河流域地区的退耕还林工程实施样本农户促进作用不明显，主要原因包括：①在整体上而言，长江流域的样本农户所占有的耕地面积小于黄河流域的农户，因此在参与退耕还林工程实施以后，后者拥有更多的耕地面积可以用于生产粮食作物；②退耕还林工程实施的黄河流域地区，种植业产出由于恶劣的自然环境受到很大的制约，而参与退耕还林工程实施的耕地由于自身土地条件不足，也无法稳定地获得丰厚的产出。鉴于此，即使参与退耕还林工程的实施，对黄土高原退耕农户已有的劳动力分配方式起到的调节作用并不明显。

从省域角度来看，模型 1、模型 2 集群固定效应处理结果中，退耕还林工程涉及 5 个省（自治区），其中四川、江西以及陕西 3 省在参与退耕还林工程实施层面上，对样本农户非农就业均有显著促进作用，其中陕西省的回归系数为 1.791，高于江西省的 1.172，四川省则影响程度最低，回归系数为 0.819，而退耕还林工程实施对河北省的影响则是负向的，并在 1.0% 的显著性水平下显著，说明河北省可能存在复耕的现象，广西壮族自治区的影响则整体上不显著；在参与面积层面上，估计结果基本与模型 1 相同，仅江西省的显著性由 1.0% 上升到了 5.0%。

进一步将退耕还林工程实施区域分解到县级，分析不同县域之间工程对劳动力非农劳动配置的影响程度。由于集群效应固定在县级层面，因此在考虑县域影响时，可以不再进行集群效应处理。在固定效应处理结果中。四川省的 4 个县在工程参与方面，均呈现出正向影响，其中沐川县的影响最大，回归系数为 2.058；在参与工程面积上，仅南部县不显著。江西省的 3 个县中，仅遂川县在工程参与和参与面积上为正向显著，修水县和兴国县则不显著。陕西省的两个县中，退耕还林工程实施均起到了促进作用，而延长县的影响要大于镇安县，回归系数分别为 2.365 和 1.895，显著性前者也要高于后者，分别为 1.0% 和 5.0%。

将退耕还林工程实施区域省域和县域回归结果相结合来看，河北省易县在参加工程和工程面积方面均异于其他省份和整体的估计结果。考察不同省份基于土地的劳动力投入与整体劳动力投入比例（图 3.4）。

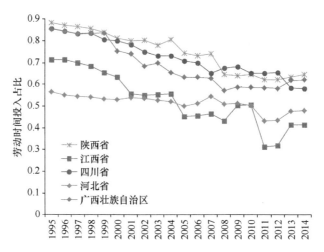

图 3.4　基于土地的劳动时间投入占整体投入的比例（彩图请扫封底二维码）

在退耕还林工程实施过程中，除河北省外，其他 4 省（自治区）基于土地的劳动力要素投入时间所占的比例均随着时间呈下降趋势，而河北省却较为稳定，且在 2007 年前后还有所上升，这说明劳动力的分配并未由于退耕还林工程的实施有显著的变化。这主要是由于河北省参与退耕还林的面积较小，而地处平原地区，土地质量整体水平在林区中属于较高的，粮食价格又有所提升，因此农户更愿意投入劳动与土地，也可能存在复耕的现象。广西壮族自治区平果县的工程变量则不显著，该地区主要还是由于交通条件等硬件设施形成的阻碍。广西壮族自治区路面硬化程度 2010 年仅为 0.16，到 2014 年有所提高也仅为 0.48，较其他省份 0.9 左右的比例而言，差距较大。因此，劳动力无论是进入非农市场还是提高非农劳动时间都有一定的交通上的阻碍。

各县比较来看，江西省修水县和兴国县的农户在参加退耕还林工程实施后，劳动时间向非农转移不显著，主要原因在于：退耕还林工程实施后，对于产业的调整仍是保留在第一产业，而第二产业和第三产业的发展非常缓慢，产业结构较为单一。修水县重点发展油茶、桑蚕、茶叶、经济林园等，而兴国县则将重点放在了油茶、甜橙和茶叶上，使林农继续处于以林业基地建设为内容的第一产业发展中。但是，林农的生产经营方式仍然处于小农经济模式，以油茶为例，大多数农户还是以保证自家食用油为主，缺乏规模经营、集约经营、商品化经营，因此即使林农继续从事林业生产，劳动生产效率依旧较低。另外，以林产品加工增值为内容的第二产业和以林产品市场建设及森林旅游资源开发为内容的第三产业发展缓慢，致使林农倾向于进入非农市场。

反观，位于长江流域的四川省沐川县和黄河流域的陕西省延长县则促进作用最为显著。延长县自退耕还林工程实施之后，农村基础设施建设有了较大的提高，从调研的样本农户数据来看，延长县道路硬化程度从 1995 年的 19.5% 增加至了 2014 年的 92.2%，2018 年几乎接近 100.0%；此外，政府还制定了加快农村小城镇建设和户籍制度改革的有关政策，鼓励和引导农民劳务输出。而沐川县则着重发展了包括造纸业、林板加工业、食用笋加工业等在内的第二产业，以及如黑熊谷森林公园、万马坪风光游览区等生态旅游第三产业，吸收了大量退耕林工程实施后释放出的剩余劳动力，成功地实现了区域产业的转型和发展，妥善解决了农村劳动力再就业，不仅增加了林农家庭的整体收入，而且也盘活了当地资源、发展了区域经济。

3.1.4.4 退耕工程对非农劳动力的时间分析

全国退耕还林工程的实施，除了区域不同导致的空间及补贴金额的影响，不同时间阶段由于补贴期限等具体政策的变动，同样会对非农就业产生不同的影响。因此，研究者考虑退耕还林工程具体的政策实施情况，将其分成不同的政策阶段进一步进行详细分析。退耕还林工程自 1999 年实施起，经济林补贴 5 年、生态林补贴 8 年，直至 2003 年第一轮补贴结束。而国家的第二轮补贴政策自 2007 年开始，若退耕农户从 1999 年开始退耕为经济林，则 2004 年第一轮退耕结束，但第二轮到 2007 年才开始，就会出现继续退耕但无补贴的情况；生态林则不存在这个问题，1999～2007 年刚好是第一轮的 8 年补助期；而自 2007 年第二轮补助期开始，若退耕为经济林，补助期仍为 5 年，则到 2012 年该轮补贴也结束。国家 2014 年新一轮补贴政策才实施，因此，2012～2014 年又出现了补贴空档期。所以根据政策实施的具体情况，将参与退耕还林分为四个阶段：第一轮补助期为第一阶段，第一轮补助期到第二轮补助期为第二阶段，第二轮补助期为第三阶段，第二轮补助期到 2014 年新一轮补助为第四阶段。具体政策阶段涉及的样本农户数量如表 3.9 所示。

表 3.9 退耕还林工程实施分阶段样本农户数统计

年份	退耕还林工程			
	第一阶段	第二阶段	第三阶段	第四阶段
1997 年	0	0	0	0
1998 年	0	0	0	0
1999 年	81	0	0	0
2000 年	178	0	0	0
2001 年	205	0	0	0
2002 年	302	0	0	0
2003 年	407	0	0	0
2004 年	406	4	0	0
2005 年	402	21	0	0
2006 年	398	28	0	0
2007 年	315	0	117	0
2008 年	220	0	204	0
2009 年	205	0	235	0
2010 年	121	0	319	0
2011 年	58	0	369	0
2012 年	45	0	346	36
2013 年	26	0	397	47
2014 年	24	0	395	51

由于所选区域均为全国重点退耕还林工程实施区，因此实施退耕还林工程的时间较早，特别是陕西省和四川省，作为退耕还林工程试点省份，1999 年起开始实施退耕还林工程试点，工程至今已实施 20 年。由于工程实施的年限跨度较大，为进一步详细了解

工程每一阶段的情况，根据树种、林种及补贴情况将退耕还林工程进行政策阶段分类；此外，将样本农户参与退耕还林工程时间也进行了逐年回归，回归结果见表3.10。

表3.10 退耕还林工程实施时间估计结果

因变量（Y_1）	FE	FE & CEt
参与退耕还林工程1年（是=1；否=0）	0.777*** (0.300)	0.777* (0.400)
参与退耕还林工程2年（是=1；否=0）	0.760*** (0.295)	0.760 (0.631)
参与退耕还林工程3年（是=1；否=0）	1.124*** (0.318)	1.124*** (0.329)
参与退耕还林工程4年（是=1；否=0）	1.139*** (0.325)	1.139** (0.365)
参与退耕还林工程5年（是=1；否=0）	0.537 (0.327)	0.537 (0.579)
参与退耕还林工程6年（是=1；否=0）	0.305 (0.348)	0.305 (0.720)
参与退耕还林工程7年（是=1；否=0）	0.870** (0.352)	0.870 (0.943)
参与退耕还林工程8年（是=1；否=0）	0.359 (0.365)	0.359 (0.999)
参与退耕还林工程9年（是=1；否=0）	−0.701* (0.371)	−0.701 (0.960)
参与退耕还林工程10年（是=1；否=0）	0.450 (0.390)	0.450 (0.948)
参与退耕还林工程11年（是=1；否=0）	0.149 (0.402)	0.149 (1.113)
参与退耕还林工程12年（是=1；否=0）	−0.484 (0.441)	−0.484 (1.120)
参与退耕还林工程13年（是=1；否=0）	−0.369 (0.495)	−0.369 (0.864)
参与退耕还林工程14年（是=1；否=0）	0.722 (0.574)	0.722 (0.914)
参与退耕还林工程15年（是=1；否=0）	−0.001 (0.632)	−0.001 (0.852)
参与退耕还林工程16年（是=1；否=0）	−1.060 (0.837)	−1.060 (1.125)
参与天然林保护工程（是=1；否=0）	0.717** (0.292)	0.717 (0.464)
既参与退耕又参与天保工程（是=1；否=0）	−0.883** (0.347)	−0.883 (0.700)
截距	−17.776*** (1.919)	−17.776*** (3.680)
R^2	0.104	0.104
参与退耕还林工程第一阶段（是=1；否=0）	1.032*** (0.187)	1.032*** (0.300)
参与退耕还林工程第二阶段（是=1；否=0）	0.230 (0.959)	0.230 (0.878)
参与退耕还林工程第三阶段（是=1；否=0）	−0.043 (0.251)	−0.043 (0.700)
参与退耕还林工程第四阶段（是=1；否=0）	0.868 (0.659)	0.868 (1.576)
参与天然林保护工程（是=1；否=0）	0.776*** (0.295)	0.776 (0.432)
既参与退耕又参与天保工程（是=1；否=0）	−1.044*** (0.351)	−1.044 (0.642)
截距	−17.754*** (1.898)	−17.754*** (3.324)
R^2	0.104	0.104

注：①*、**与***分别表示在10%、5%以及1%水平上通过了显著性检验；②括号中数字为标准误；③FE为固定效应处理，FE & CEt为集群固定效应处理；④为保证模型整体回归的准确性，仍需保留是否参与速丰林工程、防护林工程和野生动植物保护工程这三个变量。

在参与退耕还林工程实施年限方面，集群固定效应模型结果显示：参与退耕还林工程实施的4个阶段中仅第一阶段在1.0%的显著性水平下显著为正，系数为1.032；第二、第三、第四阶段均不显著。两个模型中前三个阶段的影响程度逐渐减弱，第三阶段甚至出现了负向影响。由此说明，退耕还林工程补贴在提高农户非农务工时间上发挥着一定的作用，但主要集中在第一阶段，而随着第一轮补贴的结束和第二轮补贴的减半，工程影响也逐渐减弱，部分退耕农户在第二轮补贴期中选择了将劳动时间不再分配到非农作业上，而是转向复耕或休闲。而到两轮补贴均结束时，即第四阶段，虽然影响依旧不显著，但是由于 2014 年年初《关于新一轮退耕还林还草总体方案的通知》的颁布实施，退耕户对工程补贴又增强了一定的信心，并且新一轮的补贴力度较大，即使到 2014 年年底大部分地区还未实施到位，但是对劳动力非农配置负向影响已经起到了缓解的作用，回归系数由负向变为正向。

从参与工程年限角度来看，集群固定效应处理结果表明：前 1~4 年，退耕还林工程基本发挥着促进的作用，其中参与 4 年的回归系数最大，为 1.139。农户自参与工程第 5 年起，工程的显著正向作用逐渐减弱。而从第 9 年开始，工程出现了负向的影响，这可能与生态林补助期 8 年到期而导致部分复耕的情况出现有关。退耕还林工程的实施，导致土地要素减少，初始阶段农民为了稳定或提高收入开始进入非农市场。当农民的劳动习惯再次固定后，工程的作用就会有所减弱。同时，由于城市户籍制度、劳动保障制度等问题的存在，也会导致部分农户出现放弃外出务工而复耕的情况，这与近几年的"民工荒"情况较为吻合。

从时间估计结果中可以看出，退耕还林工程实施的前期影响较强，但持续性较弱；同样的劳动力在非农参与方面呈现的显著性水平都要高于后期劳动力非农时间的持续供给。因此，退耕还林工程对劳动配置的影响较多集中在劳动进入非农市场方面，而如何保证持续性完成劳动力的合理配置则是亟待解决的问题。

3.1.5　小结

基于农户模型、劳动力供需等模型或理论，探讨了国家退耕还林工程实施对区域人力资源再配置的影响，以及与退耕规模、补贴标准、实施年限、其他工程建设的关系。

退耕还林工程对区域人力资源配置的影响机制。基于农户模型，参与退耕还林工程实施农户更有可能选择非农劳动来替代农业耕作；并且参与退耕面积越大的农户，非农就业的可能性越大。退耕还林工程对整体耕作环境的优化需要一个长期的过程，短时间内无法使农业生产和收益有显著的提升，因此对劳动者的吸引力甚微；较之非农劳动产生的较高收入，农户更愿意借此机会进入非农市场，从而保证家庭的整体收入和消费水平，退耕还林工程在土地因素变化中对农户劳动力配置的选择上影响较为直接，即种植业的生产规模随着耕地面积的减少而减少；原有土地利用模式发生改变，释放了曾束缚在土地上的部分剩余劳动力，转而进入工资率较高的非农劳动市场，实现农村劳动力再优化配置。

退耕补贴对劳动力转移的影响。退耕还林工程补贴对农村劳动力参与非农就业起到促进作用。退耕补贴作为非耦合性补贴而言，其替代效应要大于收入效应，退耕工程所获得的补贴金额不足以令农户放弃耕作将劳动力全部投入到市场中，转而增加休闲时间，农户更多的选择将补贴作为一种抵御风险的保障，利用补贴增加的非劳动性收入而减轻农户进入非农市场的阻碍，达到稳定收入、抵御风险、盘活劳动力资源的三重功效。

退耕规模和补贴与劳动力配置。参与退耕工程实施农户的非农供给时间增加2.32 人天；参与退耕面积每增加 1.0%，农户的非农劳动时间提高 9.9%；参与退耕还林工程实施获得补贴每增加 1.0%，农户的非农供给时间增加 3.6%。应该注意的是，退耕还林工程与天然林工程的交互项是负向显著，这可能是政府利用资金吸收了部分农户参与天然林保护工程的森林管护与造林工程，并积极鼓励农户进行林下作物的经营导致的。

退耕还林工程实施过程中的时间效应。退耕工程实施的前 1～4 年基本发挥促进作用，自第 5 年起工程的显著正向作用逐渐减弱，从第 9 年开始工程出现了负向的影响，这可能与生态林补助期 8 年到期而导致部分林地复耕有关。退耕工程实施导致土地要素减少，初始阶段农民为了稳定或提高收入开始进入非农市场，当农民劳动习惯再次固定后，退耕工程的作用就会有所减弱；而且退耕工程前期影响较强，但随着时间延续持续性减弱；同样的劳动力在非农参与方面呈现的显著性水平高于后期劳动力非农时间的持续供给。

3.2　退耕工程实施的减贫脱困效应

消除贫困是人类的共同使命，也是当今世界面临的最大全球性挑战之一。改革开放 40 年来，中国政府长期致力于消除贫困，创造了中国特色的反贫困机制和模式，被世界各国赞誉为"扶贫开发走出中国式道路"，为全球消除贫困贡献了"中国方案"，对世界减贫的贡献率超过 70.0%（高飞，2019）。按照 2010 年的中国官方贫困线，1978 年中国农村地区的贫困发生率高达 90.0%以上，到 2017 年下降为 3.1%（国家统计局，2018）。

生态系统服务付费（payment for ecosystem services）通过提供外部经济激励，诱使生态系统服务提供者改变土地利用结构以实现生态保护环境的目标（Landell-Mills and Porras，2002；Pagiola et al.，2005）。然而，这些生态系统服务提供者一般是比较贫困的群体（Bulte et al.，2008），致使生态系统服务付费的目标衍生出福利和减贫问题（Grieg-Gran et al.，2005）。在发展中国家，除非将环境保护与减贫措施结合起来，否则单纯的环境保护计划对生态系统服务提供者几乎没有吸引力（Wunder et al.，2005；Alix-Garcia et al.，2015）。中国正在实施的退耕还林工程作为世界上规模最大、投资最多的生态系统服务付费机制（于江龙等，2009），不仅担负着生态修复的任务，以缓解生态保护与经济发展之间的矛盾，而且还直接作用于工程实施区农民的生产领域，甚至国家层面的产业结构和劳动力转移，在生态脆弱区承载着生态减贫的历史使命。

在宏观上，多数研究主要探讨退耕还林工程对区域经济发展与社会福利等方面的影响。虽然退耕还林工程的实施有效地促进区域经济的增长（姚文秀和王继军，2011；李国平和石涵予，2017a）；并且退耕还林规模越大对县域经济增长的促进作用就会更大（李国平和石涵予，2017a）；然而，退耕还林工程实施可能带来城乡收入差距扩大，阻碍了社会整体福利改进的空间（李国平和石涵予，2017b）。在微观上，退耕还林主要通过粮食补贴与改变农民的生计策略两种方式带来农民的增收（胡霞，2005；刘璨和张巍，2006；王庶和岳希明，2017），退耕后参与项目的绝对贫困、相对贫困和一般农户在人均纯收入和生计综合能力方面都发生了可喜的变化（王立安等，2013）。然而有些研究表明退耕还林工程对农户收入影响微乎其微，但是如果考虑到时间效应问题，退耕将会对低收入农户产生较大影响（杨小军和徐晋涛，2009）。甚至部分研究认为退耕还林工程会对部分农户的生计和发展问题产生负面影响，并有可能导致贫困。退耕还林对退耕农户生计的影响取决于家庭结构，对于有小孩但没有老年人的家庭，总体收入水平下降，对于其他家庭结构的家庭，总体收入水平没有显著变化（李树茁等，2010）。可能是由于农户自身能力的差异，一部分农户能够成功实现转型，一部分农户在新的生产方式下还不能完全自立（何明骏等，2008）。对此类贫困问题的研究不能单独从增加收入上来解决，阿玛蒂亚·森（2002）认为贫困的发生是可行能力的不足导致的，可行能力的实现主要体现在对某种需求的成功获取上。

综上所述，现有的文献对于退耕还林工程与减贫脱困或者经济增长之间的关系已经做了相关的探讨，为本研究提供了一定的研究基础。然而，部分研究选用的贫困发生率这一指标的选择难以有效表达贫困的发生程度和规模，对贫困问题的深入分析不足，贫困测定指标的选用不准确，没有针对贫困类别进行分类考察等是这类研究普遍存在的问题；另外，退耕还林工程实施的减贫脱困效果或者收入效应的不同可能是行为带来差异的结果，也许可能还有其他更加复杂的社会经济要素。因此本文主要从相对贫困与能力贫困的视角分别考察退耕还林工程实施的减贫效果。

3.2.1　相对贫困指标体系的构建

基于家庭总资产的贫困线划定。贫困线的划定是研究贫困问题的前提，贫困线的高低标准直接决定了对贫困群体的认知，以及国家或区域扶贫政策制定的针对性和准确性。目前，贫困线的测量主要来自于两个方面，一种是基于农户的年均消费状况，具有代表性的如马丁法对贫困线（Martin act on the poverty line）的测量，其核心思想是在一定社会环境下，个人和家庭所维持生命正常活动所必需的消费支出，包括满足必需营养需求的食品支出和必需的非食品支出（刘欣，1996）。除此之外，国外比较成熟的贫困确认方法如恩格尔系数法（Engel's coefficient method）、市场菜篮法（market basket method）、国际贫困标准法（international poverty standards act）和生活形态法（lifestyle method）等都是以调查样本的消费情况为基础测算的贫困线。相对于以消费为基础测算的贫困线，以收入为基础可以消除因消费习惯和消费偏好而引起的贫困线误差。然而，以年均收入这种收入流的形式难以准确的衡量贫困状况，因为贫困不仅与年均收入的高低有关系，还与家庭初始的资源禀赋及累计的财富量有关，而家庭人均总资产这一指标可以很好地拟合家庭人均财富的拥有状况。故以家庭人均总资产作为贫困线的划定依据更为合理。按照经济合作与发展组织测定的收入比例方式，对样本家庭人均总资产进行升序排序，按其中位数的 50.0%划定贫困线，并以此为基础划分贫困和非贫困群体。

动态贫困测定指标的简述贫困，一般从贫困规模和贫困程度两个方面来进行衡量，常用的贫困测定指标有贫困发生率 H、贫困缺口指数 I、Sen 贫困指数和 FGT 贫困指数。

1）贫困发生率

贫困发生率是贫困人口占总人口的比例，反映了贫困广度。它的计算公式为：

$$H = \frac{q}{n} \tag{3.7}$$

式中，q 为贫困人口数；n 为人口总数。H 可以度量一国或者地区贫困单位数的规模和密度，它的优点是计算方便，是一个比较常用的贫困测定指数，但是它不能反映贫困的强度或者贫困人口的收入多少以及救济贫困所需要的经济代价，是一个"相对粗糙的指数"（relatively crude indices）（Amartya，1976）。

2）贫困缺口指数

贫困缺口测量的是贫困者收入与贫困线的差额，反映了贫困强度，具体可分为贫困缺口总额、平均贫困缺口和贫困缺口率。最常用的是贫困缺口率，它表示实际贫困缺口总额与理论最大贫困缺口总额的比值，其公式为：

$$I = G/(qz) = \frac{1}{q}\sum_{i=1}^{q}\frac{z-y_i}{z} \tag{3.8}$$

式中，G 为贫困缺口总额；q 为贫困人口数；z 为贫困线的数值；y_i 为第 i 个贫困者的收入。I 可用来衡量消除贫困所需要资源的多少，是贫困强度的体现；但是在贫困线 z 和贫困人口数 q 一定的情况下，这一指标只与贫困人口的平均收入有关，难以体现贫困人口内部的收入分配状况，在测量贫困程度时对贫困者内部的收入变化不敏感（洪兴建，2005）。

3）Sen 贫困指数

为克服贫困发生率和贫困缺口指数的不足，Sen 考虑了贫困群体内部的收入分配情况，结合贫困发生率和贫困缺口率指标，提出了综合的 Sen 贫困指数。其计算公式为：

$$s = H[I+(1-I)G_p] \tag{3.9}$$

式中，H 为贫困发生率；I 为贫困缺口率；G_p 为贫困样本组内基尼系数。Sen 指数满足了贫困指标单调性和转移性定理，但是在其计算的过程中对不同贫困人口的权数设定主观性较强，仅仅是按照贫困缺口大则赋予较大权数的原则，但这种权数与贫困缺口无必然的联系，且对贫困内部的收入转移敏感性不强。

4）FGT 贫困指数

Fosrer（1984）等对 Sen 指数进行了改进和拓展，得到一个反映贫困规模而非程度的综合性指标。其公式为：

$$FGT_n = \frac{1}{n}\sum_{i=1}^{q}\left(\frac{z-y_i}{z}\right)^{\alpha} \tag{3.10}$$

式中，n 为人口总数；q 为贫困人口总数；z 为贫困线的数值；y_i 为第 i 个贫困者的收入；α 为贫困厌恶指数，它的值越大，表明对贫困的厌恶程度越高，一般取 $\alpha>1$。

FGT 指数是一个高度综合的指数，它的直观解释能力不强，但是它满足可分解性，可以把总体的贫困分解为不同组成部分的贫困，增强了贫困分析的深度。当 $a=0$ 时，$FGT_0=H$；当 $a=1$ 时，$FGT_1=HI$；当 $a=2$ 时，$FGT_2=H[I^2+(1-I)^2C^2]$，其中 C 是所有贫困者收入分布的变异系数，反映了贫困强度。FGT_2 包含了三大因素对贫困水平的综合影响。这一指数也被世界银行和许多学者在实证分析中广泛应用。

3.2.2　能力贫困指标与模糊函数设定

3.2.2.1　能力贫困研究对象与指标设计

能力贫困属于微观贫困理论，研究对象是微观个体（个人、家庭、组织等）。本文确定以退耕还林工程实施农户家庭为研究对象，因为农村家庭的决策一般都是所有成员共同决定，某一家庭成员的可行能力优势带来的福利或者收益是和其他成员共享的，而其他成员可行能力的劣势也并不能排除在家庭决策体之外，并且家庭内部成员数据具有强相关性和重叠性。因此，从数据获取层面来讲，必须以家庭作为研究对象，考察家庭的总体实际可行能力才是正确评价家庭能力贫困的前提。而家庭成员内部的分配不均问题不在本文研究的范围内。

森（Sen）对于基本的可行能力并没有给出明确维度和指标。马萨·鲁斯鲍姆提出了 10 种可行能力：生存、身体健康、肢体健全、感官和思考力、情绪、实践与理性、社会从属关系、人与自然关系、娱乐、控制力，这是目前参考较广的评价体系。结合退耕还林工程实施区实际情况确定可行能力的五个维度：健康、教育、居住条件、基本生活与就业、社交能力。

可行能力五个维度的具体含义和标准如下。①健康状况：健康的身体是从事正常生活以及生产活动的最基本条件，有了生理和心理的良好健康状态才能承担各类社会角色；健康状况的评价包括基本健康状况、身体机能、精神健康。②教育状况：对于教育的评价，包括教育数量和教育质量；教育数量评价家庭的整体受教育水平，这里选择平均受教育年限，平均受教育年限越高表明获得的受教育功能越强；教育质量用家庭成员中最高学历来表达，分别为小学、初中、高中、大专、本科、硕士、博士，对应用 1、2、3、4、5、6、7 来表示。③居住条件：良好的居住条件是健康的保障和社会地位的体现；对居住条件的评价包括房屋结构、人均住房面积、舒适度。④基本生活与就业：贫困的研究很早就把能否保障基本的生活水准作为其判断贫困标准，这里将这一维度解释为是否具有满足基本生活的可行能力。⑤社交能力：是较高层面的可行能力，主要判断农户是否具有参与社会活动，获得社会地位，受人尊敬的能力。

3.2.2.2　能力贫困的模糊函数设定

Cerioli 和 Zani（1990）研究认为贫困本身是一个模糊的概念，无法在非贫困与贫困之间划定一条明确的界线来进行判定，其他学者在研究能力贫困测量的时候同样认为无法设定一个清晰的界限来判断。而从模糊评价的角度可以将贫困理解为 0~1 的值，代表从绝对贫困到绝对富裕。如果采用模糊评价法评价贫困，Cerioli 和 Zani（1990）首先对每项功能评价指标给定两个标准，高于某个标准认为该指标值代表绝对富裕，低于某个标准则认为该指标值代表绝对贫困。这里将农户实现的功能表示为 $xj(i)$，表示第 i 个农户实现的第 j 项功能指标值，如果用 M 表示可行能力功能性活动集，N 表示农户实现的功能集，则 $xj(i) \in N$，$N \in M$。

隶属函数设定。隶属函数的设定主要是参考不同的变量类型，主要分为连续变量、虚拟定性变量以及虚拟二分类变量，此外还需根据正向、逆向相关性对隶属函数进行调整。本文用到的数据大部分为连续变量，部分为虚拟定性变量，逆相关仅存在于医疗费用绝对差和恩格尔系数。因此，需要以下隶属函数来进行计算。对于连续型变量 Cerioli 和 Zani（1990）将隶属函数定义如下，式（3.11）表示正相关，式（3.12）表示逆相关。

$$\mu_j(i) = \begin{cases} 1 & if \ x_j(i) \geqslant x_{j.\max} \\ \dfrac{x_j(i) - x_{j.\min}}{x_{j.\max} - x_{j.\min}} & if \ x_{j.\min} < x_j(i) < x_{j.\max} \\ 0 & if \ x_j(i) \leqslant x_{j.\min} \end{cases} \quad (3.11)$$

式中，$x_{j.\max}$ 表示第 j 项功能指标中大于或等于这个数值则表示该项功能状态最好；$x_{j.\min}$ 表示第 j 项功能指标中小于或等于这个数值则表示该项功能状态最差；$\mu_j(i)$ 为隶属度，$\mu_j(i) \in [0, 1]$，隶属度为"1"时表示功能状态绝对好，为"0"时表示功能状态绝对差。

$$\mu_j(i) = \begin{cases} 1 & if \ x_j(i) \leqslant x_{j.\min} \\ \dfrac{x_{j.\max} - x_j(i)}{x_{j.\max} - x_{j.\min}} & if \ x_{j.\min} < x_j(i) < x_{j.\max} \\ 0 & if \ x_j(i) \geqslant x_{j.\max} \end{cases} \quad (3.12)$$

该式为逆相关关系，$x_{j\max}$ 和 $x_{j\min}$ 的含义与式（3.11）相反。$\mu_j(i)$ 为隶属度，$\mu_j(i) \in [0, 1]$，隶属度为"1"时表示功能状态绝对好，为"0"时表示功能状态绝对差；其他同上。

在计算了各项指标的隶属度后，要对可行能力各功能维度和总体可行能力（评价价值为福祉）进行计算，不可避免地要对各功能项隶属度进行加总，如果认为各项功能所起作用相同则进行简单加总即可；但是，一般情况下各项功能所起的作用是不同的，这就必须对每个功能指标赋予不同的权重。

Cerioli 和 Zani（1995）提出的权重计算方法，如式（3.13）所示：

$$\varpi_j = \ln\left[\frac{1}{\overline{\mu}_j}\right] \quad (3.13)$$

式中，$\overline{\mu}_j = \dfrac{1}{n}\sum_{i=1}^{n}\mu_j(i)$ 表示 n 个农户第 j 项功能指标隶属度的均值，ϖ_j 表示第 j 项功能测量指标的权重。

在此基础上计算可行能力各功能维度的隶属度，如式（3.14）所示：

$$f(k) = \sum_{j=1}^{k}\overline{\mu_j}*\varpi_j \Big/ \sum_{j=1}^{k}\varpi_j \quad (3.14)$$

k 表示某一功能维度中含有 k 项初级评价指标。

最终总体可行能力模糊评价的计算，如式（3.15）所示：

$$W = \sum_{l=1}^{n}f_l(k)*\varpi_n \Big/ \sum_{l=1}^{n}\varpi_n \quad (3.15)$$

式中，$l \in 1,2\cdots,n$，n 表示功能维度；$\varpi_n = \ln\left[\dfrac{1}{f_l(k)}\right]$，为各功能维度的权重。

由以上分析可知 W 为福祉的模糊指数，该指数通过所有功能剥夺指数加权计算得出，表示福祉水平，该指数越高说明福祉水平越高，反之亦然。

3.2.3　材料搜集与数据处理

3.2.3.1　相对贫困测度指标数据来源

按照随机抽样的方法，分别在 2005 年、2007 年、2009 年和 2012 年对全国退耕还林工程实施第一县——吴起县的 12 个乡镇 164 个村进行了全方位的自然资源、社会经济、生态环境、人文历史等综合调查，尽管调研目的并不是专门研究吴起县的贫困问题，但是调查内容主要包括农户的家庭基本信息，农户的生产生活的投入产出情况，以及家庭的资产拥有状况，可以从微观层面很好地了解吴起县历年的贫困动态，所搜集到的数据涵盖 1998 年、2004 年、2006 年、2008 年以及 2010 年和 2011 年等共 7 个年份或时段的数据。以农户为基本调查研究单位，假设家庭规模对农户之间的相对贫困没有影响，也就是不考虑家庭人口在对家庭准公共产品（住房、家电等）的消费中可能存在的规模经济效应，以人均总资产为主要指标进行分析。

人均总资产主要从以下 6 个方面来衡量：人均农业产值、人均林业产值、人均畜牧业产值、人均储蓄额、人均固定资产价值、其他收入。其中，农业和林业产值主要考虑每年农林产出的总价值，而没有对相应的土地进行折价估计；人均固定资产包括房屋折价、生产性耐用消费品和生活性耐用消费品的总价值；其他收入主要包括打工收入以及其他财产性收入；由于调研内容中没有涉及家庭储蓄额，限于数据的可得性，此处，储蓄额度采用的是历年吴起县城乡居民人均储蓄存款余额，所用数据来自于历年《吴起统计年鉴》。

3.2.3.2　能力贫困测度指标数据来源

能力贫困测度的数据来源于陕西省延安市志丹县退耕还林农户的实际调研数据。由于退耕还林工程实施的影响具有时滞性，所以选择 2008 年作为基准年，探讨 2009～2012 年生态脆弱区域农户参与退耕还林工程脱贫致富效应；因为 2012 年第一轮国家大规模退耕还林工程实施基本停止，因此退耕还林工程实施之后数据选择的是 2013 年。调研针对参与退耕还林农户进行随机入户访谈填写调查问卷的方式，共调研 209 家农户，获取有效样本 186 户。

3.2.4　工程实施对精准扶贫的影响

3.2.4.1　相对贫困变化分析

1）人均资产量的变化及分析

为了使各年份的人均资产量具有可比性，以 1978 年为基期，计算了历年 GDP 平减指数，并以此为基础对名义人均资产量进行了平减，其中历年 GDP 数据均来自于 2011 年《中国统计年鉴》。可以得出历年人均资产量以及各资产项目占总资产百分比，如

表 3.11 所示。

表 3.11 1998～2011 年吴起县退耕前后农村人均资产量

项目		1998 年	2004 年	2006 年	2007 年	2008 年	2010 年	2011 年
农业产值	元	400.72	237.09	329.56	128.52	117.59	385.39	251.13
	%	36	15.34	6.35	2.38	2.06	4.07	2.61
林业产值	元	0	325.53	290.5	222.23	161.05	165.56	154.97
	%	0	21.07	5.6	4.12	2.82	1.75	1.61
畜牧业产值	元	124.27	54.51	114.62	78.96	93.56	108.68	198.18
	%	11.26	3.53	2.21	1.46	1.64	1.15	2.06
其他收入	元	295.39	286.66	892.81	680.07	780.34	1170.4	1160.5
	%	26.76	18.55	17.21	12.62	13.66	12.35	12.08
固定资产价值	元	564.6	439.71	1731.57	2179.44	2063.17	6159.45	6251.66
	%	51.14	28.46	33.38	40.43	36.12	65.01	65.09
储蓄额	元	14.41	201.71	1827.7	2101.03	2496.58	1485.62	1588.26
	%	1.31	13.05	35.24	38.98	43.71	15.68	16.54
总资产	元	1104	1545.2	5186.77	5390.25	5712.28	9475.13	9604.66

退耕还林工程实施期间，吴起县农村人均总资产增加了 8500.66 元，增加了 7.70 倍，这也验证了 Uchida 等（2009）等专家学者对退耕还林工程实施促进吴起县经济增长的研究结果的准确性。通过对各个资产项目的考察可以看出，各资产项目产值的变化趋势有所差别，而人均其他收入的增加和人均固定资产价值的增加是造成人均总资产持续增加的主要原因或重要贡献份额。

从数量上来看，由于退耕还林工程的全面实施，人均耕地面积减少，尽管土地的生产效率有所提高（于金娜和姚顺波，2009），但由耕地带来的农业产值相比退耕还林之前人均农业产值在总量上有了大幅的减少，并且由于农业生产的自然性，各年份的人均产值并没有表现出明显的趋势性变化。人均畜牧业产值基本上表现为先减少后增加的趋势，这是由于退耕还林工程实施期间禁牧政策的全面实施，退耕农户对牲口的饲养量明显减少，但随着市场供需结构的变化，羊肉等牲畜价格上涨促使畜牧业的养殖又呈现增加的态势，最终趋于平衡。然而，人均林业产值自 2004 年之后整体呈下降趋势，这主要是因为调研农户中林木种植主要以生态林为主，其直接经济效益几乎没有，林业所带来的产值主要是国家的补贴，所以人均林业产值也随着退耕还林工程实施的不同阶段补贴的减少而减少；因为，人均林业产值没有对林地及活立木本身的经济价值进行估计，所以此处整体人均林业产值比林业所能带来的实际价值较小。

人均其他收入整体呈现增加趋势，表明退耕还林工程的实施解放了农村劳动力，增加了外出打工时间，提高了外出务工收入。同时，人均固定资产价值是农户人均累计拥有的固定资产价值，整体增加趋势明显，表明农户所能获得的由生产生活资料所能带来的效用在持续增加，人均福利实现了帕累托改进。人均储蓄额的先提升后降低的变化表明了人均现金财富持有量的变化，结合人均固定资产的增加可以看出农村储蓄和消费习惯正在发生改变，农村消费市场正在逐步趋于开放。

从结构上来看，退耕还林工程的实施使得农业产值所占比例降低，产业结构正在调整。第一产业中包含的人均农业产值、人均林业产值以及人均畜牧业产值所占总资产比例持续下降，由1998年的47.26%下降到2011年的6.28%，表明农业收入在农村收入结构中重要性正在降低，这与农业产业的比较劣势有关，相对于其他产业，农业的边际收益较低。人均固定资产增加导致人均其他收入所占比例下降。人均其他收入占总资产的比例也呈下降趋势，这主要是由于人均其他收入的增加幅度小于人均固定资产的增加幅度。新农村建设开展以来，吴起县对新建住房以及生产、生活资料的补贴额度较大，这使得人均固定资产的增加有了大幅度的提高。人均储蓄额与人均固定资产所占比例呈相反变化，表明吴起农户的资产偏好发生了变化。人均储蓄额占总资产比例与人均固定资产占总资产比例呈现相反的变化，表明农村家庭总资产结构的调整。从整体趋势来看，吴起农户最初持有储蓄额占总资产比例呈先增加后减少的变化，而相应人均固定资产占总资产比例呈先减少后增加的趋势，表明吴起农户对储蓄的偏好随着经济的发展以及家庭总资产的增加而降低，而对固定资产的投资正在增加。

2）相对贫困的动态演化及分析

退耕还林工程的实施对吴起县农村经济的发展产生了巨大的影响，吴起县相对贫困状况发生了巨大的变化。以可比的人均总资产为基础，测定的吴起县不同年份的贫困线整体呈现上升态势，2011年比1998年提高了2694.56元，增加了4.82倍，表明吴起县农村在近十几年中经济水平有了长足的发展，农民的平均生活水平有了巨大的提高。在此背景下，由贫困发生率 H、贫困缺口指数 I、Sen 指数以及综合性指数 FGT_2 所测定的吴起县农户贫困状况如表3.12所示。

表3.12　1998~2011年吴起县农村经济贫困测定指标体系

年份	贫困线/元	贫困发生率/%	贫困缺口指数/%	Sen 指数	FGT_2 指数
1998 年	559.42	14.36	29.76	0.060538	0.0203
2004 年	915.875	7.31	16.6	0.01778	0.0033
2006 年	2151.763	0	0	0	0
2007 年	2334.319	0.86	5.39	0.001704	0.0001
2008 年	2404.228	0	0	0	0
2010 年	3282.499	8.99	29.92	0.037892	0.0102
2011 年	3253.979	9.09	25.67	0.034638	0.0082

吴起相对贫困整体上呈U形变化。国家退耕还林工程实施以来，吴起县农户相对贫困变动趋势主要表现为先下降后增加的趋势，FGT_2 指数模拟的吴起县贫困动态呈明显的U形变化。贫困发生的广度、强度与深度都与综合指标呈现相似的变化。整体来看，退耕还林工程实施之前，整体贫困状况比较严重；而在退耕还林工程实施之后的2006~2008年，贫困状况有了极大的改善，其中2006年与2008年已经消除了相对贫困状况；自2008年之后，吴起县农户的相对贫困状况又有所加剧，然而以 FGT_2 所测定的贫困变动率2011年比1998年累计下降了59.61%，说明吴起县农村整体相对贫困状况较退耕还林之前有了极大改善。

贫困发生规模的具体变化。从贫困发生的广度来看，退耕还林工程实施之前，吴起县贫困发生率为 14.36%，表明有占 14.36%的吴起县农户属于贫困群体；退耕还林实施之后，2004 年贫困发生率下降为 7.31%，贫困规模有所减少，到 2006～2008 年，全县农村基本上已经消除了贫困；而 2008 年之后，贫困的发生规模又出现增加趋势，到 2011 年贫困发生率增加为 9.09%，波浪式减小贫困发生率原因比较复杂。

贫困发生强度的具体变化。从贫困发生的强度来看，退耕还林工程实施之前，吴起县贫困缺口指数为 29.76%；而在退耕还林实施之后，2004 年贫困缺口指数下降为 16.6%，表明贫困的强度有所缓解，同等条件下完全消除贫困所需资金有所下降。在继 2006～2008 年贫困基本消除之后，2010 年贫困缺口指数上升为 29.92%，比退耕还林工程实施前还要高 0.16%，表明此时尽管贫困的发生规模有所减少，但是贫困强度的增加加剧了扶贫的难度。2011 年贫困缺口指数为 25.67%，比 2010 年下降了 4.25%，尽管同年贫困发生率比 2010 年高，但是，贫困强度的缓解也使 2011 年整体贫困状况得到改善。

贫困发生深度的具体变化。从贫困发生的深度来看，Sen 指数的变化与贫困缺口指数的变化相似，也呈现先降低后增加的趋势，表明自国家退耕还林工程实施以来，贫困深度在近年来有增加趋势，表明扶贫脱困难度在进一步增强。

3）贫困群体的内部特征探析及不平等性对贫困的影响

影响贫困的因素有很多，Datt 和 Ravallion（1992）等通过对 FGT 指数进行分解，认为贫困的影响主要表现在两个方面，一是经济增长的变化影响收入均值，进而影响贫困；二是在假定收入均值不变的情况下，收入分配的不平等通过影响洛伦兹曲线（Lorenz curve）的离中趋势来影响贫困。洛伦兹曲线的变动主要表现在基尼系数的变动上，表 3.13 列出了吴起农村整体以及贫困和非贫困组内的基尼系数。

表 3.13　1998～2011 年吴起县农村基尼系数变化

年份	贫困组内基尼系数（GP）	非贫困组内基尼系数（GNP）	整体基尼系数（GT）
1998 年	0.177	0.319	0.362
2004 年	0.093	0.314	0.329
2006 年	0.059	0.225	0.245
2007 年	0.152	0.190	0.228
2008 年	0.056	0.195	0.219
2010 年	0.175	0.352	0.378
2011 年	0.167	0.363	0.387

以人均总资产衡量历年吴起县农村的整体基尼系数 GT 绝对水平不高，平均为 0.2～0.4，按联合国有关组织规定，这是一个收入分配相对合理的区域，表明吴起县农村在退耕还林工程实施前后整体上收入分配相对合理，没有出现收入差距悬殊的状况。尽管如此，也可以看出，GT 的变化呈先减少后增加的"U"形趋势，表明随着退耕还林工程的全面实施，吴起县农村收入分配趋于平均，然而自 2008 年至今吴起农村的收入分配有拉大的趋势。

从分组考察的基尼系数来看，非贫困组内基尼系数 GNP 绝对水平较为合理，均处于 0.4 以下，且其变化状况与整体基尼系数 GT 变化趋势相同，也呈现先降低后增加的趋势，表明非贫困群体的收入分配状况是影响整体分配状况的主要原因。贫困组内基尼系数 GP 的绝对水平较低，均在 0.2 以下，表明贫困组内的收入分配绝对的平均，但是导致贫困群体内部经济增长的社会动力影响不足，结合贫困人口人均相对总资产可以看出尽管贫困人口内部收入分配较为平均，但是其所占有的相对总资产在近几年却呈下降趋势，从侧面反映贫困群体整体经济增长缓慢，与非贫困群体有脱节现象，吴起县整体经济的增长没有有效的波及贫困群体。

3.2.4.2　能力贫困模糊评价

在计算隶属度时，各项指标需要提前设定好最大和最小的判断标准，这里将其称为论域。某些指标本身具有相应的判断标准，可以直接参考确定。而某些指标则需要划定一个分界点，这个主观性较强，并没有严格的判断标准。Qizilbash（2003）确定了 5.0% 准则，即认为绝对好与绝对差在指标数值中各占 5.0%，高于 5.0% 的某个阀值认为状态最好，低于 5.0% 的某个阀值认为状态最差。通过模糊综合评价法（fuzzy comprehensive evaluation method）得到吴起县退耕还林工程实施前后参与退耕农户可行能力总模糊指数（表 3.14）。

表 3.14　吴起县退耕还林工程实施前后农户可行能力的模糊评价

可行能力维度与功能指标	隶属度 $\bar{\mu}_j$, $f(k)$		权重 ϖ_j, ϖ_n	
	退耕前	退耕后	退耕前	退耕后
健康	0.2876	0.3159	0.991	1.0212
X_1 医疗费用绝对差	0.8167	0.6751	0.2025	0.3983
X_2 是否有老弱病残	0.2917	0.2976	1.2321	1.2119
X_3 娱乐开支	0.2147	0.2338	1.5383	1.4534
教育	0.4431	0.4431	0.8072	0.8072
X_4 平均受教育年龄	0.4059	0.4062	0.9017	0.9017
X_5 最高学历	0.4903	0.4903	0.7128	0.7128
住房	0.2888	0.3177	1.283	0.9439
X_6 房屋结构	0.5492	0.8615	0.5992	0.1491
X_7 人均住房面积	0.1937	0.2579	1.6416	1.3554
X_8 水电费	0.2002	0.2652	1.6085	1.3272
基本生活与就业	0.3255	0.2593	1.0747	1.3448
X_9 人均劳作天数	0.2768	0.3102	1.2845	1.1704
X_{10} 恩格尔系数	0.3327	0.2874	1.1004	1.247
X_{11} 耕地面积	0.5575	0.2174	0.5842	1.526
X_{12} 存款比例	0.2646	0.238	1.3297	1.4357
社交	0.157	0.2772	1.8167	1.2624
X_{13} 通讯费用	0.3475	0.4	1.0571	0.9162
X_{14} 交通费用	0.1192	0.2379	2.1266	1.4358
X_{15} 请客送礼支出	0.1037	0.238	2.2664	1.4353
可行能力总模糊指数 W	0.276	0.3121		

退耕还林工程实施之后相比退耕前吴起县可行能力总模糊指数有所提升，但是双双偏低，均处于中下状态 0.3 左右（退耕前 0.2760，退耕后 0.3121）。据样本统计发现，退耕还林工程实施之前 96.7% 的农户可行能力水平低于 0.5，退耕后 94.2% 的农户可行能力水平低于 0.5，可以判断大部分参与退耕农户在退耕前后均存在能力贫困，并且较为严重。再看可行能力五个维度，相比退耕前只有基本生活与就业维度下降了 6.62%，健康、住房与社会交际三个维度都有不同程度的提升，而社交能力提升最多 12.02%，但是未超过 0.3 中下水平，教育维度未有变化。这些说明退耕还林工程实施对农户的就业和基本生活产生了较小负面影响，对教育、健康、住房受影响不大，而社交能力在退耕还林工程实施前后均过于低下。

从单个功能指标上来看，退耕还林工程实施前后医疗费用绝对差（X_1）、平均受教育年龄（X_4）、最高学历（X_5）、房屋结构（X_6）的状态水平都较好，说明退耕区农户的基本健康、教育水平和房屋品质较好；但是娱乐开支（X_3）、人均住房面积（X_7）、水电费（X_8）、交通费用（X_{14}）、请客送礼支出（X_{15}）、存款比例（X_{12}）等在退耕前后都不足 0.3 中下水平，说明农户在精神健康、住房舒适度、处理社会关系能力以及抗流动性风险能力方面都很弱。而退耕前后变化最大的是保障农户基本粮食供应的耕地面积，从退耕前的 0.5575 下降到退耕后 0.2174，这一方面说明耕地对部分农户的粮食保障作用急剧下降，一方面说明随着经济结构的转变，耕地的粮食生产作用下降。此外，恩格尔系数的状态值从退耕前的 0.3327 降到退耕后的 0.2874，说明退耕使的农户的基本生活水平有所下降。据调研，农户原本的农业生产环境本身能够为农户提供大量的食品消费，而耕地的减少以及生产方式的转变使得农地供给的食品也相应减少，需另行购买食品以满足生活需求，因此体现为恩格尔系数状态值的下降。

从权重来看，社会交际能力的权重高达 1.8167，说明社交能力在农户的可行能力中影响力最大，其他依次是住房条件（1.2830）、基本生活与就业（1.0747）、健康（0.9910）、教育（0.8072）。

3.2.5 小结

基于长期在全国退耕第一县——黄土高原腹地吴起县的社会经济调查和数据库的建立，从贫困规模和贫困程度两个维度，构建以退耕工程实施县域退耕户贫困发生率、贫困缺口指数和贫困指数等构成贫困评价指标体系。

退耕工程实施对相对贫困的影响。吴起县自退耕工程实施以来，相对贫困状况有了很大改善；但近几年随着农民收入的不平等性加剧，相对贫困有恶化的趋势。1998～2011 年，吴起县农村相对贫困动态演化整体呈先减少后增加的"U"形变化趋势，贫困发生规模、强度和深度都呈现相似的变化趋势。吴起县农村基尼系数整体处于分配合理的区间，但其先增加后减少的倒"U"形变化表明吴起农村收入分配不平等是造成吴起农户相对贫困的主要原因。贫困群体内部的基尼系数均处于 0.2 以下，说明贫困群体内部经济增长的社会动力不足，结合贫困群体人均相对总资产可见吴起农村经济的发展并没有有效波及贫困群体，其与非贫困群体有脱节现象。

退耕工程实施对脱贫致富的影响。从可行能力总模糊评价来看，吴起县农户在退耕工程实施前后均存在能力贫困，且较为严重（退耕前为 0.2760，退耕后为 0.3121）；退耕后能力贫困水平有所下降，但是下降程度不明显，可行能力水平上升了 3.61%。从可行能力维度上来看，退耕工程实施使得基本生活状态和社交能力原本较差的农户变得更差，而社交能力较好的农户变得更好，说明能力较差的农户不能很好适应退耕政策，生计和社交能力上的不足在退耕后体现得更明显，而社交能力较好的农户能够积极调整，成功实现了进一步发展。

3.3　退耕工程实施的民生福祉效应

退耕还林工程作为中国政府投资规模、群众参与程度最高的生态系统服务付费项目，它的重要意义不仅在于通过修复脆弱的地表环境增强生态系统服务的可持续供给能力，还在于贫困边远的地区达到扶贫增收和提高农户的经济福利的目的（李国平和石涵予，2017b）。农户的经济福利的持续提高既是退耕还林工程实施的重要目标，也是评判其成功与否的主要标准。

退耕还林工程在植被恢复（张翀等，2018）、保持水土（王兵等，2012）、增加生态系统服务价值（侯孟阳等，2019）以及维护生态安全（侯大伟等，2017）等方面起到了良好的效果。然而，退耕还林能否有效地改进农户经济福利尚存在不同的结论。退耕的农户可以通过造林补贴和劳动力非农就业增加收入（李国平和石涵予，2015；支玲等，2004；刘璨等，2006），但收入的增加并没有提高退耕农户的满意度（刘秀丽等，2014）；甚至不少研究表明退耕还林农户的收入状况并没有得到明显的改善（易福金等，2006），直接导致农户的退耕复垦意愿提高，退耕还林的成果难以得到有效的巩固（任林静和黎洁，2017）。收入仅是农户福祉的一个方面，仍难以从总体上说明退耕还林工程能否提高农户的福祉水平。长期以来，新古典主义（Neoclassicism）认为福利能够直接或者间接地用货币来衡量，这是因为其假设个人在福利生成过程中不存在效率损失。但是，现实社会生活中不同的个体和社会条件下相同收入转化为福利状态的差异是非常大的，因此单以货币拥有量的高低来评价福利水平会存在很大的误导性。

目前多数研究用生活质量指数（quality of life index，QLI）（Diener，1995）、联合国人类发展指数（human development index，HDI）（UNEP，1998）、人类福利指数（human welfare index，HWI）（Prescott-Allen，2001）、福祉指数（well-being index，WI）（Shah and Peck，2005）、国民幸福指数（gross national happiness index，GNHI）（刘正山，2013）以及 MA 福祉维度（dimension of well-being，DW）（Ma，2005）等指标描述人类福祉，然而这些指标仅考虑现有物的功能，并未考虑到个体的可行能力。可行能力的提高可以促进功能性活动的实现，而实际获得的功能性活动组合则代表了实际福利特性（Sen，1999）。由于可行能力分析法的福利分析框架考虑到了"不同或者相同的社会条件下不同个人具有差异，达到某种福利状态所需要的收入水平必然依赖于个人特征和社会条件"的基本事实（Sen，1999），因此其对福利状态的评价就更贴近现实。另外，福祉的各功能维度之间存在极强的相依性，彼此相互影响、互相促进，只有共同发展才能够有效促进整体福祉水平的提高。因此，有必要研究福祉各功能维度之间的相依性，对比分析退耕还林工程实施前后各功能维度彼此间相依性的内部逻辑以及变化，才能够详细了解改善整体福祉水平的理论逻辑和方法。

因此，在可行能力分析框架的基础之上，从多维福祉角度运用结构方程模型（SEM）探讨干旱半干旱黄土高原区退耕还林农户的福利状态及其影响因素，并比较退耕前后农户的福利状态是否发生改变，以期在增进农户福祉方面对退耕还林工程的有效性进行一个比较全面的评价。

3.3.1　理论分析框架构建

新古典经济学经济理论关于贫困、福祉等研究是基于消费效用，认为获取的效用达到某一水平则不存在贫困问题，或者以效用水平来反映福祉水平。但是，现实中福祉和贫困状态不能够直接用效用来定义，如健康，一个人的身体机能、精神健康与消费效用弱相关；再如，受人尊敬、幸福感等都不能直接用消费效用来体现，而这些都是判断福祉水平的重要维度（Sen，1985）。森（Sen，1993）认为功能（functionings）是一个人目前所具有的、正在进行的、已经实现的各种生活活动状态，而能力（capabilities）是可供个人选择的、潜在的、可能拥有的功能组合。而能力分析法是通过对已实现具有价值的功能进行评价，进一步解释能力分析法是通过已实现的功能状态来反映真实的能力状态，而现实的能力状态的评估就是评价的最终目标，功能是细化的生活活动指标，而实现的可行能力是这些功能指标共同反应的价值目标。

功能涵盖范围非常广泛，基本的有营养、健康、住房、教育、医疗保障、工作机会、社会治安等，稍高级层面有参与社会活动、自我价值实现、受人尊敬、幸福感等。个人实现的功能状态受到自身转换能力和所供给可行能力集合的限制，并且个人获取功能的过程将受到外生因素的影响（Sen，1985，1993；Nussbaum and Martha，1988，2000）。下面将对森（Sen）理论的相关概念的逻辑关系做出说明，具体关系如图 3.5 所示。

商品和服务	→	功能组合	→	价值
x_i	f_i	b_i	h_{ei}	v_{ei}
商品集合 x_i 转换函数 f_i	→	可行能力集（功能集） $B_i = x_i * f_i$	→	价值 v_{ei}

图 3.5　能力分析法框架

图 3.5 中，x_i 表示个人 i 的商品服务向量，这里的商品和服务是指各种资源所体现出来的能够被使用的商品特征，f_i 是将商品向量 x_i 转换为个人功能 b_i 的转换函数，因此：

$$b_i = f_i(x_i) \tag{3.16}$$

商品和服务到功能的转换过程受到环境、社会、个人因素的影响，这些因素被称为转换因素，因此有：

$$b_i = f_i(x_i \,|\, (z_s, z_e, z_i)) \tag{3.17}$$

式中，z_s、z_e、z_i 分别表示社会因素、环境因素以及个人因素，被称为功能转换方程的转换因素。

图 3.5 中的 v_{ei} 可以认为是评价目标的价值，如评价能力贫困，则 v_{ei} 表示能力贫困程度、评价福祉，则 v_{ei} 表示福祉水平，e 可以解释为同一功能所体现出来的不同价值种类（Sen，1985）。

$$v_{ei} = g_{ei}(b_i) = g_{ei}(f_i(x_i)) \tag{3.18}$$

如果用 x_i 表示某一给定的商品，A_i 表示可行能力（feasible functionings），f_i 表示所有功能转换函数，那么有式（3.19）：

$$A_i = \{b_i \mid b_i = f_i(x_i), f_i(\cdot) \in F_i\} \tag{3.19}$$

如果用 x_i 表示个人拥有的所有商品集合，那么 B_i 可行能力集（the set feasible functionings）可以用式（3.20）表示：

$$B_i = \{b_i \mid b_i = f_i(x_i), x_i \in X_i, f_i(\cdot) \in F_i\} \tag{3.20}$$

B_i 反映了第 i 个人的能力状态，B_i 包含了所有可供个人选择的功能集合。由此可知能力受两个层面因素的影响，第一是商品集 X_i，第二是个人将商品集转换为功能的能力，即功能函数集（F_i）。商品集受到供给端的影响，社会资源、环境资源、个人资源等共同决定了商品集，功能函数集受到转换因素的影响，包括个人因素、环境因素和社会因素。

3.3.2　材料来源与研究方法

3.3.2.1　结构方程模型的构建

可行能力并不是孤立的体现在福祉水平的单方面，可行能力集是一个循环发展的有机体，可行能力各维度之间存在较强的相依性，相辅相成、相互促进，最终体现在整体福祉水平的提高和人的全面发展。本文确定福祉的 6 个基础功能维度分别为：物质生活、工作状态、健康状态、教育状态、住房状态、社会参与，并依据前人研究确定了 6 个基础功能维度的测量指标；由于教育、健康、住房为最基础的功能维度，这三者对其他功能维度起到决定性的作用，而依据森理论健康状态可能受到其他功能维度的影响，因此为了便于研究，本文从模型上设定教育和住房为外生潜变量，其他四类功能维度为内生潜变量；外生潜变量（住房和教育）对所有内生潜变量产生影响，而所有内生潜变量之间存在一定的影响关系。根据研究的需要提出以下假设。

假设 1：住房状态对健康状态具有正向促进作用。

假设 2：住房状态对物质生活具有正向促进作用。

假设 3：住房状态对社会参与具有正向促进作用。

假设 4：教育状态对物质生活具有正向促进作用。

假设 5：教育状态对工作状态具有正向促进作用。

假设 6：教育状态对健康状态具有正向促进作用。

假设 7：教育状态对社会参与具有正向促进作用。

假设 8：工作状态对物质生活具有正向促进作用。

假设 9：工作状态对社会参与具有正向促进作用。

假设 10：健康状态对工作状态具有正向促进作用。

假设 11：健康状态对社会参与具有正向促进作用。

假设 12：物质生活对健康状态具有正向促进作用。

假设 13：社会参与对物质生活具有正向促进作用。

根据理论分析建立结构方程模型如下，式（3.21）和式（3.22）为测量方程，式（3.23）

为结构方程。测量方程说明潜变量与测量变量间关系，而结构方程说明潜变量间关系。

测量方程：

$$w = \alpha\chi + \delta \tag{3.21}$$

$$v = \beta\gamma + \varepsilon \tag{3.22}$$

结构方程：

$$\gamma = A\gamma + B\chi + \varphi \tag{3.23}$$

式（3.21）中，w 表示外生潜变量的测量指标所组成的向量；x 表示外生潜变量所组成的向量；α 表示外生潜变量与测量指标间关系；δ 为测量误差。

式（3.22）中，v 表示内生潜变量的测量指标所组成的向量；γ 表示内生潜变量所组成的向量；β 表示内生潜变量与测量指标间关系；ε 为测量误差。

式（3.23）中，A 表示内生潜变量 γ 间相互关系；B 表示外生潜变量 x 与内生潜变量 γ 间关系；φ 为结构方程的残差项。

3.3.2.2 数据搜集及处理

本文所采用的数据来源于 2002～2012 年陕西省志丹县和吴起县退耕还林工程入户调研农户的实际数据。由于《中国退耕还林工程规划》（2001—2010 年）规划设定中国退耕还林的具体目标是到 2010 年退耕造林总面积要达到 1467×10^4 hm^2。该工程在陕北地区大致经历了几个阶段的退耕过程，不同农户的退耕时间不同；退耕前数据大致分布在 2002～2008 年，而截至 2011 年农户都已经参与了退耕还林工程的实施，因此退耕后数据采用 2011 年数据。

调研主要涉及志丹县保安、旦八、侯市、金丁、双河、顺宁、宋庄、吴堡、义正、永宁、张渠、纸坊等乡镇 424 个退耕还林农户，吴起县白沟、洛源、庙沟、铁边城、吴仓堡、五谷城等乡镇 196 个退耕还林农户。主要调研农户的基本特征、农户生活基本情况、农户土地利用情况、生产物资使用情况、收入结构、消费结构、经济条件等方面，调研采用追踪调查入户问答的方式进行，每个自然村走访 10～20 个农户，村级数据采取与村领导访谈，以及走访上级部门查阅相关财务支出情况获得。先后共调研 623 户，收获有效问卷 619 份。

部分调研数据采用了李克特量表法（Likert scales）进行赋值，而部分指标采用了原始数据，因此在建立结构方程模型之前，需要对所有指标进行量纲上的统一处理。对于部分原始数据，需要参考李克特量表法进行赋值，赋值范围 1～5。具体赋值说明如表 3.15 所示。

表 3.15 指标赋值说明

功能维度及指标	指标说明	
	退耕前一年	退耕后
物质生活		
X_1：恩格尔系数	1，$X_1 < 0.3$；2，$0.3 \leqslant X_1 < 0.4$；3，$0.4 \leqslant X_1 < 0.5$；4，$0.5 \leqslant X_1 < 0.59$；5，$X_1 \geqslant 0.59$	1，< 0.3；2，$0.3 \leqslant$，< 0.4；3，$0.4 \leqslant$，< 0.5；4，$0.5 \leqslant$，< 0.59；5，$\geqslant 0.59$
X_2：耕地面积	1，$X_2 \leqslant 0.8$；2，$0.8 < X_2 \leqslant 5$；3，$5 < X_2 \leqslant 12$；4，$10 < X_2 < 16$；5，$X_2 \geqslant 16$	1，$X_2 \leqslant 0.8$；2，$0.8 < X_2 \leqslant 2$；3，$2 < X_2 \leqslant 4$；4，$4 < X_2 < 9$；5，$X_2 \geqslant 9$

续表

功能维度及指标	指标说明	
	退耕前一年	退耕后
物质生活		
X_3：饮水来源	1 为河水、2 为水窖、3 为井水加水窖、4 为井水 5 为自来水	1 为河水、2 为水窖、3 为井水加水窖、4 为井水、5 为自来水
X_4：耐用品数量	1，$X_4 \leqslant 2$；2，$2 < X_4 \leqslant 4$；3，$4 < X_4 \leqslant 6$；4，$6 < X_4 \leqslant 9$；5，$X_4 \geqslant 10$	1，$X_4 \leqslant 2$；2，$2 < X_4 \leqslant 4$；3，$4 < X_4 \leqslant 6$；4，$6 < X_4 \leqslant 9$；5，$X_4 \geqslant 10$
X_5：存款比例	1，$X_5 \leqslant 0$；2，$0 < X_5 \leqslant 0.05$；3，$0.05 < X_5 \leqslant 0.1$；4，$0.1 < X_5 \leqslant 0.2$；5，$X_5 > 02$	1，$X_5 \leqslant 0$；2，$0 < X_5 \leqslant 0.05$；3，$0.05 < X_5 \leqslant 0.1$；4，$0.1 < X_5 \leqslant 0.2$；5，$X_5 > 02$
工作状态		
X_6：所从事工作	1 为赋闲、2 为专业务农、3 为务农加临时工、4 务农加季节性务工、5 为稳定合同工	1 为赋闲、2 为专业务农、3 为务农加临时工、4 务农加季节性务工、5 为稳定合同工
X_7：工作技能要求	1 为无技能、2 为较低技能、3 为普通技能、4 较高技能、5 为高技能	1 为无技能、2 为较低技能、3 为普通技能、4 较高技能、5 为高技能
X_8：工作总体满意度	1 为非常不满意、2 为不满意、3 为一般、4 为满意、5 为非常满意	1 为非常不满意、2 为不满意、3 为一般、4 为满意、5 为非常满意
健康状态		
X_9：人均就医次数	1，$X_9 \leqslant 3$；2，$3 < X_9 \leqslant 6$；3，$6 < X_9 \leqslant 9$；4，$9 < X_9 \leqslant 13$；5，$X_9 >= 14$	1，$X_9 \leqslant 3$；2，$3 < X_9 \leqslant 6$；3，$6 < X_9 \leqslant 9$；4，$9 < X_9 \leqslant 13$；5，$X_9 \geqslant 14$
X_{10}：人均娱乐开支	1，$X_{10} \leqslant 50$；2，$50 < X_{10} \leqslant 200$；3，$200 < X_{10} \leqslant 400$；4，$400 < X_{10} \leqslant 600$；5，$X_{10} \geqslant 600$	1，$X_{10} \leqslant 100$；2，$100 < X_{10} \leqslant 300$；3，$300 < X_{10} \leqslant 600$；4，$600 < X_{10} \leqslant 1000$；5，$X_{10} \geqslant 1000$
X_{11}：户主健康状况自评	1 为非常差、2 为较差、3 为一般、4 为较好、5 为非常好	1 为非常差、2 为较差、3 为一般、4 为较好、5 为非常好
教育状态		
X_{12}：家庭成人识字人数	1 为识字人数为 0，以此类推，最高为 5	1 为识字人数为 0，以此类推，最高为 5
X_{13}：接受技能培训天数	1，$X_{13}=0$；2，$0 < X_{13} \leqslant 30$；3，$30 < X_{13} \leqslant 60$；4，$60 < X_{13} < 100$；5，$X_{13} >= 100$	1，$X_{13}=0$；2，$0 < X_{13} \leqslant 50$；3，$50 < X_{13} \leqslant 100$；4，$100 < X_{13} \leqslant 180$；5，$X_{13} \geqslant 180$
X_{14}：教育基础设施满意度	1 为非常不满意、2 为不满意、3 为一般、4 为满意、5 为非常满意	1 为非常不满意、2 为不满意、3 为一般、4 为满意、5 为非常满意
住房状态		
X_{15}：房屋结构	1 为泥土结构、3 为砖木结构、5 为砖混结构，拥有多种房屋结构则累计相加除以种类数之和	1 为泥土结构、3 为砖木结构、5 为砖混结构，拥有多种房屋结构则累计相加除以种类数之和
X_{16}：人均住房面积	1，$X_{14} \leqslant 7$；2，$7 < X_{14} \leqslant 20$；3，$20 < X_{14} \leqslant 30$；4，$30 < X_{14} \leqslant 40$；5，$X_{14} \geqslant 40$	1，$X_{14} \leqslant 7$；2，$7 < X_{14} \leqslant 20$；3，$20 < X_{14} \leqslant 30$；4，$30 < X_{14} < 40$；5，$X_{14} \geqslant 40$
X_{17}：水电费	1，$X_{15} \leqslant 53$；2，$53 < X_{15} \leqslant 150$；3，$150 < X_{15} \leqslant 300$；4，$300 < X_{15} \leqslant 450$；5，$X_{15} \geqslant 450$	1，$X_{15} \leqslant 108$；2，$108 < X_{15} \leqslant 300$；3，$300 < X_{15} \leqslant 600$；4，$600 < X_{15} \leqslant 950$；5，$X_{15} \geqslant 950$
社会参与		
X_{18}：走亲访友次数	1，$X_{18} \leqslant 3$；2，$3 < X_{18} \leqslant 8$；3，$8 < X_{18} \leqslant 13$；4，$13 < X_{18} \leqslant 20$；5，$X_{18} \geqslant 20$	1，$X_{18} \leqslant 3$；2，$3 < X_{18} \leqslant 10$；3，$10 < X_{18} \leqslant 20$；4，$20 < X_{18} \leqslant 30$；5，$X_{18} \geqslant 30$
X_{19}：请客送礼支出	1，$X_{19} \leqslant 150$；2，$150 < X_{19} \leqslant 300$；3，$300 < X_{19} \leqslant 500$；4，$500 < X_{19} \leqslant 750$；5，$X_{19} \geqslant 750$	1，$X_{19} \leqslant 350$；2，$350 < X_{19} \leqslant 800$；3，$800 < X_{19} \leqslant 1500$；4，$1500 < X_{19} \leqslant 2500$；5，$X_{19} \geqslant 2500$
X_{20}：通信费用	1，$X_{20} \leqslant 160$；2，$160 < X_{20} \leqslant 500$；3，$500 < X_{20} \leqslant 900$；4，$900 < X_{20} < 1400$；5，$X_{20} \geqslant 1400$	1，$X_{20} \leqslant 250$；2，$250 < X_{20} \leqslant 700$；3，$700 < X_{20} \leqslant 1300$；4，$1300 < X_{20} \leqslant 2000$；5，$X_{20} \geqslant 2000$
X_{21}：交通费用	1，$X_{21} \leqslant 140$；2，$140 < X_{21} \leqslant 300$；3，$300 < X_{21} \leqslant 500$；4，$500 < X_{21} \leqslant 700$；5，$X_{21} \geqslant 700$	1，$X_{20} \leqslant 350$；2，$350 < X_{20} \leqslant 800$；3，$800 < X_{20} \leqslant 1500$；4，$1500 < X_{20} \leqslant 2400$；5，$X_{20} \geqslant 2400$

3.3.3 工程实施对民生福祉的影响

3.3.3.1 退耕前各功能维度相依性分析

1）修正后的模型

潜变量间关系的修正主要依据路径系数的显著性，依次删除不显著的路径，而后根据 MI 修正指数增加路径。吴起县在实施退耕还林工程之前退耕户民生福祉指标关系如图 3.6 所示。根据路径系数的显著性依次删除了退耕户民生福祉指标关系的教育对社会参与、住房对健康、住房对社会参与、住房对健康等路径，而 MI 显示潜变量间没有可以增加的路径。误差项共变关系修正主要参考 MI 修正指数，发现没有可以增加的相关路径。采用 Amos22.0 软件进行拟合，最终得到图 3.6 修正后的结构方程模型图，所有载荷、路径系数都显示标准化数值。

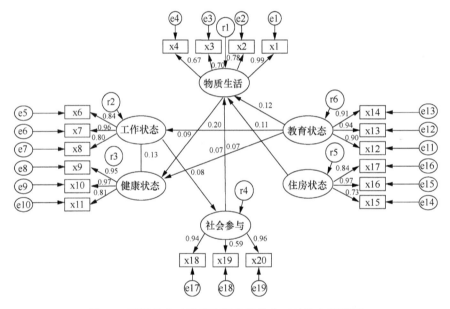

图 3.6 退耕前各功能维度相依性的修正结构方程模型

2）模型检验

多元正态检验：Multivariate=11.68，远小于（19×19+2）=363，所有测量指标符合联合正态分布，满足结构方程模型对数据多元正态性的要求。模型拟合检验：主要拟合指标如表 3.16 所示，RMR 为 0.096，偏高，不过在可接受的范围，其他拟合指标均达到结构方程模型要求，总体来看模型拟合效果较好。

表 3.16 退耕前各功能维度相依性的结构方程模型拟合检验

拟合指标	CMIN/DF	RMR	RMSEA	GFI	AGFI	CFI	NFI	TLI
判断标准	<5	<0.05	<0.08	>0.9	>0.9	>0.9	>0.9	>0.9
测量值	2.527	0.096	0.050	0.940	0.923	0.975	0.959	0.970

3）直接效应和间接效应解释

表 3.17 所示的直接效应为各功能维度之间的直接影响关系，存在 8 条显著路径，而间接效应的显著性判断主要依据直接效应的显著性，这里没有根据 Bootstrap 算法来计算间接效应的显著性，主要是考虑到理论上不存在间接影响效应。这里对于间接效应的显著性判断不够精确，但是在没有出现 Bootstrap 算法之前，大部分学者都是采用直接效应的显著性来判断间接效应的显著性，具体原理为 A-B 显著，B-C 显著，则认为 A-C 显著。基于此，判断退耕前功能维度间接效应显著路径如表 3.17 所示，影响作用的大小依据模型拟合的参数结果给出。

表 3.17　退耕前功能维度间直接效应和间接效应

直接效应	系数	P 值	间接效应	系数
教育状态→工作状态	0.203	0.008	教育状态→健康状态	0.011
教育状态→健康状态	0.072	0.087	教育状态→工作状态	0.011
教育状态→物质生活	0.120	0.004	教育状态→社会参与	0.017
住房状态→物质生活	0.109	0.008	住房状态→健康状态	0.010
健康状态→工作状态	0.129	0.002	物质生活→工作状态	0.012
社会参与→物质生活	0.072	0.081		
物质生活→健康状态	0.094	0.024		
工作状态→社会参与	0.077	0.069		

根据表 3.17 可知，功能维度之间存在一定的相依性。教育状态对工作状态和物质生活影响较大，路径系数分别为 0.203 和 0.120，且均在 1.0% 的显著性水平上显著，而对于健康状态的影响较小，路径系数为 0.072，P 值为 0.087，在 10.0% 的显著性水平上显著；住房状态仅对物质生活存在显著影响，路径系数为 0.109；健康状态对工作状态存在显著影响，路径系数为 0.129；社会参与对物质的影响较小，路径系数为 0.072，P 值较大，为 0.081；物质生活对健康状态存在显著影响，路径系数为 0.094；工作状态对社会参与影响较小，路径系数为 0.077，P 值较高，为 0.069。

从吴起县退耕之前的退耕户民生福祉间接效应来看，教育通过物质生活对健康产生间接效应，影响大小为 0.011；教育通过健康状态对工作状态产生影响，影响大小为 0.011；住房通过物质生活对健康状态产生影响，影响大小为 0.010；物质生活通过健康状态对工作状态产生影响，影响大小为 0.012。

3.3.3.2　退耕后各功能维度相依性分析

1）修正后的模型

吴起县实施退耕还林工程后退耕户民生福祉指标关系，如图 3.7 所示。根据路径系数的显著性依次删除了教育对物质生活、教育对健康、住房对物质生活、住房对工作状态等路径，而 MI 显示潜变量间没有可以增加的路径。误差项共变关系修正主要参考 MI 修正指数，依次增加了 e1-e3、e17-e18、e18-e19 的相关路径，模型拟合结果逐步提高。采用 Amos22.0 软件进行拟合，最终得到图 3.7 修正后的结构方程模型图，所有载荷、路径系数都显示标准化数值。

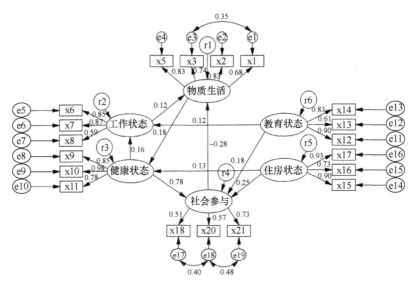

图 3.7 退耕后功能维度相依性修正结构方程模型

2）模型检验

多元正态检验：Multivariate=12.57，远小于（19×19+2）=363，所有测量指标符合联合正态分布。模型拟合检验：模型主要拟合指标如表 3.18 所示，RMR 为 0.074，偏高，不过在可以接受的范围，AGFI 为 0.886，接近 0.90，处于可接受的范围，其他拟合指标均达到结构方程模型要求，总体来看模型拟合效果一般。

表 3.18 退耕后功能相依性结构方程模型拟合检验

拟合指标	CMIN/DF	RMR	RMSEA	GFI	AGFI	CFI	NFI	TLI
判断标准	<5	<0.05	<0.08	>0.9	>0.9	>0.9	>0.9	>0.9
测量值	3.734	0.074	0.066	0.916	0.886	0.941	0.922	0.928

3）直接效应和间接效应解释

如表 3.19 所示，从退耕还林工程退耕户民生福祉的直接效应来看，各功能维度之间存在一定的相依性。教育状态对工作状态和社会参与存在一定影响，路径系数分别为 0.123 和 0.134，P 值分别为 0.008 和 0.003，在 1%的显著性水平上显著；住房状态对健康和社会参与均存在积极影响，且对社会参与的影响较高，路径系数为 0.250，显著性较高；健康状态对工作和社会参与均存在正向影响作用，分别为 0.156 和 0.776，健康在退耕后对社会参与的影响较高，说明退耕后健康状态的影响力增强；物质生活对健康状态存在正向影响，路径系数为 0.184，在 5.0%的显著性水平上显著；工作状态对物质生活存在正向影响，路径系数为 0.122，在 5.0%的显著性水平上显著；社会参与对物质生活的影响较高，路径系数为 0.282，在 1.0%的显著性水平上显著。

表 3.19 退耕后功能维度间直接效应和间接效应

直接效应	系数	P 值	间接效应	系数
教育状态→工作状态	0.123	0.008	教育状态→物质生活	0.064
教育状态→社会参与	0.134	0.003	住房状态→物质生活	0.094
住房状态→健康状态	0.183	0.000	住房状态→社会参与	0.091
住房状态→社会参与	0.250	0.000	住房状态→工作状态	0.018
健康状态→工作状态	0.156	0.000	健康状态→物质生活	0.193
健康状态→社会参与	0.776	0.000	社会参与→健康状态	0.050
物质生活→健康状态	0.184	0.048		
工作状态→物质生活	0.122	0.013		
社会参与→物质生活	0.282	0.004		

吴起县实施退耕还林工程之后,退耕户民生福祉的间接效应同样参考直接效应的影响路径来看,存在显著影响的间接效应有六条路径。教育通过工作状态和社会参与来影响物质生活水平,间接效应总和为 0.064;住房状态通过社会参与来影响物质生活水平,间接效应为 0.094;住房状态通过健康状态影响社会参与和工作状态,间接效应分别为 0.091 和 0.018;健康状态通过工作状态影响物质生活,间接效应为 0.193;社会参与通过物质生活水平来影响健康状态,间接效应为 0.050。

3.3.3.3 退耕前后相依性对比分析

对比吴起县退耕还林工程实施前后退耕户福祉各功能维度的路径关系可知,退耕户教育状态对工作状态始终存在影响,说明具有较高知识水平是谋求工作的前提,而退耕后教育对社会参与存在影响,但在退耕前这一影响并不显著,说明退耕后教育水平较高的人群或者接受过技能培训的农户参与社会交际的主动性较强,在退耕后生产结构转变的情况下能够积极谋求出路;退耕户住房状态退耕前后的影响作用区别较大,退耕前主要影响到农户的物质生活水平,说明良好的住房条件为满足基本日常生活活动提供基础,而退耕后住房条件主要影响到农户的健康状态和社会参与能力,退耕后大部分农户都有建房行为和意愿;住房条件的改善一方面为农户提供了更安全、更舒适的居住环境,提升农户健康水平,另一方面住房也被看成是身份的象征和聚会的场所,为交际提供了必要条件;退耕户健康状态在退耕前后都对工作状态具有显著影响作用,因为良好的身心素质是工作的前提,而退耕后健康状态对社会参与具有较大影响,路径系数高达0.776,而退耕前这一关系并不显著,说明退耕后随着生产生活方式的改变,农户需要适应新的生活环境和经济环境,在这个过程中健康起到了决定性作用;退耕户的社会参与在退耕前后都对物质生活状态产生了影响,退耕后要远高于退耕前,影响系数为 0.282,说明退耕后社会参与对于改善生活水平的作用明显增强;此外,退耕户退耕前的物质生活对健康状态,工作状态对社会参与都产生影响,影响作用不大,工作是农户融入社会,建立人际关系的必要条件,工作状态能够促进社会参与能力的提升,退耕后工作和社会参与对物质生活的作用明显,且影响作用较大,退耕后部分农户成功实现生产方式的改变,从事非农行业,收入提高,这在一定程度上提高了工作对物质生活水平的影响。

退耕后部分显著的路径在退耕前并不显著,这些路径在退耕户退耕前没有体现的原因并不是这种影响关系不存在，而是没有存在的必要，在原有生产生活关系能够维持稳定的、低态的基本生活水平前提下，部分功能性活动并不是农户必需的选择，所以导致退耕户福祉各功能维度间的相互影响作用没有体现出来，这也是制约整体福祉水平无法提高的原因，即没有有效发挥各功能维度的相依性。而在退耕后，准自愿的退耕参与模式使得部分农户被迫脱离原有生产生活方式，不得不适应新的生产生活方式，谋求出路，此时可以发现健康状态对社会参与的影响、社会参与和教育状态对其他功能维度的影响作用进一步加强，影响并带动其他功能维度的提高与发展。由于退耕前后转换因素变化不大（个人、社会、环境因素），这也说明转换因素并不是影响各功能维度相依性的主要原因。因此，这里提出惰性致贫的概念，本文认为退耕前后各功能维度路径影响关系的变化正是农户的惰性所致，退耕后影响作用较大的路径（如健康状态对社会参与的影响），退耕前并没有体现出来，而社会参与恰恰是影响物质生活水平的关键因素，而退耕前后的转换因素变化不大，因此可知退耕前后各功能维度的相依性变化主要是由于惰性所致，这说明退耕前农户不愿意去与外界产生过多交流，原因可能是安于现状，满足之前较低水平的生活稳态，而不愿意走出去，去打破这种低水平的生活稳态来实现较高水平的生活稳态。

然而，即便退耕后退耕农户的健康状态、社会参与、教育水平等对其他功能维度产生了积极影响，但是这种影响关系明显较弱，有很大的提升空间。对于退耕后影响关系不显著的路径有必要引起重视，存在不显著的路径，说明民生福祉功能维度相依性的作用并没有充分发挥出来，福祉整体水平无法提高的原因即在于此。

因此，依据本文研究可以将影响福祉水平的因素归结为外部和内部两个层面，外部可以归纳为转换因素和资源供给，内部可以归纳为惰性。这点李敖（2005）有过变相的论证，李敖认为："当我们追求自由主义时只存在于两个层面，第一个层面是外在的'反求诸《宪法》'，第二个层面是内在的'反求诸己'，……，'反求诸《宪法》'的意思是追求《宪法》所给予的自由，'反求诸己'的意思是追求自己内心的自由，内心自由才是真正的自由主义，内心不自由，《宪法》给予我们再多的自由也会自己把自己困死"。有趣的是森理论（Sen，1985）框架下的可行能力即是一种实质自由，是社会提供给人们各种各样的满足自身需求的自由和权利，包括法制、安全防护、经济条件、教育医疗、基础设施等，当我们拥有各式各样的实质自由和自由的选择机会时，个人能否积极地去获取社会赋予我们的选择机会，个人是否有一颗开放的心，行动是否积极最终将导致实际获得的可行能力水平的高低。当农户心存惰性，安贫守份，即便是再多的资源供给也不会对其福祉水平产生大的影响。

3.3.4　小结

退耕还林工程对民生福祉的影响。退耕还林工程实施前后民生福祉的物质生活、工作、健康、教育、住房和社会参与6个基本功能维度间的相依性较弱，且许多原本应该存在的相依性的路径关系并不显著，这说明退耕工程实施区退耕农户并没有完全发挥出相依性在提高整体福祉水平中的作用。另外，退耕前后退耕户福祉关系相依性存在较大差异，退耕后具有显著影响的路径关系，而退耕前并不存在，这些路径在退耕前并不是不可能存在；每一个健康的农户都有能力通过社会参与来改善自身的物质生活水平，但是退耕前并没有出现这种现象。

影响退耕农户民生福祉的关键因素。影响退耕户福祉关系相依性发挥作用的主要原因为惰性；惰性使得农户在退耕工程实施之前满足于现状，不愿意为实现较高生活稳态而走出去；而在退耕工程实施之后，被迫适应生产方式和生活方式的转变，社会参与积极性明显提高，并且对物质生活和工作状态等都产生了较大的影响。因此，在国家退耕还林工程实施过程中，提高整体福祉水平首先要从改变农户安贫的观念做起，其次积极改善转换因素在福祉生产中的作用；最后注重资源供给的合理性，把提高民生福祉的内生潜变量（物质生活、工作、健康和社会参与）与外生潜变量（住房和教育）有机地结合起来，注重各维度之间的相辅相成、相互促进关系才能够有效促实现整体福祉水平的提高。

3.4　退耕工程实施的乡村振兴效应

为了破解乡村发展难题、缩小城乡差距，近年国家推出了乡村振兴战略，引领中国农村发展方向。目前国内城乡发展的不平衡是最大的不平衡、乡村发展的不充分是最大的不充分；城镇化的轰轰烈烈与乡村的日益凋敝形成鲜明的对比，许多地区农村的村容环境、农田水利、人文环境、生态环境等呈现普遍衰败的景象（王亚华和苏毅清，2017），特别是在退耕还林工程实施区这些问题尤为凸显（龙勤等，2008）。退耕还林工程实施的重点区域主要位于生态环境比较脆弱、产业基础能力较差以及人口相对贫困的农村地区（万君和张琦，2017）。退耕还林工程实施 20 年以来对陕西省社会、经济和生态方面影响深远（龙勤等，2008；陈相凝等，2017；陈珂等，2007）。将退耕还林工程实施与乡村振兴战略的具体目标有机结合，更高效地推进退耕还林工程实施区的乡村振兴步伐。必须全面科学地认识退耕还林工程实施区乡村振兴发展现状。

从概念上来看，现有研究对乡村振兴的科学内涵（李周，2018）、实现路径（周立和王彩虹，2019；李燕琴，2019）以及运作模式（高春留等，2019；马修文，2019；杨园园等，2019）做了大量的阐释。在实践层面，许多学者积极探索产业融合（刘威和肖开红，2019）、农村生态环境治理（鞠昌华和张慧，2019）、民族文化传承（桂胜和腾跃，2019）、休闲农业发展（秦俊丽，2019）与乡村振兴战略相结合的路径。然而，农民才是乡村振兴的主体，农民的主观认知对推动乡村振兴的实施具有重要作用。农户对于乡村振兴战略感知状态的深入研究还不多见，相似的研究多是基于社会主义新农村建设内涵构建测度指标体系（李立清和李明贤，2007），或基于某一视角的测度，如生活品质（黄祖辉和张栋梁，2008）、低碳农村建设（陈玉娟和杜楠，2016）、生态文明发展水平（成金华等，2013）、土地整理效益评价（李冰清等，2015）、农村信息化，等等。从研究对象看，各类层级均有涉及，如微观农户（成金华等，2013）、村镇（李虹等，2007）、县域（张广胜和邹顺桥，2012）、省域（王富喜，2009）以及民族地区（李友平，2007）等。

综上所述，本文以陕西省退耕还林工程实施区为例，尝试从农户感知的微观视角对退耕还林工程实施区乡村振兴发展现状进行测算和分析，以更好地了解陕西省乡村振兴面临的各种问题，为退耕还林工程实施区乡村振兴战略的顺利落地和高效实施提供理论依据和技术参考。

3.4.1 乡村振兴的内涵

"产业兴旺、生态宜居、乡风文明、治理有效、生活富裕"是对乡村振兴战略目标的简要概述。乡村振兴五个要求全面涵盖了经济、生态、文化、政治、社会五个维度，是解决"三农"和"三生"问题的主要衡量指标。乡村振兴关乎中国社会的全面小康建设和中华民族的伟大复兴实现。

产业兴旺是实现乡村振兴的基石，主要体现在农业综合生产能力、综合效益和综合竞争力的提高。当前产业兴旺最有效的路径是推进现代农业快速发展，一方面，农产品、组织、管理水平、农业技术等核心要素创新（李周，2018），标准化产品特色、适度规模经营，以提高农业、林业、牧业、渔业等农产品加工业转型升级；另一方面，加快农村网络信息化建设，推动农村物流交通业发展，培养新型职业农民，推进县镇乡村三产融合发展，促进农业产业链延伸。

生态宜居是建设人与自然和谐共生的现代化农业农村、提高乡村发展质量的保障。主要包括：村容整洁，村内基础设施完善，生态文明理念深入人心，制度和管理完善。生态宜居不仅仅是外在环境的改善，还应是乡土气息、乡村风貌等原生态环境的传承，充分实现人与自然的和谐共生（李周，2018）。

乡风文明强调传统文化的现代转型，同时要使传统文化基因与当代文化相适应，是乡村建设的灵魂。乡风文明主要体现在对社会主义核心价值观的培育、弘扬和传承，遵纪守法、爱岗敬业、诚信守诺、与人友善，这些既是社会主义核心价值体系基本内容，也是乡风文明的根本要求。

治理有效是自治、法治、德治相结合的乡村治理体系和农村基层基础建设的完善（李周，2018），是乡村治理的内核力。党的十九大报告提出了"加强农村基层基础工作，健全自治、法治、德治相结合的乡村治理体系"的要求，这既是乡村治理的基本要求，也是乡村治理的有效路径。

生活富裕是农民收入的提高和农村民生保障水平的健全等，是乡村振兴战略实施效果评价对象和最终目标（李周，2018）。生活富裕主要包括农村文化教育、医疗卫生等事业的发展，农村基本公共服务的改善，农民收入的稳步提升，城乡居民收入差距的不断缩小，生活水平的不断改善等基本需求。

3.4.2 研究方法与材料搜集

3.4.2.1 评价方法

参考已有文献，考虑到仅使用层次分析法计算综合指数值过于简单，不能很好地体现退耕还林工程实施对乡村振兴影响的现实情况，因此本文采用模糊综合评价法，综合考虑各方面因素进行评价，具体步骤如下：

（1）确定评价因素集合 $U=\{U_1, U_2, \cdots, U_n\}$；确定评价集 $V=\{V_1, V_2, \cdots, V_m\}$。

（2）通过比例法确定评价因素 U_i 在某一评价集的单因素评价集 $d_i=(r_{i1}, r_{i2}, r_{i3}, \cdots,$

r_{im}），其中 r 称为评价因素 U_i 对评价等级 V_j 的隶属度，取值 0～1（i 取值 1，2，…，n；j 取值 1，2，…，m）。构建模糊关系矩阵也称为评判矩阵 R。

$$R = \begin{vmatrix} r_{11} & r_{12} & r_{13} & \cdots & r_{1m} \\ r_{21} & r_{22} & r_{22} & \cdots & r_{2m} \\ \cdots & \cdots & \cdots & \cdots & \cdots \\ r_{n1} & r_{n2} & r_{n3} & \cdots & r_{nm} \end{vmatrix}$$

（3）通过模糊关系矩阵 R，求解要素层和目标层的模糊综合评价集 B。

$$B = W \cdot R \tag{3.24}$$

式中，W 为二级指标权（重），W＝（W_1，W_2，W_3，…，W_n）。

（4）去模糊值计算。依据测量表度 H 和模糊综合评价集 B，利用式（3.24）测算陕西省乡村振兴 5 个要素的评价以及综合评价分数。

$$S = B \cdot H \tag{3.25}$$

本文 H 取值为 m 个评价等级的赋值，本文评价等级"差、较差、一般、较好、好，"分别赋值为"1、2、3、4、5"。

3.4.2.2　数据来源

本课题组于 2018 年 4 月和 5 月对陕西省退耕还林工程实施区乡村发展进行了实地调研，主要涉及陕北的吴起和志丹、关中的耀州、陕南的镇巴和留坝 5 个县（区），采用典型抽样和随机抽样相结合的方式，5 个县（区）分别发放问卷 210 份、210、150 份、230 份和 280 份，共计 1080 份，全部回收，其中有效问卷数分别是 194 份、198 份、130 份、216 份和 264 份，共计 1002 份；其中 87.71%受访者表示对问卷理解程度较好。

鉴于当前阶段对乡村振兴评价的基础资料缺失和评价工作尚未完全展开，本文基于以上理论分析，试图从农户感知视角，对陕西省乡村振兴指数从产业兴旺、生态宜居、乡风文明、治理有效和生活富裕 5 个方面进行测度。借鉴已有研究文献在农户感知相关研究方面的问题和内容设置，遵循评价指标体系应满足全面性、科学性、代表性以及客观性等基本原则，结合前期调研时发现的各种问题和农户对调研问卷的理解和接受程度，本文将产业兴旺、生态宜居、乡风文明、治理有效和生活富裕 5 个方面的内容作为二级指标进行深入解析，从而形成 25 个三级指标，构成乡村振兴指数评价指标体系，具体如表 3.20 所示。

表 3.20　陕西省乡村振兴指数评价指标体系

二级指标	二级指标权重	三级指标	三级指标权重	最终权重
产业兴旺	0.283	您所在县镇乡村有发展潜力大的农业龙头企业	1/6	0.0472
		您所在县镇乡村有发展潜力大的农业特色产品	1/6	0.0472
		您所在县镇乡村企业或个体农户的网络营销发展程度	1/6	0.0472
		您所在县镇乡村物流业发达程度	1/6	0.0472
		您所在县镇乡村企业满足家庭成员就业需求程度	1/6	0.0472
		农业生产体系的先进程度（良种、种植、养殖技术、新装备、适度规模经营等）	1/6	0.0472
生态宜居	0.261	生态环境打分	1/6	0.043
		空气质量打分	1/6	0.043
		饮用水质量打分	1/6	0.043

二级指标	二级指标权重	三级指标	三级指标权重	最终权重
生态宜居	0.261	生活污水、生活垃圾得到了环保的处理	1/6	0.043
		您所在县镇乡村环保宜居宣传程度	1/6	0.043
		您所在县镇乡村环保制度和管理水平的满意程度	1/6	0.043
乡风文明	0.063	您所在县镇乡村邻里互助、关系融洽程度	1/5	0.0126
		您所在县镇乡村人们遵守社会公德的氛围（如公共场所不吸烟等）	1/5	0.0126
		您所在县镇乡村人们尊老爱幼的氛围	1/5	0.0126
		您所在县镇乡村人们对子女接受教育的重视程度	1/5	0.0126
		您所在县镇乡村人们诚实守信的程度	1/5	0.0126
治理有效	0.083	对您所在县镇乡村的村民自治的满意程度	1/3	0.0277
		对您所在县镇乡村干部依法建设的满意程度	1/3	0.0472
		对您所在县镇乡村干部以德服人的满意程度	1/3	0.0472
生活富裕	0.310	对家庭收入的满意程度	1/5	0.0620
		对家庭生活水平的满意程度	1/5	0.0620
		对家庭成员受教育的机会满意程度	1/5	0.0620
		对家庭成员医疗保障机会满意程度	1/5	0.0620
		对家庭成员社会养老机会的满意程度	1/5	0.0620

所有三级指标均采用李克特 5 点量表法，按照乡村振兴指数由低到高分别用"1、2、3、4、5"进行赋值，一般解释为"完全不满意、不满意、中立、满意、非常满意"或"很差、较差、一般、较好、很好"等，受访者根据自身的实际感受对每个问题进行打分。为实现指标体系打分结果的协调统一，三级指标中的逆向指标"您所在县镇乡村龙头企业污染环境的程度"按照污染程度越高得分越低的原则进行打分，即污染程度越低，体现的生态宜居条件越好，得分也就越高。

农户感知的研究视角本身就是农户的一种主观感受研究，在确定指标权重时如采用客观赋权或组合赋权法，可能会对结果的可靠性产生一定影响，具有一定局限性（雍岚等，2018），因此，本文采用当前发展较为成熟的一种主观赋权方法——层次分析法。

第一步，构建判断矩阵。为了便于将比较判断定量化，引入 1~9 标度方法，规定用 1、3、5、7、9 分别表示根据经验判断，要素 i 与要素 j 相比：同等重要、比较重要、重要、很重要、极重要，而 2、4、6、8 表示上述两判断级之间的折中值。为消除不同立场关注角度的差异性，本文先后邀请了 4 位相关领域专家，政府部门工作人员 2 人以及在调研中随机抽取的农户 10 人，共计 16 人的测评团对二级指标的重要程度进行两两相对重要性的判断打分，从而形成本文判断矩阵。

第二步，计算判断矩阵的最大特征值 λ_{max}，测算 CI 系数对判断矩阵进行一致性检验，最后计算一致性比率 CR=0.0220，小于标准值 0.1，因此，统计意义上各指标权重是合理的，如表 3.21 所示。

考虑到三级指标本身是以调查问卷中的问题形式展现，一方面，这些指标本身之间存在着一定相关关系；另一方面，现实中，人们对这些问题两两之间相对重要性的判断不确定性更高，如采用层次分析法确定三级指标的权重则可能导致判断误差。因此，本文采用了等权重赋值法完成三级指标的权重确定。

表 3.21　判断矩阵、权重以及一致性检验结果

指标	产业兴旺	生态宜居	乡风文明	治理有效	生活富裕	权重
产业兴旺	1 1	1 1	1 1	1 1	1	0.283
生态宜居	1/3	1/5	1/5	1/5	1/2	0.261
乡风文明	1/5	1/3	1/3	1/3	1/4	0.063
治理有效	1	2	2	2	1/3	0.083
生活富裕	1 1	1 1	1 1	1 1	1	0.310
相关检验	$\lambda max=5.194$					
$\lambda_{max}=5.194$	$\lambda max=5.194$					
	RI=1.120					
	CR=CI/RI=0.043					

3.4.3　工程实施对乡村振兴的影响

1）数据信度和效度分析

在进行退耕还林工程实施区相关数据定量分析之前，对量表的数据进行了信度和效度检验。采用了较为常见的测度指标 Cronbach's 信度检验和 KMO 值及巴特勒球形检验（Butler ball test）的效度测量。本文采用 SPSS 22.0 软件进行相关检验。结果表明，本组调研数据信度系数 α 为 0.706，达到量表信度要求。问卷 KMO 值为 0.657，大于 0.500，巴特利特球体检验的显著性概率为 0.000，拒绝了变量间相关系数为单位矩阵的原假设，说明量表具有较好效度。

2）评价过程

第一，根据调研评价等级为李克特 5 点量表法，建立确定评价等级集合 $V=\{V_1$、V_2、V_3、V_4、$V_5\}$={完全不满意、不满意、中立、满意、非常满意}。本文对乡村振兴指数评价指标集合 U，包括产业兴旺、生态宜居、乡风文明、治理有效和生活富裕 5 个二级指标，因此 $U=\{U_1$、U_2、U_3、U_4、$U_5\}$，其中每个 U 分别由其下一级即三级指标 U_{ij} 组成。

$$R_1 = \begin{bmatrix} 0.0493 & 0.0575 & 0.3819 & 0.3778 & 0.1335 \\ 0.0431 & 0.2587 & 0.2608 & 0.3532 & 0.0842 \\ 0.0287 & 0.1561 & 0.2136 & 0.1314 & 0.4702 \\ 0.0431 & 0.0965 & 0.1786 & 0.347 & 0.3347 \\ 0.0513 & 0.2628 & 0.2464 & 0.3573 & 0.0821 \\ 0.6427 & 0.1294 & 0.1643 & 0.0513 & 0.0123 \end{bmatrix}$$

$$R_2 = \begin{bmatrix} 0.0062 & 0.0575 & 0.076 & 0.3018 & 0.5585 \\ 0.0041 & 0.0493 & 0.0493 & 0.3018 & 0.5955 \\ 0.0986 & 0.1232 & 0.0965 & 0.2731 & 0.4086 \\ 0.4435 & 0.0001 & 0.0984 & 0.0002 & 0.4578 \\ 0.0082 & 0.0534 & 0.0945 & 0.2834 & 0.5606 \\ 0.0472 & 0.2361 & 0.2115 & 0.2033 & 0.3018 \end{bmatrix}$$

$$R_3 = \begin{bmatrix} 0.0082 & 0.0164 & 0.039 & 0.3696 & 0.5667 \\ 0.0986 & 0.3655 & 0.2033 & 0.1704 & 0.1622 \\ 0.0082 & 0.0308 & 0.078 & 0.4579 & 0.4251 \\ 0.0513 & 0.0924 & 0.2259 & 0.4928 & 0.1376 \\ 0.0082 & 0.0431 & 0.1314 & 0.4209 & 0.3963 \end{bmatrix}$$

$$R_4 = \begin{bmatrix} 0.0801 & 0.193 & 0.2977 & 0.2895 & 0.1396 \\ 0.1663 & 0.2238 & 0.2752 & 0.2361 & 0.0986 \\ 0.1622 & 0.2402 & 0.2772 & 0.2177 & 0.1027 \end{bmatrix}$$

$$R_5 = \begin{bmatrix} 0.115 & 0.3388 & 0.2731 & 0.1766 & 0.0965 \\ 0.0452 & 0.1971 & 0.2916 & 0.3306 & 0.1355 \\ 0.0103 & 0.1273 & 0.4456 & 0.3162 & 0.1006 \\ 0.0329 & 0.1499 & 0.1704 & 0.3593 & 0.2875 \\ 0.0431 & 0.3552 & 0.154 & 0.2177 & 0.2300 \end{bmatrix}$$

第二，根据问卷调查结果，利用模糊综合评价模型可以得到 5 个二级指标的评判矩阵 $R_1 \sim R_5$。评判矩阵基于评价指标 U_{ij} 隶属于评价集 V 的结果，即每个指标 U_{ij} 隶属于评价集 V 的人数与参与问卷调查总人数的比值。

第三，利用式（3.24）求解模糊综合评价集 B。根据层次分析法计算所得各二级指标权重 $W=\{W_1, W_2, W_3, W_4, W_5\}$，综合考虑体现权重和对判断矩阵 R 中信息的利用充分程度，本文采用 M（·，⊕）算子对 5 个要素层指标评价集进行测算及归一化处理后得到以下结果：

$$B_1 = W_1 \cdot R_1 = (0.1431 \ 0.1602 \ 0.2409 \ 0.2697 \ 0.1862)$$
$$B_2 = W_2 \cdot R_2 = (0.1013 \ 0.0866 \ 0.1044 \ 0.2272 \ 0.4805)$$
$$B_3 = W_3 \cdot R_3 = (0.0349 \ 0.1097 \ 0.1355 \ 0.3823 \ 0.3376)$$
$$B_4 = W_4 \cdot R_4 = (0.1362 \ 0.2190 \ 0.2834 \ 0.2478 \ 0.1136)$$
$$B_5 = W_5 \cdot R_5 = (0.0493 \ 0.2337 \ 0.2669 \ 0.2801 \ 0.1700)$$

同理，可得到陕西省乡村振兴综合评价集如 B。

$$B = W \cdot R = (0.0957 \ 0.1655 \ 0.2102 \ 0.2671 \ 0.2615)$$

第四，计算取模糊值，依据测量表度 H 和模糊综合评价集 B，利用式（3.25）测算陕西省乡村振兴 5 个要素的评价分数 $S_1 \sim S_5$。

$$S_1 = b_{11} + 2b_{12} + 3b_{13} + 4b_{14} + 5b_{15} = 3.1958$$
$$S_2 = b_{21} + 2b_{22} + 3b_{23} + 4b_{24} + 5b_{25} = 3.8990$$
$$S_3 = b_{31} + 2b_{32} + 3b_{33} + 4b_{34} + 5b_{35} = 3.8780$$
$$S_4 = b_{41} + 2b_{42} + 3b_{43} + 4b_{44} + 5b_{45} = 2.9836$$
$$S_5 = b_{51} + 2b_{52} + 3b_{53} + 4b_{54} + 5b_{55} = 3.2879$$

同理，可得到陕西省乡村振兴综合评价分数 S。

$$S = 1 \times 0.0957 + 2 \times 0.1655 + 3 \times 0.2102 + 4 \times 0.2671 + 5 \times 0.2615 = 3.4332$$

3）评价结果分析

根据模糊综合评价结果，将陕西省乡村振兴指数划分为"差、较差、一般、较好、好" 5 个等级，对应的分值区间为 [0, 1.5]、[1.5, 3.0]、[3.0, 4.0]、[4.0, 4.5]、[4.5, 5.0]

（李萍，2018）。陕西省乡村振兴总指数评分结果为 3.4332，处于"一般"等级。也就是说，在陕西省退耕还林工程实施区基于农户感知的乡村发展水平并不高，仍有很大的提升空间。具体来看，各维度的情况如下。

（1）生态宜居得分最高，为 3.8990 分，处于"一般"等级。退耕还林区一般地处远离城镇的偏远地区，这些地区近 20 年以来退耕还林工程成效显著，对当地生态环境的改善明显，因此农户在生态宜居维度给出的评分结果接近 4 分"较好"水平。具体来看，影响生态宜居评分不高的重要原因之一，是受访农户对当地生活污水、生活垃圾的处理方式给分较低，54.21% 的受访者对此表示中立及以下态度。农村生活污水和垃圾没有做到较好的统一分类环保处理，大多数情况下是随意倾倒，少数地方是个人掩埋方式处理。此外，受访者对当地县镇乡村环保制度和管理水平的满意度给分也是拉低生态宜居得分的重要因素之一。49.49% 的受访者对此表示了一般以下的满意度。

（2）乡风文明得分为 3.8780 分，仅次于生态宜居，且相差较小，处于"一般"等级。在调研中发现，受访农户对当地的邻里关系融洽、尊老爱幼、诚实守信等方面评价相对较高，影响乡风文明得分的主要因素是遵守社会公德方面的评价，这与调研问卷问题的设置有一定关系，调研中对社会公德方面的评分更多的引导是以公共场所是否吸烟为例，在当前乡村环境中吸烟仍是一个较为常见的现象，因此此项得分相对较低，影响了乡风文明维度得分。总体来说，陕西省乡村乡风淳朴、相对传统，在乡风文明方面保持得相对较好。

（3）生活富裕得分为 3.2879 分，排名第三，处于"一般"等级。受访农户对当前生活富裕维度的评价基本处于中等水平，一方面，退耕还林工程的实施对当地农户收入结构调整效果显著，调研中不难发现，劳动力较充裕的农户在退耕后大多数选择了外出打工，收入也明显高于退耕前，因此也表现出了较好的生活水平满意度；另一方面，从教育、医疗和社保 3 个方面来看，受访农户对教育的满意度集中在一般水平，占比 44.56%；对农村医疗保障的满意度在三项中表现相对最好，81.72% 的受访农户认为农村医疗保障在一般及以上水平，这与调研受访者自身家庭成员身体健康情况相关，调研中并没有遇到很多家里有重疾病人的情况；对农村社会养老保障的满意度相对较低，评价为一般及以下的受访农户占比高达 55.24%，充分说明陕西省当前农村社会养老保险机制相对不够完善。因此，退耕还林工程实施可以考虑创新补助形式，如与农村教育、医保和社保等相结合。

（4）产业兴旺得分为 3.1958 分，排名第四，同样处于"一般"等级。结果表明，产业兴旺在陕西退耕还林工程区的发展现状不容乐观。具体表现在受访农户对于本县镇乡村企业的发展现状和未来发展潜力的低预期，农业生产体系先进程度不高。一方面，在农户生产体系的先进程度评价时，有 64.27% 的受访者表示当地农业生产主要还是依靠个体农户的传统耕种技术，规模化经营相对较少，经营效益不佳。另一方面，在本地农业特色产品发展潜力、当地企业满足家庭成员就业需求两方面表现尤其突出，受访农户选择中立及以下态度的比例高达 56.26% 和 56.06%。种种因素限制了当前乡村产业发展，退耕还林工程的实施对当地产业兴旺的贡献仍有提升空间。

（5）治理有效得分最低，为 2.9836 分，处于"较差"等级。治理有效维度的 3 个三级指标均表现出较低的满意度，使得治理有效的满意度整体水平偏低。无论是人治方面、法治方面,还是德治方面,受访农户均表现出较低的满意度,分别有 57.08%、66.53% 和 67.97%的受访农户认为当地在人治、法治和德治方面处于一般及以下水平。陕西广大农村治理有效维度的提升空间和范围相对较大。

3.4.4　小结

基于退耕还林工程实施区农户感知视角,采用层次分析法和模糊综合评价法,构建以经济、生态、文化、政治和社会 5 个维度的乡村振兴评价指标体系,研究结果表明陕西省退耕还林工程实施区对乡村振兴的综合影响比较明显。

退耕还林工程实施对乡村发展的影响。退耕还林政策对农户感知的乡村发展水平影响显著,可成为乡村振兴主要着力点之一。陕西乡村振兴指数体系中,产业兴旺、生态宜居、乡风文明、治理有效和生活富裕的权重分别为 0.283、0.261、0.063、0.083 和 0.310,生活富裕重要性最高,产业兴旺和生态宜居相当,乡风文明和治理有效处于相对较低的位置。生活富裕仍是陕西乡村振兴战略中主要环节,需大力关注。基于农户感知视角,陕西乡村振兴综合评分为 3.4332,处于一般水平;产业兴旺、生态宜居、乡风文明、治理有效和生活富裕 5 个方面的评分分别为 3.1958、3.8990、3.8780、2.9836 和 3.2879。无论是总体层面还是要素层面,乡村振兴 5 个指标评分结果均处于一般及以下水平,陕西乡村振兴未来提升空间仍然较大。

促进乡村振兴战略实施的具体建议。基于以上结论,对陕西乡村振兴战略实施的建议:第一,加强退耕还林工程实施区林产品和衍生产品供给产业化发展,一方面更广泛地为退耕农户提供深加工林产品的人员培训和技术指导,并拓宽销售渠道;另一方面探索构建退耕还林补偿标准动态机制,以更好地激励退耕农户投入更多时间和精力。第二,不断完善陕西农村生活垃圾和生活污水环保化、统一化、标准化的硬件设施,提升县镇乡村环保管理水平和完善相关环保制度。第三,加大社会公德宣传力度,加强农户文化素养的提升和文明行为意识,进一步提升陕西农民的乡风文明水平。第四,以新一轮退耕还林工程实施为契机,引导和强化陕西农村基层治理能力,提升乡村干部管理能力,尝试采用自治、德治和法治相结合的管理模式,为区域农村自治和德治相关规范的出台和实施奠定良好的基础。第五,退耕还林工程实施可与农村社保、医保和教育有机结合,探讨多样型、可持续型以及获益型补偿形式,确保农村民生的稳步提升。

3.5　本　章　小　结

本章主要从人力资源再配置效应、减贫脱困效应、农户民生福祉效应以及乡村振兴效应等方面探讨国家退耕还林工程实施的社会效果。

(1)退耕还林工程的人力资源配置效应。参与退耕还林工程实施的农户更有可能选择非农劳动来替代农业耕作,且退耕面积越大可能性越大。退耕工程对整体耕作环境的优化需要一个长期的过程,短期内无法使农业生产和收益显著提升。退耕工程在耕地变化方面对农户劳动力配置的选择上影响较为直接,随着耕地面积减少、剩余劳动力增加,实现了农村劳动力再优化配置。退耕工程补贴对劳动力非农参与起到促进作用,而且替代效应要大于收入效应，达到稳定收入、抵御风险、盘活劳动力资源的三重功效。值得注意的是，退耕还林工程与天然林工程同时实施的交互项是负向显著。参与工程实施前 1～4 年工程发挥促进作用，第 5 年开始工程正向作用逐渐减弱，从第 9 年开始工程出现负向影响，这可能与生态林补助期 8 年到期而导致部分复耕的情况出现有关。

（2）退耕还林工程的减贫脱困效应。自国家退耕还林工程实施以来，吴起县相对贫困状况有了很大改善，但是随着近几年农民收入的不平等性加剧，相对贫困的状况有恶化趋势；吴起县农村基尼系数整体处于分配合理的区间，"U" 形变化趋势表明吴起县农村收入分配不平等是造成农户相对贫困的主要原因。吴起县农户在退耕还林工程实施前后均存在能力贫困且较为严重，退耕后能力贫困水平有所下降但是下降程度不明显；退耕还林工程实施使得基本生活状态和社交能力原本较差的农户变得更差，而社交能力较好的农户变得更好；生计和社交能力上的不足在退耕工程实施后体现得更明显，而社交能力较好的农户能够积极调整。

（3）退耕还林工程的民生福祉效应。退耕还林工程实施前后，有关民生福祉的物质生活、工作状况、健康状况、教育状况、住房状况和社会参与 6 个功能维度之间的相依性较弱，可见退耕农户并没有完全发挥出相依性在提高整体福祉水平中的作用。退耕还林工程实施前后退耕户福祉关系相依性存在较大差异，退耕后具有显著影响的路径关系，退耕前并不存在；每一个健康的农户都有能力通过社会参与来改善自身的物质生活水平，但是退耕前并没有出现这种现象。影响退耕户福祉关系相依性发挥作用的主要原因为惰性，惰性使得农户在退耕前满足于现状，而退耕后被迫适应生活方式的转变，社会参与积极性明显提高，并且对物质生活和工作状态等都产生了较大的影响。在国家退耕还林工程实施过程中，首先改变了农户安贫的观念，其次积极改善转换因素在福祉生产中的作用，最后注重资源供给的合理性，从而有效促进实现整体福祉水平的提高。

（4）退耕还林工程的乡村振兴效应。退耕还林政策对乡村发展水平影响显著，可成为乡村振兴主要着力点之一。陕西乡村振兴指数体系中，产业兴旺、生态宜居、乡风文明、治理有效和生活富裕 5 个方面，生活富裕重要性最高、产业兴旺和生态宜居相当、乡风文明和治理有效处于相对较低的位置。生活富裕仍是陕西乡村振兴战略中主要环节。陕西乡村振兴无论是总体层面还是要素层面的指标评分结果均处于一般及以下水平，说明陕西乡村振兴提升空间较大，要着重加大或加快产业化发展、体制机制完善、生态环境治理、功德素质教育、管理水平提升、保障体系建设。

第4章　退耕还林工程的经济效果评价

中国政府正在实施的退耕还林工程是世界上规模最大、投资最多的生态系统服务付费项目，其经济效果是检验退耕还林工程有效性的重要方面。退耕还林工程通过国家政策引导农户改变土地利用类型，推动农户低产低效耕地逐步退出与产业结构的调整；农户耕作方式由原来的粗放型向集约型转变，带动农业生产效率的改进；同时退耕还林工程的实施释放了大部分的劳动力，农村劳动力的非农就业成为提高农户收入水平重要途径，进而改变我国农民传统的生产方式和生活方式。因此，本章首先考察退耕还林工程对区域粮食生产与产业结构的影响；其次，运用随机前沿函数模型（stochastic frontier approach model，SFA）对 1998 年（退耕还林工程实施的前一年）和 2009 年（退耕还林工程实施后的第 11 年）不同退耕规模农户农业生产技术效率的变化进行深入分析，并以此测算不同退耕规模农户的生产技术效率变化；最后，在建立退耕还林工程实施对农户收入直接和间接影响机制的理论框架的基础之上，利用农户长期追踪数据，探索退耕还林工程对农户收入的影响机制，以期为退耕还林工程实施的经济效果评估提供数据支撑，以及政策的改进提供有意义的参考。

4.1　退耕还林工程实施对区域粮食生产的影响

退耕还林工程作为中国投资大、涉及面广、农户参与度高的一项生态建设工程，主要通过生态补偿激励引导农户改变土地利用类型与结构以达到生态修复与改善社会福祉的目的（Cai et al.，2015）。截至 2019 年，国家退耕还林工程累计退耕超过 3333.33× 10^4 hm² （中国林业网，2019），在植被覆盖（杨波等，2019）、土壤保持（赵安周等，2017）与增收减贫（段伟等，2018）等方面发挥着重要的作用，综合效益十分显著。然而，在人口增长与城市扩张的背景下，作为粮食生产的基本要素，耕地的过度向林地、草地转移可能会对粮食安全产生不利的影响（刘忠和李保国，2012；Zhang et al.，2009），因此必须毫不动摇地保护好基本农田（中国林业网，2016）。如何解决生态保护与粮食生产之间的矛盾，确保生态安全与粮食安全，一直是退耕还林工程需要重点关注的问题。

从宏观层面上来看，由于退耕还林工程实施引起大面积的耕地向林地、草地转换，耕地面积的减少导致粮食生产总量的下降（Liu et al.，2013；苏冰倩等，2017）。虽然退耕还林在一定程度上导致粮食播种面积以及粮食总产量下降，但退耕还林工程可以改变农户粗放的生产经营模式，并且可以有效地改善区域环境与土壤肥力，带动粮食单位面积产量的提高（封志明等，2002；刘忠和李保国，2012）。退耕还林工程在全国层面上的粮食生产并没有产生太大的影响（闫慧敏等，2012；Yang et al.，2010），但存在明显的区域差异；中西部退耕还林工程实施并未对粮食生产造成较大影响，而对东部的粮食生产产生的负向影响相对较大（刘璨，2015；吕金芝和王焕良，2010）。从微观农户层面上来看，由于退耕还林绝对减少了耕地面积和粮食播种面积，样本农户的粮食播种面积下降了 55.89%, 粮食产量下降了 31.50%（刘东生等，2011）；而东梅等（2005）等对在宁夏的调研发现在生态脆弱地区推行退耕还林工程并不会影响当地农民的粮食安全。

　　无论是在宏观层面上还是在微观层面上，由于样本选择或者统计方法的选择存在差异，退耕还林工程实施与粮食生产之间的关系尚不明确；并且在宏观尺度上，大多数研究考察退耕还林对粮食生产的影响均采用退耕实施前后比较的描述性分析方法，并未剥离出退耕还林工程实施对粮食生产的边际贡献以及区域边际贡献差异。本文以山西省 117 个县为研究单元，在建立生产函数的基础之上，运用计量分析的方法计算退耕还林对粮食生产的作用机制，并考虑退耕还林工程实施对不同县域粮食生产的影响差异。

4.1.1　研究区概况

　　山西省位于中国华北地区，典型的内陆省份，位于黄河中游东岸，华北平原西面的黄土高原上；地理坐标为：34°34′N～40°44′N，110°14′E～114°33′E，海拔 180～3061.1 m，疆域轮廓呈东北斜向西南的平行四边形，南北长约 682 km、东西宽约 385 km，总面积 15.67×10^4 km^2，占全国总面积的 1.6%。全省共计 117 个市县区[①]（包括 25 个市辖区、11 个县级市、81 个县），地处黄土高原地区东部，是典型的被黄土覆盖的山地高原，地势东北高西南低，全省大部分地区海拔在 1500 m 以上，高原内部起伏不平，河谷纵横，其中山区面积占总面积的 80.10%。由于地形地貌的复杂，自然资源的长期过度利用，尤其是煤炭资源的过度开采，致使生态环境脆弱的山西省水土流失更加严重，全省都纳入在黄土高原治理区范围内。

　　《黄土高原地区综合治理规划大纲》把黄土高原划分成 6 个综合治理区，并且在各地区规划制定了综合治理示范县作为生态环境治理的典型代表。山西境内包括了黄土丘陵沟壑区、河谷平原区和土石山区 3 个治理区，以及有 10 个县列入了示范县之中，基本覆盖到了各市及各治理区（图 4.1）。综合治理示范县作为各区域的典型代表，有较成熟的环境治理经验，可以取得较明显的治理效果，因而本文将山西省的 10 个示范县作为重点退耕还林工程实施县，将其余的县域划分为非重点退耕还林工程实施县。

4.1.2　模型构建与数据搜集

4.1.2.1　变量设计与模型建立

　　退耕还林工程的实施会直接导致耕地数量减少，而耕地数量减少也必然在一定程度上减少粮食产量，进而影响粮食安全水平（刘贤赵和宿庆，2006）。一些研究证明在部分退耕还林工程实施区以及农户层面上，短期内确实造成了粮食减产的情况（国家统计局课题调研组，2004；郗静和曹明明，2008；刘东生等，2011；王兵等，2013）；但是从其他角度来看，退耕对粮食生产存在积极作用（封志明等，2002；姚清亮等，2009；查小春和赖作莲，2010），一是退耕使得节约下来的农业投入转移至未退耕地，并通过耕地整理和加大基本农田建设，促进了土地集约利用，从而提高耕地质量和粮食单产水

　　[①] 本文使用的行政区划图将大同市的南郊区和矿区以及长治市的城区和郊区进行合并，因而实际分析的是 115 个县域单位。

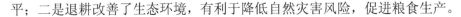

平；二是退耕改善了生态环境，有利于降低自然灾害风险，促进粮食生产。

图 4.1 研究区地形地貌概况（彩图请扫封底二维码）

根据上述，退耕可能会提高粮食单产水平，进而提高耕地边际产出。因而，本文以粮食总产量（Y）作为被解释变量，以累计退耕面积（S）表示退耕还林政策实施情况，来考察退耕对耕地边际产出的影响，同时考虑技术进步、劳动力转移等要素，选取了可能影响粮食总产量的 3 个指标：农业机械总动力（M）、粮食播种面积（C）和农业劳动力人口（L），以期通过生产函数分析各要素对粮食总产量的影响程度。

为了剥离出退耕还林工程实施对粮食生产的边际贡献，本文在科布-道格拉斯生产函数（Cobb-douglas production function）的基础上，引入了粮食播种面积和累计退耕面积的交互项，计算退耕还林工程实施对粮食生产的作用机制以及边际贡献，构建模型如下：

$$\ln Y = \alpha_0 + \alpha_1 \ln M + \alpha_2 \ln C + \alpha_3 \ln S + \alpha_4 \ln C * \ln S + \alpha_5 \ln L + \varepsilon \qquad (4.1)$$

式中，α_0 为常数项；$\alpha_1 \sim \alpha_5$ 为估计系数；ε 为残差；各变量的描述性统计见表 4.1。

表 4.1 生产函数变量描述性统计

变量	单位	均值	标准差
粮食总产量 Y	t	103 036.00	84 991.65
农业机械总动力 M	kW	221 599.80	177 988.40
粮食播种面积 C	hm²	27 858.09	16 372.47
劳动力 L	人	51 265.12	34 275.07
累计退耕 S	km²	13.39	29.67

4.1.2.2　数据来源与分析处理

本文研究区域为山西省的 117 个县域单元，所需要的数据主要包括 1990～2015 年的社会经济数据和 2000 年、2005 年、2010 年和 2015 年的土地利用数据。其中社会经济数据来源于各年的《山西统计年鉴》《山西统计调查》以及国家统计局（http://data.stats.gov.cn/index.htm）官方统计或发布数据；对于个别缺失的统计数据，根据相邻年份的数据，利用内插值法补全。土地利用数据来源于中国科学院资源环境科学数据中心（http://www.resdc.cn）的中国土地利用遥感监测数据集，分辨率为 30m，该数据产品是以各期 Landsat TM/ETM 遥感影像为主要数据源，通过人工目视解译生成，土地利用类型包括耕地、林地、草地、水域、居民地和未利用土地 6 个一级类型以及 25 个二级类型。

4.1.3　工程实施对粮食生产的影响

4.1.3.1　退耕前后土地利用的时空变化

国家 2000 年在山西省开展退耕还林工程试点工作，2002 年在山西全省范围内全面启动该工程，2015 年年底全省累计完成第一轮退耕还林 156.70×10⁴ hm²，其中退耕地还林 42.27×10⁴ hm²（刘强，2016）；前一轮山西省退耕还林退耕户人均纯收入由 2000 年的 1905.61 元提高到 2014 年的 6746.87 元，增幅高于全省农村平均水平。截至 2018 年，全省累计完成退耕还林 182.02×10⁴ hm²，森林面积由 206.30×10⁴ hm² 提高到 321.09×10⁴ hm²，森林覆盖率从 1999 年 13.29% 增加到 20.50%；新一轮退耕还林紧密结合脱贫攻坚，对 10 个深度贫困县实行退耕还林任务全覆盖，累计安排 58 个贫困县退耕还林任务 22.70×10⁴ hm²，占全省总任务的 92.5%，实现贫困户户均获得退耕还林补助资金 4000 元以上；山西退耕还林工程惠及农户 153 万户 547 万人口。

因此本文将 2000 年作为基期，1990～2000 年为退耕还林工程实施之前的情况，2000～2015 年为退耕还林工程实施之后的情况。以下通过土地利用转移弦图，分析研究退耕还林工程实施前后两个时段内研究区域各土地利用类型之间相互转化的来源、去向及转移的面积大小，并通过观察退耕前后耕地转林地、草地的空间分布情况，了解土地利用的时空演变过程，进而比较退耕还林工程实施对重点退耕县和非重点退耕县土地变化的影响差异。

1）重点退耕县退耕前后土地利用变化

山西省退耕还林工程实施重点县的土地利用转移变化显著（图 4.2）。1990～2000 年耕地转出总面积为 1697.31 hm²，其中主要的转出去向是建设用地，耕地转为建设用地的面积为 1413.45 hm²，占耕地转出总面积的 83.28%；从新增来源来看，耕地新增总面积为 7036.83 hm²，耕地最主要的增加来源为草地，有 6407.64 hm² 的草地转为了耕地，占耕地新增总面积的 91.06%。

2000～2015 年山西省退耕还林工程实施重点县耕地转出总面积为 89 683.83 hm²，其中主要转出去向为草地，耕地转为草地的面积为 50 053.59 hm²，占耕地转出总面积的 55.81%；其次，耕地转为林地和建设用地的面积分别为 23 104.71 hm² 和 15 559.11 hm²，占耕地转出总面积的 25.76% 和 17.35%；从新增来源来看，耕地新增总面积为 27 067.77 hm²，耕地的主要来源为草地和林地,来源于草地和林地的面积分别为 14 711.31 hm^2 和 8965.80 hm^2,占耕地新增总面积的 54.35%和 33.12%。

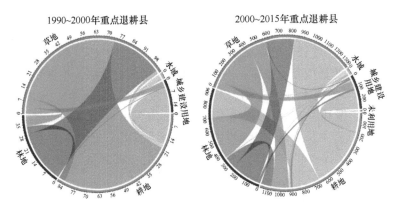

图 4.2 1990~2015 年山西省重点退耕县土地利用转移弦图(彩图请扫封底二维码)

2)非重点退耕县退耕前后土地利用转移情况

山西省非重点退耕还林工程实施县的土地利用转移也比较明显(图 4.3)。1990~2000 年耕地转出总面积为 38 460.87 hm^2,其中主要的转出去向是建设用地,耕地转为建设用地的面积为 23 839.74 hm^2,占耕地转出总面积的 61.98%;从新增来源来看,耕地新增总面积为 37 759.59 hm^2,耕地主要的增加来源为草地,有 19 504.17 hm^2 的草地转为了耕地,占耕地新增总面积的 51.65%;其次,耕地的增加来源为草地和水域,分别占耕地新增总面积的 24.66%和 23.33%。

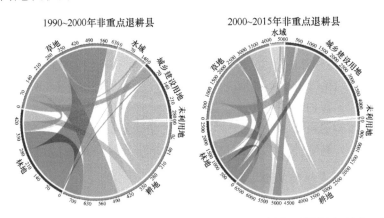

图 4.3 1990~2015 年山西省非重点退耕县土地利用转移弦图(彩图请扫封底二维码)

2000~2015 年耕地的转出总面积为 478 560.06 hm^2,其中主要转出去向仍是建设用地,面积为 291 468.33 hm^2,占耕地转出总面积的 60.91%;从新增来源来看,耕地新增总面积为 27 067.77 hm^2,耕地的主要来源仍是草地,来源于草地的面积分别为 110 258.01 hm^2,占耕地新增总面积的 56.43%。

3)山西省耕地转换为林地或草地的空间格局

从山西省耕地转为林地或草地的整体分布来看(图 4.4),退耕还林工程实施对区域土地利用的影响比较显著。研究 1990～2000 年山西省县（区）虽然有耕地向林地和草地转移，但由于转移面积较小，只有沁水县和大同县耕地转林地、草地的面积较多，其余各县耕地转林地草地的面积均小于 600 hm²。2000～2015 年耕地转林地、草地面积大幅增加，空间转换活跃度更高，因而能够更清楚地观察到耕地向林地草地转移的空间分布。耕地转林地草地比较明显的地区主要集中在山西省西北部的吕梁山脉沿线以及长治市和临汾市一带，其中吕梁山脉沿线属于黄土丘陵沟壑区，生态环境脆弱、气候比较干旱、植被覆盖稀少、水土流失严重，是生态环境治理的重点区域。

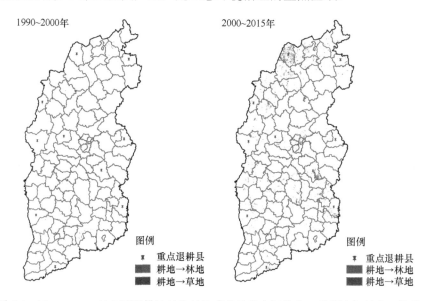

图 4.4　1990～2015 年山西省耕地转为林地或草地的空间分布（彩图请扫封底二维码）

退耕还林工程实施之前（1990～2000 年），山西省耕地转为林地草地总面积为 10 815.93 hm²，其中耕地转为林地面积占 52.0%，耕地转为草地面积占 48.0%。从山西省耕地转为林地草地的空间分布来看（图 4.4），虽然有耕地向林地和草地转移，但由于转移面积较小，因而转移效果并不显著，只有沁水县和大同县耕地转林地草地的面积较大，分别为 3225.51 hm² 和 1561.77 hm²，其余各县耕地转林地草地的面积均小于 600 hm²，其中有 82.6% 的县耕地转林地草地的面积在平均水平 94.05 hm² 以下。

国家退耕还林工程实施之后（2000～2015 年），山西省耕地转林地草地总面积为 245 891.97 hm²，其中耕地转为林地面积占 43.0%，耕地转为草地面积占 57.0%。与退耕之前相比，退耕后耕地转为林地草地面积大幅增加，空间转换活跃度更高，因而能够更清楚地观察到耕地向林地草地转移的空间分布（图 4.4）。耕地转为林地草地比较明显的地区主要集中在山西省西北部的吕梁山脉沿线以及长治市一带，其中耕地转为林地草地效果最明显且面积在 5000 hm² 以上的县域有：朔州市的右玉县、平鲁区，晋中市的榆社县，长治市的沁源县、平顺县、壶关县，吕梁市的临县，以及忻州市的原平市、岢岚县。

对比退耕还林工程实施前后山西省耕地转为林地草地的空间分布，退耕后耕地转为林地草地的效果显著，耕地转为林地草地面积较大的地区主要集中在水土流失较严重的黄土丘陵沟壑区和土石山区。重点退耕县也取得了一定的成效，退耕后耕地转为林地草地面积共为 73 147.32 hm^2，占山西全省耕地转为林地草地面积的 29.75%。从耕地转为林地草地效果显著的这些区域来看，与《黄土高原地区综合治理规划大纲》中所划分出的生态环境重点治理区域基本契合。

4.1.3.2 退耕前后粮食生产的时空变化

1）粮食生产的时间变化

山西省 1990～2015 年粮食生产变化情况，无论是粮食种植面积，还是单产和总产相对比较稳定，稳中有升（图 4.5）。从粮食播种面积来看，1990～2000 年粮食播种面积保持平稳波动。2000～2006 年，粮食播种面积呈波动减少的趋势，可能是受到退耕还林工程实施的影响以及城镇化建设加快的占用；2006～2015 年，粮食播种面积缓慢回升，2010 年回升到退耕前的水平，之后基本保持平稳，这可能是由于退耕地造林任务量减少（刘璨，2015），以及国家对农业的政策支持和对耕地的保护性措施实施，如粮食直补、耕地占补平衡等（孙蕊等，2014）。从粮食总产量和粮食单位面积产量来看，山西省的粮食总产量和粮食单产都是呈总体上升趋势，粮食总产量由 1990 年的 969.00×10^4 t 增加到 2015 年的 1259.57×10^4 t，增幅为 30.00%，粮食单产由 1990 年的 2945.10 kg/hm^2 提高到 2015 年的 3831.75 kg/hm^2，提高了 30.10%。虽然退耕后山西省耕地面积减少了 34.58×10^4 hm^2，但是生态环境得到了改善，提高了未退耕地的粮食单产水平和生产能力，促进了农业集约化生产（刘强，2016），因而从长期来看，粮食总产量和粮食单产都呈上升趋势。

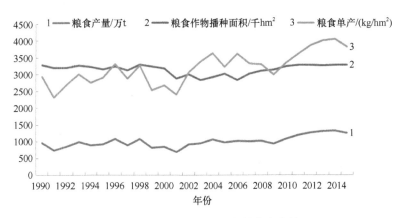

图 4.5　1990～2015 年山西省粮食生产情况

2）粮食总产量的时空变化

从山西省粮食总产量变化情况来看（表 4.2），2000～2015 年山西省粮食总产量呈上升趋势，增加了 68.12%。其中重点退耕还林工程实施县的平均粮食总产量从 43 922.30 t 增加到了 67 936.10 t，增幅为 54.67%；非重点退耕还林工程实施县平均粮食总产量由 79 456.27 t 增加到了 134 148.28 t，增幅为 68.83%，两者都高于全国粮食总产量 42.93% 的增幅。但是重点退耕县的平均粮食总产量与非重点退耕县相比，仍有很大的差距，增加幅度也小于非重点退耕县。这主要由于重点退耕县是根据生态退化严重等原则选择的结果，其自然环境较差、农业生产条件相对落后，粮食总产量相对较低；其次，作为重点退耕县受到退耕的影响较大，耕地面积减少了 $6.27×10^4$ hm²，因此虽然粮食总产量是增加的，但是增幅要小于非重点退耕县。

表 4.2　山西省退耕工程实施前后平均粮食总产量变化

指标	2000 年粮食总产量/t	2015 年粮食总产量/t	总产增幅/%
重点退耕县平均值	43 922.30	67 936.10	54.67
非重点退耕县平均值	79 456.27	134 148.28	68.83
全省平均值	76 366.36	128 390.70	68.12

从山西省粮食总产量的空间分布来看（图 4.6a、图 4.6b），2000 年和 2015 年山西省粮食总产量的低值区和高值区所处位置基本一致，2015 年粮食总产量普遍高于 2000 年，其中运城市的粮食总产量表现最为突出，13 个县中有 11 个县的粮食总产量都在 $16.00×10^4$ t 以上，还有 2 个县的粮食总产量也在 $9.00×10^4$ t 以上。粮食总产量较低的地区主要集中在山西省西部的吕梁山脉一带，这一地区正属于黄土高原治理区的黄土丘陵沟壑区，地形破碎、气候干旱、植被稀少、水土流失严重，因而自然生产条件差、农业生产能力低下，粮食总产量普遍较低。而粮食总产量高的地区主要集中在山西省主要盆地、川道、平原、高原等处：天镇县至朔城区一带的大同盆地、灵丘县至忻州市一带的忻定盆地、榆次区至介休市一带的太原盆地、榆社县至泽州县一带的长治盆地以及洪洞县至芮城县一带的临汾盆地和运城盆地，这些地区地势平缓、水热条件好，更适宜农业生产，因而粮食总产量相对更高。

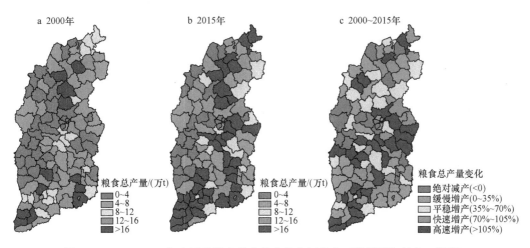

图 4.6　2000～2015 年山西省粮食总产量变化空间分布（彩图请扫封底二维码）

从 2000～2015 年山西省粮食总产量的增加幅度来看（图 4.6c），粮食总产量以增加为主，80.0% 以上的县都有不同程度的增产，增幅较大的地区主要集中在山西省中部一带以及临汾盆地和运城盆地一带，其中晋中市增产最明显，有 8 个县为高速增产；另外有 17 个县是减产（大同市城区无粮食产量不算在内），其中有 9 个县分布在黄土丘陵沟壑区。从重点退耕还林工程实施县来看，榆社县和平陆县为高速增产，广灵县、平顺县和平定县为快速增产，增产幅度都高于全省 68.12% 的平均增幅；而其他分布于黄土丘陵沟壑区的 5 个县中，吉县和保德县为缓慢增产，增产幅度低于全省平均增幅，娄烦县、右玉县和临县为绝对减产。

3）粮食单位面积产量时空变化

从粮食单产变化情况来看（表 4.3），2000～2015 年山西省的平均粮食单产水平不断提高，由 2000 年的 2711.89 kg/hm^2 提高到 2015 年的 4232.10 kg/hm^2，增幅为 56.06%，高于全国平均水平的 30.32% 的增加幅度，并且粮食单产水平也高于全国的平均水平，全省由 18 个县增加到了 32 个县。但是与全国平均粮食单产水平相比，仍有较大的差距，山西省整体粮食单产水平较低、有待进一步提高。

表 4.3 2000～2015 年山西省粮食单产变化情况对比

指标	2000 年粮食单产/（kg/hm^2）	2015 年粮食单产/（kg/hm^2）	单产增幅/%
重点退耕县平均值	1912.63	3131.01	63.70
非重点退耕县平均值	2788.01	4336.97	55.56
全省平均值	2711.89	4232.10	56.06
全国平均值	4261.15	5553.02	30.32

对比例点退耕还林工程实施县与非重点退耕还林工程实施县，重点退耕县的粮食单产水平由 2000 年的 1912.63 kg/hm^2 提高到了 3131.01 kg/hm^2，增幅为 63.70%；非重点退耕县由 2788.01 kg/hm^2 提高到了 2015 年的 4336.97 kg/hm^2，增幅为 55.56%。虽然重点退耕县的粮食单产水平与非重点退耕县有不小的差距，但是单产增幅要高于非重点退耕县。自然环境差是造成重点退耕县粮食单产水平较低的主要原因，而单产增幅较高是由于退耕将水土流失严重、生产能力低下的坡耕地转为林地或草地，促进了土地集约利用，同时使得节省下来的生产要素向没有退耕的耕地转移，从而大大提高了土地利用效率和粮食单产水平（查小春和赖作莲，2010）。从 2000～2015 年粮食单产水平的县域统计情况来看（表 4.4），2000 年山西省的粮食单产水平普遍较低，处于 2000 kg/hm^2 以下和 2000～3000 kg/hm^2 区间的县域最多，分别有 39 个县和 35 个县，占了县域总数的 64.34%，而高于全国平均单产水平的只有 18 个县；2015 年粮食单产水平显著提高，处于 4000～5500 kg/hm^2 和高于 5500 kg/hm^2 区间的县域最多，都是 32 个县，占了县域总数的 55.66%，而高于全国平均单产水平的县域数量增加到了 32 个县。

表 4.4 2000 年和 2015 年山西省粮食单产水平县域统计

年份	单产水平	<2000	2000～3000	3000～4000	4000～5500	>5500
2000 年	县域数量/个	39	35	18	20	3
	占比/%	33.91	30.43	15.65	17.39	2.61
2015 年	县域数量/个	23	17	11	32	32
	占比/%	20.00	14.78	9.57	27.83	27.83

从粮食单产的空间分布来看（图 4.7a、图 4.7b），低值区主要都集中在西北部的黄土丘陵沟壑区，单产大多都低于 2000 kg/hm^2，粮食单产水平较高的地区主要分布在山西省中部和南部的河谷平原区以及东部的土石山区。根据《黄土高原地区综合治理规划大纲》所述，黄土丘陵沟壑区水土流失严重，坡耕地多、土地贫瘠，长期采用广种薄收

的方式进行农业生产,因而粮食单产水平普遍较低;而河谷平原区和土石山区水土流失较轻,特别是河谷平原区地处东西太行吕梁两山之间的中小盆地及河流谷底,自然资源相对丰富,是山西省重要的农业区和经济活动中心,农业技术相对先进,因而粮食单产水平相对较高。

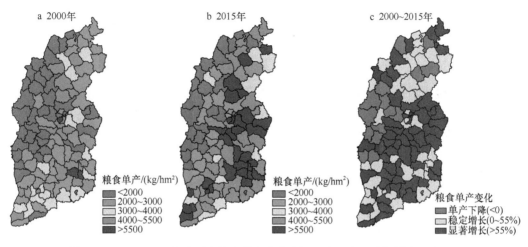

图 4.7 2000~2015 年山西省粮食单产变化空间分布(彩图请扫封底二维码)

从单产增加幅度来看(图 4.7c),单产水平以增长为主,其中单产显著增长的县域占了 50%,主要集中在晋中市和山西省的中部地区,但也有 15 个县的单产水平是下降的,单产下降的地区主要集中在西部的黄土丘陵沟壑区。重点退耕县中右玉县、临县和娄烦县单产水平下降,吉县单产水平略微提高,其余的 6 个县单产水平均显著提高,单产增幅都明显高于全省平均增幅。

4.1.3.3 实证分析结果

本文在科布-道格拉斯生产函数的基础之上,引入粮食播种面积与退耕还林工程实施累计面积的交互项,以便考察退耕还林对粮食总产量以及边际总产量的影响,运用 stata15.1 软件对数据进行回归计算,估计结果如表 4.5 所示。

表 4.5　模型估计结果

$\ln Y$	系数	标准误	T 值	P 值
$\ln M$	0.279	0.065	4.290	0.000
$\ln C$	0.756	0.115	6.570	0.000
$\ln L$	−0.171	0.138	−1.240	0.216
$\ln S$	0.190	0.105	1.810	0.071
$\ln C*\ln S$	−0.015	0.011	−1.430	0.153
Cons	1.952	1.669	1.170	0.243
Margins($\ln S$)	0.038	0.011	3.32	0.001
Margins($\ln C$) at ($\ln S$)	0.740	0.112	6.59	0.000

从估计结果来看,退耕还林工程实施对粮食生产具有显著的正向影响。累计退耕还林面积增加 1.0%,引起粮食总产量平均增加 0.038%;而累计退耕还林面积增加 1.0%,

引起粮食边际总产量平均增加 0.740%，即粮食单位面积产出平均增加 0.740%。可以看出，虽然退耕还林工程实施短期内会导致粮食播种面积减少，但是退耕还林工程可以促使农户的农业生产由粗放型向集约型、精细型生产方式转变，并且可以有效地改善区域生态环境、生产要素与土壤肥力，带动粮食单位面积产量的提高（封志明等，2002；刘忠和李保国，2012），从而提高粮食总产量。

无论是否实施退耕还林工程，农业机械总动力对粮食总产量均具有显著的正向影响，农业机械总动力每增加 1.0%，引起粮食总产量增加 0.279%。然而劳动力对粮食总产量的影响不显著，其原因在于，一是农业机械化的推进对劳动力具有一定的替代的作用，在一定程度上弱化了劳动力要素对粮食生产的贡献；二是农村劳动力存在部分剩余，导致粮食生产存在"内卷化"，即"过密增长"现象，并且粮食生产者呈现老龄化、兼业化和教育水平低下现象（王跃梅等，2013；杨义武等，2017），因而增加一单位劳动投入不会对粮食生产产生明显效应。

4.1.4　小结

基于科布-道格拉斯生产函数，综合分析了国家退耕还林工程实施对山西省土地利用时空变化和粮食生产的影响。

退耕工程实施对区域土地利用的影响。对比退耕工程实施重点县和非重点县土地利用转移的时空变化，退耕后两者耕地面积都显著减少，而重点县耕地面积减少的幅度更明显；耕地面积大部分转化为林地，所以两者林地面积在都在增加，而退耕工程重点县林地增幅远高于非重点县；退耕工程重点县的草地面积是增加的，而非重点退耕县的草地面积有增有减。退耕工程实施之后退耕重点县的耕地主要转向为林地和草地，非退耕重点县耕地的主要转向为建设用地，可见退耕重点县受到退耕还林的影响更大，退耕效果显著。在退耕工程实施的空间分布上，水土流失相对严重的黄土丘陵沟壑区，耕地转为林地和草地控制水土流失的效果更显著。

退耕工程实施对区域粮食生产的影响。在省域水平的粮食生产，从时空变化来看，山西省实施退耕还林工程的 15 年期间，粮食作物面积呈先波动减少后稳定回升的趋势，粮食总产量和粮食单产水平并没有减少，而是呈现稳步上升的趋势，特别是退耕重点县的单产水平明显提高，且增幅高于全省平均水平，说明长期来看退耕还林工程实施并没有造成粮食总产量的减少。从空间分布来看，粮食总产量与粮食单产的低值区和高值区大体一致，说明粮食单产对粮食总产量有明显影响。

一些研究表明短期内退耕还林工程实施造成了部分地区粮食减产，本项研究发现山西省退耕还林工程实施对粮食生产具有显著的正向影响，虽然退耕还林工程实施在短期内会导致粮食播种面积减少，但是退耕可以带动粮食单位面积产量的提高，从而提高粮食总产量。

4.2　退耕还林工程实施对农业产业结构的影响

中国已经实施 20 年的退耕还林工程作为世界上规模最大、投资最多的生态系统服务付费项目，不仅担负着提升生态系统可持续供给能力的生态修复任务，而且通过资源要素重组的方式直接作用于农户的收入结构与生产方式（李国平等，2015；杨兴洪等，2003）。中央设计的退耕还林工程的目标是既要实现"生态环境的改善"，又要实现"农民收入的增加"，同时还要兼顾农业产业结构的调整与优化（徐晋涛等，2004）。农业结构的调整可以促使农业内部各部门之间的关系日趋合理，生产效率得到提高；其次，也有助于农业在市场机制的作用下与外部产业部门结合成新型的经济关系，以推动农业与农村经济的整体发展（阎占定，2004）。

退耕还林工程实施在植被恢复（赵安周等，2017）、水土保持（殷小菡等，2018）、生态系统服务价值（丁振民和姚顺波，2019）等方面发挥着重要的作用，同时在促进非农就业转移（Yao and Guo，2010）、减贫增收（刘璞和姚顺波，2015；王庶和岳希明，2017）等方面也得到了比较一致的结论。然而，由于研究的样本选择与分析方法存在差异，退耕还林工程能否引起农业产业结构调整与优化的结论尚不明确。

从理论上来看，退耕还林工程将会从土地、劳动力两个方面影响农户的农业生产决定，进而影响当地农业生产结构的调整。退耕还林工程把部分耕地转变为林地或草地，致使可耕地面积减少，土地投入供给不足，农户就会考虑在有限的耕地上实现最大的收益，加上政府的积极引导，理性个体会选择耕种经济收益更高的经济作物，作物结构发生变化，最终表现出农业生产结构的变化（杜富林，2008）。

在劳动力方面，退耕农户退耕之后，自己拥有的总耕地面积减少，释放了依附在劣质耕地上的部分劳动力，农户一改往日广种薄收的陋习，集中精力转向精耕细作或高产值、附加值的种植业，农村劳动力结构和农业生产结构均发生变化，农户收入也显著提高（杨小鹏，2007）。部分学者认为退耕还林工程实施促进了县域农村经济结构的调整和经济的发展（李卫忠等，2007），并且农业生产结构合理化综合指数提升（姚顺波等，2008；张芳芳，2010）；但也有研究表明退耕还林工程实施前期会引起种植业结构发生显著的变化，但补贴停止后又会回到初始的状态（王爱民，2005），退耕还林工程推动农业生产结构调整的目标并未实现（徐晋涛等，2004；易福金和陈志颖，2006）。

已有研究大多采用描述统计的方法分析退耕还林工程实施前后农业产业结构的变化情况，退耕还林工程实施对农业产业调整的内在路径并未被完全揭示，特别是退耕还林工程实施是否会因挤占耕地而影响农业产值在农林牧渔业产值中的相对优势度还需要进一步探索。作为农业生产的重要部门，如何保持种植业生产优势的同时，又能兼顾农业生产结构合理化、均衡化的目标是退耕还林工程推进需要重点关注的问题之一。基于此，本文以山西省 117 个县为研究对象，在计算农业产值区位商的基础之上，运用面板回归方法探讨退耕还林工程实施对农业产值区位商的作用方式，以期为退耕还林工程的后续推进提出合理的建议。

4.2.1　研究区概况

山西省地处中国华北地区的黄土高原东部，位于太行山以西、吕梁山以东、黄河中游东岸，34°34′N～40°44′N、110°14′E～114°33′E，总面积 $15.67×10^4$ km²。省内地貌复杂，以高原、山地、丘陵为主，平原面积仅占总面积的 19.72%。全省生态环境较为脆弱，水土流失严重，耕地质量较差，坡耕地面积占耕地总面积的比例接近 50.0%，适合农业耕作的土地面积很少。气候属于温带大陆性气候，冬冷夏热，四季分明。

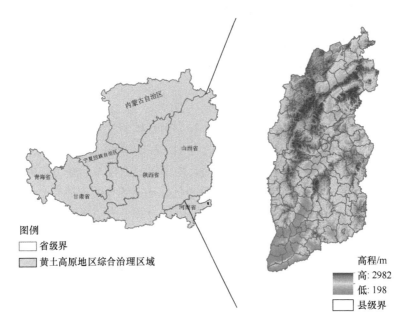

图 4.8 研究区地理位置示意图（彩图请扫封底二维码）

山西省下辖 11 个地级市，117 个县级行政单位（25 个市辖区、11 个县级市、81 个县）。2017 年年末常住人口 3702 万人，其中农村人口 1579 万人，占总人口的 42.65%。2018 年地区生产总值为 16 818.11×10⁸ 元，比上年增加 6.7%，第一产业、第二产业和第三产业产值分别为 740.64×10⁸ 元、7089.19×10⁸ 元和 8988.28×10⁸ 元，分别占地区生产总值的 2.1%、4.5% 和 8.8%。山西省退耕还林工程始于 2000 年，最先在黄河流域 16 个县开展试点，2002 年退耕还林工程规模范围覆盖全省；近年来，山西省以平均每年造林 20.0×10⁴～30.0×10⁴ hm² 以上的速度增长，保持了森林覆盖率年均 1.0% 的提升；截至 2018 年，山西全省累计完成退耕还林 182.02×10⁴ hm²，森林面积由 1999 年的 206.30×10⁴ hm² 提高到 321.09×10⁴ hm²，全省森林覆盖率达 20.5%，森林覆盖率在 30.0% 以上的县（市、区）达到 39 个，占全省 1/3；而山西全省森林覆盖率在新中国建立初期只有 2.4%，1999 年仅为 13.29%；通过坚持不懈治理水土流失，目前全省累计治理面积超过 60.0%，每年向黄河的输沙量由新中国成立初期的 4.0×10⁸ t 左右减少到目前的 1700×10⁴ t。

4.2.2 数据获取与研究方法

4.2.2.1 数据来源及处理

本研究采用的数据按用途可划分为两大类：一类是描述统计数据。种植业主要包括粮食、油料、棉花、糖料、麻类、烟叶、蔬菜、瓜果、药材、其他农作物等，粮食作物又可细分为小麦、玉米、薯类、豆类、谷子、高粱、稻谷等。考虑到山西省的耕作传统，棉花、糖料、烟叶、麻类、药材以及其他作物 6 种类型的种植面积较小或部分县（区）没有种植，故本文将这 6 类合并为其他作物，将其和粮食、油料、蔬菜瓜果类统称为农作物一级分类；将谷子、稻谷、高粱等合并为其他谷物，将其和小麦、玉米、薯类、豆类统称为农作物二级分类。因此本文对种植业内部生产结构一级作物的分析主要基于粮食、油料、蔬菜瓜果类和其他作物 4 类，二级农作物的分析主要基于小麦、玉米、薯类、豆类和其他谷物 5 类。其中，山西省农作物总播种面积数据、各作物种类播种面积数据、各作物种类产量数据和农林牧渔业产值数据来源于国家统计局分省年度数据，时间为 2000~2015 年；各市县（区）农林牧渔业产值数据来源于《山西统计年鉴》，时间点为 2000 年、2005 年、2010 年和 2015 年。

研究所用的 1990 年、2000 年、2005 年、2010 年和 2015 年 5 期的土地利用分类数据、气温和降水数据以及山西省的高程数据（DEM）均来源于中国科学院资源环境科学数据中心。其中土地利用分类数据参照中国科学院土地利用分类体系划分为六大类，分别是耕地、林地、草地、水域、城乡建设用地和未利用地，其中城乡建设用地又分为城镇用地、农村居民点和其他建设用地，该数据空间分辨率为 30.0 m×30.0 m，土地利用一级分类综合评价精度达到 94.3%以上，二级类型分类综合精度达 91.2%以上（刘纪远等，2014），可以满足研究的需要。

4.2.2.2　研究方法

1）农业产值区位商的测度

区位商通常用于度量一个产业是否是该地区的专业化部门，是 P Haggtt 于 1996 年基于区域比较优势理论提出的（余雷，2016），可根据其值大小判断区域优势、劣势产业的变化情况，被广泛应用于地理学、区域经济学等（Billings et al.，2012；王伟和王成金，2016），计算公式如下：

$$M_i = \frac{n_i / n}{N_i / N} \qquad (4.2)$$

本文只计算农业产值区位商，式中各符号含义如下：n_i 和 N_i 分别表示 i 县及 i 县所在市的农业总产值；n 和 N 分别表示 i 县及 i 县所在市的农林牧渔总产值。M_i 即 i 县农业产值区位商；$M_i > 1$，说明 i 县农业部门的生产规模较 i 县所在市的平均水平处于优势；$M_i < 1$，说明 i 县农业部门的生产规模较 i 县所在市的平均水平处于劣势；M_i 值越大，农业的比较优势越明显。

2）最小二乘虚拟变量法

为了探究山西省累积退耕还林（草）实施面积对农业产值区位商的影响，本文拟采用最小二乘虚拟变量法（LSDV）进行回归。虚拟变量最小二乘法相对于普通最小二乘法回归更具有稳健性，同时可以解决面板固定效应模型无法回答不随时间而变的变量问题。其基本模型设定如下：

$$M_{AP} = \alpha + \beta_1 area_i + \beta_2 area_i^2 + \sum \gamma_i z_i + \sum \delta_i id_i + \varepsilon_i \qquad (4.3)$$

式中，下标 i 表示山西的某个县（区）；M_{AP} 表示农业产值区位商，可以反映农业产值的比较优势度；area_i 是解释变量，代表相应县（区）在相应年份累积退耕还林草的面积；为了减少实证误差，避免遗漏重要变量而造成模型估计结果有误，引入 Z_i 表示一系列控制变量，包括是否是退耕还林工程实施的示范县、城镇化率、年均气温、年降水量、气温与降水的交互项和坡向。γ 和 σ 代表估计参数，id 是个体虚拟变量，ε_i 是随机扰动项。各变量的定义及描述性统计见表4.6。

表4.6 构建模型变量定义及其描述

变量	符号	单位	定义	均值	方差
农业产值区位商	M_{AP}	—	各县（区）农业产值的比较优势度，计算所得	0.9506	0.2190
累积退耕还林草面积	area	100km²	各县（区）耕地转为林地草地的面积，遥感影像提取	0.1339	0.2967
是否是退耕还林示范县	key	—	是否属于黄土高原地区综合治理示范县，是为1，不是为0	0.0868	0.2818
城镇化率	rate	%	城镇用地占城乡、工矿、居民用地的比例，遥感影像提取	0.2473	0.1993
年均气温	tem	℃	插值并提取	9.6372	2.2629
年降水量	per	mm	插值并提取	487.1594	74.0131
坡向	aspect	°	基于DEM数据在ArcGIS中计算所得	−85.77	14.0492

进一步对三个指标的计算进行补充说明：①累积退耕还林草面积：中国传统定义或约定成俗，由于耕地属于经济用地，林地草地属于生态用地，生态用地向经济用地的转移成本远大于转移后的收益，故自发状态下发生这种土地利用转移的概率一般较小（丁振民和姚顺波，2019）。因此，本文将1990年作为基准期，分别计算2000年、2005年、2010年和2015年耕地向林地、草地转移所带来的累积耕地面积减少量以表征退耕强度。以2015年为例，在ArcGIS中用栅格计算器计算出1990~2015年的土地利用转移矩阵，再用面积制表功能以县为单位提取耕地转为林地和草地的面积并加总。②是否是退耕还林工程实施示范县：黄土高原地区综合治理规划大纲中将山西省的娄烦、右玉、保德、临县、吉县、广灵、平定、榆社、平顺和平陆共10个县（区）划为退耕还林工程实施示范县，本文基于此划分标准将山西省的县（区）划分为两类，以控制政府的退耕偏好。③城镇化率：城镇化率指标的度量方法参照李昕等（2012）的定义，用城镇用地在城乡、工矿、居民用地中所占的比例来表征城镇化率，以反映城镇扩张的水平。在其他条件不变的情况下，城乡建设用地的扩张会占用部分优质的耕地，导致粮食生产面积的减少，因此城镇化率的提高可能对种植业区位熵产生负向影响。

4.2.3 退耕对农业产业结构的影响

4.2.3.1 退耕前后耕地转移情况

2000年退耕还林工程在山西省试点实施，2002年在全省范围内启动，因此本文将2000年作为山西省耕地转移为非农业用地分析的时间节点，将1990~2000年定义为退耕还林工程实施之前，2000~2015年定义为退耕还林工程实施之后，着重分析在经济发展与生态修复政策共同作用下的耕地转移情况。

山西省1990~2015年耕地转为林地、草地的时空分布如图4.9所示。1990~2000年，耕地向林地、草地转移的面积分别为5631.57 hm²、5279.13 hm²，零星分布于晋城市沁水县，晋中市灵石县，大同市大同县、左云县和阳高县等地。2000～2015 年，耕地转为林地、草地的面积分别是 106 872.93 hm²、139 664.61 hm²，分别是 1990～2000 年耕地向林地、草地转移面积的 18.98 倍、26.46 倍。从耕地转移类型上来看，耕地向林地转移的区域主要有大同市的左云县、原平市，吕梁市的中阳县，长治市的襄垣县、平顺县和沁源县，朔州市的朔城区、平鲁区、右玉县和怀仁县。耕地向草地转移的主要区域为朔州市的平鲁区，晋中市的榆社县，忻州市的岢岚县，长治市的平顺县和壶关县，吕梁市的兴县和临县。总体上来看，耕地向林地、草地转移的区域基本包含《黄土高原地区综合治理规划大纲》规定的退耕还林工程实施的示范县。

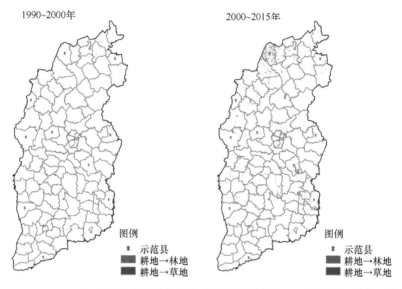

图 4.9　1990～2015 年山西省耕地转为林地或草地的时空分布（彩图请扫封底二维码）

　　从退耕还林工程实施非示范县来看（表 4.7），1990～2000 年山西省耕地转出面积为 38 460.87 hm²，耕地转入面积为 37 759.59 hm²，耕地总面积净减少 701.28 hm²。耕地向城乡建设用地转出 23 839.74 hm²，占耕地转出面积的 61.98%；其次是耕地转为林地和草地，分别占耕地转出面积的 14.52% 和 13.03%。2000～2015 年，山西省耕地总面积净减少 283 181.85 hm²，耕地向城乡建设用地转移的面积为 291 468.33 hm²，占耕地转出面积的 60.91%，是 1990～2000 年耕地向城乡建设用地转移面积的 12.23 倍。耕地向林地、草地转移的面积分别为 83 647.35 hm² 和 89 097.3 hm²，分别占耕地转出面积的 17.48% 和 18.62%；与 1990～2000 年相比，耕地向林地、草地转移面积占耕地转出面积的比例上升；并且耕地向林地转移的面积是 1990～2000 年的 14.98 倍，向草地转移的面积则是 1990～2000 年的 17.78 倍。

　　从退耕还林工程实施示范县来看（表 4.7），1990～2000 年，山西省耕地转出面积为 1697.31 hm²；其主要转出的去向依然为城乡建设用地，转出面积为 1413.45 hm²，占耕地转出面积的 83.28%，说明山西省的城镇化发展速度较快；其次耕地分别向林地、草地转移的面积为 40.05 hm² 和 179.73 hm²，分别占耕地转出面积的 2.36% 和 10.59%。2000～2015 年山西省耕地转出了 89 683.83 hm²，是 1990～2000 年耕地转出量的 52.84 倍，耕地转出的主要去向是林地、草地，分别占耕地转出面积的 55.81% 和 25.76%，转为林地、草地的面积则分别是 1990～2000 年的 278.49 倍和 576.90 倍。

表 4.7　山西省退耕还林示范县与非示范县耕地转变情况　　（单位：hm²）

转变类型	退耕还林非示范县		退耕还林示范县	
	1990～2000 年	2000～2015 年	1990～2000 年	2000～2015 年
耕地转出	38 460.87	478 560.06	1 697.31	89 683.83
耕地转入	37 759.59	195 378.21	7 036.83	27 067.77
耕地净变化	701.28	−283 181.85	5 339.52	−62 616.06
耕地转为林地	5 584.5	83 647.35	40.05	23 104.71
	14.52%	17.48%	2.36%	25.76%
耕地转为草地	5 011.47	89 097.3	179.73	50 053.59
	13.03%	18.62%	10.59%	55.81%
耕地转为城乡建设用地	23 839.74	291 468.33	1 413.45	15 559.11
	61.98%	60.91%	83.28%	17.35%
耕地转为其他类型	4 025.16	14 347.08	64.08	966.42
	10.47%	3.00%	3.78%	1.08%

总体来看，在山西省退耕还林工程实施之前，在缺乏完善的生态环境规章制度与存在外部经济机会时，耕地向林地、草地转移的面积相对较小，其主要向城乡建设用地转移以追求更高的土地经济价值。而在退耕还林工程实施之后，退耕还林工程促使耕地向林地、草地转移的比例大幅度提升，特别是在退耕还林工程实施示范县表现得尤为突出，说明退耕还林工程的实施取得了一定的效果。

4.2.3.2　耕地农作物播种面积变化

山西省耕地总资源和农作物的面积变化如图 4.10 所示，随着 2000 年退耕还林工程在山西省开始实施，2000～2005 年全省耕地总面积急剧下降，农作物总播种面积也随之波动下降；2004 年山西退耕还林工程规模开始有所收缩，且 2006 年 8 月施行的《耕地占补平衡考核办法》，要求各县级以上国土资源管理部门建设占用多少耕地，各地人民政府就补充划入多少数量和质量相当的耕地，以保证耕地总体的数量和质量。因此，

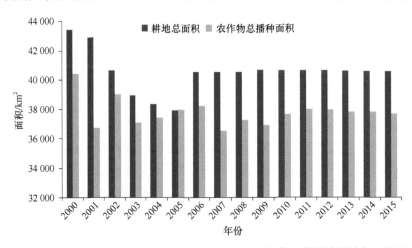

图 4.10　2000～2015 年山西省耕地面积和农作物面积变化（彩图请扫封底二维码）

2006 年开始山西省耕地总资源面积有所增加，此后其变化较为平稳，一直保持在 40 600 km² 左右，而农作物总播种面积则在 2010 年之后保持平稳，维持在 37 800 km² 左右。

4.2.3.3　农业产值与结构变动特征

随着退耕还林工程和城市化进程的加快，山西省的农业发展方向与结构发生了一定的调整（表 4.8、图 4.11）。2000～2015 年，山西省农林牧渔产值比例由 67.73∶3.95∶27.82∶0.51 变为 63.28∶6.78∶29.35∶0.59，农作物播种面积结构变化率为 17.46%，远低于全国的 57.80%（翟荣新等，2009），反映了山西省农业结构调整幅度小于全国平均水平。受退耕还林工程实施的影响，山西省农业产值在 2000～2001 年有所下降，此后逐年上升。林业产值在 2000～2001 年、2002～2006 年呈下降趋势，此后逐年增加，畜牧业和渔业产值在 15 年间整体呈现上升趋势。研究时间段内，农业产值占农林牧渔总产值的比例下降了 4.45%，林业、畜牧业和渔业占农林牧渔总产值的比例分别上升了 2.83%、1.53% 和 0.08%。虽然农业产值占农林牧渔总产值的比例有所下降，但它在近 25 年仍占据主导地位。林业和畜牧业上升势头良好；在退耕还林工程和城镇化的影响下，农业比例将持续缓慢降低，林业和畜牧业的地位将会逐渐提升。由于山西省地处中国北方，自然条件相对比较恶劣，加上当地的生活习惯，山西省的渔业产值近 15 年一直徘徊在 0.50%～0.60%，整体规模很小，受退耕还林工程实施的影响也不大。

表 4.8　2001～2015 年山西省农林牧渔总产值变化及其构成　　　　（单位：亿元）

指标	2001 年	2003 年	2005 年	2007 年	2009 年	2011 年	2013 年	2015 年
农业产值	191.26	249.45	281.74	381.87	548.43	711.61	839.06	846.87
林业产值	12.28	20.36	16.52	24.39	48.17	70.64	85.26	90.78
畜牧业产值	96.26	111.93	148.59	151.68	237.95	310.8	363.3	392.74
渔业产值	1.73	1.97	2.69	3.4	4.86	6.6	7.9	7.86
农林牧渔总产值	301.53	383.71	449.54	561.34	839.41	1099.65	1295.52	1338.25

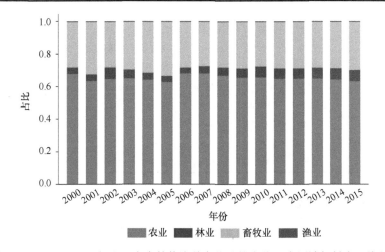

图 4.11　2000～2015 年山西省农林牧渔总产值结构变化（彩图请扫封底二维码）

退耕还林工程实施并没有导致山西省粮食作物播种面积和产量下降，2000～2015 年两者均呈波动上升趋势，但其变化波段并不一致（表 4.9、表 4.10）。山西省粮食播种面积在 2000～2001 年、2002～2003 年、2006～2007 年、2012～2013 年下降，而其产量的下降时间段则为 2000～2001 年、2004～2005 年、2008～2009 年和 2014～2015 年。除 2000～2001 年两者的变化趋势较为吻合外，其余时间段粮食产量的下降均滞后于粮食播种面积的下降。2002～2003 年粮食播种面积明显下降的情况下，粮食产量却有所回升，说明粮食产量并不与粮食作物播种面积呈强烈的正相关，基础设施、耕地质量、播种技术、作物类型、农户的积极性、气候因素等也是影响粮食产量的关键因素。因此，只要保证适当的耕地数量，合理利用基本农田，粮食产量不会因坡耕地面积的减少而受到明显的影响。研究时间段内，粮食作物播种面积的份额一直居于主导地位，占农作物总播种面积的比例一直徘徊在 80% 左右，但产量的份额保持在 50% 左右。与 2000 年相比，2015 年粮食播种面积增加了 3.16%，粮食产量增加了 47.60%，可见粮食作物单位产量的提升是导致粮食总产量增加的主要原因。

表 4.9　2000～2015 年主要年份山西省农作物播种面积及其占比（单位：10^3 hm^2）

年份	粮食	作物种类					油料	蔬菜瓜果类	其他作物
		小麦	玉米	豆类	薯类	其他谷物			
2000 年	3186.46	893.23	793.68	484.11	375.61	639.83	417.06	291.32	147.58
	78.83%	24.91%	28.03%	15.19%	11.79%	20.08%	10.32%	7.21%	3.65%
2005 年	3033.59	721.03	1183.72	346.25	353.97	428.62	273.38	244.93	243.45
	79.93%	39.02%	23.77%	11.41%	11.67%	14.13%	7.20%	6.45%	6.41%
2010 年	3239.23	728.47	1548.93	334.03	190.38	437.42	156.95	251.43	116.31
	86.06%	47.82%	22.49%	10.31%	5.88%	13.50%	4.17%	6.68%	3.09%
2015 年	3287.19	675.09	1676.86	318.78	189.19	427.27	121.19	283.26	76.07
	87.25%	51.01%	20.54%	9.70%	5.76%	13.00%	3.22%	7.52%	2.02%

表 4.10　2000～2015 年主要年份山西省农作物产量及其占比　（单位：10^3 t）

年份	粮食	作物种类					油料	蔬菜瓜果类	其他作物
		小麦	玉米	豆类	薯类	其他谷物			
2000 年	8533.50	2151.5	3547.50	577.82	925.97	1330.71	448.26	9203.36	272.11
	46.23%	25.21%	41.57%	15.59%	6.77%	10.85%	2.43%	49.86%	1.47%
2005 年	9780.00	2022.80	6161.30	366.75	592.67	636.48	212.62	9015.37	148.89
	51.05%	20.68%	63.00%	6.51%	3.75%	6.06%	1.11%	47.06%	0.78%
2010 年	10851.00	2322.40	7660.00	240.50	258.90	369.20	175.89	9090.90	307.31
	53.13%	21.40%	70.59%	3.40%	2.22%	2.39%	0.86%	44.51%	1.50%
2015 年	125957.00	2714.30	8627.40	305.60	367.10	581.30	153.04	13022.06	78.68
	48.73%	21.55%	68.49%	4.62%	2.43%	2.91%	0.59%	50.38%	0.30%

此外，粮食产量提升的另一主要原因是二级分类作物种植结构的调整。2000～2015 年，山西省小麦的播种面积下降，但产量增加；豆类、薯类和其他谷物的产量随播种面积的下降而波动下降；玉米的产量则随着播种面积的增加而显著提升。2000 年，粮食作物中各二级作物播种面积占比较为均匀，小麦、玉米、豆类、薯类、其他谷物的比例分别是 28.03%、24.91%、15.19%、11.79% 和 20.08%；而 2015 年这五种作物的占比则调整为 20.54%、51.01%、9.70%、5.76%、13.00%，玉米以占粮食作物播种面积 51.01% 的

比例贡献了粮食作物总产量的 **68.49%**。

山西省油料和其他作物播种面积在研究时间段内呈波动下降趋势且下降明显，其产量也随之减少。15 年间油料播种面积减少了 **70.94%**，产量减少了 **65.86%**。其他作物播种面积占比虽然在 2003 年上升至顶点，但仅为 **3.81%**，此后波动下降，2012 年之后趋于稳定，维持在 **1.70%** 左右。研究时间段内其他作物总播种面积减少了 **48.46%**，而产量减少了 **71.09%**。

研究时间内山西省蔬菜瓜果类的播种面积和产量都存在不同程度的波动，15 年间播种面积占比保持在农作物播种总面积的 **7.00%** 左右，而其产量份额却一直维持在 **47.00%** 左右。2000~2003 年粮食作物的产量份额低于蔬菜瓜果类的产量份额，2004~2014 年超过蔬菜瓜果类的产量份额。15 年间蔬菜瓜果类的播种面积减少了 **2.77%**，而其产量却不减反增，增加了 **41.49%**。总体上，蔬菜瓜果类以较少的播种面积贡献了较高的产量，且其产量在 2006 年之后有了明显的提升，其原因在很大程度上是蔬菜大棚的发展使蔬菜从一年一熟提高到一年两熟，甚至一年三熟，显著提高了蔬菜瓜果类的单位面积产量。

4.2.3.4　农业产值区位商空间格局演变

在计算了山西省各个县区的农业产值区位商之后，为了进一步更直观地了解山西省农业产值区位商的空间演变特征，本文选取 2000 年、2005 年、2010 年和 2015 年 4 个时间点，在 ArcGIS 10.3 中绘制山西省农业产值区位商的分布重心以及标准差椭圆的空间分布图，并在 Excel 中计算其相关属性。

1）农业产值区位商空间重心移动轨迹

山西省 2000 年、2005 年、2010 年和 2015 年农业产值区位商的重心均分布在晋中市的平遥县内，说明在南北方向上位于山西省南部的农业产值区位商平均要高于北部。从农业产值区位商重心的移动轨迹及方向来看（图 4.12、表 4.11），2000~2005 年重心

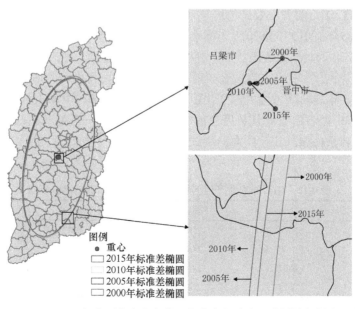

图 4.12　2000~2015 年山西省农业产值区位商空间分布（彩图请扫封底二维码）

表 4.11　山西省农业产值区位商重心移动方向和距离

年份	重心坐标	方向	移动距离/m	东西向距离/m	南北向距离/m	速度/(m/a)	东西向速度/(m/a)	南北向速度/(m/a)
2000 年	112.25°E、37.34°N							
2005 年	112.21°E、37.31°N	西偏南 43.09°	4435.57	3239.30	3030.06	887.11	647.86	606.01
2010 年	112.20°E、37.31°N	西偏北 1.59°	776.37	776.07	21.56	155.27	155.21	4.31
2015 年	112.23°E、37.28°N	东偏南 45.01°	4400.17	3110.60	3112.18	880.03	622.12	622.44

逐渐向西南方向偏移，其方向为西偏南 43.09°；在此期间重心移动的距离最大，速度最快，移动距离为 4435.57 m，移动速度为 887.11 m/a。2005～2010 年重心偏移方向为西偏北 1.59°，其重心移动的距离无论在南北方向还是东西方向都显著降低，直线移动的距离和速度也明显下降，移动距离为 776.07 m，移动速度为 155.27 m/a，是 2000～2005 年移动速度的 0.175 倍；但在东西方向移动距离（776.07 m）大于南北方向移动距离（21.56 m），重心西进的速度（155.21 m/a）与重心整体的移动速度（155.27 m/a）几乎相等，说明在此期间重心主要要向西移动，山西省西部地区较东部地区的农业产值区位商有一定的提升，致使重心向西北方向偏移。2010～2015 年重心偏移方向为东偏南 45.01°，直线移动距离和速度相较于 2005～2010 年有所提升，与 2000～2005 年相近，重心直线移动距离的速度为 880.03 m/a。

　　总体从重心移动方向来看，山西省农业产值区位商重心在东西方向上是先偏西后偏东，整体向西偏移；在南北方向上是先偏南后偏北，又复向南，整体向南偏移；说明 2000～2015 年山西省西南地区较东北地区的农业产值区位商有较高程度的提升。从移动速度来看，山西省农业产值区位商重心移动速度呈现"快—慢—快"的趋势，即 2000～2005 年速度最快，2005～2010 年速度明显下降，2010～2015 年速度又显著提升。

2）农业产值区位商空间格局演变的标准差椭圆分析

　　2000～2015 年山西省农业产值区位商标准差椭圆主要位于山西省中部的大部分地区。2000 年、2005 年、2010 年和 2015 年标准差椭圆的平均形状指数分别为 0.3964、0.4114、0.4134 和 0.4137，形状指数逐渐增大，椭圆形状向正圆靠拢，说明山西省的农业产值区位商逐渐趋于集中。从转角度数来看（表 4.12），方向角度度数先增加—后减小—再增加，2000～2005 年转角略微增大，变化了 0.32°；2005～2010 年转角度数明显减小，变化了 0.81°，即山西省的农业优势度空间分布由偏东北——西南向正北偏转了 0.81°；2010～2015 年转角由偏东北—西南向继续向东北向偏转了 0.99°，几乎回到了 2005 年的转角水平。

表 4.12　山西省农业产值区位商空间分布的标准差椭圆参数

年份	X 轴标准差/m	Y 轴标准差/m	方向角度	面积/km²
2000 年	98 872.36	249 408.69	12.21°	77 459.90
2005 年	101 264.30	246 159.63	12.53°	78 301.00
2010 年	102 075.43	246 940.56	11.72°	79 178.67
2015 年	101 242.37	244 697.77	12.71°	77 819.23

　　总体上来看，山西省农业产值区位商的空间分布呈现出偏东北—西南向的格局，并有继续向东北—西南向偏移的趋势。从标准差椭圆的主轴长度看，主半轴由 2000 年的 249 408.69 m 降低到 2005 年的 246 159.63 m，2010 年又增加到 246 940.56 m，转而又下降至 2015 年的 244 697.77 m，可见山西省农业产值区位商在南—北方向上呈现出先分散、后极化、再分散的趋势；辅半轴由 2000 年的 98 872.36 m 持续增加至 2010 年的 102 075.43 m，继而缩小到 2015 年的 101 242.37 m，可以判断山西省农业产值区位商在东—西方向上呈现出先趋于分散，后转向极化的分布特征。

4.2.3.5　农业产业综合回归结果分析

　　基于 2000 年、2005 年、2010 年和 2015 年 4 期山西省 117 个省份的面板数据，运用 Stata15.0 考察退耕还林还草面积对农业产值区位商的影响（表 4.13）。首先将一系列控制变量放入模型中，得到基础模型（1）；然后依次引入反映退耕还林强度的变量——累积退耕还林面积和累积退耕还林面积的二次项，得到模型（2）与模型（3）；通过理论分析可知农业产值区位商与林地产值区位商之间存在一种此消彼长的关系，因此在模型（4）中将因变量替换为林业产值区位商，以检验模型的稳健性。具体的回归结果见表 4.13。

表 4.13　退耕还林对农业产值区位商的影响检验

变量	M_{AP}（1）		M_{AP}（2）		M_{AP}（3）		M_{FP}（4）	
	系数	标准误	系数	标准误	系数	标准误	系数	标准误
area			0.0143	0.0565	0.1803**	0.0731	−0.9514**	0.4370
area2					−0.0626**	0.0313	0.2719**	0.1184
key	0.3218***	0.0548	−0.3305***	0.0632	−0.3995***	0.0564	3.5042***	0.4803
rate	−0.2366**	0.1160	−0.2349**	0.1162	−0.2293**	0.1131	1.6215*	0.9656
tem	0.0100	0.0254	0.0069	0.0270	−0.0113	0.0280	0.1892	0.1454
per	−0.0001	0.0001	−0.0001	0.0001	−0.0001	0.0001	0.0013	0.0011
tem* per	0.0001	0.0001	0.0001*	0.0001	0.0001*	0.0001	−0.0011**	0.0005
aspect	−0.0070*	0.0042	−0.0074*	0.0044	−0.0102**	0.0045	0.0721***	0.0215
控制个体	是		是		是		是	
_cons	0.4097	0.3153	0.3957	0.3202	0.2670	0.3158	4.6180***	1.1943
R-squared	0.6742		0.6744		0.6806		0.7246	

　　注：*、**、***分别表示在 10%、5%、1%的水平上显著；M_{FP} 为林业产值的区位商；area2 为累积退耕还林草面积的平方项。

　　首先考察累积退耕还林还草面积对农业产值区位商的线性影响，回归结果如模型（2）所示。从回归结果看，山西省累积退耕还林还草面积对农业产值区位商的影响不显著。退耕农户首先会选择贫瘠的土地参与退耕，然后才会选择退耕质量相对较好的耕地。前期退耕的土地大都是劣质耕地，有助于推动农户的经营方式由"粗放型"向"集约型"转变，进而提升农业产值区位商，而后期的退耕会有质量相对较好的耕地进入退耕还林工程，导致区域农业产值区位商下降。因此，累积退耕还林还草面积与农业产值区位商之间并非只是简单的线性关系。引入累积退耕还林还草面积的平方项，回归结果如模型（3）所示。累积退耕还林还草面积及其平方项对农业产值区位商的影响均在 5.0%的水平上显著，且累积退耕还林还草面积平方项的系数为负，说明累积退耕还林还草面积对农业产值区位商的影响为倒"U"形关系。累积退耕还林还草面积在一定区间内增加时，集约化经营方式带来的农业产值增加值超过了因耕地面积减少而造成的农业产值下降值，此时累积退耕还林还草面积对农业产值区位商有正向影响，退耕还林有助于提升农业产值的比较优势度。而超过一定的阈值之后，随着累积退耕还林还草面积的增加，农业产值区位商下降，农业产值不再具有比较优势。当累积退耕还林还草的规模达到该阈值点时，山西省各县（区）的平均农业产值区位商最大。

其他控制变量对农业产值区位商的影响如模型（3）所示。是否是退耕还林工程实施示范县负向影响农业产值区位商，相对于其他县（区），示范县的退耕还林力度更大。根据回归结果可知，退耕还林示范县的农业区位商低于非退耕还林示范县。城镇化率越高，农业产值区位商越低。一般情况下，城乡建设用地的扩张以占用耕地为主（刘涛和曹广忠，2010），所以城镇化程度越高，非农占用的耕地越多，可耕作耕地就会减少，导致农业产值优势度下降。

气温和降水分别对农业产值区位商的影响不显著，但两者的交互项正向影响农业产值区位商；在气温相对较低的北方地区，气温升高时如果降水供给增加，会有利于农作物的生产（李美娟，2014）。坡向对农业产值区位商有负向影响，且在 5.0% 的水平上显著，即坡向越接近阳坡的地方其农业优势度越低。通常阳坡的土壤有机质含量偏低，养分较差（刘芳等，2012），不利于发展种植业，以致农业产值区位商较低。

由于退耕还林工程的实施将耕地转为林地草地，使得耕地和林地、草地面积之间存在一种此消彼长的关系，耕地面积减少的同时林地草地面积会增加，将有助于提升林业产值区位商。因此，为检验实证结果的稳健性，本文引入模型（4），即将林业产值区位商作为因变量，考察关键解释变量和其他控制变量对林业产值区位商的影响。回归结果显示累积退耕还林还草面积对林业产值区位商的影响为"U"形关系，正好与累积退耕还林还草面积对农业产值区位商的影响相反。是否是退耕还林工程实施示范县、城镇化率和坡向正向影响林业产值区位商，主要是退耕还林示范县退耕还林强度大，林业产业较有优势；城镇化可以通过经济增长、收入增加、产业转移和技术进步等正向影响生态环境（罗丽英等，2015），因此城镇化率越高，林业产值区位商会越高。可以看出累积退耕还林还草面积对农业产值区位商影响的回归结果基本稳健。

4.2.4　小结

基于 1990 年、2000 年、2005 年、2010 年和 2015 年 5 期山西省地理信息的遥感影像数据和 2000~2015 年的统计年鉴数据，对山西省农业产业结构进行了描述性统计分析，并对退耕还林工程实施对农业产值区位商的影响做了实证分析。

退耕工程实施对土地利用的影响。国家退耕还林工程实施的 2000~2015 年，山西全省耕地面积和农作物总播种面积均先减少后逐渐平稳，耕地面积增加的主要来源是林地和草地，减少的主要去向是林地、草地和城乡建设用地，城镇化和退耕还林政策共同推动了耕地与其他土地利用类型间的相互转换。

退耕工程实施对产业产值的影响。退耕工程实施的 2000~2015 年，山西全省农林牧渔产值比例变化幅度较小，林业、畜牧业和渔业产值占农林牧渔总产值的比例上升，农业产值占比有所下降，但仍处主导地位。退耕工程实施没有对一级作物的播种面积结构和产量结构产生明显影响，主要影响二级作物的播种面积结构和产量结构。

退耕工程推进对产业优势度的影响。山西全省累积退耕面积对农业产值区位商的影响为倒"U"形曲线关系。退耕工程实施初期，随着劣质耕地面积的减少，退耕农户转变经营方式获取更高收益，退耕政策有助于提升农业部门的比较优势；但是，当退耕累计面积超过阈值点后，随着累积退耕面积的增加，农业产值区位商下降，农业部门不再具有比较优势。

本文只是探讨了退耕还林工程实施是否会影响农业产值的比较优势度，以及具体的影响路径。退耕还林工程影响农业产业结构调整的主要目的是在保证粮食安全的情况下，促使农林牧渔业生产结构向高级化和合理化靠拢，寻找更合适的能兼顾两者的指标，探讨退耕还林工程对农业生产结构的影响是下一步研究的主要方向。

4.3　退耕还林工程实施对农户生产效率的影响

作为中国规模最大、投资最多的生态修复工程，退耕还林工程不仅担负着国家生态文明建设的任务，还伴随着区域经济发展与实现减贫的目标（李国平和石涵予，2017；王庶等，2017）。退耕还林工程主要通过短期的财政补贴获得家庭收入与深层次生产要素的再配置以改进生产效率两种方式提高农户福利水平（王庶等，2017）。能否有效地提升农户的生产效率是评价退耕还林工程实施成败的主要标准（郭小年和阮萍，2014；李桦等，2011）。

国内外学者测量农业生产技术效率的方法主要有两种：一种是无参数的数据包络分析（data envelopment analysis，DEA），一种是有参数的随机前沿分析（stochastic frontier approach，SFA）。Fans（1991）采用随机前沿生产函数（SFA）方法估算了投入要素增加、技术进步和制度变迁对中国农业生产率增长的贡献。Battese 和 Coelli（1995）运用 SFA 方法和面板数据分析了农业生产中的技术效率进步。孟令杰（2000）采用 DEA 方法对中国 1980～1995 年农业产出的技术效率进行了测算，发现中国农业技术效率呈现下降趋势。李周和于法稳（2005）利用 DEA 方法分析了西部地区县域层面上的农业生产效率。以上研究极有助于加深国家政策或国际社会经济环境重大变化对中国农业生产技术效率的认识，利用全国或省级加总数据分析时，可能会由于变量波动减少而丢失部分微观信息。

退耕还林工程实施导致农户土地生产要素发生明显的变化，进而推动其他生产要素与土地经营规模相适应以提高农业生产效率。有关土地经营规模与农业生产效率的关系受到学者的广泛关注。随着农地的扩张会形成粗放化经营，造成农业资源的浪费，对生产效率有负向影响，但也可能随着时间推移这种反向关系逐渐减小（Gautam and Ahmed，2018）。然而，部分学者认为规模越大越有利于机械化操作和先进技术的投入，农户生产专业化程度也更高，从而提高生产技术效率（沈雪等，2017；刘天军和蔡起华，2013）。不过也研究表明土地经营规模与生产技术效率为非线性关系，可能是"U"形（杨万江和李琪，2016）或者倒"U"形（周曙东等，2013；陈杰和苏群，2016）两种关系，也可能是其他变化趋势。退耕还林工程的实施使得农户土地经营规模得到调整，但退耕后农户的农业生产效率是否得到提高对于退耕还林政策效果的评估具有一定的参考价值。

为此，本研究利用黄土高原全国退耕还林工程实施第一县——陕西省吴起县及其相邻的甘肃省华池县 319 户农户实地调查数据，运用随机前沿函数模型（SFA）对 1998 年（退耕还林工程实施之前一年）和 2009 年（退耕后的第 11 年）不同退耕规模农户农业生产技术效率的变化进行深入分析，并以此测算不同退耕规模农户的生产技术效率变化，并对其影响因素进行分析，以期为退耕还林工程的实施提供合理的决策参考。

4.3.1　模型构建与数据搜集

4.3.1.1　随机前沿模型

一般测算技术效率的方法主要有两种：基于随机前沿生产函数模型（SFA）的参数方法与基于数据包络分析（DEA）的非参数方法。DEA 是通过线性规划的方法来度量效率，根据个体决策单元的投入产出数据，选出一个或几个决策单元作为技术有效点，进而构造出生产前沿。DEA 最大的缺点是把实际产出小于前沿产出的原因全部归结于技术效率原因，忽略了随机因素对于产出的影响。SFA 的基本思想是利用生产函数和随机扰动项构造出随机生产前沿，SFA 最主要的优点是在实现对生产过程精确描述的同时，纳入了经典白噪声项，充分考虑了随机因素对于产出的影响。与 DEA 方法相比，SFA 由于需要参数而有所不便，但也有利于更为合理的解释技术效率损失的原因。特别是针对"农业生产"这一研究对象，农业生产是"经济再生产与自然再生产交织在一起的生产过程"（赵红雷和贾金荣，2011），不可控的自然因素对农业生产技术效率不仅会产生影响，而且有时候其影响甚至是决定性的。有研究者证实，对于中国农业经济而言，SFA 估计总体上优于 DEA 估计，应用前景也应该更为广泛（傅晓霞和吴利学，2007）。本文用 SFA 对退耕农户的农业生产技术效率进行研究，本文主要采用基于 C-D 生产函数的随机前沿生产函数模型来测算不同退耕规模农户农业生产技术效率的变化，并分析其影响因素。根据 Aigner 等（1977）和 Meeusen 等（1977）的方法，随机前沿函数模型的一般形式为：

$$\ln y_{it} = \ln f(x_{it}, t; \beta) + v_{it} - \mu_{it}, i = 1, 2, \cdots, N; t = 1, 2, \cdots, T \qquad (4.4)$$

式中，$v_{it} \sim N(0, \delta_v^2)$，$0 \leqslant \delta_v^2 < \infty$（$i = 1, 2, \cdots, N$）；$\mu_{it} \sim \left| N(0, \delta_v^2) \right|$。

本文随机前沿函数模型形式为：

$$\ln y_{it} = \alpha_0 + \sum_j \beta_j \ln x_{jit} + \beta_t t + \frac{1}{2} \sum_j \sum_k \beta_{jk} \ln x_{jit} \ln x_{kit} + \frac{1}{2} \sum_j \beta_{jt} t \ln x_{jit} + v_{it} - u_{it} \quad (4.5)$$

式中，y_{it} 表示第 i 个农户在 t 时期的农牧业收入；x_{it} 表示第 i 个农户在 t 时期的投入（耕地面积、劳动力和物资投入费用）向量；t 表示时间趋势，反映技术变化；β 表示待估计投入向量参数；v_{it} 表示随机统计误差，假定服从正态分布；u_{it} 表示由于技术非效率所引起的误差，假定服从截断正态分布；v_{it} 与 u_{it} 相互独立。

样本单元的技术效率函数可表示为：

$$u_{it} = \delta_0 + \sum \delta_i Z_{it} + \omega_{it} \qquad (4.6)$$

式中，ω_{it} 为服从极值分布的随机变量；Z_{it} 表示决定农户生产技术效率的外生变量；δ_0

和 δ_i 分别表示待估参数，反映变量 δ_i 对农户技术效率的影响。负值表明该变量对技术效率有正的影响，正值表明有负的影响。

虽然上述随机前沿生产函数具有参数线性特性，但是，由于回归方程的误差项不满足最小二乘法的经典假设，包含技术效率因素和随机扰动因素两个不可观测变量，所以不能用 OLS（ordinary least squares）方法进行参数估计。根据 Battese 和 Coelli（1995）提出的最大似然估计基本思路。利用最大似然估计方法可以确定函数中的参数并同时得出每个农户每个时期的距离函数（即技术效率值）。每个农户的技术效率可以用该农户在 t 时期存在技术非效率时实际产出的期望值与其同期完全技术有效时产出的期望值之间的比率来确定，则第 i 个农户在 t 时期的技术效率定义为：

$$TE_{it} = \{y_{it} \mid f(x_{it}, t) = e(-\mu_{it}) \leqslant 1\} \tag{4.7}$$

计算出技术效率之后就可以来找到影响它的因素。退耕还林工程实施相关变量和农户特征是假设的解释变量。根据上述分析，在第二阶段采用下面模型来估算独立要素参数、上述退耕还林工程实施及农户自身因素与技术效率之间的回归方程。

$$\begin{aligned}\mu_i = &\delta_0 + \delta_1 familysize_i + \delta_2 edu_i + \delta_3 age_i + \delta_4 farminglabor_i \\ &+ \delta_5 nonfarm_i + \delta_6 seeds\&plastic_i + \delta_7 SLCPsize_i + \delta_8 D_1 + \delta_9 D_2\end{aligned} \tag{4.8}$$

式中，*familysize* 为样本农户人口规模；*edu* 为样本农户户主受教育年限；*age* 为样本农户户主年龄；*farminglabor* 为样本农户家庭农牧业劳动力人数；*nonfarm* 为样本农户是否有外出务工人员（是用 1 表示，否用 0 表示）；*seeds & plastic* 为样本农户种子和薄膜投入费用；*SLCPsize* 为农户退耕面积；D_1 为县虚拟变量（吴起县为 1，华池县为 0）；D_2 为县虚拟变量（吴起县为 0，华池县为 1），主要反映耕地质量和制度等其他因素对农户农业生产技术效率的影响程度。

4.3.1.2　数据来源及处理

本文使用数据基于 2010 年 8 月对吴起和华池两县的调查。调查涉及的所有乡、村和户都按照随机原则选取。陕西省吴起县是全国 150 多个退耕还林县（市、区）封得最早、退得最快、面积最大、群众得到实惠最多的县份，成为全国退耕还林工程实施的一面旗帜，全县的林草覆盖率已由 1997 年的 19.2%提高到 2007 年的 62.9%，土壤年侵蚀模数由 1997 年的每平方千米 1.53×10^4 t 下降到 2007 年的 0.54×10^4 t，五级以上大风已由 1997 年之前的年均 19 次降为 5 次（中国林业网，2007）。所以吴起是本研究团队从 2005 年以来一直跟踪调查的地区。为了对比分析，2010 年对自然条件与之相似的甘肃省华池县进行了 200 户的农户调查。吴起县退耕力度大、农户都是退耕户，而华池县退耕力度小、既有退耕户也有未退耕户。对于所有调查指标，调查员也询问了他们在退耕还林工程实施前一年（1998 年）的情况。根据本文研究需要只选择了不同退耕农户的相应数据并同时进行了筛选，剩下有效退耕农户问卷 319 份（吴起县为 180 户，华池县为 139 户，华池县未退耕农户未纳入本研究范围），如表 4.14 所示。

在所调查的 319 户退耕农户中按照面积统计结果为：退耕规模在 0.67 hm² 以下的农户所占比例为 33.85%，平均退耕规模为 0.33 hm²；退耕规模在 0.67～1.33 hm² 的农户所占比例为 19.97%，平均退耕规模为 1.08 hm²；退耕规模在 1.33 hm² 以上的农户所占比例为 46.41%，平均退耕规模为 2.90 hm²。

表 4.14　2010 年吴起和华池两县不同退耕规模农户的统计特征

退耕规模/hm²	最大值	最小值	均值	标准差	频数/户	比例/%
<0.67	0.67	0.07	0.33	0.20	108	33.85
0.67～1.33	1.33	0.73	1.08	0.19	63	19.74
>1.33	8.53	1.40	2.90	1.29	148	46.41

本文涉及的投入和产出变量定义如下：

（1）农牧业产出变量：农牧业产出以 1990 年不变价格对主要农产品（如玉米、小麦、洋芋、杂粮、生猪、羊、鸡等）产量折算成农牧业总产值。

（2）土地投入变量：以可耕地面积计算，而不是以农作物总播种面积计算，因为在黄土高原地区耕地在一年内基本上只种一次，即主要是一年一收，未退耕的耕地基本上没有休耕、弃耕等现象。

（3）劳动力投入变量：从事农牧业劳动力人员数。

（4）资本投入变量：资本投入变量包括化肥、地膜、种子、精饲料和青粗饲料等投入要素。①肥料投入：指本年内氮肥、磷肥、钾肥、复合肥和农家肥等实际用于农业生产的投入成本，并按 1990 年的不变价格折算。②地膜投入：依据实地调研获取的农户购买地膜费用并按 1990 年不变价格折算。③种子投入：依据实地调研获取的农户购买良种费用和自留种子按当年市价折算费用，并都按 1990 年不变价格折算。④燃料动力费：生产过程中直接耗费的各项燃料、动力和润滑油支出，并按 1990 年不变价格折算。⑤租赁费用：指农户租用别人机械设备和役畜进行作业所支付的费用，包括机械作业费、排灌费和畜力费三项。使用自有机械设备和耕畜作业时在某些情况下也视同租赁作业，按照租赁作业市场价格进行核算计入租赁作业费；并按 1990 年不变价格折算。⑥农药费用：指农户用于喷洒农作物购买的各种杀虫剂所花费用，并按 1990 年不变价格折算。⑦仔畜费用：指购买或自育仔畜、仔禽等费用，并按 1990 年不变价格折算。⑧饲料投入：包括精饲料和青饲料投入。依据实地调研，精饲料投入主要指农户自产的玉米和土豆的消耗量按调研年份的市价折算的费用，后再按 1990 年不变价格折算；青粗饲料投入主要指野生及种植的各种青粗饲料消耗量，当年市价折算费用后并都按 1990 年不变价格折算（表 4.15）。

表 4.15　1998～2009 年吴起和华池两县不同退耕规模农户单位面积投入产出

退耕规模/hm²	项目	种植业产出/（元/hm²）		劳动力投入/（人/hm²）		资本投入/（元/hm²）	
		1998 年	2009 年	1998 年	2009 年	1998 年	2009 年
<0.67	均值	83	176	0.12	0.18	111	118
	标准差	68	218	0.12	0.22	151	191
	最大值	270	1602	0.67	0.22	683	927
	最小值	7.7	4.31	0.02	0.02	0.28	0.24
0.67～1.33	均值	75	244	0.08	0.18	82	119
	标准差	86	261	0.08	0.15	212	114
	最大值	675	1643	0.6	0.75	1793	1111
	最小值	3.56	6.77	0.02	0.03	1.27	16.67
>1.33	均值	90	391	0.05	0.2	18.7	147
	标准差	65	90	0.1	0.23	23	147
	最大值	1804	10071	12	2	195	1644
	最小值	8.02	6.64	0.01	0.04	0.07	7.05

2009 年吴起和华池两县退耕农户农作物播种的集约化程度较退耕前一年（1998 年）提高了。不同退耕规模农户 2009 年农作物单位面积的产出都较 1998 年要高，退耕面积越大，农作物的单产水平越高，对耕地投入越多。2009 年退耕 1.33 hm^2 以上的农户的平均单位面积产出和资本投入水平在三组不同退耕规模中都是最高的。

表 4.16 列出了与研究有关 1998～2009 年吴起和华池两县不同退耕规模农户单位面积投入产出的主要统计指标，包括变量的样本平均值、最小值和最大值。可以看出，随着退耕规模的变大，农户生产投资总量随着减少。

表 4.16　1998～2009 年吴起和华池两县不同退耕规模农户单位面积投入产出

退耕规模/ hm^2	项目	农牧业产值/元		耕地面积/亩		劳动力投入/元		资本投入/元	
		1998 年	2009 年	1998 年	2009 年	1998 年	2009 年	1998 年	2009 年
<0.67	均值	2 259	1 997	1.4	1.1	1.98	2	3 537	1 620
	标准差	2 071	1 743	0.7	0.7	1	1	5 888	1 521
	最大值	13 374	11 853	3.7	3.3	6	5	4 058	12 450
	最小值	53	47	0.2	0.1	1	1	10	5
0.67～1.33	均值	1 879	2 545	1.9	0.9	2	2	3 173	1 183
	标准差	1 702	1 984	0.7	0.6	1	1	4 826	1 014
	最大值	8 556	8 406	4	2.7	5	4	24 950	4 552
	最小值	321	66	0.1	0.1	1	1	72	80
>1.33	均值	3 298	2 924	3.7	0.8	2	2	1 699	1 177
	标准差	2 473	2 091	1.5	0.4	1	1	2 602	894
	最大值	14 973	13 270	9.6	3.1	6	6	19 451	5 396
	最小值	75	425	0.3	0.1	1	1	15	56

表 4.17 列出了 1998～2009 年吴起和华池两县不同退耕规模影响农户生产技术效率的变量，农户的家庭人口规模变量的均值为 4.71；2009 年家庭农牧业劳动力人数均值较退耕前一年减少 21.11%；户主年龄变量均值较退耕前高 7.55 岁，显示目前留在农村从事农牧业的户主平均年龄较大；户主受教育程度变量均值显示样本农户的平均受教育程度为介于小学与初中文化水平（5.39 年）之间；是否有外出务工人员显示退耕后外出务工人员的百分比较退耕前上升 1.44 倍；种子和薄膜投入显示退耕后农户加大了良种和薄膜投入。

表 4.17　1998～2009 年吴起和华池两县不同退耕规模技术效率影响因素描述

变量	单位	最大值		最小值		均值		标准差	
		1998 年	2009 年	1998 年	2009 年	1998 年	2009 年	1998 年	2009 年
家庭规模	人	9	9	1	1	4.71	4.71	1.30	1.30
农牧业劳动力	人	6	4	1	1	2.51	1.98	1.07	1.02
户主年龄	年	71	79	18	23	40.32	47.87	10.25	10.93
户主文化程度	年	15	15	0	0	5.39	5.39	3.94	3.94
是否从事非农就业		1	1	0	0	0.32	0.78	0.47	0.42
种子和地膜投入	元	1064	1140	0	10.2	89.69	152.9	154.3	178.4
退耕面积	亩	0	128	0	1	0	25.07	0	22.2

4.3.2 退耕规模对农户生产的影响

4.3.2.1 模型参数估计

本研究采用 FRONTIER4.1 软件计算 Battese 等（1995）提出的随机前沿生产函数的两阶段估计模型，由此得到不同退耕规模退耕户的技术效率。对于农户前沿生产函数来说，可以用零检验来检验是否存在技术效率效应，方法是假设检验为 H_0：$\gamma=0$，对立假设为 H_0：$\gamma\neq0$。Coelli 等（1995）认为进行最大似然估计时应当采用单边检验，因为这个检验有合适的范围，其单边检验的临界值为 X_1^2（2α）。$\alpha=5.0\%$的条件下，临界值为 100.62，文中回归模型的 LR 单边检验误差值都超过了 X_1^2（2α），因此可以拒绝 H_0：$\gamma=0$ 而接受 H_1：$\gamma\neq0$。由此表明模型中存在技术效率效应。

表 4.18 是式（4.5）超越对数随机前沿生产函数对不同退耕规模农户数据的参数估计。就耕地面积而言，退耕规模在 0.67 hm^2 以下和 0.67～1.33 hm^2 的样本农户，耕地面积的参数估计符号都为负，表示耕地面积对产出的贡献为负，耕地的精耕细作程度不高，单位面积产出能力低，仍有退耕空间，那些边际产出能力很低的坡耕地应退耕；不同的是，退耕规模在 0.67 hm^2 以下的样本农户耕地面积与时间参数符号为负，而退耕规模在 0.67～1.33 hm^2 的农户耕地面积与时间参数符号为正，表明前者进一步退耕或

表 4.18　不同退耕规模退耕农户随机前沿生产函数的估计结果

变量	0.67 hm^2 以下		0.67～1.33 hm^2		1.33 hm^2 以上	
年份	估计参数	T 值	估计参数	T 值	估计参数	T 值
常数项	−1.8722	−1.4529	1.4660*	−3.4859	1.9529*	3.0882
耕地面积	−0.4773	−0.5843	−1.5355***	−1.7504	0.9300*	3.4009
劳动力	1.6546	1.7398	0.08544	0.0890	−0.5088	−0.544
资本	−0.4133	−1.0712	−0.1719	−0.1719	0.3216*	3.2494
时间	0.0189**	0.0189**	0.0069**	2.4065	1.6962*	2.5903
耕地面积二次项	0.1504*	16.3510	0.1808	0.5949	−0.1559***	−1.675
耕地面积×劳动力	0.0393	0.1957	0.1957	−0.4833	0.1597	1.0367
耕地面积×资本	−0.0275	−0.3578	0.0288	0.3117	−0.1238**	−2.333
耕地面积×时间	−0.1213	−0.4945	0.6772*	2.7028	−0.3532	−1.199
劳动力二次项	−0.9742***	−1.7774	−1.7774	−1.3589	0.6452***	1.6964
劳动力×资本	−0.1968***	−1.8500	0.3070**	2.1150	−0.1165	−1.314
劳动力×时间	0.0503	0.2219	−0.5654	−1.5443	0.2943	0.9813
资本二次项	0.0648	1.3638	1.3638	−0.5635	−0.0862***	−1.769
资本×时间	0.1052	0.9649	0.1928	0.1928	−0.0117	−0.085
时间二次项	−0.0986**	−0.0986**	0.0369	−1.0625	0.1185**	−2.529
γ	0.9854		0.9323		0.9756	
σ^2	0.3565*	5.2341	0.0133*	0.0133*	0.5040*	8.9634
似然函数值	−265.8477		−126.60		−126.60	
LR 单边检验误差	866.21		239.33		1056.71	

注：*、**、***分别表示该系数达到 0.10、0.05、0.01 的显著性水平。

休耕的必要性，后者随着时间的推移耕地产出边际能力增强。但退耕规模在 1.33 hm^2 的样本农户耕地面积的参数估计符号为正，表示耕地面积对产出的贡献为正，精耕细作程度强；但由于耕地面积与时间参数符号为负，意味着随着时间的推移耕地的产出边际能力降低。

就资本的参数估计而言，退耕规模在 0.67 hm^2 以下和 0.67～1.33 hm^2 的样本农户资本参数估计符号都为负，表示资本对产出的贡献为负，这一方面表明当地自然条件干旱少雨、投入物资利用率不高，另一方面表明在坡耕地上种植农作物，相对外出务工收入而言单位面积获得的经济效益偏低，农户过分依赖农用物资；但由于资本与时间参数符号为正，意味着随着时间的推移，在农业生产技术提高的前提下，农户会减少农用物资的使用，农用物资的产出贡献有提高趋势。但退耕规模在 1.33 hm^2 的样本农户资本参数估计符号为正，表示资本对产出的贡献为正，精耕细作程度强，但由于资本与时间参数符号为负，意味着随着时间的推移农户过多依赖农用物资进而出现农用物资利用率降低、产出效应降低。

就劳动力的参数估计而言，退耕规模在 0.67 hm^2 以下和 0.67～1.33 hm^2 的样本农户劳动力参数估计符号都为正，表示劳动力对产出的贡献为正，劳动力存在一定短缺，但不同的是，退耕规模在 0.67 hm^2 以下的样本农户劳动力与时间参数符号为正，而退耕规模在 0.67～1.33 hm^2 的农户耕地面积与时间参数符号为负，表明前者随着时间的推移劳动力继续呈短缺趋势，后者呈现出劳动力过剩。但退耕规模在 1.33 hm^2 的样本农户劳动力参数估计符号为负，表示劳动力对产出的贡献为负，劳动力存在过剩现象；但由于劳动力与时间参数符号为正，意味着随着时间的推移剩余的劳动力会转移出去，劳动力会呈现短缺态势。

4.3.2.2　技术效率计算

表 4.19 是不同退耕规模组样本农户的平均技术效率，从中可以看出，不同退耕规模样本农户中，无论是退耕前还是退耕后样本农户平均农业生产技术效率都是退耕规模在 1.33 hm^2 以上的样本农户最高，而最低的则是退耕规模在 0.67 hm^2 以下的样本农户，退耕规模在 0.67～1.33 hm^2 的样本农户的平均农业生产技术效率则位于两者之间。但退耕后（2009 年）与退耕前（1998 年）相比，样本农户退耕规模越小平均农业技术生产效率增长幅度越高，退耕规模在 0.67 hm^2 以下的样本农户农业生产效率增长幅度最高，为 59.53%，而退耕规模在 1.33 hm^2 以上的样本农户的平均农业生产技术效率增长幅度则呈负增长，为 –0.28%。

表 4.19　退耕工程实施前后不同退耕规模退耕农户平均技术效率（TE）变化

退耕规模 /hm^2	1998 年				2009 年			
	平均值	最大值	最小值	标准差	平均值	最大值	最小值	标准差
< 0.67	0.3593	0.996	0.0426	0.2719	0.5732	0.9008	0.0818	0.1909
0.67～1.33	0.6536	0.8824	0.2503	0.1488	0.6836	0.8895	0.058	0.1683
>1.33	0.7063	0.8682	0.3634	0.1162	0.7043	0.7043	0.2582	0.0906

表 4.20 是不同退耕规模样本农户 2009 年相对于 1998 年农业生产技术效率的增长变化情况。在吴起和华池两县中，退耕规模在 0.67 hm^2 以下的样本农户中，农业生产效率

的增长幅度在–50.0%以下的占比仅为 2.80%，增幅在–50.00%~0.00%的为 39.06%，增幅在 0.00%~100.00%的为 25.23%，增幅超过 100.00%的为 57.01%。退耕规模在 0.67~1.33 hm² 的样本农户中，农业生产效率的增长幅度在–50.0%以下的占比仅为 3.13%，增幅在–50.00%~0.00%的为 14.95%，增幅在 0.00%~20.00%的 39.06%，增幅超过 20.00%的为 18.76%。退耕规模在 1.33 hm² 以上的样本农户中，农业生产效率的增长幅度在–50.0%以下的农户所占比例仅为 0.68%，增幅在–50.00%~0.00%的为 46.62%，增幅在 0.00%~20.00%的为 35.81%，增幅超过 20.00%的为 16.90%。

表 4.20 不同退耕规模退耕农户平均技术效率（TE）变化

生产技术效率/%	0.67 hm² 以下		0.67~1.33 hm²		1.33 hm² 以上	
	户	%	户	%	户	%
≤–50	3	2.80	2	3.13	1	0.68
–50~–20	9	8.41	4	6.25	16	10.81
–20~0	7	6.54	21	32.81	53	35.81
0~20	6	5.61	25	39.06	53	35.81
20~40	8	7.48	6	9.38	12	8.11
40~60	3	2.80	1	1.56	1	0.68
60~80	7	6.54	1	1.56	3	2.03
80~100	3	2.80	2	3.13	2	1.35
≥100	61	57.01	2	3.13	7	4.73
总计	107	100	64	100	148	100

可以看出，经过 11 年退耕还林工程实施之后，在三组不同退耕规模样本农户中，退耕规模在 0.67 hm² 以下的样本农户中仅有 17.75%的农户农业生产效率呈下降趋势，有 82.25%的农户农业生产效率呈增长趋势；退耕规模在 0.67~1.33 hm² 的样本农户中 42.19%的农户农业生产技术效率呈下降趋势，其比例超过了 0.67 hm² 以下退耕农户的 24.44%；退耕规模在 1.33 hm² 以上的样本农户农业生产技术效率呈下降的农户所占比例为 47.30%。基本上可以得出，大规模退耕的农户农业生产技术效率呈降低趋势，而小规模退耕农户的农业生产技术效率反而呈大幅增长趋势。

4.3.2.3 规模对技术效率的影响

为了寻找吴起和华池两县不同退耕规模农户农业生产技术效率差异背后的深层次原因，表 4.21 给出了影响不同退耕规模农户生产技术效率的外生变量的参数估计结果。

（1）退耕还林实施户主受教育程度、户主年龄、种子和地膜投入三个影响因素的参数符号在三个不同退耕规模组样本户中均为负，并且通过了显著性检验，说明退耕对农户生产技术效率产生显著的正效应。其中尽管种子和地膜的投入成本系数绝对值很小，但却通过了 10.0%的显著水平，再一次实证了种子和地膜对农业生产效率提高的重要性。

（2）退耕户劳动力人数在 0.67 hm² 和 0.67~1.33 hm² 两组不同退耕规模户中参数符号为负，说明退耕对农户生产技术效率产生正效应，意味着该退耕规模组中农业劳动力存在需求空间；而 1.33 hm² 以上退耕组参数符号则为正，说明退耕对农户生产技术效率产生负效应，意味着该退耕规模组中农业劳动力存在冗余。

表 4.21　不同退耕规模农户技术效率影响因素估计结果

变量	0.67hm² 以下		0.67～1.33hm²		1.33hm² 以上	
	估计参数	T 值	估计参数	T 值	估计参数	T 值
常数项	−1.4765*	−3.8078	−3.8078	−0.2128	−1.5000***	−1.9159
家庭规模	−0.0151	−1.2498	−1.1775	−1.2433	−0.0367	−0.3235
户主受教育程度	−0.6382**	−2.2289	−0.1449***	−1.6554	−0.1198**	−2.2310
户主年龄	−0.1860**	−2.0741	−0.1515***	−1.8477	−0.1165**	−2.5053
劳动力人数	−0.2218**	−2.4318	−0.0328	−0.0332	0.2705**	2.2643
家里是否有从事外出务工	0.9642**	2.5008	0.3079**	2.2674	0.1018***	1.7768
种子和地膜的投入成本	−0.0350***	−1.6874	−0.0057***	−1.9770	−0.0002***	−1.7474
退耕规模	−0.6838	−0.7239	−0.3630	−1.1152	−0.3630	1.4640
地区变量 1	−1.4915*	−2.9733	−0.1509	−0.7376	−1.3438*	−2.8097
地区变量 2	−0.9850*	−2.8876	0.0269	0.0762	−0.1561	−0.1543

注：*、**、***分别表示该系数达到 0.1、0.05、0.01 的显著性水平。

（3）退耕户家庭规模变量在三组不同退耕规模组中参数符号都为负，说明退耕对农户生产技术效率产生正效应，但对三组样本农户生产技术效率影响都不显著，可能因为家庭人口数量多但不一定从事农业的有效劳动力就多。

（4）退耕户家里是否有外出务工人员参数符号在三个不同退耕规模样本农户中均为正，分别在 5.0%和 10.0%的水平上通过显著检验，说明农户对农户生产技术效率产生显著的负效应。意味着在当今现实条件下，退耕户外出务工劳动力在收益上有比较优势，外出务工收入较高，对农业收益的依赖程度减弱，进而影响了农业生产技术效率。

（5）退耕户退耕规模参数符号在退耕 0.67 hm² 以下和 0.67～1.33 hm² 样本农户均为负，而在退耕 1.33 hm² 以上的样本农户则为正，说明在黄土高原小规模（0.67 hm²）和中等规模（0.67～1.33 hm²）退耕坡耕地有助于农业生产效率的提高，而大规模（1.33 hm² 以上）退耕对农户农业生产技术效率则起着降低作用，尽管这三组都没有通过显著检验，却意味着处理退耕规模与农业生产、生态环境三者量化变动关系的大致界定。

（6）地区虚拟变量。退耕规模在 0.67 hm² 以下的样本农户，吴起县地区虚拟变量和华池县地区虚拟变量的参数符号都为负，且在 1.0%的水平下通过显著性检验，说明对该退耕规模农户生产技术效率产生显著的正效应，并有地区差异；而退耕规模在 0.67～1.33 hm² 的样本农户，吴起县区域虚拟变量的参数符号为负但没有通过显著性检验，表明对该退耕规模农户农业生产技术效率能产生一定程度的正效应，而华池县区域虚拟变量的参数符号为正且没有通过显著性检验，表明对该退耕规模农户农业生产效率产生一定程度的负效应；退耕规模在 1.33 hm² 以上的农户，吴起县虚拟变量的参数符号为负且在 1.0%的水平下通过显著性检验，说明对该退耕规模农户生产技术效率产生显著的正效应，华池县虚拟变量的参数符号也为负但没有通过显著性检验，表明对该退耕规模农户生产技术效率能产生一定程度的正效应。这不仅验证了吴起台地耕地质量较华池坡耕地质量更有利于农业生产技术效率的提高，而且验证了在黄土高原上进行退耕还林一方面有利于农业生产效率的提高，另一方面还促进了当地的生态环境改善。

4.3.3 小结

采用超越对数函数形式的随机前沿模型，基于陕西吴起和甘肃华池两县退耕农户的微观调查数据，对不同退耕规模农户生产技术效率进行理论和实证考察，同时对影响农户农业生产技术效率的外生变量进行了深入分析，得到以下初步结论。

家庭退耕规模对农户农业生产技术效率的影响。大规模退耕农户的生产效率在退耕还林工程实施之前高于小规模和中等规模农户的，就是在第一轮（1999～2009 年）退耕还林工程实施过程中，相当一部分边际产出能力很低的坡耕地没有被退耕；大规模退耕农户的农业生产技术效率较退耕之前呈降低趋势，而小规模退耕农户农业生产技术效率反而呈大幅提高趋势。在现有技术和生产要素投入下，农户农业生产技术效率提升的空间较大，幅度在 30.0%左右。

退耕户自身状况及投入对农业生产效率的影响。退耕户主受教育程度、户主年龄、种子和地膜的投入成本对农户农业生产技术效率都具有显著的正向效应，而对从事非农产业有负向效应；劳动力人数对退耕规模在 0.67 hm^2 以下和 0.67～1.33 hm^2 的退耕农户的生产技术效率产生正向效应，而对于退耕规模在 1.33 hm^2 以上的退耕农户农业生产效率的影响则相反。

退耕规模和退耕地质量与农业生产效率的关系。吴起县虚拟变量三组不同退耕规模参数都为负，表明吴起台地耕地质量和退耕政策对农业生产效率的提高有显著的正效应；而华池县虚拟变量参数有正有负，退耕规模在 0.67 hm^2 以下和 1.33 hm^2 以上的样本农户参数为负，而退耕规模在 0.67～1.33 hm^2 样本农户的参数则为正，一方面表明小规模退耕有利于农业生产效率的提高，另一方面表明华池县退耕规模偏小，仍然有大量的坡耕地需要退耕。

黄土高原今后退耕还林工程实施的空间是未退耕农户和小规模退耕还林农户，坡耕地退耕面积的上限以中等退耕规模农户的退耕面积为准，这既有利于农业生产效率的提高和当地农户生活水平的提高，也有利于促进当地的生态环境改善。为进一步巩固退耕还林成果，做好以后退耕还林规划以及提高当地农业生产效益，要做到以下几点。

第一，应加强黄土高原退耕区农户人力资本的投资，包括提高农户受教育水平和农业实用技术培训，加强职业教育、大中专毕业生回乡创业的同时，注重人力资本投资的公平性与普及性，尤其是加强农村中老年劳动力的技术培训。

第二，提高耕地质量以提高农业生产效率。退耕边际坡耕地应本"近村庄、近水源、近道路"的原则，修建农业水利基础设施，建设高标准农田，认真落实好"村村通、户户通"政策，提高退耕农户农业生产技术效率，以提高农用物资的使用效率。

第三，加大黄土高原退耕区良种和地膜等农用物资"三农"优惠政策，落实好"优良种子"革命和技术，把退耕与种粮直补一视同仁；积极开展农业科技信息传播与科技成果推广与普及，着眼于对现有技术和资源的利用。

第四，进一步促进黄土高原退耕区县域非农产业发展，转移冗余农业劳动力，制定相应配套的优惠倾斜政策，从而提高农业劳动力对产出的贡献，实现区域农业与非农业、乡村与城市、不发达区域与相对发达区域的协调发展。

4.4 退耕还林工程实施对退耕农户收入的影响

退耕还林工程作为中国最大的生态补偿政策（payment for ecosystem services，PES），其主要目标通过改变区域土地利用结构以提高生态环境水平与利用生态补偿机制改善贫困地区农户的生存状况（Yin et al.，2014）。持续增收是退耕地区农户积极参与退耕还林工程实施的最主要的激励因素；如果退耕农户的收入无法保障就有可能出现毁林复耕行为，这将会阻碍退耕还林工程的可持续推进（朱长宁和王树进，2014）。随着退耕补助作用的逐渐减小，依赖退耕补贴的农户生计面临威胁，退耕地区存在复耕现象且略有扩大趋势（谢晨等，2015）。探究退耕还林工程对农户收入的影响机理和作用效果不仅是退耕还林政策评估的需要，也是维护退耕还林成果的重要方面。

国内外学者普遍从农户收入状况改善视角对退耕还林工程实施的社会经济影响进行评价。理论上，退耕还林工程实施的资金补偿能够通过直接和间接影响机制促进参与农户生计状况的改善，从而降低对退耕地的依赖，保证项目获得长期的环境目标（Uchida et al.，2009）。一方面，退耕生态补偿与机会成本的比较可以对农户总收入产生直接的影响；另一方面，耕地面积的减少以及生态补偿收入可以改变农户劳动力以及各项生产活动决策，从而对农户收入产生间接的影响。然而在实际的调查中，由于研究范围区、调研设计以及对各项收入侧重的不同，研究者发现了不同甚至相反的结果。在获得退耕还林补贴的期限里，退耕农户的收入明显提高（支玲等，2004；刘璨和张巍，2006）；然而，在双重差分模型中退耕还林工程补贴政策在农民收入增长方面没有显著效果（易福金和陈志颖，2006）。考虑到个体初始收入水平，退耕还林工程补贴政策对中低收入水平农户的收入有显著的正向影响，而对高收入水平农户的收入影响不显著（Li et al.，2011）。退耕还林工程带来的农村产业结构调整难以在短期内顺利完成，无法支撑农户形成较稳定的收入结构，农民可持续收入难以得到有效的保证（朱山涛等，2005）。同时，经济发展带来的农户收入水平的整体提高，退耕还林工程实施进入第二轮补贴期后补偿标准的下降都会使影响机制中各路径的作用强度发生改变。

为了增加各项生态恢复政策研究的可比性以及对政策变革提供理论支持，本研究在建立退耕还林对农户收入直接和间接影响机制的理论框架的基础之上，利用研究团队长期对农户追踪数据，探索退耕还林工程对农户收入的影响机理，以期为退耕还林工程的经济效果评估提供数据支撑，以及政策的改进提供有意义的参考。

4.4.1 理论分析与研究假设

退耕还林补贴是为了减轻农户粮食产量的降低带来的损失和补助退耕地造林及管护的农户投入，因此是直接效应来源的一个主要因素。退耕还林带来农户耕地面积的减少，同时在陕西省为保护退耕还林成果，在退耕造林的同时实施了以封山禁牧为主的政策，退耕农户的畜牧业生产也会受到较大的影响。如果退耕还林的补贴收入大于由于农业生产方式的改变造成的机会成本，退耕还林会对农户收入产生直接的正向影响。同时，如果农业投入增加和技术进步带来农业生产力的上升，退耕地面积的上升不会必然带来农业生产收入及其在总收入中比例的下降。自1999年退耕还林工程实施以来，在财政政策的支持下，陕西省农业生产发生了极大的改变，农业生产基础设施投入不断增加、生产技术培训力度加大、户均农业生产投入不断增多、种植业产品结构不断优化，同时良种、舍饲养殖和温室大棚等先进生产技术和设备不断完善和推广（Yao and Li，2010a；Yin and Liu，2012）。2004～2010年，陕西省户均农业收入由6436.75元上升至7854.68元（2004年不变价格）。这些变化似乎都强化了退耕还林对农户收入的直接正向影响，所以退耕还林对农户收入影响机制的理论模型假设H_1如下：

H_1：考虑到农业收入的实际增长以及退耕补贴对退耕地机会成本的潜在过度补偿，退耕还林会对农户收入产生直接的正向影响。

伴随着退耕还林工程实施之后农户耕地面积及农业劳动力投入的减少，除了对农户收入产生正向的影响之外，农户通过对退耕地上释放出的剩余劳动力进行生产活动的再分配，可以达到收入增加的目的。农户的非农收入随着剩余劳动力时间的增加而增加，但是人均耕地面积相对大的家庭不容易对农业进行集约经营，从而向非农业就业转移的可能性降低（Yao et al.，2010）。随着退耕还林工程的推进，参与农户的户均耕地面积减少至退耕前耕地面积的30.0%（胡霞，2005），这说明退耕还林带来农户农业生产劳动时间的急剧下降，农户可以将剩余劳动时间向非农业生产或者城市部门转移，从而通过非农业收入提高家庭的总收入水平。

在1999～2008年的时间段内，陕西省退耕还林造成农户非农就业天数由23.0%上升至58.0%，同时非农业收入在总收入中的比例由29.0%上升至47.0%（Yin and Liu，2012）。非农就业是中国经济改革中农村收入增加的主要推动因素和力量（Parish et al.，1995；Zhang et al.，2002）。为测算退耕还林、劳动力转移和农户收入之间的关系，提出本文影响机制研究框架的理论假设H_2，如下所述。

H_2：退耕还林工程实施通过影响劳动力转移对农户收入产生间接的正向作用。假设H_2可以被分解为如下两个可以在实际中验证测算的分假设，H_{2a}——退耕还林工程实施对农户收入产生直接的正向影响；H_{2b}——退耕还林工程实施对劳动力转移可以对农户收入的增加产生直接的正向作用。

此外，作为发展中国家，中国农村劳动力向非农就业部门的转移面临着较高的转移成本、不完善的市场制度以及其他的市场规范（Knight and Song，2005）。所以，在一些行业的就业和自主经营过程中，农户可能在选择时面临很多约束。退耕还林工程确实减轻了农户的流动性约束，从而促进了农户在非农就业和商业部门的劳动力时间分配（Groom et al.，2008；Uchida et al.，2009）。由于退耕还林地区多是生态条件脆弱、同时农户贫困度较高的地区，退耕还林工程实施补贴收入在农户总收入中所占比例相对较高。根据我们的调研数据，2004年陕西省退耕还林补贴收入占到了农户总收入的25.56%。这一补贴收入有助于农户减轻在外出务工、寻找就业机会、工作技术培训、教育资金投入以及自主经营时面临的流动性约束，因此提出本文影响机制理论框架的第三个假设H_3，如下所述。

H_3：退耕还林工程实施通过对减轻流动性约束的正向影响对农户收入产生间接的作用。同样，假设H_3可以分解为两个可测量的模型分假设，H_{3a}——退耕还林有助于农户流动性约束的减轻；H_{3b}——农户流动性约束的减轻对农户收入产生正向的影响。

退耕还林工程实施对农户收入的总影响是上述三个直接和间接影响路径系数之和，分析框架如图 4.13 所示。通过对图 4.13 中理论假设结合农户调研数据进行经验验证，不仅能够为退耕还林工程实施的经济效果评价提供一种新的方法，同时能够使退耕还林工程实施对农户收入影响的经验结果能够更为精确和有效。

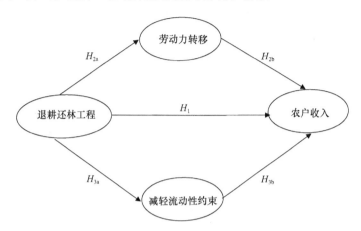

图 4.13　退耕还林对农户收入影响的理论分析概念图

箭头表示影响的方向；H_1 退耕还林对农户收入有正向影响；H_{2a} 和 H_{2b} 表示假设退耕还林通过促进劳动力转移对农户收入产生间接正向作用；H_{3a} 和 H_{3b} 表示假设退耕还林通过减轻流动性约束对农户收入产生间接正向影响

4.4.2　研究方法与材料搜集

4.4.2.1　研究区域选择

吴起县是中国退耕还林第一县。在 1999 年实施退耕还林工程试点以前，吴起县 77.0% 的农业生产用地在高于 25° 的坡耕地，由于严酷的自然资源条件、极低的生产力和超负荷的人口承载力，农户没有条件进行农业生产的投入和生产结构的改变。为了增加生产量和提高收入，越来越多的坡耕地被用于农业生产。1998 年年底吴起县人均耕地面积大约 1.3333 hm^2，是省人均耕地占有量的 10 倍左右。除此之外，公开放牧是农户生计主要来源的另一种形式，退耕还林工程实施之前，牲畜头数达到了 498 000 头（只），其中 230 000 头（只）是依赖于公开放牧的山羊。粗放式的公开放牧对当地植被造成了严重破坏，超出了当地生态环境的承载能力。当时，土壤侵蚀面积达到了整个吴起县土地面积的 97.4%，造成了以水土流失为主的多种生态灾难。但是吴起县并不是特例，中国的很多其他地区面临同样的生态环境退化问题。面对全国范围内的生态挑战，中国政府 1999 年开始在陕西、四川和甘肃 3 省的一些地区开始退耕还林工程的试点工作，即通过给予农户生态补偿（粮食、种苗和管护等），使其将耕种的坡耕地予以退耕还林或者还草，吴起也成为了第一批试点的先驱县。

4.4.2.2　结构方程模型

根据图 4.13 中的概念性框架，本文采用结构方程的方法（structural equation model，SEM），对退耕还林工程影响农户收入机制的三个理论假设进行经验验证。选用结构方程作为本研究的计量经济模型的原因主要如下：结构方程允许在一个模型中同时存在多个内生潜变量。这样劳动力转移和流动性约束不仅是退耕还林的效果变量，同时也是农户收入变化的主要影响因素。通过对概念性框架中不同路径系数影响方向和大小的测算，退耕还林对农户收入的直接、间接和总的影响机制能够得到有效分解和测算（Schumacker et al.，2004）。在本研究的结构方程模型设计中，退耕还林是外生潜变量；劳动力转移、流动性约束和农户收入是内生潜变量。一个完整的结构方程由测量模型和结构模型两部分组成。测量模型用来计算所选用观察变量对相应各潜变量的测量程度，我们将对调研地点和方法作出简单说明后，对本文各潜变量的观察变量的选取进行详细的叙述和技术性定义。结构方程部分用来定量测算各潜变量之间的影响关系和作用大小强度，图4.13中各影响路径的计量经济学方程式表示如下：

$$HI = \alpha_1 LA + \beta_1 SLCP + \varepsilon \tag{4.9}$$

$$HI = \alpha_2 LC + \beta_2 SLCP + \vartheta \tag{4.10}$$

$$HI = \beta_3 SLCP + \sigma \tag{4.11}$$

$$LA = \beta_4 SLCP + \gamma \tag{4.12}$$

$$LC = \beta_5 SLCP + \delta \tag{4.13}$$

式中，SLCP、LA、LC和HI分别表示退耕还林、促进劳动力转移、减轻流动性约束和农户收入，α_1、α_2、$\beta_1 \sim \beta_5$是回归方程的回归系数，即影响路径的作用大小；其他变量表示测量误差。需要说明的是，在本文的模型设计和计量检验中，退耕还林作为一个外生潜变量处理，即退耕还林不是一个内生的选择，从而不受家庭农户特征的影响（Lee，2005）。这在很大程度上是因为在退耕还林工程的实施过程中，违背了政府政策设计之初的自愿原则（Bennett，2008），退耕户的选择、退耕地的选址以及退耕面积的多少由当地政府人员确定（Xu et al.，2004；Uchida et al.，2009）。因此，忽略参与退耕还林工程的内生性选择在计量模型估计中是合理有效的。

4.4.2.3 数据来源

分别在2005年、2007年、2009年和2012年的每年8月，研究团队采用系统随机抽样的方法对吴起县进行了退耕还林工程实施综合效益评价调研，分别收集了1999年、2004年、2006年、2008年和2010年的农户社会经济数据，建立了相应的数据库。尽管对各年的调研问卷进行了不断地变化完善，但是所有调查都包括了此研究所需要的基本部分：农户基本信息、各项资产情况、退耕还林工程参与情况以及生产经营活动情况。为了尽可能的消除回忆偏误，对问卷的调整考虑到了前期数据的描述性统计结果；同时，我们将入户社会经济学调查获取的数据与《吴起县统计年鉴》中提供的平均值进行了比较。由于我们采用的是一对一入户调研的形式，除了少数调研过程被打断之外，大多数的问卷都是有效的。每年的补贴额度都是政府业务部门依据苗木的成活率和保存率等标准作出评估后进行支付的，加之退耕机会成本的上升，一些农户可能在后期退出退耕还林。在2004年，总样本中非参与农户的比例是0.7%，2008年和2010年达到了7.0%。表4.22是各变量的描述性统计结果。需要说明的是，研究中所有货币量都用2004年价格指数进行了调整，考虑到2004~2010年农业生产资料价格波动较大，对农户农业生产投入用于农业生产资料价格指数进行调整，其他货币量用消费者价格指数进行调整，价格指数根据《吴起县统计年鉴》进行收集整理（表 4.22）。

表 4.22　2004～2010 年吴起县农户社会经济数据的描述性统计

变量	统计量	2004 年	2006 年	2008 年	2010 年
有效样本量		269	200	234	189
退耕地面积比例	均值	0.72	0.73	0.66	0.68
	标准误	0.13	0.18	0.28	0.24
农业投入增长率	均值	4.05	10.23	5.88	4.42
	标准误	9.87	7.93	5.30	7.09
退耕还林补贴/元	均值	5 254.79	5 563.09	2 937.41	2 357.91
	标准误	2 884.07	3 523.42	2 102.03	1 512.75
非农业劳动力人数/人	均值	1.03	1.16	1.16	1.30
	标准误	0.86	0.86	0.89	1.16
非农劳动力比例	均值	0.30	0.44	0.42	0.51
	标准误	0.25	0.32	0.29	0.54
迁移距离/km	均值	0.78	0.99	1.00	0.90
	标准误	0.61	0.77	0.77	0.75
生产性固定资产价值/元	均值	3 497.53	5 386.55	5 808.93	11 293.05
	标准误	7 745.22	22 009.27	18 866.30	62 977.90
耐用消费品价值/元	均值	2 156.67	2 573.86	2 890.07	13 023.38
	标准误	4 045.09	3 321.35	11 030.97	32 728.03
农业收入/元	均值	6 436.75	7 041.04	7 204.93	7 854.68
	标准误	7 878.35	10 792.48	6 421.53	8 653.82
非农业收入/元	均值	8 797.22	13 338.02	15 548.30	18 055.29
	标准误	11 891.27	14 927.05	21 102.59	30 413.47
其他收入/元	均值	73.13	242.00	1 171.97	683.09
	标准误	362.72	893.33	6 614.26	1 635.25

注：①所有的 0 值在计算 mean 和 std 时被包括在内；②退耕补贴，生产性固定资产和耐用消费品价值，农业投入以及各项收入是 2004 年不变价格的值；③迁移距离表示务工农户由家到工作地点的距离，在吴起县、陕西省内以及陕西省外分别以 1、2、3 表示。

外生潜变量，即农户对国家退耕还林工程实施的参与强度，可以用退耕地面积比例、农业投入增长率以及退耕粮食（资金）补贴三个观察变量进行测量。2004～2010 年，尽管吴起县户均退耕还林面积出现了 0.394 hm^2 的波动，但人均退耕地面积由 2004 年的 0.449 hm^2 上升至 2010 年的 0.519 hm^2。退耕地面积比例是指当年累计退耕地面积相比于参加退耕还林工程实施之前耕地总面积的比例，这一比例在研究期内一直维持在 70.0% 左右。农业投入增长率是指当年农业投入相比于 1999 年农业投入的增长水平，2005 年农户调查的数据显示 1999 年亩均农业投入为 19.47 元，本文对增长率的计算统一采用基期年 1999 年 292.05 元/hm^2 的标准。在研究期内，2006 年农业投入增长率最高，为 1999 年水平的 10.23 倍。各年政府根据成活率和保存率等标准进行验收后才会发放补贴，退耕还林补贴在第一期（前 8 年）之后标准减半，所以 2008 年退耕补贴相比于 2006 年，下降了 47.20%。劳动力转移可以用非农劳动力人数、非农劳动力占家庭总劳动力的比例以及家庭非农劳动力平均迁移距离来反映。迁移距离表示务工农户由家到工作地点的距离，在吴起县、陕西省内以及陕西省外分别以 1、2 和 3 表示。由表 4.22 可以看出，在研究期 2004～2010 年内，调查农户户均非农劳动力人数由 1.03 上升至 1.30，农户总劳动力人数中的比例也由 30.0% 上升至 51.0%。在本县工作依旧是吴起县农户劳动力转移的主要地点。

由于农户一般不愿公布家庭信用和债务方面的私人信息，我们的调研没有有效地收集农户流动性约束的相关反映型指标。采用 Uchida 等（2009）的研究方法，用家庭生产性固定资产价值和耐用消费品价值衡量农户在劳动力转移、自主经营中面临的流动性约束。生产性固定资产包括农业机械和其他生产性设备[①]；耐用消费品是指满足农户日常生活和休闲娱乐需要的有较长生命周期的消费品[②]。但是与 Uchida 等（2009）研究不同的是，本文将这些资产在生命使用周期过程中产生的折旧计算在内。在农户调查过程中发现很多家庭生产性设备和消费品的使用时间在 10 年以上，因此本研究采用 10 年期的直线折旧方法，年均折旧率为 9.5%，资产余值为 5.0%。由表 4.22 可知，户均生产性固定价值和耐用消费品价值在 2004～2008 年出现了平稳上涨的趋势，但 2011 年增长速度尤为明显。

4.4.3　工程实施对农户收入的影响

4.4.3.1　模型拟合优度检验

在进行结构方程估计之前，对样本数据进行了效度和信度检验。结构方程的测量模型运用验证性因子分析方法，为了保持研究期各年观察变量的一致性，选择以下观察变量测量本文的退耕还林、促进劳动力转移、减轻流动性约束以及农户收入 4 个潜变量，对各变量的技术性定义和数据整理过程如下。

本文应用结构方程方法对上述三个假设形成的理论框架进行经验验证。需要说明的是，尽管对观察变量进行了正态化处理，数据仍然不能完全达到运用极大似然方法进行结构方程估计的要求。在非正态数据的情况下，尽管会高估 χ^2 值，但多数极大似然估计仍然是稳健的（Hu et al.，1992）。另外，一些农户单纯的依赖于农业生产作为生计方式，造成非农业收入有很多几乎没有的农户样本，删掉这些样本不仅破坏了样本选取的随机性原则，并且会造成估计结果不具有代表性。

LISREL 8.8 的估计结果见表 4.23，模型的整体拟合度以及各观察变量的拟合度通过多种指标进行了量化。更重要的是，本文检验了退耕还林工程实施对农户收入影响的理论框架中的三个影响路径假设，同时通过比较标准化路径系数的大小考察退耕还林工程实施对农户收入的影响机制和时间动态变化趋势。

[①] 农业机械包括用于家庭农业生产的汽车和拖拉机、灌溉设备、除草机、播种机、旋耕机、收获机、粉碎机以及其他。其他生产性设备包括工艺设备、谷仓、温室大棚以及其他。

[②] 耐用消费品包括自行车、家用汽车、电视、洗衣机、冰箱、计算机、饮水机、照相机、微波炉、吸尘器、空调、手机以及其他物品。

表 4.23　结构方程模型的极大似然估计结果

标准化因子负荷	2004 年	2006 年	2008 年	2010 年
农业收入	0.12*	0.18**	0.09*	0.47**
非农业收入	0.89	0.76	0.36	0.55
其他收入	−0.11*	0.02*	0.00	0.08*
非农业劳动力人数	0.94	0.87	0.96	0.95
非农业劳动力比例	0.88***	0.90***	0.82***	0.77***
迁移距离	0.72***	0.63***	0.43**	0.49**
生产性固定资产价值	0.42	0.49	0.44	0.25
耐用消费品价值	0.42**	0.49**	0.44***	0.25*
退耕地面积比例	0.42	0.49	0.20	0.37
农业投入增长率	0.09*	0.05	0.01	0.07*
退耕补贴	0.32*	0.45***	0.13**	0.21***
标准化路径系数				
退耕还林→劳动力转移	0.08*	0.12**	0.10*	0.09*
退耕还林→农户收入	0.01	0.02	0.03	0.02
退耕还林→流动性约束	0.04*	0.06*	0.06*	0.08**
劳动力转移→农户收入	0.22***	0.36***	0.40**	0.42**
流动性约束→农户收入	0.36**	0.54**	1.12***	0.62**
模型整体拟合度				
χ^2	395.75	353.63	368.94	164.44
df	39.00	39.00	39.00	39.00
RESEM	0.18	0.20	0.19	0.13
CFI	0.45	0.40	0.33	0.60
NFI	0.45	0.40	0.33	0.56

注：①非农业收入，非农业劳动力人数、生产性固定资产价值以及退耕补贴的因子负荷在结构方程的估计中被设定为 1，因此 T 显著性检验不包括这些观察变量；② ***、**和*表示通过了 $P<0.01$、$P<0.05$ 和 $P<0.10$ 的双侧显著性 T 检验。

　　模型的总体拟合度代表了样本方差—协方差矩阵对结构方程的拟合程度，很难界定哪个指标可以更好的代表模型的总体拟合度。在本章的研究中，我们选择 χ^2，自由度（df），近似误差均方根（root mean square error of approximation，RMSEA），相对拟合指数（comparative fit index，CFI）和规范拟合指数（normed fit index，NFI），表 4.23 列出了这些指标的结果。

　　研究期内各年的 χ^2 值在 1.0%的显著性水平上通过检验，表示预测模型和真实模型之间有显著的差异；但是，根据 Anderson 和 Gerbing（1982）等的研究结果，χ^2 对样本数量和模型的复杂度反应敏感；同时，此研究多数观察变量的非正态性会高估 χ^2 的结果。

　　同样，χ^2 会对模型拟合度的评估作出指导，但并不是唯一的测量指标（Christina and Qu，2007）。CRI 表示模型由最少约束到理论模型的差距程度；NFI 表示将 χ^2 由 0（拟合度最低）释放到 1（拟合度最高）产生的约束模型和全模型的比较差异（Bentler and Bonett，1980）。CFI 和 NFI 的平均水平分别是 0.44 和 0.45，与最优的拟合标准有一定的差距，但是考虑到研究所用数据本身的限制，此水平仍是可以接受的。

参数拟合度是评估测量模型和结构模型接受度的重要标准。考虑到本文的理论框架是建立在以往大量的研究基础之上的，我们关注于以 T 统计量代表的参数统计显著性检验。表 4.23 列出了测量模型的标准化因子负荷以及结构模型的标准化路径系数及其显著性。在测量模型部分，农业投入增长率和其他收入在 2006 年和 2008 年没有通过 10.0% 水平的显著性检验。在结构模型部分，退耕还林工程实施对农户收入直接影响路径的标准化因子负荷在研究期内维持在 0.01～0.03 的相对低水平上，即在 2004 年、2006 年、2008 年和 2010 年的模型检测中均没有通过 10.0% 水平上的显著性检验；但是在研究期内，退耕还林对农户收入的两个间接影响路径的标准化因子负荷全部通过了 10.0% 水平上的 T 显著性检验。总体而言，本部分结构方程模型估计结果是合意的和有效的，同时各影响路径的标准化因子负荷在研究期内呈现出较为合理的变化趋势。

4.4.3.2　实证分析结果

2004～2010 年结构方程模型的实证结果表明本文提出的退耕还林工程实施对农户收入的影响假设通过了经验数据的验证。退耕还林工程实施对农户收入直接和间接影响路径的系数大小及其动态变化如表 4.24 所示。

表 4.24　不同年份退耕还林对农户收入的影响路径系数

路线	2004 年	2006 年	2008 年	2010 年
直接路径				
退耕还林→农户收入	0.01	0.02	0.03	0.02
间接路径				
退耕还林→促进劳动力转移→农户收入	0.02	0.04	0.04	0.04
退耕还林→减轻流动性约束→农户收入	0.01	0.03	0.07	0.05
综合影响	0.04	0.09	0.14	0.11

注：→表示影响的方向。

首先，退耕还林工程实施对农户收入在研究期 2004～2010 年内产生直接的正向影响。直接影响路径的标准化路径负荷由 2004 年的 0.01 上升至 2008 年的 0.03，但是 2010 年又下降至 0.02，总体而言影响系数平均维持在 0.02，没有通过 10.0% 水平上的显著性检验。这说明退耕还林工程实施补贴至少消除了工程带来的耕地面积减少以及畜牧业生产规模减少带来的负面影响，证明了退耕还林工程实施对农户影响理论假设的 H_1。

其次，在 2004～2010 年的研究期内，退耕还林工程的实施对农村劳动力转移有正向的促进作用。标准化路径系数在 0.08～0.12 的水平内波动；同时劳动力转移对农户收入有着正向的促进作用，这一影响的标准化路径系数由 0.22 逐渐上升至 0.42（表 4.23）。由表 4.24 可知，在 2004 年，吴起县农户收入增长的 2.0% 是由退耕还林工程通过对劳动力转移的正向促进作用间接推动的，这一影响路径的影响程度在 2006～2010 年保持在 4.0% 的水平。值得注意的是，即使户均退耕还林补贴在 2008 年下降了近 50.0%，退耕还林工程实施通过影响劳动力转移对农户收入的间接影响效果仍维持在 0.04 的水平。同时，由劳动力转移的测量模型可以看出，相比于非农劳动力数量和其在家庭劳动力中所占的比例，迁移距离的标准化因子负荷在 4 个研究的时点上都非常低。这说明陕西省或者全国的经济发展在吴起县农户劳动力转移中发挥的作用不大，这在一定程度上是由于在地方或区域石油经济的拉动下，吴起县自 2000 年以来地方财政收入的 90.0% 以上依托于石油开采，也带动了相关产业的发展；吴起县自退耕还林工程实施以来，经济发展快速，对解决本县农业劳动力的非农就业作用明显。

最后，退耕还林工程的实施在 2004～2010 年对农户流动性约束的减轻有正向的促进作用，并且作用效果在不断增强，由 0.04 上升至 0.08；同时，流动性约束的减轻对农户收入的增加也起到了正向的促进作用，作用效果由 2004 年的 0.36 逐渐上升至 2010 年的 0.62（表 4.23），由此，退耕还林工程实施通过影响流动性约束对农户收入产生的正向影响在研究期内不断增强，由 2004 年的 1.0% 上升至 2010 年的 5.0%，并且在 2008 年达到了研究段内最高值 7.0%。

4.4.4 小结

在分析退耕还林工程实施对陕西退耕户收入及其结构变化影响的基础上，提出了退耕还林工程实施对农户收入影响的直接和间接影响机制模型，纳入退耕还林工程对农户收入的直接影响路径，以及通过促进区域劳动力转移和减轻劳动力流动性约束对农户收入产生的间接影响路径。

退耕还林工程实施对农户收入的影响。实施退耕还林工程以来，退耕还林对农户收入产生直接的正向作用，但这一正向作用的路径系数并不显著，在 2004～2010 年维持在 2.0% 左右的平均水平。这主要是由以下两个方面的原因引起的。其一，伴随着吴起县农户农业生产投入的增加以及政府在农业生产中实施的技术推广培训，吴起农业生产率产生了极大的提高，亩均农业纯收入由 2004 年的 256.94 元上升至 2010 年的 707.61 元。其二，尽管退耕地的机会成本会在研究期内上升，并且退耕补贴在 2008 年也出现了大幅下降，但是 1350.00 元/hm^2 的补贴对大多数农户而言还是高于退耕地的平均收入（在 1999 年为 876.9 元/hm^2）。因此，退耕还林工程实施会对农户收入产生一个正向的直接影响，但是这一作用在研究期内非常小，并且不显著。

退耕还林工程实施对农户生产的影响。面对退耕还林工程带来的农户生产结构的改变，退耕还林通过对促进劳动力转移和减轻农户流动性约束对农户收入产生了间接的正向作用。重要的是，这两个间接影响路径的标准化路径系数要远高于直接影响的路径系数，同时，随时间的不断推移，间接和直接路径间的作用强度差距也在不断加大。由此以来，退耕还林工程实施对农户收入产生了一个总的正向影响作用，并且这一总体影响由 2004 年的 4.0% 上升至 2008 年的 14.0%，在 2010 年又回落到 11.0%。特别地，由于当地经济结构调整已经逐渐形成，尽管退耕还林工程实施补贴在第二轮大幅下降，对当地农业收入增长机制没有产生负向的影响。

退耕还林工程实施对就业方式的影响。观察变量迁移距离在劳动力转移测量模型中的标准化路径系数相对较低，这表明相比于当地经济发展状况，省级或国家级经济发展对吴起县农户劳动力转移起到的作用效果不大。自退耕还林实施以来，吴起县经济的快速发展为其吸纳当地农业剩余劳动力的转移起到了显著的效果，但现在的问题是当地经济社会发展对农村剩余劳动力的拉动效果是否可持续，可能是由于以石油开采为绝对主导的资源型区域地方经济所造成的。因此，提出具体措施以更好地促进劳动力转移和农户流动性约束的减轻对吴起县退耕还林生态成果的保持尤为重要。在提高农户收入的各项政策措施中，提高农户的生产技术水平、提供更全面有效的就业或商业协助、提高农户信息获取能力并扩宽其获取途径，是应该采取的主要的政策措施。

4.5　本　章　小　结

本章主要从粮食生产、产业结构、生产效率以及农户收入等方面探讨了国家退耕还林工程实施的经济效果，主要结果如下：

（1）退耕还林工程实施对粮食生产的影响。退耕还林工程实施对粮食生产具有显著的正向影响。退耕还林工程实施耕地面积减少，尤其是坡耕地面积显著减少，减少的耕地主要转化为林地和草地，而且在生态脆弱区域更为明显；退耕还林工程实施使得粮食作物种植面积呈先波动减少后稳定回升的变化趋势，退耕还林工程实施重点县虽然在短期内导致粮食播种面积减少，但是总体上无论是区域粮食总产，还是粮食单产呈稳步上升趋势，而且粮食单产提高明显且增幅高于全省平均水平，确保退耕区粮食总产增加；省级层面，粮食总产与单产的高低值区大体一致。就目前的研究结果，国家退耕还林工程的实施基本可以求得生态改善和粮食保障的双赢局面。

（2）退耕还林工程实施对产业结构的影响。国家退耕还林工程实施使林业、畜牧业和渔业产值占农林牧渔总产值比例上升；工程实施对一级作物品种播种面积和产量没有明显影响，主要影响的是二级作物。区域累积退耕还林面积对农业产值区位商的影响为倒"U"形关系，即工程实施初期随劣质耕地面积的减少，退耕农户转变经营方式获取更高收益，农业部门比较优势提升明显；当退耕面积超过阈值点后，随着累积面积的增加，农业产值区位商下降，农业部门的比较优势持续减弱甚至不再。政策制定和实施的主要目的是在保证国家或区域粮食安全的条件下，促使农林牧渔业生产结构向高级化和合理化靠拢，寻找更合适的能兼顾粮食安全和生态安全的指标，深入分析退耕还林工程对农业生产结构的影响。

（3）退耕还林工程实施对生产效率的影响。退耕户生产技术效率与退耕规模、自身状况、投入多寡等存在一定的关联。对于农户的生产技术效率，退耕还林工程实施之前大规模（种植土地面积较多者）的高于中小规模的；退耕还林工程实施之后反之，中小规模的呈大幅提高趋势。在现行国家体制机制下，黄土高原腹地吴起县退耕户生产技术效率提升空间在30.0%左右，生产潜力巨大。退耕户主教育程度、年龄，以及种子和地膜的投入成本对农业生产技术效率都具显著的正效应。今后退耕还林工程实施的空间是未退耕农户和小规模退耕还林农户，同时要加强农户技术培训、基础设施建设、优惠政策制订、城乡差距缩小和社会保障体系完善。

（4）退耕还林工程实施对农户收入的影响。国家退耕还林工程实施对退耕户收入产生直接的正向作用，但效果不甚显著；同时，退耕还林工程实施不仅减少了农户耕种土地的面积，而且带来的农户生产结构和生活方式的改变，进而减轻耕地对农户流动性的约束、促进退耕区农村劳动力的合理转移,对农户收入产生了间接的正向作用。更重要的是,退耕还林工程实施使得农村劳动力转移和农户流动性两个间接要素的影响要远高于退耕政策国家直补收益的直接影响,而且随着国家退耕还林工程的深入开展,间接要素和直接要素的作用强度差距也在不断加大,这也是国家退耕还林政策制订的初衷和目标,即退耕还林工程"封得住、退得下、还得上、能致富",求得山坡披"被子(植被)"和农民收"票子(收益)",达到生态与经济的双赢。

第 5 章　退耕还林工程对土地利用的影响

20 世纪 90 年代末，党中央、国务院为了改变中国环境逐渐恶化的局面，恢复林草植被、改善生态环境，于 1999 年率先在四川、甘肃和陕西 3 省开展了退耕还林试点示范工程；退耕工程经过 2 年多的试点之后于 2002 年全面启动，退耕工程建设范围包括 25 个省（自治区、直辖市）及新疆生产建设兵团（田璐等，2015）。退耕还林还草工程的实施可引起大尺度、转换性的地表覆被变化（周德成等，2012），进而引起景观格局的改变，从而对区域生态环境产生重大影响。而土地利用/土地覆盖变化（LUCC）被认为是研究全球环境变化与可持续发展问题的基础，是国际陆界生物圈方案（IGBP）与国际全球环境变化人文因素计划（IHDP）两大国际项目合作进行的纲领性交叉学科研究课题，目的在于揭示人类赖以生存的地球环境系统与人类日益发展的生产系统（农业化、工业化/城市化等）之间相互作用的基本过程。土地利用/覆盖变化会对区域生态环境产生重要的影响，并以累积的方式影响全球环境变化（刘纪远等，2009）。

基于此，本章使用经过遥感解译获得的高分辨率土地利用/覆被数据，以全国退耕还林工程实施区、黄土高原和长江流域中上游地区三个不同的尺度范围为研究对象，对上述三个地区 1990～2015 年退耕还林工程实施前后土地利用/覆被和景观格局变化进行动态监测，通过分析研究区退耕还林工程实施前后土地利用/覆被和景观格局变化的基本情况和规律，明晰了土地利用/覆被和景观格局指数变化所集中的区域、涉及的土地利用类型和面积、预期工程的完成程度以及全国退耕还林工程实施区、黄土高原和长江流域中上游地区整体的土地利用/覆被变化状况，从而为退耕还林工程效益评价提供基础数据和理论依据。

5.1　数据来源与研究方法

5.1.1　研究区概况

1）全国退耕还林工程实施区

截至 2019 年全国退耕还林还草工程建设范围包括北京、天津、河北、山西、内蒙古、辽宁、吉林、黑龙江、安徽、江西、河南、湖北、湖南、广西、海南、重庆、四川、贵州、云南、西藏、陕西、甘肃、青海、宁夏、新疆等 25 个省（自治区、直辖市）和新疆生产建设兵团，共 1897 个县（含市、区、旗），如图 5.1 所示。

2）黄土高原地区

黄土高原位于黄河中游，中国北方地区，是中国四大高原之一。区域地理坐标为：32°N～41°N、102°E～114°E，海拔 800～3000 m，跨越陕西、山西、青海、宁夏、甘肃、河南、内蒙古七省（自治区），总面积达 $64.93 \times 10^4 \text{ km}^2$（图 5.2），人口 1.2 亿。地形方面，

图 5.1 全国退耕还林工程实施区范围（彩图请扫封底二维码）

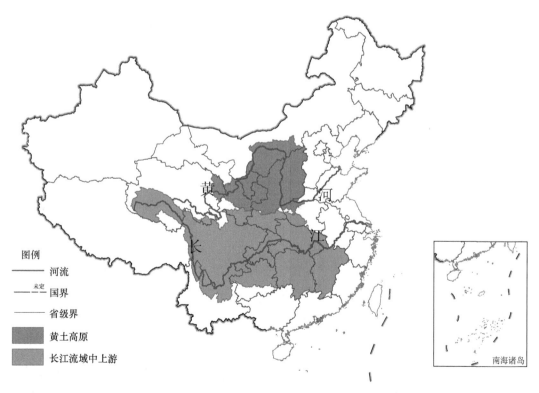

图 5.2 黄土高原地区和长江中上游地区的地理位置（彩图请扫封底二维码）

黄土高原位于平原向高原变化的过渡地带，地势整体表现为西北地区高，东南地区低的态势，自西北向东南方向呈波状下降。地貌方面，该地区主要分布有山地、黄土丘陵、黄土塬、黄土台塬、河谷平原。该地区分布面积最为广阔的是黄土地貌，也是世界上最大的黄土沉积区，黄土颗粒细，土质松软，矿物质丰富，适合农业生产，农耕历史悠久。气候与水文方面，黄土高原气候主要表现为冬冷、夏热，属于典型的大陆季风气候。黄土高原大部分处于半干旱半湿润气候带，年均气温 6.0～14.0℃，多年平均降水量 200～700 mm。

黄土高原严重的水土流失曾经是区域最大的生态环境问题，地表被切割成千沟万壑，加速了风蚀、水蚀、重力侵蚀的相互交融，增大了雨洪及干旱灾害的发生频率，植被破坏、植物退化、生态功能急剧衰退，形成了恶性循环，人类不合理的经济活动又加剧了生态环境的恶化。新中国成立后，对黄土高原的水土流失采取了一系列综合治理措施，植树造林、种草，坡耕地改为水平梯田，修建水利工程等措施。近几年，国家投入了巨大的人力、物力和财力，在黄土高原地区先后实施了三北防护林、坝系建设、小流域综合治理和退耕还林还草等一系列生态建设和环境修复工程，区域水土流失得到了综合治理，植被发生了显著变化，植被覆盖率和森林覆盖率均呈增长趋势（表 5.1）。

表 5.1   2000～2015 年黄土高原地区各省区植被面积及覆盖率的动态变化

| 名称 | 国土面积/10^4 km² | 占比/% | 2000 年 | | 2005 年 | | | 2010 年 | | | 2015 年 | | |
			植被覆盖率/%	森林覆盖率/%	累计退耕面积/10^4 hm²	植被覆盖率/%	森林覆盖率/%	累计退耕面积/10^4 hm²	植被覆盖率/%	森林覆盖率/%	累计退耕面积/10^4 hm²	植被覆盖率/%	森林覆盖率/%
山西	15.59	24.01	74.34	27.90	8.36	76.94	27.90	8.38	84.62	28.60	8.40	83.12	28.37
河南	2.15	3.31	84.77	26.69	0.35	90.01	26.64	0.36	89.71	26.89	0.37	91.24	26.79
陕西	12.92	19.89	61.02	22.76	20.36	67.71	24.73	21.36	76.63	24.01	22.36	73.73	24.33
甘肃	10.91	16.81	50.49	8.69	9.59	53.36	9.14	10.94	62.01	10.13	12.28	61.82	9.35
青海	3.43	5.28	68.16	20.49	0.92	71.58	20.49	0.92	75.35	20.49	0.92	71.82	20.44
宁夏	5.23	8.05	33.25	4.64	8.42	33.35	5.13	8.66	49.17	5.38	8.90	43.92	5.34
内蒙古	14.71	22.65	35.90	4.74	9.64	38.07	5.15	10.84	44.55	4.75	12.03	41.85	4.98
合计/平均	64.93	100.00	58.28	16.56	8.23	61.57	17.03	8.78	68.86	17.18	9.32	66.79	17.09

3）长江中上游地区

长江中上游全长约 5600 km，地理坐标为：25°N～36°N、90°E～115°E，流域面积约 166.47×10^4 km²，约占中国陆地总面积的 1/5，横跨了我国西南、华中两大经济区（图 5.2）。中上游干流流经青海、西藏、云南、四川、重庆、湖南、湖北等省（自治区、直辖市）；支流还布及甘肃、陕西、河南、贵州等省。区域地势西高东低；流域内地势的最高峰位于四川西部的贡嘎山，海拔 7556 m。流域内各子流域平均海拔：金沙江流域约 3800 m，岷-沱江流域约 2600 m，为中高山区；嘉陵江、乌江流域约 1200 m，为中山区；汉水流域约 800 m，上游干流区间约 650 m，属低山区；洞庭湖、鄱阳湖水系，中游干流区间 300～500 m，为丘陵区。流域内的地貌类型众多，有山地、丘陵、盆地、高原和平原，其中高山高原主要分布在西部地区，中部地区以中山为主，丘陵主要分布于川中、陕南等地。自退耕还林还草工程在长江流域中上游地区实施以来，区内植被发生了显著变化，植被覆盖率和森林覆盖率均呈增长趋势（表 5.2）。

表 5.2 2000～2015 年长江中上游地区各省区植被面积及覆盖率的动态变化

名称	国土面积/$10^4 km^2$	占比/%	2000 年		2005 年			2010 年			2015 年		
			植被覆盖率/%	森林覆盖率/%	累计退耕面积/$10^4 hm^2$	植被覆盖率/%	森林覆盖率/%	累计退耕面积/$10^4 hm^2$	植被覆盖率/%	森林覆盖率/%	累计退耕面积/$10^4 hm^2$	植被覆盖率/%	森林覆盖率/%
江西	16.30	9.79	90.81	62.18	5.13	92.30	62.12	7.61	93.45	62.01	7.66	91.42	61.54
湖南	20.68	12.42	92.38	62.03	5.52	93.13	61.98	21.93	93.44	62.47	22.14	91.91	62.18
湖北	18.46	11.09	91.82	49.89	4.41	93.41	49.82	15.51	93.15	49.91	15.69	93.40	49.63
重庆	8.24	4.95	92.58	37.05	7.56	92.06	37.59	12.26	95.02	40.05	12.26	93.50	39.79
四川	46.75	28.08	87.03	35.23	10.92	85.88	35.27	37.90	86.63	35.95	37.93	86.05	35.88
云南	11.55	6.94	84.81	51.00	1.06	84.86	51.01	11.30	89.36	51.15	11.31	85.85	51.15
贵州	11.58	6.96	89.04	53.02	8.53	89.64	53.80	11.97	92.08	54.29	11.99	90.58	54.14
河南	2.65	1.59	89.66	29.08	0.47	91.74	29.06	2.05	91.34	29.06	2.37	94.64	29.08
陕西	7.25	4.35	93.82	69.51	12.10	94.17	70.34	26.17	95.80	73.76	26.96	96.54	73.83
甘肃	3.79	2.28	85.39	36.71	4.25	85.66	36.87	7.72	88.13	39.60	8.70	89.17	36.97
青海	16.91	10.15	46.86	15.74	2.31	47.41	18.19	2.36	49.90	17.03	2.36	45.17	17.02
西藏	2.32	1.40	78.84	36.20	0.01	76.15	36.23	0.87	77.77	49.14	0.93	76.42	49.14
合计/平均	166.47	100.00	85.25	44.80	62.27	85.53	45.19	157.65	87.17	47.04	160.3	86.22	46.70

5.1.2 数据来源

本研究所使用的全国退耕还林工程实施区、黄土高原地区和长江中上游地区土地利用数据来源于中国科学院资源环境数据中心（www.resdc.cn），共包括 1990 年、2000 年、2005 年、2010 年和 2015 年 5 期。该数据集的产生是以各期 Landsat TM、ETM+及 OLS 遥感影像为数据源，通过人工目视解译生成。并经过实地验证，误差修正后的土地利用以及类型综合评价精度达到 94.3%以上，二级类型分类综合精度达 91.2%以上（刘纪远等，2003，2014，2018）。土地利用类型基于中国科学院土地利用/覆被一级地类分类标准（张景华等，2011），将 5 期土地利用原始数据分为了耕地、林地、草地、水域、建设用地和未利用地 6 类,其中研究全国退耕还林工程实施区所使用的土地利用数据为1990年、2000 年和 2015 年 3 期数据（图 5.3），其空间分辨率为 100 m；研究黄土高原地区和长江中上游地区所使用的土地利用数据为 1990 年、2000 年、2005 年、2010 年和 2015 年共 5 期数据，其空间分辨率为 30 m（图 5.4、图 5.5）。

全国退耕还林工程区范围数据矢量化于国家林业和草原局公布的"退耕还林工程总体布局示意图（http://www.forestry.gov.cn/main/1079/content-115104.html）"，黄土高原地区矢量边界数据来源于国家地球系统科学数据共享服务平台黄土高原科学数据中心（loess.data.ac.cn），长江中上游地区矢量边界数据来源于国家地球系统科学数据共享服务平台长江三角洲科学数据中心（http://nnu.geodata.cn），全国行政边界数据来源于 2017 年国家基础信息中心公布的全国 1∶100 万基础地理数据库（http://www.webmap.cn）。

本研究所使用的 SRTM SLOPE 坡度数据集、下载于中国科学院计算机网络信息中心的地理空间数据云平台（http://www.gscloud.cn），数据分辨率为 90 m。

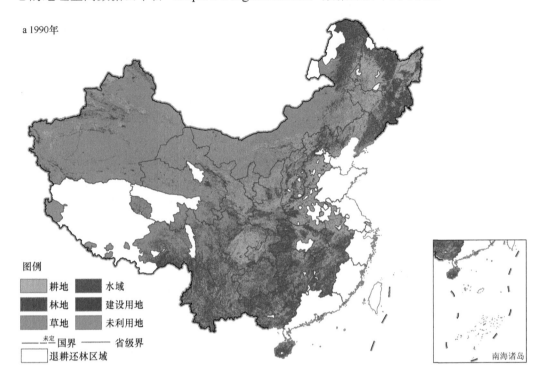

a 1990年

图例
- 耕地
- 林地
- 草地
- 水域
- 建设用地
- 未利用地
- 国界（未定）
- 省级界
- 退耕还林区域

南海诸岛

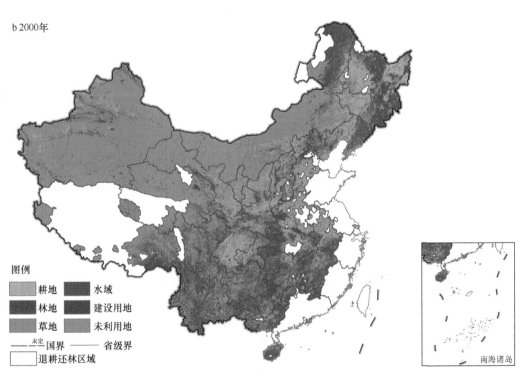

b 2000年

图例
- 耕地
- 林地
- 草地
- 水域
- 建设用地
- 未利用地
- 国界（未定）
- 省级界
- 退耕还林区域

南海诸岛

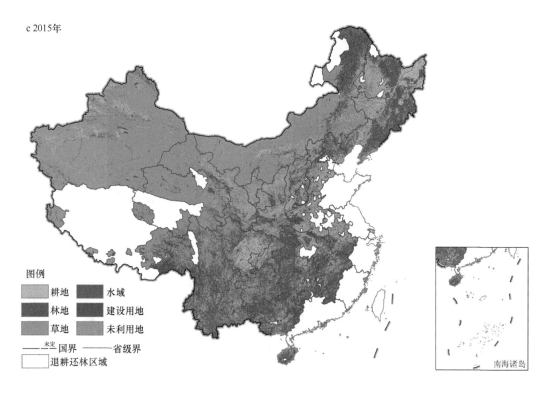

图 5.3 全国退耕还林工程区 1990 年（a）和 2000 年（b）及
2015 年（c）土地利用/覆被类型图（彩图请扫封底二维码）

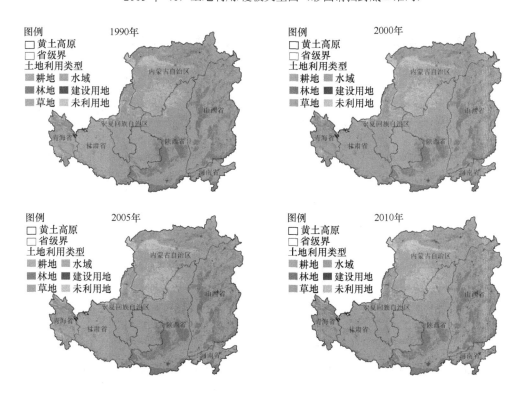

图 5.4　黄土高原地区 1990～2015 年土地利用/覆被类型图（彩图请扫封底二维码）

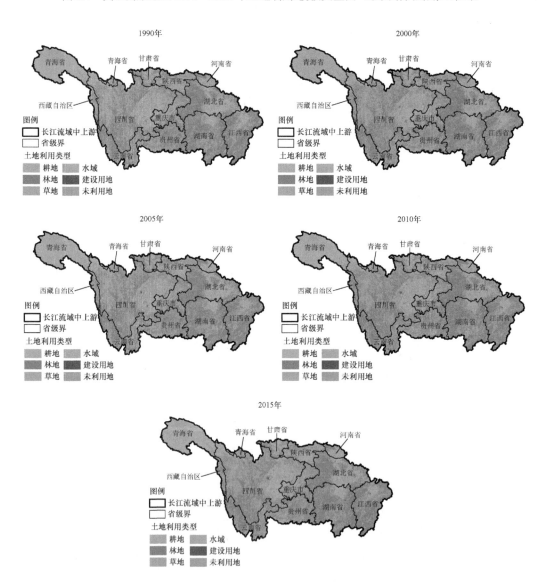

图 5.5　长江中上游地区 1990～2015 年土地利用/覆被类型图（彩图请扫封底二维码）

5.1.3 研究方法

1）土地利用变化幅度

一定时间段内，研究区不同地类在数量上的变化情况由土地利用变化幅度测评。土地利用变化幅度分析方法为：

$$\Delta U = U_b - U_a \tag{5.1}$$

$$K = \frac{\Delta U}{T} \tag{5.2}$$

式中，ΔU 表示研究区土地利用类型在研究时段内的变化量（hm^2）；U_a、U_b 分别表示某一类土地利用类型在研究初期及研究末期的面积（hm^2）；T 表示研究时段（年）；K 表示平均每年某一类土地利用类型在研究期内面积的变化量（hm^2/a）。

2）土地利用变化转移矩阵

基于 ArcGIS 软件平台，将 1990 年、2000 年、2005 年、2010 年和 2015 年 5 期土地利用类型图叠加，可以形象地体现出各土地利用类型的时空转化状况、反映研究时段内各地类数量变化和相互转化的情况，进行土地利用类型转移的测评。模型如下：

$$B_{ij} = \frac{A_{ij}}{\sum_{i=1}^{6} A_{ij}} \times 100\% \tag{5.3}$$

$$C_{ij} = \frac{A_{ij}}{\sum_{j=1}^{6} A_{ij}} \times 100\% \tag{5.4}$$

式中，A_{ij} 为原始矩阵中第 i 行第 j 列的值；B_{ij} 为由前一年份的第 i 类土地转化为后一年份的第 j 类土地的比例；C_{ij} 为后一年份的第 j 类土地由前一年份的第 i 类土地转化来的比例。

3）土地利用动态度

基于土地利用类型转移矩阵，采用土地利用变化率和土地利用空间动态度等模型和土地利用/覆被转移矩阵分析研究区土地利用的变化过程。具体模型如下：

$$K_s = \frac{U_a - U_b}{U_a} \times \frac{1}{T} \times 100\% \tag{5.5}$$

式中，K_s 表示 i 类土地利用类型的变化率。

$$K_{ss} = \frac{U_{i+} + U_{i-}}{U_a + U_b} \times \frac{1}{T} \times 100\% \tag{5.6}$$

式中，K_{ss} 为某类地利用类型在某一时间段内空间变化动态度（%）；U_{i+} 为其他土地利用类型在该时间段内转化为该土地利用类型的面积（hm^2）；U_{i-} 表示该土地利用类型在该时间段内转化为其他类型的面积（hm^2）。

$$L = \frac{\sum_{i=1}^{n}\sum_{j=1}^{n}U_{ij}}{U} \times \frac{1}{T} \times 100\% \qquad (5.7)$$

式中，L 表示区域土地利用综合动态度（%）；U 表示区域土地总面积（hm²）；U_{ij} 表示非 i 类土地利用类型在研究时段内被 j 类土地利用类型转化而来的面积（hm²）；n 表示土地利用类型总数（个）。

土地利用变化率是指在时间上反映出土地利用/覆被的变化过程，而土地利用空间动态度则是从空间上反映出了土地利用/覆被的变化过程。

4）土地利用转移流

对任何土地利用类型而言由该地类转为其他地类的变化量称为"转出流"，由其他类型转为该类型的变化量称为"转入流"。转入转出流之差为土地转移流净值。当其为正时，表示净流入；当其值为负时，表示净流出。公式如下：

$$\begin{aligned}L_f &= L_{\text{out}} + L_{\text{in}} \\ L_{nf} &= L_{\text{in}} - L_{\text{out}}\end{aligned} \qquad (5.8)$$

式中，L_f 为土地利用转移流（hm²）；L_{out} 为转出流（hm²）；L_{in} 为转入流（hm²）；L_{nf} 为土地转移流净值（hm²）。

5.2 全国退耕工程区土地利用/覆被变化特征

5.2.1 全国退耕工程区土地利用/覆被变化

由表 5.3 所示，1990～2000 年退耕还林工程实施之前全国耕地、水域和建设用地面积均呈增长趋势。耕地面积由 1990 年的 13 780.83×10⁴ hm² 增长至 2000 年的 14 144.37×10⁴ hm²，10 年间共增长 363.54×10⁴ hm²，为所有面积呈增加趋势中最多的地类。水域面积由 1990 年的 1714.22×10⁴ hm² 增长至 2000 年的 1725.84×10⁴ hm²，10 年间共增长 11.61×10⁴ hm²；建设用地面积由 1990 年的 943.73×10⁴ hm² 增长至 2000 年的 1027.01×10⁴ hm²。

表 5.3 1990～2015 年全国退耕还林工程区土地利用/覆被变化

指标	年份	耕地	林地	草地	水域	建设用地	未利用地
土地利用 面积/10⁴ hm²	1990 年	13780.83	18718.42	21234.21	1714.22	943.73	18267.76
	2000 年	14144.37	18555.62	20942.93	1725.84	1027.01	18263.40
	2010 年	14179.32	18823.25	20313.72	1514.71	1472.46	18355.71
变化 面积/10⁴ hm²	1990～2000 年	363.54	−162.80	−291.27	11.61	83.28	−4.36
	2000～2010 年	34.94	267.63	−629.22	−211.12	445.45	92.31
土地利用 比例/%	1990 年	18.46	25.07	28.44	2.30	1.26	24.47
	2000 年	18.95	24.85	28.05	2.31	1.38	24.46
	2010 年	18.99	25.21	27.21	2.03	1.97	24.59

但是，1990～2000 年林地、草地和未利用地面积呈减少趋势。林地面积由 1990 年的 18 718.42×10^4 hm^2 减少到 2000 年的 18 555.62×10^4 hm^2，10 间共减少 162.80×10^4 hm^2；草地面积由 1990 年的 21 234.21×10^4 hm^2 减少到 2000 年的 20 942.93×10^4 hm^2，10 年间共减少 291.27×10^4 hm^2，为所有面积减少地类中最多的地类；未利用地由 1990 年的 18 267.76×10^4 hm^2 减少到 2000 年的 18 263.40×10^4 hm^2，10 年间共减少 4.36×10^4 hm^2。可以看出，全国退耕还林工程实施区在 1990～2000 年存在大量的毁林开荒和毁草开荒的情况，由此导致全国水土流失问题严重，土壤保持量不断降低。

2000～2015 年退耕还林工程由试点到全面实施期间，在全国退耕还林工程区内，耕地、林地、建设用地面积呈增长趋势；其中林地面积由 2000 年的 18 555.62×10^4 hm^2 增长至 2015 年的 18 823.25×10^4 hm^2，15 年间共增长 267.63×10^4 hm^2；建设用地面积由 2000 年的 1027.01×10^4 hm^2 增长至 2015 年的 1472.46×10^4 hm^2，为面积增加最多的地类；未利用地和耕地面积呈小幅增长趋势，其中未利用地由 2000 年的 18 263.40×10^4 hm^2 增长至 2015 年的 18 355.71×10^4 hm^2，15 年间共增长 92.31×10^4 hm^2；耕地面积由 2000 年的 14 144.37×10^4 hm^2 增长至 2015 年的 14 179.32×10^4 hm^2，15 年间共增长 34.94×10^4 hm^2。2000～2015 年，草地和水域面积呈下降趋势，草地面积由 2000 年的 20942.93×10^4 hm^2 减少至 2015 年的 20 313.72×10^4 hm^2，15 年间共减少了 629.22×10^4 hm^2，为面积减少最多的地类；水域面积由 2000 年的 1725.84×10^4 hm^2 减少至 2015 年的 1514.71×10^4 hm^2，15 年间共减少 211.12×10^4 hm^2。

5.2.2　土地利用/覆被变化对退耕工程的响应

5.2.2.1　工程实施耕地转向林地草地情况

基于全国退耕还林工程区域工程实施之前（1990～2000 年）、之后（2000～2015 年）的两期土地利用矩阵统计可知（图 5.6），耕地在工程实施之前，仅分别向林地和草地转换 46.74×10^4 hm^2 和 102.01×10^4 hm^2，而在 2000 年退耕还林工程实施之后，耕地向林地和草地转换面积分别增长到了 657.91×10^4 hm^2 和 591.28×10^4 hm^2，相比于工程实施之前的 10 年，耕地向林地转换面积增加了 611.17×10^4 hm^2，年均增长率为 87.17%，向草地转换面积增加了 489.27×10^4 hm^2，年均增长率为 31.98%。

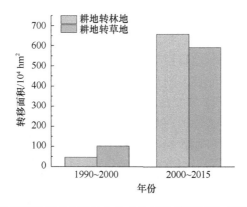

图 5.6　全国退耕还林工程实施前后耕地向林地和草地转移面积（彩图请扫封底二维码）

5.2.2.2 工程实施坡度对土地利用的影响

根据第三次全国国土调查技术规程（TD/T 1055-2019）中规定的耕地坡度分级标准，本研究将全国坡度分为<2°、2°~6°、6°~15°、15°~25°、>25°共5个坡度级，并把坡度<2°的土地视为平地。在此基础之上，运用ArcGIS 10.3软件中的面积制表工具将分类好的坡度分级图和1990~2000年、2000~2015年两期土地利用空间转移图进行空间叠加运算可得1990~2000年、2000~2015年两期耕地向林地和草地在不同坡度分级范围内的转换面积，再运用Excel软件进行统计可得图5.7及表5.4。

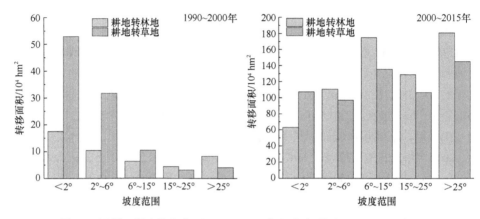

图5.7　退耕工程实施之前（1990~2000年）和之后（2000~2015年）耕地在不同坡度范围的变化（彩图请扫封底二维码）

表5.4　退耕还林工程实施前后不同坡度耕地转向林地或草地情况

年份	坡度分级	<2°	2°~6°	6°~15°	15°~25°	>25°
1990~2000年	耕地转林地（$10^4 hm^2$）	17.49	10.40	6.32	4.33	8.16
	耕地转草地（$10^4 hm^2$）	52.83	31.67	10.47	3.08	3.97
2000~2015年	耕地转林地（$10^4 hm^2$）	62.90	110.54	174.87	128.66	180.85
	耕地转草地（$10^4 hm^2$）	107.16	97.06	135.54	106.49	145.01

从退耕还林工程实施前后耕地向林地、草地转换随坡度变化的趋势来看，1990~2000年耕地主要向草地转换，且耕地转换为草地的数量明显高于向林地转换；而2000~2015年耕地则主要向林地转换，且耕地转换为林地的数量高于向草地转换。从耕地在不同坡度等级范围内向林地、草地转换趋势来看，1990~2000年在0°~25°坡度范围内耕地向林地、草地转换面积随着坡度的升高呈下降；而在>25°坡度范围内，耕地向林地、草地转换面积相比于15°~25°坡度范围内出现增长，且在>25°坡度范围内耕地向林地转换面积大于耕地向草地转换面积。2000~2015年耕地向林地、草地转换面积随着坡度的升高总体呈增长趋势；且耕地转换为林地的面积除<2°坡度范围外均高于草地。

从退耕还林工程实施前后不同坡度等级范围内耕地转换林地、草地面积的变化对比可得（表5.4）：1990~2000年耕地向林地、草地转换主要集中在平地范围内，耕地向林地转换17.49×10^4 hm²，占耕地在不同坡度等级范围内转换总面积的37.45%，向草地转

换 52.83×10^4 hm²，占耕地在不同坡度等级范围内转换总面积的 51.79%。而在 2000～2015 年，耕地在平地范围内向林地和草地转换面积虽然相比于 1990～2000 年有所增加，然而在退耕还林工程实施之后，平地范围内耕地向林地转换面积占不同坡度范围内转换总面积比例由退耕还林工程实施之前的 37.45% 下降到退耕还林之后的 9.56%，向草地转换比例由 51.79% 下降到 18.12%。

在 2°～6° 坡度较为平坦的土地范围内，耕地向林地转换面积由退耕前的 10.40×10^4 hm² 增长至退耕后的 110.54×10^4 hm²，年均增长率为 64.20%；向草地转换面积由退耕前 31.67×10^4 hm² 增长至退耕后的 97.06×10^4 hm²，年均增长率为 13.77%。

在 6°～15° 坡度范围内，耕地向林地转换面积由退耕前的 6.32×10^4 hm² 增长至退耕后的 174.87×10^4 hm²，年均增长率为 177.76%；耕地向草地转换面积由退耕前的 10.47×10^4 hm² 增长至退耕后的 125.07×10^4 hm²，年均增长率为 79.67%。耕地向林地转换面积占总转换为林地面积比由 13.54% 增长至 26.58%，向草地转换面积占总转换为草地面积比由 10.26% 增长至 22.92%。

在 15°～25° 坡度范围内，耕地向林地转换面积由退耕前的 4.33×10^4 hm² 增长至退耕后的 128.66×10^4 hm²，年均增长率为 191.21%；耕地向草地转换面积由退耕前的 3.08×10^4 hm² 增长至退耕后的 106.49×10^4 hm²，年均增长率为 224.17%。耕地向林地转换面积占总转换为林地面积比由 9.28% 增长至 19.56%，向草地转换面积占总转换为草地面积比由 3.01% 增长至 18.01%。

在 >25° 坡度范围内，耕地向林地转换面积由退耕前的 8.16×10^4 hm² 增长至退耕后的 180.85×10^4 hm²，年均增长率为 141.13%。耕地向草地转换面积由退耕前的 3.97×10^4 hm² 增长至退耕后的 145.01×10^4 hm²，年均增长率为 236.97%。耕地向林地转换面积占总转换为林地面积比由 17.47% 增长至 27.49%，向草地转换面积占总转换为草地面积比由 3.89% 增长至 24.53%。

从退耕还林工程实施前后耕地向林地和草地转换的面积变化对比可得。退耕还林工程的实施使得耕地向林地草地面积转换相比于工程实施前发生了显著增长，其中 2000 年后耕地向林地转换面积是退耕前的 14.08 倍，耕地向草地转换面积是退耕前的 5.8 倍，向林地草地转换面积是退耕前的 8.4 倍。

从退耕还林工程实施前后耕地在不同坡度等级范围内向林地和草地转换面积对比可得（表 5.4）。工程实施之前，耕地向林地草地转换集中在平地和 2°～6° 范围内，耕地在这一区域向林地草地转换面积占耕地向林地草地总转换面积的 75.57%，而在 >6° 的范围内仅有 24.43% 耕地转换为了林地、草地。工程实施之后，耕地在平地和 2°～6° 范围内向林地、草地转换面积占耕地向林地草地总转换面积比例降低至 30.24%，耕地在 >6° 范围内向林地草地转换面积比例增长至 69.76%。其中 >25° 坡度为退耕后耕地向林地、草地转换面积最多的范围，并且为耕地转为草地增长率最快的范围。15°～25° 坡度为耕地转为林地增长率最快的范围。

5.2.3　小结

退耕工程实施对全国土地利用的影响。国家层面，在耕地、林地、草地、水域、建设用地和未利用地 6 类，1990～2000 年退耕工程实施之前，全国退耕区耕地、水域和建设用地面积均呈增长趋势，耕地面积增加最快；但是，其间林地、草地和未利用地面积呈减少趋势，草地面积减少最多；毁林（草）开荒严重，土壤质量不断降低，水土流失问题严重。2000～2015 年退耕工程实施由试点到全面，全国退耕区耕地、林地、建设用地面积呈增长趋势，其中林地面积增加最多，未利用地和耕地面积小幅增长；但是草地和水域面积呈下降趋势。相比于退耕工程实施之前的 10 年（1990～2000 年），退耕工程实施之后的 15 年（2000～2015 年）耕地向林地转换的年均增长率为 87.17%，耕地向草地转换的年均增长率为 31.98%。

全国土地利用对退耕工程实施的响应。1990～2000 年全国退耕区耕地主要转向草地，而 2000～2015 年耕地则主要转向林地，且耕地转向为林地的数量高于转向草地。退耕工程实施使耕地向林地、草地转换发生显著增长，2000 年之后的 15 年耕地分别向林地、草地和林地草地转换面积是退耕前的 14.08 倍、5.8 和 8.4 倍。1990～2000 年 0°～25°坡耕地向林地或草地转换面积随坡度的升高呈下降，在＞25°坡耕地向林地或草地转换面积比 15°～25°坡耕地呈增长趋势，且在＞25°坡耕地向林地转换面积大于向草地转换；2000～2015 年耕地向林地或草地转换面积随坡度的升高呈增长趋势，且耕地转换为林地的面积除＜2°坡度范围外均高于草地。退耕工程实施之前，耕地向林地草地转换集中在 0°～6°平缓土地，总转换率达 75.57%，而在＞6°的仅占 24.43%；工程实施之后，耕地在 0°～6°的平缓土地向林地草地转换率降低至 30.24%，在＞6°的增长至 69.76%，其中 15°～25°坡度转为林地增长率最快，而＞25°坡度的转换面积最多且转为草地增长率最快。

5.3 黄土高原地区土地利用/覆被变化特征

5.3.1 退耕工程实施前后土地利用/覆被变化

5.3.1.1 土地利用类型数量变化特征

1）土地利用类型数量及变化幅度

利用 ArcGIS10.3 对黄土高原地区 1990 年、2000 年和 2015 年的土地利用数据进行统计分析，得到黄土高原地区退耕还林工程实施前后土地利用数量变化过程，计算结果如表 5.5。

表 5.5　黄土高原地区退耕还林前后土地利用类型数量

景观类型	1990 年		2000 年		2015 年	
	面积/10^4 hm²	比例/%	面积/10^4 hm²	比例/%	面积/10^4 hm²	比例/%
耕地	2155.92	33.20	2173.24	33.47	2079.82	32.03
林地	1051.87	16.20	1045.21	16.10	1087.33	16.75
草地	2599.55	40.04	2588.56	39.87	2574.50	39.65
水域	93.55	1.44	91.79	1.41	91.20	1.40
建设用地	148.36	2.28	161.13	2.48	262.40	4.04
未利用地	443.68	6.83	433.00	6.67	397.69	6.13

总体来看，国家退耕还林政策实施之前的 1990～2000 年，黄土高原地区土地利用构成未发生显著变化。由于黄土高原地区是以干旱半干旱气候条件下自然植被以及农牧区过渡带为主的特征，土地利用类型以草地、耕地为主，两地类面积之和超过总面积的 70.0%，林地面积仅占 16.0%左右，水域面积所占比例极小，不足 1.5%。由于人类活动的增加，黄土高原地区的耕地、建设用地面积增加，林地、草地、水域、未利用地面积逐渐减少。

国家退耕还林政策实施之后，2000 年和 2015 年黄土高原地区耕地面积分别为 2173.24 hm^2 和 2079.82 hm^2，所占比例分别为 33.47%和 32.03%，耕地数量逐渐减少，而林地面积分别为 1045.21 hm^2 和 1087.33 hm^2，所占比例分别为 16.10%和 16.75%，呈逐步增加的态势。草地仍然是该地区的主要优势地类，占比在 6 大类型中最高，占总面积约 40.0%（图 5.8）。随着经济社会快速发展，城镇化速度加快，基础设施建设力度增大，建设用地呈明显增长趋势，未利用地面积逐步减少。

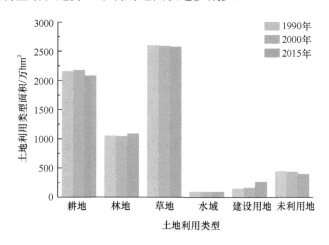

图 5.8　1990～2015 年退耕前后黄土高原地区土地利用类型面积变化（彩图请扫封底二维码）

整体来看，退耕还林工程实施前后，黄土高原地区土地利用类型中，耕地面积先增加后减少，林地面积先减少后增加，草地、水域和未利用地面积均有小幅度的减少，建设用地面积增长较为迅速。

国家退耕还林政策实施之前，黄土高原地区耕地、建设用地的面积显著增长，林地、草地、水域、未利用地面积均有不同幅度的减少。耕地增加了 17.32×10⁴ hm^2，林地减少了 6.66×10⁴ hm^2，草地减少了 10.99×10⁴ hm^2，由于森林、草地的减少，黄土高原地区生态环境的功能遭到了一定程度的破坏。在退耕还林政策执行期的 15 年内，黄土高原地区不同土地利用类型面积变化为：耕地面积减少 93.42×10⁴ hm^2、林地面积增加 42.11×10⁴ hm^2、草地面积减少 14.06×10⁴ hm^2、水域面积减少 0.58×10⁴ hm^2、建设用地增加 101.27×10⁴ hm^2、未利用地减少 35.31×10⁴ hm^2（图 5.9）。

2）土地利用转移矩阵

基于 ArcGIS 平台，得到黄土高原地区 1990～2000 年和 2000～2015 年土地利用面积转移图，在 Excel 中输出土地利用类型转移矩阵（表 5.6、表 5.7）。

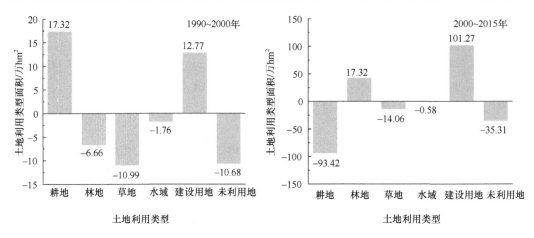

图 5.9　1990～2015 年黄土高原地区不同土地利用类型面积变化

表 5.6　1990～2000 年黄土高原土地利用转移矩阵

土地利用类型		耕地	林地	草地	水域	建设用地	未利用地
耕地	A/10^4hm^2	2118.32	5.50	15.58	2.12	10.78	3.62
	B/%	98.26	0.26	0.72	0.1	0.5	0.17
	C/%	97.47	0.53	0.6	2.31	6.69	0.84
林地	A/10^4hm^2	4.70	1029.98	16.09	0.12	0.41	0.56
	B/%	0.45	97.92	1.53	0.01	0.04	0.05
	C/%	0.22	98.54	0.62	0.13	0.26	0.13
草地	A/10^4hm^2	41.44	8.23	2533.22	2.34	1.54	12.78
	B/%	1.59	0.32	97.45	0.09	0.06	0.49
	C/%	1.91	0.79	97.86	2.55	0.96	2.95
水域	A/10^4hm^2	4.59	0.38	1.44	86.19	0.07	0.86
	B/%	4.91	0.41	1.54	92.14	0.08	0.92
	C/%	0.21	0.04	0.06	93.91	0.05	0.2
建设用地	A/10^4hm^2	0.16	0.04	0.02	0.00	148.13	0.00
	B/%	0.11	0.02	0.02	0.00	99.85	0.00
	C/%	0.01	0.00	0.00	0.00	91.93	0.00
未利用地	A/10^4hm^2	4.02	1.08	22.20	1.02	0.19	415.17
	B/%	0.91	0.24	5.00	0.23	0.04	93.57
	C/%	0.19	0.10	0.86	1.11	0.12	95.88

注：A 为面积；B 为转出率；C 为转入率。下同。

表 5.7　2000～2015 年黄土高原土地利用转移矩阵

土地利用类型		耕地	林地	草地	水域	建设用地	未利用地
耕地	A/10^4hm^2	1961.71	34.89	88.83	8.10	73.92	5.80
	B/%	90.27	1.61	4.09	0.37	3.40	0.27
	C/%	94.32	3.21	3.45	8.88	28.17	1.46

土地利用类型		耕地	林地	草地	水域	建设用地	未利用地
林地	A/10⁴hm²	11.27	1040.44	25.90	0.77	3.56	2.17
	B/%	1.14	96.42	1.49	0.12	0.55	0.28
	C/%	0.57	92.68	0.61	1.39	2.19	0.73
草地	A/10⁴hm²	71.84	39.36	2417.20	4.60	30.73	24.82
	B/%	2.78	1.52	93.38	0.18	1.19	0.96
	C/%	0.23	0.66	99.14	1.19	4.78	0.67
水域	A/10⁴hm²	7.14	0.75	4.50	73.49	2.22	3.68
	B/%	7.78	0.82	4.91	80.07	2.42	4.01
	C/%	0.34	0.07	0.17	80.58	0.85	0.93
建设用地	A/10⁴hm²	14.06	0.58	2.43	0.51	143.34	0.21
	B/%	8.73	0.36	1.51	0.31	88.96	0.13
	C/%	0.68	0.05	0.09	0.56	54.63	0.05
未利用地	A/10⁴hm²	13.12	3.98	45.93	3.24	6.43	360.29
	B/%	3.03	0.92	10.61	0.75	1.48	83.21
	C/%	0.63	0.37	1.78	3.56	2.45	90.60

由表 5.6 可得,国家退耕还林工程实施之前的 1990～2000 年黄土高原地区土地利用类型面积转移情况如下:

耕地:从耕地的转出来看,未发生转移的耕地面积为 2118.32×10⁴ hm²,占 1990 年总面积的 98.26%;在此期间,发生转移的耕地,主要流向林地、草地和建设用地,转出面积分别为 5.50×10⁴ hm²、15.58×10⁴ hm² 和 10.78×10⁴ hm²,分别占 1990 年耕地总面积的 0.26%、0.72%和 0.50%,其中还有少量转为水域和未利用地。从来源上看,2000 年的耕地主要来源于 1990 年的耕地,占 2000 年耕地总面积的 97.47%,此外主要由草地开垦而来,转入面积为 41.44×10⁴ hm²,占耕地总面积的 1.91%。其次,有 0.22%、0.21%的耕地来源于林地和水域,面积分别为 4.70×10⁴ hm²、4.59×10⁴ hm²;其余类型也有少量向其转化,共占 2000 年耕地总面积的 0.20%。

林地:从林地的转出来看,未发生变化的林地面积为 1029.98×10⁴ hm²,占 1990 年总面积的 97.92%,在此期间,发生转移的林地主要流向草地和耕地,转出面积分别为 16.09×10⁴ hm²、4.70×10⁴ hm²,分别占 1990 年林地面积的 1.53%和 0.45%;其中还有少量转为水域、建设用地、未利用地,三者共占 0.09%。从来源上看,2000 年的林地主要来源于 1990 年的林地,占 2000 年林地总面积的 98.54%,此外主要是由耕地和草地开垦而来,转化面积分别为 5.50×10⁴ hm²、8.23×10⁴ hm²,两者共占 2000 年林地总面积的 1.32%。其余土地利用类型也有少量向其转化,共占 2000 年林地总面积的 0.14%。

草地:从草地的转出来看,未发生变化的草地面积为 2533.22×10⁴ hm²,占 1990 年总面积的 97.45%,在此期间,发生转移的草地主要流向耕地、未利用地和林地,转出面积分别为 41.44×10⁴ hm²、12.78×10⁴ hm² 和 8.23×10⁴ hm²,分别占 1990 年草地面积的 1.59%、0.49%、0.32%。其中还有少量转为水域、建设用地,两者共占 1990 年草地总面积的 0.15%。

从来源上看，2000 年的草地主要来源于 1990 年的草地，占 2000 年草地总面积的 97.86%，此外主要是由未利用地、林地和耕地转化而来，转化面积分别为 22.20×10^4 hm^2、15.58×10^4 hm^2 和 16.09×10^4 hm^2，三者分别占 2000 年草地总面积的 0.86%、0.62% 和 0.6%。其余土地利用类型也有少量向其转化，共占 2000 年草地总面积的 0.06%。

水域：从水域的转出来看，未发生变化的水域面积为 86.19×10^4 hm^2，占 1990 年总面积的 92.14%，在此期间，发生转移的水域主要流向耕地和草地，转出面积分别为 4.59×10^4 hm^2 和 1.45×10^4 hm^2，分别占 1990 年水域面积的 4.91% 和 1.54%。其中还有少量转为林地、建设用地和未利用地，三者共占 1.41%。从来源上看，2000 年的水域主要来源于 1990 年的水域，占 2000 年水域总面积的 93.91%，此外主要是由草地、耕地转化而来，转化面积分别为 2.34×10^4 hm^2、2.12×10^4 hm^2，两者共占 2000 年水域总面积的 4.86%。其余土地利用类型也有少量向其转化，共占 2000 年水域总面积的 1.24%。

建设用地：从建设用地的转出来看，未发生变化的建设用地面积为 148.13×10^4 hm^2，占 1990 年总面积的 99.85%，在此期间，发生转移的建设用地主要流向耕地，转出面积分别为 0.16×10^4 hm^2，占 1990 年建设用地面积的 0.11%；其中还有少量转为林地、草地，两者共占 0.05%。从来源上看，2000 年的建设用地主要来源于 1990 年的建设用地，占 2000 年建设用地总面积的 91.93%，此外主要是由耕地、草地转化而来，转化面积分别为 10.78×10^4 hm^2、1.54×10^4 hm^2，两者分别占 2000 年建设用地总面积的 6.69%、0.96%。其余土地利用类型也有少量向其转化，共占 2000 年建设用地总面积的 0.43%。

未利用地：从未利用地的转出来看，未发生变化的未利用地面积为 415.17×10^4 hm^2，占 1990 年总面积的 93.57%；在此期间，发生转移的未利用地主要流向草地，转出面积为 22.20×10^4 hm^2，占 1990 年未利用地面积的 5.00%。其中还有少量转为林地、草地，两者共占 0.41%。从来源上看，2000 年的未利用地主要来源于 1990 年的未利用地，占 2000 年未利用地总面积的 95.88%，此外主要是由草地、耕地转化而来，转化面积分别为 12.78×10^4 hm^2、3.62×10^4 hm^2，两者分别占 2000 年未利用地总面积的 2.95%、0.84%。其余土地利用类型也有少量向其转化，共占 2000 年未利用地总面积的 0.33%。

由表 5.7 可知，退耕还林工程实施之后的 2000～2015 年黄土高原地区土地利用类型面积转移情况如下：

耕地：从耕地的转出来看，发生转移的耕地主要流向林地、草地和建设用地，转出面积分别为 34.89×10^4 hm^2、88.83×10^4 hm^2 和 73.92×10^4 hm^2，分别占 1990 年耕地总面积的 1.61%、4.09% 和 3.40%，三者占发生转移的耕地面积的 94.00%；其中还有少量转为水域和未利用地。从来源上看，2015 年的耕地主要来源于 2000 年的耕地，占 2015 年耕地总面积的 94.33%，此外主要由草地开垦而来，占耕地总面积的 3.45%。其次，有 0.57%、0.68% 和 0.63% 的耕地来源于林地、建设用地和未利用地，面积分别为 11.27×10^4 hm^2、14.06×10^4 hm^2 和 13.12×10^4 hm^2。另外，水域向耕地转化的面积占 2015 年耕地面积的 0.34%。

林地：从林地的转出来看，未发生变化的林地面积为 1040.44×10^4 hm^2，占 2000 年总面积的 96.42%；在此期间，发生转移的林地主要流向草地和耕地，转出面积分别为 25.90×10^4 hm^2 和 11.27×10^4 hm^2，分别占 2000 年林地面积的 1.49% 和 1.14%；其中还有少量转为水域、建设用地、未利用地，三者共占 2000 年林地面积的 0.95%。从来源上看，2015 年的林地主要来源于 2000 年的林地，分别占 2015 年林地总面积的 96.42%；此外，主要是由耕地和草地转化而来，共转化面积为 74.25×10⁴ hm²，占 2015 年林地总面积的 6.83%，其余土地利用类型也有少量向其转化，共占 2015 年林地总面积的 0.49%。

草地：从草地的转出来看，未发生变化的草地面积为 2417.20×10⁴ hm²，占 2000 年总面积的 93.38%；在此期间，发生转移的草地主要流向耕地、林地、建设用地和未利用地，转出面积分别为 71.84×10⁴ hm²、39.36×10⁴ hm²、30.74×10⁴ hm² 和 24.82×10⁴ hm²，分别占 2000 年草地面积的 2.78%、1.52%、1.19% 和 0.96%；其中还有少量转为水域、占 0.81%。从来源上看，2015 年的草地主要来源于 2000 年的草地，占 2015 年草地总面积的 93.89%；此外，主要是由耕地和未利用地转化而来，转化面积分别为 88.83×10⁴ hm²、45.93×10⁴ hm²，分别占 2015 年草地总面积的 3.45%、1.78%。其余土地利用类型也有少量向其转化，共占 2015 年草地总面积的 0.88%。

水域：从水域的转出来看，未发生变化的水域面积为 73.49×10⁴ hm²，占 2000 年总面积的 80.07%；在此期间，发生转移的水域主要流向耕地、草地和未利用地，转出面积分别为 7.14×10⁴ hm²、4.50×10⁴ hm² 和 3.68×10⁴ hm²，分别占 2000 年水域面积的 7.78%、4.91% 和 4.01%；其中还有少量转为林地、建设用地，两者共占 3.24%。从来源上看，2015 年的水域主要来源于 2000 年的水域，占 2015 年水域总面积的 80.58%；此外，主要是由耕地、草地和未利用地转化而来，转化面积分别为 8.10×10⁴ hm²、4.60×10⁴ hm² 和 3.24×10⁴ hm²，三者分别占 2000 年水域总面积的 8.88%、5.04% 和 3.56%；其余土地利用类型也有少量向其转化，占 2000 年水域总面积的 1.95%。

建设用地：从建设用地的转出来看，未发生变化的建设用地面积为 143.34×10⁴ hm²，占 2000 年总面积的 88.96%；在此期间，发生转移的建设用地主要流向耕地，转出面积分别为 14.06×10⁴ hm²，占 2000 年建设用地面积的 8.73%，占发生转移的建设用地总面积的 79.00%；其中还有少部分转为其他土地类型，共占 2.31%。从来源上看，2015 年的建设用地主要来源于 2000 年的建设用地，占 2015 年建设用地总面积的 54.63%；此外，主要是由耕地、草地转化而来，转化面积分别为 73.92×10⁴ hm² 和 30.74×10⁴ hm²，分别占 2000 年建设用地总面积的 28.17% 和 11.71%。其余土地利用类型也有少量向其转化，共占 2015 年建设用地总面积的 5.49%。

未利用地：从未利用地的转出来看，未发生变化的未利用地面积为 360.29×10⁴ hm²，占 2000 年总面积的 83.21%；在此期间，发生转移的未利用地主要流向草地，转出面积分别为 45.93×10⁴ hm²，占 2000 年未利用地面积的 10.61%；其中还有部分转为耕地和建设用地，两者共占 4.51%。从来源上看，2015 年的未利用地主要来源于 2000 年的未利用地，占 2015 年未利用地总面积的 90.60%；此外，主要是由草地、耕地转化而来，转化面积分别为 24.82×10⁴ hm² 和 5.80×10⁴ hm²，两者分别占 2015 年未利用地总面积的 6.24% 和 1.46%；其余土地利用类型也有少量向其转化，共占 2015 年未利用地总面积的 1.70%。

5.3.1.2　土地利用/覆被空间变化特征

1）土地利用类型空间分布

如图 5.10 所示，1990～2015 年黄土高原地区土地利用类型中耕地和草地占比较大，耕地主要集中分布于农灌区和河谷平原区，除了在沙地和沙漠区东北部零星分布以外，在其他分区均广泛分布。林地集中分布于各分区主要山系、山区或山地，如黄土高原沟壑区东部的黄龙和黄陵天然林保护区、以及西北祁连山和巴颜喀拉山地带，河谷平原区南部的秦岭北麓，黄土高原沟壑区东部的昌梁山，以及土石山区的中条山和太岳山等山系。草地除河谷平原区以及南部的土石山区分布较少外，广泛分布于整个黄土高原区，尤其是沙地和沙漠区，草地集中分布。

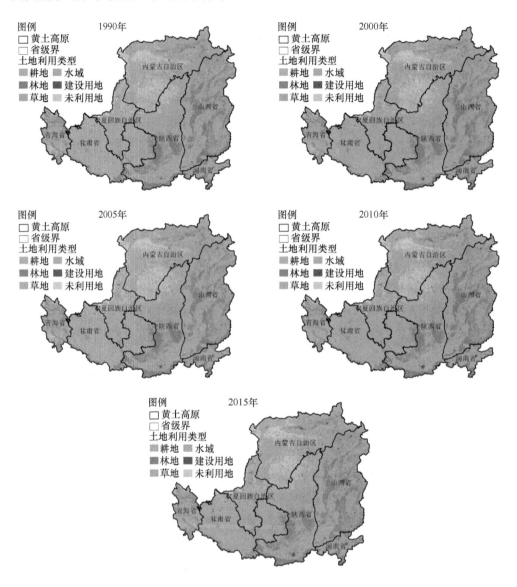

图 5.10 1990～2015 年黄土高原地区土地利用/覆被类型图（彩图请扫封底二维码）

2）耕地空间格局变化

耕地在黄土高原地区所占比例较大（图 5.11）。退耕还林工程实施之前，耕地面积的变化较小，以不变为主；耕地的增加主要集中在农灌区（黄土高原南部）、土石山区，耕地的减少主要集中在农灌区（黄土高原北部）；2000 年之后，由于国家大面积实施了退耕还林政策，耕地空间变化明显，以不变和减少为主，增加的耕地主要分布在沙地和沙漠区的边缘地带，各分区耕地均明显减少。

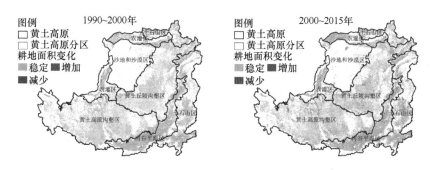

图 5.11　1990～2000 年和 2000～2015 年黄土高原耕地面积变化（彩图请扫封底二维码）

3）林地空间格局变化

黄土高原地区林地主要分布在土石山区、黄土丘陵沟壑区，黄土高原沟壑区，土石山区，其他区域有少量分布（图 5.12）。2000 年退耕还林工程实施以前，林地变化不明显，黄土丘陵沟壑区林地面积有少量增加；2000 年退耕还林实施之后，增加的林地明显增多，主要分布在黄土丘陵沟壑区、沙地沙漠区，其他区域也有广泛分布。减少的林地分布在黄土丘陵沟壑区的中部及北部，主要是城镇建设和资源开采等。

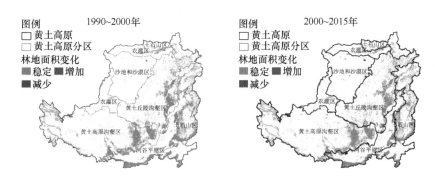

图 5.12　1990～2000 年及 2000～2015 年黄土高原林地面积变化（彩图请扫封底二维码）

4）草地空间格局变化

草地在黄土高原地区占有很大的比例，面积比例约有总量的 42.0%，主要集中在黄土高原的西北部地区（图 5.13）。2000 年退耕还林工程实施之前，草地增减变化较小，增加的草地主要分布在陕西北部及内蒙古北部，减少的草地主要分布在宁夏；2000 年退耕还林工程实施之后，草地分布面积发生了明显变化，青海南部及内蒙古南部有较明显的草地的增加；同时，宁夏北部和内蒙古西北部的草地有明显减少，山西的草地面积也有少量减少。

5）县域尺度耕地向林地、草地转化空间转移格局

在 ArcGIS 平台上提取各县域耕地向林、草地转移面积，采用自然断点法分为 5 个等级，转移面积越多则强度越大。由图 5.14a 可知，2000～2015 年国家实施退耕还林

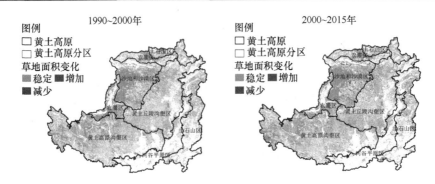

图 5.13 1990～2000 年及 2000～2015 年黄土高原地区草地空间变化（彩图请扫封底二维码）

政策之后耕地转入林地空间差异明显，较多的区域集中于黄土高原沟壑区东部，黄土丘陵沟壑区以及土石山区。其中右玉县耕地转入林地面积最大为 17 445 hm²，子长、安塞、吴起和固阳 4 个县耕地转入林地面积也较高，均超过 10 000 hm²，沁源、伊金霍洛和林格尔、宝塔、延川、原平和盐池 7 个县（区、市、旗）耕地转入林地面积次之，但也达到 6000 hm² 以上，上述区域是耕地转成林地最多最集中的区域，而这些耕地转入林地集中的县域也与退耕还林工程重点实施县域在空间上相匹配。

由图 5.14b 可知，2000～2015 年国家实施退耕还林政策之后耕地转入草地空间差异明显，转移面积较多的区域集中于黄土高原沟壑区东部，黄土丘陵沟壑区以及沙地和沙漠区；其中，志丹和盐池 2 个县耕地转入林地的面积最大，分别为 34 657 hm² 和 30 408 hm²，宝塔、灵台、安塞、延长、神木和杭锦 6 个县（区、旗）林地转入草地面积也较大，均超过 20 000 hm²，右玉、海原、和林格尔和榆社 4 个县耕地转入林地面积次之，但也达到 15 000 hm² 以上，上述区域是耕地转成草地最多最集中的区域，而这些耕地转入草地集中的县域也与退耕还林还草工程重点实施县域在空间上相匹配。

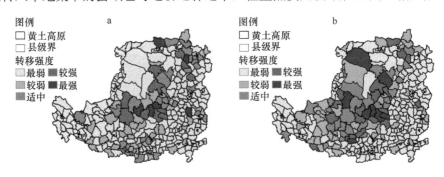

图 5.14 2000～2015 年黄土高原县域耕地转林地（a）和
耕地转草地（b）空间转移情况（彩图请扫封底二维码）

总体而言，耕地转入林地和草地的区域与退耕还林还草工程在空间上相匹配，同时耕地转入草地区域更为广泛，转入面积也更大，这与黄土高原资源禀赋有关。

5.3.1.3 土地利用类型变化速度

通过分析土地利用转移矩阵数据，根据土地利用动态度计算公式，统计输出黄土高原 1990～2015 年单一土地利用动态度和区域综合土地利用动态度，为了对比退耕还林

工程实施前后区域土地利用变化情况，将研究期划分为两个阶段，即 1990～2000 年为
工程实施之前、2000～2015 年为工程实施之后，同时又将工程实施后的 15 年划分为 3
个小阶段，如表 5.8 所示。

表 5.8 1990～2015 年黄土高原土地利用变化相对速度 （%）

动态度	景观类型	1990～2000 年	2000～2005 年	2005～2010 年	2010～2015 年	2000～2015 年
单一土地 利用动态度	耕地	0.21	0.54	1.12	0.16	0.52
	林地	0.17	0.60	0.88	0.26	0.37
	草地	0.23	0.52	0.94	0.19	0.42
	水域	0.69	1.66	2.55	0.70	1.31
	建设用地	0.42	1.01	4.42	1.49	2.51
	未利用地	0.52	0.77	1.52	0.52	0.88
区域综合土地利用动态度		0.25	0.59	1.16	0.27	0.54

由表 5.8 可知，黄土高原土地利用在后一阶段比前一阶段变化更为明显。具体来看，
2000～2015 年国家实施退耕还林政策之后建设用地和水域动态度较大，分别达到了
2.51%和 1.31%；而相对来说在前后两个阶段耕地、林地和草地的动态度均较小，结合
土地利用数量变化的结果可知，耕地、林地和草地在后一阶段变化的绝对量较大，但由
于黄土高原区的主体地类为耕地、林地和草地，因此其动态度数值不大，但相较于前一
阶段，其值增大明显，表明退耕还林工程的实施效果显著。

比较退耕还林工程实施之后的三个阶段可知，2005～2010 年各个地类动态度均高于
其他两个时期，其中各时期的建设用地动态度均较高，反映了区域内城市化进程的加快。
整体上工程实施后三个阶段的耕地、林地和草地动态度均高于工程实施前一阶段，同时
在这三个阶段的变化情况同退耕还林工程实施进度基本吻合，具体表现为：2000～2005
年耕地、林地和草地的动态度分别为 0.54%、0.60%和 0.52%，到 2005～2010 年其值增
加为 1.12%、0.88%和 0.94%，而到 2010～2015 年下降到 0.16%、026%和 0.19%，即土
地利用变化呈现倒"U"形变化趋势，而退耕还林工程的大规模实施也是集中在 2005
年前后，到 2010 年以后规模逐渐减小，同时新增林地和草地由于自然因素存在自然退
化，这便与这三个阶段耕地、林地和草地动态度呈现倒"U"形正好吻合。

5.3.2 土地利用/覆被对退耕工程实施的响应

人类不合理的土地利用方式是黄土高原土壤侵蚀加剧、生态环境恶性循环的主要原
因，黄土高原地区的人为加速侵蚀量占总侵蚀量的 80.0%左右，而陡坡开垦正是土地利
用不合理的具体表现。陡坡开垦不仅引起水土流失，而且可破坏土壤结构，尤其降低土
壤有机质含量。要治理坡耕地的水土流失，必须对黄土高原现有土地利用结构进行调整，
而退耕还林工程实施就是土地利用结构调整的具体措施。

黄土高原地区自 1999 年退耕还林工程实施以来，在改善生态环境和减少水土流失
方面取得了显著成效。研究表明，黄土高原坡度是影响土壤侵蚀的最主要地形因子，土
壤侵蚀量与坡度呈正相关关系，坡度大于 15°后侵蚀强度明显增大（和继军等，2012），
临界坡度一般为 24°～29°（靳长兴，1995），按照《中华人民共和国水土保持法》的规

定，坡度在 25° 以上的坡旱地必须实施退耕还林还草措施。

利用 ArcGIS 软件对黄土高原地区 2000～2015 年不同坡度的耕地转化情况进行分阶段统计，得到黄土高原地区及其 5 个分区耕地向林地、草地转化情况（表 5.9）。

表 5.9 2000～2015 年黄土高原各坡度级耕地转林地或草地情况

坡度	总面积 /10^4hm² (2000 年)	耕地		耕地转林地		耕地转草地		合计	
		面积/10^4hm²	比例/%	面积/10^4hm²	比例/%	面积/10^4hm²	比例/%	面积/10^4hm²	比例/%
0°～2°	2108.38	847.84	40.21	7.30	0.86	15.40	1.82	22.71	2.68
2°～6°	1074.61	429.05	39.93	7.05	1.64	17.27	4.02	24.31	5.67
6°～15°	2016.07	662.15	32.84	13.11	1.98	36.43	5.50	49.54	7.48
15°～25°	1048.23	217.43	20.74	6.63	3.05	18.27	8.40	24.89	11.45
>25°	245.65	16.61	6.76	0.80	4.83	1.45	8.73	2.25	13.56
合计	6492.94	2173.08	33.47	34.89	1.61	88.82	4.09	123.71	5.69

黄土高原地区的区域总面积为 6492.94×10^4 hm²，2000 年耕地面积为 2173.08×10^4 hm²，2000～2015 年耕地向林地转化的总面积为 34.89×10^4 hm²，耕地向草地转化的总面积 88.82×10^4 hm²，合计为 123.71×10^4 hm²。本着"宜乔则乔、宜灌则灌、宜草则草、乔灌草结合"的原则，黄土高原地区水热条件差，退耕还草的面积总量较还林的面积更大，约为 2.5 倍，气候植被带原则草地比林地更适宜。

根据《第三次全国土地调查技术规程》（报批稿）标准，将耕地分为五个坡度级，坡度小于等于 2° 视为平地，其他分梯田和坡地两类，耕地坡度分级为 0°～2°、2°～6°、6°～15°、15°～25°、>25°。黄土高原地区坡度在 0°～2° 旱地面积为 2108.38×10^4 hm²，坡度在 2°～6° 的旱地面积为 1074.61×10^4 hm²，坡度在 6°～15° 的旱地面积为 2016.07×10^4 hm²，坡度在 15°～25° 的旱地面积为 1048.23×10^4 hm²，坡度大于 25° 的旱地面积为 245.65×10^4 hm²；就退耕还林还草而言，如果只考虑地形坡度因素，黄土高原地区需要退耕还林还草的坡耕地面积为 16.61×10^4 hm²，占研究区旱地面积的 6.76%。属于必须严格按照《水土保持法》规定退耕还林草的部分，15° 以上的坡耕地面积为 662.15×10^4 hm²，属于建议退耕还林的部分。

从总量来看，2000～2015 年整个研究期内，黄土高原地区耕地向林地在各坡度上的转出面积按照由大到小的顺序排列为：6°～15°>0°～2°>2°～6°>15°～25°>25° 以上，转移面积分别为 13.11×10^4 hm²、7.30×10^4 hm²、7.05×10^4 hm²、6.63×10^4 hm² 和 0.80×10^4 hm²。耕地向草地在各坡度上的转出面积按照由大到小排列为：6°～15°>15°～25°>2°～6°>0°～2°>25° 以上，分别为 36.43×10^4 hm²、18.27×10^4 hm²、17.27×10^4 hm²、15.40×10^4 hm² 和 1.45×10^4 hm²。根据退耕还林工程实施标准，坡度在 25° 以上的耕地水土流失严重的陡坡耕地和严重沙化的耕地被纳入退耕规划，但是在实际实施的过程当中，农户为争取补助提高收入，会主动将坡度不足 15° 的耕地退耕，种植枣树、苹果、核桃、梨树、仁用杏等经济林，许多贫瘠的耕地和田间道路也因此被转化为侧柏、油松（Wang et al.，2013），因此耕地-林地的转出在 6°～15° 坡度上数量也较多。

从所占比例来看，黄土高原地区退耕还林还草合计量占各坡度上耕地面积的比例中，25° 以上耕地退耕还林还草的比例最大，为 13.56%；其次为 15°～25° 以上的耕地，占 11.45%。

5.3.3　小结

利用 ArcGIS 10.3 对黄土高原地区 1990 年、2000 年和 2015 年的土地利用数据进行统计分析，得到区域国家退耕还林工程实施前后土地利用变化及其响应情况如下所述。

退耕工程实施对黄土高原土地利用的影响。国家退耕政策实施之前的 1990~2000 年黄土高原土地利用未发生显著变化，而且以草地和耕地为主，两者之和占总量的 70.0% 以上，林地面积仅占 16.0%左右，水域面积不足 1.5%；耕地和建设用地面积有所增加，林地、草地、水域和未利用地面积逐渐减少。退耕政策实施之后的 2000 年和 2015 年区域耕地面积分别占 33.47%和 32.03%，林地面积比分别占 16.10%和 16.75%，林地面积呈逐步增加的态势；草地仍处优势地类，占区域总面积约 40.0%，同期建设用地呈明显增长，而未利用地面积逐步减少。黄土高原耕地主要集中分布于农灌区和河谷平原区，林地集中分布于黄土高原各分区主要山系、山区或山地，草地广布于整个区域，尤其是沙地和沙漠区集中。

黄土高原土地利用对退耕工程实施的响应。退耕工程实施之后的 2000~2005 年、2005~2010 年和 2010~2015 年 3 个阶段，2005~2010 年各地类动态度均高于其他两个时期，其中建设用地动态度均较高，反映了区域内城市化进程的加快，整体上土地利用变化与耕地、林地和草地动态度完全吻合，都呈现倒"U"形变化趋势；区域退耕还草的面积总量约为还林地面积的 2.5 倍，这是辖区气候植被带所决定的。根据国家退耕政策，坡度在 25°以上的陡坡耕地纳入退耕规划，但现实中农户为争取补助收入提高，会主动将坡度不足 15°的耕地退耕，种植枣树、苹果、核桃、梨树、仁用杏等经济林，许多贫瘠的耕地和田间道路被转化为侧柏、油松，因此耕地转向林地在 6°~15°坡度上数量也较多。黄土高原退耕地中 25°以上的陡坡耕地占比最大，为 13.56%；其次为 15°~25°的耕地，占 11.45%。就国家退耕工程实施而言，如果只考虑地形坡度因素，区域需要退耕的坡耕地面积为 $16.61 \times 10^4 \text{ hm}^2$（占该区旱地面积的 6.76%），建议未来坡度在 15°以上的比较陡峭的坡耕地、面积为 $662.15 \times 10^4 \text{ hm}^2$ 全部退耕。

5.4　长江中上游地区土地利用/覆被变化特征

5.4.1　退耕工程实施前后土地利用/覆被变化

5.4.1.1　土地利用类型数量变化特征

1）土地利用类型数量和变化幅度

利用 ArcGIS 10.3 对长江中上游地区 1990 年、2000 年、2005 年、2010 年和 2015 年的土地利用数据进行统计分析，得到长江中上游地区土地利用数量变化的总体情况（表 5.10）。

表5.10 退耕还林实施前后长江中上游地区间土地利用类型数量

景观类型	1990 年		2000 年		2015 年	
	面积/$10^4 hm^2$	比例/%	面积/$10^4 hm^2$	比例/%	面积/$10^4 hm^2$	比例/%
耕地	4348.00	26.12	4333.17	26.03	4223.07	25.37
林地	6955.04	41.78	6940.67	41.69	7044.47	42.32
草地	4127.67	24.79	4130.57	24.81	4086.85	24.55
水域	404.44	2.43	409.59	2.46	445.67	2.68
建设用地	163.21	0.98	182.17	1.09	298.67	1.79
未利用地	649.37	3.90	651.61	3.91	548.71	3.30

总体来看，退耕还林政策实施前的前 10 年，长江中上游土地利用未发生显著变化。长江中上游属亚热带气候，水热资源丰富，其土地利用类型以林地、草地、耕地为主，面积之和超过总面积的 90.0%，水域面积约占 2.5%，建设用地所占比例极小，不足 1.0%，未利用地约占 4.0%。1990～2000 年，耕地面积减少了 0.09%、林地面积减少了 0.09%，草地水域有微量的增加，建设用地和未利用地面积有少量增长。

国家退耕还林政策实施之后，2000 年和 2015 年长江中上游地区耕地面积分别为 $4333.17 \times 10^4 hm^2$ 和 $4223.07 \times 10^4 hm^2$，所占总地面积的比例分别为 26.03%、25.37%，耕地数量逐渐减少，而林地面积分别为 6940.67×10^4 和 $7044.47 \times 10^4 hm^2$，所占比例分别为 41.69% 和 42.32%，随着退耕工程实施的推进先增加后在 2015 年有所减少，林地是该区域主要优势地类，占总面积的 40.0% 以上。两个时间段草地面积分别为 $4130.57 \times 10^4 hm^2$ 和 $4086.85 \times 10^4 hm^2$，所占比例分别为 24.81% 和 24.55%，呈逐步减少的趋势。城市化与现代化发展使建设用地面积逐步增长，未利用地面积逐步减少。

长江中上游地区不同土地利用类型面积变化的总体数量如图 5.15a 所示，退耕还林政策实施之前，耕地、林地面积均有所减少，草地、水域、建设用地、未利用地面积均有不同幅度的增加，耕地面积减少了 $14.83 \times 10^4 hm^2$，林地减少了 $14.37 \times 10^4 hm^2$。在退耕还林政策执行期的 15 年内，耕地面积减少 $110.10 \times 10^4 hm^2$，林地面积增加 $103.80 \times 10^4 hm^2$，草地面积减少 $43.72 \times 10^4 hm^2$，水域面积增加 $36.08 \times 10^4 hm^2$，建设用地增加 $116.50 \times 10^4 hm^2$，未利用地减少 $102.90 \times 10^4 hm^2$（图 5.15b）。

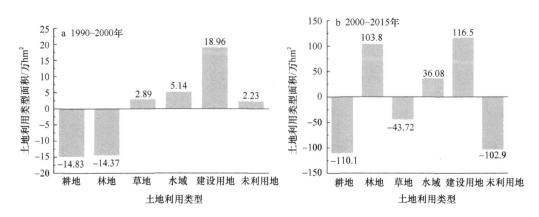

图 5.15 1990～2000 年（a）和 2000～2015 年（b）长江中上游地区不同土地利用类型面积变化

2）土地利用转移矩阵

基于 ArcGIS 平台,得到国家退耕还林政策实施前后长江中上游地区 1990～2000 年、2000～2015 年土地利用面积转移图,Excel 中输出土地利用类型转移矩阵(表 5.11、表 5.12)。由表 5.12 可知,退耕还林工程实施之前的 1990～2000 年长江中上游地区土地利用类型面积转移情况如下。

表 5.11　1990～2000 年长江中上游地区土地利用转移矩阵

土地利用类型		耕地	林地	草地	水域	建设用地	未利用地
耕地	A/10⁴hm²	4311.44	8.29	2.27	9.76	16.20	0.03
	B/%	99.16	0.19	0.05	0.22	0.37	0.00
	C/%	99.50	0.12	0.06	2.38	8.89	0.01
林地	A/10⁴hm²	11.05	6918.80	20.88	1.97	2.26	0.06
	B/%	0.16	99.48	0.30	0.03	0.03	0.00
	C/%	0.25	99.69	0.51	0.48	1.24	0.01
草地	A/10⁴hm²	6.14	13.24	4105.13	0.96	0.38	1.82
	B/%	0.15	0.32	99.45	0.02	0.01	0.04
	C/%	0.14	0.19	99.38	0.24	0.21	0.28
水域	A/10⁴hm²	4.33	0.20	1.39	396.27	0.34	1.92
	B/%	1.07	0.05	0.34	97.98	0.08	0.48
	C/%	0.10	0.00	0.03	96.75	0.19	0.30
建设用地	A/10⁴hm²	0.17	0.02	0.02	0.02	162.98	0.00
	B/%	0.10	0.01	0.01	0.01	99.86	0.00
	C/%	0.00	0.00	0.00	0.01	89.47	0.00
未利用地	A/10⁴hm²	0.04	0.09	0.87	0.60	0.00	647.77
	B/%	0.01	0.01	0.13	0.09	0.00	99.75
	C/%	0.00	0.00	0.02	0.15	0.00	99.41

注:A 为面积;B 为转出率;C 为转入率。

表 5.12　2000～2015 年长江中上游地区土地利用转移矩阵

土地利用类型		耕地	林地	草地	水域	建设用地	未利用地
耕地	A/hm²	3623.85	394.36	136.85	53.70	122.59	1.50
	B/%	83.64	9.10	3.16	1.24	2.83	0.03
	C/%	85.81	5.60	3.35	12.05	41.05	0.27
林地	A/hm²	369.14	6305.43	211.18	17.39	31.06	5.13
	B/%	5.32	90.87	3.04	0.25	0.45	0.07
	C/%	8.74	89.52	5.17	3.90	10.40	0.94
草地	A/hm²	156.72	319.18	3579.13	18.80	8.42	47.51
	B/%	3.79	7.73	86.67	0.46	0.20	1.15
	C/%	3.71	4.53	87.59	4.22	2.82	8.66

土地利用类型		耕地	林地	草地	水域	建设用地	未利用地
水域	A/hm²	31.97	12.70	13.11	337.44	5.16	9.12
	B/%	7.81	3.10	3.20	82.40	1.26	2.23
	C/%	0.76	0.18	0.32	75.74	1.73	1.66
建设用地	A/hm²	40.22	5.75	1.88	3.00	131.22	0.10
	B/%	22.08	3.15	1.03	1.65	72.03	0.05
	C/%	0.95	0.08	0.05	0.67	43.94	0.02
未利用地	A/hm²	1.01	6.07	143.87	15.21	0.21	485.10
	B/%	0.16	0.93	22.08	2.34	0.03	74.46
	C/%	0.02	0.09	3.52	3.41	0.07	88.45

注：A 为面积；B 为转出率；C 为转入率。

耕地：从耕地转出来看，未发生转移的耕地面积为 4311.44×10⁴ hm²，占 1990 年总面积的 99.16%；在此期间，发生转移的耕地，主要流向林地、水域和建设用地，转出面积分别为 8.29×10⁴ hm²、9.76×10⁴ hm² 和 16.20×10⁴ hm²，分别占 1990 年耕地总面积的 0.19%、0.22% 和 0.37%；其中还有少量转为草地和未利用地，两者仅占耕地总面积的 0.05%。从来源上看，2000 年的耕地主要来源于 1990 年的耕地，占 2000 年耕地总面积的 99.50%，此外主要由林地转化而来，转入面积为 11.05×10⁴ hm²，占耕地总面积的 0.25%。其次，有 0.14% 和 0.10% 的耕地来源于草地和水域，面积分别为 6.14×10⁴ hm² 和 4.33×10⁴ hm²；其余类型也有少量向其转化。

林地：从林地的转出来看，未发生变化的林地面积为 6918.80×10⁴ hm²，占 1990 年总面积的 99.48%；在此期间，发生转移的林地主要流向草地和耕地，转出面积分别为 20.88×10⁴ hm² 和 11.05×10⁴ hm²，分别占 1990 年林地面积的 0.30% 和 0.16%；其中还有少量转为水域、建设用地、未利用地，三者共占总量的 0.06%。从来源上看，2000 年的林地主要来源于 1990 年的林地，占 2000 年林地总面积的 99.38%；此外，主要是由耕地和草地开垦而来，转化面积分别为 8.29×10⁴ hm² 和 13.24×10⁴ hm²，两者占 2000 年林地总面积的 0.31%；其余土地利用类型也有少量向其转化。

草地：从草地的转出来看，未发生变化的草地面积为 4105.13×10⁴ hm²，占 1990 年总面积的 99.45%；在此期间，发生转移的草地主要流向林地和耕地，转出面积分别为 13.24×10⁴ hm² 和 6.14×10⁴ hm²，分别占 1990 年草地面积的 0.32% 和 0.15%。其中还有少量转为水域、建设用地、未利用地，三者共占 0.07%。从来源上看，2000 年的草地主要来源于 1990 年的草地，占 2000 年草地总面积的 89.47%；此外主要是由林地转化而来，转化面积为 20.88×10⁴ hm²，占 2000 年草地总面积的 0.51%，其余土地利用类型也有少量向其转化，共占 2000 年草地总面积的 0.11%。

水域：从水域的转出来看，未发生变化的水域面积为 396.27×10⁴ hm²，占 1990 年总面积的 97.98%；在此期间，发生转移的水域主要流向耕地、未利用地和草地，转出面积分别为 4.33×10⁴ hm²、1.92×10⁴ hm² 和 1.39×10⁴ hm²，分别占 1990 年水域面积的 1.07%、0.48% 和 0.34%；其中还有少量转为林地和建设用地，两者共占 0.13%。从来源上看，2000

年的水域主要来源于 1990 年的水域，占 2000 年水域总面积的 96.75%；此外，主要是由耕地、林地、草地转化而来，转化面积分别为 9.76×10^4 hm^2、1.97×10^4 hm^2 和 0.96×10^4 hm^2，三者占 2000 年水域总面积的 3.20%；其余土地利用类型也有少量向其转化，共占 2000 年水域总面积的 0.16%。

　　建设用地：从建设用地的转出来看，未发生变化的建设用地面积为 162.98×10^4 hm^2，占 1990 年总面积的 99.86%；在此期间，发生转移的建设用地主要流向耕地，转出面积分别为 0.17×10^4 hm^2，占 1990 年建设用地面积的 0.10%；其中还有少量转为林地、草地、水域和未利用地，四者共占 0.03%。从来源上看，2000 年的建设用地主要来源于 1990 年的建设用地，占 2000 年建设用地总面积的 89.47%；此外，主要是由耕地、林地转化而来，转化面积分别为 16.20×10^4 hm^2 和 2.26×10^4 hm^2，两者分别占 2000 年建设用地总面积的 8.89% 和 1.24%。其余土地利用类型也有少量向其转化，共占 2000 年建设用地总面积的 0.43%。

　　由表 5.12 可知，退耕还林工程实施之后的 2000～2015 年长江中下游地区土地利用类型面积转移情况如下：

　　耕地：从耕地的转出来看，未发生转移的耕地面积为 3623.85×10^4 hm^2，占 2000 年总面积的 83.64%；在此期间，发生转移的耕地，主要流向林地、草地、建设用地，转出面积分别为 394.36×10^4 hm^2、136.85×10^4 hm^2 和 122.59×10^4 hm^2，分别占 2000 年耕地总面积的 10.88%、3.78% 和 3.38%；其中还有少量转为水域和未利用地。从来源上看，2015 年的耕地主要来源于 2000 年的耕地，占 2015 年耕地总面积的 85.81%；此外，主要由林地和草地转化而来，转入面积分别为 369.14×10^4 hm^2 和 156.72×10^4 hm^2，占耕地总面积的 14.51%；其次，有 1.11% 和 0.89% 的耕地来源于建设用地和水域，面积分别为 40.22×10^4 hm^2 和 31.97×10^4 hm^2；其余类型也有少量向其转化，共占 2015 年耕地总面积的 0.03%。

　　林地：从林地的转出来看，未发生变化的林地面积为 6305.43×10^4 hm^2，占 2000 年总面积的 90.87%；在此期间，发生转移的林地主要流向耕地和草地，转出面积分别为 369.14×10^4 hm^2 和 211.18×10^4 hm^2，分别占 2000 年林地面积的 5.85% 和 3.35%；其中，还有少量转为水域、建设用地、未利用地，三者共占 0.77%。从来源上看，2015 年的林地主要来源于 2000 年的耕地，占 2015 年林地总面积的 89.52%；此外，主要是由耕地和草地开垦而来，转化面积分别为 394.36×10^4 hm^2 和 319.18×10^4 hm^2。其余土地利用类型也有少量向其转化，共占 2015 年林地总面积的 0.35%。

　　草地：从草地的转出来看，未发生变化的草地面积为 3579.13×10^4 hm^2，占 2000 年总面积的 96.67%；在此期间，发生转移的草地主要流向林地、耕地和未利用地，转出面积分别为 319.18×10^4、156.72×10^4 hm^2 和 47.51×10^4 hm^2，分别占 2000 年草地面积的 8.91%、4.37% 和 1.33%，合计占发生转移的草地总面积的 95.06%；其中，还有少量转为水域、建设用地，两者共占 0.66%。从来源上看，2015 年的草地主要来源于 2000 年的草地，占 2015 年草地总面积的 87.59%；此外，主要是由林地、耕地和未利用地转化而来，转化面积分别为 211.18×10^4 hm^2、136.85×10^4 hm^2 和 143.87×10^4 hm^2，三者分别占 2015 年草地总面积的 5.90%、3.82% 和 4.02%，合计占非草地来源的 97.04%。其余土地利用类型也有少量向其转化，共占 2015 年草地总面积的 0.37%。

水域：从水域的转出来看，未发生变化的水域面积为 337.44×10⁴ hm²，占 2000 年总面积的 82.40%；在此期间，发生转移的水域主要流向耕地、林地和草地，转出面积分别为 31.97×10⁴ hm²、12.70×10⁴ hm² 和 13.11×10⁴ hm²，分别占 2000 年水域面积的 9.48%、3.76% 和 3.88%；其中，还有少量转为建设用地、未利用地，两者共占 3.49%。从来源上看，2015 年的水域主要来源于 2000 年的水域，占 2015 年水域总面积的 75.74%；此外，主要是由耕地、草地转化而来，转化面积分别为 53.70×10⁴ 和 18.80×10⁴ hm²，两者共占 2015 年水域总面积的 16.27%。其余土地利用类型也有少量向其转化，共占 2015 年水域总面积的 7.98%。

建设用地：从建设用地的转出来看，未发生变化的建设用地面积为 131.22×10⁴ hm²，占 2000 年总面积的 72.03%；在此期间，发生转移的建设用地主要流向耕地，转出面积分别为 40.22×10⁴ hm²，占 2000 年建设用地面积的 30.65%；其中，还有少量转为林地、草地、水域和未利用地，四者共占 5.88%。从来源上看，2015 年的建设用地主要来源于 2000 年的耕地和建设用地，占 2015 年建设用地总面积的 84.84%；此外，主要是由林地、草地转化而来，转化面积分别为 5.75×10⁴ hm² 和 1.88×10⁴ hm²，两者分别占 2015 年建设用地总面积的 4.38% 和 1.43%；其余土地利用类型也有少量向其转化，共占 2015 年建设用地总面积的 0.16%。

未利用地：从未利用地的转出来看，未发生变化的未利用地面积为 485.10×10⁴ hm²，占 2000 年总面积的 74.46%；在此期间，发生转移的未利用地主要流向草地，转出面积为 143.87×10⁴ hm²，占 2000 年未利用地面积的 22.08%；其中，还有少量转为水域、林地，两者共占 12.80%。从来源上看，2015 年的未利用地主要来源于 2000 年的未利用地，占 2015 年未利用地总面积的 88.45%；此外，主要是由草地、水域转化而来，转化面积分别为 47.51×10⁴ hm² 和 9.12×10⁴ hm²，两者分别占 2015 年未利用地总面积的 8.66% 和 1.66%；其余土地利用类型也有少量向其转化，共占 2015 年未利用地总面积的 0.02%。

5.4.1.2 土地利用/覆被空间变化特征

1）土地利用类型空间分布

如图 5.16 所示，长江中上游地区土地利用类型中耕地和林地占比较大，耕地主要集中分布于成都平原、江汉平原区和洞庭湖平原，在中游地区各省份均有广泛分布。林地集中分布于各分区主要山系，如秦巴山区的神农架林区，上游地区的横断山脉，以及湖南江西的丘陵地带。草地则广泛分布于长江上游地区，以及在秦岭南麓和云贵高原部分区域零星分布。

2）耕地空间格局变化

耕地在长江中上游地区所占比例较大（图 5.17）。退耕还林工程实施之前，即 1990～2000 年耕地面积的变化较小，大部分区域以不变为主，耕地的增加和减少零星分布于各省份；2000 年之后，由于退耕还林工程的实施以及城镇化进程的加快，耕地空间变化明显，减少的耕地广泛分布于中游各省份山地丘陵地带，以及四川南部和云贵高原地区，增加的耕地主要集中分布在西藏东部的边缘地带，各个省份耕地均明显减少。

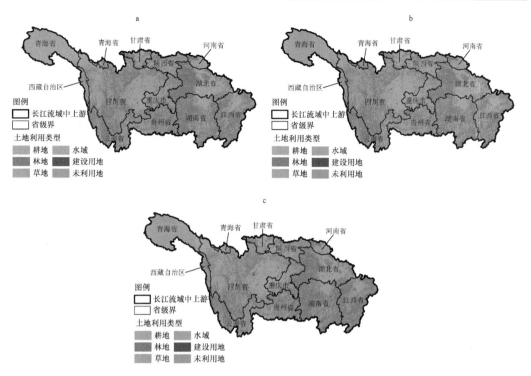

图 5.16　1990～2015 年长江中上游地区土地利用/覆被类型图（彩图请扫封底二维码）

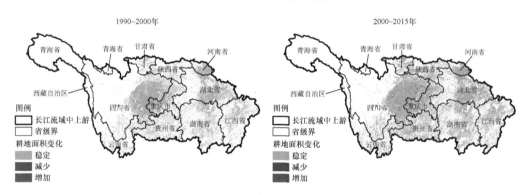

图 5.17　1990～2000 年及 2000～2015 年长江中上游地区耕地面积变化（彩图请扫封底二维码）

3）林地空间格局变化

长江中上游地区林地广泛分布于除上游青藏高原地区外的其他区域（图 5.18）。退耕还林工程实施以前，1990～2000 年林地变化不明显，减少的林地零星分布于贵州、四川等地；2000 年以后，林地变化显著，尤其是退耕还林工程的实施，增加的林地明显增多，主要分布在上游四川西部，重庆、贵州和云南地区，其他区域的林地有增有减。

4）草地空间格局变化

草地在长江中上游地区也占有较大的比例，主要集中在长江上游青藏高原部分地区（图 5.19）。2000 年之前，草地增减变化较小，减少的草地主要集中在江西地区，其他区域也有零星减少；2000 年之后，由于国家退耕还林工程的实施，草地面积发生明显变化，增加的地区主要集中于青海和四川西部,以及甘肃和陕西南部地区;其他区域草地有增有减。

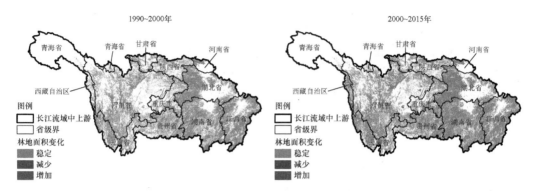

图 5.18　1990～2000 年及 2000～2015 年长江中上游地区林地面积变化(彩图请扫封底二维码)

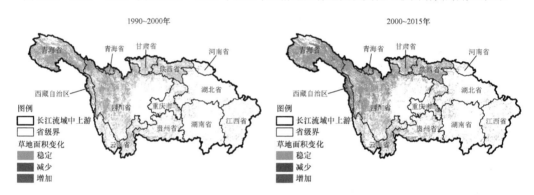

图 5.19　1990～2000 年及 2000～2015 年长江中上游地区草地空间变化(彩图请扫封底二维码)

5)省域水平耕地向林地、草地转化空间转移格局

由图 5.20a 可知,2000～2015 年由于退耕还林工程的实施,耕地转入林地空间差异明显。长江中上游耕地转移面积较多的区域集中于四川和湖南,其中湖南省耕地转入林地面积最大为 $87.74×10^4$ hm^2,四川转入面积次之达到 $86.34×10^4$ hm^2,贵州、湖北和江西耕地转入林地面积也较高,均达到 $50×10^4$ hm^2 以上。青海和西藏的耕地转入林地面积最小,分别为 625 hm^2 和 4099 hm^2。基本上和退耕还林工程投入力度相匹配。

由图 5.20b 可知,2000～2015 年耕地转入草地空间差异明显,转移面积较多的区域集中于长江上游地区,尤其是陕西和四川耕地转入草地面积最大,分别为 324 622 hm^2 和 324 937 hm^2。贵州、甘肃、云南和重庆 4 省(直辖市)耕地转入草地面积次之,但也达到了 100 000 hm^2 以上。而青海和西藏的转入面积最小,分别为 1621 hm^2 和 4984 hm^2,上述耕地转成草地最多最集中的区域,也与退耕还林还草工程重点实施地区在空间上基本相匹配。

总体而言,耕地转入林地和草地的区域与退耕还林还草工程实施区域在空间上完全相匹配;同时,耕地转入林地区域更为广泛,转入面积也更大,这与长江中上游资源禀赋的异质性有关。

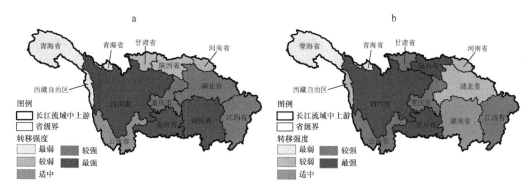

图 5.20 2000～2015 年长江中上游地区省域耕地转为林地（a）和
草地（b）空间转移图（彩图请扫封底二维码）

5.4.1.3 土地利用类型变化速度

1）退耕前后整体土地利用动态度变化

通过分析土地利用转移矩阵数据，根据土地利用动态度计算公式，统计输出长江中上游地区 1990～2015 年单一土地利用动态度和区域综合土地利用动态度，为了对比退耕还林工程实施前后区域土地利用变化情况，将研究期划分为两个阶段，1990～2000 年为工程实施之前阶段，2000～2015 年为工程实施之后阶段，同时又将工程实施后的 15 年划分为 3 个小阶段（表 5.13）。

表 5.13 1990～2015 年长江中上游土地利用变化相对速度   （%）

动态度	景观类型	1990～2000 年	2000～2005 年	2005～2010 年	2010～2015 年	2000～2015 年
单一土地利用动态度	耕地	0.07	2.52	3.00	2.72	1.02
	林地	0.04	1.53	1.95	1.59	0.65
	草地	0.06	1.67	2.55	1.68	0.86
	水域	0.26	2.99	3.84	2.96	1.40
	建设用地	0.56	5.65	7.37	5.77	3.03
	未利用地	0.04	1.35	3.77	1.42	1.28
区域综合土地利用动态度		0.06	1.90	2.56	2.00	0.87

由表 5.13 可知，长江中上游地区土地利用在退耕后一阶段比退耕前一阶段变化更为明显。具体来看，2000～2015 年建设用地和水域动态度较大，分别达到了 3.03% 和 1.40%。而相对来说在前后两个阶段耕地、林地和草地的动态度均较小，结合土地利用数量变化的结果可知，耕地、林地和草地在后一阶段变化的绝对量较大，但由于长江中上游地区的主体地类为耕地、林地和草地，因此其动态度数值不大，但相较于前一阶段，其值增大明显，表明退耕还林工程的实施效果显著。

比较退耕还林工程实施之后的三个阶段可知，2005～2010 年各个地类动态度均高于其他两个时期，其中各时期的建设用地动态度均较高，反映了区域内城市化进程的加快。整体上退耕还林工程实施后三个阶段的耕地、林地和草地动态度均高于工程实施前一阶段，同时在这三个阶段的变化情况同退耕还林工程实施进度吻合，具体表现为，2000～

2005 年耕地、林地和草地的动态度分别为 2.52%、1.53% 和 1.67%；到 2005～2010 年其值增加为 3.00%、1.95% 和 2.55%；而到 2010～2015 年又下降到 2.72%、1.59% 和 1.68%，即土地利用变化呈现倒 "U" 形变化趋势，而退耕还林工程的大规模实施也是集中在 2005 年前后，到 2010 年以后规模减小，同时新增林地和草地由于自然因素存在自然退化，这便与这三个阶段耕地、林地和草地动态度呈现倒 "U" 形正好吻合。

2）退耕前后区域土地利用动态度变化

在 ArcGIS 软件支持下，根据区域综合土地利用动态度计算公式，可以统计计算出长江中上游地区退耕还林工程实施前后不同类型单元土地利用和空间尺度上土地利用类型动态度（表 5.14）。

表 5.14　1990～2000 年长江中上游分区土地利用动态度　　（%）

区域	单一土地利用动态度						区域综合土地利用动态度
	耕地	林地	草地	水域	建设用地	未利用地	
长江上游	0.06	0.05	0.05	0.15	1.01	0.03	0.05
长江中游	0.08	0.04	0.13	0.33	0.39	0.37	0.08

由表 5.14 可知，退耕还林工程实施之前的 1990～2000 年的 10 年间，就单一动态度而言，长江中游耕地动态度较大，为 0.08%，这与中游地区耕地为主体地类有关；林地动态度较大的为上游地区其值为 0.05%；草地动态度较大的为中游地区，动态度为 0.13%；水域动态度较大的为中游地区其值为 0.33%；建设用地动态度较大的为上游地区，其值为 1.01%；未利用地动态度较大的为中游地区，为 0.37%。由于某种土地利用类型的动态度和区域内该种土地类型的面积有关，即当区域内某土地类型转移的绝对面积较大时，由于该地类也为主体地类从而导致其单一土地利用动态度较小，比如中游地区，尽管在 1990～2000 年，林地和耕地转移的绝对量较大，但是其耕地动态度反而较小。对于区域综合土地利用动态度，1990～2000 年，土地利用变化较强烈的区域是长江中游地区，其动态度为 0.08%。

由表 5.15 可知，退耕还林工程实施后的 2000～2015 年的 15 年间，就单一动态度而言，整体上各分区的不同土地利用类型的动态度较前一时期均有增大，尤其是耕地、林地、草地和建设用地变化增大明显，建设用地的剧烈变化与 2000 年后城市化进程密不可分，而耕地、林地和草地面积的变化则与国家退耕还林工程的实施相关。

表 5.15　2000～2015 年长江中上游分区土地利用动态度　　（%）

分布区域	单一土地利用动态度						区域综合土地利用动态度
	耕地	林地	草地	水域	建设用地	未利用地	
长江上游	0.95	0.78	0.79	1.34	3.13	1.23	0.88
长江中游	1.09	0.53	1.32	1.44	2.98	2.57	0.87

耕地面积动态度较大的分区为中游地区，为 1.09%，对比前 10 年变化更为明显；而长江上游地区耕地动态度也增长明显，达到 0.95%，表明这一阶段长江中上游各分区的耕地变化均较前一时期更为显著，结合土地利用转移矩阵的数据可知，退耕还林工程

的实施促进了耕地转化为林地和草地，加速了耕地利用变化。

林地动态度最大的为长江上游地区，其值为 0.78%，相较于前一阶段变化极其显著，结合土地利用转移矩阵数据，在退耕还林工程实施期间，上游地区有大量耕地转为林地，驱动该区域林地的剧烈变化。对比 1990～2000 年各区域林地动态度可知，整个长江中上游地区林地动态度增大明显，分别由 0.05% 和 0.04% 上升到 0.78% 和 0.53%，表明退耕还林工程效果显著。

草地动态度较大的为长江中游地区，动态度为 1.32%，而长江上游地区较同一时期中游地区相对较小，但相对于前一阶段变化显著，其值由 0.05% 增加为 0.79%，同样表明退耕还林工程效果显著。

长江中上游各个分区的水域动态度均有一定程度增大，长江中游地区的水域动态度较大为 1.44%，上游地区水域动态度相较于前一时期增长明显，其值由 0.15% 增加为 1.339%。

对于区域综合土地利用动态度，2000～2015 年，各分区的土地利用变化相较于前一时期都有显著增加，其中综合土地利用动态度较大的是长江上游地区，其动态度为 0.88%，各分区由于其自然条件、社会经济发展状况有着明显差异，导致在 1990～2000 年和 2000～2015 年这两个阶段，各分区内土地利用变化强度有着明显分异特征。此外，在 1999 年开始实施的退耕还林工程也加剧了各分区耕地、林地和草地的时空变化。

5.4.2 土地利用/覆被对退耕工程实施的响应

长江中上游地区水土流失的特点：第一是水蚀、面蚀最为普遍。广泛分布在坡耕地、荒山荒坡及疏幼林地上。有些陡坡地和荒坡年侵蚀模数在 10 000 t/$(km^2 \cdot a)$ 以上，所以面蚀面积大，是流域侵蚀泥沙的主要来源，也是治理的重点。重力侵蚀和泥石流则多发于滇东、川西和陇南山地、三峡地区。第二是水土流失隐蔽性强。长江流域中上游地区山丘区地表物质组成颗粒较粗，侵蚀后大多滞留在坡前或被就地拦蓄，进入江河的只是小部分，河流输沙量一般远小于地面侵蚀量。虽然长江流域水热条件较好，利于植被的生长，但现有林地大多林分结构不合理、综合生态服务功能或效益不能充分发挥，仍存在着不同程度的水土流失。一些地区存在荒山、荒坡大规模开发果园，采用大型机械作业，对土地扰动非常剧烈，破坏了原生植被，使土壤裸露，造成了严重的水土流失，在土层比较薄的地方，甚至造成岩石裸露，引起石漠化发生。按照《水土保持法》的规定，坡度在 25° 以上的坡旱地必须退耕还林还草。

长江中上游区域总面积为 16 644.19×10^4 hm²，2000 年耕地面积为 4332.77×10^4 hm²，耕地向林地转化的总面积 394.35×10^4 hm²，耕地向草地转化的总面积 136.85×10^4 hm²，合计为 531.20×10^4 hm²。本着 "宜乔则乔、宜灌则灌、宜草则草、乔灌草结合" 的原则，长江中上游地区退耕还林的面积较还草的面积大约为 2.88 倍。

根据第三次全国土地调查技术规程（报批稿）标准，将耕地依据 0°～2°、2°～6°、6°～15°、15°～25°、>25° 范围划分为 5 个坡度级，坡度在 0°～2° 范围的视为平地，其他分梯田和坡地两类。长江中上游地区坡度为 0°～2° 的耕地面积为 1392.77×10^4 hm²，坡度为 2°～6° 的耕地面积 1987.65×10^4 hm²，坡度为 6°～15° 的耕地面积为 2728.29×10^4 hm²，

坡度为 $15°\sim25°$ 的旱地面积为 $2628.19\times10^4\,hm^2$，坡度大于 $25°$ 的旱地面积为 $7907.29\times10^4\,hm^2$，就退耕还林还草而言，如果只考虑地形坡度因素，长江中上游地区需要退耕还林还草的坡耕地面积为 $990.98\times10^4\,hm^2$，占研究区旱地面积的 22.87%，属必须严格按照国家《水土保持法》规定退耕还林还草的部分；$15°\sim25°$ 以上的坡耕地面积为 $616.79\times10^4\,hm^2$，属建议退耕还林的部分（表 5.16）。

表 5.16　2000～2015 年长江中上游各坡度级耕地转林地或草地情况

坡度	总面积	耕地		耕地转林地		耕地转草地		合计	
		面积/$10^4\,hm^2$	比例/%	面积/$10^4\,hm^2$	比例/%	面积/$10^4\,hm^2$	比例/%	面积/$10^4\,hm^2$	比例/%
$0°\sim2°$	1392.77	826.97	59.38	11.35	1.37	2.20	1.82	13.55	1.64
$2°\sim6°$	1987.65	945.04	47.55	46.65	4.94	8.13	4.02	54.78	5.80
$6°\sim15°$	2728.29	952.99	34.93	92.65	9.72	21.74	5.50	114.39	12.00
$15°\sim25°$	2628.19	616.79	23.47	81.78	13.26	27.53	8.40	109.30	17.72
$>25°$	7907.29	990.98	12.53	161.93	16.34	77.25	8.73	239.17	24.13
合计	16644.19	4332.77	26.03	394.35	9.10	136.85	3.16	531.20	12.26

从总量来看，在 2000～2015 年整个研究期限内，退耕还林工程实施过程中长江中上游地区，耕地向林地在各坡度上的转出面积按照由大到小的顺序排列为：$25°$ 以上>$6°\sim15°$>$15°\sim25°$>$2°\sim6°$>$0°\sim2°$，转移面积分别为 $161.93\times10^4\,hm^2$、$92.65\times10^4\,hm^2$、$81.78\times10^4\,hm^2$、$46.65\times10^4\,hm^2$ 和 $11.35\times10^4\,hm^2$。耕地向草地在各坡度上的转出面积按照由大到小排列为：$25°$ 以上>$6°\sim15°$>$15°\sim25°$>$2°\sim6°$>$0°\sim2°$，转移面积分别为 $77.25\times10^4\,hm^2$、$27.53\times10^4\,hm^2$、$21.74\times10^4\,hm^2$、$8.13\times10^4\,hm^2$ 和 $2.20\times10^4\,hm^2$。根据国家退耕还林工程实施标准，坡度在 $25°$ 以上的耕地水土流失严重的陡坡耕地和严重沙化的耕地全部被纳入退耕规划。

从所占比例来看，退耕还林还草的合计量占各坡度上耕地面积的比例中，$25°$ 以上耕地退耕还林还草的比例最大，为 24.13%，其次为 $15°\sim25°$ 以上的耕地，占比 17.72%。

综上所述，黄土高原地区全域总面积为 $6492.93\times10^4\,hm^2$，长江中上游地区全域总面积为 $16\,647.77\times10^4\,hm^2$，长江中上游地区面积是黄土高原地区面积的 2.56 倍。2000～2015 年，黄土高原地区耕地向林地转化的总面积为 $34.89\times10^4\,hm^2$，长江中上游地区为 $88.82\times10^4\,hm^2$，长江中上游地区是黄土高原地区的 2.54 倍。由表 5.17 可得，黄土高原地区耕地向林地转化面积占全域总面积的比例为 0.54%，长江则为 2.37%，可以得出长江中上游地区退耕还林的效果较为明显；黄土高原地区耕地向草地转化面积占全域总面积的比例为 1.37%，长江则为 0.82%，可以得出黄土高原地区退耕还草的效果较为明显。

表 5.17　2000～2015 年黄土高原与长江中上游地区耕地转林地或草地情况

区域	全域总面积/$10^4\,hm^2$	耕地转林地面积/$10^4\,hm^2$	占比/%	耕地转草地面积/$10^4\,hm^2$	占比/%
黄土高原地区	6492.93	34.89	0.54	88.82	1.37
长江中上游地区	16647.77	394.35	2.37	136.85	0.82

对比 2000～2015 年两地区各坡度上耕地转化为林地或草地转化的情况（表 5.18、表 5.19）。总体来看，两地区耕地向林地、草地转化比例均随着坡度增大而增加，这说明

退耕还林工程在越高的坡度上退耕的强度越大，效果越好，这和退耕还林工程的退耕条件要求相一致。

表5.18　2000～2015 年黄土高原与长江中上游地区各坡度级耕地转林地情况

坡度	黄土高原地区		长江中上游地区	
	耕地转林地面积/10^4 hm^2	耕地转林地比例/%	耕地转林地面积/10^4 hm^2	耕地转林地比例/%
0°～2°	7.30	0.86	11.35	1.37
2°～6°	7.05	1.64	46.65	4.94
6°～15°	13.11	1.98	92.65	9.72
15°～25°	6.63	3.05	81.78	13.26
>25°	0.80	4.83	161.93	16.34

表5.19　2000～2015 年黄土高原与长江中上游地区各坡度级耕地转草地情况

坡度	黄土高原地区		长江中上游地区	
	耕地转草地面积/10^4 hm^2	耕地转草地比例/%	耕地转草地面积/10^4 hm^2	耕地转草地比例/%
0°～2°	15.40	1.82	2.20	0.27
2°～6°	17.27	4.02	8.13	0.86
6°～15°	36.43	5.50	21.74	2.28
15°～25°	18.27	8.40	27.53	4.46
>25°	1.45	8.73	77.25	7.79

退耕还林工程实施之后两地区耕地向林地或草地转移的面积在各坡度上的表现如下：黄土高原地区在 6°～15°的坡度上转化面积最大，长江中上游地区在 25°以上坡度上转化面积最大，这说明受地形地貌的影响，长江中上游地区的坡耕地退耕还林效果较为明显。

5.4.3　小结

利用 ArcGIS 10.3 对长江中上游地区 1990 年、2000 年和 2015 年的土地利用数据进行统计分析，得到区域国家退耕还林工程实施前后土地利用变化及其响应情况如下所述。

退耕工程实施对长江中上游土地利用的影响。在长江中上游区域，退耕工程实施前的 1990～2000 年土地利用构成未发生显著变化，土地利用以林地、草地和耕地为主，3 者面积之和占总面积90.0%以上；水域、建设用地和未利用地分别约占 2.5%、1.0%和4.0%；其中耕地和林地面积有微弱减少，草地、水域、建设用地和未利用地面积有少量增加。退耕工程实施之后，2000 年和 2015 年该区域耕地面积分别占比为 26.03%和25.37%，逐渐减少；而林地面积分别占比 41.69%和42.32%，先增后减；草地面积占比分别为 24.81%和24.55%，呈逐步减少的趋势；建设用地面积逐步增长，未利用地面积逐步减少。2000 年之后，退耕工程实施和城镇化进程的加快，该地区耕地空间变化明显，辖区各省耕地均有明显减少，广布于中游各省山地丘陵以及川南和云贵高原，增加的耕地主要分布于西藏东部的边缘地带；退耕工程实施使林地面积增加明显，主要分布在长江上游的四川西部，重庆、贵州和云南；草地面积增加主要集中于青海和四川西部，以及甘肃和陕西南部。耕地转移为林地和草地主要集中于四川和湖南,贵州、湖北和江西也较多,青海和西藏最小,这基本与退耕还林工程投入力度相匹配。

长江中上游土地利用对退耕工程实施的响应。国家退耕还林工程实施期间,从 2005 年到 2010 年再到 2015 年的 3 个时间段,长江中上游区域林地、草地面积动态度与土地利用变化趋势一致,即随着退耕工程实施的推进,耕地面积逐渐减少,林地和草地面积逐渐增加,到一定时期维持相对稳定,随后略有降低,都呈现倒"U"形变化趋势。长江中上游地区累计退耕还林的面积较累计退耕还草的面积大约为 2.88 倍,与黄土高原地区的情况相反。退耕还林还草的合计占各坡度耕地面积的比例中,25°以上陡坡耕地占比最大,为 24.13%;其次为 15°~25° 的缓坡耕地,占比为 17.72%。就退耕还林还草工程实施而言,若只考虑地形坡度因素,在长江中上游地区需要退耕还林还草的坡耕地面积为 990.98×10^4 hm²,占旱地面积的 22.87%;15°~25° 以上的坡耕地面积为 616.79×10^4 hm²,属建议退耕还林的部分。

5.5 本 章 小 结

无论是在国家层面,还是在黄土高原和长江中上游地区层面,国家退耕还林工程的全面实施对涉及区域土地利用及其构成的影响巨大并深远,且随着退耕工程的深入实施使得耕地向林地和草地转换发生了显著增长,尤其是陡坡耕地。

(1)全国退耕区退耕前后土地利用变化。国家层面,1990~2000 年退耕工程实施之前,耕地、林地、草地、水域、建设用地和未利用地 6 类当中,全国退耕区耕地、水域和建设用地面积均呈增长趋势,耕地增加最快;但是,期间林地、草地和未利用地呈减少趋势,草地面积减少最多;毁林(草)开荒严重,土壤质量不断降低,水土流失问题严重。2000~2015 年退耕工程实施由试点到全面,全国退耕区耕地、林地、建设用地面积呈增长趋势,其中林地增加最多,未利用地和耕地小幅增长,草地和水域呈下降趋势。1990~2000 年耕地主要向草地转换,而 2000~2015 年退耕工程实施后则主要向林地转换,向林地转换的年均增长率为 87.17%,向草地转换的为 31.98%;2000 年之后的 15 年耕地分别向林地、草地和林地草地转换面积是退耕前的 14.08 倍、5.8 倍和 8.4 倍。1990~2000 年 0°~25° 坡耕地向林地或草地转换面积随坡度的升高呈下降,在 >25° 坡耕地向林地或草地转换面积比 15°~25° 坡耕地呈增长趋势,且在 >25° 坡耕地向林地转换面积大于向草地转换;2000~2015 年耕地向林地或草地转换面积随坡度的升高呈增长趋势,且耕地转向林地的面积除 ≤2° 坡度范围外均高于草地。退耕工程实施前,耕地向林地草地转换集中在 0°~6° 平缓土地,总转换率达 75.57%,在 >6° 的仅占 24.43%;工程实施后,耕地在 0°~6° 的平缓土地向林地草地转换率降低至 30.24%,在 >6° 的增长至 69.76%,其中 15°~25° 坡度的转为林地增长率最快,>25° 坡度的转换面积最多且转为草地增长率最快。

(2)黄土高原退耕区退耕前后土地利用变化。国家退耕政策实施前的 1990~2000 年黄土高原土地利用类型未发生显著变化,以草地和耕地为主,两者之和占 70.0% 以上,林地面积仅占 16.0% 左右,水域面积不足 1.5%;耕地和建设用地面积有所增加,林地、草地、水域和未利用地面积逐渐减少。退耕政策实施之后的 2000 年和 2015 年区域耕地面积分别占 33.47%和 32.03%，而林地面积比分别占 16.10%和 16.75%，呈逐渐增加的态势；草地仍处优势地类，占比约 40.0%；同期建设用地明显增长，而未利用地面积逐步减少。黄土高原耕地主要集中于农灌区和河谷平原区，林地集中于辖区主要山系、山区或山地，草地广布于整个区域，尤其集中于沙地和沙漠区。退耕工程实施之后的 2000～2005 年、2005～2010 年和 2010～2015 年 3 个阶段，2005～2010 年各地类动态度均高于其他两个时期，其中建设用地动态度均较高，说明区域城镇化进程加快，整体上土地利用变化与耕地、林地和草地动态度完全吻合，都呈现倒 "U" 形变化趋势；退耕还草的面积总量约为还林地面积的 2.5 倍；辖区耕地转向林地在 6°～15°坡度范围面积最大。该地区退耕还林还草面积比例中 25°以上陡坡耕地比例最大，为 13.56%；其次为 15°～25°的缓坡耕地，占 11.45%。若只考虑地形地貌因素，区域需退耕的面积为 $16.61×10^4$ hm^2（占该区旱地面积的 6.76%），建议坡度在 15°以上的坡耕地、面积为 $662.15×10^4$ hm^2 全部退耕。

（3）长江中上游退耕区退耕前后土地利用变化。退耕工程实施前 10 多年长江中上游土地利用类型构成未发生显著变化，以林地、草地和耕地为主，三者面积之和占比 90.0%以上，水域、建设用地和未利用地三者面积之和占比不到 10.0%。1990～2000 年耕地和林地面积有微弱减少，草地、水域、建设用地和未利用地面积有少量增长。退耕工程实施之后，2000 年和 2015 年耕地面积分别占比为 26.03%和 25.37%，逐渐减少；而林地面积分别占比为 41.69%和 42.32%，先增后减；草地面积占比分别为 24.81%和 24.55%，呈逐步减少的趋势；建设用地面积逐步增长，未利用地面积逐步减少。2000 年之后，退耕工程实施和城镇化进程的加快，辖区各省耕地均有明显减少；退耕工程实施使林地增加明显，主要分布在上游四川西部，重庆、贵州和云南；草地面积增加主要集中于青海和四川西部，以及甘肃和陕西南部。该区域耕地转向林地草地面积集中于四川和湖南，贵州、湖北和江西，青海和西藏面积最小，基本和退耕还林工程投入力度相匹配。2005 年、2010 年和 2015 年退耕工程实施 3 个阶段，林地和草地动态度与土地利用变化趋势一致，都呈现倒 "U" 形变化。该地区退耕还林的面积较还草的面积大约为 2.88 倍，与黄土高原地区相反。退耕还林还草不同坡度级面积比例中，25°以上退耕比例最大，为 24.13%；其次为 15°～25°的耕地，占比 17.72%。就退耕还林还草而言，若只考虑地形坡度因素，该区需退耕还林还草的坡耕地面积为 $990.98×10^4$ hm^2，占旱地面积的 22.87%；15°～25°以上的坡耕地面积为 $616.79×10^4$ hm^2，属建议退耕还林的部分。

第 6 章 退耕还林工程对植被 NDVI 变化的影响

植被作为陆地生态环境的主体，在维持陆地生态系统功能方面起着主导作用（Liu et al.，2018）；同时，植被也在气候系统、水文过程、土壤保持、生物循环及生态系统服务提供中也发挥着重要作用（Jian et al.，2012；Piao et al.，2011；Zhao et al.，2019；尤南山等，2019）。植被对气候变化和人类活动干扰有着高度的敏感性，而植被变化代表着生态环境的变化，可以说区域植被变化既是环境变化的因，也是环境变化的果，两者有着密切的正负反馈关联性，因此监测植被动态变化对于研究全球气候变化和生态环境保护问题具有重要意义（Zhao et al.，2019）。现今科技水平下，归一化植被指数（normalized difference vegetation index，NDVI）作为监测植被覆盖和生长最为重要的指标（Fan et al.，2018；Piedallu et al.，2019）；植被 NDVI 动态技术自 20 世纪 80 年代初问世以来，已被广泛地应用于研究全球和区域尺度上植被覆盖的空间变化特征研究中；全面深刻研究国家实施退耕还林工程对不同时间、不同尺度植被 NDVI 时空变化的影响意义重大。

自 1999 年国家启动实施了两轮退耕还林工程，20 年来全国累计退耕还林还草 5 亿多亩，林草植被覆盖度得到了显著的提升，水土流失得到了有效的控制，生态环境得到了较大的改善，综合效益或效应也十分显著。本节内容以 1999 年国家退耕还林还草工程正式启动实施为节点，利用 GIMMS NDVI3g 数据集，对全国范围以及黄土高原地区和长江中上游地区退耕还林还草工程实施之前的 1982～1998 年和退耕还林工程实施之后的 1999～2015 年的不同阶段、不同尺度植被时空变化情况进行深入探讨分析。本节内容主要有：描述 1982～2015 年全国尺度以及黄土高原地区和长江中上游地区植被覆盖动态演变，揭示退耕还林工程实施前后植被 NDVI 的时空变化特征、空间变化趋势特征以及空间变化趋势特征对不同坡度范围的响应。

6.1 数据来源与研究方法

6.1.1 研究区概况

1）全国退耕还林工程实施区

1999 年四川、陕西、甘肃 3 省在全国率先开展退耕还林还草试点工作；2000 年 3 月拓宽至长江上游地区的云南、贵州、四川、重庆、湖北和黄河中上游地区的山西、河南、陕西、甘肃、青海、宁夏、新疆及新疆生产建设兵团等 13 个省（自治区、直辖市）的 174 个县，同年 6 月又将湖南、河北、吉林和黑龙江 4 省 14 个县纳入试点；2001 年江西、广西、辽宁 3 省部分地区也纳入试点范围内；2002 年 1 月全国正式启动退耕还林还草工程，范围覆盖北京、天津、河北、山西、内蒙古、辽宁、吉林、黑龙江、安徽、江西、河南、湖北、湖南、广西、海南、重庆、四川、贵州、云南、西藏、陕西、甘肃、青海、宁夏、新疆 25 个省（自治区、直辖市）及新疆生产建设兵团；截至 2019 年年底，全国退耕还林还草工程建设范围包括北京、天津、河北、山西、内蒙古、辽宁、吉林、黑龙江、安徽、江西、河南、湖北、湖南、广西、海南、重庆、四川、贵州、云南、西藏、陕西、甘肃、青海、宁夏、新疆 25 个省（自治区、直辖市）和新疆生产建设兵团，共 1897 个县（含市、区、旗）（图 6.1），累计面积 5.0 亿亩；本研究以省区直辖市行政区域划分为单元，全国退耕还林工程实施区涉及面积 739.74×10^4 km^2。

图 6.1　全国退耕还林工程实施区范围（彩图请扫封底二维码）

2）黄土高原地区

黄土高原地区主要位于黄河中游、中国西北地区，区域地理坐标为：32°N～41°N、102°E～114°E，海拔 800～3000 m，跨越陕西、山西、青海、宁夏、甘肃、河南、内蒙古 7 个省（自治区），总面积达 64.93×10^4 km^2（基于地理信息系统解析判读，以县域行政区划为单元，图 6.2）。地形方面，黄土高原位于平原向高原变化的过渡地带，地势整体表现为西北高、东南低的态势，自西北向东南方向呈波状下降趋势。地貌方面，该地区主要分布有山地、黄土丘陵、黄土塬、黄土台塬、河谷平原等地貌类型。该地区分布面积最为广阔的是黄土地貌，也是世界上最大的黄土沉积区，黄土颗粒细、土质松软、矿物质丰富，适合于农业生产，农耕历史悠久。为典型的大陆季风气候，冬冷、夏热；处于半干旱半湿润气候带，年均气温 6～14℃，年均降水量 200～700 mm；土壤多以黄土母质上发育的黄绵土、黑垆土、褐土等。辖区内从东南到西北依次分布着森林、森林草原、草原和荒漠等植被带，总体植被覆盖较低。辖区生态环境主体比较脆弱，而且人为干扰时间久远、强度较大，目前人口和资源环境承载力过重，生态恢复或治理难度较大。

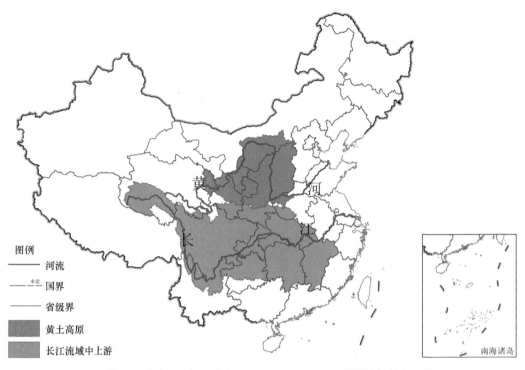

图 6.2 黄土高原地区和长江中上游地区的地理位置（彩图请扫封底二维码）

3）长江中上游地区

长江中上游全长约 5600 km，地理位置为 25°N～36°N、90°E～115°E，流域面积约 166.48×10^4 km^2，约占中国陆地总面积的 1/5，横跨了我国西南、华中两大经济区（基于地理信息系统解析判读，以县域行政区划为单元，图 6.2）；中上游干流流经青海、西藏、云南、四川、重庆、湖北、湖北等省市；支流还布及甘肃、陕西、河南、贵州等省，区域地势西高东低，流域内地势的最高峰位于四川西部的贡嘎山，海拔 7556 m。流域内各子流域平均海拔：金沙江流域约 3800 m，岷-沱江流域约 2600 m，为中高山区；嘉陵江、乌江流域约 1200 m，为中山区；汉水流域约 800 m，上游干流区间约 650 m，属低山区；洞庭湖、鄱阳湖水系，中游干流区间 300～500 m，为丘陵区。流域内的地貌类型众多，有山地、丘陵、盆地、高原和平原，其中高山高原主要分布于西部地区，中部地区以中山为主，丘陵主要分布于川中、陕南等地；区域气候湿润，植被较好，一般情况下生态系统恢复较快。

6.1.2 数据来源

GIMMS NDVI Version3（NDVI3g），为目前应用最广泛的研究植被动态变化的数据集。NDVI 3g 数据是由 NASA 全球监测与模拟小组发布的第 3 代产品。空间分辨率为

8 km，时间分辨率为半月（15 d 最大值 NDVI 合成），时间跨度为 1982 年 1 月至 2015 年 12 月（https://ecocast.arc.nasa.gov/data/pub/gimms/3g.v1/）。由于 GIMMS NDVI3g 数据为 NC 格式数据，因此使用 Matlab 2016a 软件将下载好后的数据经过提取转换为 TIFF 格式。

全国退耕还林工程区范围数据矢量化于国家林业和草原局公布的"退耕还林工程总体布局示意图（http://www.forestry.gov.cn/main/1079/content-115104.html）"，黄土高原地区矢量边界数据来源于国家地球系统科学数据共享服务平台黄土高原科学数据中心（loess.data.ac.cn），长江中上游地区矢量边界数据来源于国家地球系统科学数据共享服务平台长江三角洲科学数据中心（http://nnu.geodata.cn），全国行政边界数据来源于 2017 年国家基础信息中心公布的全国 1∶100 万基础地理数据库（http://www.webmap.cn）。

本研究所使用的 SRTM SLOPE 坡度数据集下载于中国科学院计算机网络信息中心的地理空间数据云平台（http://www.gscloud.cn），数据分辨率为 90 m。

6.1.3　研究方法

1）最大值合成法

由于年最大 NDVI 可较好地反映该年度植被长势最好季节的植被覆盖情况，尽可能规避大气、云层、太阳高度角等因素造成的数据在短时间的偏低情况，最大限度保障数据质量，因此运用 ENVI 软件，基于 IDL 语言进行编程，采用最大值合成法（maximum value composite，MVC）将年度最大 NDVI 用于本文计算和分析植被覆盖度在时间和空间上的变化规律和特征。其计算公式为：

$$\text{NDVI}_i = \max(\text{NDVI}_{ij}) \tag{6.1}$$

式中，NDVI_i 为第 i 年的 NDVI 值（$i=1982$，1983，1984，$\cdots$，2015）；NDVI_{ij} 为第 j 月的 NDVI 值（$j=1$，2，3，$\cdots$，12）。

2）植被 NDVI 变化趋势

为定量分析植被 NDVI 随时间变化的关系，本文将采用一元线性回归分析法，其可以模拟每个栅格的变化趋势，即以时间为自变量，NDVI 为因变量，利用最小二乘法逐像元拟合年均 NDVI 的斜率，从而反映整个空间的植被 NDVI 演变规律（宋怡等，2008）。一元线性回归分析计算公式如下：

$$\text{Slope} = \frac{n \times \sum_{i=1}^{n}(i \times f_i) - \left(\sum_{i=1}^{n} i\right)\left(\sum_{i=1}^{n} f_i\right)}{n \times \sum_{i=1}^{n} i^2 - \left(\sum_{i=1}^{n} i\right)^2} \tag{6.2}$$

式中，Slope 为区域多年植被 NDVI 线性拟合斜率值；n 为研究时段的统计年数，以年为单位；f_i 表示第 i 年植被 NDVI 值；当 Slope>0 时，表示区域植被 NDVI 呈逐年增加的趋势，区域植被覆盖状况得到了有效改善；反之，Slope<0 时，表示区域植被 NDVI 呈逐年减少的趋势，区域植被覆盖遭到破坏，出现退化现象。

6.2　全国退耕还林工程区植被 NDVI 变化特征

6.2.1　2015 年工程区植被 NDVI 空间分布特征

　　2015 年全国退耕还林工程实施区植被覆盖整体状况较好，其中植被 NDVI>0.6 的高和极高植被覆盖区域总面积为 3 985 984 km²，占研究区比例为 53.88%，全国退耕实施范围植被覆盖呈 "东南高西北低" 的空间分布特点；其中，极高植被覆盖区域占研究区总面积的 28.91%，主要分布在区内东北部内蒙古北部、辽宁、吉林和黑龙江境内，区内陕西南部、四川东部、湖北西部、湖南西部、云南南部和广西北部；高植被覆盖区域占研究区总面积的 24.97%，主要分布在区内西南部横断山区、华北平原及东北平原（表 6.1、图 6.3）。

表 6.1　2015 年全国退耕工程地区植被 NDVI 分级面积及其所占权重

植被 NDVI 分级	NDVI 范围	面积/km²	比例/%
极低植被覆盖	0～0.1	1 261 440	17.05
中低植被覆盖	0.1～0.2	686 656	9.28
低植被覆盖	0.2～0.4	693 248	9.37
中高植被覆盖	0.4～0.6	770 112	10.41
高植被覆盖	0.6～0.8	1 847 232	24.97
极高植被覆盖	>0.8	2 138 752	28.91

　　注：表中数据基于地理信息系统解析判读，以县域行政区划为单元。

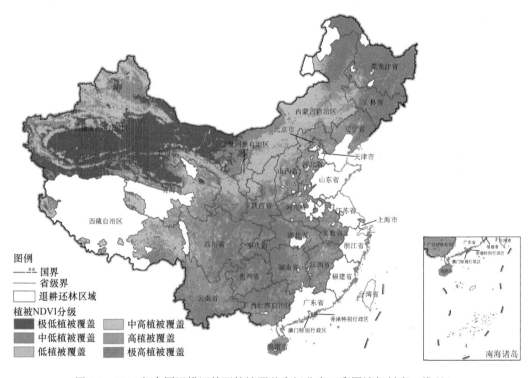

图 6.3　2015 年全国退耕还林区植被覆盖空间分布（彩图请扫封底二维码）

2015 年全国退耕还林工程实施区中高植被覆盖区域面积为 770 112 km^2，占研究区总面积的 10.41%，主要分布在区内北部草原向荒漠沙漠过渡区以及区内西南部青藏高原东麓横断山区向青藏高原过渡区；而低植被覆盖、中低植被覆盖及极低植被覆盖区 3 者之和占研究区总面积的 35.71%，分别占比为 17.05%、9.28% 和 9.37%，面积之和为 2 641 344 km^2，主要分布在区内西北部沙漠、戈壁和荒漠地区（表 6.1、图 6.3）。

6.2.2　退耕工程实施前后区域植被 NDVI 变化

1）工程实施前后植被 NDVI 时间变化

退耕还林工程实施之后，全国退耕还林区平均植被 NDVI 增长速率略高于工程实施之前。工程实施之后的 1999~2015 年和工程实施之前的 1982~1998 年相比，全国退耕还林区平均植被 NDVI 的变化斜率由工程实施前（1982~1998 年）的 0.0011 增长至工程实施之后的 1999~2015 年的 0.0013（图 6.4）。

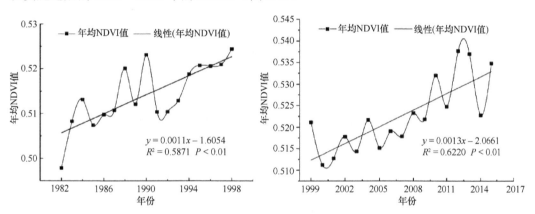

图 6.4　退耕工程实施前后全国退耕工程区平均植被 NDVI 时间变化

2）工程实施前后植被 NDVI 空间变化

退耕还林工程实施之后的 1999~2015 年的 17 年间，全国退耕还林区植被 NDVI 好转趋势明显，好转面积为 2 532 736 km^2，净增加了 22.99%，其中：明显好转区域面积净增加 3.79%、轻微好转区域的面积净增加 14.20%；此外，虽然全国退耕还林区植被 NDVI 变差区域的面积相比于工程实施前净增加 0.99%，但是净增加量主要来源于植被 NDVI 轻微变差，工程实施后净增加了 7.57%，而植被 NDVI 明显变差在工程实施后净降低了 6.592%（表 6.2）。

表 6.2　退耕工程实施前后全国退耕工程区植被 NDVI 变化

植被 NDVI 年变化率	1982~1998 年植被 NDVI		植被 NDVI 年变化率	1999~2015 年植被 NDVI	
	面积/km^2	比例/%		面积/km^2	比例/%
明显变差（−0.028~−0.001）	755 264	10.21	明显变差（−0.005~−0.004）	267 968	3.62
轻微变差（−0.001~0）	1 529 984	20.68	轻微变差（−0.004~0）	2 090 304	28.26
基本稳定（0~0.003）	3 910 144	52.86	基本稳定（0~0.002）	2 506 432	33.88
轻微好转（0.003~0.006）	1 017 216	13.75	轻微好转（0.002~0.007）	2 067 840	27.95
明显好转（0.006~0.018）	184 832	2.50	明显好转（0.007~0.045）	464 896	6.28

从植被 NDVI 空间分布上看，退耕还林工程实施之前的 1982～1998 年，全国退耕还林工程区植被 NDVI 好转趋势区域主要集中分布在区内东北部内蒙古和辽宁、吉林、黑龙江交界处，区内北部内蒙古和山西、陕西交界处，安徽北部，新疆北部和广西中部；植被 NDVI 变差趋势区域则主要集中分布在区内东北部内蒙古北部、黑龙江北部、辽宁中部、四川西南部、贵州北部、云南东部、陕西北部、甘肃北部和南部、青海东部。工程实施之后的 1999～2015 年，全国退耕还林区植被 NDVI 整体好转趋势明显，主要集中分布在区内中部黄土高原地区和区内南部长江中上游地区；其中，植被 NDVI 明显好转趋势区域主要集中分布在区内黄土高原地区所属的陕西北部、山西、宁夏、甘肃南部、青海东部，植被 NDVI 轻微好转趋势区域主要集中分布在区内南部长江流域中上游地区所属的西川东部、云南东部、贵州大部、重庆大部、湖北大部、陕西南部、湖南湖北东部、江西大部地区，植被 NDVI 变差趋势区域在工程实施后主要集中分布在区内西南部四川西部、西藏东部、吉林中东部、辽宁中部、内蒙古东北部和新疆北部（图 6.5）。

6.2.3 工程实施植被 NDVI 变化对坡度的响应

退耕工程实施之前的 1982～1998 年，全国退耕还林工程区植被 NDVI 好转趋势随着坡度的升高呈减少趋势，工程区植被 NDVI 好转趋势占比由<2°坡度范围的 17.0%降低至>25°坡度范围的 10.0%；而植被 NDVI 变差趋势在各坡度范围的面积占比随着坡度的升高呈上升趋势，植被 NDVI 变差趋势占比由<2°坡度范围的 30.0%增长至>25°坡度范围的 36.0%，表明退耕区坡度越高，植被受到破坏的可能性越大，破坏之后治理或恢复越困难（图 6.6）。

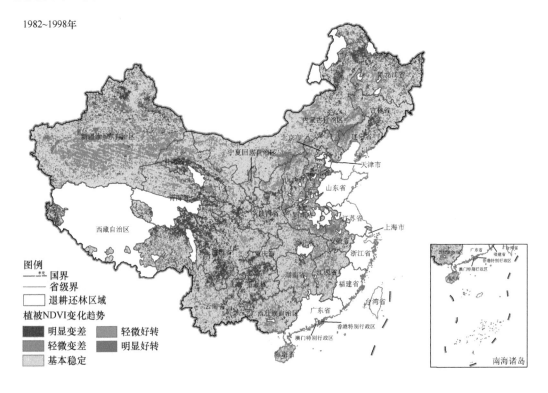

1982~1998年

图例
—— 国界
—— 省级界
☐ 退耕还林区域
植被NDVI变化趋势
■ 明显变差　■ 轻微好转
■ 轻微变差　■ 明显好转
☐ 基本稳定

南海诸岛

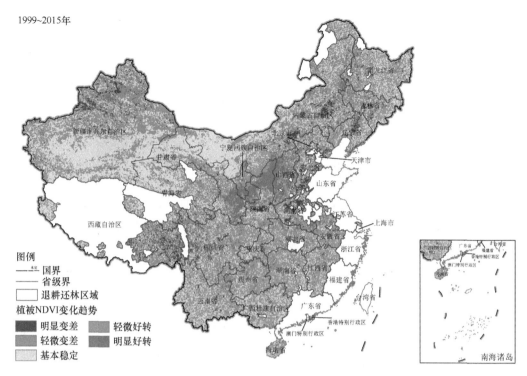

1999~2015年

图例
—— 国界
—— 省级界
☐ 退耕还林区域
植被NDVI变化趋势
■ 明显变差   ■ 轻微好转
■ 轻微变差   ■ 明显好转
☐ 基本稳定

南海诸岛

图 6.5 退耕工程实施前后全国退耕工程区植被 NDVI 空间分布（彩图请扫封底二维码）

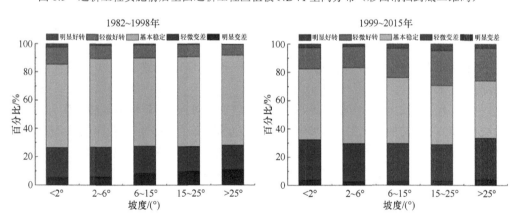

图 6.6 退耕工程实施前后全国退耕工程区不同坡度植被 NDVI 变化趋势（彩图请扫封底二维码）

退耕工程实施之后的 1999～2015 年，全国退耕还林工程区植被 NDVI 好转趋势在各坡度范围的面积占比整体呈随坡度升高而升高的态势，好转趋势占比由<2°坡度范围的 20.0%增加至 15°～25°坡度范围的 29.0%；相比于工程实施之前植被改善主要集中分布在低坡度范围（<2°），工程实施之后，植被改善区域则主要分布在 15°～25°和>25°坡度范围，植被 NDVI 在上述两个坡度范围的好转趋势面积分别占 29.0%和 27.0%，两者之和相比于工程实施之前均净增加了 17.0%；植被 NDVI 变差趋势在各坡度范围的面积占比整体呈随坡度升高降低趋势，变差趋势占比从<2°坡度范围的 37.0%降低至15°～25°坡度范围的 28.0%，>25°坡地仍然为植被 NDVI 变差趋势占比最多的坡度范围（34.0%）（图 6.6）。

6.2.4 小结

2015 年全国退耕工程实施区植被覆盖整体状况较好,中高植被覆盖区域占总面积的53.84%,呈"东南高西北低"的空间分布特点;其中,极高植被覆盖区占 28.84%,主要分布在内蒙古东北部、辽宁、吉林和黑龙江,陕西南部、四川东部、湖北西部、湖南西部、云南南部和广西北部;高植被覆盖区占 25.01%,主要分布在西南部横断山区、华北平原及东北平原;中高植被覆盖区占 10.49%,分布在北部草原向荒漠沙漠过渡区以及西南部青藏高原东麓横断山区向青藏高原过渡区;低植被覆盖、中低植被覆盖及极低植被覆盖区占研究区总面积 35.67%,主要分布在区内西北部沙漠、戈壁和荒漠地区。

退耕工程实施之后的 1999~2015 年,全国退耕还林区植被 NDVI 好转趋势明显,好转面积净增加 17.80%,明显好转和轻微好转区域面积分别净增加 3.75%和 14.07%,而植被 NDVI 明显变差在工程实施后净降低了 6.52%。退耕工程实施之前的 1982~1998年,涉及区域植被 NDVI 好转趋势区域主要集中在东北部内蒙古和辽宁、吉林、黑龙江交界处,北部内蒙古和山西、陕西交界处,安徽北部,新疆北部和广西中部;植被 NDVI变差趋势主要集中在东北部内蒙古北部、黑龙江北部、辽宁中部、四川西南部、贵州北部、云南东部、陕西北部、甘肃北部和南部、青海东部。工程实施之后的 1999~2015年,全国退耕区植被 NDVI 整体好转趋势明显,主要集中在黄土高原地区和长江中上游地区,其中植被 NDVI 明显好转的主要集中在黄土高原的陕西北部、山西、宁夏、甘肃南部、青海东部,植被 NDVI 轻微好转的主要集中在长江中上游的西川东部、云南东部、贵州大部、重庆大部、湖北大部、陕西南部、湖南湖北东部、江西大部地区,植被 NDVI变差的主要集中在西南部四川西部、西藏东部、吉林中东部、辽宁中部、内蒙古东北部和新疆维北部。

退耕工程实施之前的 1982~1998 年,全国植被 NDVI 好转的区域随坡度升高而减少,植被 NDVI 好转的占比由<2°坡度范围的 17.0%降低至>25°坡度范围的 10.0%;植被NDVI 变差的在各坡度级的面积占比随坡度的升高而上升,植被 NDVI 变差的占比由<2°坡度范围的30.0%增长至>25°坡度范围的 36.0%,坡度越陡植被受到破坏的可能性越大;退耕工程实施之后的 1999~2015 年,研究区植被 NDVI 好转的在各坡度级的面积占比整体呈随坡度升高而升高,好转趋势占比由<2°坡度级的 20.0%增加至 15°~25°坡度级的 29.0%,工程实施后植被改善区主要分布在 15°~25°和>25°坡度级,两者好转面积分别占 29.0%和27.0%,之和比工程实施之前均净增加 17.0%;植被 NDVI 变差在各坡度级的面积占比随坡度升高而降低,变差趋势占比从<2°坡度范围的 37.0%降低至 15°~25°坡度范围的 28.0%,>25°坡地的植被 NDVI 变差趋势占比仍然最多。

6.3 黄土高原退耕工程实施植被 NDVI 变化特征

6.3.1 2015 年区域植被 NDVI 空间分布特征

退耕工程实施多年之后的 2015 年黄土高原地区植被覆盖状况总体较好,植被 NDVI大于 0.4 的区域占研究区总面积的 71.70%,总体呈"东南高,西北低"的空间分布特点,因为区域植被 NDVI 空间分布状况受气候、地形、人为干扰等因素的影响存在着明显的空间差异（图 6.7）。

图 6.7　2015 年黄土高原地区植被 NDVI 空间分布（彩图请扫封底二维码）

在 2015 年黄土高原地区各级植被 NDVI 分等等级中，以高植被覆盖等级区域面积最大，其值为 201 541 km^2，占研究区总面积的 31.04%，主要集中分布在区内青海北部、甘肃南部、陕西中南部和山西境内大部地区；其次为中高植被覆盖等级区域，面积为 188 295 km^2，占研究区总面积的 29.00%，主要分布在甘肃、陕西和山西境内黄土高原向荒漠沙漠过渡地区，区内内蒙古北部河谷平原区。

在 2015 年黄土高原地区低植被覆盖等级区域占研究区面积为 154 661.59 km^2，占比为 23.82%，主要集中分布在区内内蒙古南部、宁夏中部和甘肃南部的荒漠沙地地区；极高植被覆盖等级区域面积为 75 642.63 km^2，占研究区总面积的 11.65%，主要集中分布在区内陕西中部黄陵、黄龙山区、南部陕西和甘肃交界六盘山山区以及山西南部吕梁山部分山区，这里一方面是森林地带，另一方面是人为干扰相比其他区域较小；中低和极低植被覆盖等级区域面积 28 179.32 km^2 和 973.94 km^2，仅分别占研究区总面积的 4.34% 和 0.15%，主要集中分布在区内的内蒙古西部库布齐沙漠地区（表 6.3、图 6.7）。

表 6.3　2015 年黄土高原地区植被 NDVI 分级面积及其所占权重

植被 NDVI 分级	NDVI 范围	面积/km^2	比例/%
极低植被覆盖	0～0.1	973.94	0.15
中低植被覆盖	0.1～0.2	28 179.32	4.34
低植被覆盖	0.2～0.4	154 661.59	23.82
中高植被覆盖	0.4～0.6	188 294.97	29.00
高植被覆盖	0.6～0.8	201 540.55	31.04
极高植被覆盖	>0.8	75 642.63	11.65

注：表中数据以地理信息系统判读，结合县域行政区划单元。

6.3.2 工程实施前后区域植被 NDVI 变化

1）工程实施前后植被 NDVI 的时间变化

退耕还林工程实施之后，黄土高原地区植被 NDVI 增长速率高于工程实施之前。工程实施之后的 1999~2015 年和工程实施之前的 1982~1998 年相比，黄土高原地区植被 NDVI 的变化斜率由工程实施之前的 1982~1998 年的 0.0018 增长至退耕工程实施之后的 1999~2015 年的 0.0051，表明在退耕还林工程实施之后，黄土高原地区植被 NDVI 得到了快速的增长，植被覆盖状况得到了有效的改善。

退耕还林工程实施之后，黄土高原地区植被 NDVI 增长率高于工程实施前。退耕工程实施之前的 1982~1998 年，黄土高原地区平均 NDVI 由 0.45 上升至 0.50，17 年间上升了 0.05，增长率为 11.90%；退耕工程实施之后的 1999~2015 年，黄土高原地区平均 NDVI 由 0.47 上升至 0.54，17 年年间上升了 0.07，增长率为 13.91%（图 6.8）。

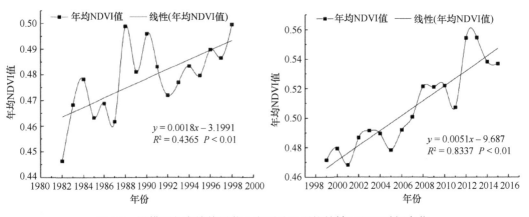

图 6.8　退耕工程实施前后黄土高原地区平均植被 NDVI 时间变化

2）工程实施前后植被 NDVI 的空间变化

国家退耕还林工程实施之后的 1999~2015 年黄土高原地区植被 NDVI 好转趋势非常明显，工程实施 17 年期间区域植被总体上实现了"黄"到"灰"到"绿"，甚至"黄"到"青"的转变，好转面积净增加为 59 864.82 km²，净增长占比为 9.23%，其中：明显好转区域面积净增加了 4.33%，轻微好转区域的面积净增加了 4.89%；而区域植被 NDVI 变差区域的净减少面积为 47 463.3 km²，净减少占比为 7.32%，其中：明显变差区域面积净减少 2.97%、轻微变差区域面积净减少 4.34%（表 6.4）。

从空间分布上看，退耕还林工程实施之前的 1982~1998 年，黄土高原地区植被 NDVI 好转趋势区域主要集中分布在区内北部的内蒙古和山西交界处，植被 NDVI 变差区域则主要分布在区内南部的青海、甘肃、陕西、山西和河南 5 省境内。工程实施之后的 1999~2015 年，黄土高原植被 NDVI 好转趋势区域主要集中分布在区内的陕西北部、山西、甘肃大部、宁夏南部，其中植被 NDVI 明显好转区域集中分布在陕西北部；植被 NDVI 变差区域在工程实施后，主要集中分布在陕西南部关中平原、河南境内黄土高原向平原过渡区、内蒙古境内河套平原（图 6.9）。

表 6.4 退耕工程实施前后黄土高原地区植被 NDVI 变化

植被 NDVI 年变化率	1982～1998 年植被 NDVI		植被 NDVI 年变化率	1999～2015 年植被 NDVI	
	面积/km²	比例/%		面积/km²	比例/%
明显变差（−0.007～−0.001）	59 345.38	9.14	明显变差（−0.015～−0.001）	39 996.45	6.16
轻微变差（−0.001～0）	61 942.55	9.54	轻微变差（−0.001～0）	33 828.17	5.21
基本稳定（0～0.003）	364 707.88	56.17	基本稳定（0～0.007）	352 306.38	54.26
轻微好转（0.003～0.006）	125 378.48	19.31	轻微好转（0.007～0.011）	157 128.91	24.20
明显好转（0.006～0.014）	37 918.71	5.84	明显好转（0.011～0.212）	66 033.10	10.17

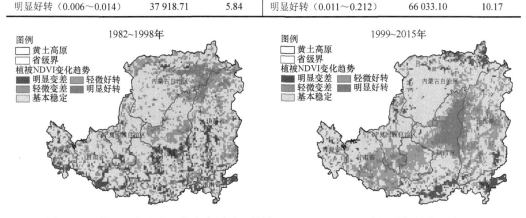

图 6.9 退耕工程实施前后黄土高原地区植被 NDVI 空间分布（彩图请扫封底二维码）

6.3.3 工程实施植被 NDVI 变化对坡度的响应

黄土高原地区退耕还林工程实施之前的 1982～1998 年，<2°和 2°～6°坡度范围为植被 NDVI 好转占比最多的区域,分别为 30.0%和 29.0%。且随着坡度的升高,植被 NDVI 在各坡度范围内的好转区域占比在逐渐下降；而由植被 NDVI 变差趋势在不同坡度的占比分布来看，随着坡度的上升，植被 NDVI 变差区域占比在不断上升，15°～25°和 25°坡度范围以上为植被 NDVI 变差占比最多的区域，分别高达 28.0%和 30.0%（图 6.10）。

退耕还林工程实施之后的 1999～2015 年，黄土高原地区从植被 NDVI 变化趋势类型在不同坡度上的占比可得，在各个坡度范围内的植被 NDVI 好转区域占比均大于变差区域占比。其次，整体而言，植被 NDVI 好转区域占比随着坡度的升高呈上升趋势，6°～15°和 15°～25°坡度范围为植被 NDVI 好转占比最多的区域，分别达 49.0%和 45.0%；而植被 NDVI 变差区域占比随着坡度的上升整体而言呈降低区域，其中 6°～15°和 15°～25°坡度范围为植被 NDVI 变差占比最少的区域，分别仅为 0.07%和 0.06%（图 6.10）。

6.3.4 小结

2015 年黄土高原植被覆盖状况总体较好，总体呈"东南高西北低"的空间分布特点，高植被 NDVI 区面积最大（占 31.04%），主要分布在辖区青海北部、甘肃南部、陕西中南部和山西大部；中高植被 NDVI 区的面积占 29.00%，主要分布在辖区甘肃、陕西和

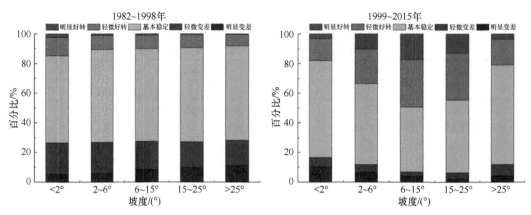

图 6.10　退耕工程实施前后黄土高原地区不同坡度植被 NDVI 变化趋势（彩图请扫封底二维码）

山西向荒漠沙漠过渡区，以及内蒙古北部河谷平原区；低植被 NDVI 区的面积占 23.82%，主要分布在辖区内蒙古南部、宁夏中部和甘肃南部的荒漠沙地区；极高植被 NDVI 区面积占研究区的 11.65%，主要分布在辖区陕西黄陵、黄龙山区、南部陕西和甘肃交界六盘山山区以及山西南部吕梁山部分山区；中低和极低植被 NDVI 区仅分别占辖区总面积的 4.34% 和 0.15%，主要分布在辖区内蒙古西部库布齐沙漠地区。

退耕工程实施之后，辖区植被 NDVI 增长速率高于工程实施之前，增长率为 13.91%。退耕工程实施之后的 1999~2015 年，辖区植被 NDVI 好转趋势明显，好转面积净增加 9.23%，其中明显好转和轻微好转区域面积分别净增加 4.33% 和 4.89%；而变差面积净减少 7.32%，其中明显变差和轻微变差区域面积分别净减少 2.97% 和 4.34%。退耕工程实施之前的 1982~1998 年，辖区植被 NDVI 好转趋势区域主要分布在北部的内蒙古和山西交界处，变差区域主要分布在南部的青海、甘肃、陕西、山西和河南。工程实施之后的 1999~2015 年，辖区植被 NDVI 好转趋势区域主要分布在陕西北部、山西、甘肃大部、宁夏南部，其中植被 NDVI 明显好转区域集中分布在陕西北部；植被 NDVI 变差区域在退耕工程实施后，主要分布在陕西关中平原、河南黄土高原向平原过渡区、内蒙古境内河套平原。

辖区退耕工程实施之前的 1982~1998 年，<2° 和 2°~6° 坡度级为植被 NDVI 好转占比最多的区域分别为 30.0% 和 29.0%，且随坡度升高好转区面积占比逐渐下降，变差区域占比不断上升，15°~25° 和 25° 坡度级以上为植被 NDVI 变差占比最多的区域，分别高达 28.0% 和 30.0%。退耕工程实施之后的 1999~2015 年，辖区各坡度级的植被 NDVI 好转区占比均大于变差区占比，好转区域占比随坡度升高而上升，6°~15° 和 15°~25° 坡度级为植被 NDVI 好转占比最多的区域，分别达 49.0% 和 45.0%；且植被 NDVI 变差区域占比随坡度上升而降低，其中 6°~15° 和 15°~25° 坡度级为植被 NDVI 变差占比最少的区域，分别为 0.07% 和 0.06%。

6.4　长江中上游退耕工程实施植被 NDVI 变化特征

6.4.1　2015 年区域植被 NDVI 空间分布特征

从 2015 年长江中上游平均植被 NDVI 状况来看，国家退耕还林工程全面实施之后的长江中上游地区植被覆盖普遍明显变好，空间分布整体呈现为"东高西低"的特点（表6.5、图6.11），这与区域的气候、地形等自然条件也有一定的关系。

表6.5 2015年长江中上游地区植被NDVI分级面积及其所占权重

植被NDVI分级	NDVI范围	面积/km²	比例/%
极低植被覆盖	0~0.1	5 493.75	0.33
中低植被覆盖	0.1~0.2	21 808.53	1.31
低植被覆盖	0.2~0.4	68 255.69	4.10
中高植被覆盖	0.4~0.6	104 714.22	6.29
高植被覆盖	0.6~0.8	643 434.76	38.65
极高植被覆盖	>0.8	821 066.04	49.32

注：表中数据以地理信息系统判读，结合县域行政区划单元，与其他数据存在一定的误差。

图6.11 2015年长江中上游地区植被NDVI的空间分布（彩图请扫封底二维码）

2015年长江流域中上游地区植被以高植被覆盖和极高植被覆盖为主，两者之和占比为87.97%。高植被覆盖区域面积为643 434.76 km²，占区域总面积的38.65%，主要分布在研究区西部的西藏、云南、四川西部等高原高山，以及中部的四川盆地、东部的江西北部、湖北东部和湖南东部等地区；极高植被覆盖面积为821 066.04 km²，占区域总面积的49.32%，主要分布在研究区中部的陕西、甘肃、四川中东部、湖北西部等地区，这里自然条件较好，生态恢复措施得当，退耕还林效果十分显著。

2015年长江流域中上游地区低植被覆盖、中低植被覆盖和极低植被覆盖区域三者之和面积为95 557.97 km²，占比仅为区域总面积的5.74%，三者分别占辖区面积的4.10%、1.31%和0.33%，主要分布在研究区西部青海境内的青藏高原高寒草甸区，这里气温较低、降水较少，植被生长环境差，生态环境较为脆弱，植被覆盖以草甸为主，植被覆盖状况差。辖区中高植被覆盖面积为104 714.22 km²，占研究区总面积的6.29%，主要分布在研究区西部西藏和四川交界处的横断山区地带，这里是高山峡谷纵横，地形地貌十分复杂，人烟稀少（表6.5、图6.11）。

6.4.2 工程实施前后区域植被 NDVI 变化

1）工程实施前后植被 NDVI 时间特征变化

退耕还林工程实施之后，长江中上游地区植被 NDVI 增长速率高于工程实施之前。工程实施之后的 1999～2015 年和工程实施之前的 1982～1998 年相比，长江中上游地区植被 NDVI 的变化斜率由工程实施之前的 1982～1998 年的 0.0008 增长至工程实施之后的 1999～2015 年的 0.0019，表明在退耕还林工程实施后，长江中上游地区植被 NDVI 得到了快速的增长，植被覆盖状况得到了有效的改善。

退耕还林工程实施之后，长江中上游地区植被 NDVI 增长率高于工程实施之前。工程实施之前的 1982～1998 年长江中上游地区平均植被 NDVI 由 0.70 上升至 0.73，17 年间植被 NDVI 上升了 0.03，增长率为 4.26%；工程实施之后的 1999～2015 年，长江中上游地区平均植被 NDVI 由 0.72 上升至 0.76，可见该区域植被 NDVI 值 17 年间上升了 0.04，增长率为 5.55%（图 6.12）。

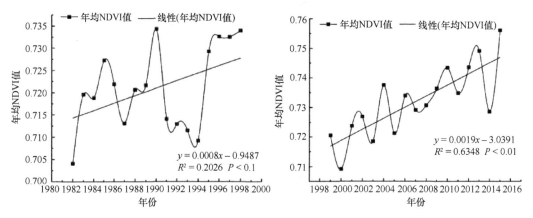

图 6.12 退耕工程实施前后长江中上游地区平均植被 NDVI 时间变化

2）工程实施前后植被 NDVI 空间变化特征

退耕还林工程实施之后的 1999～2015 年，长江中上游地区植被 NDVI 好转趋势明显，成效十分显著，退耕工程持续实施之后的 17 年期间区域植被好转面积净增加了 192 947.19 km^2，占比为 11.59%，其中：明显好转区域面积净增加了 5.40%、轻微好转区域的面积净增加了 6.19%；同期长江中上游地区植被 NDVI 变差区域的面积净减少了 136 511.39 km^2，占比 8.21%，其中：明显变差区域面积净减少占比 3.97%、轻微变差区域面积净减少占比 4.24%；区域植被 NDVI 基本稳定的占比由 38.81% 下降到 35.42%，相差 3.39%，面积和分布略微有所下降（表 6.6）。

从空间分布上看，退耕还林工程实施之前的 1982～1998 年，长江中上游地区植被 NDVI 好转趋势区域主要集中分布在区内东部的湖南、江西和湖北境内。植被 NDVI 变差区域则主要集中分布在贵州西部、四川西部和青海东部。工程实施之后的 1999～2015 年，长江中上游植被 NDVI 好转趋势区域主要集中分布在辖区内中部的甘肃、陕西、四川东部、云南、贵州、重庆、湖北西部、湖南西部以及江西东部。植被 NDVI 变差趋势区域则继续分布在四川西部（图6.13）。

表 6.6　退耕工程实施前后长江中上游地区植被 NDVI 变化

植被 NDVI 年变化率	1982～1998 年植被 NDVI		植被 NDVI 年变化率	1999～2015 年植被 NDVI	
	面积/km²	比例/%		面积/km²	比例/%
明显变差（−0.009～−0.001）	168 475.03	10.12	明显变差（−0.027～−0.003）	102 550.02	6.16
轻微变差（−0.001～0）	382 065.40	22.95	轻微变差（−0.003～0.000）	311 479.03	18.71
基本稳定（0～0.002）	646 098.40	38.81	基本稳定（0.000～0.003）	589 662.60	35.42
轻微好转（0.002～0.004）	358 592.10	21.54	轻微好转（0.003～0.005）	461 641.55	27.73
明显好转（0.004～0.010）	109 542.06	6.58	明显好转（0.005～0.016）	199 439.81	11.98

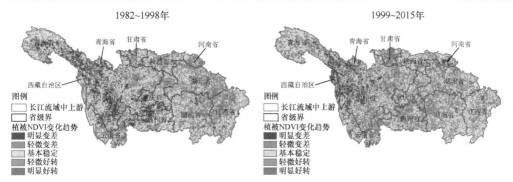

图 6.13　退耕工程实施前后长江中上游地区植被 NDVI 的空间分布（彩图请扫封底二维码）

6.4.3　工程实施植被 NDVI 变化对坡度的响应

退耕还林工程实施之前的 1982～1998 年，长江中上游地区植被 NDVI 好转趋势随着坡度的升高呈减少趋势，<2°和 2°～6°坡度范围为植被 NDVI 好转趋势面积占比最多的两个坡度区域，分别为 38.00%和 33.00%，研究区植被改善活动主要集中在低坡度范围；而植被 NDVI 变差趋势在各坡度范围的面积占比随着坡度的升高呈上升趋势，15°～25°和>25°坡度范围为植被 NDVI 变差趋势面积占比最多的两个坡度区域，分别为 35.00%和 40.00%。表明坡度越高，植被受到破坏的可能性越大（图 6.14a）。

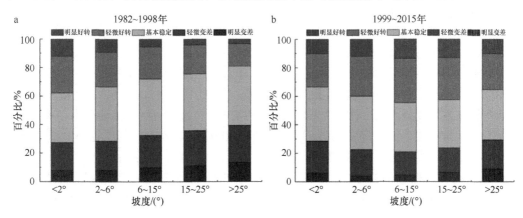

图 6.14　退耕工程实施前后长江中上游区域不同坡度植被 NDVI 变化趋势（彩图请扫封底二维码）

退耕还林工程实施之后的 1999～2015 年长江中上游植被 NDVI 好转趋势在各坡度范围的面积占比呈 "先升后降" 的变化规律，相比于工程实施前植被改善主要集中分布在低坡度范围（<2°、2°～6°）；工程实施后，植被改善区域则主要分布在了 6°～15° 和 15°～25° 坡度范围，植被 NDVI 在上述两个坡度范围的好转趋势面积分别占 45.00% 和 42.00%，相比于工程实施前分别净增加了 17.00% 和 18.00%。

植被 NDVI 变差趋势在各坡度范围的面积占比呈 "先降后升" 的变化规律，>25° 坡度范围仍然为植被 NDVI 变差趋势占比最多的坡度范围，其值达 29.00%，然而相比于工程实施前，植被 NDVI 变差趋势净减少了 11.00%，且在工程实施后，在 >2° 各坡度范围内的植被 NDVI 变差趋势面积占比相对于工程实施前均有所降低（图 6.14b）。

6.4.4 小结

长江中上游 2015 年植被覆盖普遍较好，空间分布整体呈现为 "东高西低" 的特点。辖区植被以高植被覆盖和极高植被覆盖为主，高和极高植被覆盖分别占辖区总面积的 38.65% 和 49.32%。高植被 NDVI 区主要分布在辖区西部的西藏、云南、四川西部高原高山，中部的四川盆地，东部的江西北部、湖北东部和湖南东部等地区；极高植被 NDVI 区主要分布在辖区中部的陕西、甘肃、四川中东部、湖北西部等地区；低、中低和极低植被 NDVI 区主要分布在辖区西部青海境内的青藏高原高寒草甸区；中高植被 NDVI 占辖区总面积的 6.29%，主要分布在辖区西部西藏和四川交界处的横断山区地带。

退耕工程实施之后，长江中上游植被 NDVI 增长速率高于工程实施之前，增长率为 5.55%，植被覆盖状况得到了有效的改善。退耕工程实施之后的 1999～2015 年，辖区植被 NDVI 好转趋势明显，好转面积净增加了 11.59%，其中明显好转和轻微好转区域面积分别净增加 5.40% 和 6.19%；变差区域的面积净减少 8.21%，其中明显变差和轻微变差区域面积分别净减少 3.97% 和 4.24%。退耕工程实施之前的 1982～1998 年，辖区植被 NDVI 好转趋势区域主要分布在辖区东部的湖南、江西和湖北，变差区域则主要分布在辖区贵州西部、四川西部和青海东部。工程实施之后的 1999～2015 年，辖区植被 NDVI 好转趋势区域主要分布在辖区内中部甘肃、陕西、四川东部、云南、贵州、重庆、湖北西部、湖南西部以及江西东部，变差趋势区域则继续分布在四川西部。

退耕工程实施之前的 1982～1998 年，辖区植被 NDVI 好转趋势随坡度的升高而减少，<2° 和 2°～6° 坡度级为植被 NDVI 好转趋势面积占比最多的区域，分别占比为 38.00% 和 33.00%；而植被 NDVI 变差的面积占比随坡度升高呈上升趋势，15°～25° 和 >25° 坡度级为植被 NDVI 变差面积占比最多的区域，分别占比为 35.00% 和 40.00%，表明坡度越高植被受到破坏的可能性越大。退耕工程实施之后的 1999～2015 年，辖区植被 NDVI 好转趋势在各坡度级面积占比呈 "先升后降" 的变化，植被改善区域主要分布在 6°～15° 和 15°～25° 坡度级，两者好转趋势面积分别占 45.00% 和 42.00%，相比工程实施前分别净增加 17.00% 和 18.00%。植被 NDVI 变差趋势在各坡度级的面积占比呈 "先降后升" 的变化，>25° 坡度级仍然为植被 NDVI 变差趋势占比最多的范围，其值达 29.00%，相比工程实施之前净减少了 11.00%，且 >2° 各坡度级的植被 NDVI 变差趋势面积占比均有所降低。

6.5　本　章　小　结

自 1999 年国家启动并随后全面实施的两轮退耕还林工程，1982～1998 年的退耕还林工程实施之前与 1999～2015 年的退耕还林工程实施之后植被覆盖状况相比，无论在国家退耕工程实施区尺度，还是黄土高原地区和长江中上游地区退耕工程实施区尺度，林草植被覆盖度得到了显著提升，水土流失得到了有效控制，生态环境得到了较大改善。

（1）全国退耕地区植被 NDVI 变化特征。2015 年全国退耕工程实施区植被覆盖整体状况较好，中高植被覆盖区域占总面积的 53.84%，呈"东南高西北低"的空间分布特点；其中，极高植被覆盖区占 28.84%，主要分布在我国的东北，以及陕南、川东、鄂西、湘西、滇南和桂北；高植被覆盖区占 25.01%，主要分布在西南部横断山区、华北平原及东北平原；中高植被覆盖区占 10.49%，分布在北部草原向荒漠沙漠过渡区以及西南部青藏高原东麓横断山区向青藏高原过渡；低植被覆盖、中低植被覆盖及极低植被覆盖区占研究区总面积 35.67%，主要分布在区内西北部沙漠、戈壁和荒漠地区。退耕工程实施之后的 1999～2015 年，全国退耕还林区植被 NDVI 好转趋势明显，好转面积净增加 17.80%，明显好转和轻微好转区域面积分别净增加 3.75% 和 14.07%，而植被 NDVI 明显变差在工程实施后净降低了 6.52%。

退耕工程实施之前的 1982～1998 年，全国植被 NDVI 好转的区域随坡度升高而减少，植被 NDVI 好转地占比由<2°坡度范围的 17.0%降低至>25°坡度范围的 10.0%；植被 NDVI 变差地在各坡度级的占比随坡度的升高而上升，变差地占比由<2°坡度的 30.0%增长至>25°坡度的 36.0%，坡度越陡植被受到破坏的可能性越大；退耕后全国植被 NDVI 好转地在各坡度级的面积占比整体呈随坡度升高而升高，变差地在各坡度级的面积占比随坡度升高而降低。

（2）黄土高原退耕地区植被 NDVI 变化特征。黄土高原 2015 年植被覆盖状况总体较好，总体呈"东南高西北低"的空间分布特点，高植被 NDVI 区面积最大（占 31.04%），主要分布在辖区青北、甘南、秦中南和晋大部；中高植被 NDVI 区的面积占 29.00%，主要分布在辖区甘、秦和晋向荒漠沙漠过渡区，以及内蒙古北部河谷平原区；低植被 NDVI 区的面积占 23.82%，主要分布在辖区内蒙古南部、宁中和甘南的荒漠沙地区；极高植被 NDVI 区面积占研究区的 11.65%，主要分布在辖区陕西黄陵、黄龙山区、南部陕西和甘肃交界六盘山山区以及山西南部吕梁山部分山区；中低和极低植被 NDVI 区仅分别占辖区总面积的 4.34% 和 0.15%，主要分布在辖区内蒙古西部库布齐沙漠地区。退耕工程实施之后的 1999～2015 年，辖区植被 NDVI 好转趋势明显，好转面积净增加 9.23%，其中明显好转和轻微好转区域面积分别净增加 4.33% 和 4.89%；而变差面积净减少 7.32%，其中明显变差和轻微变差区域面积分别净减少 2.97% 和 4.34%。

退耕前<2°和 2°～6°坡度级植被 NDVI 好转占比最多，且随坡度升高好转区面积占比逐渐下降，变差区域占比不断上升，15°～25°和 25°坡度级以上为植被 NDVI 变差占比最多的区域，分别高达 28.0% 和 30.0%。退耕后各坡度级的植被 NDVI 好转区占比均大于变差区占比，好转区域占比随坡度升高而上升，6°～15° 和 15°～25° 坡度级为植被 NDVI 好转占比最多的区域；且植被 NDVI 变差区域占比随坡度上升而降低，其中 6°～15°

和 15°～25°坡度级为植被 NDVI 变差占比最少的区域，分别为 0.07%和 0.06%。

（3）长江中上游退耕地区植被 NDVI 变化特征。持续退耕后 2015 年长江中上游植被覆盖普遍较好，空间分布整体呈现为"东高西低"的特点。植被以高植被覆盖和极高植被覆盖为主，高和极高植被覆盖分别占比 38.65%和 49.32%。高植被 NDVI 区主要分布在辖区西部的西藏、云南、四川西部高原高山，中部的四川盆地，东部的江西北部、湖北东部和湖南东部等地区；极高植被 NDVI 区主要分布在辖区中部的陕西、甘肃、四川中东部、湖北西部等地区；低、中低和极低植被 NDVI 区主要分布在辖区西部青海境内的青藏高原高寒草甸区；中高植被 NDVI 占比为 6.29%，主要分布在辖区西部西藏和四川交界处的横断山区地带。

退耕前辖区植被 NDVI 好转趋势随坡度的升高而减少，＜2°和 2°～6°坡度级为植被 NDVI 好转趋势面积占比最多；而植被 NDVI 变差的面积占比随坡度升高呈上升趋势，15°～25°和＞25°坡度级为植被 NDVI 变差面积占比最多，坡度越高植被受到破坏的可能性越大。退耕后辖区植被 NDVI 好转趋势在各坡度级面积占比呈"先升后降"的变化，植被 NDVI 变差趋势在各坡度级的面积占比呈"先降后升"的变化。

第 7 章　退耕还林工程对生态系统服务功能的影响

近年来，由于人类大规模的土地利用变化活动导致生态系统服务功能能力或水平急剧下降，诸如生态系统保持水土、涵养水源、防风固沙、调节气候等功能的正常发挥，进而使得生态承载力不堪重负，环境容量持续下降，长远影响到人类经济、社会和环境的可持续性。土地利用类型之间的流入/转出过程，不仅引起地表植被覆盖度的变化，水热气等气候因子通过调节能量和水分的供应也影响到植被的净初级生产力，进而影响植被碳（vegetation carbon，VEG-C）和土壤有机质（soil organic matter，SOM）的分解，最终导致不同生态系统甚至全球的碳储存量的变化。土地利用变化是陆地生态系统碳储量变化的主要驱动因素，是全球碳循环的一个重要过程，这关乎整个人类社会的福祉，因而生态系统服务和碳储存维护的相关研究受到国内外广大学界和政府的共同关注（Scharlemann et al.，2014）。

7.1　退耕还林工程对土壤保持的影响

土壤是地球表层重要的环境要素之一，它既是环境物质的输出源，也是环境物质的接收载体，因此，土壤在地表环境的演化中起着至关重要的作用（冷疏影等，2004；刘广全，2005）。而土壤侵蚀是当前的全球性问题之一，严重威胁人类生存环境的生态安全，一方面，严重的土壤侵蚀会导致大量肥沃表土流失，土壤肥力和植物产量迅速降低、粮食减产，严重威胁区域粮食安全；另一方面，由于严重的水土流失，导致地表植被的严重破坏，自然生态环境恶化，洪涝灾害接踵而来，对我们的生产生活造成极大损失。抑制水土流失、实施水土保持刻不容缓，而林草植被具有截留部分降水、增强土壤下渗、调节水分蒸发、增加局部降水以及缓和地表径流等生态水文或生态服务功能，基于此，我国自 1999 年开始大范围实施退耕还林还草工程。

黄土高原和长江中上游地区，是中国在半干旱的暖温带和湿润的亚热带极具代表性的重要生态功能区。长久以来人类社会发展过度攫取以土地为代表的自然资源，加之近40 余年中国城市化和工业化发展步伐加快，使得资源的开发程度大大超出了水土等自然资源的承载能力。其中，黄土高原地区土壤结构疏松多孔，气候干湿强度差异性大，使得植被生长环境进一步恶化，水土流失严重，土壤质量较低，进而导致黄土高原地区成为中国乃至世界范围内生态环境最脆弱的地区之一。而长江中上游地区地势陡峻，土层浅薄，极易引发水土流失和地质灾害。特别是近些年区域工业化和城市化的迅速提升，人口压力日益增大，对环境的影响也加大，使其生态功能遭到破坏，引起水土流失严重、土地日益贫瘠、江河功能下降，水土流失综合治理刻不容缓。国家退耕还林还草工程已经实施 20 余年，对区域工程实施的土壤保持效果进行客观评价显得尤为迫切和重要。

7.1.1 研究方法与数据处理

本研究采用修正过的美国通用土壤流失方程（RUSLE）来对黄土高原和长江中上游地区的土壤保持服务进行计算。具体表达式为：

$$A=R×K×LS×(1-CP) \tag{7.1}$$

式中，A 为区域土壤保持量 [t/（hm^2·a）]；R 为降雨侵蚀因子 [MJ·mm/（hm^2·h·a）]；K 为土壤可蚀性因子 [t·hm^2·h/（hm^2·MJ·mm）]；LS 为坡度坡长因子；C 值为植被覆盖因子；P 值为水土保持措施因子。

7.1.1.1 降雨侵蚀力因子

降雨侵蚀力因子（R）指的是降雨导致土壤侵蚀的潜在能力，反映的是降雨所引起土壤搬运和分离的动力大小。该因子的计算一般需要以降水资料为基础，以次降雨总动能 E 与 30 min 最大雨强 I_{30} 的乘积来作为降雨侵蚀力的指标（章文波等，2003）。由于资料获取和研究区域等特点，本研究选取章文波等（2003 年）提出的基于年平均降雨量来估算降雨侵蚀力的方法，其简易模型如下：

$$R=\alpha_1 P^{\beta_1} \tag{7.2}$$

式中，R 为降雨侵蚀力 [MJ·mm/（hm^2·h·a）]；P 为年平均降雨量（mm）；α_1、β_1 为参数。考虑到某些年份的降雨偶然性较大，对最终结果的估算精确度造成影响，本研究利用黄土高原和长江中上游地区及附近的气象站点 1978～2015 年的降雨观测数据求得多年平均降雨量，再根据上述公式求得降雨侵蚀力因子 R，然后在 ArcGIS 中利用 Kriging 插值方法插值得到分辨率为 250 m 的 R 图层（图 7.1、图 7.2）。

图 7.1　黄土高原地区降雨侵蚀力分布（彩图请扫封底二维码）

7.1.1.2 土壤可蚀性因子

土壤可蚀性因子（K）是表征土壤性质对土壤侵蚀敏感程度的指标，反映了由于土壤

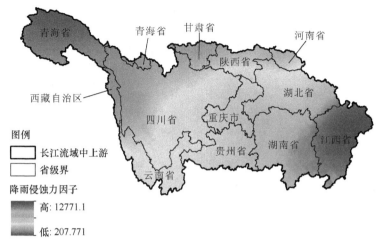

图 7.2　长江中上游地区降雨侵蚀力分布（彩图请扫封底二维码）

性质不同所导致的侵蚀量的差异。本研究采用较为常用的 EPIC 模型（Williams，1997），具体表达式如下：

$$K = 0.1317 \times \left\{ 0.2 + 0.3 \times \exp\left[-0.0256\mathrm{SAN}\left(1 - \frac{\mathrm{SIL}}{100}\right)\right] \right\} \left[\frac{\mathrm{SIL}}{\mathrm{CAL} + \mathrm{SIL}} \right]^{0.3}$$

$$\times \left\{ 1 - 0.25 \times \frac{C}{C + \exp(3.72 - 2.95C)} \right\} \left\{ 1 - 0.7 \times \frac{\mathrm{SN}_1}{SN_1 + \exp(22.9SN_1 - 5.51)} \right\}$$

$$SN_1 = 1 - \frac{\mathrm{SAN}}{100} \tag{7.3}$$

式中，SAN 表示砂粒百分含量（%）；SIL 表示粉粒百分含量（%）；CAL 为黏粒百分含量（%）；C 为有机碳百分含量（%）；K 表示土壤可蚀性 $[\mathrm{t \cdot hm^2 \cdot h}/(\mathrm{hm^2 \cdot MJ \cdot mm})]$；0.1317 为美制单位转化为国际制单位的系数。依据 HWSD 土壤数据，使用上述模型得到 K 图层（图 7.3、图 7.4）。

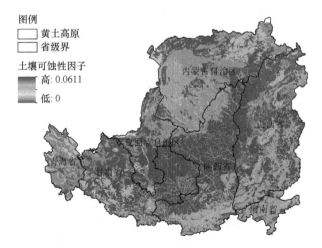

图 7.3　黄土高原地区土壤可蚀性因子分布（彩图请扫封底二维码）

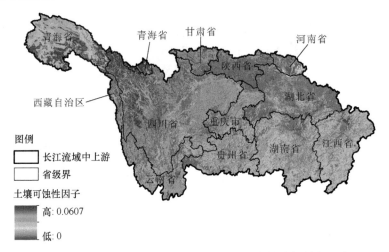

图 7.4 长江中上游地区土壤可蚀性因子分布（彩图请扫封底二维码）

7.1.1.3 坡度坡长因子

地形亦是影响土壤侵蚀的重要因子之一，坡度坡长因子（LS）是由坡度因子（S）和坡长因子（L）组成的一种复合因子，定义为在实际坡度坡长条件下的土壤侵蚀量与标准小区条件下（坡度为 9.0%，坡长为 22.13 m）土壤侵蚀量的比值。坡度坡长因子（LS）可由数字高程模型（DEM）计算获取，本研究基于下载于地理空间数据云的 90mDEM 高程数据，采用 Launch LS 计算工具得到 LS 图层（图 7.5、图 7.6）。

图 7.5 黄土高原地区坡度坡长因子分布（彩图请扫封底二维码）

7.1.1.4 植被覆盖与水保措施因子

植被覆盖因子定义为不同植被覆盖与管理情形下的土壤侵蚀量与同等条件下实施清耕、连续休闲对照地上的土壤侵蚀量之比，其值为 0～1。植被覆盖因子（C）主要通过截留降雨、增加入渗和减缓径流来降低土壤侵蚀，植被覆盖与管理方式的改变对区域土壤侵蚀的影响各异；水土保持措施因子（P）指的是采取诸如修筑梯田等水土保持措施时的土壤侵蚀量与无任何措施时的侵蚀量之比,取值为0~1,0代表无土壤侵蚀地区,1代表没有任何水土保持措施。本研究参考有关研究成果,依据研究区特点,赋予了研究区不同土地利用类型的 C 值和 P 值。

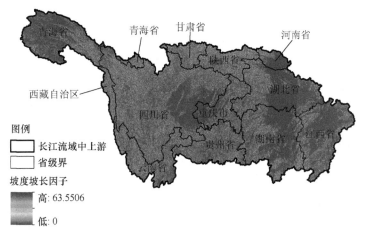

图 7.6 长江中上游地区坡度坡长因子分布(彩图请扫封底二维码)

依据表 7.1 和表 7.2,以研究区 1990 年、2000 年、2005 年、2010 年和 2015 年 5 个时间段土地利用栅格数据为基础,在 GIS 中将其赋值得到 C 图层和 P 图层,利用栅格计算器工具将这 5 个图层依据公式进行叠加计算得出土壤保持图层。

表 7.1 退耕工程实施前后不同时期黄土高原不同地类 C 值和 P 值

年份		土地利用类型					
		耕地	林地	草地	水域	建设用地	未利用地
1990 年	C	0.19	0.03	0.13	0.00	0.00	1.00
	P	0.40	1.00	1.00	0.00	0.00	1.00
2000 年	C	0.21	0.03	0.14	0.00	0.00	1.00
	P	0.45	1.00	1.00	0.00	0.00	1.00
2005 年	C	0.15	0.02	0.12	0.00	0.00	1.00
	P	0.35	1.00	1.00	0.00	0.00	1.00
2010 年	C	0.12	0.02	0.09	0.00	0.00	1.00
	P	0.28	1.00	1.00	0.00	0.00	1.00
2015 年	C	0.11	0.02	0.08	0.00	0.00	1.00
	P	0.25	1.00	1.00	0.00	0.00	1.00

表 7.2 退耕工程实施前后不同时期长江中上游不同地类 C 值和 P 值

年份		土地利用类型					
		耕地	林地	草地	水域	建设用地	未利用地
1990 年	C	0.19	0.02	0.1	0.00	0.00	1.00
	P	0.40	1.00	1.0	0.00	0.00	1.00
2000 年	C	0.19	0.05	0.1	0.00	0.00	1.00
	P	0.40	1.00	1.0	0.00	0.00	1.00

续表

年份		土地利用类型					
		耕地	林地	草地	水域	建设用地	未利用地
2005 年	C	0.19	0.05	0.1	0.00	0.00	1.00
	P	0.40	1.00	1.0	0.00	0.00	1.00
2010 年	C	0.19	0.02	0.1	0.00	0.00	1.00
	P	0.30	1.00	1.0	0.00	0.00	1.00
2015 年	C	0.15	0.02	0.08	0.00	0.00	1.00
	P	0.20	1.00	1.0	0.00	0.00	1.00

7.1.2 黄土高原土壤保持功能变化

7.1.2.1 土壤保持时空分异特征

1990～2015 年黄土高原地区土壤流失量总体呈现先增后减的变化趋势,年均变化率为-2.46%(图 7.7)。退耕工程实施之前的 1990～2000 年该区内土壤流失量由 23.309×10^8 t 增加至 25.837×10^8 t,年均增长率为 1.03%;退耕工程实施之后的 2000～2015 年土壤流失量持续减少,年均变化率达-4.72%;由此可见国家退耕还林工程在该区域的全面实施显著恢复了林草植被生态系统,明显降低了区域土壤侵蚀,提高了自然资源的利用效率,对区域生态环境有明显改善。

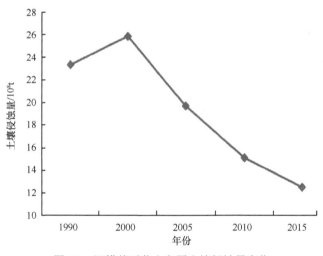

图 7.7 退耕前后黄土高原土壤侵蚀量变化

从时间尺度来看,1990～2015 年国家退耕还林工程实施前后黄土高原地区土壤保持量总体呈现先减后增的趋势(图 7.8)。就退耕工程实施前的土壤保持量变化而言,1990年研究区土壤保持量为 228.139×10^8 t,到 2000 年下降至 225.558×10^8 t,下降了约 1.13%;退耕工程实施初期,研究区的累计土壤保持量从 2000 年的 225.558×10^8 t 攀升至 2005 年的 231.728×10^8 t,实现以年均 0.541%的速率增长;2005～2010 年累计土壤保持量从 231.728×10^8 t 增至 236.271×10^8 t,其年均增长速率为 0.389%;到 2015 年土壤保持量增至 238.880×10^8 t,2010～2015 年均增长率为 0.220%。从变化趋势来看,由于退耕工程的实施使得研究区内林地和草地面积比例增加，最终土壤侵蚀减弱土壤保持持续增加（图 7.7、图 7.8）。

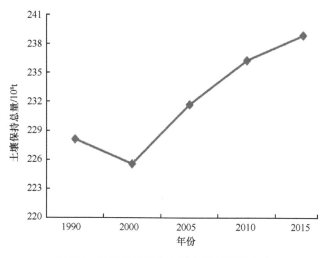

图 7.8 退耕前后黄土高原土壤保持量变化

从空间尺度来看，在 1990～2015 年 25 年期间退耕还林工程实施前后黄土高原地区土壤保持量空间分布较为稳定，高值区主要分布在陕西与甘肃，其中甘肃的土壤保持能力最强，2015 年的平均土壤保持模数达到了 6.71×10^4 t/km^2；低值区主要集中分布在内蒙古和宁夏，2015 年的平均土壤保持模数分别为 0.35×10^4 t/km^2 和 1.46×10^4 t/km^2（表 7.3）；因为在内蒙古和宁夏区域内都存在较多的未利用地，导致土壤侵蚀严重，土壤保持能力较弱（图 7.9）。

表 7.3 1990～2015 年黄土高原各省区平均土壤保持模数 （单位：10^4 t/km^2）

行政区	1990 年	2000 年	2005 年	2010 年	2015 年
山西	3.44	3.41	3.49	3.55	3.58
青海	3.12	3.07	3.14	3.25	3.29
宁夏	1.38	1.36	1.40	1.44	1.46
陕西	5.90	5.84	6.01	6.09	6.15
内蒙古	0.33	0.33	0.33	0.34	0.35
河南	2.90	2.88	2.94	2.99	3.01
甘肃	6.36	6.28	6.46	6.62	6.71

7.1.2.2 不同地类的土壤保持变化

基于 ArcGIS 10.3 平台的区域土壤保持量运算结果，并利用其分区统计功能得到黄土高原地区 1990 年、2000 年、2005 年、2010 年和 2015 年 5 个年份不同地类的土壤保持量，进而对辖区耕地、林地、草地、水域及建设用地 5 种土地利用类型土壤保持量的时间变化规律进行分析，由于默认未利用土地没有土壤保持或忽略不计，即统计为全是侵蚀，故在这里不做进一步分析。

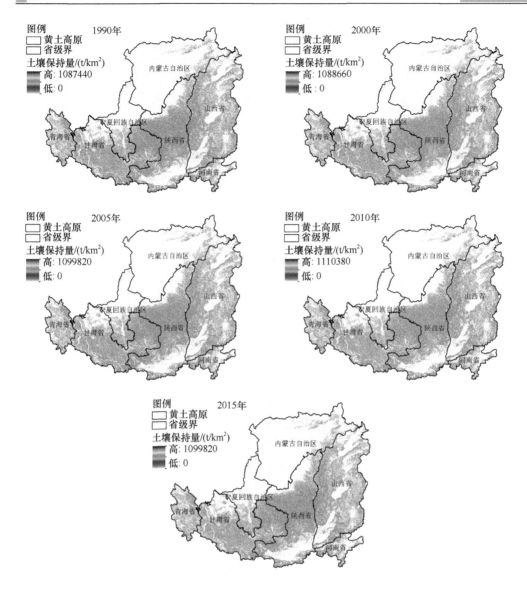

图 7.9 1990～2015 年黄土高原地区土壤保持量时空分布（彩图请扫封底二维码）

整体而言，退耕工程实施前后黄土高原地区草地的土壤保持量最高，均值达 90.0×10^8 t 以上，其次是耕地和林地，土壤保持量分别为 71.0×10^8 t 和 63.0×10^8 t，水域和建设用地土壤保持量最少，尤其是水域仅为 0.6×10^8 t。从土地利用类型来看，退耕工程实施之后，林地、草地、水域和建设用地的土壤保持量较之前有所增加，而耕地土壤保持量呈略减的趋势（表 7.4）。

1990～2015 年黄土高原地区不同地类的单位面积土壤保持量中林地保持强度最高，其值达 6.0×10^4 t /km^2；其次是草地和耕地，保持在 3.0×10^4 t /km^2 左右；水域和建设用地保持强度最低。林地和草地土壤保持强度在退耕工程实施之前（1990～1998 年）呈显著下降趋势，退耕工程实施之后（2000～2015 年）有较平缓的上升，而耕地则由于大面积的还林还草，土壤保持强度未出现下降趋势（表 7.5）。

表 7.4 退耕前后不同时期黄土高原地区土壤保持量变化 （单位：10^8 t）

土地利用类型	1990 年	2000 年	2005 年	2010 年	2015 年
耕地	70.315	70.372	71.888	69.545	69.885
林地	63.374	63.490	67.079	67.903	67.214
草地	91.988	89.564	90.484	95.811	98.462
水域	0.653	0.676	0.713	0.671	0.680
建设用地	1.290	1.456	1.565	2.341	2.638

表 7.5 退耕前后不同时期黄土高原地区单位面积土壤保持量（单位：10^4t/km^2）

土地利用类型	1990 年	2000 年	2005 年	2010 年	2015 年
耕地	2.259	3.238	3.367	3.322	3.360
林地	9.389	6.077	6.190	6.218	6.184
草地	4.668	3.459	3.535	3.712	3.823
水域	0.365	0.738	0.763	0.755	0.747
建设用地	0.722	0.905	0.894	1.030	1.006

7.1.2.3 不同坡度的土壤保持变化

根据研究区海拔高程,在 ArcGIS 中将黄土高原地区 DEM 生成的坡度数据分成 0°～2°、2°～6°、6°～15°、15°～25°、>25°共 5 个不同的坡度等级,并依次与 1990 年、2000 年、2005 年、2010 年和 2015 年 5 期的土壤保持栅格图层进行叠加分析,得到各坡度级范围内的土壤保持总量。

黄土高原地区退耕还林工程实施前后不同时期土壤保持量随着坡度的提升呈先上升后下降的趋势,且 6°～15°坡度范围内的土壤保持量最大,其次是 15°～25°坡度范围(表 7.6),事实上由于两个坡度范围内的林地和草地面积占比明显多于其他坡度范围,导致土壤保持量亦大于其他坡度范围(表 7.7)。

表 7.6 退耕前后不同时期黄土高原不同坡度级的土壤保持量 （单位：10^8 t）

坡度级	1990 年	2000 年	2005 年	2010 年	2015 年
0°～2°	6.760	6.677	6.894	7.047	7.130
2°～6°	24.784	24.472	25.225	25.766	26.075
6°～15°	101.468	100.254	103.142	105.237	106.453
15°～25°	77.181	76.367	78.344	79.810	80.662
>25°	18.720	18.572	18.928	19.229	19.384

表 7.7 退耕前后不同时期黄土高原不同坡度级各地类面积占比 （%）

土地利用类型（1990 年）	0°～2°	2°～6°	6°～15°	15°～25°	>25°
耕地	12.988	6.539	10.100	3.320	0.258
林地	0.976	1.406	6.239	5.574	2.003
草地	10.669	7.055	14.022	6.951	1.343
水域	1.087	0.170	0.120	0.046	0.017
建设用地	1.612	0.397	0.229	0.042	0.004
未利用地	5.138	0.986	0.344	0.205	0.159

续表

土地利用类型（2000年）	0°～2°	2°～6°	6°～15°	15°～25°	>25°
耕地	13.056	6.603	10.196	3.357	0.259
林地	0.991	1.401	6.190	5.516	1.997
草地	10.570	7.005	13.971	6.972	1.353
水域	1.065	0.168	0.118	0.046	0.016
建设用地	1.763	0.427	0.243	0.045	0.005
未利用地	5.024	0.949	0.337	0.203	0.155
土地利用类型（2015年）	0°～2°	2°～6°	6°～15°	15°～25°	>25°
耕地	12.846	6.230	9.655	3.070	0.233
林地	1.047	1.516	6.454	5.702	2.025
草地	10.288	6.976	14.001	7.035	1.353
水域	1.050	0.168	0.124	0.047	0.016
建设用地	2.713	0.748	0.472	0.096	0.013
未利用地	4.525	0.915	0.349	0.190	0.145

1990～2000 年的 10 年间黄土高原地区各坡度范围内土壤保持总量均有不同程度的减少，其中 6°～15°坡度范围内的土壤保持量减少最多，达到 $1.214×10^8$ t；同时间段内 6°～15°坡度范围内的耕地面积比例上升了 0.096%，林地和草地面积比例分别下降了 0.049% 和 0.051%，该区域土壤保持量减少的主要原因可能是耕地对林草地的侵占。

2000～2015 年的 15 年间黄土高原地区各坡度范围内的土壤保持总量均呈现上升趋势，其中增加最多的是 6°～15°坡度级区域，15 年间土壤保持量共增加了 $6.199×10^8$ t；其次是 15°～25°坡度级范围，增加了 $4.295×10^8$ t，两者之和占总土壤保持增加量的比例达到 78.55%。在 2000～2015 年 6°～15°和 15°～25°坡度范围内的耕地面积比例下降了 0.541%，而林地、草地和建设用地均有明显增加，后 3 种用地类型均能在不同程度上促进土壤保持，导致了区域土壤保持量的增加。

综上可知，以坡耕地为主要退耕对象的退耕还林工程全面实施之后，黄土高原地区的严重水土流失现象得到有效控制，土壤保持量显著增加，取得了较为良好的土壤保持效益。

7.1.3 长江中上游土壤保持功能变化

7.1.3.1 土壤保持时空分异特征

1990～2015 年退耕还林工程实施前后 25 年间长江中上游地区土壤侵蚀量总体呈现先增后减的趋势，年均变化率为-1.18%。1990～2000 年退耕工程实施之前研究区土壤流失量由 $61.606×10^8$ t 增加至 $86.317×10^8$ t，年均增长率为 3.43%；2000～2015 年退耕工程实施之后研究区土壤流失量持续减少，由 $86.317×10^8$ t 下降至 $45.804×10^8$ t；其中 2000～2005 年土壤侵蚀量减少最多，达 $24.866×10^8$ t，年均变化率则为-6.57%；2005～2015 年土壤侵蚀减少变化趋势较 2000～2005 年有所减缓（图 7.10）。

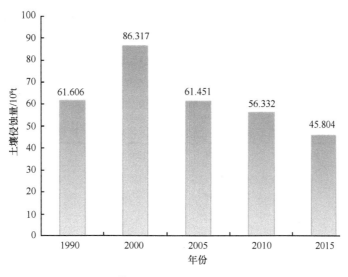

图 7.10 退耕前后长江中上游土壤侵蚀量变化

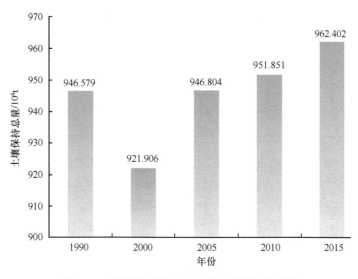

图 7.11 退耕前后长江中上游土壤保持量变化

从时间尺度来看,1990～2015 年退耕还林工程实施前后长江中上游地区土壤保持量总体呈现先减后增的"√"形趋势(图 7.11)。1990 年退耕工程实施之前研究区土壤保持量为 $946.547×10^8$ t,到 2000 年下降至 $921.906×10^8$ t,下降了约 2.61%;退耕工程实施初期,研究区的累计土壤保持量从 2000 年的 $921.906×10^8$ t 攀升至 2005 年的 $946.804×10^8$ t,实现以年均 0.534%的速率增长;2005～2010 年累计土壤保持量增至 $951.851×10^8$ t,其年均增长速率为 0.106%;2015 年土壤保持量增至 $962.402×10^8$ t,2010～2015 年均增长率为 0.221%。

1990～2000 年长江中上游地区森林采伐量大,植被大面积损失,洪水泥石流灾害频繁,土壤侵蚀增加,导致辖区土壤保持量急剧下降;2000～2005 年是推进退耕工程实施的初期阶段,大力推进退耕还林还草、封山禁牧等工程使得该阶段的植被覆盖迅增,土壤保持功能随即增加;2005～2010 年为退耕工程中后期阶段,植被增加速率较之前缓慢,土壤保持增加量较之前略低；2010~2015 年第一轮退耕工程基本结束，工程推进强度远不如工程实施初期，但随着社会经济的快速发展，建设用地和未利用地面积逐渐增加，致使该研究期内土壤保持量较 2005~2010 年呈较快增加趋势。

利用 ArcGIS 区域分析功能估算了 1990~2015 年国家退耕还林工程实施前后长江中上游地区各行政区土壤保持量的时空分布（表 7.8、图 7.12）。

表 7.8　退耕工程实施前后长江中上游各行政区平均土壤保持模数　（单位：10^4 t/km^2）

行政区	1990 年	2000 年	2005 年	2010 年	2015 年
江西	10.14	9.84	10.14	10.15	10.22
湖北	3.85	3.74	3.85	3.86	3.89
湖南	8.58	8.32	8.58	8.60	8.66
重庆	6.60	6.40	6.60	6.66	6.75
贵州	6.93	6.72	6.93	6.96	7.04
河南	1.16	1.13	1.16	1.16	1.17
四川	5.43	5.32	5.43	5.45	5.53
云南	5.88	5.73	5.87	5.92	5.99
西藏	3.57	3.52	3.56	3.99	4.03
陕西	4.28	4.19	4.28	4.29	4.36
甘肃	4.34	4.25	4.34	4.36	4.42
青海	1.06	1.05	1.06	1.12	1.14

1990~2015 年的 25 年间长江中上游地区土壤保持量空间分布基本一致且较为稳定，但是各行政区间土壤保持能力差异明显；其中，土壤保持能力较强的省份主要集中于重庆、江西、贵州和湖南，江西由于地处长江中下游南岸，雨量充沛，森林覆盖率较高且水域面积较大，导致土壤保持能力较强，平均土壤保持模数在 2015 年达到了 10.22×10^4 t/km^2。土壤保持能力较差的区域主要集中在青海、河南和西藏等，上游的青海和西藏两省由于降雨常年较少等生态环境自然因素的影响，土壤保持能力都较低；河南是粮食主产区，耕地多林地少，土壤保持能力相对亦较低。

7.1.3.2　不同地类的土壤保持变化

基于 ArcGIS10.3 土壤保持量运算结果，并利用其分区统计功能得到长江中上游地区 1990 年、2000 年、2005 年、2010 年和 2015 年 5 个年份不同地类的土壤保持量，进而对耕地、林地、草地、水域及建设用地土壤保持量的时间变化规律进行分析。由于默认未利用地没有保持全是侵蚀，故在这里不做进一步分析。

1990~2015 年 25 年间长江中上游地区林地的土壤保持量最高，均值达 640.0×10^8 t 以上，其次为草地，其均值为 190.0×10^8 t，耕地的土壤保持量为 95.0×10^8 t，水域和建设用地土壤保持量最少，仅为 $1.0 \sim 2.5 \times 10^8$ t（表 7.9）。从不同土地利用类型来看，退耕工程实施之后，耕地、林地、草地、水域和建设用地的土壤保持量较之前均有所增加。

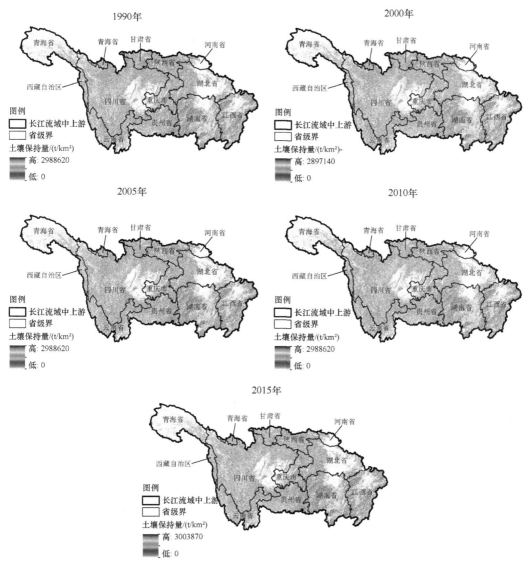

图 7.12　退耕工程实施前后长江中上游地区土壤保持量时空分布（彩图请扫封底二维码）

表 7.9　退耕工程实施前后长江中上游地区各地类土壤保持总量（单位：10^8 t）

土地利用类型	1990 年	2000 年	2005 年	2010 年	2015 年
耕地	98.226	93.702	99.070	100.807	101.797
林地	653.013	632.575	650.438	660.433	662.595
草地	192.686	192.801	194.444	186.753	193.826
水域	1.477	1.531	1.426	1.821	1.599
建设用地	1.178	1.296	1.426	2.038	2.585

1990～2015 年长江中上游地区不同地类的单位面积土壤保持量中林地最高，达 9.1× 10^4 t/km²，其次为草地、耕地和建设用地，水域的最低，其值仅为 0.3× 10^4 t/km²；退耕工程实施之前（1990～1998 年）之后（2000～2015 年）不同土地类型的土壤保持强度

变化趋势较为平缓，且工程实施之后不同土地类型保持强度存在小幅的上升，说明退耕工程对减缓土壤侵蚀，提高土壤保持功能有促进作用（表 7.10）。

表 7.10　退耕工程实施前后长江中上游各地类土壤保持模数　（单位：10^4 t/km^2）

土地利用类型	1990 年	2000 年	2005 年	2010 年	2015 年
耕地	2.259	2.163	2.302	2.369	2.410
林地	9.389	9.114	9.353	9.361	9.406
草地	4.668	4.668	4.721	4.567	4.743
水域	0.365	0.374	0.338	0.412	0.359
建设用地	0.722	0.711	0.702	0.795	0.866

7.1.3.3　不同坡度的土壤保持变化

在 ArcGIS 中将由长江中上游地区 DEM 生成的坡度数据分成 0°~2°、2°~6°、6°~15°、15°~25°和大于 25°共 5 个不同的坡度等级，并依次与 1990 年、2000 年、2005 年、2010 年和 2015 年 5 期的土壤保持栅格图层进行叠加分析，得到各坡度级范围内的土壤保持量（表 7.11）。

表 7.11　退耕工程实施前后长江中上游地区不同坡度级土壤保持量　（单位：10^8 t）

坡度	1990 年	2000 年	2005 年	2010 年	2015 年
0°~2°	2.730	2.641	2.737	2.764	2.808
2°~6°	14.284	13.842	14.299	14.399	14.597
6°~15°	62.816	61.003	62.856	63.218	63.974
15°~25°	132.737	129.036	132.794	133.529	135.033
>25°	733.771	715.148	733.834	737.703	745.705

不同时期研究区的土壤保持量随着坡度的提升均呈上升的趋势，且大于 25°范围内土壤保持量远大于其他坡度范围。退耕还林工程实施之前（1990~2000 年）的 10 年内不同坡度范围的土壤保持量均有不同程度的减少，坡度大于 25°范围内的土壤保持量减少最多，减少了 $18.623×10^8$ t；退耕还林工程实施之前（1990~2000 年）坡度大于 25°范围内的林地面积占比减少了 0.054%，而耕地面积占比增加了 0.021%，导致范围内的土壤流失加剧，土壤保持总量减少。

退耕工程实施之后（2000~2015 年），各坡度范围内的土壤保持总量均呈现上升趋势，其中坡度大于 25°和 15°~25°范围内的土壤保持量增加较多，分别增加了 $30.557×10^8$ t 和 $5.997×10^8$ t，2000~2015 年的 15 年间大于 25°坡度范围内侵蚀较严重的耕地和未利用地面积占比逐渐减小，而土壤保持情况较好的林地、水域和建设用地比例均有显著上升，造成该坡度范围内土壤保持总量的明显增加。15°~25°坡度范围土壤保持量的增加也是同样机理，只是各地类的面积变化幅度相对坡度大于 25°较小，所以土壤保持总量增加也较小（表 7.12）。可见，退耕还林工程的实施是长江中上游地区土壤保持能力提升的主要原因，工程实施使得坡度较大区域（>25°、15°~25°）内的耕地转变为林地或草地，导致土壤保持量的增加，同时长江中上游地区城镇化的深入发展使得该区域建设用地面积增加，土壤保持总量也随之提升。

表 7.12　退耕工程实施前后长江中上游不同坡度级各地类面积占比　　（%）

土地利用类型（1990 年）	0°～2°	2°～6°	6°～15°	15°～25°	>25°
耕地	5.031	5.715	5.736	3.704	5.933
林地	0.435	2.258	5.772	7.290	26.022
草地	0.817	2.064	3.796	4.156	13.959
水域	0.983	0.817	0.336	0.119	0.174
建设用地	0.420	0.329	0.140	0.047	0.044
未利用地	0.680	0.758	0.612	0.475	1.376
土地利用类型（2000 年）	0°～2°	2°～6°	6°～15°	15°～25°	>25°
耕地	4.968	5.677	5.725	3.706	5.954
林地	0.432	2.248	5.763	7.281	25.968
草地	0.816	2.059	3.793	4.156	13.986
水域	1.004	0.822	0.338	0.120	0.176
建设用地	0.463	0.371	0.158	0.053	0.049
未利用地	0.685	0.764	0.614	0.475	1.375
土地利用类型（2015 年）	0°～2°	2°～6°	6°～15°	15°～25°	>25°
耕地	4.723	5.506	5.629	3.660	5.852
林地	0.422	2.193	5.783	7.411	26.506
草地	0.809	2.066	3.816	4.137	13.720
水域	1.110	0.858	0.360	0.135	0.215
建设用地	0.657	0.611	0.322	0.110	0.094
未利用地	0.646	0.708	0.481	0.339	1.122

7.1.4　小结

使用修正过的美国通用土壤流失方程（RUSLE）对黄土高原和长江中上游地区的各土地利用类型土壤侵蚀以及土壤保持服务进行定量计算。结果表明：

退耕还林工程实施之前，黄土高原与长江中上游地区土壤侵蚀严重，土壤保持能力逐渐下降，随着退耕还林工程的逐步实施，均促进黄土高原和长江中上游地区土壤保持能力的提升，黄土高原地区的土壤保持总量由 2000 年的 225.558×10^8 t 上升至 2015 年的 238.880×10^8 t，长江中上游地区土壤保持总量则由 2000 年的 921.906×10^8 t 提升至 2015 年的 962.402×10^8 t；从空间分布来看，土壤保持能力高值与低值的分布情况与各研究区降水情况以及土地利用类型呈高度相关。从土地利用类型来看，退耕还林工程的全面实施使林地和草地面积明显增加，从而提升了区域土壤保持能力，减轻了土壤侵蚀。同时由于退耕工程实施的重点是针对坡耕地，导致土壤保持能力在不同坡度范围空间差异明显，高坡度范围土壤保持总量增加更为明显。

7.2　退耕还林工程对水源涵养的影响

水资源在人类生产生活和社会经济可持续发展中起着举足轻重的作用，提供淡水是生态系统服务功能之一。近些年来，随着社会经济的发展和人口的不断增加，全球气候变化持续加强，导致水资源的形成和消耗发生明显变化，全球性的水资源供需矛盾及水安全问题日益突出，很多地区出现了如水土流失、干旱、洪水、水污染等涉水生态环境问题，水问题渐渐成为限制国家和区域可持续发展的关键性要素，因此土地利用/覆被变化对区域生态系统水文过程的影响成为该领域的重要研究课题（刘广全等，2005；史晓亮等，2013）。从长期来看，气候变化对水资源的影响更为明显，但短时期内，土地利用/覆被变化则被认为是影响流域水文变化的主要原因之一。土地利用/覆被变化主要通过影响地表的截留、填洼、下渗、蒸发进而改变水循环、水质、水量等水文过程，基于此开展土地利用/覆被变化对产水效应的研究，对于揭示人类活动如何利用土地、改变土壤植被覆盖和区域水资源可持续利用及生态环境等有着重要的意义。

中国重要的生态功能区黄土高原地区和长江中上游区域，随着社会经济的不断发展，人口增多，城镇化进程加快，用地需求量也在扩大，土地空间变化较为活跃。而土地开发的力度和强度的增加，衍生出了水土流失、洪涝灾害、土壤沙化等系列环境问题，自然生态环境的破坏也在逐步加深。其中，黄土高原大部分地区土壤结构疏松，气候干湿强度差异大，是中国乃至世界范围内生态环境最脆弱的地区之一；长江中上游地区不可持续的林业经营方式与发展模式，使得长江中上游水土流失、洪涝灾害频发，生态环境遭受极大破坏。为改善这一局面，国家相继开展了长江防护林、天然林保护、退耕还林等多项生态修复工程，其中，退耕还林工程实施时间虽然较短，却有效地改善了区域生态屏障区的环境状况。因此，定量分析评价退耕还林工程实施的区域水源涵养功能效果意义重大。

本节运用生态系统服务和交易的综合评估（integrated valuation of ecosystem services and trade-offs，InVEST）模型中的"Water Yield"子模块，基于 ArcGIS 10.3 平台，对 1990 年、2000 年、2005 年、2010 年和 2015 年 5 期的黄土高原与长江中上游地区的水源涵养功能进行定量评估和时空动态分析，揭示退耕还林工程实施前后土地覆被变化对研究区水源涵养服务功能的影响，以期为当地政府与有关管理部门制定高效的区域土地利用规划决策及生态环境保护工作提供科学依据，同时也为实现区域生态系统构建和人口、资源、经济与生态环境的可持续发展提供参考。

7.2.1　模块运行与数据处理

7.2.1.1　模块运行

InVEST 模型中的"Water Yield"子模块包括产水量、耗水量和水电估价三部分，这里主要使用产水量部分。产水量包括地表产流、土壤含水量、枯落物持水量和冠层截留等，在此不考虑地表水与地下水的交互作用。产水量评估模块基于 Budyko 曲线（李小雁等，2008）和年平均降水的平衡原理，以某个栅格单元的降雨量减去实际蒸散发量即为产水量，模型主要算法公式如下：

$$Y(x) = \left(1 - \frac{AET(x)}{P(x)}\right) \times P(x) \tag{7.4}$$

式中，$AET(x)$ 表示栅格单元 x 的年实际蒸散量；$P(x)$ 表示栅格单元 x 的年降水量（mm）。

水量平衡公式中，土地利用/覆被类型的植被蒸散发 $AET(x)$ 计算，采用 Fu（1981）和 Zhang 等（2004）提出的 Budyko 水热耦合平衡假设公式：

$$\frac{AET(x)}{P(x)} = 1 + \frac{PET(x)}{P(x)} - \left[1 + \left(\frac{PET(x)}{P(x)}\right)^w\right]^{1/w} \tag{7.5}$$

式中，$PET(x)$ 表示潜在蒸散量（mm），由式（7.6）计算；$w(x)$ 表示自然气候-土壤性质的非物理参数，由（7.8）式计算。

$$PET(x) = K_c(l_x) \cdot ET_0(x) \tag{7.6}$$

式中，$ET_0(x)$ 表示栅格单元 x 的参考作物蒸散；$K_c(l_x)$ 表示栅格单元 x 中特定土地利用/覆被类型的植物（植被）蒸散系数。$ET_0(x)$ 通过参考作物蒸散量反映当地气候条件，$K_c(l_x)$ 很大程度上取决于栅格单元 x 中土地利用/覆被类型的植被性质（Allen et al.，1998）。在土地利用/覆被图中，K_c 用于将 $ET_0(x)$ 修正为栅格单元中特定作物或植被类型蒸散量。

$$ET_0(x) = 0.0013 \times 0.408 \times RA \times (T_{avg} + 17) \times (TD - 0.0123P)^{0.76} \tag{7.7}$$

式中，RA 为太阳大气顶层辐射 [MJ/（m^2.d$_1$）]；T_{avg} 是日最高温均值和日最低温均值的平均值（℃）；TD 是日最高温均值和日最低温均值的差值（℃）。

$w(x)$ 为是一个经验参数，这里采用 Donohue 等（2012）提出的公式表达，定义为：

$$w(x) = Z\frac{AWC(x)}{P(x)} + 1.25 \tag{7.8}$$

式中，Z 为经验常数，又称"季节常数"，能够代表区域降水分布及其他水文地质特征，取值范围为 1～30；$AWC(x)$ 表示土壤有效含水量（mm），由土壤质地和土壤有效深度决定，用来确定土壤为植物生长储存和提供的总水量。

$$AWC(x) = Min(\text{Re}st.layer.depth, root.depth) \cdot PAWC \tag{7.9}$$

式中，Re$st.layer.depth$ 为土壤的最大根系埋藏深度；$root.depth$ 为植物根系深度；$PAWC$ 表示植物有效可利用水，由式（7.10）计算：

$$\begin{aligned}PAWC = {} & 54.509 - 0.132 sand - 0.003(sand)^2 - 0.055 silt - 0.006(silt)^2 \\ & - 0.738 clay + 0.007(clay)^2 - 2.6880M + 0.501(OM)^2\end{aligned} \tag{7.10}$$

式中，$sand$ 为土壤砂粒含量（%）；$silt$ 为土壤粉粒含量（%）；$clay$ 为土壤黏粒含量（%）；OM 为土壤有机质含量（%）。

水源涵养功能的评价方法有土壤蓄水法（马雪华，1993）、降水储存量法（张三焕等，2001）、区域水量平衡法（肖寒等，2000）和地下径流增长法（Hou Y Z et al.，2005）。本文采用 InVEST 模型进行定量评估，该模型根据水量平衡原理计算流域产水量，在产水量的基础上，再用地形指数、土壤饱和导水率以及流速系数对产水量进行修正计算水源涵养量。具体计算公示如下：

$$WR = MIN\left(1, \frac{249}{Velocity}\right) \times MIN\left(1, \frac{0.9 \times TI}{3}\right) \times MIN\left(1, \frac{K_{sat}}{300}\right) \times Y \tag{7.11}$$

$$TI = Log\left(\frac{DrainageArea}{SoilDepth \times PercentSlope}\right) \quad (7.12)$$

式（7.11）和式（7.12）中，WR 为水源涵养量（mm）；$Velocity$ 为流速系数；K 为土壤饱和导水率（mm/d），具体计算方法见文献（杨霞等，2013）；Y 为产水量（mm）；TI 为地形指数；$DrainageArea$ 为集水区栅格数量；$SoilDepth$ 为土壤厚度（mm）；$PercentSlope$ 为百分比坡度（%）。

7.2.1.2 数据的处理

InVEST 模型的产水量模块运行需要输入的栅格图有土地利用/覆被图（$Landuse$）、年降水量（P）、植物根系深度、植物可利用含水量（$PAWC$）、年平均潜在蒸散发（ET_0），矢量图有流域图（$Watershed$）、子流域图（$Sub\text{-}Watershed$），还有植物蒸散系数（K_c）和 Z 系数等数据。此外，在计算水源涵养量的时候还需要有地形指数（TI）、土壤饱和导水率（K_{sat}）以及流速系数（$Velocity$）等数据。

（1）土地利用/覆被图。土地利用/覆被数据的 Landsat-8 影像数据下载自地理空间数据云（http://www.gscloud.cn），利用遥感影像目视解译的办法获取黄土高原和长江中上游地区的土地利用图，并且将土地利用类型分为耕地、林地、草地、水域、建设用地以及未利用土地 6 种类型。

（2）区域年降水量。为消除气候因子的影响，这里利用黄土高原和长江中上游地区各省份气象站点 1990～2015 年的年降水量数据，计算年均降水量，使用站台号将气象站点与降水值关联，在 ArcGIS 地图统计向导中结合海拔因素进行协同克里金（Kriging）插值得到年均降水量结果（图 7.13、图 7.14）。

图 7.13　1990～2015 年黄土高原年均降水量分布（彩图请扫封底二维码）

（3）植物可利用含水。植物可利用含水（$PAWC$）即为田间持水量与永久调萎系数之间的差值，本研究具体操作如下：首先按照黄土高原和长江中上游地区大小裁剪全国土壤图，生成矢量格式的研究区土壤图，然后打开其属性表，添加一个字段 $PAWC$，类型为双精度，利用 Field Calulator 进行计算，最后将矢量图转为栅格图，得到研究区植物可利用水含量图（图 7.15、图 7.16）。

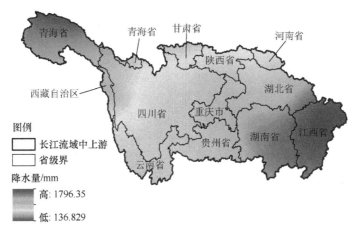

图 7.14　1990～2015 年长江中上游年均降水量分布（彩图请扫封底二维码）

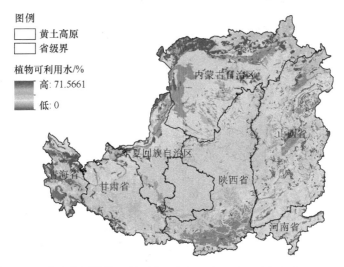

图 7.15　黄土高原植物可利用含水空间分布（彩图请扫封底二维码）

图 7.16　长江中上游植物可利用含水空间分布（彩图请扫封底二维码）

（4）土壤深度。土壤深度也称根系限制层深度，是指受到物理或化学的作用而强烈阻碍根系穿透时的土壤深度。本研究通过对第二次全国土壤调查数据进行空间插值，得到全国土壤深度图，然后以黄土高原和长江中上游土地利用图作为模板裁剪得到研究区土壤深度图（图 7.17、图 7.18）。

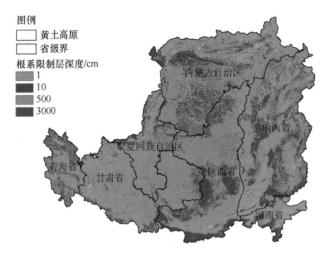

图 7.17　黄土高原地区土壤深度空间分布（彩图请扫封底二维码）

图 7.18　长江中上游地区土壤深度空间分布（彩图请扫封底二维码）

（5）流域图。黄土高原地区和长江中上游地区的流域、子流域图均由 ArcGIS 10.3 软件的水文分析工具（Hydrology）操作获得。

（6）地形指数。地形指数（TI）的计算需要流域单元集水区的栅格数量、土壤深度和百分比坡度数据，集水区的栅格数量数据由 ArcGIS 10.3 的水文分析模块中操作获得；百分比坡度数据由 ArcGIS 10.3 的坡度计算器工具计算得出。

（7）土壤饱和导水率。土壤饱和导水率（K_{sat}）是利用土壤数据，由澳大利亚精准农业中心出版的程序 NeuroTheta（根据澳大利亚土壤的基本土壤特性，预测土壤保水曲线和饱和水力传导率）计算而得，然后在 ArcGIS 10.3 软件中连接并导出栅格图层。

（8）Z 系数。Z 系数是表征降水特征的常数，代表了区域降水分布及其他水文地质特征，根据黄土高原和长江中上游地区产水量情况以及查阅相关参考文献，确定黄土高原的 Z 系数为 9，长江中上游地区的 Z 系数为 10。

（9）生物物理参数表。植物根系深度、植物蒸散系数（Kc）和流速系数（$Velocity$）通过参考相关文献获得（于烨婷，2018；张博，2019）（表 7.13）。

表 7.13　黄土高原地区和长江中上游地区生物物理参数表

土地利用类型	lucode		Kc		root_depth		LULC$_{veg}$	
区域	黄土[①]	长江[②]	黄土	长江	黄土	长江	黄土	长江
耕地	1	1	0.65	0.65	500	700	1	1
林地	2	2	1	1	3000	7000	1	1
草地	3	3	0.65	0.65	500	1700	1	1
水域	4	4	1	1	1	1	0	0
建设用地	5	5	0.3	0.3	1	1	0	0
未利用地	6	6	0.3	0.3	10	10	0	0

① "黄土" 指 "黄土高原地区"；② "长江" 指 "长江中下游地区"。

7.2.2　黄土高原水源涵养功能分析

通过对区域产水量进行修正，计算得到黄土高原地区 1990 年、2000 年、2005 年、2010 年和 2015 年 5 期的水源涵养总量变化情况如图 7.19 和表 7.14 所示。

从时间尺度来看，1990～2015 年黄土高原地区水源涵养总量和水源涵养能力均呈现出先减少后增加的趋势。水源涵养总量由 1990 年的 $162.750×10^8$ m^3 下降至 2005 年的 $157.580×10^8$ m^3，2005 年的水源涵养总量较 1990 年约减少了 3.13%，2015 年再增长至 $159.926×10^8$ m^3，水源涵养总量增加了 $2.274×10^8$ m^3，1990～2015 年黄土高原地区水源涵养量总体上减少了 $2.824×10^8$ m^3。黄土高原地区水源涵养均值由 1990 年的 25 081.810 m^3/km^2 减少至 2015 年的 24 646.588 m^3/km^2；退耕还林工程在黄土高原地区的全面实施无论是对区域水源涵养总量，还是对区域水源涵养能力方面都有较大的影响。

从空间上来看，1990～2000 年黄土高原地区水源涵养空间分布发生较大变化，相较于 1990 年和 2000 年该地区水源涵养低值区面积有较小增加且分布均匀，而与此同时诸如陕西中部与甘肃中东部等高值区的水源涵养功能进一步提升且向外扩张，但地区水源涵养总量减少了 $5.1×10^8$ m^3；而 2000～2015 年该地区水源涵养空间分布较为稳定，高值区仍然集中在陕西中部、甘肃中部和东部以及秦岭、祁连山脉等处，随着退耕还林工程的逐步开展，导致这些区域的水源涵养功能不断提升，但由于建设用地的不断扩张，2000～2015 年区域水源涵养总量增加较为缓慢，2015 年的水源涵养能力并没有恢复1990 年的水平（图 7.19）。

基于 ArcGIS 10.3 分区功能分别统计出 1990～2015 年的黄土高原各省级行政区的水源涵养均值（表 7.15），结果表明：黄土高原地区各省级行政区的水源涵养能力差异明显，水源涵养能力较强的地区主要集中在甘肃、陕西和青海 3 省，其中甘肃的最强，2015 年水源涵养能力达到了 $4.16×10^4$ m^3/km^2；山西和河南两省的相对较弱，宁夏和内蒙古的最弱，基本稳定在 $0.8×10^4$ m^3/km^2 左右。从时间变化角度来看，退耕还林还草工程实施前后，除青海省之外，其他省区的水源涵养能力变化趋势基本一致，均呈现出先弱后强的变化趋势；青海省的水源涵养能力在 1990～2015 年呈现持续减弱的趋势，在退耕还林工程实施后水源涵养能力由 $3.47×10^4$ m^3/km^2 降低至 $3.43×10^4$ m^3/km^2，而其他行政区在退耕还林实施后水源涵养能力均有不同程度的提升。

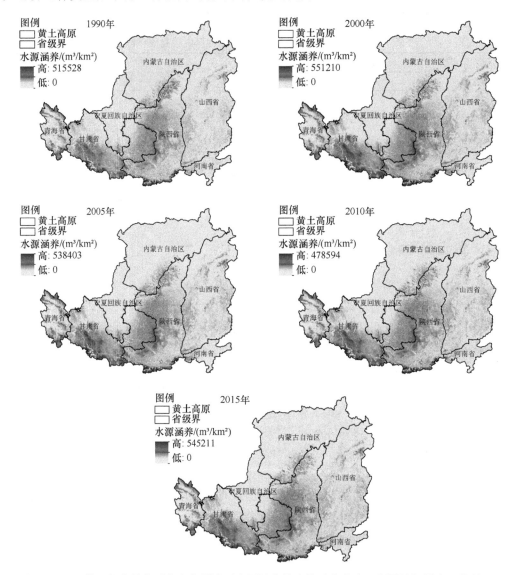

图 7.19 退耕工程实施前后黄土高原地区水源涵养能力的时空分布（彩图请扫封底二维码）

表 7.14 退耕工程实施前后黄土高原地区水源涵养功能的变化

年份	水源涵养总量/10^8m^3	水源涵养能力/（m^3/km^2）
1990 年	162.750	25 081.810
2000 年	157.652	24 296.116
2005 年	157.580	24 284.984
2010 年	159.433	24 570.559
2015 年	159.926	24 646.588

表 7.15　退耕工程实施前后黄土高原各行政区水源涵养能力变化（单位：$10^4\ m^3/km^2$）

行政区	1990 年	2000 年	2005 年	2010 年	2015 年
山西	2.19	2.10	2.11	2.16	2.16
青海	3.54	3.47	3.47	3.43	3.43
宁夏	0.81	0.77	0.77	0.78	0.78
陕西	3.86	3.74	3.70	3.77	3.77
内蒙古	0.85	0.81	0.83	0.83	0.83
河南	2.04	1.88	1.89	1.98	1.99
甘肃	4.19	4.11	4.12	4.13	4.16

从黄土高原各行政区的水源涵养总量变化角度来看（图 7.20），各省区水源涵养总量皆在 1990～2000 年变化幅度最大，且均呈减少趋势，其中变化最大的是陕西，其次是山西。退耕还林工程实施后的 15 年间，除青海水源涵养总量呈减少趋势，其他省份的水源涵养总量总体呈增加趋势，其中，增加最大的是山西，其次是甘肃。

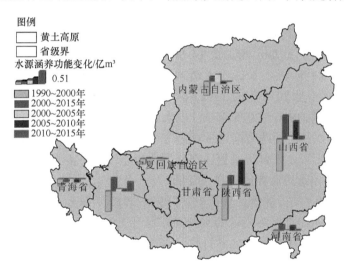

图 7.20　退耕工程实施前后黄土高原地区各省区水源涵养量时空变化（彩图请扫封底二维码）

而就退耕还林工程实施的各个阶段来看，工程实施初期的 2000～2005 年，陕西的水源涵养总量呈减少趋势，减少了 $0.627\times10^8\ m^3$；其他省份水源涵养总量均呈增加趋势，增加最多的为内蒙古。2005～2010 年，青海和内蒙古的水源涵养总量分别减少了 $0.137\times10^8\ m^3$ 和 $0.09\times10^8\ m^3$；其他各省水源涵养总量均呈上升趋势。2010～2015 年，宁夏、陕西和内蒙古的水源涵养总量均呈减少趋势，陕西减少最多，减少量达到 $0.025\times10^8\ m^3$；其他省份水源涵养总量均有不同程度的上升，甘肃增加最多，其次是山西。

7.2.3　长江中上游水源涵养功能分析

相对于黄土高原地区而言，1990～2015 年长江中上游地区的水源涵养功能明显较强，水源涵养能力约为黄土高原地区的 5.8 倍（表 7.16）；究其原因，长江中上游地区降水丰富，导致各生态系统产水较多。同时土壤对于降水的截留亦是一个重要的影响因素，相较于黄土高原地区，长江中上游地区的土壤蓄水能力更强，且长江是中国水利最丰富的河流，支流与湖泊众多，这些因素导致长江中上游地区的水源涵养能力大大增强。

表 7.16　退耕工程实施前后长江中上游地区水源涵养功能变化

年份	水源涵养总量/$10^8 m^3$	水源涵养能力/（m^3/km^2）
1990 年	2 367.744	142 272.810
2000 年	2 366.319	142 187.040
2005 年	2 369.571	142 387.000
2010 年	2 377.765	142 865.700
2015 年	2 372.613	142 560.370

与黄土高原地区的情况相似，1990～2015 年长江中上游地区水源涵养总量和均值均呈现出先下降后上升的趋势；1990～2000 年，由于洪水影响，植被被破坏，蓄水能力降低导致水源涵养总量由 2367.744×10^8 m^3 下降至 2366.319×10^8 m^3，减少了 1.425×10^8 m^3；2000 年之后，由于国家退耕还林还草工程的逐步实施，长江中上游地区水源涵养总量不断提升，2005～2010 年提升最多，由 2369.571×10^8 m^3 增加至 2377.765×10^8 m^3，水源涵养均值也由 14.239×10^4 m^3/km^2 增加至 14.287×10^4 m^3/km^2；2010～2015 年，退耕还林还草工程进入管护维持阶段，长江中上游地区水源涵养总量有所下降，由 2010 年的 2377.765×10^8 m^3 减少至 2015 年的 2372.613×10^8 m^3。

从空间尺度来看，1990～2015 年长江中上游地区水源涵养功能空间分布情况较为稳定（图 7.21）。湖南和江西两省同属于亚热带季风气候区，降水丰富，且两地有鄱阳湖和洞庭湖的存在，所以以水源涵养高值区在这两地分布较多；其余各省除重庆与湖北交界处以及贵州东部外，水源涵养能力都比较低。

基于 ArcGIS 10.3 的分区统计功能得到 1990～2015 年国家全面实施退耕还林工程前后不同时期长江中上游地区各省区的水源涵养均值变化情况（表 7.17），结果表明：整体而言，研究期间长江中上游地区各行政区水源涵养能力差异明显，其中江西的水源涵养能力最强，2015 年的水源涵养均值达到了 37.50×10^4 m^3/km^2；湖南次之，其水源涵养均值保持在 29.3×10^4 m^3/km^2 左右。水源涵养能力较弱的省份主要是青海、西藏和河南 3 省区，其中青海的最弱，水源涵养均值基本稳定在 1.20×10^4 m^3/km^2 上下，在退耕还林工程维持期略有下降，2015 年已降至 1.16×10^4 m^3/km^2。

1990～2015 年长江中上游地区各省区水源涵养总量的变化差异明显（图 7.22）。退耕还林工程实施之前，江西、四川、云南和青海 4 省的水源涵养总量呈上升趋势，增加最多的是江西，总量增加了 0.149×10^8 m^3；西藏和河南的水源涵养总量基本保持不变，其余各省区的水源涵养总量均有不同程度的减少，其中湖南减少的最多，减少量达到了 0.770×10^8 m^3。退耕还林工程实施之后，长江中上游大部分行政区水源涵养总量增加明显，湖南在此期间增加了 5.288×10^8 m^3，湖北增加了 1.466×10^8 m^3；但贵州、四川、西藏和青海 4 省区的水源涵养总量均有所下降。

就退耕还林还草工程实施的各个阶段来看，2005～2010 年长江中上游地区各省区水源涵养总量普遍上升，水源涵养总量下降的仅有湖南和河南两省，其中江西和湖北两省增加最多，分别增加了 3.058×10^8 m^3 和 2.193×10^8 m^3。2010～2015 年，随着退耕还林

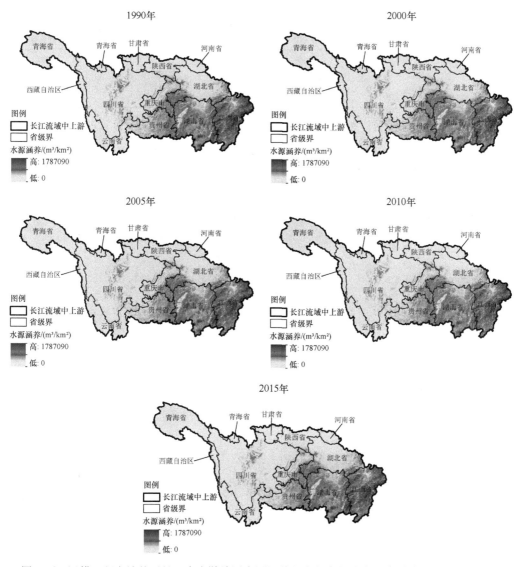

图 7.21　退耕工程实施前后长江中上游地区水源涵养能力的空间分布（彩图请扫封底二维码）

表 7.17　退耕工程实施前后长江中上游各行政区水源涵养能力（单位：$10^4 \, \mathrm{m}^3/\mathrm{km}^2$）

行政区	1990 年	2000 年	2005 年	2010 年	2015 年
江西	37.49	37.50	37.47	37.66	37.50
湖北	14.64	14.62	14.64	14.76	14.70
湖南	29.23	29.19	29.41	29.34	29.44
重庆	14.81	14.80	14.83	14.85	14.83
贵州	18.95	18.92	18.89	18.93	18.89
河南	3.11	3.11	3.30	3.28	3.38
四川	7.61	7.61	7.60	7.63	7.60
云南	7.75	7.75	7.78	7.79	7.79
西藏	2.71	2.71	2.38	2.72	2.40

续表

行政区	1990 年	2000 年	2005 年	2010 年	2015 年
陕西	6.56	6.55	6.55	6.58	6.56
甘肃	3.55	3.54	3.56	3.57	3.57
青海	1.20	1.20	1.15	1.21	1.16

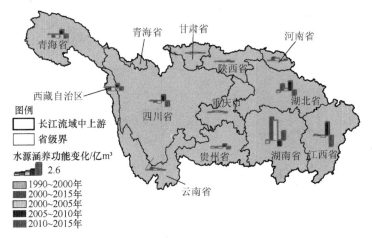

图 7.22　退耕工程实施前后长江中上游地区各省区水源涵养量时空变化（彩图请扫封底二维码）

还草工程进入管护维持阶段，林地和草地面积下降导致区域蓄水能力降低，诸多省区水源涵养总量均有不同程度的减少，江西减少最多，其次便是四川和湖北，但亦有湖南与河南两省水源涵养总量呈增加态势。

7.2.4　小结

本节使用 InVEST 模型对区域产水量进行了计算，同时使用修正公式对产水量进行修正得到退耕还林（草）工程实施前后各研究区水源涵养功能的变化。结果表明：

在退耕还林工程尚未实施的 1990～2000 年，黄土高原地区和长江中上游地区的水源涵养能力均逐渐下降；随着退耕工程的逐步实施，各研究区的水源涵养能力开始回升，水源涵养能力提升显著时期均为 2005～2010 年；2010～2015 年，黄土高原水源涵养总量有缓慢提升，而长江中上游地区在该时期的水源涵养总量却有显著下降。

从空间分布角度来看，水源涵养能力的高低与各研究区土地利用类型占比以及土壤类型呈高度相关，水源涵养能力高值区多分布在水资源丰富、森林覆盖率高以及土壤蓄水能力强的地区。就两个研究区对比来看，长江中上游地区由于降水和土壤类型等条件的差异，水源涵养能力明显高于黄土高原地区。退耕还林工程实施使得长江中上游地区水源涵养能力超过了 1990 年的水平，而黄土高原 2015 年的水源涵养总量却并没有恢复到 1990 年的水平。

7.3　退耕还林工程对生境质量的影响

土地作为各类陆地生态系统的载体，其利用方式及覆被变化是生态系统变化的重要驱动力之一。随着人口增长、经济发展、城镇扩张、土地利用及其结构发生显著变化的同时，也会进一步影响生境斑块之间的物质流、能量流、信息流的循环或传导过程，进而改变区域生境分布格局和功能。而生境质量的高低是人类赖以生存和发展的基础，许多国内外学者通过建立生境质量评估模型对生境质量和生物多样性展开研究，如 IDRISI 软件中的生物多样性评价模块、生境适宜性模型 HIS、In VEST 模型等（包玉斌，2015；Nelson et al.，2010；Polasky et al.，2011；吴健生，2015）。

黄土高原区域和长江中上游区域，是中国重要的生态功能区。随着区域经济的快速发展，人类活动无序或盲目地向区域生态脆弱地带扩展，长期粗放式的生产生活方式，导致区域生态空间破碎，生境质量变差。其中黄土高原地区，位于干旱半干旱区，气候干湿强度差异性大，地形起伏复杂，使得植被生长环境进一步恶化，进而导致黄土高原地区成为中国乃至世界范围内生态环境最脆弱的地区之一。长江中上游地区丰富的森林资源在"重取轻予"、"林木取之不尽用之不竭"的林业政策主导或干预下，加剧了天然林区林木的过度开发，这种不可持续的林业经营方式与发展模式，导致长江中上游水土流失严重、洪涝及山洪、泥石流灾害频发，生态环境遭受极大破坏。为了改善这一局面，1999 年国家实施了以天然林保护、退耕还林工程为代表的一系列重大生态修复或环境治理工程，使得区域生态环境得以明显改善。因此，对退耕还林工程实施至今 20 年的生态效果进行客观、全面、系统地分析评价，显得尤为重要与迫切。

因此，本章节运用 In VEST 模型的 Habitat Quality 模块，基于 ArcGIS 10.3 平台，以黄土高原和长江中上游区域为研究对象，基于 1990 年、2000 年、2005 年、2010 年和 2015 年 5 期的土地利用数据，从生境退化程度指数和生境质量指数两方面对区域整体的生境质量进行定量评估和时空动态分析，并探讨了退耕还林工程实施前后引起的土地利用/覆被变化对其生境质量的影响，以期为区域土地利用规划及生态环境保护工作提供科学依据，同时也为区域稳定、高效、可持续生态系统构建和社会经济的可持续发展提供技术参考。

7.3.1　数据来源与模块运行

InVEST 模型中的生境质量（habitat quality）模块是基于威胁因子的影响距离及其空间权重、生境适宜性（habitat suitability）及其对威胁因子的敏感性、保护区的建立和法律保护的准入性，来对研究区的生境退化程度（habitat degration）、生境质量（habitat quality）等情况进行评估，从而进一步揭示该地区土地利用/覆被变化可能引起的区域生态环境功能及质量的变化趋势。该模型所需要的空间分析数据包括土地利用/覆被图层、威胁因子数据、威胁因子图层、土地利用类型对威胁因子的敏感程度、各威胁因子的影响距离和保护区的位置（任涵，2018）。

本研究所使用的基础数据或主要原始数据均来自中国科学院资源环境数据中心（http://www.resdc.cn），共包括 1990 年、2000 年、2005 年、2010 年和 2015 年 5 期数据，其空间分辨率为 30 m。然后基于 ArcGIS 10.3 平台，对原始数据进行处理来获取生境质量模块需要的数据。

InVEST 模型生境质量计算所需要的数据包括以下内容。

（1）基准数据：包括基准土地利用/覆被图和当前土地利用/覆被图，分别选取 1990 年、2000 年、2005 年、2010 年和 2015 年这 5 年的黄土高原和长江中上游地区的土地利用/覆被类型栅格图，栅格大小为 100 m。

（2）威胁因子：各威胁因子对生境的影响各不相同，可以用权重来代表每个威胁因子的影响程度。各威胁因子对生境的影响与栅格距各威胁因子的距离是负相关的关系，也就是说，距离越近，其影响越大，反之影响就越小。通过参考相关文献，并结合黄土高原区域和长江中上游区域的实际概况，将人类活动最为集中，对生境质量产生直接影响的耕地、城镇用地、农村居民点用地、工建用地和沙地这 5 种土地利用类型定义为威胁因子，并将林地、草地和水体定义为生境。参考《InVEST 模型用户手册》并结合研究区特点及相关研究（Mishra et al., 2002；易福金等, 2006；Piao et al., 2011；刘纪远等, 2014；Piedallu et al., 2019），以模型推荐值为基础，对威胁因子属性进行赋值结果如表 7.18 所示，表中 THREAT 为各威胁因子，MAX_DIST 代表威胁因子的最大影响距离，WEIGHT 代表权重，DECAY 代表衰减线性相关系数。

表 7.18 生境质量计算威胁因子属性及其含义

威胁因子	威胁因子最大影响距离	威胁因子权重	衰减相关系数
耕地	4.0	0.6	线型的
农村居民点	6.0	0.8	指数的
城镇用地	8.0	1.0	指数的
工矿用地	5.0	0.7	指数的
沙地、戈壁	4.0	0.6	线型的

（3）土地利用/覆被类型的适宜度及其对各威胁因子的敏感程度：依据 InVEST 模型中生态因子的划分标准，根据各地类的生态重要程度，结合本研究区域实际情况，将各地类划分为天然地类、半人工地类和人工地类，生境适宜程度取值为 0~1。每种生境类型对各威胁因子的相对敏感性都不同，其大小是基于景观生态学生物多样性保护的基本原则来确定的（Ahearn et al., 2002；杨时民等, 2006；Uchida et al., 2009），一般而言，对外来威胁因子的敏感程度从大到小依次为天然地类、半人工地类、人工地类，即森林、草地等天然土地利用类型敏感度较高，耕地、建设用地等人工土地利用类型敏感度较低，对威胁因子的敏感性进行赋值，范围为 0~1，0 表示生境对威胁因子不敏感，1 则表示具有高度敏感性。

（4）威胁因子图层：基于所选择的威胁因子，利用 ArcGIS 软件中的 Spatial Analys 工具，将威胁因子提取出来，利用 Raster Calculate 将提取的威胁因子赋值为 1，其他非威胁因子赋值为 0，栅格分辨率为 100 m（表 7.19）。

表 7.19 评判生境适宜度及其对威胁因子的敏感程度

土地利用类型	生境适宜度	耕地	农村居民点	城镇用地	工矿用地	沙地戈壁
耕地	0.5	0.3	0.35	0.5	0.3	0.5
有林地	1.0	0.7	0.8	0.8	0.65	0.5
灌林地	1.0	0.6	0.65	0.7	0.6	0.5
疏林地	0.8	0.6	0.6	0.6	0.5	0.5

土地利用类型	生境适宜度	耕地	农村居民点	城镇用地	工矿用地	沙地戈壁
其他林地	1.0	0.8	0.85	0.85	0.7	0.6
高覆盖度地	0.8	0.5	0.55	0.6	0.35	0.5
中覆盖度地	0.7	0.55	0.6	0.65	0.4	0.5
低覆盖度地	0.6	0.5	0.5	0.6	0.3	0.5
水域	0.9	0.65	0.65	0.75	0.6	0.6
城镇用地	0.0	0.0	0.0	0.0	0.0	0.0
农村居民点	0.0	0.0	0.0	0.0	0.0	0.0
其他建设地	0.0	0.0	0.0	0.0	0.0	0.0
未利用土地	0.1	0.1	0.2	0.2	0.15	0.0

将 InVEST 模型下的 Habitat Quality 模块中的相关参数按参数处理的要求设置，其他参数沿用模型默认值。

1）生境质量指数（habitat quality index，HQI）

InVEST 模型下的生境质量模块根据景观类型敏感性和外界威胁强度计算得到生境质量指数，并根据生境质量指数对区域生境质量进行评估。生境质量指数计算公式如下：

$$Q_{xj} = H_j \left[1 - \left(\frac{D_{xj}^z}{D_{xj}^z + k^z} \right) \right] \tag{7.13}$$

式中，Q_{xj} 是土地利用类型 j 中栅格 x 的生境质量；H_j 是土地利用类型 j 的生境适度；D_{xj} 是土地利用类型 j 中栅格 x 受威胁因子的影响水平；k 为半饱和常数，当 $1 - \left(\frac{D_{xj}^z}{D_{xj}^z + k^z} \right) = 0.5$ 时，k 值等于 D 值；z 为归一化常量，通常取模型默认参数值。

2）生境退化度指数（habitat degradation index，HDI）

生境退化度是指威胁因子对生境造成的退化程度，主要由各威胁因子对生境影响的范围、威胁因子的权重，以及不同土地利用类型对威胁源的敏感性等因素决定的。InVEST 模型认为，在生态系统中土地利用类型对威胁因子的敏感程度值越高，该威胁因子对用地类型退化程度的影响也会越大。生境退化度计算公式为：

$$D_{xj} = \sum_{r=1}^{R} \sum_{y=1}^{Y_R} \left(\frac{w_r}{\sum_{r=1}^{R} w_r} \right) r_y i_{rxy} \beta_x S_{jr} \tag{7.14}$$

式中，r 是威胁因子；y 是威胁因子 r 的栅格数量；W_r 是威胁因子 r 的权重，表明某一威胁因子对生境的影响程度，取值为 0～1；r_y 为栅格 y 的威胁因子值，i_{rxy} 为 r_y 对生境栅格 x 的威胁程度；β_x 为栅格 x 的可达性水平，取值为 0～1，值越接近 1 表示极容易到达。S_{jr} 是土地利用类型 j 对威胁因子 r 的敏感性，取值在 0～1，值越接近 1 代表越敏感。i_{rxy} 的计算公式如下：

$$i_{rxy} = 1 - \left(\frac{d_{xy}}{d_{r\max}} \right) \quad （线性） \tag{7.15}$$

式中，d_{xy} 是栅格 x 与栅格 y 之间的直线距离；r_{max} 代表威胁因子 r 的最大影响距离。

7.3.2 黄土高原生境质量时空变化特征

7.3.2.1 生境退化度分析

根据上述 InVEST 模型的生境质量模块的运行要求，输入相关数据生成 1990 年、2000 年、2005 年、2010 年和 2015 年 5 期的黄土高原地区生境退化程度栅格图（图 7.23）。

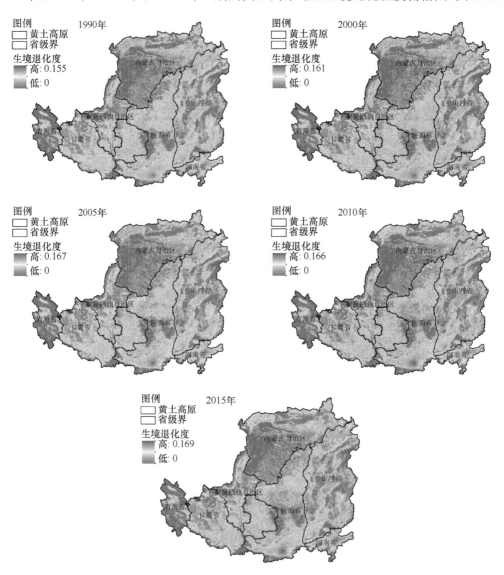

图 7.23　退耕工程实施前后黄土高原地区生境退化度时空分布（彩图请扫封底二维码）

在 ArcGIS 中用 Reclassify 工具将生成的黄土高原地区生境退化程度栅格图进行重新分类，将研究区域生境退化度划分为无退化（0～0.01）、轻度退化（0.01～0.025）、中度退化（0.025～0.041）、高度退化（0.040～0.060）和极严重退化（0.060～0.170）5 个等级，将各等级面积导出，生成了黄土高原地区各等级生境退化度面积比例表（表 7.20 和表 7.21）。

表 7.20　退耕工程实施前黄土高原地区生境退化度

退化等级	指数区间	1990 年		2000 年	
		面积/10^4hm²	比例/%	面积/10^4hm²	比例/%
无退化	0～0.01	1846.53	28.44	1798.82	27.70
轻度退化	0.01～0.025	1617.64	24.91	1616.86	24.90
中度退化	0.025～0.041	1677.22	25.83	1708.60	26.31
高度退化	0.040～0.060	1174.23	18.08	1189.55	18.32
极严重退化	0.060～0.170	177.30	2.73	179.09	2.76

表 7.21　退耕工程实施后黄土高原地区生境退化度

退化等级	指数区间	2005 年		2010 年		2015 年	
		面积/10^4hm²	比例/%	面积/10^4hm²	比例/%	面积/10^4hm²	比例/%
无退化	0～0.01	1838.15	28.31	1826.46	28.13	1818.67	28.01
轻度退化	0.01～0.025	1626.48	25.05	1662.84	25.61	1653.75	25.47
中度退化	0.025～0.041	1669.33	25.71	1638.16	25.23	1639.46	25.25
高度退化	0.040～0.060	1173.92	18.08	1168.73	18.00	1178.46	18.15
极严重退化	0.060～0.170	185.05	2.85	196.74	3.03	202.58	3.12

生境退化指数的高低反映了该栅格受威胁因子的影响程度。生境退化指数越高，说明该区域受影响越大，生境退化程度越严重，该区域存在生态环境破坏与生态质量下降的可能性也越大。

从黄土高原地区不同生境退化程度等级的分布情况可以看出，该区域总体的生境退化程度以无退化和中度退化为主，其次是轻度退化，三者面积占流域总面积的比例超过75.00%，而且退耕还林工程实施前后 5 期不同生境退化程度等级所占的面积分布呈现一定的规律性，即随着指数区间的上升基本呈下降的趋势。

对比 1990 年和 2000 年不同生境退化等级所占的面积比例可以看出，退耕还林之前的 10 年间黄土高原地区生境退化程度在逐渐加重，1990～2000 年生境无退化和轻度退化的面积所占比例呈下降趋势，尤其是无退化面积减少了 47.71×10^4 hm²，面积比例由1990 年的 28.44%下降至 2000 年的 27.70%；而生境中度退化、高度退化和极严重退化的面积均有不同程度的增加；其中，中度退化面积由 1990 年的 1677.22×10^4 hm² 增加至2000 年的 1708.60×10^4 hm²，高度退化面积则增加了 15.32×10^4 hm²，极严重退化面积更是增加了 1.80×10^4 hm²，均增加明显。

综上可知，退耕还林工程实施前 10 年黄土高原地区生境退化程度逐步加重，随着时间的推移，地区内生境中度退化、高度退化和极严重退化的面积比例不断增加，这表明黄土高原地区的生境退化程度呈现逐渐恶化的趋势，急需采取生态修复措施缓解生态环境进一步恶化。

由表 7.21 可知，对比 2000～2015 年 3 期各退化等级所占的面积比例可以看出，退耕还林实施的 15 年时间里，黄土高原地区生境退化程度总体而言在逐渐好转。2000～

2010 年生境无退化和轻度退化的面积比例呈明显增加趋势，尤其是 2005 年，无退化面积相较于 2000 年增加了 $39.33×10^4$ hm²，轻度退化面积增加了 $9.62×10^4$ hm²，中度退化和高度退化面积均有显著减少；2010 年，无退化面积相较于 2005 年减少了 $11.69×10^4$ hm²，但轻度退化面积增加了 $36.36×10^4$ hm²，中度退化和高度退化面积仍持续减少；2015 年无退化和轻度面积相较于 2010 年均有小幅度减少，重度退化和高度退化面积有增加趋势，这与 2010 年后退耕还林工程进入管护维持阶段有关，可减缓生境退化程度的林地面积基本没有新增，因此退化程度有所加重，但相较于 2000 年中度退化和高度退化面积仍显著减少，无退化和轻度退化面积比例分别由 2000 年的 27.70% 和 24.90% 增加至 2015 年的 28.01% 和 25.47%；各时期极严重退化面积持续增加，由 2000 年的 $179.09×10^4$ hm² 增加至 2015 年的 $202.58×10^4$ hm²，这与该区域人类日益加重的对自然资源的开发利用有关，日益扩张的城镇空间、道路等基础设施建设、煤炭和石油等自然资源大量开采利用等不断加重生境质量的退化，导致极严重退化面积逐年上升，这也表明采取生态修复工程的必要性。

综上可知，退耕还林工程实施后的 15 年间黄土高原地区生境退化程度逐步好转，随着时间的推移，地区内生境无退化和轻度退化的面积比例不断增加，这表明黄土高原地区的生境退化程度呈现逐渐改善的趋势，退耕还林工程实施效果显著。

为了进一步分析退耕还林工程前后黄土高原地区土地利用/覆被变化对生境退化程度的影响，在 ArcGIS 中将 1990 年、2000 年和 2015 年 3 期土地利用/覆被栅格数据与 3 期生境退化程度栅格数据进行叠加分析，得到各土地利用/覆被类型在各生境退化等级内的分布情况（图 7.24）。

研究结果表明，黄土高原地区生境无退化等级内除耕地和水体之外，其他土地利用/覆被类型均占有一定比例，其中草地占无退化等级总面积的比例超过 35.00%，其次为林地（图 7.24a）。从各土地利用/覆被类型的面积来看，1990~2015 年该等级内耕地、林地、草地、未利用地均为下降趋势。但从该等级内不同地类所占比例来看，耕地和林地草地比例呈下降趋势，分别减少了 0.04% 和 0.46%；而建设用地呈相反趋势，面积比例增加了 6.40%。

黄土高原地区生境轻度退化等级内的土地利用/覆被类型主要是耕地、草地和林地，三者之和占该等级总面积的比例超过了 90.00%。1990~2015 年退耕工程实施前后，耕地面积先增加后减少，草地面积先减少后增加，林地面积则持续增加。从轻度退化等级内不同地类所占比例来看，耕地的趋势先上升后下降，林地则持续上升，草地先下降后上升。其中耕地轻度退化的面积下降了 2.84%，林地轻度退化的比例上升了 1.52%，草地上升了 1.41%（图 7.24b）。

统计分析结果，黄土高原地区生境中度退化等级内的主要土地利用/覆被类型为耕地和草地，两者之和占该等级总面积的比例超过 80.00%；其次是林地。从该等级不同地类的面积来看，1990~2000 年，中度退化的耕地增加了 $16.78×10^4$ hm²；中度退化的林地面积在 2000~2015 年上升明显，面积达到了 $23.28×10^4$ hm²；草地中度退化的面积在该研究期间持续上升（图 7.24c）。

黄土高原地区生境高度退化等级内土地利用/覆被类型为耕地，其次是草地和林地。从高度退化等级内不同用地类型的面积变化来看，耕地在 1990~2000 年先减少，后在

2000～2015 年明显增加，增加量为 $25.1×10^4$ hm²。而从不同地类占该等级总面积的比例来看，林地的比例略有上升，草地则有所减少（图 7.24d）。

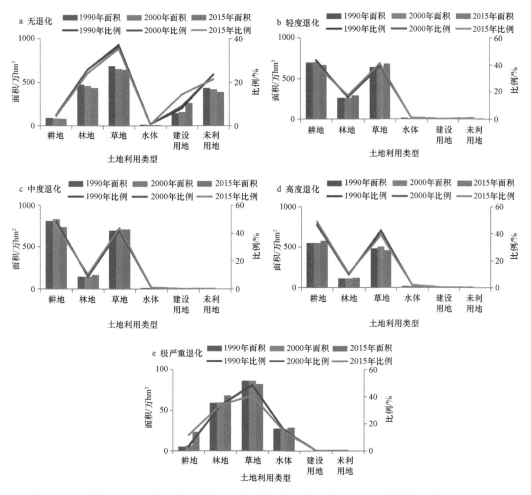

图 7.24　退耕工程实施前后黄土高原地区生境退化度随地类的变化（彩图请扫封底二维码）

从图 7.24e 可以看出，黄土高原地区极严重退化等级内的主要土地利用/覆被类型为草地和林地，约占该等级总面积的 70.00%。从该等级内的不同地类面积变化来看，极严重退化的耕地从 1990 年的 $4.98×10^4$ hm² 到 2000 年的 $6.44×10^4$ hm²，再到 2015 年的 $23.55×10^4$ hm²，呈连续上升的趋势。林地的退化不明显，极严重退化的草地面积有小幅的增加。而从该等级内不同用地类型所占的面积比例来看，耕地所占比例增幅显著，2015年比例增长到 11.52%，草地在 2015 年所占比例减少到 40.65%。

综上可知，黄土高原地区退耕还林后的 2000～2015 年，生境极严重、高度和中度退化等级面积开始减少，而轻度和无退化等级的面积逐渐增加，区域整体生境退化程度呈现好转趋势，这与不同退化程度等级内草地、耕地、林地的变化趋势有关。说明国家全面实施退耕还林还草政策对缓解地区生境退化程度有极大的作用，但由于城镇化的提速、基础设施建设，以及部分地区人类对煤炭、石油、矿产等自然资源的开发等活动强度过大，导致其生境退化程度依然严重。

7.3.2.2　生境质量分析评价

根据上述 InVEST 模型的生境质量模块的运行要求，输入相关数据生成 1990 年、2000 年、2005 年、2010 年和 2015 年 5 期的生境质量栅格图（图 7.25）。

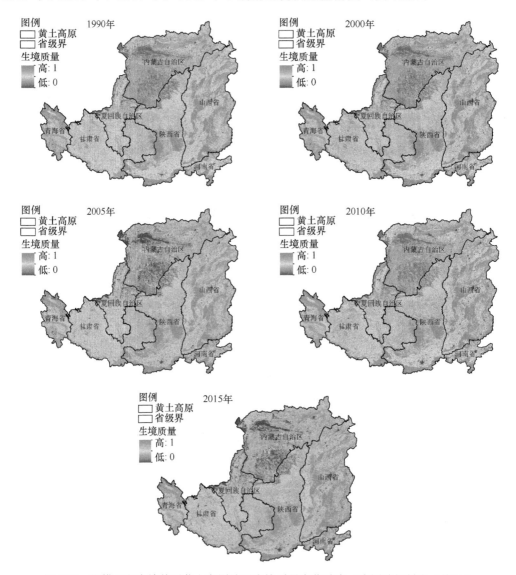

图 7.25　退耕工程实施前后黄土高原地区生境质量变化动态（彩图请扫封底二维码）

在 ArcGIS 中用 Reclassify 工具将生成的黄土高原地区生境质量栅格图进行重新分类，将黄土高原地区生境质量划分为一般生境（0~0.5）、中度重要生境（0.5~0.7）、高度重要生境（0.7~0.9）和极重要生境（0.9~1）4 个等级，将各等级面积导出，生成黄土高原地区各等级生境质量面积比例表（表 7.22、表 7.23）。

生境质量指数的高低反映了研究区域生态环境质量的好坏，是对该地区退耕还林工程实施前后不同时段生态适宜性和生态退化程度的一个综合评价。生境质量指数越高，说明该地区的生态环境质量越好，反之亦然。从表 7.22 可以看出，黄土高原地区总体生境质量较弱，生态环境比较脆弱。1990 年和 2000 年，区域生境质量均以一般生境和中度生境为主，两者面积之和占比超过区域总面积的 75.00%，两期生境质量不同等级所占的面积也具有一定的规律性，即在研究区域随等级增加呈先减少后增加的趋势。

表 7.22　退耕工程实施前黄土高原地区生境质量动态变化

生境等级	指数区间	1990 年		2000 年	
		面积/10^4hm²	比例/%	面积/10^4hm²	比例/%
一般生境	0~0.5	2746.51	42.3	2765.99	42.6
中度重要生境	0.5~0.7	2136.17	32.9	2149.16	33.1
高度重要生境	0.7~0.9	746.69	11.5	720.72	11.1
极重要生境	0.9~1	863.56	13.3	857.07	13.2

表 7.23　退耕工程实施后黄土高原地区生境质量动态变化

生境等级	指数区间	2005 年		2010 年		2015 年	
		面积/10^4hm²	比例/%	面积/10^4hm²	比例/%	面积/10^4hm²	比例/%
一般生境	0~0.5	2756.64	42.46	2730.65	42.06	2739.89	42.20
中度重要生境	0.5~0.7	2111.84	32.53	2159.84	33.26	2142.21	32.99
高度重要生境	0.7~0.9	728.87	11.23	698.87	10.76	705.29	10.86
极重要生境	0.9~1	895.59	13.79	903.59	13.92	905.54	13.95

对比 1990 年和 2000 年黄土高原地区各生境质量等级所占的面积比例可以看出，退耕还林前 10 年，区域生境质量在逐渐下降，1990~2000 年一般生境和中度重要生境的面积比例呈上升趋势，尤其是一般生境面积增加了 19.48×10^4 hm²；而高度重要生境和极重要生境的面积均有不同程度的减少，其中，高度重要生境的面积由 1990 年的 746.69×10^4 hm² 减少至 2000 年的 720.72×10^4 hm²，减少了 25.97×10^4 hm²，而极重要生境面积则减少了 6.49×10^4 hm²，两者均减少明显。

综上可知，国家退耕还林工程实施之前的 10 年黄土高原地区生境质量逐步恶化，随着时间的推移，地区内高度生境和极重要生境的面积所占的比例不断下降；另一方面，人类生产活动对区域生态环境干扰持续加强，如此恶习循环下去，区域人类生存难以为继，急需采取生态修复或生态建设工程来改善地区生态环境。

综合表 7.22 和表 7.23 可知，对比 2000~2015 年 3 期各生境质量所占的面积比例可以看出，退耕还林工程实施的 15 年间，黄土高原生境质量总体而言在逐渐好转。2000~2010 年一般生境的面积比例呈明显下降趋势，到 2005 年极重要生境面积相较于 2000 年增加了 38.52×10^4 hm²；2010 年，一般生境面积相较于 2000 年进一步减少，从 2000 年的 2765.99×10^4 hm² 下降至 2730.65×10^4 hm²；而极重要生境面积则持续增加，相比于 2000 年增加了 46.52×10^4 hm²；2015 年一般生境面积由 2010 年的 2730.65×10^4 hm² 增加至 2739.89×10^4 hm²，且高度重要生境面积和极重要生境面积相较于 2010 年增加不明显，这与该时期退耕还林工程进入管护维持阶段有关，新增林地较少，因此可提供的极重要生境较少，但相较于 2000 年一般生境面积仍减少明显；而极重要生境面积则在 2010 年的基础上进一步增加，面积比例由 2000 年的 13.20% 上升至 2015 年的 13.95%，说明极重要生境在工程实施期间增加显著。

综上可知,退耕还林工程实施后的 15 年期间黄土高原生境退化程度逐步好转,随着时间的推移,地区内生境无退化和轻度退化的面积比例不断增加,这表明黄土高原的生境退化程度呈现逐渐改善的趋势,退耕还林工程实施效果显著。

为了进一步分析退耕还林工程前后黄土高原地区土地利用/覆被变化对生境质量的影响,在 ArcGIS 中将 1990 年、2000 年和 2015 年 3 期土地利用/覆被栅格数据与三期生境质量栅格数据进行叠加分析,得到各土地利用/覆被类型在各生境质量等级内的分布情况(图 7.26)。

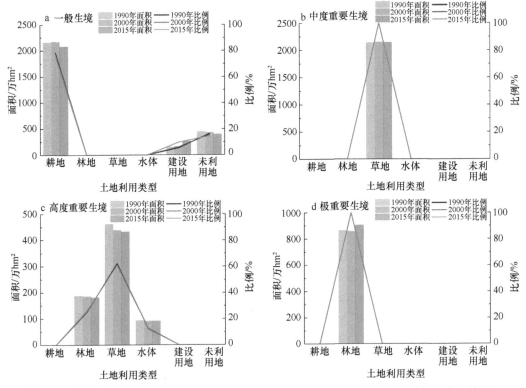

图 7.26　退耕工程实施前后黄土高原地区生境质量随地类的动态变化(彩图请扫封底二维码)

黄土高原地区一般生境的主要地类为耕地,以及少量的未利用地和建设用地,耕地面积占区域总土地面积的 75.00% 以上。从时间变化来看,耕地在退耕工程实施之前的 1990~2000 年增加了 17.29×10^4 hm^2,而在退耕工程实施之后的 2000~2015 年的 15 年间增加了 93.40×10^4 hm^2(图 7.26a)。

由图 7.26b 可见,黄土高原地区草地是中度重要生境的表征类型,其面积占比一直最高,始终保持在 80.00% 以上;研究期内草地中度重要生境总体呈先上升后下降的趋势,变化幅度比较小,退耕还林工程实施之后与工程实施之前相比总的面积增加了 4.24×10^4 hm^2。

黄土高原地区高度重要生境中草地所占比例较大,占比 60.00% 以上,其次是林地,第三是水体。高度重要生境草地面积和占比在研究期内呈持续下降的趋势,退耕前 1990~2000 年下降了 22.18×10^4 hm^2,退耕后 2000~2015 年下降了 6.58×10^4 hm^2,下降幅度明显减小。退耕工程实施之前与之后高度重要生境中林地和水体下降面积,两者合计为 $5.00×10^4$ hm² (图 7.26c)。

黄土高原地区林地为极重要生境唯一的土地利用类型,1990~2000 年其面积减少了 $4.40×10^4$ hm² (图 7.26d),说明国家退耕还林工程实施之前乱砍、滥伐等森林植被破坏现象比较严重;自 1999 年国家逐步全面实施退耕还林工程,2000~2015 年该地区极重要生境的林地面积增加了 $46.76×10^4$ hm²,可见极重要生境增加面积十分明显。

总的来说,黄土高原地区退耕还林工程实施之后使一般生境的地类类型耕地面积明显减少,草地在中度重要生境和高度重要生境中均扮演重要的角色,总的面积有所减少。极重要生境中林地的变化十分明显,增加面积较大,为该区域生境质量的改善提供了优质的生境类型。

7.3.3　长江中上游生境质量时空变化特征

7.3.3.1　生境退化度分析

依据式(7.1)~式(7.3),按照有关参数的设置,运行 InVEST 模型中的 Habitat Quality 模块,生成 1990 年、2000 年、2005 年、2010 年和 2015 年 5 期长江中上游区域生境退化度栅格图 (图 7.27)。

运用 ArcGIS 10.3 中的 Reclassify 工具将生成的 1990 年、2000 年、2005 年、2010 年和 2015 年 5 期长江中上游区域生境退化程度栅格图进行重新分类,将该地区生境退化度划分为无退化(0~0.0084)、轻度退化(0.0084~0.022)、中度退化(0.022~0.038)、高度退化(0.038~0.060)、极严重退化(0.060~0.181)5 个等级。在 ArcGIS 中将各等级面积导出,生成长江中上游地区不同等级生境退化度面积比例表(表 7.25、表 7.26)。

生境退化度的高低反映着威胁因子对该栅格的影响程度。生境退化指数越高,则说明该区域生态环境被破坏的可能性更大,生境质量也会越差。

从长江中上游流域生境退化程度等级的分布表 7.24 可以看出,该区域在退耕工程实施之前的 10 年间总体生境退化程度以无退化为主,轻度退化、中度退化和高度退化次之,四者面积之和占整个研究区面积的比例超过 97.00%。且两期各生境退化程度等级所占的面积分布有着一定的规律性,即随着生境退化度的上升,面积分布比例逐渐下降。

对比 1990 年和 2000 年各退化区间所占的面积比例可知,退耕还林工程实施之前,长江中上游地区生境退化情况逐渐严重。退耕工程实施之前的 10 年间,生境轻度退化面积减少了 $16.65×10^4$ hm²,面积比例由 1990 年的 24.68%下降至 2000 年的 24.58%;而生境中度退化、高度退化和极严重退化的面积均有不同程度的增加,其中,生境中度退化区和高度退化区面积分别增加了 $1.66×10^4$ hm² 和 $1.67×10^4$ hm²,生境极严重退化区面积增加尤为显著,由 1990 年的 $409.53×10^4$ hm² 增加至 2000 年的 $419.52×10^4$ hm²,增加了 $9.99×10^4$ hm²。

综上可知,在退耕还林工程尚未实施的 1990~2000 年的 10 年间,长江中上游地区生境退化程度逐渐加重,具体表现在生境无退化区面积增加不明显,生境轻度退化区面积减少,且生境中度退化、高度退化和极严重退化区面积均有明显增加,这表明长江中上游地区生境退化情况逐渐恶化,急需进行生态修复工程来遏制长江中上游地区的生境退化趋势。

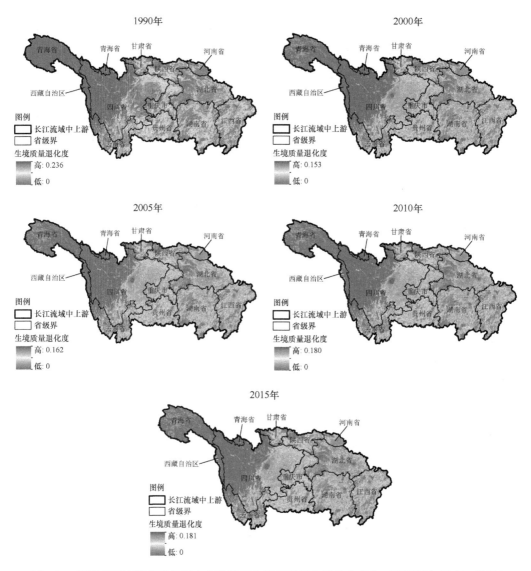

图 7.27　退耕工程实施前后长江中上游地区生境质量退化度动态变化(彩图请扫封底二维码)

表 7.24　退耕工程实施前长江中上游地区生境退化度动态变化

退化等级	指数区间	1990 年		2000 年	
		面积/10^4hm^2	比例/%	面积/10^4hm^2	比例/%
无退化	0~0.0084	6266.21	37.64	6269.54	37.66
轻度退化	0.0084~0.022	4108.66	24.68	4092.01	24.58
中度退化	0.022~0.038	3246.31	19.50	3247.97	19.51
高度退化	0.038~0.060	2617.02	15.72	2618.69	15.73
极严重退化	0.060~0.181	409.53	2.46	419.52	2.52

表 7.25　退耕工程实施后长江中上游地区生境退化动态变化

退化等级	指数区间	2005 年		2010 年		2015 年	
		面积/10^4hm^2	比例/%	面积/10^4hm^2	比例/%	面积/10^4hm^2	比例/%
无退化	0~0.0084	6289.51	37.78	6282.85	37.74	6304.50	37.87
轻度退化	0.0084~0.022	4078.69	24.50	4073.70	24.47	4055.39	24.36
中度退化	0.022~0.038	3237.98	19.45	3231.32	19.41	3223.00	19.36
高度退化	0.038~0.060	2605.37	15.65	2598.71	15.61	2593.72	15.58
极严重退化	0.060~0.181	436.17	2.62	461.14	2.77	471.13	2.83

结合表 7.24 和表 7.25，从 2005 年、2010 年和 2015 年 3 期不同退化等级所占的面积可以看出，退耕还林工程实施的 15 年间，长江中上游地区生境退化情况逐渐好转。对比 2000 年和 2015 年两期的数据来看，生境无退化区面积显著增加，由 2000 年的 $6269.54\times10^4\ hm^2$ 增加至 2015 年的 $6304.50\times10^4\ hm^2$，增加了 $34.96\times10^4\ hm^2$；而生境轻度退化、中度退化和高度退化均有不同程度的减少，分别减少了 $36.63\times10^4\ hm^2$、$24.97\times10^4\ hm^2$ 和 $24.97\times10^4\ hm^2$。生境极严重退化区面积因 21 世纪以来城镇的迅速扩张而呈现增加的趋势，15 年增加了 $51.61\times10^4\ hm^2$，所以总体上长江中上游地区退耕还林工程实施之后生境退化情况得到明显遏制，生态环境质量逐渐好转。

从各个时期来看，在退耕还林工程实施的前 5 年，长江中上游地区生态恢复效果较好，2005 年的生境无退化面积增加显著，增加了 $19.98\times10^4\ hm^2$，占无退化区增加总面积的 58.00%；而 2005~2010 年该区域生态退化指数小幅回升，无退化区面积减少且极严重退化区面积显著增加，原因可能是该段时间内长江中上游地区城镇化、工业化速度加快。从 2010 年、2015 年两期数据来看，该区域总体上生态退化情况趋于好转，但是由于自 2010 年之后退耕还林工程进入管护维持阶段，退耕还林面积基本没有增加，所以好转增长幅度较小。

综上可知，在退耕还林工程实施后的 15 年间，长江中上游地区生境退化情况逐渐好转，区域内生境无退化区面积逐渐增加，这表明退耕还林工程的实施对长江中上游地区的生态恢复起到了极大的作用，效果显著。

为了进一步分析长江中上游地区退耕还林工程实施对区域生境退化程度的影响，选择退耕还林工程全面实施的起始点 2000 年作为节点，在 ArcGIS 10.3 中将 1990 年、2000 年和 2015 年 3 期土地利用/覆被栅格数据与 3 期生境退化程度栅格数据进行叠加分析，得出长江中上游地区土地利用/覆被类型在各生境退化等级内的分布情况（图 7.28）。

研究分析得出，长江中上游地区生境无退化等级内除林地和草地以外，其他土地利用/覆被类型所占比例较少，均不超过 10.00%，其中水体所占比例最小，仅为 1.60%，而林地和草地所占比例均超过 38.00%（图 7.28a）。从不同土地利用/覆被类型的面积变化来看，该等级内耕地的面积逐渐减少，25 年间减少了 $16.41\times10^4\ hm^2$；就林地的变化来说，以退耕还林工程全面实施的 2000 年为节点，在退耕还林工程实施之前，无退化等级内的林地面积呈减少趋势，1990~2000 年 10 年间减少了 $16.73\times10^4\ hm^2$；而在退耕工程实施之后的 15 年间无退化等级内林地的面积增加了 $58.47\times10^4\ hm^2$，生境无退化等级的林地面积的显著增加也表明长江中上游地区退耕还林工程实施效果较好。

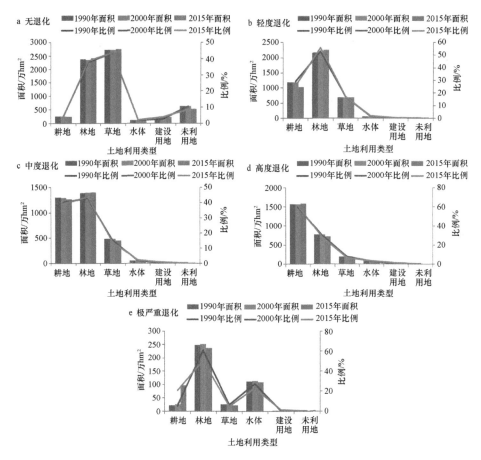

图 7.28　退耕工程实施前后长江中上游地区生境退化程度随地类的分布（彩图请扫封底二维码）

长江中上游地区生境轻度退化等级内的主要土地利用/覆被类型为林地、草地和耕地，三者之和占该等级总面积的比例超过 98.00%（图 7.28b）。从不同土地利用/覆被类型的面积来看，该等级内耕地的面积逐渐减少，由 1990 年的 1193.40×10^4 hm^2 减少至 2015 年的 1029.56×10^4 hm^2，减少了 163.84×10^4 hm^2；同无退化区情况类似，由于退耕还林还草工程的实施，辖区林地和草地面积在 2000 年小幅减少，在 2000～2015 年都有明显增加。从轻度退化等级内不同用地类型面积所占比例来看，耕地面积所占比例逐渐减少，而林地面积所占比例逐渐增大。

研究发现，长江中上游地区生境中度退化等级内的主要土地利用/覆被类型为林地，耕地和草地次之，三者面积之和占整个生境中度退化等级总面积的比例接近 98.00%（图 7.28c）。从该等级内各种土地利用/覆被类型的面积来看，耕地和草地的面积逐渐减少，分别减少了 37.02×10^4 hm^2 和 33.87×10^4 hm^2；林地面积少量增加，增加了 15.84×10^4 hm^2，增加量主要集中在 2000 年退耕还林工程实施之后，原因可能是随着退耕还林工程的实施，退耕户对已退耕林地维护不当或退耕地复垦，从而导致出现生境退化情况。从该等级内各种地类所占的面积比例来看，林地、建设用地、水体和未利用地面积所占面积比例呈缓慢上升趋势，而耕地和草地面积比例逐渐下降。

长江中上游地区生境高度退化等级内的主要土地利用/覆被类型为耕地和林地，两者面积之和占该等级总面积的比例接近 90.00%（图 7.28d）。从生境高度退化等级内各土地利用/覆被类型的面积来看，林地与草地面积逐渐减少，分别减少了 47.18×10^4 hm^2 和 28.15×10^4 hm^2；其余用地类型面积均有不同程度的增加。从该等级内各地类所占的面积比例来看，林地和草地的面积比例均有不同程度的减少，林地所占比例由 29.36% 下降至 27.81%，草地所占比例由 7.56% 下降至 6.54%；其他地类的面积比例均呈上升趋势。

研究区域生境极严重退化等级内的主要土地利用/覆被类型为林地和水体，两者面积之和占该等级总面积的比例超过 72.00%（图 7.28e）。从该等级内各种土地利用/覆被类型的面积来看，耕地面积显著增加，且增加部分主要集中在退耕还林工程全面展开的 2000 年之后；而林地面积在 1990～2000 年没有明显变化，在 2000 年之后，生境极严重退化等级内的林地面积明显减少，所占比例也大幅下降，由 2000 年的 60.01% 降低至 2015 年的 50.34%；草地和水体无论是面积还是占比与林地的情况类似，在 2000 年后出现明显减少；建设用地和未利用地面积均呈小幅上升趋势。

综上可知，在退耕还林工程实施之前，长江中上游地区生境退化情况较严重，轻度退化面积减少，中度、高度和极严重退化面积均有上升；在退耕还林工程实施之后，该地区整体生境退化程度呈好转趋势，生境无退化面积明显增加。分析各种生境退化等级内耕地、林地、草地等用地类型的面积变化发现，国家推行的退耕还林还草政策对缓解长江中上游地区的生境退化程度有极大的促进作用，但由于该地区城镇化的大力发展，生境极严重等级面积也有明显增加，生境退化情况依然不容乐观。

7.3.3.2 生境质量分析评价

根据上述 InVEST 模型的生境质量模块的运行要求，输入相关数据生成 1990 年、2000 年、2005 年、2010 年和 2015 年 5 期的生境质量栅格图（图 7.29）。

在 ArcGIS 平台上应用 Reclassify 工具将生成的长江中上游地区生境质量栅格图进行重新分类，将长江中上游地区生境质量划分为一般生境（0～0.5）、中度重要生境（0.5～0.7）、高度重要生境（0.7～0.9）和极重要生境（0.9～1）4 个等级，将各等级面积导出，生成长江中上游各等级生境质量面积比例表（表 7.26 和表 7.27）。

从下表可以看出，长江中上游地区相较于黄土高原地区总体生境质量较好，极重要生境面积占比较大，均超过 32.00%。在国家退耕还林工程实施之前，该地区生境质量以一般生境和极重要生境为主，两者面积之和占比超过 63.00%，中度重要生境和高度重要生境所占比例大致相同，均为 18.00% 左右

对比 1990 年和 2000 年各生境质量等级所占的面积可以看出，退耕还林工程实施之前的 10 年，长江中上游地区生境质量小幅度下降，总体情况保持相对稳定。1990～2000 年的 10 年期间，各生境质量等级面积所占比例基本保持不变，一般生境和中度重要生境面积均有小幅增加，分别增加了 6.66×10^4 hm^2 和 3.33×10^4 hm^2，而极重要生境面积减少了 9.99×10^4 hm^2。

综上可知，退耕还林工程实施的前 10 年长江中上游地区生境质量较好且相对稳定，但随着人类对生态环境的干扰使极重要生境面积逐渐减少，也需要退耕还林还草工程的实施来抵消人类活动的影响。

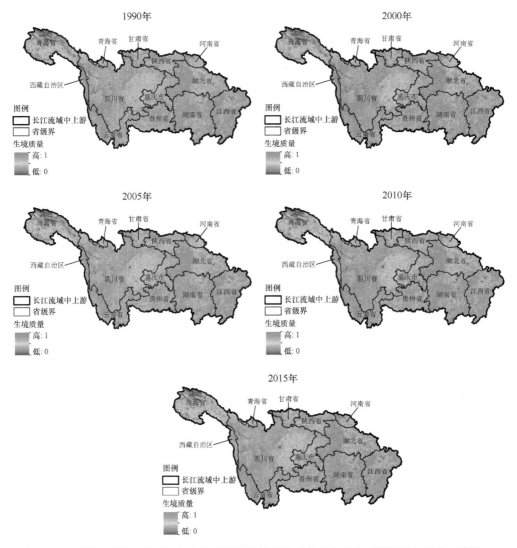

图 7.29 退耕工程实施前后长江中上游地区生境质量时空动态变化（彩图请扫封底二维码）

表 7.26 退耕工程实施前长江中上游地区生境质量动态变化

生境等级	指数区间	1990 年		2000 年	
		面积/10⁴hm²	比例/%	面积/10⁴hm²	比例/%
一般生境	0~0.5	5160.80	31.00	5167.46	31.04
中度重要生境	0.5~0.7	3074.84	18.47	3078.17	18.49
高度重要生境	0.7~0.9	3008.24	18.07	3008.24	18.07
极重要生境	0.9~1	5403.85	32.46	5393.86	32.4

対比 2000~2015 年 4 期各生境质量所占的面积比例可以看出，退耕还林工程实施的 15 年间，长江中上游地区生境质量总体而言在逐渐好转（表 7.26 和表 7.27）。退耕工程实施之后，2000~2010 年一般生境的面积比例呈明显下降趋势，从 2000 年的

表 7.27　退耕工程实施后长江中上游地区生境质量动态变化

生境等级	指数区间	2005 年		2010 年		2015 年	
		面积/10^4hm^2	比例/%	面积/10^4hm^2	比例/%	面积/10^4hm^2	比例/%
一般生境	0～0.5	5152.47	30.95	5062.57	30.41	5070.90	30.46
中度重要生境	0.5～0.7	3068.18	18.43	3121.45	18.75	3118.12	18.73
高度重要生境	0.7～0.9	3026.56	18.18	2979.94	17.9	2976.61	17.88
极重要生境	0.9～1	5400.52	32.44	5483.76	32.94	5482.10	32.93

5167.46×10^4 hm^2 减少至 5062.57×10^4 hm^2，减少了 104.89×10^4 hm^2，但是极重要生境面积明显增加，至 2010 年极重要生境面积相较于 2000 年增加了 89.90×10^4 hm^2；2015 年一般生境面积由 2010 年的 5062.57×10^4 hm^2 减少至 5070.90×10^4 hm^2，且高度重要生境面积和极重要生境面积相较于 2010 年均有小幅减少，一方面与该时期退耕还林工程进入管护维持阶段有关，此时新增林地面积较少，因此可提供的极重要生境较少；另一方面是因为该地区的城镇化、工业化、基础设施等快速发展所导致的生境质量倒退，但相较于 2000 年一般生境面积仍减少明显，且极重要生境面积大幅增加，这表明长江中上游地区仍要持续推进实施退耕还林等生态建设或生态修复工程。

综上可知，退耕还林工程实施之后的 15 年内长江中上游地区生境质量逐渐好转，随着时间的推移，区域内高度重要生境和极重要生境的面积不断增加，这表明长江中上游地区的生境质量呈现逐渐改善的趋势，退耕还林工程、天然林保护工程等效果显著。

为了进一步分析退耕还林工程前后长江中上游地区土地利用/覆被变化对生境质量的影响，在 ArcGIS 中将 1990 年、2000 年和 2015 年 3 期土地利用/覆被栅格数据与 3 期生境质量栅格数据进行叠加分析，得到不同土地利用/覆被类型在不同生境质量等级内的分布情况（图 7.30）。

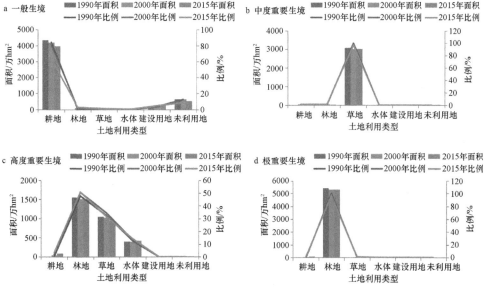

图 7.30　退耕工程实施前后长江中上游地区生境质量等级随地类分布（彩图请扫封底二维码）

分析可知，长江中上游地区一般生境的主要地类为耕地，以及少量的未利用地和建设用地。耕地面积所占区域总面积的比例在 63.0%以上（图 7.30a）。从时间变化来看，在退耕还林工程实施之前的 10 年间一般生境内的耕地面积逐渐减少，从 1990 年的 4348.2×10^4 hm² 减少至 2000 年的 4205.9×10^4 hm²，减少了 142.3×10^4 hm²，面积所占比例也由 84.26%减少至 81.40%；在退耕还林工程实施之后，一般生境内耕地面积减少明显，减少了 219.5×10^4 hm²，而一般生境内建设用地面积在 2000 年后明显增加，原因可能是城市化进程和人类日趋增多的开发建设活动导致生境质量下降。然而，长江中上游地区草地是中度重要生境的表征类型，所占比例超过 96.00%，其面积在研究期内逐渐减少，与此同时其他用地类型面积逐渐增加（图 7.30b）。

统计比较可以得到，长江中上游地区高度重要生境内面积分布以林地为主，草地与水体次之，三者面积之和占比总面积超过 96.00%（图 7.30c）。林地和草地面积在研究期内均呈持续减少的趋势，林地面积在 1990~2000 年下降了 28.5×10^4 hm²，2000~2015 年下降了 7.2×10^4 hm²，下降幅度明显减小，而耕地面积有明显增加，增加了 94.5×10^4 hm²。

研究结果表明，长江中上游地区林地几乎可以说是极重要生境唯一的土地利用类型，面积占比超过 96.00%；除此之外，耕地和草地均有少量占比，两者在研究期内面积均增加明显，尤其是草地，在 2000 年退耕还林还草工程实施之后，面积由 32.5×10^4 hm² 增加至 58.8×10^4 hm²（图 7.30d）。

总的来说，长江中上游地区一般生境以耕地为主，中度重要生境类型以草地为主，高度重要生境和极重要生境类型以林地为主，而随着退耕还林还草工程的全面实施，该地区一般生境面积逐渐减少，极重要生境面积逐渐增加，长江中上游地区总体的生境质量在逐步好转。

前面分别分析了黄土高原地区和长江中上游地区退耕还林工程前后生境质量服务的状况及其变化特征，综合来看，两区域的生境质量状况在退耕还林工程实施前 10 年呈下降趋势，1999 年退耕还林工程实施之后，两个区域生境质量总体提升明显。退耕还林工程实施之后的 15 年间，黄土高原地区和长江中上游地区的一般生境面积分别下降了 27.39×10^4 hm² 和 96.21×10^4 hm²，下降明显。同时，极重要生境面积均有显著增加，分别增加了 46.76×10^4 hm² 和 87.87×10^4 hm²，其中黄土高原的增长率为 5.44%，而长江中上游地区仅为 1.63%，远远低于黄土高原比例。原因在于黄土高原地区和长江中上游地区本身资源禀赋的差异，即长江中上游地区本身林草覆盖较高，生境状况相对好于生态环境脆弱的黄土高原地区，所以黄土高原地区的生境质量改善要比长江中上游地区明显（表 7.28）。

表 7.28 退耕工程实施长江中上游区域和黄土高原地区生境质量的动态变化

生境等级	长江中上游		黄土高原地区	
	变化幅度/10^4hm²	变化率/%	变化幅度/10^4hm²	变化率/%
一般生境	−96.21	−1.86	−27.39	−0.99
中度重要生境	40.45	1.31	−7.57	−0.35
高度重要生境	−32.45	−1.08	−11.79	−1.64
极重要生境	87.87	1.63	46.76	5.44

把 2000～2015 年黄土高原地区耕地转向林地或草地的栅格图与生境质量改善栅格图再次叠加，得到了 2000～2015 年该区域生境质量改善空间分布图（图 7.31），结果表明该区域退耕还林工程实施之后生境质量改善明显，其中改善最为明显的区域集中在地区中部的黄土丘陵沟壑区，具体到各个省生境质量改善面积来看，面积最大的为陕西，面积为 585.30×10⁴ hm²，其次为甘肃和内蒙古，生境质量改善面积分别为 430.48×10⁴ hm² 和 402.13×10⁴ hm²，黄土高原地区生境质量改善面积合计为 1533.56×10⁴ hm²，占区域总面积的 23.60%（表 7.29）。

$$面积为 585.30 \times 10^4 \ hm^2$$
$$430.48 \times 10^4 \ hm^2$$
$$402.13 \times 10^4 \ hm^2$$
$$1533.56 \times 10^4 \ hm^2$$

表 7.29　退耕工程实施黄土高原所属省区生境质量改善面积　　（单位：$10^4 \ hm^2$）

省份	山西	青海	宁夏	陕西	内蒙古	河南	甘肃	合计
生境改善面积	299.51	42.23	175.26	585.30	402.13	29.13	430.48	1533.56

同时由图 7.31 可知，耕地转入林地和草地的红色区域与生境改善区域高度重合，表明退耕还林工程的实施使得黄土高原地区耕地向可提供更高生境质量的林地和草地转入，从而促进黄土高原地区生境质量的提高。

图 7.31　退耕工程实施后黄土高原生境质量变化（彩图请扫封底二维码）

同样，将长江中上游地区 2000～2015 年生境改善栅格图和 2000～2015 年耕地转向林地或草地栅格图做叠加处理，得到 2000～2015 年长江中上游地区生境质量改善空间分布图（图 7.32），长江中上游地区退耕还林工程实施后生境质量改善明显，具体来看各省生境质量改善面积最大的为四川，面积为 1173.92×10⁴ hm²；其次为湖南和湖北，改善面积分别为 628.76×10⁴ hm² 和 595.74×10⁴ hm²，长江中上游地区生境质量改善面积合计为 4732.735×10⁴ hm²，占区域总土地面积的 28.40%（表 7.30）。

同时由 7.32 图可知，长江中上游地区耕地转入林地或草地的红色区域与生境改善区域也高度重合，表明退耕还林工程的实施使得长江中上游地区耕地向可提供更高生境质量的林地或草地转入，从而促使长江中上游生境质量的提高。

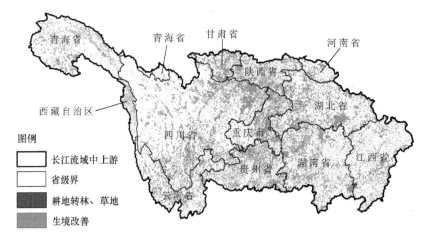

图 7.32 退耕工程实施后长江中上游生境质量变化（彩图请扫封底二维码）

表 7.30 退耕工程实施长江中上游各省区生境质量变化面积（单位：$10^4 hm^2$）

省份	云南	西藏	四川	陕西	青海	江西	合计
面积	341.24	69.34	1173.92	255.83	323.24	352.23	
省份	湖南	湖北	河南	贵州	甘肃	重庆	4732.735
面积	628.76	595.74	68.78	452.17	149.32	322.16	

7.3.4 小结

利用 InVEST 模型中的生境质量模块对 1990～2015 年的 25 年间 5 期退耕还林工程实施前后黄土高原地区和长江中上游区域的生境退化程度和生境质量等情况进行分析评估。黄土高原地区退耕工程实施前的 10 年间区域生境退化程度逐步加重，生境中度退化、高度退化和极严重退化的面积占比随时间的推移不断增加，生境退化程度呈恶化趋势；退耕后的 15 年间生境极严重退化、高度退化和中度退化面积逐渐减少，而轻度和无退化面积逐渐增加，区域整体生境退化程度呈现好转趋势，且退化程度与草地、耕地、林地的变化趋势有关，实施退耕政策对缓解地区生境退化程度有极大的作用，但城镇化提速、基础设施建设以及自然资源开发等活动强度过大，导致其生境退化程度依然严重。

退耕还林工程实施前的 10 年间黄土高原地区生境质量随着时间推移而逐步恶化，地区内高度生境和极重要生境的面积占比不断下降；退耕工程实施后的 15 年间辖区生境退化程度随着时间推移逐步好转，生境无退化和轻度退化的面积占比不断增加，退耕还林工程实施效果显著。退耕工程实施使黄土高原一般生境的地类耕地面积明显减少，草地在中度重要生境和高度重要生境中均扮演重要的角色，总的面积有所减少；极重要生境中林地的变化十分明显，增加面积较大，为该区域生境质量的改善提供了优质的生境类型。

在退耕还林工程实施之前的 10 年间，长江中上游地区生境退化情况较严重，中度、高度和极严重退化面积均有上升；退耕工程实施之后的 15 年间，区域整体生境退化程度呈好转趋势，生境无退化面积明显增加。国家推行的退耕政策对缓解长江中上游地区生境退化程度有极大的促进作用，但由于该地区城镇化的大力发展，生境极严重等级面积也有明显增加，生境退化情况依然不容乐观。

退耕还林工程实施的前 10 年长江中上游地区生境质量较好且相对稳定，但随着人类对生态环境的干扰使极重要生境面积逐渐减少，也需要退耕工程的实施来抵消人类活动的影响；长江中上游地区一般生境以耕地为主，中度重要生境类型以草地为主，高度重要生境和极重要生境类型以林地为主，而随着退耕工程的全面实施，该地区一般生境面积逐渐减少，极重要生境面积逐渐增加，长江中上游地区总体的生境质量在逐步好转。

7.4　退耕工程实施对区域碳储量的影响

黄土高原区域和长江中上游区域，是中国重要的生态功能区。长久以来人类社会发展过度攫取以土地为代表的自然资源，加之近 40 余年中国人口快速膨胀、城市化和工业化发展步伐加快，使得资源的开发程度大大超出了水土等自然资源的承载能力。其中，黄土高原地区土壤结构疏松多孔，气候干湿强度差异性大，使得植被生长环境进一步恶化，进而导致黄土高原地区成为中国乃至世界范围内生态环境最脆弱的地区之一。相当长的一个时期，长江中上游地区丰富的森林资源在"重取轻予"的林业政策干预下，加剧了天然林区林木的过度开发，这种不可持续的林业经营方式与发展模式，导致长江中上游水土流失、洪涝灾害频发，生态环境遭受极大破坏。为了改善这一局面，国家相继开展以天然林保护、三北防护林工程、退耕还林工程、小流域综合治理工程等为代表的生态修复或治理工程，通过对陆地表面以植被系统重建为主的生产活动，一方面人为干预实现生物种类的结构、生物群落的演替，逐渐恢复一个稳定的、高效的、可循环的生命有机共同体或生态系统，其核心目的之一是基于全球气候变化营造主要的储碳仓库；另一方面，基于"藏粮于地"的管理理念，利用休耕的方式提升地力，从而实现生态环境保护及生产力提高的"双赢"。相较于其他生态修复工程，国家退耕还林工程实施时间虽然较短，却为中国重要生态屏障区的恢复和重建立下了汗马功劳，成效国内外高度注目。因此，对退耕还林工程实施至今 20 年的生态效果进行客观、全面、系统地分析评价，显得尤为重要与迫切。

本章节运用 InVEST 模型，基于 ArcGIS 10.3 平台，对 1990 年、2000 年、2005 年、2010 年和 2015 年 5 期的黄土高原与长江中上游区域的碳储存进行定量评估和时空动态分析，揭示退耕还林工程实施前后所开展的生态修复工程引起土地覆被变化对研究区该项服务功能的影响。理论上，有助于完善有关自然生态系统、自然资源可持续利用和可持续经济发展的理论体系；为合理开发利用土地资源和科学推进退耕还林工程提供指导，也为各级政府与有关管理部门制定高效的土地规划决策提供参考，以期实现黄土高原、长江中上游区域，乃至全国人口、资源与生态环境的可持续发展。

7.4.1 数据来源与处理

本节所使用的原始土地利用数据主要来源于中国科学院资源环境数据中心（www.resdc.cn），共包括 1990 年、2000 年、2005 年、2010 年和 2015 年 5 期数据，其空间分辨率为 30 m。该数据集的生产是以各期 Landsat TM、ETM+ 及 OLS 遥感影像为数据源，通过人工目视解译生成。并经过实地验证，误差修正后的土地利用以及类型综合评价精度达到 94.3% 以上，二级类型分类综合精度达 91.2% 以上。土地利用类型根据中国科学院土地利用/覆被标准，本节将研究区土地利用类型重新分为耕地、林地、草地、水域、未利用地和城乡建设用地共 6 大类。

研究区数字高程模型（digital elevation model，DEM）和坡度数据下载于地理空间数据云（www.gscloud.cn），其分辨率为 90 m；全国各省行政边界矢量数据来源于 2017 年国家基础信息中心公布的全国 1∶100 万基础地理数据库（www.webmap.cn）。黄土高原地区矢量边界数据来源于国家地球系统科学数据共享服务平台黄土高原科学数据中心（loess.data.ac.cn）。

本节将通过 InVEST 模型对研究区域碳储量及碳封存进行运算，其中所使用的碳密度数据主要通过查阅相关文献资料获得，从而得到不同地类的初始平均碳密度（表 7.31）（李克让等，2003；解宪丽等，2004；方精云等，2007；朱超等，2012；黄卉，2015；张优，2018）。需要特别说明的是因数据获取的局限性，本节不考虑死亡有机质碳库，同时假设水域碳密度为 0.000。

表 7.31 全国不同土地利用类型初始平均碳密度　　（单位：Mg/hm²[①]）

碳库	地上生物量	地下生物量	土壤有机质
耕地	31.500	80.700	108.400
林地	42.400	115.900	236.900
草地	35.300	86.500	100.000
水域	0.000	0.000	0.000
建设用地	0.000	0.000	78.000
未利用地	12.000	0.000	71.000

7.4.2 黄土高原碳储量的时空分布特征

7.4.2.1 碳储量的时空动态变化

退耕还林工程实施前后黄土高原地区碳储量变化如图 7.33 所示。从时间尺度角度来看，1990~2015 年黄土高原地区碳储量总体呈现下降的趋势，土地利用不同类型面积及其碳密度变化导致生态系统碳储量净减少 32.64 Tg[②]，其年均增长速率为 –0.054%。就退耕还林工程实施前的碳储量变化而言，1990~2000 年其年均增长速率为 –0.075%；退耕工程实施初期，研究区的累计碳储量从 2000 年的 15 151.31 Tg 攀升至 2005 年的 15175.92 Tg，

---

① 1Mg=1t。
② 1Tg=10⁶t。

实现以年均 0.041%的速率增长；2005～2010 年累计碳储量稳增至 15 177 Tg，其年均增长速率为 0.002%；2015 年碳储量降至 15 130 Tg，2010～2015 年均增长率为–0.077%。究其变化原因，2000～2010 年是推进退耕还林工程实施的主要阶段，林草用地净增加面积数值占研究区总面积的比例为 0.662%；而 2010～2015 年第一轮退耕还林还草工程基本结束，林草面积净流失比例为 0.175%，工程推进强度远不如工程实施初期，加之速生、短命等植被老化等自然演替过程，可能导致研究区累计碳储量略有下降。

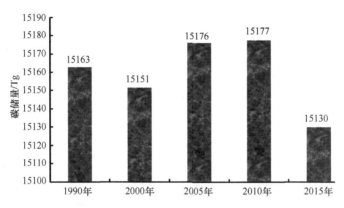

图 7.33　退耕工程实施前后黄土高原地区碳储量的时间变化

　　从空间尺度角度来看，图 7.34 展示了 1990～2015 年退耕还林工程实施前后黄土高原地区的累计碳储量的空间分布情况，结果显示该地区 1990～2015 年碳储量空间分布基本一致且较为稳定。其中，区域内碳储量高值区域主要集中分布于黄土高原的陕西延安的黄龙与黄陵天然林保护区、陕西境内的秦岭北麓，以及山西境内的中条山、吕梁山、太岳山等主要山系。上述碳储量高值区域为森林覆盖的主要区域，固碳能力强；区域内碳储量低值区域集中位于黄土高原的内蒙古、陕西北部的榆林、宁夏西部与北部，以上地区的土地利用类型多为沙漠、沙地、荒滩，气候干燥少雨，生态环境脆弱，植被恢复困难且覆盖度低，固碳能力较弱。

　　从空间演变来看，1990～2015 年黄土高原地区碳储量低值区范围出现了一定程度上的紧缩，高值区范围有所扩大，这种变化尤其在 2000～2015 年最为显著。这与中国自 20 世纪 90 年代开始大规模的沙漠、荒滩治理，以及 90 年代末开展实施的天然林保护、退耕还林、三北防护林、小流域综合治理等一系列生态修复工程密切相关。然而，值得注意的是，在陕西的关中平原以及山西的汾河谷地、太原盆地碳储量低值区呈显著增长的趋势，这主要缘于城镇化进程中城市用地不断向外扩张，一定程度侵吞了城市周边大量的耕地所致，而且农田防护林网老化、退化或减少。

7.4.2.2　不同土地利用的碳储量变化

　　基于 InVEST 模型碳储量运算结果，利用 ArcGIS 10.3 平台分区统计功能得到黄土高原地区与长江中上游地区 1990 年、2000 年、2005 年、2010 年和 2015 年 5 个年份不同土地利用类型的碳储量，进而对耕地、林地、草地、建设用地及未利用地不同土地利用类型的碳储量的时间变化规律进行分析。由于设定水域碳储量为 0.000，故在这里不做进一步分析。

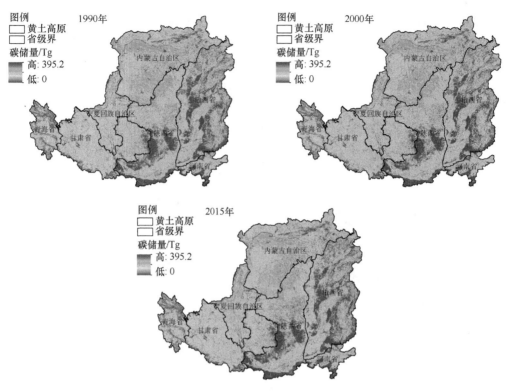

图 7.34　退耕工程实施前后黄土高原地区碳储量的时空分布（彩图请扫封底二维码）

由表 7.32 可知，黄土高原地区碳储量主要集中在林地、草地和耕地，约占总量的 96.0%以上。总体而言，1990~2015 年所研究区域草地碳储量最高，其次是耕地及林地的碳储量，而这三类土地利用类型碳储量又远高于未利用地及建设用地碳储量。究其原因，在退耕还林工程实施前后，相较其他用地类型，草地面积占研究区总面积的比例最高；此外，黄土高原干旱半干旱气候的特殊性，导致该区域退耕还草效果要优于退耕还林效果，因而草地碳储量在研究期内始终处于最高位置。对于林地及耕地来说，林地碳密度要远高于耕地碳密度，但由于研究区域内耕地面积比例约为林地面积比例的 2.0 倍，使得两者碳储量差距较小。而对于未利用地和建设用地而言，由于植被生物量碳密度及土壤碳密度远小于其他地类，且面积比例较小，因而其碳储量也要远低于其他地类。

表 7.32　退耕工程实施前后黄土高原地区不同地类碳储量　　　　（单位：Tg）

土地利用类型	1990 年	2000 年	2005 年	2010 年	2015 年
耕地	4755.833	4793.978	4709.530	4618.163	4587.937
林地	4156.650	4130.378	4284.166	4317.541	4296.826
草地	5766.237	5741.890	5674.923	5724.172	5710.499
水域	0.000	0.000	0.000	0.000	0.000
建设用地	115.703	125.688	136.678	177.410	204.689
未利用地	368.267	359.377	370.627	340.085	330.101

黄土高原地区草地碳储量呈现出先减少后缓慢回升的变化趋势（表 7.32）。从 1990~2005 年的草地碳储量共减少 91.314 Tg，而从 2005~2010 年增加 49.250 Tg 碳储量，截

至 2015 年草地碳储量又减少至 5710.499 Tg；林地碳储量变化趋势同草地相似，呈现出先减少后增加的变化趋势，稍有不同的是 2000～2005 年林地碳储量增加十分迅速。究其原因，2000～2005 年正处于国家退耕还林工程的大力开展时期，耕地转变为林地面积较多，导致林地碳储量增加较快；而耕地碳储量则呈现出相反的变化趋势，从 1990～2015 年的耕地碳储量先增加后减少，且在 2000～2010 年的 10 年间减少的较多，在 2010～2015 年，随着退耕还林工程逐渐步入管护维持阶段，耕地转为林地趋势放缓，导致这一时期黄土高原地区耕地碳储量缓慢减少。

黄土高原地区未利用地碳储量整体呈现出先增后减的趋势，从 1990～2015 年共减少 38.165 Tg；而建设用地碳储量变化呈现出稳中上升的变化趋势，其主要原因在于随着城镇化进程的加快，建设用地面积逐步增加（表 7.32）。

7.4.2.3 土地利用对碳储量的影响

本研究根据退耕还林工程实施前后的两期碳储量差值来计算研究区域的碳储量变化。基于已有的土地利用类型图和碳密度表，运行 InVEST 模型中陆地生态系统的碳模块，对 1990～2000 年和 2000～2015 年的碳储量进行模拟，使不同土地利用类型碳储量的时空结果直观形象地表达出来，据此结果计算得出黄土高原地区因土地利用类型转换而引发的碳增加和碳流失情况（表 7.33、表 7.34 和图 7.35）。

表 7.33　退耕工程实施前的 1990～2000 年黄土高原地区不同地类碳储量（单位：Tg）

土地利用类型	耕地	林地	草地	水域	建设用地	未利用地	总计
耕地	0.000	9.590	0.187	−4.669	−15.389	−4.970	−15.251
林地	−8.189	0.000	−27.957	−0.471	−1.333	−1.760	−39.710
草地	−0.497	14.306	0.000	−5.198	−2.220	−17.723	−11.332
水域	10.124	1.540	3.194	0.000	0.057	0.716	15.631
建设用地	0.230	0.111	0.034	−0.001	0.000	0.000	0.374
未利用地	5.528	3.378	30.819	−0.847	−0.010	0.000	38.868
总计	7.196	28.925	6.277	−11.186	−18.895	−23.737	−11.420

表 7.34　退耕工程实施后的 2000～2015 年黄土高原地区不同地类碳储量　（单位：Tg）

土地利用类型	耕地	林地	草地	水域	建设用地	未利用地	总计
耕地	0.000	60.899	1.065	−17.862	−105.505	−7.970	−69.373
林地	−20.832	0.000	−27.065	−5.042	−18.273	−9.037	−80.249
草地	−0.862	68.406	0.000	−10.209	−44.169	−34.465	−21.299
水域	15.753	2.967	10.017	0.000	1.724	3.056	33.517
建设用地	20.082	1.842	3.504	−0.071	0.000	0.010	25.367
未利用地	18.045	12.433	63.717	−2.690	−0.321	0.000	91.184
总计	32.186	146.547	51.238	−35.874	−166.544	−48.406	−20.853

耕地。黄土高原地区耕地净碳储量总体上呈现逐渐下降趋势。1990～2000 年黄土高原地区的耕地净碳储量为−8.055 Tg，2000～2015 年的耕地净碳储量为−37.187 Tg，即耕地碳储量在研究时段内均为流失状态，1990～2000 年耕地碳储量流失 8.055 Tg，2000～

2015 年耕地碳储量流失较 1990～2000 年流失量有所增加为 37.187 Tg，耕地碳储量的大幅度减少主要与研究时段内耕地面积的大量缩小有关，综合表 7.33 和表 7.34 分析可得，区域耕地转为建设用地所造成的碳储量流失最大，2000～2015 年耕地转为建设用地所造成的碳储量流失为 105.505 Tg，较 1990～2000 年有明显增加。

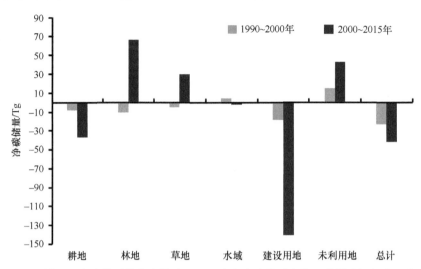

图 7.35 退耕工程实施前后黄土高原地区不同地类净碳储量变化（彩图请扫封底二维码）

林地。黄土高原地区林地净碳储量总体呈现上升趋势，该区域林地净碳储量由 1990～2000 年的–10.785 Tg 上升到 2000～2015 年的 66.298 Tg，即林地碳储量由流失状态转为固存状态，林地碳储量明显增加，这主要是受退耕还林工程大规模实施的影响；综合表 7.33 和表 7.34 分析可得，在黄土高原地区耕地和草地转为林地所造成的林地碳储量增加最为明显，且随着时间的推移呈现增长的趋势。

草地。退耕还林工程全面实施使得研究区草地净碳储量随着时间的推移基本呈现上升趋势。1990～2000 年黄土高原地区草地的净碳储量为–5.055 Tg，即流失状态；2000～2015 年草地净碳储量为 29.939 Tg，即固存状态；可见，草地净碳储量增加主要还是与退耕还林工程实施有着密切的关系。综合表 7.33 和表 7.34 分析可得，该区域草地转为建设用地和未利用地是草地碳储量减少的主要原因，未利用地和水域转为草地所造成的草地碳储量则明显增加。

建设用地。黄土高原地区最近 20 多年的建设用地净碳储量总体呈下降趋势，1990～2000 年建设用地净碳储量为–18.521 Tg，2000～2015 年建设用地净碳储量下降至–141.177 Tg，综合表 7.33 和表 7.34 分析可得，建设用地碳储量的下降主要与建设用地在研究时段内多转为耕地、林地和草地而造成的其面积减少有关。

未利用地。所研究的黄土高原区域未利用地净碳储量在 1990～2000 年和 2000～2015 年两个研究时段内分别为 15.131 Tg 和 42.778 Tg，总体呈现上升趋势。综合表 7.33 和表 7.34 分析可得，未利用地净碳储量增加主要是由于未利用地转为耕地、林地和草地的面积在研究时段内不断增加。

总体而言，黄土高原地区退耕还林工程实施前后净碳储量增加主要集中在林地、草地和未利用地，其中，林地净碳储量最高，其次是未利用土地和草地净碳储量，且这三类土地利用类型净碳储量又高于建设用地和草地净碳储量,究其原因,在退耕还林工程实施前后,相对其他土地利用类型,林地和草地面积明显增加,且未利用地多转为林地和草地,因而这三类土地利用类型净碳储量较高;而对于区域耕地和建设用地,由于部分劣质耕地或坡度较高的耕地转为林地和草地进而耕地面积减少,又由于建设用地上植被生物量碳密度及土壤碳密度小于其他地类,所以这两类土地利用类型净碳储量为负值,且随时间呈现下降趋势(图 7.35)。

7.4.2.4 碳储量的空间分布特征

不同生态系统或土地利用类型固碳量的估算方法为碳储量变化法,即基于生态系统或土地利用类型前后两期的碳储量差值估算黄土高原地区的固碳量。在土地利用类型图和碳密度表的基础上,运行 InVEST 模型下陆地生态系统的碳模块,运用 ArcGIS 10.3制表统计工具(Tabulate Area),对 1990~2000 年、2000~2005 年、2005~2010 年和2010~2015 年黄土高原地区的固碳量进行估算,其时空变化结果详见图 7.36。

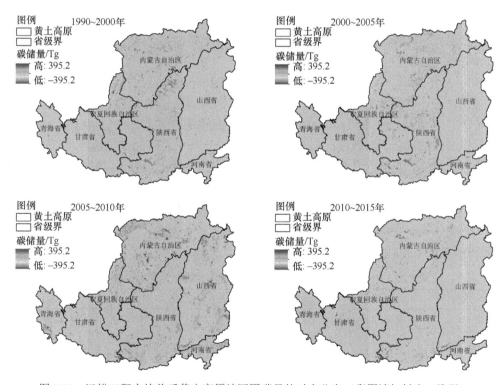

图 7.36 退耕工程实施前后黄土高原地区固碳量的时空分布(彩图请扫封底二维码)

1990~2015 年国家全面实施退耕还林工程前后黄土高原地区总体碳储量处于相对稳定变化不大的态势(图 7.36)。1990~2000 年固碳量的高值区域主要零星分布在陕西北部的榆林市的一些县(区)、宁夏中北部以及相邻的内蒙古区域,固碳量的低值区主要分布于陕西关中地区与内蒙古。自 2000 年以后,本区域固碳量的增加呈集中连片增长趋势,分研究时段来讲,2000~2005 年区域固碳量的高值区域主要分布在陕西中部(咸阳市为代表)和北部(延安市为代表),其次零星分布于甘肃东部以及内蒙古;低值区域较 2000 年前有所衰减，但宁夏和内蒙古仍为其主要分布区域。2005~2010 年，黄土高原所辖的内蒙古和山西北部固碳量呈增加趋势，而固碳量的低值区域主要分布在陕西的延安，且恰巧与 2000~2005 年的固碳量的高值区在空间上呈现一定程度的重合。2010~2015 年，固碳量的高值区与低值区较之前各期有所减少，其固碳量的变化态势较为稳定。

从数值角度而言，黄土高原地区 1990~2015 年的固碳量为–64.55 Tg，表明在该时段本区域为碳源区。以退耕还林工程为代表的生态修复工程实施前，1990~2000 年的固碳量为–22.84 Tg，表明在该时段本区域为碳源区；退耕工程实施之后，2000~2015 年的固碳量为–41.70 Tg，表明在该时段本区域为碳源区。究其原因，虽然退耕还林工程的实施使耕地转换为林地面积增多，碳储量增加，但随着城镇化进程的不断加快，其他各类用地转化为建设用地面积也逐渐增加，导致碳流失严重。

7.4.2.5 碳储量对坡度因子的响应

1）不同坡度级范围的碳储量特征

根据研究区海拔高程的范围，在 ArcGIS 10.3 中将由黄土高原地区 DEM 生成的坡度数据分成 0°~2°、2°~6°、6°~15°、15°~25°、>25°共 5 个不同坡度等级，并依次与 1990~2015 年共 5 期的碳储量栅格图层进行叠加分析，得到各坡度级范围内的碳储量，并经过统计得到黄土高原地区各个坡度级范围内的碳储量数据。

表 7.35 的数据结果表明，1990~2015 年 5 期的数据差距较小，这意味着 25 年间黄土高原地区碳储量在不同坡度的分布情况较为稳定。基于总体的变化趋势，不同时期研究区的碳储量随着坡度的升高均呈现出"下降—上升—下降"趋势，其中，6°~15°范围内碳储量的分布最高，碳储量分布的次高点位于 0°~2°。1990 年碳储量由<2°坡度范围内的 4018.983 Tg 下降至 2°~6°坡度范围内的 2396.999 Tg，随后又在 6°~15°范围内增加到 5119.068 Tg，而碳储量在 15°~25°坡度范围内又下降至 2931.728 Tg，当坡度大于25°时碳储量已下降到 755.492 Tg。

表 7.35　退耕工程实施前后黄土高原地区不同坡度级的碳储量　（单位：Tg）

坡度范围	1990 年	2000 年	2005 年	2010 年	2015 年
0°~2°	4018.983	4020.042	3998.260	4002.570	3984.630
2°~6°	2396.999	2397.301	2400.138	2393.678	2383.661
6°~15°	5119.068	5112.949	5135.182	5130.950	5119.855
15°~25°	2931.728	2925.295	2944.437	2948.645	2942.530
>25°	755.492	755.228	757.370	760.738	758.410

更进一步分析，根据表 7.35 可得到黄土高原地区退耕还林工程实施前后碳储量的变化情况。从 1990~2000 年坡度级小于 2°地区是碳储量增加最多的区域，增加了 1.059 Tg，其次为 2°~6°的区域，仅增加 0.302 Tg。除此之外，其余坡度级范围内的碳储量均减少，尤其是 6°~15°与 15°~25°坡度范围内的区域碳储量分别减少 6.119 Tg 及 6.433 Tg，结合表 7.36 可知，从 1990~2000 年 6°~15°与 15°~25°坡度范围内的耕地占比分别上升0.096%及 0.037%，而相同坡度内的林地草地占比也相应减少，因而该区域碳储量减少

的主要原因可能是耕地对林地、草地的侵占；从 2000～2015 年，0°～6°坡度地区碳储量流失了 49.052 Tg，而 6°～15°、15°～25°和大于 25°坡度范围内的区域碳储量分别增加了 6.906 Tg、17.235 Tg 和 3.182 Tg。

表 7.36　退耕工程实施前后黄土高原不同坡度级的地类占总面积比例　（%）

土地利用类型（1990 年）	0°～2°	2°～6°	6°～15°	15°～25°	>25°	合计
耕地	12.988	6.539	10.100	3.320	0.258	33.205
林地	0.976	1.406	6.239	5.574	2.003	16.198
草地	10.669	7.055	14.022	6.951	1.343	40.04
水域	1.087	0.170	0.120	0.046	0.017	1.44
建设用地	1.612	0.397	0.229	0.042	0.004	2.284
未利用地	5.138	0.986	0.344	0.205	0.159	6.832
土地利用类型（2000 年）	0°～2°	2°～6°	6°～15°	15°～25°	>25°	合计
耕地	13.056	6.603	10.196	3.357	0.259	33.471
林地	0.991	1.401	6.190	5.516	1.997	16.095
草地	10.570	7.005	13.971	6.972	1.353	39.871
水域	1.065	0.168	0.118	0.046	0.016	1.413
建设用地	1.763	0.427	0.243	0.045	0.005	2.483
未利用地	5.024	0.949	0.337	0.203	0.155	6.668
土地利用类型（2015 年）	0°～2°	2°～6°	6°～15°	15°～25°	>25°	合计
耕地	12.846	6.230	9.655	3.070	0.233	32.034
林地	1.047	1.516	6.454	5.702	2.025	16.744
草地	10.288	6.976	14.001	7.035	1.353	39.653
水域	1.050	0.168	0.124	0.047	0.016	1.405
建设用地	2.713	0.748	0.472	0.096	0.013	4.042
未利用地	4.525	0.915	0.349	0.190	0.145	6.124

由 2000 年与 2015 年的不同土地利用类型占比可知，黄土高原地区 0°～6°坡度级范围内的耕地占比减少了 0.583%，并且建设用地占比增加 0.95%，是该坡度范围内碳储量减少的主要原因。同时，随着退耕还林工程的全面实施推进，坡耕地逐步转换为林地或草地，6°～15°、15°～25°和大于 25°坡度范围内林地占比分别增加了 0.264%、0.186%和 0.028%；同时，6°～15°及 15°～25°坡度范围内的草地占比分别增加了 0.03%及 0.063%，而对应耕地占比发生相应减少，从而使得 6°～15°、15°～25°与大于 25°坡度范围内的区域碳储量明显增加。

2）退耕工程实施坡耕地碳储量变化特征

坡耕地转为林地或草地是退耕还林工程实施的主要任务之一，而对不同坡度范围内耕地转为林地或草地碳储量的变化分析可以直观表明该生态工程的实施效果。图 7.37 表示黄土高原地区在退耕还林工程实施的不同阶段由耕地转为林地带来的碳增加量。

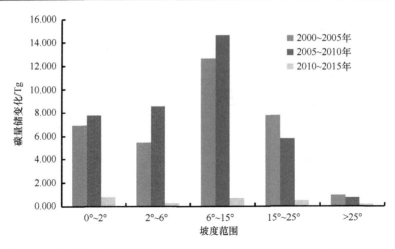

图 7.37　退耕工程实施后黄土高原不同坡度级耕地转为林地的碳储量变化（彩图请扫封底二维码）

总体而言，2000～2010 年黄土高原地区由耕地转为林地带来的碳增加量要明显大于 2010～2015 年的碳增加量，这主要是因为 2010～2015 年属于退耕工程效果维护阶段，已暂停增加退耕地面积，致使碳增加量远低于退耕工程实施的初期。具体来看，耕地转换为林地碳增加最明显的坡度级范围是 6°～15°，其次依次是 2°～6°、0°～2° 和 15°～25°。结合图 7.37 中 2000 年与 2015 年不同地类的占比分析，6°～15° 的耕地转换为林地占比要大于其他坡度耕转换为林地的占比，因而退耕工程实施过程中 6°～15° 坡度级范围内的耕地转换为林地碳增加量最高。

除此之外，可以看出黄土高原地区耕地转变为草地的碳储量增加相对耕地转为林地的碳储量增加较少，其原因在于林地的碳密度要大于草地碳密度，从而造成耕地转为草地碳储量变化较小。但结合耕地转变为林地带来的碳增加，退耕还林工程实施对碳储量的增加仍产生了显而易见的效果。

7.4.3　长江中上游碳储量的时空特征

7.4.3.1　碳储量的时空动态变化

从时间系列变化角度分析，1990～2015 年长江中上游地区碳储量总体呈现先减少后增长再较少的趋势，不同地类的相互转换导致生态系统碳储量净增加 9.34 Tg（图 7.38）。该区域就退耕还林工程实施之前的碳储量变化而言，1990～2000 年碳储量从 46 899.49 Tg 下降到 46 833.03 Tg，其年均变化率为 –1.42%；而工程实施以来，研究区的碳储量从 2005 年的 46 806.21 Tg 上升至 2010 年的 46 994.53 Tg，截至 2015 年碳储量较 2010 年减少约 85.69 Tg；究其原因，2000～2007 年是退耕还林工程推进的关键阶段，而到 2007 年退耕还林工程范围已基本暂停扩大，进入退耕工程效果巩固阶段，加之植被老化、复耕及城镇化推进等干扰因素的影响，致使研究区碳储量在 2010～2015 年略有下降。

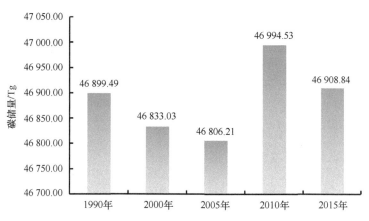

图 7.38　退耕工程实施前后长江中上游地区碳储量变化

从空间尺度角度来看，图 7.39 展示了 1990～2015 年退耕还林工程实施前后长江中上游地区的累计碳储量的空间分布情况。结果显示，长江中上游地区 1990～2015 年碳储量空间分布基本一致，且变化相对较为稳定。其中，区域内碳储量高值区域主要集中分布于湖北的中西部、湖南和江西的中南部，且碳储量高值区域皆为森林覆盖的主要区域，碳密度值大，固碳能力强；区域内碳储量低值区域集中位于长江流域的上游区域，主要位于青海的西南部、四川的西北部与东部、重庆、湖北的东部以及江西的北部，以上地区的土地利用类型多为沙地、戈壁、荒滩、建设用地，森林面积所占比例相对较小，固碳能力较弱。

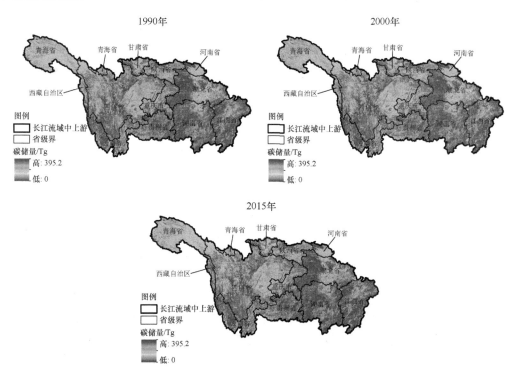

图 7.39　退耕工程实施前后长江中上游地区碳储量的空间分布（彩图请扫封底二维码）

从空间演变来看，1990～2015 年本研究区碳储量低值区范围在一定程度上有所紧缩，高值区范围有所扩大，即长江发源地、湖南和江西的碳储量值有所增加，这种变化尤其在 2000～2015 年的 15 年期间尤为显著。这与中国 20 世纪 90 年代末开展实施的天然林保护、长江防护林工程、退耕还林、小流域综合治理工程等生态修复工程密切相关，通过采取禁伐和人工种植的方式，实现天然林的恢复以及植被的重建，最终实现林地面积比例的增加。

7.4.3.2 不同土地利用的碳储量变化

基于 InVEST 模型碳储量运算结果，利用 ArcGIS 10.3 分区统计功能得到长江中上游地区 1990 年、2000 年、2005 年、2010 年和 2015 年不同地类退耕还林工程实施前后的碳储量，进而对耕地、林地、草地、建设用地及未利用地碳储量的时间变化规律进行分析。由于假设水域碳储量为 0.000，故在这里不做进一步论述和分析。

表 7.37 的数据结果显示，从 1990～2015 年长江中上游地区碳储量集中分布在林地，占年总碳储量的 58.57% 以上，其次是草地和耕地，占 39.18% 以上，而未利用地和建设用地的碳储量仅占 1.45% 左右，远低于前三类地类的碳储量。

表 7.37 退耕工程实施前后长江中上游地区不同地类碳储量变化 （单位：Tg）

土地利用类型	1990 年	2000 年	2005 年	2010 年	2015 年
耕地	9 591.697	9 558.973	9 492.142	9 387.846	9 316.093
林地	27 486.332	27 429.529	27 483.282	27 880.403	27 839.732
草地	9 155.182	9 161.595	9 135.131	9 069.866	9 064.623
水域	0.000	0.000	0.000	0.000	0.000
建设用地	127.304	142.095	158.222	200.121	232.962
未利用地	538.979	540.834	537.435	456.293	455.426
总计	46 899.494	46 833.026	46 806.213	46 994.529	46 908.835

由表 7.37 的数据结果显示，长江中上游地区林地碳储量呈现出先减后增再减少的变化趋势。1990～2000 年该区域林地碳储量下降了约 56.80 Tg，而到 2005 年上升了 53.75 Tg，至 2010 年林地碳储量达到高峰，约 27 880.40 Tg；由于 2015 年林地面积减少导致碳储量相应减少 40.67 Tg。

长江中上游区域无论是退耕还林工程实施之前的 1990～1999 年，还是退耕工程实施之后的 2000～2015 年，区域耕地及草地碳储量均呈现出逐步下降的变化趋势，而草地碳储量的下降速率要高于耕地，这一变化原因主要在于该地区耕地及草地面积的同趋势下降，多数转化为林业等用地（表 7.37）。

近 25 年来长江中上游区域未利用地碳储量整体要高于建设用地碳储量（表 7.37）。从 1990～2005 年未利用地碳储量变化较小，而到 2010 年和 2015 年分别下降到 456.29 Tg 和 455.43 Tg；而区域建设用地碳储量呈现出稳中上升的趋势，从 1990～2015 年共增加 105.66 Tg 碳储量，其主要原因在于随着城镇化的发展，建设用地面积逐步增加。

结合图 7.40 可以看出，形成这一分布格局的主要原因在于长江中上游地区林地占区域总土地面积比例最高，加之当地降水充沛、气候温暖，其自然条件的优越性造就了相对丰富的森林资源及强碳储存能力。与此同时，可以看出所在区域耕地碳储量要略高于草地碳储量，这主要缘于耕地面积大于草地。而对于未利用地和建设用地而言，由于植被生物量碳密度及土壤碳密度远小于其他地类，并且所占地面积也相对较小，因而其碳储量也要远低于其他地类。

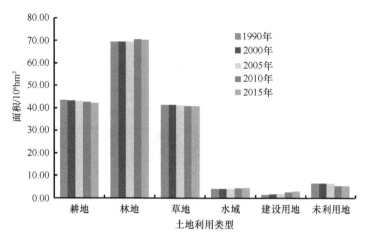

图 7.40　退耕工程实施前后长江中上游地区不同土地利用类型的面积变化（彩图请扫封底二维码）

7.4.3.3　土地利用变化对碳储量的影响

基于长江中上游地区 1990 年、2000 年和 2015 年 3 期土地利用数据，运用 ArcGIS 10.3 软件生成得到 1990～2000 年和 2000～2015 年两期土地利用转移矩阵，并在此基础上，结合长江中上游地区的碳密度表，计算得出因土地利用类型转换而造成的碳储量增加或碳储量情况，结果如表 7.38、表 7.39 和图 7.41 所示。

表 7.38　退耕工程实施前长江中上游地区不同地类碳储量的变化　（单位：Tg）

土地利用类型	耕地	林地	草地	水域	建设用地	未利用地	总计
耕地	0.000	14.475	0.027	−21.533	−23.106	−0.046	−30.183
林地	−19.290	0.000	−39.296	−7.791	−7.165	−0.195	−73.737
草地	−0.074	23.011	0.000	−2.138	−0.550	−2.527	17.722
水域	9.546	0.774	3.074	0.000	0.265	1.597	15.256
建设用地	0.241	0.066	0.024	−0.017	0.000	0.000	0.314
未利用地	0.055	0.291	1.211	−0.495	0.000	0.000	1.062
总计	−9.522	38.617	−34.960	−31.974	−30.556	−1.171	−69.566

耕地。研究期间长江中上游地区耕地净碳储量总体上呈现上升趋势。1990～2000 年该区域的耕地净碳储量为−39.705 Tg，2000～2015 年的耕地净碳储量为−4.342 Tg，即耕地碳储量在研究时段内分别净流失 39.705Tg 和 4.342 Tg；综合表 7.38 和表 7.39 分析可得，耕地转为水域和建设用地所造成的碳储量流失最大，2000～2015 年耕地转为水域所造成的碳储量流失为 118.456 Tg，较 1990～2000 年净增长了 96.923 Tg，这主要与研究时段内耕地转水域和建设用地所造成的耕地面积减少有密切关系（图 7.40）。

表7.39　退耕工程实施后长江中上游地区不同地类碳储量变化　　　（单位：Tg）

土地利用类型	耕地	林地	草地	水域	建设用地	未利用地	总计
耕地	0.000	68.856	0.164	−118.456	−17.480	−2.066	−68.982
林地	−64.451	0.000	−36.703	−68.732	−98.528	−16.023	−284.437
草地	−0.188	55.473	0.000	−41.693	−12.101	−65.948	−64.457
水域	70.534	50.196	29.076	0.000	4.028	7.571	161.405
建设用地	57.355	18.228	2.700	−2.341	0.000	0.005	75.947
未利用地	1.390	18.949	19.969	−12.628	−0.011	0.000	27.669
总计	64.640	211.702	15.206	−243.850	−124.092	−76.461	−152.855

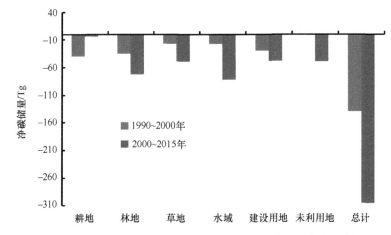

图7.41　退耕工程实施前后长江中上游地区不同土地利用类型净碳储量变化（彩图请扫封底二维码）

林地。研究时段长江中上游地区林地净碳储量总体呈现下降趋势，即林地净碳储量由1990～2000年的−35.12 Tg减少到2000～2015年的−72.735 Tg，但与1990～2000年相比，2000～2015年耕草地转为林地所造成的林地碳储量净增加173.085 Tg；综合表7.38和表7.39分析可得，1990～2000年林地转为耕地和草地所造成的碳储量流失较多，2000～2015年，由于城镇化发展迅速，林地转为建设用地所造成的林地碳储量减少最为明显，约占总流失量的35.0%，其次是林地转为水域所造成的碳储量减少，约占24.0%，从而致使林地的净碳储量为负值。

草地。研究区草地净碳储量1990～2000年和2000～2015年分别为−17.238 Tg和−49.251 Tg；综合表7.38和表7.39分析可得，草地碳储量减少主要是因为林地较多转为草地，且林地碳密度要大于草地，在2000～2015年研究时段内，虽然未利用地和水域转为草地所造成的草地碳储量有所增加，但社会经济和城镇化的不断快速发展，使草地更多转为建设用地和未利用地，即草地净碳储量依旧为负值。

建设用地。综合表7.38和表7.39分析可得，与1990～2000年相比，2000～2015年长江中上游地区建设用地碳储量增加75.947 Tg，主要与其转为耕地和林地面积有关，但从碳储量流失方面来看，建设用地碳储量研究时段内流失量为124.092 Tg，这主要与研究区城镇化发展速度较快有关。

未利用地。长江中上游地区未利用地净碳储量在1990～2000年和2000～2015年两个研究时段内分别为−0.109 Tg和−48.792 Tg，总体呈现下降趋势，由表7.38和表7.39

分析可得，该区域未利用地净碳储量较少主要是由于耕地、林地和草地转为未利用地的面积在研究时段内不断增加，从而造成未利用地碳储量的减少。

综上所述，虽然长江中上游地区各土地利用类型净碳储量值为负，但就林地和草地本身而言，2000~2015 年研究时段较 1990~2000 年时段相比，其碳储量均有显著增加，其中林地碳储量增加最为明显，净增加 173.085 Tg，究其原因，在退耕还林工程实施前后，相对其他土地利用类型而言，林地和草地面积明显增加，因而土地利用类型净碳储量较高；而对于耕地、建设用地和未利用地，由于部分劣质耕地或坡度较高的耕地转为林地和草地进而耕地面积减少，也因为建设用地和未利用地上植被生物量碳密度及土壤碳密度小于其他地类，而且受城镇化迅速扩张影响其面积有所减少，所以这三类土地利用类型碳储量随时间呈现不同程度的下降趋势（图 7.41）。

7.4.3.4　碳储量的空间分布特征

在土地利用类型图和碳密度表的基础上，运行 InVEST 模型下陆地生态系统的碳模块，并进行制表统计，对 1990~2000 年、2000~2005 年、2005~2010 年和 2010~2015 年 4 个时间段长江中上游地区的固碳量进行估算，其时空结果变化详见图 7.42。

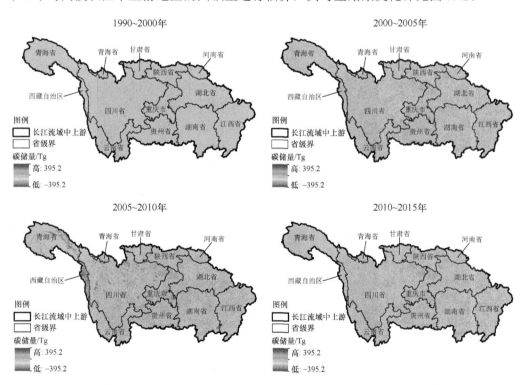

图 7.42　退耕工程实施前后长江中上游地区固碳量的时空分布（彩图请扫封底二维码）

由图 7.42 所显示的结果表明，研究时段长江中上游地区总体碳储量处于变化显著的态势。1990~2000 年，固碳量的高值与低值区域零星分布于研究区内，并未呈现出一定的高值/低值的集聚连片效应；自 2000 年以后，研究区各省固碳量的高值和低值区域数量较退耕还林工程实施之前有了明显的增加。

按照研究时段来讲，2000～2005 年，研究区一定程度上表现出高值与低值区交错分布，这种空间分布更多地呈现出"撒胡椒面""摊大饼"的状态，表明本区域的不同用地类型之间的转化较为复杂；2005～2010 年，辖区固碳量的高值区域在部分区域表现出集中连片的空间分布状态，比如西藏与四川交界处、重庆东南角、湖南与江西交界处，而固碳量的低值区域主要集中分布在四川，尤其是在低山、丘陵、盆地和平原地带；2010～2015 年，固碳量的高值区与低值区较之前各期有所减少，其固碳量的变化态势较为稳定。

从数值角度而言，1990～2015 年长江中上游地区的固碳量为 6.874 Tg，表明在该时段本区域为碳汇区。以退耕还林工程为代表的生态修复工程实施之前的 1990～2000 年，区域固碳量为–66.467 Tg，表明在该时段本区域为碳源区；退耕和天保等生态工程实施之后，2000～2015 年的总固碳量为 73.342 Tg，表明在该时段本区域为碳汇区。进一步细分研究时段而言，2000～2005 年、2005～2010 年和 2010～2015 年，其固碳量分别为–29.265 Tg、190.748 Tg 和–88.142 Tg，即依次为碳源区、碳汇区和碳源区。

7.4.3.5 碳储量对坡度因子的响应

1）不同坡度范围的碳储量特征

根据研究区海拔高程的范围，在 ArcGIS 10.3 平台上将由长江中上游地区 DEM 生成的坡度数据分成 0°～2°、2°～6°、6°～15°、15°～25°和>25°共 5 个不同坡度等级，并依次与 1990 年、2000 年、2005 年、2010 年和 2015 年共 5 期的碳储量栅格图层进行叠加分析，得出区域各坡度级范围内的碳储量，并经过统计得到长江中上游区域各个坡度级范围内的碳储量数据。据表 7.40 统计结果可知，基于总体的变化趋势，退耕工程实施前后不同时期长江中上游地区的碳储量随着坡度的升高均呈现出稳中上升的趋势，尤其在坡度大于 25°区域内碳储量要远高于其他坡度范围。

表 7.40 退耕工程实施前后长江中上游地区不同坡度级碳储量变化 （单位：Tg）

坡度	1990 年	2000 年	2005 年	2010 年	2015 年
0°～2°	2 584.392	2 564.288	2 534.511	2 508.467	2 485.454
2°～6°	4 493.337	4 477.701	4 458.719	4 440.954	4404.371
6°～15°	7 408.064	7 399.638	7 396.008	7 412.130	7 388.427
15°～25°	7 762.051	7 757.434	7 762.510	7 811.900	7 807.080
>25°	24 647.548	24 629.864	24 647.912	24 816.959	24 816.935

进一步分析，可得到退耕还林工程实施前后长江中上游地区碳储量的变化情况。从 1990～2000 年 0°～2°、2°～6°、6°～15°、15°～25°和>25°坡度范围内的碳储量均减少，尤其是坡度 0°～2°的区域碳储量减少最多，约为 20.105 Tg；其次分别是坡度大于 25°和 2°～6°范围内碳储量的减少，其值分别为 17.684Tg 和 15.636 Tg；其余坡度级范围内的碳储量损失均小于 10.000 Tg。结合表 7.41 可知，1990～2000 年坡度大于 25°范围内的耕地面积占比增长了 0.021%，而相同坡度内的林地占比减少了 0.054%，这是造成该坡度范围碳减少的主要原因。从 2000～2015 年，0°～2°、2°～6°和 6°～15°坡度地区碳

储量分别流失 78.834 Tg、73.33 Tg 和 11.211 Tg；而 15°~25°和>25°坡度范围内的碳储量分别增加了 49.646 Tg 和 187.071 Tg。

表 7.41　退耕工程实施前后长江中上游地区不同地类面积的坡度级配比　　（%）

土地利用类型（1990 年）	0°~2°	2°~6°	6°~15°	15°~25°	>25°	合计
耕地	5.031	5.715	5.736	3.704	5.933	26.119
林地	0.435	2.258	5.772	7.290	26.022	41.777
草地	0.817	2.064	3.796	4.156	13.959	24.792
水域	0.983	0.817	0.336	0.119	0.174	2.429
建设用地	0.420	0.329	0.140	0.047	0.044	0.98
未利用地	0.680	0.758	0.612	0.475	1.376	3.901
土地利用类型（2000 年）	0°~2°	2°~6°	6°~15°	15°~25°	>25°	合计
耕地	4.968	5.677	5.725	3.706	5.954	26.030
林地	0.432	2.248	5.763	7.281	25.968	41.692
草地	0.816	2.059	3.793	4.156	13.986	24.810
水域	1.004	0.822	0.338	0.120	0.176	2.460
建设用地	0.463	0.371	0.158	0.053	0.049	1.094
未利用地	0.685	0.764	0.614	0.475	1.375	3.913
土地利用类型（2015 年）	0°~2°	2°~6°	6°~15°	15°~25°	>25°	合计
耕地	4.723	5.506	5.629	3.660	5.852	25.37
林地	0.422	2.193	5.783	7.411	26.506	42.315
草地	0.809	2.066	3.816	4.137	13.720	24.548
水域	1.110	0.858	0.360	0.135	0.215	2.678
建设用地	0.657	0.611	0.322	0.110	0.094	1.794
未利用地	0.646	0.708	0.481	0.339	1.122	3.296

　　结合 2000 年与 2015 年的长江中上游地区不同地类占总面积比例可知，0°~6°坡度范围内的耕地及林地面积占比分别减少 0.416%及 0.065%，同时建设用地占比增加 0.434%，由此可初步判断区域城镇化的深入发展是占有部分土地而造成坡度较缓区域碳储量减少的主要原因。

　　同时，随着在长江中上游地区国家退耕还林工程的全面实施推进，比较陡峭的坡耕地逐步转换为林地或草地，使得 6°~15°、15°~25°和>25°坡度范围内林地面积占比分别增加 0.02%、0.13%和 0.538%，对应坡度范围内的耕地、草地及未利用地面积占比相应减少，加之林地碳密度是所有用地类型碳密度最大的一类，从而促使该坡度范围内的碳储量增加。

2）退耕还林工程实施背景下坡耕地碳储量变化特征

　　长江中上游地区退耕还林工程的不同实施阶段由耕地转为林地带来的碳增加量（图 7.43）。

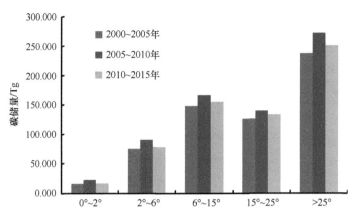

图 7.43 退耕工程实施前后长江中上游不同坡度级耕地转为林地的碳储量变化（彩图请扫封底二维码）

显而易见，2005～2010 年长江中上游地区的碳增加量要大于 2000～2005 年和 2010～2015 年的碳增加量；同时，耕地转为林地碳增加较为明显的坡度范围是 6°～15°、15°～25° 及 >25°。仅仅就碳储量变化来看，长江中上游地区退耕还林工程实施效果在实施初期并不明显，而是在中后期逐步突显，并且在 2007 年第一轮退耕还林工程结束后，工程效果仍得以维护与巩固。与此同时，高坡度范围内的林地面积和碳储量的明显增加也再次印证了该工程的生态效果。

除此之外，结合表 7.42 可以看出长江中上游不同坡度范围内耕地转为草地的碳储量增加相对较少，其情况类似于黄土高原不同坡度范围内耕地转为草地的碳储量的减少，两者均因林地的碳密度大于草地碳密度，从而耕地转为草地碳储量变化量不显著。

表 7.42　退耕工程实施后长江中上游不同坡度级耕地转为草地碳储量变化　（单位：Tg）

指标	0°～2°	2°～6°	6°～15°	15°～25°	>25°
2000～2005 年	0.023	0.091	0.243	0.308	0.841
2005～2010 年	0.027	0.103	0.276	0.345	0.933
2010～2015 年	0.021	0.086	0.237	0.303	0.834

7.4.4　小结

基于 ArcGIS10.3 平台运用 InVEST 模型对退耕工程实施前后 1990 年、2000 年、2005 年、2010 年和 2015 年 5 期的黄土高原地区与长江中上游区域的碳储存进行定量评估和时空动态分析。1990～2015 年黄土高原碳储量总体呈现 1990～2000 年下降、2000～2005 年上升、2005～2010 年快升和 2010～2015 年下降的趋势。1990～2015 年退耕工程实施前后黄土高原地区的累计碳储量的空间分布基本一致且较为稳定，高值区主要分布于陕北南部和秦岭北麓，以及山西中条山、吕梁山、太岳山等主要山系，低值区位于黄土高原的内蒙古、陕西榆林、宁夏西部与北部等沙漠、沙地和荒滩生态脆弱区。1990～2015 年该区域碳储量低值区范围逐渐紧缩，高值区范围有所扩大，2000～2015 年间尤为显著，这与国家大规模实施的一系列生态修复工程密切相关。辖区退耕工程实施前后净碳储量增加主要集中在林地、草地和未利用地，其中，林地净碳储量最高，其次是未利用土地和草地净碳储量，且这三类土地利用类型净碳储量又高于建设用地和耕地净碳储量。

1990～2015年辖区碳储量在不同坡度级的分布较为稳定,不同时期碳储量随着坡度的升高均呈现出"下降-上升-下降"趋势,其中6°～15°坡度级范围内碳储量的分布最高,碳储量分布的次高点位于0°～2°坡度级范围。

1990～2015年长江中上游地区碳储量总体呈现先减少后增长再较少的趋势,不同地类的相互转换导致生态系统碳储量净增加9.34 Tg;辖区25年间碳储量空间分布较为显著,其中高值区集中分布于湖北中西部、湖南和江西的中南部,低值区主要位于青海的西南部、四川的西北部与东部、重庆、湖北的东部以及江西的北部。1990～2015年辖区碳储量低值区范围有一定的紧缩,高值区范围有所扩大,即长江发源地、湖南和江西的碳储量值有所增加。长江中上游各地类净碳储量值为负,但就林地和草地而言,退耕工程实施前后其碳储量均有显著增加,其中林地和草地碳储量增加最为明显。1990～2000年 0°～2°、2°～6°、6°～15°、15°～25°和>25°坡度范围内的碳储量均减少,尤其是坡度0°～2°范围内区域碳储量减少最多,其次是坡度大于25°和2°～6°范围内碳储量的减少;2000～2015年的长江中上游地区随着退耕工程的推进,坡耕地逐步转换为林地或草地,使得6°～15°、15°～25°和>25°坡度范围内林地面积占比增加,从而促使该坡度范围内的碳储量增加。

7.5　本 章 小 结

基于1990～2000年和2000～2015年国家退耕还林工程实施前后及其不同时间段土地利用类型的变化,尤其是退耕工程实施使得耕地转化为林地或草地,或者耕地与建设用地、水域和未利用地等不同土地利用类型的相互转换,无论在半干旱的黄土高原地区,还是在湿润的长江中上游地区,退耕工程的全面实施和持续推进对区域生态系统土壤保持、水源涵养、生境质量及碳储量的影响十分显著,而且以正向影响为主,退耕工程实施综合效益或效应在自然条件越严酷的区域作用或功能越明显。

(1)退耕还林工程实施对区域土壤保持的影响。使用修正的通用土壤流失方程(RUSLE)对黄土高原和长江中上游地区退耕还林工程实施前后土壤侵蚀及土壤保持服务功能进行分析,退耕还林工程实施之前,黄土高原与长江中上游地区土壤侵蚀严重,土壤保持能力逐渐下降,随着退耕还林工程的逐步实施,均促进黄土高原和长江中上游地区土壤保持能力的提升,黄土高原地区的土壤保持总量由2000年的225.558×10^8 t上升至2015年的238.880×10^8 t,长江中上游地区土壤保持总量则由2000年的921.906×10^8 t提升至2015年的962.402×10^8 t;从空间分布来看,土壤保持能力高值与低值的分布情况与各研究区降水情况以及土地利用类型呈高度相关。从土地利用类型来看,退耕还林工程的实施使林地和草地面积明显增加,从而提升了区域土壤保持能力,减轻了土壤侵蚀。同时由于退耕工程实施的重点是针对坡耕地,导致土壤保持能力在不同坡度范围空间差异明显,高坡度范围土壤保持总量增加更为明显。

(2)退耕还林工程实施对区域水源涵养的影响。基于InVEST模型对区域产水量的计算,进而通过修正模型计算得到区域的水源涵养。退耕还林工程尚未实施的 1990～2000年,黄土高原和长江中上游地区的水源涵养能力均逐渐下降;随着工程的逐步实施,各研究区的水源涵养能力开始回升,水源涵养能力提升显著时期均为 2005～2010年;

2010~2015 年，黄土高原水源涵养总量有缓慢提升，而长江中上游地区在该时期的水源涵养总量却有显著下降。从空间分布角度来看，水源涵养能力的高低与各研究区土地利用类型占比以及土壤类型呈高度相关，水源涵养能力高值区多分布在水资源丰富、森林覆盖率高以及土壤蓄水能力强的地区。就两个研究区对比来看，长江中上游地区由于降水和土壤类型等条件的差异，水源涵养能力明显高于黄土高原地区。退耕工程的实施使得长江中上游地区水源涵养能力超过了 1990 年的水平，而黄土高原 2015 年的水源涵养总量却并没有恢复到 1990 年的水平。

（3）退耕还林工程实施对区域生境质量的影响。国家退耕还林还草工程实施对生境质量的影响研究表明，工程实施 10 多年期间，均使得黄土高原和长江中上游地区的生境质量提到了有效的提升，且由耕地退为林地和草地是促使黄土高原和长江中上游地区生境质量提升的最主要因素。退耕工程实施之前的 1990~2000 年期间，黄土高原和长江中上游地区，生境无退化区面积增加不明显，生境轻度退化区面积减少，且生境中度退化、高度退化和极严重退化区面积均有明显增加，生境退化程度逐渐加重；而在退耕还林还草工程实施后的 2000~2015 年，黄土高原地区和长江中上游地区的一般生境面积分别下降了 $26.1×10^4$ hm^2 和 $95.56×10^4$ hm^2，极重要生境面积分别增加了 $48.47×10^4$ hm^2 和 $88.24×10^4$ hm^2，生境状况得到明显改善，生境质量得到显著提升。

（4）退耕还林工程实施对区域碳储量的影响。全国的大面积退耕还林工程全面的实施近 20 年期间，显著地促进了黄土高原地区、长江中上游地区碳储量和固碳量的增加，实现了由工程实施前的碳源区向工程实施后的碳汇区的转变。从空间角度讲，一方面，碳储量的高值与低值的分布情况，与各研究区的土地利用类型及面积大小呈高度相关；另一方面，黄土高原地区因生态修工程的实施，其生态修复效果表现出较强的地域针对性；反观长江中上游地区，工程实施效果表现出一定程度的"撒胡椒面""摊大饼"。黄土高原地区的碳储量/固碳量值远低于长江中上游地区，且两个研究区域的碳储量/固碳量显著增长的时间段不同。在黄土高原地区，该指标于退耕还林工程的实施初期的 2000~2005 年增长迅速；而在长江中上游地区，该指标于工程实施后期的 2005~2010 年增速较大。2010~2015 年，两个区域的碳储量/固碳量较前期相比，均有所下降；由于黄土高原和长江中上游地区不同坡度级土地利用类型分布存在差异性，导致不同研究时段内耕地转为林地的碳储量数值的高低不同，即黄土高原地区耕地转为林地碳增加较为明显的坡度范围是 6°~15°，而长江中上游地区耕地转为林地碳增加较为明显的坡度范围是 6°~15°、15°~25°及＞25°。

第8章 退耕还林工程政策优化与效率提升

国家退耕还林工程实施绩效、效益或效应评估分析的主要目的在于不仅在区域层面而且在国家层面实现政策的改进与优化。新一轮退耕还林政策主张"农民自愿，政府引导，自下而上，上下结合"（张朝辉等，2015），其中着重强调尊重农民主体地位、尊重地区实际情况。一项政策实施的前提是政策成本效益最大化（陶然等，2004；易福金等，2006），新一轮退耕还林政策的实施亦当如此。在农户自愿参与退耕还林的新方式下，新一轮退耕还林政策如何开展以更高效地达到改善生态环境等目标（韩洪云和喻永红，2012）成为亟待解决的新课题，在国家分配给退耕还林工程的计划、任务和资金有限的前提下，为使工程成本—效益达到最大化，合理解决资金分配问题具有重要意义。2015年《关于新一轮退耕还林还草方案的通知》中提出了重要水源地15°～25°的坡耕地也要优先退耕。随着退耕还林工程的逐步推进，退耕坡度标准也需要根据实施情况来进行适时的调整（刘尧文和沙晋明，2016；童晓伟等，2014；张梅玲和徐睿择，2018）。另外，退耕的坡耕地区域范围和规模大小也是退耕还林政策实施需要衡量和测度的关键问题。由此可见，国家退耕还林工程的进一步实施不仅涉及工程技术问题，也涉及包括区域选择、实施规模以及坡度选择，还涉及资金管理等诸多方面的内容。

本章内容将在国家层面依次从退耕还林工程实施的区域选择、规模测度、坡度模拟和补贴标准4个方面对退耕政策进一步实施的最优效果展开研究。

8.1 退耕还林工程实施区域选择

8.1.1 指标选取

基于成本—生态环境脆弱性的角度考虑指标体系的构建，成本既作为一级指标也作为二级指标，根据成本构建的三级指标有人工成本以及农户退耕还林的机会成本，采用农民人均纯收入反映人工成本，采用农户人均耕地收入反映农户退耕还林的机会成本。近年来，学者主要从两个角度来评价生态环境脆弱性，一是从自然因素和人为因素进行评价（徐庆勇等，2013；张学玲等，2018），另一种是从生态脆弱性的成因及结果进行评价（郭泽呈等，2019；徐庆勇等，2011）。基于以上两种角度，根据生态脆弱性构建二级指标资源条件、气象条件、生态压力以及环境条件。在资源条件中采用 FVC（fractional vegetation coverage）反映植被覆盖率，其在归一化植被指数（NDVI）基础上改进得到（Gutman and Ignatov，1998；Zeng and Robert，2000），表示单位面积内植被在地面投影面积的占比（Anatoly et al.，2002）；在生态压力中采用植被降水利用率 RUE（rainfall utilization efficiency），是植被生产力对降水量相应的指标。其对于植被和土壤退化程度的敏感性非常强（刘焕军等，2009），可以体现土地荒漠化的具体程度。具体的指标体系内容见表8.1。

表 8.1 生态环境脆弱性评价指标体系

一级指标	二级指标	三级指标	单位
成本	成本	农民人均纯收入 A_1	万元/a
		人均耕地收入 A_2	元/hm^2
生态环境脆弱性	资源条件	植被覆盖率（FVC） A_3	%
		草原面积占比 A_4	%
	气象条件	年降水量 A_5	mm
		年均气温 A_6	℃
		平均相对湿度 A_7	%
		最大风速 A_8	m/s
		日照时数 A_9	h
	生态压力	人口密度 A_{10}	人/km^3
		土地荒漠化（RUE） A_{11}	—
		人均耕地面积 A_{12}	hm^2/人
		乡村人口占比 A_{13}	%
	环境条件	碳储存量 A_{14}	10^{4}t
		坡度 A_{15}	°
		坡向 A_{16}	—

8.1.2 模型构建

8.1.2.1 灰色关联度模型

灰色关联模型（grey relational model，GRM）的基本思想是根据参考序列和多个比较序列的相似程度来判断序列间的关联程度（贺祥等，2016；王鸥和何秉宇，2018），计算各指标在退耕还林工程实施的成本和对生态脆弱的影响程度。单一指标与其他指标灰色关联度越高，则该指标在整个指标体系中权重就越大（石春娜等，2017）。

在本文构建指标体系的基础上，采用灰色关联模型计算出三级指标和二级指标的权重，提取权重排名前三的主因子，计算步骤如下：

1）数据标准化处理

在指标体系中，各个指标的量纲不同，为了消除指标量纲的影响，采用 Max-Min 法对数据进行标准化，其标准化公式如下：

$$y_{ij} = \frac{x_{ij} - \min(x_{ij})}{\max(x_{ij}) - \min(x_{ij})}, i=1,2,\cdots,n, j=1,2,\cdots,m \tag{8.1}$$

式中，r_i 为样本个数；m 为指标个数。

2）灰色关联度计算

把 $y_i(j_1)$ 当作参考序列，计算任意 $y_i(j_1)$ 和 $y_i(j_2)$ 的灰色关联度 $r[x_i(j_1), x_i(j_2)]$，并计算 $y(j_1)$ 与其他指标向量的灰色关联度 r_{j1}，其计算公式如下：

$$r[y_i(j_1), y_i(j_2)] = \frac{\min\limits_{j_2}\min\limits_{i}|y_i(j_2) - y_i(j_1)| + \rho[\max\limits_{j_2}\max\limits_{i}|y_i(j_2) - y_i(j_1)|]}{|y_i(j_2) - y_i(j_1)| + \rho[\max\limits_{j_2}\max\limits_{i}|y_i(j_2) - y_i(j_1)|]} \tag{8.2}$$

$$r_{j_1} = \frac{1}{n}\sum_{i=1}^{n} r[y_i(j_1), y_i(j_2)] \tag{8.3}$$

式（8.2）和式（8.3）中，j_1，j_2=1，2，$\cdots$，m；i=1，2，$\cdots$，n；j_1 和 j_2 分别为第 j_1 个指标向量和第 j_2 指标向量，ρ 为分辨系数，一般取值为 0.5（贺样等，2016）。

3）计算三级指标以及二级指标的权重

$$\omega_j = r_j \Big/ \sum_{j=1}^{m} r_j \tag{8.4}$$

$$W_k = \sum_{j=1}^{K} \omega_{kj} \tag{8.5}$$

式中，ω_j 为第 j 个三级指标的权重；W_k 为第 k 个二级指标的权重；K 为二级指标个数。

根据二级指标权重，取排名前三的二级指标作为主因子，计算主因子中所有指标的占比。将三个主因子 F_1、F_2 和 F_3，以 F_1 为例计算主因子中所有三级指标的权重。设根据灰色关联模型计算得到 F_1 的灰色关联阵为 $G_{l_1 \times l_2}$，根据灰色关联阵 G 计算 F_1 中三级指标权重，其计算公式如下：

$$G = \begin{pmatrix} g_{11} & g_{12} & \cdots & g_{1l_2} \\ g_{21} & g_{22} & \cdots & g_{2l_2} \\ \vdots & \vdots & \vdots & \vdots \\ g_{l_1 1} & g_{l_1 2} & \cdots & g_{l_1 l_2} \end{pmatrix} = \begin{pmatrix} G_1 \\ G_2 \\ \vdots \\ G_{l_2} \end{pmatrix}' \tag{8.6}$$

$$p_l = \frac{1}{l_1}\sum_{i=1}^{l_1} G_i \tag{8.7}$$

$$w_l = p_l \Big/ \sum_{l=1}^{l_2} p_l \tag{8.8}$$

式中，l_1 为 F_1 中三级指标的个数；l_2 为所有三级指标的个数；w_l 为主因子 F_1 中第 l 个指标的权重；p_l 为第 l 个指标与主因子 F_1 的关联系数向量。

8.1.2.2　Topsis 模型构建

逼近理想解排序法（dechnique for order preference by similarity to ideal solution，TOPSIS 法）是一种理想目标相似性的顺序选优技术，通过归一化的数据矩阵计算目标与理想解和反理想解之间的距离，计算其与理想解的贴进度，然后按照贴进度大小进行排序，以此作为目标优劣的评价标准（周迎雪等，2016；匡丽花等，2018）。因此，基于 TOPSIS 贴近度思想，可对退耕还林政策区域进行优先度排序。基于贴进度进行区域选择的步骤如下：

（1）数据规范化。

Topsis 模型构建的规范化计算方法同为公式（8.1）。

（2）计算加权矩阵。

根据灰色关联模型计算指标的权重，然后计算指标加权矩阵 $R_{n \times m}$。

$$R = y_{ij} * \omega_j, i = 1, 2, \cdots, n, j = 1, 2, \cdots, m \tag{8.9}$$

（3）确定理想解和反理想解，R^+ 为正理想解，R^- 为负理想解。

$$\begin{cases} R^+ = \{ \max R_{ij} | j = 1, 2, \cdots, m \} = \{ R^+_1, R^+_2, \cdots, R^+_m \} \\ R^- = \{ \max R_{ij} | j = 1, 2, \cdots, m \} = \{ R^-_1, R^-_2, \cdots, R^-_m \} \end{cases} \tag{8.10}$$

（4）确定欧式距离，计算第 j 个地区与正理想解的欧式距离 D_j^+，计算第 j 个地区与负理想解的欧式距离 D_j^-

$$\begin{cases} D_i^+ = \sqrt{\sum_{j=1}^{m} (R_{ij} - R_j^+)} \\ D_i^- = \sqrt{\sum_{j=1}^{m} (R_{ij} - R_j^-)} \end{cases} \tag{8.11}$$

（5）确定贴近度 T，计算综合贴近度，根据贴近度选取退耕还林政策实施的优先区域。

$$T_i = \frac{D_i^-}{D_i^+ + D_i^-} \tag{8.12}$$

8.1.3 实证分析

黄土高原地区主要由甘肃、山西、陕西、内蒙古、宁夏、河南以及青海 7 个省（自治区）组成，因此选取这 7 个省（自治区）34 市的 158 个县（区、旗、县级市）作为黄土高原退耕还林工程实施区域选择的样本。样本数据的时间跨度为 2001～2016 年，样本中社会经济数据来源于《中国县（市）社会经济统计年鉴》以及各省市县的统计年鉴，样本中气象数据、环境数据以及资源数据采用 ArcGIS 软件提取，FVC 采用 $NDVI$ 值计算（邓晨晖等，2018；赵舒怡等，2015），RUE 采用降水量和 $NDVI$ 值计算（张艳芳等，2017；马素洁等，2018）。

$$FVC = \frac{NDVI - NDVI_{min}}{NDVI_{max} - NDVI_{min}} \tag{8.13}$$

$$RUE = \frac{NDVI}{P} \tag{8.14}$$

式中，FVC 为植被覆盖率（%）；RUE 为植被降水利用效率（%）；P 为大气降水量（mm）。

8.1.3.1 基于主因子权重的最优区域确定

根据灰色关联模型可以计算出每年环境脆弱性评价指标体系中三级指标以及二级指标的权重。图 8.1 展示了黄土高原地区 2001～2016 年生态环境脆弱性评价指标体系中三级指标权重的变化，而图 8.2 展示了 2001～2016 年该区域生态环境脆弱性评价指标体系中二级指标权重的动态变化。

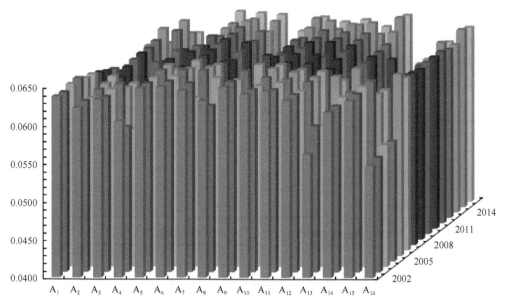

图 8.1 退耕工程实施后黄土高原退耕区最优三级指标权重（彩图请扫封底二维码）

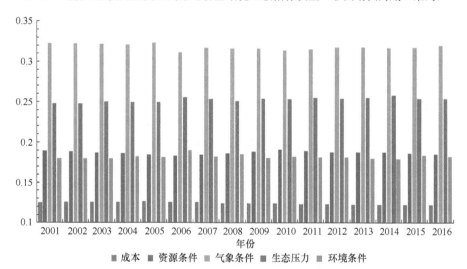

图 8.2 退耕工程实施后黄土高原退耕区域最优二级指标权重（彩图请扫封底二维码）

由图 8.1 可知，2001～2016 年黄土高原地区退耕还林工程实施之后机会成本 A2 和碳储量 A14 的权重处于小幅上升的状态，VFC A3 和草原面积占比 A4 的权重处于波动变化的状态；年均降水量 A5、年均气温 A6、平均相对湿度 A7、日照时数 A9、人口密度 A10、土地荒漠化（RUE）A11、人均耕地面积 A12 的权重 2001～2008 年处于相对稳定的状态，到了 2009～2016 年这些指标的权重有小幅上升的趋势；碳储存量的权重在指标体系中处于上升的趋势，而且坡向 A16 的权重在 2006 年有明显的上升。

由图 8.2 可知，气象条件或气候因子以及生态压力一直是影响干旱半干旱区域退耕还林政策全面实施的最主要的影响因素，因此在黄土高原地区实施退耕还林工程时，要优先考虑气象条件及其由此引发的系列生态压力，诸如大气降水量、降水的时空分布、大气温度、区域极端温度、相对湿度、最大风速、日照时数,以及地形地貌对气象因子的再分配,等等。

根据每年的指标权重计算近年来三级指标以及二级指标的综合权重,三级指标权重如表8.2所示,二级指标权重如表8.3所示。

表8.2 黄土高原生态环境脆弱性评价三级指标的综合权重

指标	权重	指标	权重	指标	权重	指标	权重
A1	0.0620	A5	0.0644	A9	0.0638	A13	0.0612
A2	0.0625	A6	0.0648	A10	0.0641	A14	0.0597
A3	0.0625	A7	0.0642	A11	0.0640	A15	0.0618
A4	0.0601	A8	0.0611	A12	0.0635	A16	0.0603

表8.3 黄土高原生态环境脆弱性评价二级指标的综合权重

指标	成本	资源条件	气象条件	生态压力	环境条件
权重	0.1245	0.1869	0.3183	0.2528	0.1819

由表8.2可知,对黄土高原地区退耕还林政策影响较强的指标是年降水量、年均气温、平均相对湿度、人口密度以及土地荒漠化,降水、气温、湿度是植被生长的自然条件,直接影响植被构建的成活率、保存率,以及生长的速度;人口密度是人类活动的一个外在表现,人口密度越大,生态压力越大,对生态环境会产生负向影响就越大;土地荒漠化程度是衡量退耕还林政策实施成败的重要指标,同样会对生态环境产生负向影响。因此,这几个指标在生态环境脆弱性评价指标体系中重要程度高,被赋予了较高的权重。由表8.3可知,对气象条件、生态压力以及资源条件是影响退耕还林政策实施最主要的因素。

根据灰色关联模型确定退耕还林工程实施效果或成败的第一影响因素为气象条件,第二影响因素为生态压力,第三影响因子为资源条件,根据主因子以及灰色关联矩阵计算黄土高原地区各县中每个指标的权重大小。由于每个县的每个指标权重大小不一致,因此以市为区域范围,以前四的区域指标权重一致性为原则,抽取50.0%的市作为图8.3展示的目标。从图8.3中可以明显看出,在黄土高原各个地区主因子的最优指标有明显的差异,其中草原面积和FVC在各个地区的权重占比都非常高。FVC是衡量实施退耕还林政策效果或成败最直接的指标,因此它在各个区域以及三个主因子中都占比较高。基于前三个主因子应该对图8.4的区域优先实施退耕还林政策。由图8.3可知,基于气象条件、生态压力和资源条件的考虑,三个主因子集中出现在黄土高原中部地区,因此基于主因子对退耕还林实施效果的角度考虑,应该选取在黄土高原中部地区优先实施退耕还林政策。

8.1.3.2 基于贴近度高低的最优区域确定

根据贴进度计算退耕还林政策实施区域排序,并取黄土高原地区158个县中的前10.0%作为一级优先退耕还林的区域,取10.0%到20.0%作为二级优先退耕还林的区域,以2001年、2005年、2010年和2016年为时间节点来展示黄土高原退耕还林工程实施优先区域的变化,表8.4展示了一级优先黄土高原退耕还林区域排序,表8.5展示了二级优先退耕还林政策区域排序。由表8.4可知,从黄土高原地区退耕还林优先县来看,2001~2015年一级优先退耕还林区域选择有明显的变化,这表明退耕还林政策在2001~

2015 年时间段取得了显著的退耕还林效果，2015～2016 年间隔时段较短，无法在短期内展现退耕还林的变化，因此 2015 年与 2016 年优先区域的选择有极高的相似性。

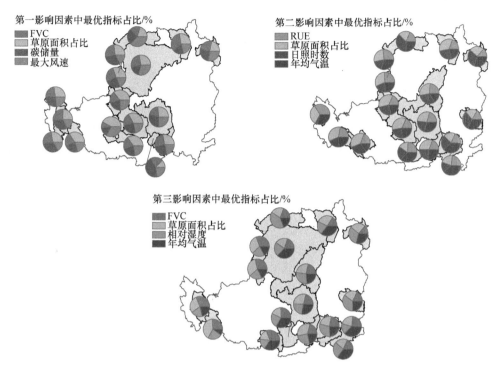

图 8.3　黄土高原退耕工程实施主要影响因子的最优指标占比（彩图请扫封底二维码）

表 8.4　2001～2016 年黄土高原地区县域为单元的一级优先退耕还林区域

		2001 年		2005 年		2010 年		2015 年		2016 年	
		省	县	省	县	省	县	省	县	省	县
退耕还林政策区域排序		陕西	澄城	陕西	澄城	甘肃	皋兰	陕西	长武	陕西	长武
		陕西	淳化	陕西	高陵	甘肃	崇信	宁夏	盐池	陕西	永寿
		陕西	延长	陕西	米脂	陕西	长武	陕西	永寿	陕西	淳化
		陕西	长武	甘肃	西峰	甘肃	广河	宁夏	中宁	宁夏	盐池
		陕西	高陵	陕西	淳化	陕西	安塞	山西	沁县	山西	闻喜
		陕西	永寿	陕西	靖边	陕西	志丹	甘肃	永靖	陕西	志丹
		陕西	彬县	陕西	延长	甘肃	西峰	陕西	志丹	山西	沁县
		河南	宜阳	甘肃	崆峒	宁夏	盐池	陕西	淳化	陕西	彬县
		陕西	米脂	陕西	长武	陕西	米脂	山西	武乡	陕西	延长
		甘肃	镇原	甘肃	崇信	甘肃	华池	陕西	靖边	宁夏	中宁
		陕西	安塞	陕西	合阳	陕西	延川	甘肃	皋兰	山西	武乡
		山西	平陆	甘肃	庆城	陕西	澄城	山西	闻喜	甘肃	西峰
		陕西	靖边	甘肃	灵台	甘肃	永靖	宁夏	青铜峡	甘肃	永靖
		陕西	合阳	陕西	安塞	陕西	淳化	陕西	彬县	陕西	宜君
		陕西	延川	内蒙古	托克托	甘肃	渭源	陕西	扶风	甘肃	镇原
		陕西	三原	陕西	绥德	甘肃	景泰	甘肃	崇信	陕西	扶风

表 8.5　2001～2016 年黄土高原地区县域为单元的二级优先退耕还林区域

	2001 年		2005 年		2010 年		2015 年		2016 年	
	省	县	省	县	省	县	省	县	省	县
退耕还林政策区域排序	内蒙古	土默特右旗	宁夏	隆德	宁夏	泾源	陕西	鄠邑	青海	乐都
	甘肃	张家川	甘肃	和政	山西	山阴	青海	贵德	河南	伊川
	甘肃	静宁	宁夏	泾源	甘肃	临夏	宁夏	贺兰	宁夏	海原
	青海	贵德	甘肃	庄浪	内蒙古	鄂托克旗	河南	伊川	陕西	鄠邑
	甘肃	临夏	宁夏	西吉	青海	乐都	宁夏	平罗	陕西	黄龙
	宁夏	隆德	甘肃	榆中	陕西	黄龙	青海	乐都	甘肃	通渭
	甘肃	漳县	内蒙古	准格尔旗	内蒙古	土默特右旗	甘肃	静宁	甘肃	临夏
	陕西	陇县	陕西	礼泉	陕西	定边	宁夏	隆德	甘肃	庄浪
	陕西	定边	山西	垣曲	内蒙古	乌审旗	甘肃	通渭	山西	壶关
	甘肃	靖远	陕西	眉县	山西	垣曲	甘肃	永登	甘肃	武山
	内蒙古	达拉特旗	宁夏	贺兰	宁夏	平罗	陕西	黄龙	内蒙古	乌审旗
	陕西	泾阳	河南	新安	山西	夏县	宁夏	海原	甘肃	永登
	宁夏	青铜峡市	甘肃	漳县	甘肃	靖远	陕西	富	甘肃	临夏
	宁夏	西吉	甘肃	临洮	宁夏	西吉	宁夏	泾源	甘肃	和政
	陕西	富县	山西	天镇	青海	贵德	甘肃	庄浪	内蒙古	五原
	陕西	黄龙	河南	渑池	河南	渑池	甘肃	武山	甘肃	临洮

在黄土高原地区从退耕还林政策优先省来看，在一级优先区域中，2001～2015 年主要以陕西为重点退耕还林区域，但各时间段中陕西一级优先退耕还林优先县有明显变化。除此之外，2001～2015 年，在一级优先省中陕西占比呈现下降的趋势，甘肃占比呈现先上升后下降的趋势。综合 2001～2015 年陕西优先县的变化以及优先省占比变化可知，2001～2015 年退耕还林政策取得良好的实施效果，综合效益显著。

由表 8.5 可知，以县域行政区域为单位，2001～2015 年退耕还林政策二级优先县有明显变化；以省为单位，2001～2015 年退耕还林政策二级优先省（自治区）主要是甘肃和宁夏。

综合表 8.4 和表 8.5 可知，黄土高原一级优先退耕还林省是陕西，二级退耕还林省是甘肃，且从 2001 年退耕还林政策实施效果来看，2001～2015 年，退耕还林一级优先县和二级优先县大幅变化显示了退耕还林政策取得了阶段性成功。以 2016 年为时间标准，近期实施退耕还林政策的一级优先区域是陕西长武、永寿、淳化，宁夏盐池，山西闻喜，陕西志丹，山西沁县，陕西彬县、延长，宁夏中宁，山西武乡，甘肃西峰、永靖，陕西宜君，甘肃镇远，陕西扶风。二级优先县是青海乐都，河南伊川，宁夏海原，陕西鄠邑、黄龙，甘肃通渭、临夏、庄浪，山西壶关，甘肃武山，内蒙古乌审旗，甘肃永登、临夏、和政，内蒙古五原，甘肃临洮。

8.1.4　小结

以黄土高原地区的 7 个省的 158 个县为研究对象，以 2001～2016 年为时间跨度，从退耕还林工程实施的成本以及生态环境两方面构建退耕还林优先区域的综合评价体系。采用灰色关联模型计算各个指标的权重，确定主因子，并计算各地主因子各个指标的权重，采用 TOPSIS 法的贴近度确定综合权重的优先区域排序。根据灰色关联模型，对退耕还林影响最大的因子是气象条件、生态压力以及资源条件，基于退耕还林影响因素考虑，应选取黄土高原中部地区优先实施退耕还林政策。基于综合指标权重计算贴近度，根据区域排序结果可知，近年来黄土高原退耕还林以陕西和甘肃为重点，且取得了显著的成效。以 2016 年为标准，接下来应该以长武、永寿、淳化、盐池、闻喜、志丹、沁县、彬县、延长、中宁、武乡、西峰、永靖、宜君、镇原和扶风 16 县为退耕还林的优先实施区域。

基于该研究，可判断近年来退耕还林的效果，并对新一轮退耕还林工程提供优先分配工程资金区域提供可靠的依据。依据该研究优先分配资金的优点有：①从农户视角看，近年来机会成本在退耕还林中权重变大，因此在退耕还林工程实施的过程中农户越来越看重经济补偿，在优先退耕还林区域应适当提高补贴标准。②从政府角度看，根据退耕还林优先区域排序结果，优先分配退耕还林工程资金，精确瞄准土地荒漠化严重的区域，以实现成本最小化和效益最大化的工程建设目标。③从区域角度看，可使生态环境较差以及水土流失严重的地区优先得到工程资金，提高退耕还林工程实施的整体效率。④从生态角度看，对优先区域加大退耕还林程度或者提高充足的资金支撑，能够快速而有效的改善生态环境。

8.2 退耕还林工程实施规模确定

8.2.1 数据来源

选取黄土高原地区的 161 个县（区、旗、市）2001～2016 年气象站点的月值气象数据（气温、降水量、相对湿度、最大风速、日照时数）；MODIS NDVI 数据来源于 LP DAAC 中的 MODIS 产品的 MOD13A3 数据集，分辨率为 1.0 km；ASTER DEM 数据来源于中国国家地理国情监测云平台；社会经济数据来源于黄土高原地区包括青海、甘肃、宁夏、内蒙古、陕西、山西、河南共 7 个省（自治区）的各县统计年鉴。

8.2.2 指标选取

植被覆盖度及其变化长期以来一直是地球陆地生态系统研究关注的焦点（Cramer and Leemans，1993；李双双等，2012）。在追求可持续发展的今天，了解区域植被覆盖度的变化，是分析人类活动和气候变化对生态系统影响的关键（王传胜和李秋秋，2016）。因此，本研究选取植被覆盖度（fractional vegetation coverage，FVC）作为区域植被变化解释变量。干旱是区域生境中所有气候因子共同作用的综合反映，通常用干旱指数（drought index）来表征。一直以来，在大区域研究中植被覆盖度与干旱指数的相关性是国内外研究的热点（Omuto et al.，2010；赵舒怡等，2015）。另外，随着城镇化的快速发展，随之带来了一系列生态问题，关于植被覆盖度驱动力的研究，城镇化也被纳入其中并作为重要影响因子之一来研究（易浪等，2014；肖骁等，2017）。因此，研究中选取人口城镇化率作为研究人类活动对 FVC 影响的核心和门槛变量，选取标准化降水蒸散指数（standardized precipitation evapotranspiration index，SPEI）（万红莲等，2018）作为研究气候变化对 FVC 影响的核心和门槛变量。控制变量包含三部分数据，即：气候因素（相对湿度、最大风速、日照时数）、环境因素（坡度、坡向）、退耕还林政策和社会经济因素（人均 GDP、人口素质、人均城镇固定资产投资）。各指标具体设计方法如表 8.6 所示。

表 8.6　黄土高原地区评价植被变化的变量及其含义

变量类型	变量	变量名称	变量说明	均值	标准差	样本个数
被解释变量	FVC	植被覆盖度	像元二分模型估算	0.414	0.163	2576
核心&门槛变量1	PLU	人口城镇化率	城镇人口与年末人口比/%	24.822	441.49	2576
核心&门槛变量2	SPEI	标准化降水蒸散指数	模型计算	1.8236	1.337	2576
控制变量	RH	相对湿度	年均相对湿度/%	3.896	2.557	2576
	MWS	最大风速	年最大风速/（m/s）	1.896	1.717	2576
	SH	日照时数	年均日照时数/h	201.284	116.960	2576
	SLOPE	坡度	平均坡度/（°）	10.592	5.314	2576
	ASPECT	坡向	平均坡向	360.580	0.445	2576
	POLICY	退耕还林政策	虚拟变量：实施=1，未实施=0	—	—	2576
	PGDP	人均国内生产总值	人均 GDP/（元/人）	4.065	0.499	2576
	PQ	人口素质	普通中学在校学生数/人	4.218	0.300	2576
	PFA	人均城镇固定资产投资/万元	城镇固定资产投资与年末总人口比值/（万元/人）	3.860	0.658	2576

8.2.3　研究方法

8.2.3.1　像元二分模型

假设单个像元由纯植被（NDVIveg）和纯土壤（NDVIsoil）两部分组成，两者的加权平均和则为混合像元的植被指数（NDVI），各部分在像元中的面积比例即为权重（何慧娟等，2016）。线性像元二分模型是基于遥感 NDVI 数据，评估区域植被恢复效果适用性最广泛的方法，其估算结果与地面实测数据呈极显著相关性（王朗等，2010）。通过设置置信度，截取遥感 NDVI 数据的上下限分别作为 NDVIsoil 和 NDVIveg。计算公式如下：

$$\text{FVC} = \frac{\text{NDVI} - \text{NDVIsoil}}{\text{NDVIveg} - \text{NDVIsoil}} \qquad (8.15)$$

8.2.3.2　基于 SPEI 计算

通过正态标准化处理降水与蒸散，差值即为 SPEI。常用其偏离平均状态的程度来表征区域的干旱发生强度（李伟光等，2012；张勃等，2015）。计算步骤如下：

第一步，运用 Thornthwaite 法计算潜在蒸散量：

$$\text{PET} = 16.0 \times \left(\frac{10T_i}{H}\right)^{A} \tag{8.16}$$

$$H = \sum_{i=1}^{12} H_i = \sum_{i=1}^{12} \left(\frac{T_i}{5}\right)^{1.514} \tag{8.17}$$

式中，PET 为潜在蒸散量；T 为月均温；H 为年热量指数；A 为常数。其中，$A = 0.49 + 0.179H - 0.000\,077\,1H^2 + 0.000\,000\,675H^3$。

第二步，计算逐月降水量与蒸散量的差值：

$$D_i = P_i - \text{PET}_i \tag{8.18}$$

式中，D_i 为降水量与蒸散量的差值；P_i 为月降水量；PET_i 为月蒸散量。

第三步，由于原始数据序列 D_i 中可能存在负值，故采用 log-logistic 概率分布 $F(x)$ 计算每个 D_i 数值对应的 SPEI 值，即 D_i 数据序列正态化。计算时有如下两种情况：

当 $P \leqslant 0.5$ 时，

$$\text{SPEI} = w - \frac{c_0 + c_1 w + c_2 w^2}{1 + d_1 w + d_2 w^2 + d_3 w^3} \tag{8.19}$$

式 中，$w = \sqrt{-2\ln(P)}$，c_0=2.515 517，c_1=0.802 853，c_2=0.010 328，d_1=1.432 788，d_2=0.189 269，d_3=0.001 308。

$$\text{SPEI} = -\left(w - \frac{c_0 + c_1 w + c_2 w^2}{1 + d_1 w + d_2 w^2 + d_3 w^3}\right) \tag{8.20}$$

SPEI 具有多时间尺度的特征，月时间尺度可以较为清晰的反应干旱过程的细微变化（刘珂和姜大膀，2015）。本研究通过计算黄土高原地区 161 个气象站点 2001 年 1 月到 2016 年 12 月的 SPEI，以 12 个月时间尺度的 SPEI 表征黄土高原地区年际干旱时空变化特征，如表 8.7 所示。

表 8.7　黄土高原地区 SPEI 干旱等级划分与发生累计概率

指标	特旱	中旱	轻旱	无旱	轻涝	中涝	特涝
SPEI	$\leqslant$-2.0	-2.0~-1.0	-1.0~-0.5	-0.5~0.5	0.5~1.0	1.0~2.0	$\geqslant$2.0
概率/%	2.28	13.59	14.98	38.30	14.98	13.59	2.28

8.2.3.3　面板门槛模型构建

众多研究是基于外生样本分离的门槛模型（threshold model），但是门槛模型也有不足之处，主要体现在三个方面：第一，分异区间好样本分离点不是经济内在机制选择的，而是任意选择的，这种任意性不能推导出门槛的置信区间；第二，得到的参数估计值的有效性缺乏可靠性；第三，回归树技术（regression-tree methodology）是一种计算数据排序可内生地求得门槛值及其数量的门槛分析方法，但门槛值的统计显著性没办法得到检验（李欣等，2015；温小洁等，2018）。因此，本研究依据 Hansen（2000）提出的系统内生分组的非线性回归法——门槛回归模型（threshold regression model），对门槛值进行严格的参数估计和假设检验，通过 Bootstrap 法对门槛值的显著性进行估计（李欣等，

2015)。为减少数据的异方差，对社会经济变量取对数。

基于此，门槛模型设置如下：

（1）单一门槛模型设定：

$$\text{FVC}_{ij} = \alpha X_{ij} + \beta_1 Z_{ij} I(Z_i \leqslant \gamma) + \beta_2 Z_{ij} I(Z_i > \gamma) + \varepsilon_{ij} \qquad (8.21)$$

式中，FVC_{ij} 代表第 i 个县第 j 年的 FVC 值；Z_{ij} 代表第 i 个县第 j 年的人口城镇化率和 $SPEI$ 值；X_{ij} 表示包括相对湿度、最大风速、日照时数、坡度、坡向、退耕还林政策、人均 GDP、人口素质、人均城镇固定资产投资，对 FVC 有影响的一组控制变量；α、β_1、β_2 为回归方程的待定系数；Z_i 为核心和门槛变量，表示第 i 个县在研究时间尺度内的年均人口城镇化率和年均 SPEI；γ 为待估门槛值；I 为示性函数，当 Z_i 满足函数条件时，该值为 1，反之为 0；ε_{ij} 为随机扰动项。

（2）若存在双门槛 γ_1 与 γ_2 时，则模型设定为：

$$\text{FVC}_{ij} = \alpha X_{ij} + \beta_1 Z_{ij} I(Z_i \leqslant \gamma_1) + \beta_2 Z_{ij}(\gamma_1 < Z_i \leqslant \gamma_2) + \beta_3 Z_{ij}(Z_i > \gamma_2) + \varepsilon_{ij} \qquad (8.22)$$

式中，α、β_1、β_2、β_3 为回归方程的待定系数。

8.2.4 实证分析

8.2.4.1 城镇化率对 FVC 影响的门槛检验

选取黄土高原地区人口城镇化率为核心和门槛变量，以相对湿度、最大风速、坡度、坡向、退耕还林政策、人均 GDP、人均城镇固定资产投资为一组控制变量。实际计算中，首先采用门槛效果检验确定门槛个数，设定了单一门槛和双重门槛分别对模型进行反复抽样 300 次得到 F 值、P 值、门槛估计值等数据结果，最终选取检验效果较好的双重门槛进行分析（表 8.8）。

表 8.8　黄土高原地区门槛效应检验结果

门槛变量	门槛模型	门槛估计值	F 值	P 值	Bootstrap	临界值		
						1.0%	5.0%	10.0%
PLU	双重门槛	0.466	6.151***	0.007	300	5.583	3.127	2.314
		0.792	18.165***	0.000	300	4.14	1.289	-0.467
SPEI	单一门槛	0.195	13.157***	0.000	300	7.028	4.397	3.384

注：***表示在 1.0%的显著性水平上显著。

表 8.8 中，黄土高原地区人口城镇化率与 FVC 的双重门槛在 1.0%显著性水平上显著，能准确划分样本类型，因此本研究选取效果最优的双重门槛模型。根据双重门槛模型的回归结果可知，门槛值 γ_1=0.466 与 γ_2=0.792 将 161 个样本类型划分为组 1（PLU≤0.466）、组 2（0.466<PLU≤0.792）和组 3（PLU>0.792）。基于 ArcGIS 10.4 软件可视化，把 3 组数据至研究区最小单元设定为县域，如图 8.5a 所示。将黄土高原地区 161 个县域划分为 100 个未跨过第一门槛、43 个未跨过第二门槛和 18 个跨过第二门槛的县域，3 组门槛的县域个数由大到小依次为未跨过第一门槛>未跨过第二门槛>跨过第二门槛。可见，黄土高原地区大多数县域的城镇化还在发展阶段，少数县域的城镇化正在

快速发展，已接近国家平均城镇化发展水平（80.0%）。说明少数县域的城镇化发展对植被覆盖度的影响作用显著，集中分布在黄土高原地区的中部和南部区域。

表 8.9 为黄土高原城镇化状况对 FVC 影响双重门槛模型的回归结果，以人口城镇化率 PLU 为门槛变量时，PLU 对 FVC 具有非线性关系且存在 2 个门槛值。

表 8.9　黄土高原城镇化对 FVC 影响双重门槛回归结果分析

FVC	系数	标准误	t 值	P 值	95%置信度
RH	−0.0004	0.0016	−0.27	−0.789	[−0.0036, 0.0027]
MWS	−0.0118	0.0027	−4.29***	0.000	[−0.0171, −0.0064]
SLOPE	0.0099	0.0010	10.06***	0.000	[0.0080, 0.0118]
ASPECT	0.0078	0.0127	0.61	0.539	[−0.0171, 0.0328]
POLICY	0.0184	0.0066	2.78***	0.005	[0.0054, 0.3130]
lnPGDP	−0.0037	0.0120	−0.31	0.759	[−0.0273, 0.0199]
lnPFA	0.0214	0.0086	2.48**	0.013	[0.0045, 0.0382]
SPEI	−0.0058	0.0023	−2.54**	0.011	[−0.0102, −0.0013]
PLU_1（PLU≤，466）	−0.2160	0.0433	−4.99***	0.000	[−3.009, −0.1312]
PLU_2（0.466<PLU≤0.792）	−0.1213	0.0384	−3.16***	0.002	[−0.1965, −0.0461]
PLU_3（PLU>0.792）	−0.0000	$7.33×10^{-6}$	−1.96**	0.050	[−0.0000, −0.602×10^{−10}]
常数项	−2.5171	4.5813	−0.55	0.583	[−11.5007, 6.4665]

注：***、**、*分别表示在 1.0%、5.0%、10.0%的显著性水平上显著。

PLU 分别为 PLU≤0.466、0.466<PLU≤0.792 和 PLU>0.792 时，PLU 系数依次为 −0.2160（通过了 1.0%显著性检验）、0.0121（通过了 1.0%显著性检验）和 0.000，表明处于该 PLU 的县域，PLU 每提高 1.0%时，FVC 会下降−0.2160%和增加 0.0121%。对比 3 组 PLU 的回归系数，随着 PLU 门槛值的递增，其对 FVC 的影响呈从极显著负影响→弱正影响→几近无影响。说明黄土高原城镇化初期发展迅速，人类频繁的活动带来的诸如全球变暖、极端气候、水污染、PM2.5 等对植被覆盖产生了极大的影响。之后，随着城镇化速度的减慢，人类活动对自然的破坏减弱，植被覆盖度逐渐增加。当城镇化达到门槛值 0.792 时，可供作为建成区的土地面积出现不足，农村人口转移到城市的数量接近城市容纳的饱和数量，产业发展也面临着人员饱和、财政赤字的局面，此时的 PLU 对 FVC 几乎无影响。

进一步运用 ArcGIS 10.4 软件中的区域统计模块，得到 2001～2016 年黄土高原地区 FVC 均值空间分布图，再采用等值线方法，利用人口城镇化率 PLU 的门槛值线 0.466 和 0.792 划分黄土高原年均 FVC 为三部分，如图 8.4a 所示。结合图 8.4a 和图 8.5a，黄土高原未跨过第一门槛值的县域年人口城镇化率小于 0.466，FVC 多为 0.4～0.5，集中分布在内蒙古南部。甘肃中部和宁夏地区的 FVC 多为 0.3～0.4；甘肃陇东地区人口城镇化率 PLU 跨过了第二门槛，但 FVC 为 0.4～0.5；陕西陕北、关中西部地区、陕南部分县域和甘肃陇南地区均未跨过第二门槛，FVC 在陕北为 0.5～0.6，该门槛下的其他地区均为 0.4～0.5；特别的是青海东部由北到南依次为未跨过第二门槛和跨过第二门槛，青海西部地区属于未跨过第一门槛的地区，但青海全区的 FVC 却呈现由西至东依次减小的分布趋势，整体为 0.4～0.7。

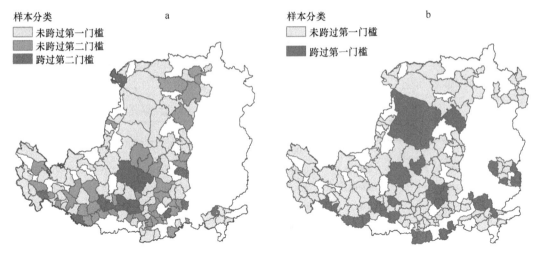

图 8.4　黄土高原地区城镇化发展对 FVC 影响样本单元划分图（彩图请扫封底二维码）

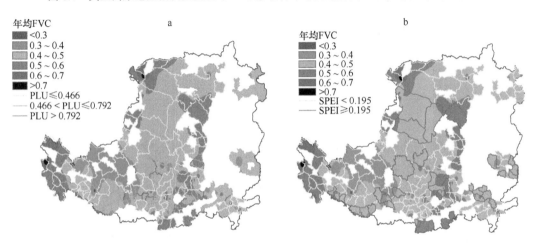

图 8.5　黄土高原地区 FVC 及门槛等值线空间分布（彩图请扫封底二维码）

8.2.4.2　SPEI 对 FVC 影响的门槛检验

选取黄土高原地区的 SPEI 作为核心和门槛变量，以相对湿度、最大风速、日照时数、退耕还林政策、人均 GDP、人口素质、人均城镇固定资产投资为一组控制变量。如表 8.10 所示，本研究选取 SPEI 与 FVC 在 1.0%显著性水平上显著的单一门槛进行研究。根据单一门槛模型的回归结果可知，门槛值 $\gamma=0.195$ 将黄土高原的 161 个样本类型划分为组 1（SPEI<0.195）和组 2（SPEI≥0.195）。如图 8.4b 所示，将黄土高原地区 161 个县域划分为 37 个未跨过第一门槛和 124 个跨过第一门槛的县域。

表 8.10 为单一门槛模型的回归结果，SPEI 在门槛值 γ<0.195 和 γ≥0.195 的系数分别为 0.8054（通过了 1.0%显著性检验）、–0.0039（通过了 5.0%显著性检验），表明处于该 SPEI 的县域，SPEI 每提高 1.0%时，FVC 会增加 0.8054%和减少 0.0039%。对比 $SPEI_1$ 和 $SPEI_2$ 的回归系数发现，SPEI 先是对 FVC 呈显著正影响，之后呈不显著影响。参考表 8.7 干旱划分等级，就 SPEI 值本身来看，门槛值 0.195 属于无旱等级。当 SPEI<0.195

时，干旱趋势越严重，对 FVC 的影响越大；当 SPEI≥0.195 时，湿润趋势越明显，对 FVC 的影响越小。

表 8.10 黄土高原地区 SPEI 对 FVC 影响单一门槛回归结果分析

FVC	系数	标准误	t 值	P 值	95%置信度
PLU	$3.85*10^{-6}$	$8.23*10^{-6}$	0.47	0.640	[−0.0000, 0.0000]
RH	0.0042	0.0020	2.15**	0.032	[0.0004, 0.0081]
MWS	−0.0014	0.0044	−0.31	0.756	[−0.0101, 0.0073]
SH	0.0000	0.0000	0.77	0.443	[−0.0000, 0.0001]
POLICY	0.1316	0.0064	2.05**	0.040	[0.0006, 0.0257]
lnPGDP	−0.0264	0.0125	−2.11**	0.035	[−0.0510, −0.0019]
lnPQ	−0.0205	0.0265	0.77	0.439	[−0.0724, 0.0303]
lnPFA	0.0139	0.0083	1.67**	0.094	[−0.0024, 0.0303]
SPEI$_1$（SPEI<0.195）	0.8054	0.2317	3.48***	0.001	[0.3511, 1.2597]
SPEI$_2$（SPEI≥0.195）	−0.0039	0.0022	−1.79**	0.074	[−0.0081, 0.0004]
常数项	0.5321	0.1322	4.02***	0.000	[0.2728, 0.7914]

注：***、**、*分别表示在 1.0%、5.0%、10.0%的显著性水平上显著。

图 8.5b 为黄土高原地区 SPEI 的门槛值 0.195 对 FVC 的分界图。结合图 8.4b、图 8.5b，未跨过第一门槛区域，FVC 为 0.3～0.4 的地区集中在甘肃中部和宁夏地区，甘肃陇东地区、陕西关中东部和内蒙古中部地区，FVC 均为 0.4～0.5。内蒙古南部、陕西关中西部、甘肃陇南、山西和河南地区均跨过第一门槛，仅内蒙古南部地区的 FVC 为 0.4～0.5，该门槛下的其他地区 FVC 多都为 0.5～0.6，少数 0.6 以上。

8.2.4.3 FVC 最优确定

由上述研究结果可知，对于人口城镇化率和 SPEI 而言，所求得的门槛值均为 FVC 达到饱和点的拐点值。故采用表 8.9 和表 8.10 回归结果中的系数与各变量的年平均值，分别代入以人口城镇化率为门槛和核心变量的双重门槛模型和以 SPEI 为门槛和核心变量的单一门槛模型中，计算所得在两种门槛模型中 FVC 的最优值分别为 0.4316 和 0.6368（图 8.6）。当人口城镇化率作为门槛变量时，最优值 FVC 值以内，FVC 值普遍偏低，最优值以外的 FVC 值呈较高到最高的空间分布特征。当 SPEI 作为门槛变量时，最优 FVC 值以内均为黄土高原全区 FVC 的最高值分布区。由此可见，SPEI 对 FVC 的影响较弱于人口城镇化率 PLU。另外，PLU 门槛以内的地区为宁夏中部分偏南地区和甘肃中南部地区，宁夏中部地区是干旱地带，受水资源条件的限制，较大程度上限制了农业的发展，荒漠化和沙化现象较为突出（黄悦悦等，2019）。甘南草原地区地势复杂，兼备山地、高原、草地。草原牧草丰茂，占甘南州总面积的 67.64%，是甘肃省重要的畜牧业生产基地，被誉为"亚洲最优良的牧场"之一，经济价值高，有利于维护长江和黄河源头地区的生态安全（宋清洁等，2017）。近几十年来，自然和人为的共同干预，中国草原生境问题日渐突出（杨旭东等，2016），甘南州草地植被退化状况日趋严重（宋清洁等，2017；马琳雅等，2014）。

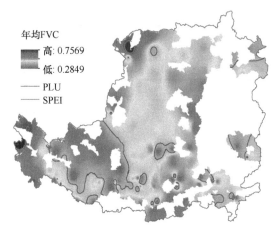

图 8.6　黄土高原地区最优 FVC 值的空间划分（彩图请扫封底二维码）

SPEI 门槛以内的地区为青海西宁、海北、海南地区和内蒙古巴彦淖尔市。其中，青海的西宁和海北地区，为祁连山地格状水系发达地区，地形地势多为坡地和谷地，是青海重要的牧草区和农作物种植区。青海海南地区，多数山峰常年积雪，冰川分布及其广泛，湿地资源丰富，是长江、黄河、澜沧江的发源地（赵健赟和彭军还，2016），有中国"水塔之称"。内蒙古巴彦淖尔市位于黄河上游沿岸，且处于黄河流域最大的湖泊乌梁素海地区，水资源丰富；其北部为乌拉特草原，南部为河套平原，河套灌区是亚洲最大的一首制自流灌区，土地肥沃，灌溉便利，河套平原有"塞上江南"的美誉。

8.2.5　小结

自然条件和人类活动是影响地表植被生长的两大决定性因素。为探究两者对植被覆盖度 FVC 的影响程度以及寻找 FVC 的最优值。本研究通过选择黄土高原地区建立门槛模型来检验其与 FVC 的影响结果。当以人口城镇化率 PLU 为门槛和核心变量的双重门槛（γ_1=0.466，γ_2=0.792）下，3 组门槛值的模型系数由–0.2160 到–0.1213 再到系数接近于 0，此时，门槛值 0.792 界定为饱和值点，FVC 达到最优；当以 SPEI 为门槛和核心变量的单一门槛（γ=0.195）下，门槛值的模型系数由 0.8054 到–0.0039，此时，门槛值 0.195 界定为饱和值点，FVC 达到最优。最终，将各指标的年平均值和对应的模型系数代入各自的门槛模型，计算得到人口城镇化率 PLU 的最优 FVC 值为 0.4316，SPEI 的最优 FVC 值为 0.6368。

8.3　退耕还林工程实施坡度控制

8.3.1　数据选取

遥感数据选取 2001～2016 年的 MODIS NDVI 数据，经 ArcGIS 10.4 软件统计得到黄土高原的年 NDVI 值，在属性表中按由小到大排列，采用 95.0%置信提取上下限分别作为 NDVIsoil 和 NDVIveg，再取中间区段的平均值作为 NDVI 值，利用像元二分模型计算年植被覆盖度（FVC），最终得出黄土高原地区 161 个县域的年均植被覆盖度。DEM 数据来源于中国国家地理国情监测云平台，利用黄土高原行政边界提取黄土高原 DEM 数据，经坡度模块计算黄土高原坡度的栅格数据。

8.3.2　研究方法

回归分析（regression analysis）是一种确定两种或两种以上变量之间相互依赖的定量关系的一种分析方法。若在回归分析中只存在一个自变量和一个因变量，且两者的关系可用一条直线近似表示，则把这种回归分析称为一元线性回归分析。一般用下式表示：

$$y = ax + b \tag{8.23}$$

基于 8.2 节退耕还林规模测度中得出的最优植被覆盖度，通过数据处理与模型计算，建立坡度与植被覆盖度的一元线性回归模型进行分析（图 8.7）。

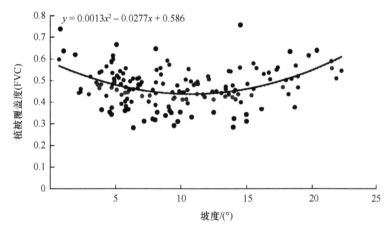

图 8.7　黄土高原地区坡度与植被覆盖度散点图

8.3.3　实证分析

由图 8.7 可知，随着坡度的增加，黄土高原植被覆盖度也逐渐增大，且植被覆盖度大多集中在 0.3～0.6，相对全国其他地区来说黄土高原的植被覆盖度较低。坡度与植被覆盖度关系的一元线性回归方程可以表达为：$y=0.0013x^2-0.0277x+0.586$。

由规模测度公式计算可知，黄土高原地区的最优植被覆盖度为 0.4316，在图 8.8 中对应的最优坡度为 10.6°，即在黄土高原地区坡度 10.6°以上的坡耕地进行退耕还林工程实施可取得较好的生态效益，但因各区域的地理环境有其自身的特殊性，将最优退耕坡度定为一个具体值并不具有普适性，具体实施起来还要根据各区域自身情况进行调整。

汪滨等（2017）、曹梓豪等（2017）、李薇等（2017）、刘宪锋等（2018）分别从土壤侵蚀、植被盖度、生态系统利用效率等方面对退耕起始零界坡度进行了研究，均得出了 15.0°的退耕工程实施的界限值；唐克丽等（1998）研究黄土高原地区退耕坡度时也表明应尽可能将退耕坡度控制在 15.0°以下，将 15.0°界定为黄土高原退耕还林工程实施的实际退耕坡度。黄土高原最优退耕坡度范围为 10.6°~15.0°。利用 ArcGIS 10.4 软件，加载黄土高原行政边界数据和 DEM 高程数据，运用 3D Analyst 中的 Reclassify 命令对坡度进行重分类后，选择所求最优坡度范围的区域并导出成图，最优坡度与实际坡度区间和最优植被覆盖度与实际植被覆盖度区间的空间分布如图 8.8 所示。

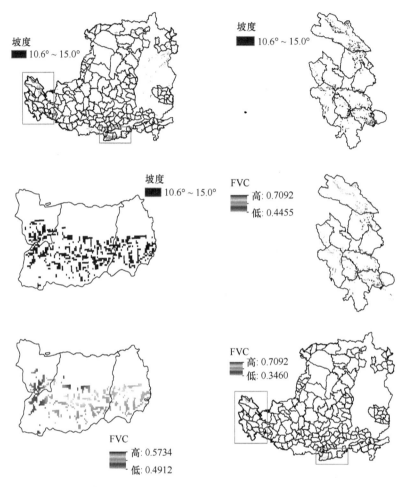

图 8.8　黄土高原地区退耕坡度与 FVC 的最优值和实际值空间分布（彩图请扫封底二维码）

由图 8.8 可知，黄土高原退耕还林工程实施最优坡度区域占比较少，主要分为两部分，一部分位于青海东部，包括贵德、尖扎、同仁等县域，另一部分主要在陕西中部地区，以周至、蓝田、鄠邑三个县（区）为主。在青海东部，最优坡度集中分布在门源、互助、化隆、循化、尖扎和贵德县（自治县），其中循化、化隆、尖扎和贵德四县的最优退耕坡度主要分布在交界处山区坡耕地，门源中部至互助中部区域为最优坡度分布区。就上述两种最优坡度分布区的植被覆盖度来看，门源县的植被覆盖度相对较高，西北地区最高，属高植被覆盖区，从植被覆盖度从西北到东南呈现递减的变化趋势。究其原因，门源地势西北高、东南低，且处于气候湿润、水源充足的门源盆地，植被覆盖状况良好，而同时北部祁连山地形复杂、高差悬殊，南部达板山高拔陡峻，所以可退耕面积较大，最优坡度区域分布较广；互助因地势较低植被覆盖度较门源更低，但最优坡度分布面积较大,具有较多的待退耕地;西南部的循化、化隆、尖扎和贵德四县整体植被覆盖度较低,多处于中低植被覆盖区,植被覆盖度由西向东呈递减的变化趋势,贵德、尖扎两县较高,化隆和循化两县相对较小。祁连山支脉将这些县域分开,所以最优坡度多集中在各县交界处,以贵德、尖扎交界处和尖扎、循化交界处为主。这四个县均地处湟水谷地,农业资源优越,是青海省主要的种植区,相对来说具有更多的退耕空间以及植被覆盖提升空间。

在陕西中部地区,最优坡度集中分布在眉县、鄠邑、周至三个县(区),蓝田与长安两县(区)分布较少。在眉县、鄠邑、周至三县(区)中,最优坡度区集中分布在沿秦岭山脉从西往东区域,三县的植被覆盖度整体差异不大,都属于中度植被覆盖区,由西往东逐渐增大。其中,周至近年由于大力发展沿山旅游观光带,植被覆盖情况较好。同时由于周至着重发展猕猴桃产业,人工栽植面积较大,则最优坡度范围内有大量的待退耕地;长安区近年正大力建设常宁新区等并不断向四周辐射,建设用地增多,植被覆盖情况较差,可退耕面积也较少。

总体来说,黄土高原最优坡度主要分布在青海东部和陕西中部,青海部分又主要包括北部的祁连山脉区域和南部的湟水谷地区域,植被覆盖良好,多为中高植被覆盖区;陕西关中部分的最优坡度主要分布在眉县、鄠邑、周至三县(区),植被覆盖差异不大,均为中度植被覆盖区。这些地区中,门源、周至的植被覆盖度相对较高,生态建设成果突出,但同时这两个地区还具有大量的坡耕地需要退耕,还要持续推进退耕还林等生态恢复工程,进行生态文明建设,以使社会经济效益与生态效益综合发展。

8.3.4　小结

选取植被覆盖度作为连接退耕坡度与退耕还林生态效益的桥梁,基于退耕还林规模测度中最优植被覆盖度,以黄土高原为研究区域,建立一元线性回归模型分析植被覆盖度与退耕坡度间的关系,得出最优退耕坡度,同时参考相关文献,总结并获取黄土高原最优坡度范围。利用 ArcGIS 10.4 将计算最优和实际坡度与最优和实际植被覆盖度的空间分布变化趋势。研究发现:①黄土高原地区退耕还林工程实施的最优坡度临界值范围一般为 10.6°~15.0°。②黄土高原整体退耕效果较好,最优退耕区域面积占比较小,可退耕区域不多,主要集中在青海东部祁连山脉、湟水谷地和陕西关中地区。③在最优坡度范围内,青海的门源与陕西的周至植被覆盖度较高且最优坡度面积较大,具有极大的退耕还林优化空间,需要继续推进退耕还林工程。本研究在坡度标准上对退耕还林区域进行界定,得出 10.6°~15.0°的最优退耕区间,为新时期下退耕还林工程的持续推进提供依据,使退耕还林政策在效率提升、增进公平和政策可持续性方面取得更长足的发展(谢晨等,2016)。

8.4　退耕还林工程实施补贴标准建议

8.4.1　研究假设

国家退耕还林工程实施是基于自愿环境协议的环境管理过程,对于政府而言,其生态补偿责任与传统强制方式下的责任有所区别，体现在政府主要致力于构建有效的生态管理绩效机制、强化公务人员的生态责任以及健全生态管理专家的决策参与机制（刘琨，2010）。政府可以通过对政策的控制来影响生产选择行为，而生产者的行为选择则直接决定着政策实施的效果（朱蕾等，2007）。所以有必要对生产者和政府的行为进行相应的假设约束，以便进行研究。

（1）信息对称或信息透明。假定政府与农户的信息量是对称的，即政府知道林农造林的机会成本及受偿意愿，而林农也清楚政府的最高支付意愿，双方的信息对彼此而言是透明的，并且获得这些信息是不需要支付成本的，或者获得这些信息支付的成本很低，可以忽略不计。

（2）平等协商机制。假设造林补贴是由政府与农户通过平等协商机制确定的。平等协商的不仅仅是造林补贴的额度，还包括造林补贴发放的期限和发放形式。

（3）政府的支付意愿与农户的补偿诉求。有些学者（Ramlal et al.，2009）从土地所有者的视角出发，认为发放给土地所有者的补贴应该等于其造林所吸存的碳量；有些学者（Van Kooten et al.，1995；Huang et al.，2001）则从政府角度出发，认为应该以森林碳吸存效益价值作为政府给予造林者的造林补贴额度，所以本研究假定造林所吸存碳量效益等于政府愿意支付给造林者的最高补贴额度。考虑到可能高估农户对退耕受偿的意愿，因此从机会成本视角得到的补偿额度，作为农户接受补偿的最低限额。

（4）土地的产权及用途。正是产权安全性缺乏信心，导致许多村民不愿意造林，因此本研究假设农户具有完全的林地产权。另外，本研究中的土地仅仅限制于农业用途，即种植业、林业以及牧业。

8.4.2 模型建立

8.4.2.1 机会成本模型构建

假定农户对于土地利用方式仅有两种选择：种植业和林业，即农户的土地利用集合 $S_d=\{A, F, H\}$，其中，A 代表种植业、F 代表林业、H 表示畜牧业。这里分析先以一个轮伐期为例展开，之后无穷多个轮伐期可以视为第一个轮伐期的无穷复制。由于追求经济利益最大化的农户比较关心森林的长势（这直接关系到未来的木材收益）以及造林补贴的额度（现金补贴会直接增加收入），因此更倾向于在森林的经济成熟期进行采伐，即最优轮伐期的确定原则为实现生物量的最大化，即 $\max f(t)$。这里的 $f(t)$ 是指林木的生物量公式，通过求解其最大值，即可得到林木的最优轮伐期 T_1。在确定好林木的轮伐期后，即确定了造林补贴的一个周期，接下来就可以讨论农户的行为决策。在时间 t 农户决定造林的净现值为：

$$\text{NPV}(t \mid A \to F) = \int_t^{t+T_1} \frac{G_f(x)}{e^{r(x-t)}} dx + \int_t^{t+T_1} \frac{I(x)}{e^{r(x-t)}} dx + p(T)f(T)e^{-rT}$$
$$- C_H(T)e^{-rT} - \int_t^{t+T_1} \frac{C_M(x)}{e^{r(x-t)}} dx \tag{8.24}$$

式中：NPV（$t|A{\to}F$）表示农户在 t 时点选择林业的净现值；$G_f(x)$ 表示政府在时间 x 所提供的造林补贴；$I(x)$ 表示在 x 时的非木制林产品收入；$p(T)$ 表示林木在 T 时的

单位价格；$f(T)$ 表示林木在 T 时的收获量；$C_H(T)$ 表示林木在 T 时的采伐成本；$C_M(x)$ 表示在 x 时的造林成本及维护费用。

如果农户在时点 t 选择从事种植业生产，考虑到种植业生产的季节性及密集性，从事种植业生产的农户家庭会有部分的非农收入，因此收益应该包括种植业收入及打工收入，此时农户的净现值为：

$$\text{NPV}(t\,|\,A \to A) = \int_{t}^{t+T_1} \frac{R_A(x)+R_N(x)}{e^{r(x-t)}} \, dx \tag{8.25}$$

式中，NPV$(t|A{\to}A)$ 是农户在 t 时点选择种植业的净现值；$R_A(x)$ 是在 x 时进行种植业生产所获得的全部净收益；$R_N(x)$ 是时点 x 农户农闲时外出务工所获得的非农收入。

农户还有一种选择，在农地上种植优质牧草，发展舍饲畜牧业，虽然舍饲养殖耗费的劳动力并不多，但是由于每天都需要有劳动力投入，因此发展养殖业则不考虑务工收入，此时农户决策的净现值：

$$\text{NPV}(t\,|\,A \to H) = \int_{t}^{t+T_1} \frac{R_H(x)}{e^{r(x-t)}} \, dx + \int_{t}^{t+T_1} \frac{G_f(x)}{e^{r(x-t)}} \, dx \tag{8.26}$$

式中，$R_H(x)$ 是农户通过种草养殖的净收入。

如果政府想要使政策有效，且想要引导农户积极参与退耕还林工程的具体实施，那么政府就必须给予农户一定的补贴，使得农户选择林业的收入大于选择种植业和畜牧业的收入。因此，农户的造林行为决策模型为：

$$\begin{aligned}
&\max\ U(\bullet) = NPV(\bullet)\\
&\text{s.t.}\quad NPV(t\,|\,A \to F) > NPV(t\,|\,A \to A)\\
&\qquad\ \ NPV(t\,|\,A \to F) > NPV(t\,|\,A \to H)
\end{aligned} \tag{8.27}$$

通过计算式（8.27）可以得到基于机会成本视角的造林补贴标准。

8.4.2.2　碳汇效益模型构建

退耕还林工程实施主要是将易造成水土流失的坡耕地和易造成土地沙化的耕地有计划、有步骤地停止耕种，本着宜林则林、宜草则草的原则因地制宜地造林种草，恢复植被。若造林仅仅是为了实现碳汇效益，那么国家林业管理的目标则是尽可能扩大造林面积和提高生物量增长速率（Qian et al.，2018），但对于中国有限的土地资源而言，采用轮伐期管理来提高森林质量、获得更多林产品和林业经营收益是比较可行的。因此，有必要对基于碳汇效益的最优轮伐期进行深入讨论。

参照 Hartman（1976）提出的土地期望值模型，在考虑碳汇效益的前提下，林地最大期望值表示如下：

$$\max M = V + E = \frac{p(t)f(t)e^{-rt} - s(1-e^{-rt})/(1-e^{r}) - c}{1-e^{-rt}} + \frac{\int_{0}^{t} F(x)e^{-rx}dx}{1-e^{-rt}} \tag{8.28}$$

式中，M 是 t 时间林地的期望值；V 是在 t 时间林木提供的木材价值；E 是选择林业在 t 时间所提供的生态价值（即其碳汇效益值）；$p(t)$ 是林龄为 t 时间的单位木材价格函数；$f(t)$ 是林木在林龄为 t 时间的收获量函数；s 是每年的管护费用；c 是期初造林费用；r

是年折现率（取平均值 4.0%）；$F(x) > 0$ 是在时间 x 时选择林业所获得的碳汇价值。通过式（8.28）可以求得最优轮伐期 T_2。

对于政府而言，假设社会最优退耕年限为 T，其追求的是在退耕还林政策实施有效的情况下，保证退耕农户在 T 年内不砍伐林木。因此，政府的行为决策模型为：

$$\int_0^{T_2} G_g(x) e^{-rx} dx = \int_0^{T_2} F(x) e^{-rx} dx \qquad (8.29)$$

式中，$G_g(x)$ 是在 x 时政府愿意提供的退耕还林补贴额；$F(x)$ 是在 x 时林木的碳汇效益。

8.4.2.3 最优补贴标准确定

基于自愿环境协议去构建造林项目生态补偿的理论框架，将自愿环境协议项目的实施地域定位如下：急需通过退耕还林工程实施造林或者对林地进行合理的经营管理来实现区域的生态价值，先对当地拥有土地的农户进行项目实施流程的培训，让农户了解和熟悉该项生态政策实施是他们自愿参与的结果，并告知参与的规则，有意向的农户可向政府提交申请书，其中包括愿意接受的最低补偿额度、期限及补偿的依据。

政府根据农户提交的申请书，再结合当地的退耕造林区位环境及当地的生态环境情况，组织专家进行评估，来决定该区域退耕造林的迫切程度。随后由农户与政府进行协商，最终达成自愿环境协议，在协议到期之后，农户可以自由决定其土地利用决策，但在协议期内，必须按照相关规定进行林业经营，政府才会通过定期发放补贴的形式为这部分生态价值买单。待合同期满后，农户可以选择续约，也可以选择不再参与，此时林地上的森林由农户自由地决定其使用方式。

政府的政策目标很明确，即实现碳吸存效益，但是这样的政府目标诉求是存在一定的约束条件的。因为要与退耕造林农户达成自愿环境协议，政府的补贴最起码要高于农户的造林补贴诉求。为了同时满足政府与退耕造林农户的诉求，本文将政府与农户的造林补贴净现值的平均值，作为通过自愿环境协议得到的退耕造林补贴。因该补贴小于政府愿意支付的水平，同时又高于农户的最低补贴诉求。综上所述，基于自愿环境协议的退耕造林补贴框架如图 8.9 所示。

8.4.3 实证分析

8.4.3.1 数据来源

本研究数据主要来源为西北农林科技大学资源经济与环境管理研究中心所积累的调研数据库，主要涉及陕西延安的吴起、志丹、安塞，榆林的定边及甘肃的华池。

自 2005 年起，在以上地区先后组织实施了 4 次退耕还林工程实施密切相关的社会实地调研，分别是 2005 年、2007 年、2009 年以及 2012 年。首次调研时，每个县选取 3 个乡镇，每个乡镇选取 5 个村子，每个村子分层随机抽取 20 个农户，共计 1500 份农户问卷。为了帮助样本农户回忆其生产、生活、消费及其他活动情况，调研成员在调研过程中尽可能从更多家庭成员那里侧面了解到各项林业工程（特别是退耕还林项目）实施前后各个年份的家庭生产生活信息；另外，还利用从村干部（知情人）、统计资料、

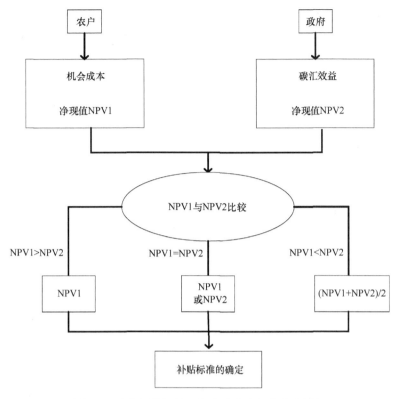

图 8.9　最优退耕还林工程实施补贴标准确定框架

县乡村的典型案例研究中获取的信息，对调研数据进行了反复核对。之后的 3 次调研均按这样的样本量进行了实地入户调查，但受生态移民、安居工程等部分住户搬迁等一系列不可逆因素的影响，有一些农户数据并未进行持续追踪调查，而是将情况类似的农户作为其近似替代来收集，以补充数据。本研究以吴起县为研究区，参考其他县（区）调研数据。在本研究中涉及退耕树种——沙棘的生长规律及管护规程，这些数据则来自于同区域相关学者既有的研究成果。

8.4.3.2　基于农户视角的退耕造林补贴诉求

1）私有林最优轮伐期的确定

本研究以吴起县为例，参考已有成果（阮成江李代琼，2001）定义沙棘的生物量公式为：

$$f(t) = \frac{6.8925}{1 + 23.5565e^{-0.329t}} \tag{8.30}$$

求解 $\max f(t)$ 需令其一阶导函数 $f'(t) = 0$，通过计算得到 $T_1 = 21\,a$。这个结果是合理的，因为已有研究（陈进福，1992）表明，沙棘在大约 20 年后，地上部分的生物量逐渐呈现下降趋势。

2）造林的收益与成本核算

确定沙棘的生长函数，采用可替代的原煤价格来表示其价格，据相关研究表明沙棘因其热值大而具有较高的薪材价值，1.3 t 沙棘相当于 1.0 t 甘肃安口原煤（胡建忠和王愿昌，1994）。而根据 1995~2005 年国有重点煤矿原煤平均成本，将原煤价格设定为 126.95 元/t，由此推出沙棘木材的价格为 97.66 元/t。沙棘的非木质林产品主要是指沙棘叶与沙棘果，其中沙棘果主要由雌株提供，而沙棘叶则主要由雄株提供。黄土高原半干旱地区退耕还林或其他生态建设中，沙棘林分稳定密度为 1445 株/hm²，初始栽植密度宜为 2223 株/hm²（吴宗凯等，2009）。由于沙棘属于雌雄异株，而其种植比例为雌雄比例以 3:1 或 4:1 为宜（孔庆杰，1985），据此，可知陕西吴起沙棘林稳定密度中，雌株密度为 1084~1156 株/hm²，取其均值为 1120 株/hm²，而雄株的密度为 289~361 株/hm²，取其平均值为 325 株（丛）/hm²。根据已有的研究成果，雄沙棘单株的鲜叶产量为 4.47 kg/株（金争平等，2005），这样新鲜沙棘叶单位面积产量为 1452.75 kg/hm²。陕西省种植的沙棘一般在第 3 年起可以开始采摘树叶，第 4 年就开始采果（闫培华等，2003；胡建彬，2007；高弘梅，2013），5 年后可进入果实盛产期，果实盛产期一般为 15~20 年。根据已有研究（陈进福等，1992），单株沙棘的沙棘产量与树龄的关系可以描述为：

$$Q_f(t) = \frac{1}{0.246973 + 1444.865117 e^{-t}} \tag{8.31}$$

多项研究成果表明：陕西吴起沙棘雌株的种植密度为 1120 株/hm²，据此推断沙棘果盛产期的单位面积产量为 4928 kg/hm² 左右。依据调研情况，将沙棘果的价格定为 2.60 元/kg，沙棘叶的价格为 1.00 元/kg。由此可知，在沙棘进入盛产期后的收入（包括沙棘叶收入和沙棘果收入）大概为 14 265.55 元/（hm²·a）。考虑到沙棘树在 15 年时结束盛果期，因此，在本文中假设从第 15 年起，沙棘林只有沙棘叶产出而无沙棘果产出。关于造林成本，由于政府对树苗费用直接买单，如果可以保证沙棘成活率，则不考虑树苗费用。根据调研的情况，按人工费用为 180.00 元/工，沙棘的采伐成本大约为 1084.50 元/hm²。

3）区域农户种养等综合收益核算

结合已有的研究成果（秦艳红和康慕谊，2011），本文中将每户舍饲养羊的年均净收益确定为 2173.99 元（2012 年基准）。农户种植业及打工收益在本研究中，农业综合补贴是通过计算得到的，将调研中所有农户享受的粮食直补、农资补贴及良种补贴的总和，除以调研中农户实际耕地面积总和，即得到单位面积的农业综合补贴额度。通过对调研数据的计算，得到吴起县的农业综合补贴为 1215.00 元/hm²（2012 年基准）。已有研究成果（于金娜和姚顺波，2012）中退耕地的净收益为 270.72 元/hm²，因此吴起县农户包括农业补贴的种植业净收益为 1485.72 元/hm²。通过整理或修正调研数据，农闲时的非农收入平均为 8000.00 元/a 左右。

4）退耕造林补贴标准的确定

通过求解式（8.29），可以得到 $G_f(t) > 2404.62$ 元/（hm²·a），通常在陕西吴起速生人工林，诸如刺槐、小叶杨、河北杨、旱柳等，私有林的最优轮伐期 $T_1 = 21$ 年。因此，如果当地农民能够从政府或企业得到补贴 2405.00 元/（hm²·a），持续补贴 21 年，农户会自愿参与退耕还林工程的实施，最终实现中央与地方、政府与农户、生态与经济、当前与长远的有机结合。

5）农户退耕造林的受偿意愿

在农户问卷中，有涉及农户是否愿意参与退耕造林项目提问，并按政府或林业部门的规定进行林业经营管理，最终通过对调研数据的整理与分析，可知在陕西吴起超过95.0%的农户愿意参与到国家退耕造林项目中。由此可知，吴起县大部分农户还是有自愿参与造林项目的意愿的，也即本研究所设计的基于自愿环境协议的造林项目在吴起县是可行的。而且现阶段农户更愿意接受现金补偿方式。对于现金补贴的发放方式，农户选择年度支付，并且通过惠农卡发放。这基本上也符合现金中国惠农政策的基本形式，以年为单位核算补贴额度，并在规定时间划到惠农一卡通上。在吴起县进行调研时，通过与农户的访谈，可以直接获得农户的造林的受偿意愿，即种植沙棘的受偿意愿为 3650.00 元/（$hm^2 \cdot a$），补偿期限是 18 年。但该受偿意愿是否可信与有效，可以通过比较其与机会成本的差异，因为理论上，农户参与项目的受偿意愿与机会成本是非常接近的（Kaczan et al.，2013）。通过比较发现基于农户受偿意愿的补偿标准高于基于机会成本理论的补偿标准。考虑到调研中的实际情况，农户会高估自己的受偿意愿，所以本研究将最低标准定为基于机会成本的补偿标准，即 2405.00 元/（$hm^2 \cdot a$），共计 21 年。

8.4.3.3　基于政府视角的退耕造林补贴诉求

以陕西吴起为例，对于政府而言，首先收到农户的自愿参与退耕造林的申请或规划计划，这样对于农户的退耕造林补贴诉求是知晓的，如果农户的补贴诉求是真实的前提下，农户的参与退耕造林的信息在政府视角是完整可靠的。因此，政府需要做的就是派专业管理人员去实地踏查测量，如果退耕之后种植的是沙棘林，在边际土地上其产生的碳吸存效益到底是多少？该效益是政府愿意支付的退耕造林补贴的最高额度。

1）考虑碳吸存效益的最优轮伐期

根据式（8.30）可以推导出沙棘人工林生物量增长量的公式为：

$$\frac{\mathrm{d}f(t)}{\mathrm{d}t} = \frac{53.4175\mathrm{e}^{-0.329t}}{(1 + 23.5565\mathrm{e}^{-0.329t})^2} \tag{8.32}$$

将沙棘林生物量的变化量乘以相应的单位生物量含碳量，即可得到沙棘的年固碳量，是一个关于时间 t 的函数，再乘以碳价，即可得到不同年度沙棘林所实现的碳吸存效益。沙棘林生物量与固碳量之间的关系为 $C = B/2$，即 BEF $=1/2$（中国气候变化信息网，2002）。为了简化计算，本文假设碳价为固定的常数，这里将固碳价格设定为 900.00 元/t。此时，可以推算出碳吸存效益的价值函数为：

$$F(t) = \frac{\mathrm{d}f}{\mathrm{d}t} \times \mathrm{BEF} \times P_c = 450 \times \frac{\mathrm{d}f}{\mathrm{d}t} \tag{8.33}$$

参考已有研究（于金娜等，2012），将折现率确定为 4.0%。通过式（8.27）可以得到考虑碳吸存效益的沙棘人工林最优轮伐期为 34 年（T_2）。

2）政府支付意愿的标准分析

求解式（8.28）得到 34 年间退耕造林所实现的碳吸存效益的净现值为

39 591.40 元/hm^2，其中每年的碳吸存效益可用 F（t）表示，是与时间相关的函数，但考虑到现有的许多补贴政策均是以年金的形式发放，所以本研究也以年金计算政府愿意补偿的最高限额，具体做法是将碳吸存效益所形成的净现值总额，以年金的形式折算到 34 年间，这样可以得出 39 591.40 元的年金是 2173.64 元/（hm^2·a）。因此，政府愿意补偿退耕造林的最高标准为 2174.00 元/（hm^2·a），共计 34 年。即 G_g（t）=2174.00 元/（hm^2·a），T_2=34 年。

8.4.3.4　基于自愿环境协议的退耕造林补贴标准

政府与农户进行自愿环境协议的前提是，政府愿意支付的退耕造林补贴额度要高于农户愿意接受的补贴额度。所以首先需要在期限一致的前提下对农户视角和政府视角的补贴净现值进行比较。因此，利用机会成本原理，再次测算农户的造林补贴诉求，将人工林轮伐期由私人轮伐期延长至社会最优轮伐期，因此，在式（8.29）～式（8.32）中，将 T_1 改为 T_2，然后通过求式（8.33），得到按照社会人工林最优轮伐期进行经营，基于机会成本的农户退耕造林的最低补贴诉求为：2154.00 元/（hm^2·a），共计补助 34 年，其净现值为 39 226.16 元/hm^2，而政府期望达到的碳吸存价值的净现值为 39 591.40 元，由此可得 NPV（G_f）<NPV（G_g），可见政府和农户是能够达成自愿环境协议的。

根据假设得到在 1 个轮伐期内最优补贴的净现值为 394 08.78 元/hm^2。确定了最优的造林补贴净现值之后，政府就需要决定补贴的发放。由于退耕人工林私人轮伐期为 T_1，而政府实现碳吸存效益的轮伐期为 T_2，所以政府会选择 T_2 为支付补贴的年限。同时假定在时间段 T_1 内，政府至少会满足造林者所期望的补贴标准，而之后的 T_2-T_1 时间段内则将政府愿意补贴总额的剩余部分仍然以年金形式进行发放。由于补贴的激励作用，是很有可能保证农户或者造林者在 T_2 内不采取采伐，而是按照自愿环境协议进行人工林最优轮伐期管理。

$$\int_0^{T_2} G_g(x)e^{-rx}dx = \int_0^{T_1} G_d(x)e^{-rx}dx = \int_{T_1}^{T_2} G_f(x)e^{-rx}dx \qquad (8.34)$$

式中，G_g（x）为 x 年时最优的造林补贴标准，G_d（x）为 x 年时基于农户视角的退耕造林补贴诉求，而 G_f（x）为 x 年时因延长私人人工林轮伐期，政府应给予农户的退耕造林补贴（实际上这部分补贴的确定，主要取决于基于自愿环境协议的造林补贴的净现值与基于农户的退耕造林补贴的净现值之差）。

而最优退耕还林工程实施造林补贴标准的发放，政府必须结合农户的实际林业经营行为。将 1 个轮伐期内最优补贴的净现值设定为 39 408.78 元/hm^2、T_2= 34 年、T_1 = 21 年、G_d（x）= 2405.00 元/（hm^2·a）等数据代入式（8.34）中，可以得到 G_f（x）= 1294.00 元/（hm^2·a）。因此，通过自愿环境协议得到的最优退耕造林补贴标准为：1～21 年补贴 2405.00 元/（hm^2·a），22～34 年补贴 1294.00 元/（hm^2·a）。

8.4.4　小结

根据本研究所构建的自愿环境协议框架，得到陕北退耕还林项目中种植沙棘的造林补贴标准为：1～21 年为 2405.00 元/（hm^2·a），22～34 年为 1294.00 元/（hm^2·a）。该补贴标准充分考虑了农户的受偿意愿以及政府的支付能力，因此可以充分激发农户的退耕造林积极性，并且也符合政府的政策诉求。

8.5　本 章 小 结

本章基于前面对国家退耕还林政策制订和工程实施的目的与意义及演变、政策制订与实施演变、工程实施社会经济效应、工程实施生态服务功能评价 4 个模块的研究分析，从国家、区域、县域层面，从政策、技术、意愿方面，深入探讨国家退耕还林工程实施政策（区域选择、规模测度与坡度模拟）以及资金使用方面对退耕还林政策后续实施进行的政策优化与设计提升。

（1）退耕还林工程实施区域选择。在黄土高原地区从退耕工程实施的成本、环境承载力等确定退耕优先区域，综合区域气象条件、生态压力以及资源禀赋，黄土高原退耕还林工程实施应该以陕西和甘肃为重点；以 2016 年退耕政策为标准，接下来应该优先在长武、永寿、淳化、盐池、闻喜、志丹、沁县、彬县、延长、中宁、武乡、西峰、永靖、宜君、镇原和扶风 16 县实施，全国其他地区主要选择的也是生态环境脆弱地带。

（2）退耕还林工程实施规模选择。黄土高原地区大多数县域的城镇化还处在发展阶段，少数发展迅速，已接近国家 80.0% 的平均水平，且城镇化发展对植被覆盖度的影响显著，该区域主要集中在中部和南部。基于区域人口城镇化率与植被覆盖度的关系，未来黄土高原地区退耕工程实施的主要区域包括内蒙古南部、甘肃中南部、青海东部、宁夏中部、陕西北部和关中西部，部分区域气候干旱、植被稀少、农业发展受限，土地荒漠化和沙化较为突出；部分区域地势复杂，兼备山地、高原、草地，是国家重要的畜牧业生产基地，同时在维护大江大河生态安全重要地带，如青海西宁、海北、海南地区和内蒙古巴彦淖尔市。

（3）退耕还林工程实施坡度选择。国家退耕还林工程已经全面实施了 20 年，原来规定的 25° 以上陡坡耕地全部应退则退、应封则封、应禁则禁，而且部分地段坡度级已经下延。未来黄土高原退耕还林工程实施的最优坡度范围为 10.6°～15.0°，虽然该区域面积占比较小，主要集中在青海东部祁连山脉、湟水谷地和陕西关中及渭北地区；根据实际情况也可以适度扩大，如青海的门源与陕西的周至植被覆盖度较高且最优坡度面积较大，具有极大的退耕还林优化空间，需要继续推进退耕还林工程。

（4）退耕还林工程实施补助确定。在自愿环境协议框架下，按照 2000 年的物价水平，在现行体制下陕北退耕还林工程实施中退耕地种植沙棘的造林补贴标准为：1～21 年为 2405.00 元/（$hm^2 \cdot a$），22～34 年为 1294.00 元/（$hm^2 \cdot a$）。

基于近年来退耕还林的效果，并对新一轮退耕还林工程提供优先分配工程资金区域提供可靠的依据。依据该研究优先分配资金的优点有：①从农户视角看，近年来机会成本在退耕还林中权重变大，因此在退耕还林工程实施的过程中农户越来越看重经济补偿，在优先退耕还林区域应适当提高补贴标准；②从政府角度看，根据退耕还林优先区域排序结果，优先分配退耕还林工程资金，精确瞄准土地荒漠化严重的区域，以实现成本最小化和效益最大化的工程建设目标；③从区域角度看，可使生态环境较差以及水土流失严重的地区优先得到工程资金，提高退耕还林工程实施的整体效率；④从生态角度看，对优先区域加大退耕还林程度或者提高充足的资金支撑，能够快速而有效的改善生态环境。

参 考 文 献

阿马蒂亚·森. 2007. 生活水准[M]. 徐大建译. 上海: 上海财经大学出版社.

阿玛蒂亚·森. 2002. 以自由看待发展. 任颐等译[M]. 北京: 中国人民大学出版社.

艾宁, 魏天兴, 朱清科. 2013. 陕北黄土高原不同植被类型下降雨对坡面径流侵蚀产沙的影响[J]. 水土保持学报, 27(2): 26-35.

包玉斌. 2015. 基于 InVEST 模型的陕北黄土高原生态服务功能时空变化研究[D]. 西安: 西北大学硕士学位论文.

蔡昉, 都阳. 2011. 工资增长, 工资趋同与刘易斯转折点[J]. 经济学动态, (9): 9-16.

蔡昉, 王美艳. 2013. 中国人口与劳动问题报告(No.14 从人口红利到制度红利 2013 年版)[M]. 北京: 社会科学文献出版社.

蔡昉. 2010. 人口转变、人口红利与刘易斯转折点[J]. 经济研究, (4): 4-13.

蔡志坚, 蒋瞻, 杜丽永, 等. 2015. 退耕还林政策的有效性与有效政策搭配的存在性[J]. 中国人口·资源与环境, 25(9): 60-69.

曹超学, 文冰. 2009. 基于碳汇的云南退耕还林工程生态补偿研究[J]. 林业经济问题, 29(6): 475-479.

曹彤, 郭亚军, 周丹, 等. 2014. 退耕还林对志丹县农业生产效率的影响——基于乡镇视角[J]. 林业经济, 36(5): 47-51+111.

曹梓豪, 赵清贺, 丁圣彦, 等. 2017. 坡度和植被盖度对河岸坡面侵蚀产沙特征的影响[J]. 自然资源学报, 32(11): 1892-1904.

陈秉谱, 常兆丰, 乔娟. 2013. 退耕还林和荒山禁牧的相对生态价值的估算——以甘肃省靖远县永新乡为例[J]. 干旱区地理, 36(6): 1144-1152.

陈海, 郗静, 梁小英, 等. 2013. 农户土地利用行为对退耕还林政策的响应模拟——以陕西省米脂县高渠乡为例[J]. 地理科学进展, 32(8): 1246-1256.

陈健生. 2006. 论退耕还林与减缓山区贫困的关系[J]. 当代财经, (10): 5-12.

陈杰, 苏群. 2016. 土地生产率视角下的中国土地适度规模经营——基于 2010 年全国农村固定观察点数据[J]. 南京农业大学学报(社会科学版), 16(6): 121-130+155-156.

陈进福. 1992. 中国沙棘结实特性与规律的研究[J]. 青海农林科技, (4): 18-21+6.

陈珂, 王秋兵, 杨小军. 2007. 退耕还林工程后续产业经济可持续性的实证分析——以辽宁彰武、北票为例[J]. 林业经济问题, 27(3): 238-242.

陈强. 2014. 高级计量经济学及 Stata 运用(第二版)[M]. 北京: 高等教育出版社.

陈儒, 邓悦, 姜志德, 等. 2016. 中国退耕还林还草地区复耕可能性及其影响因素的比较分析[J]. 资源科学, 38(11): 2013-2023.

陈先刚, 张一平, 潘昌平, 等. 2009. 重庆市退耕还林工程林固碳潜力估算[J]. 中南林业科技大学学报, 29(4): 7-15.

陈相凝, 武照亮, 李心斐, 等. 2017. 退耕还林背景下生计资本对生计策略选择的影响分析——以西藏 7县为例[J]. 林业经济问题, 37(1): 56-62.

陈新闻, 邢恩德, 董智, 等. 2014. 退耕还林工程建设对吴起县域植被碳储量的影响[J]. 国际沙棘研究与开发, 12(4): 32-37.

陈玉娟, 杜楠. 2016. 当前中国社会矛盾问题的学术研讨——中国社会发展问题高端论坛 2016 研讨会综述[J]. 科学社会主义, (4): 152-160.

陈悦, 陈超美, 刘则渊, 等. 2015. CiteSpace 知识图谱的方法论功能[J]. 科学学研究, 33(2): 242-253.

陈祖海, 汪陈友. 2009. 民族地区退耕还林生态补偿存在的问题与对策思考[J]. 中南民族大学学报(人文社会科学版), 29(2): 122-127.

成金华, 陈军, 李悦. 2013. 中国生态文明发展水平测度与分析[J]. 数量经济技术经济研究, (7): 36-50.

成六三, 吴普特, 赵西宁. 2010. 黄土丘陵区退耕还林工程对县域粮食安全的影响——以陕西省清涧、米脂、子洲、吴堡县为例[J]. 自然资源学报, 25(10): 1689-1697.

程杰. 2014. 养老保障的劳动供给效应[J]. 经济研究, (10): 60-73.

崔海兴, 郑风田, 王立群. 2009. 退耕还林工程对耕地利用影响的实证分析——以河北省沽源县为例[J]. 农村经济, (3): 28-31.

邓晨晖, 白红英, 高山, 等. 2018. 秦岭植被覆盖时空变化及其对气候变化与人类活动的双重响应[J]. 自然资源学报, 33(3): 425-438.

丁屹红, 姚顺波. 2017. 退耕还林工程对农户福祉影响比较分析——基于 6 个省 951 户农户调查为例[J]. 干旱区资源与环境, 31(5): 45-50.

丁振民, 姚顺波. 2019. 陕西省耕地转移对生态系统服务价值的影响[J]. 资源科学, 41(6): 1070-1081.

东梅, 钟甫宁, 王广金. 2005. 退耕还林与贫困地区粮食安全的实证分析: 以宁夏回族自治区为例[J]. 中国人口·资源与环境, (1): 107-111.

东梅. 2006. 退耕还林对我国宏观粮食安全影响的实证分析[J]. 中国软科学, (4): 46-54.

杜富林. 2008. 黄河上中游地区实施退耕还林还草政策对农业生产的影响——以内蒙古乌兰察布市卓资县为例[J]. 干旱区资源与环境, 22(4): 86-90.

杜辉, 张美文, 陈池波. 2010. 中国新农业补贴制度的困惑与出路: 六年实践的理性反思[J]. 中国软科学, (7): 1-7+35.

杜两省, 郝增慧. 2019. 家庭金融研究的现状、脉络与趋势——基于 WoS 与 CNKI 期刊论文的可视化分析[J]. 西南民族大学学报(人文社科版), 40(2): 114-124.

杜庆, 李美君, 边振, 等. 2016. 不同土地利用方式下草地植被动态变化特征——以宁夏盐池县为例[J]. 干旱区研究, 33(3): 569-576.

段伟, 申津羽, 温亚利. 2018. 西部地区退耕还林工程对农户收入的影响——基于异质性的处理效应估计[J]. 农业技术经济, (2): 41-53.

樊新刚, 米文宝, 杨美玲. 2005. 宁南山区退耕还林还草的生态补偿机制探讨[J]. 水土保持研究, 12(2): 174-177.

方精云, 郭兆迪, 朴世龙, 等. 2007. 1981—2000 年中国陆地植被碳汇的估算[J]. 中国科学(D 辑: 地球科学), 37(6): 804-812.

封志明, 张蓬涛, 宋玉. 2002. 粮食安全: 西北地区退耕对粮食生产的可能影响[J]. 自然资源学报, 17(3): 299-306.

傅抱璞. 1981. 论陆面蒸发的计算[J]. 大气科学, 5(1): 23-31.

傅伯杰, 周国逸, 白永飞, 等. 2009. 中国主要陆地生态系统服务功能与生态安全[J]. 地球科学进展, 24(6): 571-576.

傅晓霞, 吴利学. 2007. 前沿分析方法在中国经济增长核算中的适用性[J]. 世界经济, (7): 56-66.

高春留, 程励, 程德强. 2019. 基于"产村景"一体化的乡村融合发展模式研究——以武胜县代沟村为例[J]. 农业经济问题, (5): 90-97.

高飞. 2019. "中国式减贫" 40 年: 经验、困境与超越[J]. 山东社会科学, (5): 186-192.

高凤杰, 张柏, 王宗明, 等. 2010. 基于 GIS 与 USLE 的牡丹江市退耕还林前后水土流失变化研究[J]. 农业现代化研究, 31(5): 612-616.

高弘梅. 2013. 沙棘的引种与它的造林方式[J]. 农民致富之友, (3): 162.

高照良, 付艳玲, 张建军, 等. 2013. 近 50 年黄河中游流域水沙过程及对退耕的响应[J]. 农业工程学报, 29(6): 99-105.

顾理平, 范海潮. 2018. 网络隐私问题十年研究的学术场域——基于 CiteSpace 可视化科学知识图谱分析(2008-2017)[J]. 新闻与传播研究, 25(12): 57-73+127.

桂胜, 腾跃. 2019. 乡村振兴视野下传统村落民俗文化的传承模式[J]. 华南师范大学学报(社会科学版), (1): 19-21+189.

郭慧敏, 王武魁, 冯仲科. 2015. 基于GIS与RS的退耕还林生态补偿金的确定[J]. 农业工程学报, 31(15): 264-271.

郭小年, 阮萍. 2014. 西部退耕区农户农业生产效率评价及收敛性分析——以贵州省织金县为例[J]. 财经科学, (1): 114-124.

郭晓鸣, 甘庭宇, 李晟之, 等. 2005. 退耕还林工程: 问题、原因与政策建议——四川省天全县100户退耕还林农户的跟踪调查[J]. 中国农村观察, (3): 72-79.

郭泽呈, 魏伟, 庞素菲, 等. 2019. 基于SPCA和遥感指数的干旱内陆河流域生态脆弱性时空演变及动因分析: 以石羊河流域为例[J]. 生态学报, 39(7): 2558-2572.

国家林业局. 2004. 关于进一步做好退耕还林成果巩固工作的通知(林退发[2004]122号)[Z].

国家林业局. 2013. 中国林业统计年鉴[M]. 北京: 中国林业出版社.

国家水利部. 2013. 长江年鉴[M]. 北京: 水利部长江水利委员会宣传出版中心长江年鉴社.

国家水利部. 2014. 黄河年鉴[M]. 北京: 水利部黄河水利委员会宣传出版中心黄河年鉴社.

国家统计局. 2015. 中华人民共和国2014年国民经济和社会发展统计公报[J]. 中国统计, (3): 6-14.

国家统计局. 2018. 中国人民共和国2017年国民经济和社会发展统计公报[J]. http://www.stats.gov.cn/tjsj/zxfb/201802/t201802281585631.html[2019-7-27].

国家统计局. 2019. 中国统计年鉴2019[M]. 北京: 中国统计出版社.

国家统计局课题调研组. 2004. 退耕还林对西部地区粮食生产及供求的影响[J]. 管理世界, (11): 97-100+108-156.

韩洪云, 喻永红. 2012. 退耕还林的环境价值及政策可持续性——以重庆万州为例[J]. 中国农村经济, (11): 44-55.

韩洪云, 喻永红. 2014. 退耕还林生态补偿研究——成本基础、接受意愿抑或生态价值标准[J]. 农业经济问题, 35(4): 64-72+112.

何慧娟, 卓静, 王娟, 等. 2016. 陕西省退耕还林植被覆盖度与湿润指数的变化关系[J]. 生态学报, 36(2): 439-447.

何明骏, 郑少锋, 李桦. 2008. 退耕还林(草)政策下农村经济结构调整研究——以陕西省吴起县为例[J]. 西北农林科技大学学报(社会科学版), 8(4): 21-26.

和继军, 蔡强国, 刘松波. 2012. 次降雨条件下坡度对坡面产流产沙的影响[J]. 应用生态学报, 23(5): 1263-1268.

贺祥, 林振山, 刘会玉, 等. 2016. 基于灰色关联模型对江苏省$PM_{2.5}$浓度影响因素的分析[J]. 地理学报, 71(7): 1119-1129.

洪兴建. 2005. 贫困指数理论研究述评[J]. 经济评论, (5): 112-117.

侯大伟, 刘艳, 孙华. 2015. 退耕还林背景下寒地山区土地生态安全格局动态变化[J]. 农业工程学报, 2017, 33(18): 267-276.

侯国林, 黄震方, 台运红, 等. 旅游与气候变化研究进展[J]. 生态学报, 35(9): 2837-2847.

侯孟阳, 姚顺波, 邓元杰, 等. 2019. 格网尺度下延安市生态服务价值时空演变格局与分异特征——基于退耕还林工程的实施背景[J]. 自然资源学报, 34(3): 539-552.

胡建彬. 2007. 沙棘沙棘造林技术[J]. 农村科技, (5): 66.

胡建忠, 王愿昌. 1994. 沙棘: 一种解决干旱地区农村生活烧柴的优良能源树种[J]. 林业科技开发, (4): 20-21.

胡霞. 2005. 退耕还林还草政策实施后农村经济结构的变化——对宁夏南部山区的实证分析[J]. 中国农村经济, 8(5): 63-70.

黄卉. 2015. 基于InVEST模型的土地利用变化与碳储量研究[D]. 北京: 中国地质大学.

黄麟, 翟俊, 宁佳. 2017. 不同气候带退耕还林对区域气温的影响差异分析[J]. 自然资源学报, 32(11): 1832-1843.

黄悦悦, 杨东, 冯磊. 2019. 2000～2016年宁夏植被覆盖度的时空变化及其驱动力[J]. 生态学杂志, 38(8): 2515-2523.

黄祖辉, 张栋梁. 2008. 以提升农民生活品质为轴的新农村建设研究——基于 1029 位农村居民的调查分析[J]. 浙江大学学报(人文社会科学版), 38(4): 90-100.

霍增辉, 吴海涛, 丁士军, 等. 2016. 村域地理环境对农户贫困持续性的影响: 来自湖北农村的经验证据[J]. 中南财经政法大学学报, (1): 3-11+158.

霍增辉, 吴海涛, 丁士军. 2015. 中部地区粮食补贴政策效应及其机制研究——来自湖北农户面板数据的经验证据[J]. 农业经济问题, (6): 20-29+110

贾晓霞. 2005. 全球荒漠化变化态势及《联合国防治荒漠化公约》面临的挑战[J]. 世界林业研究, 18(6): 11-16.

蒋海. 2003. 中国退耕还林的微观投资激励与政策的持续性[J]. 中国农村经济, (8): 30-36.

金淑婷, 杨永春, 李博, 等. 2014. 内陆河流域生态补偿标准问题研究——以石羊河流域为例[J]. 自然资源学报, 29(4): 610-622.

金争平, 卢顺光, 温秀凤, 等. 2005. 叶用型沙棘新品种数量性状估算方法研究[J]. 国际沙棘研究与开发, (3): 22-27.

靳长兴. 1995. 论坡面侵蚀的临界坡度[J]. 地理学报, 50(3): 234-239.

鞠昌华, 张慧. 2019. 乡村振兴背景下的农村生态环境治理模式[J]. 环境保护, 47(2): 23-27.

孔凡斌. 2007. 退耕还林(草)工程生态补偿机制研究[J]. 林业科学, 43(1): 95-101.

孔凡斌. 2010. 中国生态补偿机制: 理论、实践与政策设计[M]. 北京: 中国环境科学出版社.

孔庆杰. 1985. 怎样提高沙棘果产量[J]. 新农业, (16): 17.

匡丽花, 叶英聪, 赵小敏, 等. 2018. 基于改进 TOPSIS 方法的耕地系统安全评价及障碍因子诊断[J]. 自然资源学报, 33(9): 1627-1641.

冷疏影, 冯仁国, 李锐, 等. 2004. 土壤侵蚀与水土保持科学重点研究领域与问题[J]. 水土保持学报, 18(1): 1-6+26.

黎洁, 李树茁. 2010. 退耕还林工程对西部农户收入的影响: 对西安周至县南部山区乡镇农户的实证分析[J]. 中国土地科学, 24(2): 57-63.

黎云云, 畅建霞, 王义民, 等. 2016. 渭河流域径流对土地利用变化的时空响应[J]. 农业工程学报, 32(15): 232-238.

李敖. 2005. 神州文化之旅——李敖先生北京大学演讲会: 自由主义[Z]. 北京: 北京大学.

李冰清, 王占岐, 金贵. 2015. 新农村建设背景下的土地整治项目绩效评价[J]. 中国土地科学, (3): 68-74.

李登旺, 仇焕广, 吕亚荣, 等. 2015. 欧美农业补贴政策改革的新动态及其对我国的启示[J]. 中国软科学, (8): 12-21.

李国平, 石涵予. 2015. 退耕还林生态补偿标准、农户行为选择及损益[J]. 中国人口•资源与环境, 25(5): 152-161.

李国平, 石涵予. 2017a. 退耕还林生态补偿与县域经济增长的关系分析——基于拉姆塞-卡斯-库普曼宏观增长模型[J]. 资源科学, 39(9): 1712-1724.

李国平, 石涵予. 2017b. 比较视角下退耕还林补偿的农村经济福利效应——基于陕西省 79 个退耕还林县的实证研究[J]. 经济地理, 37(7): 146-155.

李国平, 张文彬. 2014. 退耕还林生态补偿契约设计及效率问题研究[J]. 资源科学, 36(8): 1670-1678.

李虹, 田亚平, 石义霞. 2007. 村级新农村建设评价实证研究——以湖南省衡南县工联村为例[J]. 农业经济问题, (4): 77-80.

李桦, 郭亚军, 刘广全. 2013. 农户退耕规模的收入效应分析——基于陕西省吴起县农户面板调查数据[J]. 中国农村经济, (5): 24-31+77.

李桦, 姚顺波, 郭亚军. 2011. 不同退耕规模农户农业全要素生产率增长的实证分析——基于黄土高原农户调查数据[J]. 中国农村经济, (10): 36-43+51.

李克让, 王绍强, 曹明奎. 2003. 中国植被和土壤碳贮量[J]. 中国科学(D 辑: 地球科学), 33(1): 72-80.

李立清, 李明贤. 2007. 社会主义新农村建设评价指标体系研究[J]. 经济学家, (1): 45-55.

李美娟. 2014. 气候变化对我国粮食单产影响的实证分析[D]. 中国农业科学院.

李萍. 2018. 基于模糊综合评价的徒步休闲满意度研究[J]. 旅游学刊, 33(5): 44-55.

李树苗, 梁义成, Feldman M W, 等. 2010. 退耕还林政策对农户生计的影响研究——基于家庭结构视角的可持续生计分析[J]. 公共管理学报, 7(2): 1-10+122.

李双成, 刘金龙, 张才玉, 等. 2011. 生态系统服务研究动态及地理学研究范式[J]. 地理学报, 66(12): 1618-1630.

李双双, 延军平, 万佳. 2012. 近 10 年来陕甘宁黄土高原区植被覆盖时空变化特征[J]. 地理学报, 67(7): 960-970.

李薇, 谈明洪. 2017. 太行山区不同坡度 NDVI 变化趋势差异分析[J]. 中国生态农业学报, 25(4): 509-519.

李伟光, 侯美亭, 陈汇林, 等. 2012. 基于标准化降水蒸散指数的华南干旱趋势研究[J]. 自然灾害学报, 21(4): 84-90.

李卫忠, 吴付英, 吴宗凯, 等. 2007. 退耕还林对农户经济影响的分析——以陕西省吴起县为例[J]. 中国农村经济, (S1): 108-111+116.

李文卓, 谢永生. 2011. 基于农户尺度的陕北退耕区粮食安全[J]. 应用生态学报, 22(2): 402-408.

李小雁, 许何也, 马盲军, 等. 2008. 青海湖流域土地利用/覆被变化研究[J]. 自然资源学报, 23(2): 285-296.

李小勇, 李惠玲, 朱永杰. 2008. 海南省天然林保护工程实施影响实证分析[J]. 北京林业大学学报(社会科学版), (3): 57-61.

李昕, 文婧, 林坚. 2012. 土地城镇化及相关问题研究综述[J]. 地理科学进展, 31(8): 1042-1049.

李欣, 曹建华, 李风琦. 2015. 生态补偿参与对农户收入水平的影响——以武陵山区为例[J]. 华中农业大学学报(社会科学版), (6): 51-57.

李欣, 潘跃. 2015. 中国城市化与能源消费的非线性关系研究——基于省际面板数据的门槛模型分析[J]. 中国人口·资源与环境, 25(S1): 1-5.

李燕琴. 2019. 乡村振兴战略的推进路径、创新逻辑与实施要点——基于欧洲一体化乡村旅游框架的启示[J]. 云南民族大学学报(哲学社会科学版), 36(4): 63-69.

李友平. 2007. 民族地区新农村建设评价指标体系的构建[J]. 统计与决策, (18): 61-63.

李育材. 2001. 退耕还林还草工作回顾与总体思路[J]. 林业经济, (9): 3-11.

李云驹, 许建初, 潘剑君. 2011. 松华坝流域生态补偿标准和效率研究[J]. 资源科学, 33(12): 2370-2375.

李云生, 周广金, 梁涛, 等. 2009. 巢湖流域的土地利用变化及其生态系统功能损益[J]. 地理研究, 28(6): 1656-1664.

李周, 于法稳. 2005. 西部地区农业生产效率的 DEA 分析[J]. 中国农村观察, (6): 2-10.

李周. 2018. 深入理解乡村振兴战略的总要求[J]. 理论导报, (2): 43-44.

林颖, 张雅丽. 2013. 退耕还林背景下农村劳动力转移机制研究[J]. 林业经济, (7): 98-103.

刘璨. 2015. 我国退耕还林工程对粮食产量影响的分析与测度[J]. 林业经济, 37(9): 51-65.

刘璨, 武斌, 鹿永华. 2009. 中国退耕还林工程及其所产生的影响[J]. 林业经济, (10): 41-46.

刘璨, 张巍. 2006. 退耕还林政策选择对农户收入的影响——以我国京津风沙源治理工程为例[J]. 经济学(季刊), 6(1): 273-290.

刘诚. 2009. 中国退耕还林政策系统性评估研究[D]. 北京: 北京林业大学博士学位论文.

刘东生, 谢晨, 刘建杰, 等. 2011. 退耕还林的研究进展、理论框架与经济影响——基于全国 100 个退耕还林县 10 年的连续监测结果[J]. 北京林业大学学报(社会科学版), 10(3): 74-81.

刘芳, 张红旗. 2012. 伊犁新垦区土地利用和地形对表层土壤养分变异性的影响[J]. 资源科学, 34(4): 758-768.

刘广全. 2005. 黄土高原植被构建效应[M]. 北京: 中国科学技术出版社.

刘国华, 傅伯杰, 陈利顶, 等. 2000. 国生态退化的主要类型、特征及分布[J]. 生态学报, 20(1): 14-20.

刘浩, 陈思煜, 张敏新, 等. 2017. 退耕还林工程对农户收入不平等影响的测度与分析——基于总收入决定方程的 Shapley 值分解[J]. 林业科学, 53(5): 125-133.

刘焕军, 宇万太, 张新乐, 等. 2009. 中国东北黑土带土壤线空间变异规律[J]. 农业工程学报, 25(10): 166-170.

刘纪远, 匡文慧, 张增祥, 等. 2014. 20 世纪 80 年代末以来中国土地利用变化的基本特征与空间格局[J]. 地理学报, 69(1): 3-14.

刘纪远, 宁佳, 匡文慧, 等. 2018. 2010~2015 年中国土地利用变化的时空格局与新特征[J]. 地理学报, 73(5): 789-802.

刘纪远, 张增祥, 徐新良, 等. 2009. 21 世纪初中国土地利用变化的空间格局与驱动力分析[J]. 地理学报, 64(12): 1411-1420.

刘纪远, 张增祥, 庄大方, 等. 2003. 20 世纪 90 年代中国土地利用变化时空特征及其成因分析[J]. 地理研究, 22(1): 1-12.

刘珂, 姜大膀. 2015. 基于两种潜在蒸散发算法的 SPEI 对中国干湿变化的分析[J]. 大气科学, 39(1): 23-36.

刘琨. 2012. 生态型政府语境下的政府生态补偿责任[J]. 南京工业大学学报(社会科学版), 9(3): 20-22.

刘璞, 姚顺波. 2015. 退耕还林前后农户能力贫困的比较研究[J]. 统计与决策, (16): 53-56.

刘强. 2016. 山西退耕还林成效及后续政策研究[J]. 山西林业, (5): 6-7.

刘胜涛, 牛香, 王兵, 等. 2018. 陕西省退耕还林工程生态效益评估[J]. 生态学报, 38(16): 5759-5770.

刘涛, 曹广忠. 2010. 城市用地扩张及驱动力研究进展[J]. 地理科学进展, 29(8): 927-934.

刘天军, 蔡起华. 2013. 不同经营规模农户的生产技术效率分析——基于陕西省猕猴桃生产基地县 210 户农户的数据[J]. 中国农村经济, (3): 37-46.

刘威, 肖开红. 2019. 乡村振兴视域下农村三产融合模式演化路径——基于中鹤集团的案例[J]. 农业经济与管理, (1): 5-14.

刘贤赵, 宿庆. 2006. 黄土高原水土流失区生态退耕对粮食生产的可能影响[J]. 中国人口·资源与环境, 16(2): 99-104.

刘宪锋, 胡宝怡, 任志远. 2018. 黄土高原植被生态系统水分利用效率时空变化及驱动因素[J]. 中国农业科学, 51(2): 302-314.

刘欣. 马丁法在我国农村贫困标准研究中的应用[J]. 沈阳大学学报(自然科学版), 1996, (4): 24-26.

刘秀丽, 张勃, 郑庆荣, 等. 2014. 黄土高原土石山区退耕还林对农户福祉的影响研究——以宁武县为例[J]. 资源科学, 36(2): 397-405.

刘燕, 董耀. 2014. 后退耕时代农户退耕还林意愿影响因素[J]. 经济地理, 34(2): 131-138.

刘尧文, 沙晋明. 2016. 基于 Landsat 影像的多时相植被覆盖度与地形因子关系研究——以平潭岛为例[J]. 福建师范大学学报, 32(4): 90-98.

刘莹, 黄季焜. 2010. 农户多目标种植决策模型与目标权重的估计[J]. 经济研究, 45(1): 148-157+160.

刘咏梅, 李京忠, 夏露. 2011. 黄土高原植被覆盖变化动态分析[J]. 西北大学学报(自然科学版), 41(6): 1054-1058.

刘于鹤. 2019. 七十年林业工作的几点思考[J]. 中国老教授协会林业专业委员会通讯, (4): 1-8.

刘越, 姚顺波. 2016. 不同类型国家林业重点工程实施对劳动力利用与转移的影响[J]. 资源科学, 38(1): 126-135.

刘占德. 2013. 退耕还林对自然与社会影响的分析评价——以陕北退耕还林项目为例[D]. 咸阳: 西北农林科技大学硕士学位论文.

刘震. 2013. 谈谈全国水土保持情况普查及成果运用[J]. 中国水土保持, (10): 4-7.

刘正山. 2013. 海外国民幸福指数编制情况概述[J]. 国外理论动态, (12): 30-35.

刘忠, 李保国. 2012. 退耕还林工程实施前后黄土高原地区粮食生产时空变化[J]. 农业工程学报, 28(11): 1-8.

刘宗飞, 姚顺波, 渠美. 2013. 吴起农户相对贫困的动态演化: 1998-2011[J]. 中国人口·资源与环境, 23(3): 56-62.

龙勤, 支玲, 邹平. 2008. 退耕还林区域后续可持续发展能力评价指标应用研究——以云南省元阳县为例[J]. 林业经济问题, 28(3): 197-201.

吕金芝, 王焕良. 2010. 中国退耕还林工程对粮食产量影响分析与测度[J]. 绿色中国, (1): 78-89.

罗丽英, 魏真兰. 2015. 城镇化对生态环境的影响路径及其效应分析[J]. 工业技术经济, 34(6): 59-66.

马丽梅, 樊胜岳, 张卉. 2009. 建立市场化的退耕还林补偿制度探讨[J]. 中国生态农业学报, 17(3): 599-604.

马琳雅, 崔霞, 冯琦胜, 等. 2014. 2001~2011年甘南草地植被覆盖度动态变化分析[J]. 草业学报, 23(4): 1-9.

马素洁, 花蕊, 张飞宇, 等. 2018. 基于RUE和NDVI的三江源区草地生态评价[J]. 草原与草坪, 38(2): 33-40.

马修文. 2019. 乡村振兴战略的哲学思考——"诸城模式""潍坊模式""寿光模式"与乡村振兴理论研讨会综述[J]. 哲学动态, (4): 124-127.

马雪华. 1993. 森林水文学[M]. 北京: 中国林业出版社.

孟令国, 刘薇薇. 2013. 中国农村剩余劳动力的数量和年龄结构研究——基于2002~2011年的数据[J]. 经济学家, (4): 37-42.

孟令杰. 2000. 中国农业产出技术效率动态研究[J]. 农业技术经济, (5): 1-4.

缪丽娟, 何斌, 崔雪锋. 2014. 中国退耕还林工程是否有助于劳动力结构调整[J]. 中国人口·资源与环境, 24(S1): 426-430.

欧阳志云, 王效科, 苗鸿. 1999. 中国陆地生态系统服务功能及其生态经济价值的初步研究[J]. 生态学报, 19(5): 19-25.

庞淼. 2011. 后退耕还林时期生态补偿模式的实证研究——基于四川布拖县乐安湿地保护区案例的实证研究[J]. 农村经济, (5): 50-53.

庞淼. 2012. 后退耕还林时期生态补偿的难点与问题探析[J]. 社会科学研究, (5): 138-141.

彭文英, 张科利, 杨勤科. 2006. 退耕还林对黄土高原地区土壤有机碳影响预测[J]. 地域研究与开发, 25(3): 94-99.

秦聪, 贾俊雪. 2017. 退耕还林工程: 生态恢复与收入增长[J]. 中国软科学, (7): 126-138.

秦俊丽. 2019. 乡村振兴战略下休闲农业发展路径研究——以山西为例[J]. 经济问题, (2): 76-84.

秦艳红, 康慕谊. 2006. 退耕还林(草)的生态补偿机制完善研究——以西部黄土高原地区为例[J]. 中国人口·资源与环境, 16(4): 28-32.

秦艳红, 康慕谊. 2011. 基于机会成本的农户参与生态建设的补偿标准——以吴起县农户参与退耕还林为例[J]. 中国人口·资源与环境, 21(S2): 65-68.

任涵. 2018. 基于LUCC的太行山淇河流域生境质量变化研究[D]. 开封: 河南大学硕士学位论文.

任林静, 黎洁. 2017. 退耕还林政策交替期补偿到期农户复耕意愿研究[J]. 中国人口·资源与环境, 27(11): 132-140.

阮成江, 李代琼. 2001. 黄土丘陵区人工沙棘蒸腾作用研究[J]. 生态学报, 21(12): 2141-2146.

邵立民, 方天堃. 2001. 退耕还林与我国粮食安全问题分析[J]. 农业经济问题, (12): 25-27.

余方忠. 2000. 退耕还林(草)与可持续发展研究[J]. 林业经济, (5): 18-24+28.

申建秀, 王秀红, 刘羽, 等. 2012. 退耕还林前后甘肃正宁县生态系统服务价值的时空变化特征[J]. 水土保持研究, 19(4): 59-64.

沈雪, 张俊飚, 张露, 等. 2017. 基于农户经营规模的水稻生产技术效率测度及影响因素分析——来自湖北省的调查数据[J]. 农业现代化研究, 38(6): 995-1001.

石春娜, 高洁, 姚顺波, 等. 2017. 基于成本—效益分析的退耕还林区域选择研究——以黄土高原区为例[J]. 林业经济问题, 37(4): 18-22+99.

石春娜, 姚顺波. 2016. 新一轮退耕还林优先区选择研究: 一个文献综述[J]. 林业经济, 38(3): 66-69.

史晓亮, 李颖, 严登华, 等. 2013. 流域土地利用/覆被变化对水文过程的影响研究进展[J]. 水土保持研究, 20(4): 301-308.

宋富强, 邢开雄, 刘阳, 等. 2011. 基于 MODIS/NDVI 的陕北地区植被动态监测与评价[J]. 生态学报, 31(2): 354-363.

宋乃平, 王磊, 刘艳华, 等. 2006. 退耕还林草对黄土丘陵区土地利用的影响[J]. 资源科学, 28(4): 52-57.

宋清洁, 崔霞, 张瑶瑶, 等. 2017. 基于小型无人机与 MODIS 数据的草地植被覆盖度研究——以甘南州为例[J]. 草业科学, 34(1): 40-50.

宋阳, 严平, 刘连友, 等. 2006. 退耕还林对延安地区农业经济的影响[J]. 经济地理, 26(5): 827-830.

宋怡, 马明国. 2008. 基于 Gimms Avhrr Ndvi 数据的中国寒旱区植被动态及其与气候因子的关系[J]. 遥感学报, 12(3): 499-505.

苏冰倩, 王茵茵, 上官周平. 2017. 西北地区退耕还林工程对粮食生产与农民生计的影响[J]. 水土保持通报, 37(2): 247-252.

孙蕊, 孙萍, 吴金希, 等. 2014. 中国耕地占补平衡政策的成效与局限[J]. 中国人口·资源与环境, 24(3): 41-46.

孙威, 毛凌潇, 唐志鹏. 2016. 基于敏感度模型的非首都功能疏解时序研究[J]. 地理研究, 35(10): 1819-1830.

孙威, 毛凌潇. 2018. 基于 CiteSpace 方法的京津冀协同发展研究演化[J]. 地理学报, 73(12): 2378-2391.

孙霞, 文启凯, 尹林克, 等. 2004. 层次分析法在塔里木河中下游退耕适应性评价中的应用[J]. 干旱区资源与环境, 18(6): 72-75.

孙新章, 谢高地, 甄霖. 2007. 泾河流域退耕还林(草)综合效益与生态补偿趋向——以宁夏回族自治区固原市原州区为例[J]. 资源科学, 29(2): 194-200.

檀学文, 吴国宝. 2014. 福祉测量理论与实践的新进展——"加速城镇化背景下福祉测量及其政策应用"国际论坛综述[J]. 中国农村经济, (9): 87-96.

唐夫凯, 周金星, 崔明, 等. 2014. 典型岩溶区不同退耕还林地对土壤有机碳和氮素积累的影响[J]. 北京林业大学学报, 36(2): 44-50.

唐海萍, 唐少卿. 2003. 甘肃退耕还林还草中的生物多样性和生物入侵问题[J]. 兰州大学学报, 31(1): 92-97.

唐克丽, 张科利, 雷阿林. 1998. 黄土丘陵区退耕上限坡度的研究论证[J]. 科学通报, 43(2): 200-203.

陶然, 徐志刚, 徐晋涛. 2004. 退耕还林, 粮食政策与可持续发展[J]. 中国社会科学, (6): 25-38+204.

田杰, 姚顺波. 2013. 退耕还林背景下农业生产技术效率研究——基于陕西省志丹县退耕农户的随机前沿分析[J]. 统计与信息论坛, 28(9): 107-112.

田璐, 许月卿, 孙丕苓. 2015. 退耕还林还草工程对土地利用/覆被变化及景观格局的影响——以张家口市为例[J]. 中国农业大学学报, 20(4): 205-213.

田晓宇, 徐霞, 江红蕾, 等. 2018. 退耕还林(草)政策下土地利用结构优化研究——以内蒙古太仆寺旗为例[J]. 中国人口·资源与环境, 28(S2): 25-30.

童晓伟, 王克林, 岳跃民, 等. 2014. 桂西北喀斯特区域植被变化趋势及其对气候和地形的响应[J]. 生态学报, 34(12): 3425-3434.

万红莲, 王静. 2018. 多尺度下宝鸡地区干旱动态格局演变及其与植被覆盖的关系[J]. 生态学报, 38(19): 6941-6952.

万君, 张琦. 2017. 绿色减贫: 贫困治理的路径与模式[J]. 中国农业大学学报(社会科学版), 34(5): 79-86.

万树. 2011. 中国国民福祉演进轨迹及其政策效应[J]. 改革, (4): 19-24.

汪滨, 张志强. 2017. 黄土高原典型流域退耕还林土地利用变化及其合理性评价[J]. 农业工程学报, 33(7): 235-245.

汪阳洁, 姜志德, 王晓兵. 2012. 退耕还林(草)补贴对农户种植业生产行为的影响[J]. 中国农村经济, (11): 56-68+77.

王爱民. 2005. 退耕还林的经济影响及现行政策的调整——以河北省为例[J]. 农业经济问题, (11):

23-27.

王兵, 刘国彬, 张光辉, 等. 2013. 黄土高原实施退耕还林(草)工程对粮食安全的影响[J]. 水土保持通报, 33(3): 241-245.

王兵, 张光辉, 刘国彬, 等. 2012. 黄土高原丘陵区水土流失综合治理生态环境效应评价[J]. 农业工程学报, 28(20): 150-161.

王博文, 姚顺波, 李桦, 等. 2009. 黄土高原退耕还林前后农户农业生产效率 DEA 分析——以退耕还林示范县吴起县为例[J]. 华南农业大学学报(社会科学版), 8(2): 51-57.

王传胜, 李秋秋. 2016. 2000 年以来西秦岭地区植被覆盖变化特征——以陇南市为例[J]. 水土保持研究, 23(2): 308-312.

王飞, 李锐, 温仲明, 等. 2003. 退耕还林(草)政策问题与建议——陕西省安塞县退耕还林(草)试点调查分析[J]. 西北农林科技大学学报(社会科学版), 3(1): 60-65.

王富喜. 2009. 山东省新农村建设与农村发展水平评价[J]. 经济地理, (10): 1710-1715.

王朗, 傅伯杰, 吕一河, 等. 2010. 生态恢复背景下陕北地区植被覆盖的时空变化[J]. 应用生态学报, 21(8): 2109-2116.

王立安, 刘升, 钟方雷. 2012. 生态补偿对贫困农户生计能力影响的定量分析[J]. 农村经济, (11): 99-103.

王立安, 钟方雷, 王静, 等. 2013. 退耕还林工程对农户缓解贫困的影响分析——以甘肃南部武都区为例[J]. 干旱区资源与环境, 27(7): 78-84.

王立安, 钟方雷, 王静. 2012. 农户参与生态补偿项目意愿的定量测度研究[J]. 林业经济问题, 32(1): 71-75.

王鸥, 何秉宇. 2018. 基于灰色关联度的乌鲁木齐市 $PM_{2.5}$ 与环境空气质量六要素关系的探讨[J]. 干旱区资源与环境, 32(6): 176-181.

王庶, 岳希明. 2017. 退耕还林、非农就业与农民增收——基于 21 省面板数据的双重差分分析[J]. 经济研究, 52(4): 106-119.

王伟, 王成金. 2016. 中国沿海港口煤炭运输的空间分异格局及演化[J]. 地理学报, 71(10): 1752-1766.

王小龙. 2004. 退耕还林: 私人承包与政府规制[J]. 经济研究, (4): 107-116.

王孝康. 2019. 基于连续清查的陕西森林资源动态变化分析及管理建议[J]. 陕西林业科技, 47(1): 45-51.

王雪梅. 2001. 陕西渭北刺槐林分生长收获模型研究[D]. 咸阳: 西北农林科技大学硕士学位论文.

王亚华, 高瑞, 孟庆国. 2016. 中国农村公共事务治理的危机与响应[J]. 清华大学学报(哲学社会科学版), (2): 23-29.

王亚华, 苏毅清. 2017. 乡村振兴——中国农村发展新战略[J]. 中央社会主义学院学报, (6): 49-55.

王奕淇, 李国平, 延步青. 2019. 流域生态服务价值横向补偿分摊研究[J]. 资源科学, 41(6): 1013-1023.

王跃梅, 姚先国, 周明海. 2013. 农村劳动力外流、区域差异与粮食生产[J]. 管理世界, (11): 67-76.

王铮钰, 陈昱成, 赵伊凡, 等. 2018. 黄土高原区退耕还林生态补偿标准研究[J]. 绿色科技, (16): 283-287.

王正淑, 王继军, 刘佳. 2016. 基于碳汇的县南沟流域退耕林地补偿标准研究[J]. 自然资源学报, 31(5): 779-788.

危丽, 杨先斌, 刘燕. 2006. 农户参与意愿与退耕还林政策的可持续性[J]. 重庆大学学报(社会科学版), 12(6): 29-35.

温小洁, 姚顺波, 赵敏娟. 2018. 基于降水条件的城镇化与植被覆盖协调发展研究[J]. 地科学进展, 37(10): 1352-1361.

翁奇. 2018. 退耕还林工程对区域农业发展的结构性影响[J]. 林业经济问题, 38(3): 26-30+101.

吴健生, 曹祺文, 石淑芹, 等. 2015. 基于土地利用变化的京津冀生境质量时空演变[J]. 应用生态学报, 26(11): 3457-3466.

吴乐, 孔德帅, 靳乐山. 2018. 生态补偿对不同收入农户扶贫效果研究[J]. 农业技术经济, (5): 134-144.

吴落军. 2019. 云南省实施新一轮退耕还林需要注意的几个问题[J]. 林业建设, (1): 43-45.

吴明隆. 2010. 问卷统计分析务实——SPSS 操作与应用[M]. 重庆: 重庆大学出版社.

吴梓境, 刘斯萌. 2019. 退耕还林补贴政策对农户与政府间博弈行为的影响[J]. 北方园艺, 43(11): 152-157.

吴宗凯, 刘广全, 匡尚富, 等. 2009. 黄土高原半干旱区退耕地沙棘林密度调控[J]. 国际沙棘研究与开发, 7(3): 5-10.

伍艳. 2016. 贫困山区农户生计资本对生计策略的影响研究——基于四川省平武县和南江县的调查数据[J]. 农业经济问题, 37(3): 88-94, 112.

郗静, 曹明明. 2008. 陕北黄土丘陵沟壑区退耕还林对粮食安全的影响——以榆林市米脂县为例[J]. 干旱区资源与环境, 22(8): 165-169.

肖寒, 欧阳志云, 赵景柱, 等. 2000. 森林生态系统服务功能及其生态经济价值评估初探——以海南岛尖峰岭热带森林为例[J]. 应用生态学报, 11(4): 481-484.

肖庆业. 2013. 南方地区退耕还林工程效益组合评价研究[D]. 北京: 北京林业大学博士学位论文.

肖骁, 李京忠, 韩彬, 等. 2017. 东北老工业区植被覆盖度时空特征及城市化关联分析[J]. 生态科学, 36(6): 71-77.

解宪丽, 孙波, 周慧珍, 等. 2004. 中国土壤有机碳密度和储量的估算与空间分布分析[J]. 土壤学报, 41(1): 35-43.

谢晨, 刘建杰, 韩岩, 等. 2009. 2008 年退耕还林农户社会经济效益监测报告[J]. 林业经济, (9): 56-64.

谢晨, 王佳男, 彭伟, 等. 2016. 新一轮退耕还林还草工程: 政策改进与执行智慧——基于 2015 年退耕还林社会经济效益监测结果的分析[J]. 林业经济, 36(3): 43-51.

谢晨, 张坤, 彭伟, 等. 2015. 退耕还林工程交替期的政策趋势及需求——2014 退耕还林社会经济效益监测主要结果分析[J]. 林业经济, 37(6): 16-22.

谢高地, 张钇锂, 鲁春霞, 等. 2001. 中国自然草地生态系统服务价值[J]. 自然资源学报, 16(1): 47-53.

谢高地, 甄霖, 鲁春霞, 等. 2008. 一个基于专家知识的生态系统服务价值化方法[J]. 自然资源学报, 23(5): 911-919.

谢伶, 王金伟, 吕杰华. 2019. 国际黑色旅游研究的知识图谱——基于 CiteSpace 的计量分析[J]. 资源科学, 41(3): 454-466.

谢旭轩, 马训舟, 张世秋. 2011. 应用匹配倍差法评估退耕还林政策对农户收入的影响[J]. 北京大学学报(自然科学版), 47(4): 759-767.

谢旭轩, 张世秋, 朱山涛. 2010. 退耕还林对农户可持续生计的影响[J]. 北京大学学报(自然科学版), 46(3): 457-464.

熊惊峰. 2004. 保护和发展森林: 人与自然和谐发展的重要选择[J]. 绿色中国, (5): 43-45.

徐建英, 孔明, 刘新新, 等. 2017. 生计资本对农户再参与退耕还林意愿的影响——以卧龙自然保护区为例[J]. 生态学报, 37(18): 6205-6215.

徐晋涛, 陶然, 徐志刚. 2004. 退耕还林: 成本有效性、结构调整效应与经济可持续性——基于西部三省农户调查的实证分析[J]. 经济学(季刊), (4): 139-162.

徐庆勇, 黄玫, 李雷, 等. 2013. 晋北地区生态环境脆弱性的 GIS 综合评价[J]. 地球信息科学学报, 15(5): 705-711.

徐庆勇, 黄玫, 刘洪升, 等. 2011. 基于 RS 和 GIS 的珠江三角洲生态环境脆弱性综合评价[J]. 应用生态学报, 22(11): 2987-2995.

徐振华, 张均营, 王学勇, 等. 2003. 退耕还林可持续发展的系统思考[J]. 水土保持学报, 17(1): 41-44+49.

薛彩霞, 姚顺波, 于金娜. 2013. 基于潜类别随机前沿模型的退耕还林农户林地生产技术效率分析——来自四川省雅安市农户调查数据[J]. 中国农村经济, (5): 12-23.

闫慧敏, 刘纪远, 黄河清, 等. 2012. 城市化和退耕还林草对中国耕地生产力的影响[J]. 地理学报, 67(5): 579-588.

闫培华. 2003. 种植沙棘走生态经济效益双丰收之路[J]. 中国水土保持, (5): 1-3.

阎占定. 2004. 当前我国农业结构调整分析[D]. 武汉: 武汉大学硕士学位论文.

杨波, 王全九, 许晓婷, 等. 2019. 还林还草工程后榆林市 NDVI 时空变化趋势[J]. 生态学杂志, 38(6): 1839-1848.

杨国涛, 尚永娟, 张会萍. 2010. 中国农村贫困标准的估计及其讨论[J]. 农村经济, (11): 10-13.

杨皓, 王伟, 朱永明, 等. 2015. 退耕还林对农户可持续生计的影响——河北省以保定市涞水县为例[J]. 水土保持通报, 35(4): 263-267+270.

杨俊平, 邹立杰. 2000. 中国荒漠化状况与防治对策研究[J]. 干旱区资源与环境, (3): 15-23.

杨莉. 2006. 右玉县退耕还林实践与探索[J]. 山西林业, (3): 13-14.

杨梦杰, 杨凯, 李根, 等. 2019. 博弈视角下跨界河流水资源保护协作机制——以太湖流域太浦河为例[J]. 自然资源学报, 34(6): 1232-1244.

杨时民, 李玉文, 吕玉哲. 2006. 扎龙湿地生态安全评价指标体系研究[J]. 林业科学, (5): 127-132.

杨时民. 2006. 关于退耕还林"十一五"政策建议——川贵两省退耕还林调研思考[J]. 林业经济, (9): 7-10.

杨万江, 李琪. 2016. 我国农户水稻生产技术效率分析: 基于 11 省 761 户调查数据[J]. 农业技术经济, (1): 71-81.

杨霞, 贾尔恒·阿哈提, 邱秀云, 等. 2013. 乌伦古河流域 SWAT 模型基础数据库构建[J]. 水资源与水工程学报, 24(6): 74-78.

杨骁, 刘家才. 2010. 退耕还林与长江上游水土流失治理研究[J]. 人民长江, 41(13): 105-107.

杨小军, 徐晋涛. 2009. 退耕还林工程经济影响结构性分析[J]. 北京林业大学学报(社会科学版), 8(4): 12-19.

杨小鹏. 2007. 陕西退耕还林工程对农业经济的驱动分析[J]. 水土保持研究, 14(4): 230-232.

杨兴洪. 2003. 退耕还林农户行为研究——来自长江上游某县的实证分析[J]. 科学决策, (4): 27-30.

杨旭东, 杨春, 孟志兴. 2016. 中国草原生态保护现状、存在问题及建议[J]. 草业科学, 33(9): 1901-1909.

杨义武, 林万龙, 张莉琴. 2017. 农业技术进步、技术效率与粮食生产——来自中国省级面板数据的经验分析[J]. 农业技术经济, (5): 46-56.

杨园园, 臧玉珠, 李进涛. 2019. 基于城乡转型功能分区的京津冀乡村振兴模式探析[J]. 地理研究, 38(3): 684-698.

姚盼盼, 温亚利. 2013. 河北省承德市退耕还林工程综合效益评价研究[J]. 干旱区资源与环境, 27(4): 47-53.

姚清亮, 谷建才, 陆贵巧, 等. 2009. VARMA 模型在退耕还林工程粮食安全问题中的应用——以河北省为例[J]. 林业经济, (9): 78-80.

姚顺波, 于金娜. 2015. 基于自愿环境协议框架的造林补贴标准研究[J]. 林业经济, (9): 21-28.

姚顺波, 张晓蕾. 2008. 退耕还林对农业生产结构影响的实证研究——以陕北吴起县为例[J]. 林业经济问题, (5): 390-394.

姚文秀, 王继军. 2011. 退耕还林(草)工程对吴起县农村经济发展的影响[J]. 水土保持研究, 18(2): 71-74.

叶兴庆. 2018. 新时代中国乡村振兴战略论纲[J]. 改革, (1): 65-73.

易福金, 陈志颖. 2006. 退耕还林对非农就业的影响分析[J]. 中国软科学, (8): 31-40.

易福金, 徐晋涛, 徐志刚. 2006. 退耕还林经济影响再分析[J]. 中国农村经济, (10): 28-36.

易浪, 任志远, 张翀, 等. 2014. 黄土高原植被覆盖变化与气候和人类活动的关系[J]. 资源科学, 36(1): 166-174.

殷小菡, 孙希华, 徐新良, 等. 2018. 我国北方农牧交错带西段退耕对土壤保持功能影响研究[J]. 地球信息科学学报, 20(12): 1721-1732.

雍岚, 王振振, 张冬敏. 2018. 居家养老社区服务可及性——概念模型、指标体系与综合评价[J]. 人口与经济, (4): 1-11.

尤南山, 蒙吉军, 孙慕天. 2019. 2000~2015 年黑河流域中上游 Ndvi 时空变化及其与气候的关系[J]. 北京大学学报(自然科学版), 55: 171-181.

于江龙, 支玲, 杨建荣. 2009. 退耕还林工程的可持续性研究综述[J]. 世界林业研究, 22 (2)：17-21.

于金娜. 2014. 黄土高原地区造林补贴标准研究[D]. 咸阳：西北农林科技大学博士学位论文.

于金娜, 姚顺波. 2009. 退耕还林对农户生产效率的影响——以吴起县为例[J]. 林业经济问题, 29(5)：434-437.

于金娜, 姚顺波. 2012. 基于碳汇效益视角的最优退耕还林补贴标准研究[J]. 中国人口·资源与环境, 22(7)：34-39.

于烨婷. 2018. 针对水源涵养功能的汉江流域生态修复分区及植被优化配置[D]. 南京：南京信息工程大学硕士学位论文.

余构雄, 戴光全. 2017. 基于《旅游学刊》关键词计量分析的旅游学科创新力及知识体系构建[J]. 旅游学刊, 32(1)：99-110.

余雷. 2016. 皖江城市带产业区位商动态变化与承接产业转移研究[J]. 统计与决策, (20)：121-124.

余新晓. 2018. 中国土地退化与生态恢复[Z]. 北京：第一届中国水土保持学术大会.

曾大林, 李智广. 2000. 第二次全国土壤侵蚀遥感调查工作的做法与思考[J]. 中国水土保持, (1)：28-33

曾立雄, 肖文发, 黄志霖, 等. 2014. 三峡库区不同退耕还林模式水土流失特征及其影响因子[J]. 长江流域资源与环境, 23(1)：146-152.

曾玉林, 党凤兰. 2004. 退耕还林财政补贴政策的经济学透视[J]. 绿色中国, (2)：50-503.

查小春, 赖作莲. 2010. 退耕还林对铜川市农村经济结构的影响研究[J]. 干旱区资源与环境, 24(2)：38-43.

翟荣新, 刘彦随, 梁昊光. 2009. 东部沿海地区农业结构变动特征及区域差异分析[J]. 人文地理, 24(1)：72-75.

张勃, 张耀宗, 任培贵, 等. 2015. 基于 SPEI 法的陇东地区近 50 年干旱化时空特征分析[J]. 地理科学, 35(8)：999-1006.

张博. 2019. 黄土高原丘陵区人工灌草系统水源涵养功能评估[D]. 兰州：兰州大学硕士学位论文.

张朝辉, 耿玉德, 张静. 2015. 新一轮退耕还林工程农户响应意愿影响因素研究[J]. 林业经济, 37(6)：35-39.

张朝辉. 2018. 新一轮退耕还林工程农户风险感知的影响因素分析——基于新疆阿克苏地区的调研数据[J].资源科学, 40(7)：1387-1396.

张朝辉. 2019. 生计资本对农户退耕参与决策的影响分析——以西北 S 地区为例[J]. 干旱区资源与环境, 33(4)：23-28.

张翀, 王静, 雷田旺, 等. 2018. 退耕还林工程以来黄土高原植被覆盖与地表湿润状况时空演变[J]. 干旱区研究, 35(6)：1468-1476.

张方圆, 赵雪雁. 2014. 基于农户感知的生态补偿效应分析——以黑河中游张掖市为例[J]. 中国生态农业学报, 22(3)：349-355.

张芳芳. 2010. 退耕还林与农业结构调整研究——以陇南市成县为例[J]. 干旱区资源与环境, 24(10)：165-170.

张广胜, 邹顺桥. 2012. 新农村建设绩效检验及评价——基于对辽宁 45 个乡镇新农村建设情况的调查[J]. 财经问题研究, (7)：118-123.

张健, 苏涛永, 孙晨语, 等. 2019. 城市网络研究脉络及其演进趋势——基于 CiteSpace 的可视化分析[J]. 经济问题探索, (5)：97-106.

张景华, 封志明, 姜鲁光. 2011. 土地利用/土地覆被分类系统研究进展[J]. 资源科学, 33：1195-1203.

张坤, 谢晨, 彭伟, 等. 2016. 新一轮退耕还林政策实施中存在的问题及其政策建议[J]. 林业经济, 38(3)：52-58.

张梅玲, 徐睿择. 2018. 定南县岭北矿区植被覆盖与地形因子关系分析[J]. 地理信息世界, 25(4)：42-47.

张梦雅, 李桦. 2014. 应用三阶段 DEA 模型分析退耕还林农户商品林的技术效率[J]. 西北林学院学报, 29(6)：276-281.

张楠, 王继军, 崔绍芳, 等. 2013. 黄土丘陵沟壑区退耕林生态系统服务价值评估——以陕西省安塞县为例[J]. 水土保持研究, 20(2): 176-180+185.

张三焕, 赵国柱, 田允哲, 等. 2001. 长白山珲春林区森林资源资产生态环境价值的评估研究[J]. 延边大学学报(自然科学版), 27(2): 126-134.

张兴, 张炜, 赵敏娟. 2017. 退耕还林生态补偿机制的激励有效性——基于异质性农户视角[J]. 林业经济问题, 37(1): 31-36+102.

张学玲, 余文波, 蔡海生, 等. 2018. 区域生态环境脆弱性评价方法研究综述[J]. 生态学报, 38(16): 5970-5981.

张艳芳, 王姝. 2017. 黄土高原植被降水利用效率对植被恢复/退化的响应[J]. 干旱区地理, 40(1): 138-146.

张永民, 赵士洞, 周成虎, 等. 2005. 基于土地利用变化模型的退耕还林还草决策分析——以通辽地区为例[J]. 自然资源学报, 20(3): 461-470.

张优. 2018. 基于LUCC的成都平原地区碳排放效应研究[D]. 成都: 四川师范大学硕士学位论文.

张正斌, 段子渊. 2009. 中国粮食安全路在何方?[J]. 中国科学院院刊, 24(6): 610-616.

张志明, 孙长青, 欧晓昆. 2009. 退耕还林政策对山地植被空间格局变化的驱动分析[J]. 山地学报, 27(5): 513-523.

章文波, 付金生. 2003. 不同类型雨量资料估算降雨侵蚀力[J]. 资源科学, 25(1): 36-41.

赵安周, 张安兵, 刘海新, 等. 2017. 退耕还林(草)工程实施前后黄土高原植被覆盖时空变化分析[J]. 自然资源学报, 32(3): 449-460.

赵红雷, 贾金荣. 2011. 基于随机前沿分析的中国玉米生产技术效率研究[J]. 统计与信息论坛, 26(2): 52-58

赵健赟, 彭军还. 2016. 基于MODIS NDVI的青海高原植被覆盖时空变化特征分析[J]. 干旱区资源与环境, 30(4): 67-73.

赵丽, 张蓬涛, 朱永明. 2010. 退耕还林对河北顺平县土地利用变化及生态系统服务价值的影响[J]. 水土保持研究, 17(6): 74-77.

赵敏娟, 姚顺波. 2012. 基于农户生产技术效率的退耕还林政策评价——黄土高原区3县的实证研究[J]. 中国人口·资源与环境, 22(9): 135-141.

赵舒怡, 宫兆宁, 刘旭颖. 2015. 2001~2013年华北地区植被覆盖度与干旱条件的相关分析[J]. 地理学报, 70(5): 717-729.

赵松龄, 于洪军, 李官保, 等. 2001. 晚更新世末期东海北部古冬季风盛衰变更的地质记录[J]. 地质力学学报, (4): 289-295.

甄静, 郭斌, 朱文清, 等. 2011. 退耕还林项目增收效果评估——基于六省区3329个农户的调查[J]. 财贸研究, 22(4): 22-29.

支玲, 李怒云, 王娟, 等. 2011. 西部退耕还林经济补偿机制研究[J]. 林业科学, 2004, (2): 2-8.

支再兴, 李占斌, 于坤霞, 等. 2017. 陕北地区土地利用变化对生态服务功能价值的影响[J]. 中国水土保持科学, 15(5): 23-30.

中国林业网. 2016. 关于扩大新一轮退耕还林还草规模的通知[EB/OL]. http://www. forestry.gov.cn/main/3031/content-846106.html[2019-5-6].

中国林业网. 2019. 中国20年退耕还林还草5亿多亩[EB/OL]. http://www.forestry.gov.cn/main/72/20190710/094122844838202.html[2019-7-27].

中国气候变化信息网. 2002. 林业活动温室气体清单编制专题年度进展报告[EB/OL]. http://www.ccchina.org.cn/Detail.aspx?newsId=29374&TId=64[2020-6-22].

周德成, 赵淑清, 朱超. 2011. 退耕还林工程对黄土高原土地利用/覆被变化的影响——以陕西省安塞县为例[J]. 自然资源学报, 26(11): 1866-1878.

周德成, 赵淑清, 朱超. 2012. 退耕还林还草工程对中国北方农牧交错区土地利用/覆被变化的影响——以科尔沁左翼后旗为例[J]. 地理科学, 32(4): 442-449.

周静, 曾福生, 张明霞. 2019. 农业补贴类型、农业生产及农户行为的理论分析[J]. 农业技术经济, (5): 75-84.

周黎安, 陈烨. 2005. 中国农村税费改革的政策效果: 基于双重差分模型的估计[J]. 经济研究, (8): 44-53.

周立, 王彩虹. 2019. 由双重脱嵌到双重回嵌: 乡村振兴中的产业融合分析[J]. 行政管理改革, (6): 44-53.

周曙东, 王艳, 朱思柱. 2013. 中国花生种植户生产技术效率及影响因素分析——基于全国 19 个省份的农户微观数据[J]. 中国农村经济, (3): 27-36+46.

周迎雪, 李贻学, 孙仪阳, 等. 2016. 基于不同评价模型的土地生态安全评价——以山东半岛蓝色经济区为例[J]. 中国人口·资源与环境, 26(S2): 207-210.

朱波, 罗怀良, 杜海波, 等. 2004. 长江上游退耕还林工程合理规模与模式[J]. 山地学报, (6): 675-678.

朱长宁, 王树进. 2014. 退耕还林对西部地区农户收入的影响分析[J]. 农业技术经济, (10): 58-66.

朱长宁, 王树进. 2015. 退耕还林、耕地约束与农户经济行为[J]. 经济问题, (8): 86-90.

朱超, 赵淑清, 周德成. 2012. 1997—2006 年中国城市建成区有机碳储量的估算[J]. 应用生态学报, 23(5): 1195-1202.

朱蕾, 吕杰. 2007. 林业生产决策者收益平衡条件下生态效益补偿优化研究——关于生态效益补偿标准设计的方法[J]. 辽宁林业科技, (3): 26-27+57.

朱明珍, 刘晓平. 2011. 退耕还林工程对农户劳动力供给的影响分析[J]. 林业经济, (7): 47-53.

朱山涛, 张世秋, 陶文娣, 等. 2005. 影响退耕还林农户返耕决策的因素识别与分析[J]. 中国人口·资源与环境, 15(5): 112-116.

Adams W M, Aveling R, Brockington D, et al. 2004. Biodiversity conservation and the eradication of poverty[J]. Science, 306 (5699): 1146-1149.

Ahearn M C, El-Osta H S, Dewbre J. 2002. The Impact of Government Subsidies on the Off-Farm Labor Supply of Farm Operators[C]. Long Beach: 2002 Annual meeting.

Ahearn M C, EI-Osta H, Dewbre J. 2006. The Impact of Coupled and Decoupled Government Subsidies of Off-farm Labor Participation of US Farm Operators[J]. American Journal of Agricultural Economics, 88: 393-409.

Aigner, D. J., Lovell, C. A. K., Schmidt, P. 1977. Formulation and Estimation of Stochastic Frontier Production Function Models[J]. Journal of Econometrics, 6(1): 21-37.

Alix-Garcia J M, Sims K, Patricia Yañez P. 2015. Only One Tree from Each Seed? Environmental Effectiveness and Poverty Alleviation in Mexico's Payments for Ecosystem Services Program[J]. American Economic Journal: Economic Policy, 7(4): 1-40.

Allen-Wardell G, Bernhardt P, Bitner R, et al. 1998. The potential consequences of pollinator declines on the conservation of biodiversity and stability of food crop yields[J]. Conservation Biology, 12: 8-17.

Amartya S. 1976. Poverty: An Ordinal Approach to Measurement[J]. Econometrica, 44(2): 219-231.

Anatoly A. Gitelson, Yoram J. Kaufman, Robert Stark, et al. 2002. Novel algorithms for remote estimation of vegetation fraction[J]. Remote Sensing of Environment, 80(1): 76-87.

Anderson J, Gerbing D. 1982. Some methods of respecifying measurement models to obtain unidimensional construct measurement[J]. Journal of Marketing Research, 19: 453-460.

Battese G E, Coelli T J. 1995. A model for technical inefficiency effects in a stochastic frontier production function for panel data[J]. Empirical Economics, 20(2): 325-332.

Becker G S. 1965. A theory of the allocation of time[J]. Economic Journal, 75(299): 493-517.

Bennett M T. 2008. China's sloping land conversion program: Institutional innovation or business as usual?[J]. Ecological Economics, 65(4): 699-711.

Bentler P M, Bonett D G. 1980. Significance tests and goodness-of-fit in the analysis of covariance structures[J]. Psychological Bulletin, 88: 588-606.

Billings S B, Johnson E B. 2012. The location quotient as an estimator of industrial concentration[J]. Regional Science & Urban Economics, 42(4): 642-647.

Bowlus A, Sicular T. 2003. Moving towards markets? Labor allocation in rural china[J]. Journal of Development Economics, 71(2): 561-583.

Bryan B A, Gao L, Ye Y Q, et al. 2018. China's response to a national land-system sustainability emergency[J]. Nature, 559(7713): 193-204.

Bulte E, Lipper L, Stringer R, et al. 2008. Payments for ecosystem services and poverty reduction: concepts, issues and empirical perspectives[J]. Environ. Dev. Econ, 13(3): 245-254.

Butler J S, Moffitt R. 1982. A computationally efficient quadrature procedure for the one-factor multinomial probit model[J]. Econometrica, 50(3): 761-64.

Cai H Y, Yang X H, Xu X L. 2015. Human-Induced Grassland Degradation/Restoration in the Central Tibetan Plateau: The Effects of Ecological Protection and Restoration Projects[J]. Ecological Engineering, 83: 112-119.

Cao S X, Chen L, Yu X, et al. 2008. Impact of China's Grain for Green Project on the landscape of vulnerable arid and semi-arid agricultural regions: a case study in northern Shaanxi Province[J]. Journal of Applied Ecology, 46(3): 536-543.

Cao S X, Xu C G, Li C, et al. 2009. Attitudes of farmers in China's northern Shaanxi Province towards the land-use changes required under the Grain for Green Project, and implications for the project's success[J]. Land Use Policy, 26(4): 1182-1194.

Cerioli A, Zani S. 1990. A Fuzzy Approach to the Measurement of Poverty[M] // Dagum C, Zenga M. Income and Wealth Distribution. Inequality and Poverty. Studies in Contemporary Economics. Berlin: Springer Verlag.

Chapin III F S, Carpenter S R, Kofinas G P, et al. 2009. Ecosystem stewardship: Sustainability strategies for a rapidly changing planet[J]. Trends in Ecology and Evolution, 25(4): 241-249.

Chen L, Gong J, Fu B, et al. 2007. Effect of land use conversion on soil organic carbon sequestration in the loess hilly area, loess plateau of China[J]. Ecological Research, 22(4): 641-648.

Clewell A F, Aronson J. 2007. Ecological Restoration: Principles, Values, and Structure of an Emerging Profession[M]. Washington DC: Island Press.

Comim F, Kumar P, Sirven N. 2009. Poverty and environment links: An illustration from Africa[J]. Journal of International Development, 21(3): 447-469.

Costanza R, D' Arge R, De Groot R, et al. 1997. The value of the world's ecosystem services and natural capital[J]. World Environment, 387(6630): 253-260.

Cramer W P, Leemans R. 1993. Assessing impacts of climate change on vegetation using climate classify-cation systems[M]. London: Chopman and Holl.

Datt G, Ravallion M. 1992. Growth and Redistribution Components of Changes in Poverty Measures: A Decomposition with Applications to Brazil and India in the 1980[J]. Journal of Development Economics, (38): 275-295.

Deng L, Shangguan Z P, Li R. 2012. Effects of the grain-for-green program on soil erosion in China[J]. International Journal of Sediment Research, 27(1): 120-127.

Diener E. 1995. A Value Based Index for Measuring National Quality of Life[J]. Social Indicators Research, 36(2): 107-127.

Donohue R J, Roderick M L, McVicar T R. 2012. Roots, storms and soil pores: Incorporating key ecohy-drological processes into Budyko's hydrological model[J]. Journal of Hydrology, 436: 35-50.

Emi U, Scott R, Xu Jintao. 2009. Conservation Payments, Liquidity Constraints, and Off-farm Labor: Impact of the Grain-for-Green Program on Rural Households in China[J]. American Journal of Agricultural Economics, 91(1): 70-86.

Fan S. 1991. Effects of Technological Change and Institutional Reform on Production Growth in Chinese Agriculture[J]. American Journal of Agricultural Economics, 73(2): 266-275.

Fan X, Liu Y, Tao J, et al. 2018. MODIS detection of vegetation changes and investigation of causal factors in Poyang Lake basin, China for 2001–2015[J]. Ecological indicators, (91): 511-522.

Fei J C H, Ranis G. 1967. Development of the Labor Surplus Economy: Theory and Policy[J]. The Economic Journal, 77(306): 480-482.

Feng X M, Fu B J, Piao S L, et al. 2016. Revegetation in China's Loess Plateau is approaching sustainable water resource limits[J]. Nature Climate Change, 6(11): 1019-1022.

Feng Z M, Yang Y Z, Zhang Y Q, et al. 2005. Grain-for-green policy and its impacts on grain supply in West China[J]. Land Use Policy, 22(4): 301-312.

Foster J, Greer J, Thorbeche E. 1984. A Class of Deecmposable Poverty Measures[J]. Ecomometrica, 52: 761-766.

Fu B J, Liu Y, Lü Y H, et al. Assessing the soil erosion control service of ecosystems change in the Loess Plateau of China[J]. Ecological Complexity, 2011, 8(4): 284-293.

Fu B P. 1981. On the calculation of land surface evaporation[J]. Chinese Journal of Atmospheric Sciences, (01): 23-31.

Fu X, Shao M, Wei X, et al. 2010. Soil organic carbon and total nitrogen as affected by vegetation types in Northern Loess Plateau of China[J]. Geoderma, 155(1-2): 31-35.

Gautam M, Ahmed M. 2018. Too small to be beautiful? The farm size and productivity relationship in Bangladesh[J]. Food Policy, https: //doi.org/10.1596/1813-9450-8387.

Gauvin C, Uchida E, Rozelle S, et al. 2010. Cost-effectiveness of payments for ecosystem services with dual goals of environment and poverty alleviation[J]. Environmental Management, 45(3): 488-501.

Grieg-Gran M, Porras I, Wunder S. 2005. How can market mechanisms for forest environmental services help the poor? Preliminary lessons from Latin America[J]. World Development, 33(9): 1511-1527.

Groom B, Grosjean P, Kontoleon A, et al. 2010. Relaxing Rural Constraints: A 'Win-Win' Policy for Poverty and Environment in China?[J]. Oxford Economic Papers, 62(1): 132-156.

Gutman G, Ignatov A. 1998. The derivation of the green vegetation fraction from NOAA/AVHRR data for use in numerical weather prediction models[J]. International Journal of Remote Sensing, 19(8): 1533-1543.

Hansen B E. 2000. Sample splitting and threshold estimation[J]. Econometrica, 68(3): 575-603.

Hartman R. 1976. The Harvesting Decision When a Standing Forest Has Value[J]. Economic Inquiry, 14(1): 52-58.

Hennessy T C, Rehman T. 2008. Assessing the Impact of the 'Decoupling' Reform of the Common Agricultural Policy on Irish Farmers' Off-farm Labor Market Participation Decisions[J]. Journal of Agricultural Economics, 59: 41-56.

Holmund C, Hammer M. 1999. Ecosystem services generated by fish populations[J]. Ecological Economics, 29: 253-268.

Hou Y Z, Zhang Y, Cao K Y. 2005. Forest resources (volume 1)[M]. Beijing: China Science and Technology Press.

Hu L, Bentler P M, Kano Y. 1992. Can test statistics in covariance structure analysis be trusted?[J]. Psychological Bulletin, 112: 351-362.

Huang Ching-Hsun, Kronrad Gary D. 2001. The Cost of Sequestering Carbon on Private Forest Lands[J]. Forest Policy and Economics, 2(2): 133-142.

Huffman W E, Elosta H.and Hisham El-Osta. 1997. Off-Farm Work Participation, Off-Farm Labor Supply and On-Farm Labor Demand of U.S. Farm Operators[J]. Wallace E Huffman, 80(5): 1-30.

Jian P, Liu Z, Liu Y, et al. 2012. Trend Analysis of Vegetation Dynamics in Qinghai-Tibet Plateau Using Hurst Exponent[J]. Ecological Indicators, 14(1): 28-39.

Kaczan D, Swallow B M, Adamowicz W L. 2013. Designing a payments for ecosystem services (PES) program to reduce deforestation in Tanzania: An assessment of payment approaches[J]. Ecological Economics, 95: 20-30.

Kant Promode. 2003. 印度热带生态系统碳汇项目的真实成本: 收效性的经济分析[C]//国家林业局政策法规司. 碳交换机制和公益林补偿研讨会论文汇编. 北京: 林业出版社, 149-160.

Kelly P, Huo X. 2013. Do farmers or governments make better land conservation choices? Evidence from China's Sloping Land Conversion Program[J]. Journal of Forest Economics, 19(1): 32-60.

Kevane M. Bardhan, Pranab, and Christopher Udry. 1999. Development Microeconomics[M]. New York: Oxford University Press.

Knight J, Song L. 2005.Towards a labour market in China[M]. New York: Oxford University Press.

Lam Q D, Schmalz B, Fohrer N. 2011. The impact of agricultural Best Management Practices on water quality in a North German lowland catchment[J]. Environmental Monitoring and Assessment, 183(35): 79-351.

Landell-Mills N, Porras I. 2002. Silver Bullet or Fools' Gold-A Global Review of Markets for Forest Environmental Services and their Impact on the Poor[M]. London, UK: International Institute for Environment and Development (IIED).

Lee M J. 2005. Micro-econometrics for policy, program, and treatment effects[M]. Oxford UK: Oxford University Press.

Lewis W A. 1972. Theory of economic growth (tenth printing) [M].Unwin University Books, 78-101.

Li J, Feldman M W, Li S, et al. 2011. Rural household income and inequality under the Sloping Land Conversion Program in western China[C]. Proceedings of the National Academy of Sciences, 108(19): 7721-7726.

Liu C, Lu J, Yin R. 2010. An estimation of the effects of China's priority forestry programs on farmers' income[J]. Environmental Management, 45(3): 526-540.

Liu C, Mullan K, Liu H, et al. 2014. The estimation of long term impacts of China's key priority forestry programs on rural household incomes[J]. Journal of Forest Economic. 20(1): 267-285.

Liu P, Li W W, Yu Y, et al. 2019. How much will cash forest encroachment in rainforests cost? A case from valuation to payment for ecosystem services in China[J]. Ecosystem Services, 38. https://doi.org/10.1016/j.ecoser.2019.100949

Liu Q, Xu B, Liang F, et al. 2013. Influences of the Grain-for-Green project on grain security in southern China[J]. Ecological Indicators, 34: 616-622.

Long H L, Heilig G K, Wang J, et al. 2006. Land use and soil erosion in the upper reaches of the Yangtze River: Some socio-economic considerations on China's Grain-for-Green Programme[J]. Land Degradation & Development, 17(6): 589-603.

Ma Y, Chen L, Zhao X, et al. 2009. What motivates farmers to participate in sustainable agriculture? Evidence and policy implications[J]. International Journal of Sustainable Development & World Ecology, 16(6): 374-380.

Meeusen W, van den Broeck J. 1977. Technical Efficiency and Dimension of the Firm: Some Results on the Use of Frontier Production Functions[J]. Empirical Economics, 2(2): 109-122.

Millennium Ecosystem Assessment. 2005. Ecosystems and Human Well-being[M]. Washington DC: Island Press.

Mincer J, Polachek SW. 1974. Family Investments in Human Capital: Earnings of Women[J]. Journal of Political Economy, 82(2): S76-S108.

Mishra A K, El-Osta H S, Morehart M J, et al. 2002. Income, Wealth, and the Economic Well-Being of Farm Households[R]. Agricultural Economic Report No. 812.

Mullan K, Kontoleon A. 2012. Participation in Payments for Ecosystem Services Programs: Accounting for Participant Heterogeneity[J]. Environment Economic Policy, 1(3): 235-254.

Nelson E, Sander H, Hawthorne P, et al. 2010. Projecting global land-use change and its effect on ecosystem service provision and biodiversity with simple models[J]. PLoS One, 5(12): e14327.

Neyman J, Scott E L. 1948. Consistent estimates based on partially consistent observations[J]. Econometrica, 16(1): 1-32.

Nussbaum, Martha. 1988. Oxford Studies in Ancient Philosophy. Nature, Function and Capability: Aristotle on Political Distribution[M]. Oxford: Oxford University Press.

Nussbaum, Martha. 2000. Women and Human Development: The Capabilities Approach[M]. Cambridge: Cambridge University Press.

Omuto C T, Vargas R R, Alim M S, et al. 2010. Mixed-effects modelling of time series NDVI- rainfall relationship for detecting human-induced loss of vegetation cover in drylands[J]. Journal of Arid Environments, (11): 1552-1563.

Pagiola S, Arcenas A, Platais G. 2005. Can payments for environmental services help reduce poverty? an exploration of the issues and the evidence to date from Latin America[J]. World Development, 33(2): 237-253.

Parish W L, Zhe X, Li F. 1995. Nonfarm work and marketization of the Chinese countryside[J]. China Quarterly, 143: 697-730.

Peng J, Liu Z, Liu Y, et al. 2012. Trend analysis of vegetation dynamics in Qinghai–Tibet Plateau using Hurst

Exponent[J]. Ecological Indicators, 14(1): 28-39.

Piao S, Wang X, Ciais P, et al. 2011. Changes in Satellite-Derived Vegetation Growth Trend in Temperate and Boreal Eurasia From 1982 to 2006[J]. Global Change Biology, 17(10): 3228-3239.

Piedallu C, Chéret V, Denux J P, et al. 2019. Soil and Climate Differently Impact NDVI Patterns According to the Season and the Stand Type[J]. Science of The Total Environment, 651: 2874-2885.

Polasky S, Nelson E, Pennington D, et al. 2011. The Impact of Land-Use Change on Ecosystem Services, Biodiversity and Returns to Landowners: A Case Study in the State of Minnesota[J]. Environmental & Resource Economics, 48(2): 219-242.

Pranab Bardhan and Christopher Udry. 1999. Development Microeconomics[M]. Oxford UK: Oxford University Press.

Prescott-Allen R. 2001.The Wellbeing of Nations [M]. Washington DC: Island Press.

Qian J R, Ito S, Mu Y Y, et al. 2018. The role of subsidy policies in achieving grain self-sufficiency in China: a partial equilibrium approach[J]. Agricultural Economics-zemedelska Ekonomika, 64(1): 23-35.

Qizilbash M. 2003. Vague Language And Precise Measurement: The Case of Poverty[J]. Journal of Economic Methodology, 32(10): 41-58.

Ramlal E, Dwnys Y, Glenn F, et al. 2009. A bioeconomic model of afforestation in Southern Ontario: Integration of fiber, carbon and municipal biosolids values[J]. Journal of Environmental Management, 90(5): 1833-1843.

Rotenberg E, Yakir D. 2010. Contribution of Semi-Arid Forests to the Climate System[J]. Science, 327(5964): 451-454.

Scharlemann J P, Tanner E V, Hiederer R, et al. 2014. Global soil carbon: Understanding and managing the largest terrestrial carbon pool[J]. Carbon Management, 5: 81-91.

Schumacker R E, Lomax R G. 2004. A Beginner's Guide to Structural Equation Modeling (2nd ed.)[M]. Mahwah NJ: Lawrence Erlbaum Associates.

Sen A K. 1985. Commodities and Capabilities[M]. Amsterdam: North Holland.

Sen A K. 1993. Capability and Well-Being[M] // Nussbaum M, Sen A. The Quality of Life. Oxford: Clarendon Press: 30-53.

Sen A K. 1999. Development as Freedom[M]. NewYork NY: Anchor Books.

Shah H, Peck J. 2005. Well-being and the Environment: Achieving One Planet Living and Quality of Life[M]. London UK: New Economics Foundation.

Singh I., Squire L., Strauss J. 1996. Agricultural Household Models: Extension, Applications, and Policy[M]. The Johns Hopkins University Press.

Stiglitz J E. 2013. Selected Works of Joseph E. Stiglitz Volume II- Information and Economic Analysis[M]. Oxford University Press: 468-469.

Todaro M P. 1980. Internal Migration in Development Countries: A Survey[M] // Easterlin R A. Population and Economic Change in Developing Countries. Chicago: University of Chicago Press: 367-402.

Uchida E, Rozelle S, Xu J. 2009. Conservation payments, liquidity constraints, and off- farm labor: Impact of the Grain- for- Green Program on rural households in China[J]. American Journal of Agricultural Economics, 91(1): 131-157.

Uchida E, Xu J T, Rozelle S.. 2005. Grain for Green: Cost-Effectiveness and Sustainability of China's Conservation Set-Aside Program[J]. Land Economics, 81(2): 247-264.

Uchida E, Xu J T, Rozelle S. 2007. Are the Poor Benefiting from China's Land Conservation Program?[J]. Environment and Development Economics, 12(4): 593-620.

Uchida E, Rozelle S, Xu J T. 2009. Conservation payments, liquidity constraints, and off-farm labor: Impact of the grain-for-green program on rural households in China[J]. Agricultural and Applied Economics Association, 91: 70-86.

United Nations Environmental Program (UNEP). 1998. Human Development Report 1998[M]. New York: Oxford University Press.

Van Kooten G C, Binkley C S, Delcourt G. 1995. Effect of carbon taxes and subsidies on optimal forest rotation age and supply of carbon services[J]. American Journal of Agricultural Economics, 77(2): 365-374.

Wang G Y, Innes J L, Lei J, et al. 2007. China's Forestry Reforms [J], Science, 318(5856): 1556-1557.

Wang J, Liu Y, Liu Z. 2013. Spatio-temporal patterns of cropland conversion in response to the "Grain for Green Project" in China's Loess Hilly region of Yanchuan county[J]. Remote Sensing, 5(11): 5642-5661.

Wang L J, Zheng H, Wen Z, et al. 2019. Ecosystem service synergies/trade-offs informing the supply-demand match of ecosystem services: Framework and application[J]. Ecosystem Services, 37. https: //doi.org/10.1016/j.ecoser.2019.100939

Wang W, Wang C J, Jin F J. 2018. Spatial evolution of coal transportation at coastal ports in China[J]. Journal of Geographical Sciences, 28(2): 238-256.

Wang Y F, Yao S B. 2019. Effects of restoration practices on controlling soil and water losses in the Wei River Catchment, China: An estimation based on longitudinal field observations[J]. Forest Policy and Economics, 100: 120-128.

Wang Y F, Fu B J, Lü Y, et al. 2011. Effects of vegetation restoration on soil organic carbon sequestration at multiple scales in semi-arid Loess Plateau, China[J]. Catena, 85(1): 58-66.

Williams I R, Arnold J G. 1997. A system of erosion-sediment yield models[J]. Soil Technology, 11(1): 43-55.

Wooldridge J M. 1999. Introductory Econometrics: A Modern Approach[M]. South-Western College Publishing.

World Bank. 2012. China 2030 Building a Modern, Harmonious, and Creative High-Income Society[M]. Washington DC: World Bank.

Wunder S, Bui D T, Ibarra E. 2005. Payment is Good, Control is Better Why Payments for Forest Environmental Services in Vietnam Have So Far Remained Incipient. Center for International Forestry Research[M]. Jakarta: Center for International Forestry Research (CIFOR).

Xu Z G, Bennett M T, Tao R, et al. 2004. China's sloping land conversion program four years on: current situation and pending issues[J]. International Forestry Review, 6: 317-326.

Yang X H, Cheng C Z, Li Y J. 2010. Effect of cropland occupation and supplement on light-temperature potential productivity in China from 2000 to 2008[J]. Chinese Geographical Science, 20(6): 536-544.

Yao S B, Guo Y J, Huo X X. 2010. An Empirical Analysis of the Effects of China's Land Conversion Program on Farmers' Income Growth and Labor Transfer[J]. Environmental Management, 45(3): 502-512.

Yao S B, Li H. 2010. Agricultural productivity changes induced by the sloping land conversion program: An analysis of Wuqi County in the loess plateau region[J]. Environmental Management, 45(3): 541-550.

Yin R, Liu C, Zhao M, et al. 2014. The implementation and impacts of China's largest payment for ecosystem services program as revealed by longitudinal household data[J]. Land Use Policy, 40: 45-55.

Yin R, Yin G. 2010. China's Primary Programs of Terrestrial Ecosystem Restoration: Initiation, Implementation, and Challenges[J]. Environmental Management, 45(3): 429-441.

Yin R S, Zhao M J. 2012. Ecological restoration programs and payments for ecosystem services as integrated biophysical and socioeconomic processes: China's experience as an example[J]. Ecological Economics, 73: 56-65.

Yin R S, Liu C, Zhao M J. 2014. The implementation and impacts of China's largest payment for ecosystem services program as revealed by longitudinal household data[J]. Land Use Policy, (40): 45-55.

Zeng X B, Robert E. Dickinson, Alison Walker, et al. 2000. Derivation and Evaluation of Global 1-km Fractional Vegetation Cover Data for Land Modeling[J]. Journal of Applied Meteorology, 39(6): 826-839.

Zeng Y L, Gou M M, Ouyang S, et al. 2019. The impact of secondary forest restoration on multiple ecosystem services and their trade-offs[J]. Ecological Indicators, 104: 248-258.

Zhang B Q, Wu P T, Zhao X N, et al. 2013. Changes in vegetation condition in areas with different gradients (1980–2010) on the Loess Plateau, China[J]. Environmental Earth Sciences, 68(8): 2427-2438.

Zhang B Z. 2009. Where Is the Way for Increasing the Ability of Grain Security in China[J]. Bulletin of Chinese Academy of Sciences, 6(24): 610-616.

Zhang K, Dang H, Tan S, et al. 2010. Change in soil organic carbon following the 'Grain-for-Green' programme in China[J]. Land Degradation & Development, 21(1): 13-23.

Zhang L, Hickel K, Dawes W R, et al. 2004. A rational function approach for estimating mean annual evapotranspiration[J]. Water Resources Research, 40(2): 89-97.

Zhang L, Huang J, Rozelle S. 2002. Employment, emerging labor markets, and the role of education in rural China[J]. China Economic Review, 13: 313-328.

Zhao A, Zhang A, Liu J, et al. 2019. Assessing the Effects of Drought and "Grain for Green" Program On Vegetation Dynamics in China's Loess Plateau From 2000 to 2014 [J]. Catena, 175: 446-455.

Zheng H, Wang L J, Wu T. 2019. Coordinating ecosystem service trade-offs to achieve win-win outcomes: A review of the approaches[J]. Journal of environmental sciences, 82: 103-112.

Zhou D C, Zhao S Q, Zhu C. 2012. The Grain for Green Project induced land cover change in the Loess Plateau: A case study with Ansai County, Shanxi Province, China[J]. Ecological Indicators, 23: 88-94.